新選明文東洋古典大系

新完譯

傳習錄

金學主 譯著

明文堂

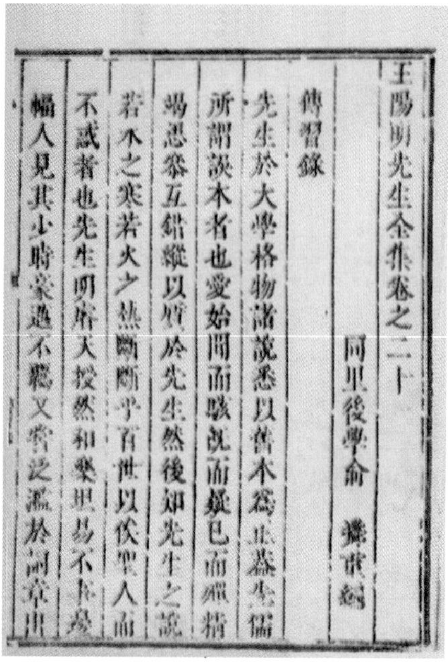
王陽明先生全集卷之二十
同里後學俞　嶙　輯
傳習錄
先生於大學格物諸說悉以舊本爲正蓋先儒所謂誤本者也愛始聞而駭既而疑已而殫精竭思參互錯縱以質於先生然後知先生之說若水之寒若火之熱斷斷乎百世以俟聖人而不惑者也先生明睿天授然和樂坦易不事邊幅人見其少時豪邁不羈又嘗泛濫於詞章出

◀**전습록**(傳習錄)
왕양명의 어록(語錄)과 서간문(書簡文
을 그의 문인(門人)들이 세 차례에 걸ㅊ
편집한 것. 상 · 하 2권은 양명학(陽明學
의 대강(大綱)을 모았고, 중권은 제자외
벗에게 보낸 편지이다.

▼**서운루**(瑞雲樓)
왕양명의 생가(生家).

▼**왕양명의 초상화** 왕양명(1472~1526)은 이름은 수인(守仁), 자는 백안(伯安)으로 양명은 호(號)이다. 지행합일론 · 심즉리설, 치양지설을 주장한 그는 사상가이면서도 무공을 세운 군사가 · 정치가이도 했다.

▲왕양명의 글씨

◀**왕양명이 영향을 받은 송(宋)나라 때의 대유(大儒)인 주자**(朱子:위)**와 육상산**(陸象山:아래)
주자(1130~1200)는 송학(宋學), 즉 성리학(性理學)을 집대성했으며, 정치가·행정가로서도 큰 업적을 남겼다.
육상산(1139~1192)은 '심즉리(心卽理)'를 설파하여 그의 철학은 후일 양명학에 의해 크게 개화(開花)되었다.

▼**소흥**(紹興)**에 있는 왕양명의 묘**
왕양명은 1528년 요족(瑤族)의 반란을 평정하는 사명을 이루고 개선하던 도중에 병으로 세상을 떠났다.

책머리에8

1960년대 후반 무렵에 《대학(大學)》을 읽고 번역하면서 양명학에 관심을 갖게 되어 《전습록》의 일부를 번역까지 하였다.

그러나 뒤에 와서 그 일부의 번역은 읽는 사람들에게 양명학에 대한 그릇된 인식을 심어줄 가능성도 있다고 생각하게 되었다. 따라서 《전습록》을 나름대로 완역해야겠다고 벼르면서도 시간이 없다는 핑계로 이제껏 그 일을 미루어왔다. 그러나 정년 퇴직을 한 지금에 와서는 그 핑계로 더 이상 버틸 수가 없어서 결국 이전의 번역 부분에도 다시 손을 댄 위에 나머지 부분도 마저 번역을 하였다.

그러나 옛날의 번역을 수정한 부분과 이번에 새로 번역한 부분은 문장이나 해석면에서 일치하지 않는 점도 그대로 남아 있는 듯하다. 그리고 번역이나 주석에도 잘못된 곳이 있지 않을까 걱정도 된다. 독자 여러분들의 거리낌없는 고견과 가르침이 있기를 바랄 따름이다.

끝으로 어려운 여건 속에서도 출판사업을 자신의 사명으로 알고 언제나 좋은 책을 내기에만 힘쓰고 있는 명문당 김동구 사장에게 감사의 뜻을 표한다.

2004년 7월 7일

김 학 주 인헌서실에서

차 례

일러두기

1. 이 《전습록》의 주역(註譯) 대본은 사부총간(四部叢刊)의 《왕문성공전서(王文成公全書)》를 기준으로 하고 다시 삼윤집재(三輪執齋)의 《표주전습록(標註傳習錄)》을 참작하여 적절히 조정하였다.
2. 부록(附錄)으로 왕양명의 사상과 학문을 보다 쉽게 이해토록 하기 위하여 왕양명이 쓴 《대학고본서(大學古本序)》와 제자 전덕홍(錢德洪)이 스승의 가르침을 적은 《대학문(大學問)》 및 삼윤집재본 중권(中卷)의 끝머리에 들어있으나 전서본 《전습록》에는 들어 있지 않은 〈시제입지설(示弟立志說)〉을 역주(譯註)하여 실었다.
3. 역문은 되도록 평이한 현대어를 사용하되, 어순(語順)은 본문에 가깝도록 노력하였다.
4. 본문 뒤에 주석(注釋)을 달고, 다시 역주의 앞뒤로 필요에 따라 간단한 해설을 붙였다.
5. 앞의 해제(解題)와 뒤의 연보(年譜)·색인(索引)도 글을 읽는데 큰 도움이 될 것이다.

전습록 해제

1. 《전습록》이란?

《전습록》은 왕양명(王陽明, 1472~1528)의 어록(語錄)과 그가 제자 및 당시 사람들에게 보낸 편지의 일부를 모아놓은 책이다. 이 책은 《논어》가 공자의 사상과 이상을 이해하는 데 가장 좋은 자료가 되는 것처럼 왕양명의 학문의 본질을 이해하는 데 있어서 기본이 되는 책이다.

《전습록》은 지금 상·중·하의 세 권으로 나뉘어져 편집된 것이 전하고 있는데 이들은 각기 그 쓰여진 시기며 내용의 성격이 다르다. 맨 처음에는 상권의 첫머리에 실려 있는 서애(徐愛)가 기록한 14조목의 어록만으로 《전습록》이 이루어졌었다. 뒤에 다시 육징(陸澄)과 설간(薛侃)이 기록한 것들이 보태어져 명(明)나라 정덕(正德) 13년(1518) 왕양명이 47세 때 증보판(增補版)이 나왔는데, 이것이 지금의 《전습록》 상권이다. '전습'이란 말은 《논어》의 '경전을 익혔는가?'〔傳不習乎〕에서 딴 말이다. '전'이란 경전에 대한 스승의 가르침을 뜻한다. 따라서 '전습'이란 '경전에 대한 스승의 가르침을 익힌다'는 뜻을 지니고 있다.

중권은 가정(嘉靖) 3년(1524) 왕양명이 53세 되던 해에 남원선(南元善)이 이미 발행된 《전습록》에 붙여 그 하권으로 발행했던 것이다. 이 중권만은 자기 제자나 기타 사람들에게 보낸 편지 중에서 왕양명의 사상이나 학문에 관계되는 것들을 뽑은 것이어서 성격상 상권이나 하권과는 문장이 다르다. 그러나 왕양명의 사상과 학문을 이해하는 데에는 역시 빼놓을 수 없는 자료가 된다.

하권은 왕양명이 죽은 뒤 28년이 지난 가정(嘉靖) 35년(1556)에 전덕홍(錢德洪)이 앞의 상·중권에 빠진 어록들을 모아서 간행한 것으로 그 경과는 하권 끝머리에 붙은 그의 발문(跋文)에 자세하게 적혀 있다. 이런 관계 때문에 상권에는 40세 전후의 어록들이 중심이 되어 있고 중권과 하권에는 50세 전후의 만년의 것들이 주로 적혀 있다. 보통 양명사상은 만년에 대성(大成)했다고 일컬어지고 있으므로 그의 학문과 사상의 요점을 파악하려면 하권으로부터 거꾸로 읽어 가는 게 좋다고들 말하고 있다. 그러나 사상발전의 순서에 주의를 하면서 읽는다면 역시 차례대로 읽는 것이 왕양명을 더 올바르게 이해하게 될 것이다.

어떻든 《전습록》은 왕양명의 사상과 학문을 이해하는 데 있어서 가장 중요한 기본 자료가 되며, 그의 성격과 인격까지도 이 글들의 행간과 구절 사이에서 느낄 수가 있을 것이다.

2. 왕양명의 생애

① 출생과 유년시대

중국의 오랜 역사를 통해서도 위대한 학자가 호걸이나 영웅으로 아울러 이름이 났던 사람은 드물다. 그러나 왕양명(1472~1528)만은 한 시대의 사상을 대표하는 대학자인 동시에 각지에서 혼란을 일삼으며 반란을 일으킨 반란군을 토벌한 일대의 호걸로서도 유명하다. 그것은 그의 학문이 '양지(良知)'를 주장하면서도 앎과 행동은 합치하여야 함을 강조하는 적극적인 성격을 띠고 있다는 것과 어울린다. 왕양명은 그처럼 일생을 통하여 마음의 수양과 함께 그것을 실천하기에 힘쓴 문무를 아울러 지니었던 위대한 인물이라 할 수 있다.

왕양명은 이름이 수인(守仁)이고 자를 백안(伯安)이라 하였으며 '양명'은 그의 호이다. 조상에는 진(晋)나라의 광록대부(光祿大夫) 왕람(王覽)과 유명한 명필가인 왕희지(王羲之) 등이 있으며, 후세에는 절강성(浙江省) 소흥부(紹興府) 여요현(余姚縣)으로 옮겨와 여러 대 살았다. 대대로 크게 부유하지는 않았지만 학문을 닦고 문학을 즐기는 지방의 명족이었다. 왕양명의 할아버지 천서(天叙)는 호가 죽헌(竹軒)이었는데 국화를 사랑했던 도연명(陶淵明)과 매화를 좋아했던 송(宋)나라 임포(林逋)에 비기는 인품과 문필의 소유자였다. 벼슬은 한림원수찬(翰林院脩撰)을 지냈다. 아버지 화(華)는 자가 덕휘(德輝), 호는 실암(實菴)으로 과거에 장원(壯元)으로 급제하여 벼슬은 남경상서(南京尙書)에 이르렀다.

왕양명은 성화(成化) 8년(1472), 이러한 집안을 배경으로 항주만(杭州灣) 남쪽 기슭 요강(姚江)이 흐르는 아름다운 고장에서 태어났다. 뒤에 양명학을 요강학(姚江學)이니 여요학(余姚學)이니 하고 부르는 것도 그의 고향 이름을 딴 것이다. 여요현이 있는 소흥부(紹興府)는 날씨가 따스하고 물자가 풍부하며 풍광이 아름다운 고장이어서 옛부터 문화의 중심지를 이루어 많은 명사들을 배출한 고장이다.

왕양명은 어릴 적에는 집안에서 할아버지에게 가르침을 받았고, 11세부터 17세까지는 아버지를 따라 북경(北京)에 머물면서 글방 선생에게서 교육을 받았다. 그는 어릴 적부터 자기 자신의 비판적인 안목으로 사물을 보는 성격을 지녔던 것 같다. 그가 열두 살 때 선생님에게 물었다.

"무엇이 천하에서 첫째가는 일입니까?"

선생이 대답하였다.

"과거에 장원으로 급제하는 거지."

그러나 왕양명은 반대하였다.

"그것은 첫째가는 일이 못됩니다. 성현이 되는 거야말로 천하에서 첫째가는 일입니다."

그리고 14세 때에 활쏘기·말타기를 배우고 병서를 읽어 병법을 닦으면서,

"지금의 유학자들은 공연히 문장만을 공부하며 부귀를 추구하고, 글짓기나 즐기며 태평을 탐하고 있지마는 일단 사변이 나면 전혀 손도 쓰지 못하는 사람이 된다. 이것은 부끄러운 일이다."

고 하였다 한다.

이 무렵 명나라는 밖으로는 윌라드〔瓦剌〕·타타르〔韃靼〕·투르판〔土魯藩〕·묘족(苗族) 등의 침입이 잦았고, 안으로는 각지에 유적(流賊)들이 일어났으며, 조정은 환관(宦官)들에 의하여 정치가 극도로 문란해져 있어 명나라의 운명은 날로 기울어져 가고 있는 형편이었다. 학문에 있어서도 남송(南宋) 이후 원(元)·명(明)을 통하여 주자학(朱子學)이 관학(官學)으로 크게 행세하여 왔으나 시대의 흐름에 따라 여러 가지 폐단이 생기게 된 때였다. 왕양명은 어린 나이에도 이러한 조국의 쇠퇴해 가는 운명과 학술의 폐단을 심각하게 느끼고 있었던 것 같다.

② 회의시대(懷疑時代 : 17~31세)

왕양명은 홍치(弘治) 원년(1488) 17세 때 남창(南昌) 제(諸)씨네 집안으로 장가를 들었다. 장가들던 날 그는 철주궁(鐵柱宮)이란 도교(道敎)의 사원으로 놀러갔다가 도사를 만나 함께 정좌(靜坐)하여 양생설(養生說)을 논하다가 집에 돌아가는 것도 잊어 집안에 큰 소동을 일으켰다 한다. 그러나 다음해 신부를 데리고 고향으로 돌아와서는 말씨며 행동도 달라지고 독서와 문장 공부에 힘썼다 한다. 이때 돌아오는 길에 그는 주자학자인 누일재(婁一齋)를 만나 성인은 누구나 배

워서 될 수 있다는 말을 듣고 많은 감동을 받았다 한다.

21세 때와 25세 때 두 번 회시(會試)를 보았으나 낙제하여, 26세 때에는 북경으로 나갔다. 그는 한때 병학(兵學)에도 열중하였으나 여러 가지로 마음의 동요를 느끼기 시작하였다. 남아의 일생은 어떻게 사는 게 보람있는 삶인가 하는 회의에 몰리어 마침내 유학을 버리고 산속으로 들어가 도가의 양생설(養生說)을 연구하려 하였다. 이것은 그가 회시에 두 번이나 낙제를 한 데다가 폐병에 걸려 건강에 자신을 잃었기 때문이었다고 생각된다.

그러나 28세에는 다시 마음을 고쳐먹고 회시를 보아 합격하여 비로소 관리가 되었다. 그는 공부(工部)를 거쳐 형부(刑部)로 옮겨 30세 되던 해에는 강북(江北)에서 형수(刑囚)들을 심문하여 많은 공적을 세웠다. 그 사이에도 승방(僧房)을 찾기도 하고 도사를 찾아 도를 논하기도 하였다. 그러나 병 때문에 31세에는 마침내 벼슬을 버리고 고향으로 돌아왔다.

고향으로 돌아와서는 양명동(陽明洞)에 방을 마련하고 도인술(導引術)을 행하였다. 그는 양명동에 외로이 살면서 인간의 감정이란 무엇인가를 깨달았다. 그래서 결국 인간의 감정을 끊는 도교나 불교는 진리가 못됨을 알고는 다시 유학으로 돌아섰다. 이에 20여 년 계속되었던 회의도 마무리를 짓게 된 셈이다.

③ 자립시대(自立時代 : 32~36세)

도교·불교의 그릇됨을 깨닫고 유학으로 되돌아온 그는 정신적인 안정으로 말미암아 마음과 정신이 밝아졌고, 다음해에는 항주(杭州)의 서호(西湖) 가에서 요양을 하였다. 그는 건강이 회복되자 33세(1504)에 다시 북경으로 가, 다음해에는 동지들을 모아놓고 성인의 학문을 강의하였다. 그가 갑자기 유가의 이상을 깨우쳤다 하지만 그것은 유학의 본뜻을 따라 학문이란 성인이 되는 것을 목적으로 삼아야 한다는 정도의 것이었다. 따라서 세상 사람들 중에는 왕양명을 우습게 여기는 이들이 많았으나, 이때 잠약수(湛若水)란 선배를 만나 토론을 통하여 자기 학문의 기반을 더욱 튼튼히 굳혀 갔다.

④ 개오시대(開悟時代 : 37~50세)

왕양명이 독자적인 사상을 이룩하게 된 것은 용장(龍場)에 귀양간 것이 계기가 되었다. 홍치(弘治) 18년(1505) 5월 효종(孝宗)이 죽고 무종(武宗)이 즉위하자, 남경감찰관(南京監察官) 대선(戴銑) 등이 권세를 휘둘러 나라의 정치를 어지럽혀 오던 환관(宦官) 유근(劉瑾)을 탄핵(彈劾)하다가 오히려 투옥을 당하는 일이 발생하였다. 왕양명은 그러한 부당한 처사를 보고만 있을 수가 없어 마침내는 두 사람의 석방을 탄원하면서 유근을 경계하라는 글을 천자에게 올렸다.

그러나 그도 역시 죄를 입고 장형(杖刑) 40대를 맞은 끝에 겨우 살아 남아 귀주(貴州)의 용장(龍場) 역승(驛丞)으로 귀양가게 되었다. 왕양명은 우물쭈물하다가 37세 되는 해 봄에 용장에 도착하였다. 그 사이 왕양명은 유근이 보낸 자객을 피하여 다니기도 하였고 마음의 갈등을 극복하지 못하여 여러 가지 어려운 고비를 넘겼었다.

용장이란 곳은 귀주의 서북쪽 산속에 있는 고장으로 주민들은 모두가 만족(蠻族)이었고 간간이 본토에서 흘러들어간 한족(漢族)이 섞여 살았다. 역승이란 벼슬은 말뿐이고 자기가 살 집부터 자기 손으로 마련하지 않으면 안되었다. 더욱이 데리고 온 하인조차도 병이 들어 스스로 나무를 하고 물을 길어야 했으며, 죽을 쑤어 하인의 간호까지 하지 않으면 안되었다. 그 위에 날씨도 고약하고 해충들이 들끓는 고장이었다.

안락한 집안에서 자라난 왕양명으로서는 참고 견딜 수 없는 괴로운 환경이었다. 그러나 왕양명은 돌집을 짓고 밤낮으로 그 안에 정좌하여 이런 때 성인이면 어떻게 할 것인가 하고 열심히 사색하였다. 그러다가 어느 새벽녘에 갑자기 깨달았다.

"성인의 도란 나의 본성 스스로 족한 것이다. 전에 모든 사물에서 이치를 구하려던 것은 잘못이다."

그리하여 '마음이 곧 이[心卽理]'이며 '앎과 행동은 하나로 합치되어야 하는 것[知行合一]'임을 깨닫게 된 것이다. 그렇게 되자, 귀양살이도 활기를 띠게 되어 오랑캐들까지도 왕양명을 따르며 서원(書院)을 짓는 일을 도왔고 귀주의 제학부사(提學副使)인 석서(席書)는 찾아와 새로 수축한 귀양서원(貴陽書院)의 학장(學長)으로 그를 초빙하였다. 그리하여 3년의 오랑캐 땅 생활을 잘 견디었을 뿐만 아니라 오히려 즐거운 나날을 보내게 되었다.

얼마 안 있다가 문제의 유근이 처형되어, 왕양명은 곧 강서(江西) 여릉(廬陵)의 지현(知縣)으로 영전되었다. 그 뒤로 약 10년 동안 그는 관리로서 순조로운 길을 밟아 남경(南京)·북경(北京)·회계(會稽)·저주(滁州) 등지를 전전하며 벼슬자리는 나날이 승진되었다. 이 시기가 그의 일생 중에서도 가장 크게 활약한 득의의 시대였다.

그 중에서도 45세(1516)부터 3년 동안에는 강서(江西)·복건(福建) 각지에 뿌리박고 있는 비적(匪賊)들의 대부대를 토벌하였고 남창을 근거로 큰 위세를 휘두르며 명나라에 반기(叛旗)를 든 영왕(寧王) 신호(宸濠)의 평정 등은 위대한 군사적인 공로로 알려지고 있다. 이 무렵에 그의 '격물치지(格物致知)'의 학문이 완성되었고 '양지(良知)'에 대한 학설도 무르익어 갔다.

⑤ 완숙시대(完熟時代 : 51~57세)

왕양명이 영왕의 난 등을 평정하여 큰 공을 세웠으나 한편 소인들의 질시를 받아 오히려 한때는 그의 처지를 위험하게 만들기도 하였다. 그러나 무종(武宗)이 죽고 세종(世宗)이 즉위하자, 형세가 변하여 옛 공로에 의하여 신건백(新建伯)에 봉하여지고 남경병부상서(南京兵

部尙書)란 높은 벼슬을 겸하게 되었다. 그러한 50세 때는 왕양명으로서도 가장 득의한 때였을 것이다. 그러나 다음해에는 다시 사태가 바뀌어져 아버지가 죽고, 그의 공을 질시하는 자들에 의하여 다시 궁지에 몰리어 그 뒤로 6년 간은 고향에서 별로 하는 일 없이 나날을 보내게 되었다.

그러나 오히려 그의 학문의 완성을 위해서는 좋은 계기가 되었던 것 같다. 모든 것을 잊고 학문의 강의에 힘쓴 결과 각지에서 제자들이 구름처럼 모여들어 제자들로 한 고을이 넘칠 지경이어서 이 시기는 양명학파의 세력면에서는 가장 왕성한 시기가 되었다. 그리고 이 사이에 그의 '양지설'이 완성되었다.

그러나 강학에 여념이 없던 그에게 56세 되던 해(1527)에는 다시 광서(廣西) 지방의 토적(土賊) 토벌의 명령이 내려졌다. 전부터 광서의 사주(思州)·전주(田州)에는 대규모의 토적이 일어나 소란을 피우고 세력이 대단하였는데 제독(提督)인 요막(姚鏌)이 이끄는 서남지역 4개 성(省)의 토벌군도 오히려 이들에게 패하고 말았다. 이에 조정에서는 어쩌는 수가 없어 옛날의 왕양명의 능력을 생각하고는 다시 그에게 명을 내렸던 것이다. 왕양명은 이때 폐병에다가 이질과 발병에 걸려 있어 굳이 사양했으나 조정에서는 받아들이지 않았다.

왕양명은 결국 9월에 출발하여 강서(江西)·광동(廣東)을 거쳐 광서에 도착하여 이듬해부터 활동을 시작하였다. 그는 토적이 들고일어나는 것은 정책이 잘못되어 있음을 알고 무력을 쓰지 않고 달래면서 은혜를 베풀어 얼마 안 가서 이 지방을 평정시키고 학교를 세우는 등의 교화사업을 시작하였다. 그리하여 양광(兩廣)의 순무(巡撫)를 겸하게 되었고, 7월에는 팔채단등협(八寨斷藤峽)의 이적(夷賊)을 토벌하여 단번에 여러해 끌어온 우환을 없애 버렸다. 그러나 심한 일에 날씨 또한 불순하여 그의 신병은 날로 악화되었다.

여러번 사직을 원하였으나 허가되지 않아 마침내는 명령을 기다리지 않고 돌아오려고 광동성으로부터 강서로 들어가 도중의 숙사에서 일생을 마쳤다. 때는 가정(嘉靖) 7년(1528) 10월 29일이었다. 파란 많던 왕양명의 일생은 종말까지도 파란 속에서 맞이했던 것이다.

3. 왕양명의 사상

① 사상 개요

왕양명의 학문은 주자학(朱子學)에 대한 반성 내지는 육상산(陸象山) 학문의 계승으로 알려져 있다. 북송의 주돈이(周敦頤)·장재(張載)·정호(程顥)·정이(程頤) 등의 의리(義理)와 심성(心性)을 위주로 하는 새로운 유학은 남송의 주희(朱熹)에 이르러 대성되었다(《近思錄》 참조). 이들은 한당(漢唐)의 훈고(訓詁)에 힘쓰던 학풍을 바꾸어 바로 공자와 맹자의 전통을 이어받고 그분들의 정신을 밝히는 것을 학문의 목표로 삼았다. 주자학은 육조(六朝) 이래로 도교와 불교에 의하여 다듬어진 철학적인 사유(思惟)를 끌어들이어, 그것을 바탕으로 우주의 근원으로부터 시작하여 인생과 사회도덕을 논하는 광대한 규모로 공자사상을 확장시키고 있어서, 그 논리체계는 유가사상의 장관을 이루게 되었다. 그리하여 남송으로부터 원(元)·명(明)을 통하여 주자학은 관학(官學)으로 학계에 군림하게 되었다.

그러나 그 규모의 광대함은 오히려 학문의 통일을 잃게 하였고, 정연한 논리는 끝에 가서는 관념의 유희로 전락하여 번잡한 형식주의로 빠지는 경향이 생겼다. 그리하여 이미 주자와 같은 시대에 육상산은 '마음이 곧 이'라는 논리를 바탕으로 하여 주자의 형식주의적인 학문을 반대하였다. 왕양명은 바로 육상산의 학문을 계승하여 직설적이고도 간단명료한 학문체계를 수립하였다. 그리하여 그 학문을 '육왕(陸王)의 심학(心學)'이라 세상에서 부르게 된 것도 그들이 내면적인 마음의 수양에 학문의 중점을 두었기 때문이다. 다만 왕양명의 학문은 단번에 깨달아 이루어진 게 아니라 일생을 두고 여러 단계로 발전을 거듭하였다. 그러나 단적으로 그 학문의 특징을 얘기하라면 주자는 사람의 안〔內〕과 밖〔外〕을 각기 독립된 것으로 보고 밖의 이치를 추구하여 안의 마음을 완전히 보충하려 하였는데 비하여, 왕양명은 안과 밖은 결국 하나의 것이라 보고 자기 마음 속에 '천리(天理)'만을 보존하여 '양지를 이르게 하는 것〔致良知〕'이 학문의 지상목표라 한 것이다.

그의 학문의 요점을 대략 설명하면 다음과 같다.

② 마음이 곧 이이다〔心卽理〕

'마음이 곧 이'라는 것은 이미 육상산이 주장한 이론이다. 왕양명은 그것을 더욱 발전시켜 '마음이 곧 이이다. 천하에 또 마음 밖의 일이나 마음 밖의 이(理)가 있겠느냐?' '마음 밖에 이가 없고, 마음 밖에 사물이 없다'고 주장한다. 주자는 마음의 이와 물건의 이를 독립시켜 각기 다른 것으로 보았으나 왕양명은 그러한 안팎의 구별을 인정치 않았다.

봄이 오면 꽃이 피고 새가 울지만 마음이 없다면 아름다운 빛깔도 고운 소리도 존재하지 않는다. 마음이 있는 곳이 바로 사물이 된다는 것이다. 모든 사물의 이치가 다 갖추어져 있는 게 마음의 본성이라는 것이다. 주자도 사물의 본성이 바로 이라 하였지만 왕양명이 '본성이 바로 이'라 주장하는 것과는 그 성격이 크게 다르다.

③ 격물치지(格物致知)

'격물'과 '치지'는 본시 《대학(大學)》의 팔조목(八條目) 중 두 조목으로서 주자도 매우 중시한 것이다. 주자는 '격(格)'을 '이르는 것〔至〕'이라 보고 '물(物)'을 '사물의 이치〔理〕'라 풀이하였다. 그리고

'치(致)'는 '미루어 이르게 된다' 또는 '추궁하여 얻는다'는 뜻으로 '지(知)'는 '지식'으로 보았다. 따라서 '격물치지'란 '만물에 대하여 그 이치를 추구하여 그에 관한 지식을 모두 얻는다'는 뜻이라 하였다.

그러나 왕양명은 '격'이란 '바로잡는다[正]'는 뜻이며 '물'이란 '일[事]'이라 풀이하고, '치'는 '이르는 것[至]'이며 '지'란 '참된 앎' 곧 '양지(良知)'라 하였다. 따라서 '격물치지'란 '모든 일을 올바르게 하고, 참된 앎을 이르게 하는 것'이라 하였다. 한편 '일'이란 '마음이 가 있는 곳'이기 때문에 실제로 '격물'과 '치지'는 같은 일이 되어 버린다. 그는 '내 마음의 양지를 모든 사물에 이르게 하면 모든 사물은 올바른 이(理)를 얻게 된다. 내 마음의 양지를 이르게 하는 것이 치지(致知)이고, 모든 사물이 올바른 이를 얻게 하는 것이 격물(格物)이라'고 주장하였다. 따라서 '성의(誠意)'나 '정심(正心)', '수신(修身)'도 모두가 '격물'과 같은 것이 되며, 이것은 마음의 수양을 통하여 깨닫는 올바른 이치를 실천하여야 하는 적극적인 학문으로 발전케 한다.

④ 지행합일(知行合一)

따라서 왕양명에 의하면 '치지'란 지식을 탐구하는 것이 아니라 '참된 앎을 실현하는 것'이 된다. 그는 '앎이란 행동의 시작이며, 행동이란 앎의 완성이라'고 생각하였다. 보통 관념적으로는 '앎'과 '행동'은 다른 것으로 이해되고 있다. 그러나 참된 공부로서의 '앎'이란 바로 '행동'이어야 하며 그 '올바른 행동'이 바로 앎이 된다는 것이다. 음식은 먹어 보아야 참맛을 알고 효도도 행하여야만 참 효도를 알며, 아픔도 자기의 경험을 통하여 참된 것을 알게 된다는 것이다. 논리적으로는 '지행합일'이 문제가 적지않지만 학문방법으로서는 높이 평가되어도 좋을 것이다.

⑤ 천리(天理)와 인욕(人欲)

학문의 목적은 성인이 되는 데 있고, 성인은 '천리를 순수히 보존하고 인욕을 버리는 데서 이루어진다'는 것은 송대 이래 학자들의 이상이었다. 왕양명이 학문의 실천 원칙으로 내세운 '천리를 보존하고 인욕을 버린다'는 것도 이것을 계승한 것이다. 천리와 인욕의 구별을 처음부터 부정하고 나선 육상산과는 크게 다른 것이다. 이런 점에서는 왕양명은 육상산에게서보다도 주자학으로부터 출발했다고 보는 게 옳을 것이다.

그러나 '마음이 곧 이'라는 왕양명의 전제와 '천리를 보존하고 인욕을 버린다'는 공부방법과 모순되는 게 아니냐는 것이 문제가 된다. 주자의 경우에는 '본성이 곧 이'이기 때문에 '천리를 보존하고 인욕을 버린다'는 방법과는 잘 조화가 되었다. 왕양명의 마음에서 다시 감정이나 욕망 같은 것을 분리시키지 않는 이상, 일반적으로 '마음'이라 하면 이론적으로는 '인욕'까지를 다 포함하게 될 것이며 '인욕'까지도 포함된 마음이 '이'가 될 것이기 때문이다. 그러나 이것도 '지행합일'이나 마찬가지로 그 적극적이고도 통일된 공부방법은 높이 평가받아야 될 것이다.

⑥ 사상마련(事上磨鍊)

왕양명은 한때 제자들이 세상의 공리에 물들지 않게 하기 위하여 정좌하여 마음의 수양을 하도록 권하였다. 그러나 결과적으로 움직이기를 싫어하고 게으름만을 피게 되어 유가의 본시 성격을 벗어나는 경향이 생겼다. 그리하여 만년에는 직접 일을 통하여 올바른 마음가짐과 일처리를 해나가도록 이른바 '사상마련'을 주장하게 되었다. '사상마련'이란 모든 일이나 모든 기회를 수양의 수단으로 삼가는 것이다. 환경이나 자기 개인의 욕망에 의하여 흔들리지 않고 언제나 자기 자신을 주체로 삼는 것이기 때문에 그것은 앞에서 얘기한 '지행합일'과도 통하는 것이다. 그렇게 되면 길을 가거나 앉아 있거나 언제 어느 곳이건 수양의 장소가 아닌 것이 없게 된다. 왕양명이 관청에서나 병영에서나 눈코 뜰 사이 없이 바쁜 중에도 언제나 수양을 게을리하지 않았던 것은 바로 '사상마련'의 실천이었다고 말할 수 있다.

⑦ 양지(良知)

양지는 만년에 이르러 왕양명학설에 중심을 이룬 것이다. 왕양명은 '양지란 두 글자는 실로 옛부터 성인들이 서로 전하여 온 한 점의 골수이다'고 말하면서 양지를 깨우쳤던 기쁨을 '통쾌해서 나도 모르는 사이에 손발을 움직여 춤을 추었다'고 말하고 있다. 상권의 서애의 기록에도 '양지'란 말이 보이기는 하지만 그것이 왕양명 사상에 중심을 이룬 것은 그가 50세 되던 해였다.

'양지'란 말은 본시 《맹자(孟子)》의 진심상(盡心上)편 등에 보이는 말로서 사람들이 본시부터 지니고 있던 진실한 지혜를 뜻하는 것이었다. 그러나 왕양명에 이르러서는 가장 진실한 옳고 그름을 판단하는 기준이 되며 바로 마음의 본체가 되는 것이라고 생각하였다. 따라서 어느 경우에는 양지란 바로 천리에도 통하는 것이 된다. 따라서 왕양명은 학문을 한다는 것은 이 '양지를 이루게 하는 것'이라고 규정한 것이다.

양지란 진실한 시비 판단의 기준이 될 뿐만이 아니라 천지만물을 생성한 본체와도 비슷한 것이다. 왕양명은 '양지란 바로 조화(造化)의 정령(精靈)이다' 하였고 또 '풀 나무나 기왓장 돌 같은 것도 사람의 양지가 없다면 풀 나무나 기왓장 돌로서 존재할 수 없다'고도 말하였다. 이런 말로써 본다면 '양지'를 인식지각의 주체라고 생각하면 천지만물은 '양지'의 존재에 의하여 존재하며 사람이 죽어서 양지가 없어지면 천지만물도 없어지게 된다는 주관적인 것으로 이해할 수도 있다. 그러나 한편으로는 '양지'란 바로 '도'이며 '하늘'이라고도 한 것을 보면 개인을 초월한 자연의 섭리 같은 객관적인 것으로 이해될 수도 있다.

어떻든 왕양명 자신도 '양지'를 논리적으로 완전히 설명할 수 없는 것이라고 생각했던 것 같다. 그래서 제자들이 이에 관하여 물으면 언제나 '자신의 체험을 통한 깨우침'을 강조하고 있다. '양지'란 누구나가 다 갖고 있는 것이어서 다시 설명할 필요도 없이 분명한 것이기 때문이다. 그리고 논리적인 설명은 자칫하면 진실한 '양지'가 아닌 다른 것을 표현하게 되기 쉬운 것이라 생각하였던 것 같다.

어떻든 '양지를 이르게' 하기만 하면 학문의 목적을 달성하는 것이 되었다. 따라서 '양지를 이르게 한 사람'이란 바로 성인이 된다. 그런 의미에서는 모든 것을 알고 모든 일에 통달하고 있는 게 성인이라 생각하였던 종래의 성인에 대한 개념과도 차이가 있다고 보아야 할 것이다.

한편 그는,

"사람이란 천지의 마음이며, 천지만물은 본시 나와 일체가 되는 것이다. 백성들의 괴로움이나 고통이 어느 한 가지건 나의 몸에도 절실한 고통이 되지 않는 게 있겠는가? 내 몸의 고통을 모르는 자는 옳고 그름을 가리는 마음이 없다고 할 것이다. 옳고 그름을 가리는 마음이란 생각하지 않아도 알고 배우지 않고도 할 줄 아는 것인 바로 '양지'인 것이다. '양지'란 성인과 어리석은 자나 옛날과 지금을 막론하고 동일한 것이다."

고도 말하고 있다. 그에 의하면 사람들은 '양지'를 통하여 천지만물과도 일체가 되었던 것이다. 이것은 정명도(程明道)가 '어진 사람은 천지만물을 자기와 일체로 본다'고 한 말을 '양지'에 입각하여 발전시킨 것이다. 왕양명은 만년에 다음과 같은 〈장생(長生)〉이란 시를 읊었다.

'하늘과 땅도 나로 말미암아 존재하는데
어찌 밖에서 다시 무엇을 구하겠는가?
여러 성인들은 모두가 지나간 그림자들이며,
양지야말로 바로 나의 스승이다.'

乾坤由我在, 安用他求爲?
千聖皆過影, 良知乃吾師.

4. 양명학이 후세에 끼친 영향

결과적으로 왕양명은 자신이 '광(狂)'에의 의식을 선언하고 있지만, 그것은 그의 학문이 적극적이면서도 정신적으로는 자기 이외에 아무런 거리낌없는 자유의 상태임을 뜻한다. '광'이란 《논어》에 보이는 말로서 옳다고 생각하는 일에 대하여 과감한 자를 말하며 남이 보기에는 '미친 것'처럼 보이기도 하는 자인 것이다. 이러한 '양지를 이르게 하는 학문'은 전통적인 형식주의에 얽매어 있던 중국사회에 있어서는 여러 가지 면에서 열광적인 정신적 구세운동으로 발전할 기미조차도 보였다.

송대 이후의 새로운 유학을 사람의 내면주의적인 전개로써 파악한다면 그 내면주의는 왕양명에 이르러 절정을 이룬다. 그런 의미에서 주자학은 양명학으로 발전할 수밖에 없는 운명이었던 것 같다. '천하에 어찌 마음 밖의 일이 있고 마음 밖에 이(理)가 있겠느냐?'하고 그는 내면적인 마음의 만능을 구가했던 것이다. 그래서 '거리의 사람들이 모두 성인'이란 각성까지도 유도되었던 것이다.

이것은 중국학술과 사회에 있어서 비판정신의 진작과 자유주의적인 경향을 가져왔다. 육상산처럼 그도 '육경은 자기 마음의 각주에 불과한 것'이라 보았기 때문에, 《논어》나 《맹자》에 대해서도 정면으로 도

전하고 나설 가능성을 시사해 준다. 그러한 경향은 뒤에 왕양명 좌파(左派), 이른바 태주학파(泰州學派)에 있어 더욱 강조된다.

그 결과 문학에 있어서는 명 일대를 지배해 온 옛 문인들의 작품을 본뜨려는 경향을 반대하고 개성과 창의를 내세워 전통을 반대하며 자유로운 창작을 주장하는 공안파(公安派)가 나왔다. 만약에 명나라가 망하지 않고 양명학과 중국문학이 좀 더 올바른 방향으로 발전할 수만 있었더라면 결과적으로 중국에 문예부흥을 가져왔을 것이라는 생각까지 일게 한다.

끝으로 그의 적극적인 행동철학은 현대인에게도 많은 가르침과 교훈을 줄 것으로 굳게 믿는 바이다.

〈참고〉 왕양명의 교유자와 문인표

〈선배(先輩)들〉

성과 이름	자(字)	호(號)	출신지	태어난 해	죽은 해
나흠순(羅欽順)	윤승(允升)	정암(整庵)	태화(泰和)	성화(成化) 원년(1465)	가정(嘉靖) 26년(1547)
잠약수(湛若水)	원명(元明)	감천(甘泉)	증성(增城)	성화(成化) 2년(1466)	가정(嘉靖) 39년(1560)

〈문인(門人)들〉

성과 이름	자(字)	호(號)	출신지	태어난 해	죽은 해
서 애(徐愛)	왈인(曰仁)	횡산(橫山)	여요(余姚)	성화(成化) 23년(1487)	정덕(正德) 12년(1517)
정일초(鄭一初)	조삭(朝朔)		게양(揭陽)		
황 관(黃綰)	종현(宗賢)	구암(久庵)	황암(黃巖)		
고응상(顧應祥)	유현(惟賢)	약계(箬溪)	장흥(長興)	성화(成化) 19년(1477)	가정(嘉靖) 30년(1551)
맹 원(孟源)	백생(伯生)				
육 징(陸澄)	원정(原靜) [청백(淸伯)]		귀안(歸安)		
마명형(馬明衡)	자신(子莘)		보(莆)		
설 간(薛侃)	상겸(尙謙)	중리(中離)	게양(揭陽)		
채종연(蔡宗兗)	희연(希淵)	아재(我齋)	백양(白洋)		

성과 이름	자(字)	호(號)	출신지	태어난 해	죽은 해
구양덕(歐陽德)	숭일(崇一)	남야(南野)	태화(泰和)	홍치(弘治) 9년(1496)	가정(嘉靖) 33년(1554)
난 혜(欒惠)	자인(子仁)				
황종명(黃宗明)	성보(誠甫)	치재(致齋)	근현(鄞縣)		
양 작(梁焯)	일부(日孚)		남해(南海)		
기원형(冀元亨)	유현(惟賢)	암재(闇齋)	무릉(武陵)		
황굉강(黃宏綱)	정지(正之)	낙촌(洛村)	우현(雩縣)	홍치(弘治) 5년(1492)	가정(嘉靖) 40년(1561)
소 혜(蕭惠)					
전덕홍(錢德洪)	홍보(洪甫)	서산(緒山)	여요(余姚)	홍치(弘治) 9년(1496)	만력(萬歷) 2년(1574)
남대길(南大吉)	원선(元善)	서천(瑞泉)	위남(渭南)	성화(成化) 23년(1487)	가정(嘉靖) 20년(1541)
주 충(周衝)	도통(道通)	정암(靜菴)	의흥(宜興)		
섭 표(聶豹)	문울(文蔚)	쌍강(雙江)	영풍(永豐)	성화(成化) 23년(1487)	가정(嘉靖) 42년(1563)
진구천(陳九川)	유준(惟濬)	명수(明水)	임천(臨川)	홍치(弘治) 7년(1494)	가정(嘉靖) 41년(1562)
서 분(舒芬)	국상(國裳)	재계(梓溪)	진현(進賢)	성화(成化) 20년(1484)	가정(嘉靖) 6년(1527)
추수익(鄒守益)	겸지(謙之)	동곽(東廓)	안복(安福)	홍치(弘治) 4년(1491)	가정(嘉靖) 41년(1562)
황 직(黃直)	이방(以方)				
황수이(黃修易)	면숙(勉叔)				

성과 이름	자(字)	호(號)	출신지	태어난 해	죽은 해
황성증(黃省曾)	면지(勉之)	오악(五岳)	소주(蘇州)	홍치(弘治) 3년(1490)	가정(嘉靖) 19년(1540)
유방채(劉邦采)	군량(君亮)	사천(師泉)			
왕 기(王畿)	여중(汝中)	용계(龍溪)	산음(山陰)	홍치(弘治) 11년(1498)	만력(萬歷) 11년(1583)
하정인(何廷仁)	성지(性之)	선산(善山)	우현(雩縣)	성화(成化) 22년(1486)	가정(嘉靖) 30년(1551)
이 공(李珙)	후벽(侯璧)				
동 운(董澐)	복종(復宗)	나석(蘿石)			
장원충(張元沖)	숙겸(叔謙)	부봉(浮峯)	산음(山陰)	홍치(弘治) 15년(1502)	가정(嘉靖) 42년(1563)
유문민(劉文敏)	의선(宜先)	양봉(兩峰)	안복(安福)	홍치(弘治) 3년(1490)	융경(隆慶) 6년(1572)
방헌부(方獻夫)	숙현(叔賢)	서초(西樵)			
왕 도(王道)	순보(純甫)	순거(順渠)	무성(武城)	성화(成化) 12년(1476)	가정(嘉靖) 11년(1532)
계 본(季本)	명덕(明德)	팽산(彭山)	산음(山陰)		
왕 간(王艮)	여지(汝止)	심재(心齋)	양주(揚州)	성화(成化) 19년(1483)	가정(嘉靖) 19년(1540)

전습록 서(傳習錄序)

〈전습록서〉는 《전습록》의 최초의 편찬자이며 왕양명의 제자인 서애(徐愛)가 쓴 것이다. 서애는 왕양명의 제자 중에서도 공자 문하의 안회(顔回)와 같은 존재로 받아들여지고 있다. 《전습록》 중 서애가 편찬한 부분은 모두 상권 앞머리의 14조목에 불과하지만, 더 많은 글이 보태어지고 권수까지도 늘은 뒤에도 여전히 《전습록》이란 이름 아래 불리어지고 있는 것처럼 이 서문도 여전히 전권의 서문처럼 여겨지고 있다.

서애는 왕양명이 47세 때 죽었고, 왕양명의 사상은 그 뒤로도 크게 발전하여 성격이 달라졌으나, 그래도 이 서문이 전권의 서문으로 받아들여지고 있는 것은 서애가 스승의 생각하는 방식과 이것을 편찬하는 마음가짐을 잘 표현하고 있기 때문이다. 왕양명은 자기의 사상을 기록으로 남김으로 말미암아 학설이 일정하게 굳어지는 것을 매우 꺼렸는데, 서애는 스승의 학설을 기록으로 남기면서도 그러한 스승의 우려를 깨끗이 씻으면서 후세의 양명학(陽明學)을 공부하는 사람들에게도 많은 가르침을 주고 있는 것이다.

문인 중에 왕양명 선생님의 말씀을 사사로이 기록해 두는 사람이 있었다. 선생님께서 그 얘기를 들으시고 그에게 말씀하셨다. "성현들은 사람들을 가르침에 있어서 마치 의사들이 약을 쓰는 것처럼 언제나 병을 근거로 하여 약을 처방하네. 몸이 허하고 실한 것과 체온이 높고 낮은 것과 음양 및 내외의 증상을 참작하여 때에 따라 더 보태기도 하고 줄이기도 한다네. 요는 병을 없애는 데 목적을 두지 처음부터 정해진 방식은 없네. 만약 한 가지 처방에만 사로잡힌다면 사람을 죽이지 않는 경우가 드물 것일세. 지금 나와 자네들은 각각 치우쳐져 있거나 가리어져 있는 문제들에 대하여 침을 놓기도 하고 자르기도 하고 갈아내기도 하는 것 같은 일을 하는 것에 불과하네. 오직 그것들이 고쳐지고 변화하기만 한다면 곧 내 말이란 쓸데없는 군살이 되고 마는 것이네. 만약 끝내 완성된 가르침이라 하여 그것을 지킨다면 뒷날에는 자기도 그르치고 남들도 그르치게 될 것일세. 그러면 나의 죄를 뒤에 속죄받을 수나 있겠느냐?"

原文 門人有私錄陽明先生之言者. 先生聞之, 謂之曰 : 聖賢教人, 如醫用藥. 皆因病立方, 酌其虛實溫凉, 陰陽內外, 而時時加減之. 要在去病, 初無定說. 若拘執一方, 鮮不殺人矣. 今某與諸君, 不過各就偏蔽, 箴切砥礪. 但能改化, 卽吾言已爲贅疣. 若遂守爲成訓, 他日誤己誤人. 某之罪過, 可復追贖乎?

註解 ㅇ立方(입방)-약을 처방하다, 약방문을 내다. ㅇ偏蔽(편폐)-한편으로만 치우쳐지고 가리어진 것. ㅇ箴切(침절)-침으로 찌르고 자르는 것, 여러 가지 방법으로 연구함에 비긴 말. ㅇ砥礪(지려)-갈다, 숫돌. ㅇ贅疣(췌우)-혹, 군살, 쓸데없는 것. ㅇ追贖(추속)-뒤에 속죄를 받는 것.

解說 왕양명이 자기 학설을 기록으로 남기는 것을 매우 꺼렸음을 알려주는 대목이다.

내가 선생님의 가르침을 다 기록하고 나자, 동문의 친구 중에 그것을 두고 충고하는 사람이 있었다. 나는 그에게 이렇게 대답하였다. "당신의 말대로라면 곧 또 한 가지 처방에 사로잡히는 것이니, 선생님의 뜻을 다시 잃게 될 것이오. 공자께서도 자공에게 일찍이 말씀하시기를 '나는 말을 하지 않으려고 한다' 하였고, 훗날에 또 말씀하시기를 '나는 안회와 하루종일 말을 하였다'고 하셨소. 이 얼마나 하신 말씀이 한결같지 않으신 거요? 대체로 자공은 성인의 가르침을 말 가운데에서 오로지 추구하려 하고 있었소. 그러므로 공자께서는 '말하지 않음'으로써 그를 경계토록 하여 그로 하여금 실질적으로 마음으로 체득하고 스스로 추구하여 터득하도록 하려는 것이었소. 안회는 공자님 말씀에 대하여 묵묵히 이해하고 마음으로 통달하여 자기에게 갖추어지지 않는 것이 없었소. 그러므로 공자께서 자공에 대하여 말씀하시지 않은 것은 가벼이 보았기 때문이 아니고, 안자에 대하여는 하루종일 말씀하신 것은 중요하게 보았기 때문도 아니오. 각각 그들에게 합당하기만 하면 되었던 것이오."

原文 **愛旣備錄先生之敎, 同門之友, 有以是相規者. 愛因謂之曰: 如子之言, 卽又拘執一方, 復失先生之意矣. 孔子謂子貢嘗曰: 予欲無言. 他日卽曰: 吾與回言終日. 又何言之不一邪? 蓋子貢專求聖人於言語之間, 故孔子以無言警之, 使之實體諸心, 以求自得. 顔子於孔子之言, 默識心通, 無不在己. 故與之言終日, 若決江河而之海也. 故孔子於子貢之無言不爲少, 於顔子之終日言不爲多. 各當其可而已.**

註解 ㅇ相規(상규)—충고를 하다, 주의를 시키다. ㅇ子貢(자공)—공자의 제자. 자공에게 한 이 말은 《논어》 양화(陽貨)편에 보임. ㅇ回(회)—안회(顔回), 공자의 제자. 이 말은 《논어》 위정(爲政)편에 보임. ㅇ少(소)—가벼이 보다, 경시하다. 따라서 뒤의 다(多)는 중시하는 것.

解說 여기서는 서애가 선생님의 가르침을 기록으로 남겨야 하는 이유를 설명하고 있다. 선생님의 뜻에 반하는 일인 듯하면서도 실은 선

생님의 뜻을 따르는 일임을 교묘히 밝히고 있다.

지금 선생님 말씀을 다 기록하는 것은 진실로 선생님께서 바라시던 일은 아니다. 우리들이 언제나 선생님 문하에 있을 수만 있다면 무엇 때문에 이런 일을 하겠는가? 오직 때에 따라 선생님 곁을 떠나야만 할 때가 있고, 동문의 친구들도 무리를 떠나 흩어져 살게 되기 때문이다. 그러한 때가 되면 법도가 될 선생님과는 멀리 떨어져서 바로잡아주고 닦아줄 말씀을 들을 길이 없게 된다. 나와 같이 둔하고 어리석은 자는 선생님의 말씀을 때때로 접하면서 경계를 하고 분발하지 않으면 학문이 부서지고 떨어지고 무너지고 못쓰게 되지 않는 것이 매우 드물게 될 것이다. 우리들이 선생님의 말씀을 부질없이 귀로 듣고 입으로 떠벌이기만 하면서 자기 몸으로 체득하지 않는다면 곧 내가 이것을 기록한 것은 실로 선생님께 대하여 죄인이 되고 말 것이다. 그러나 만약 말뜻의 표면적인 것을 체득한 다음 실천의 열매를 거두는 일에 정성을 다하게만 된다면 곧 이 기록은 진실로 선생님께서 '하루종일 말하게 된다'고 하실 마음을 지니게 할 것이다. 그러니 가벼이 볼 수 있겠는가? 기록을 완성한 뒤에 이런 이유로 이 글을 또 책머리에 적어 동지들에게 알리는 바이다.

문인 서애가 씀.

原文 今備錄先生之語, 固非先生之所欲. 使吾儕常在先生之門, 亦何事於此? 惟或有時而去側, 同門之友, 又皆離羣索居. 當是之時, 儀刑旣遠, 而規切無聞. 如愛之駑劣, 非得先生之言, 時時對越警發之, 其不摧墮靡廢者幾希矣. 吾儕於先生之言, 苟徒入耳出口, 不體諸身, 則愛之錄此, 實先生之罪人矣. 使能得之言意之表, 而誠諸踐履之實, 則斯錄也, 固先生終日

言之之心也, 可少乎哉? 錄成, 因復識此於首篇, 以告同志.
門人徐愛序.

註解 ㅇ吾儕(오제)－우리들. ㅇ索居(색거)－흩어져 살다. ㅇ儀刑(의형)－의표(儀表)와 법도, 선생님을 가리킴. ㅇ規切(규절)－규정(規正)과 절차(切磋), 바로잡아주고 닦아주다. ㅇ駑劣(노열)－둔하고 어리석은 것. ㅇ對越(대월)－말을 접하는 것. '월'은 어(於)의 뜻. ㅇ摧墮靡廢(최타미폐)－부서지고 떨어지고 무너지고 못쓰게 되는 것. ㅇ幾希(기희)－거의 드물다, 극히 드물다. ㅇ踐履(천리)－실천하는 것.

解說 끝으로 다시 선생님의 말씀을 기록으로 남기게 된 뜻을 설명하고 있다. 서애(1487~1517)는 자가 왈인(曰仁)이고 호는 횡산(橫山), 왕양명의 제자인 동시에 누이동생의 남편이다. 왕양명이 아끼던 수제자 중의 한 사람이었으나 31세라는 젊은 나이로 죽었다.

전습록 권상(卷上)

《전습록》 권상은 왕양명의 제자 서애(徐愛)가 기록한 14조 및 왕양명의 서(序) 1편, 발(跋) 1편, 육징(陸澄)이 기록한 80조, 설간(薛侃)이 기록한 30조로 이루어진다.

서애(徐愛)의 서문

1. 선생님께서는 《대학》의 격물(格物)에 관한 제설에 대하여 모두 구본(舊本)이 올바르다고 하셨다. 그것은 옛 선비들(程子, 朱子를 가리킴. 이하도 같음)이 이른바 잘못된 판본이라 말한 것이다. 나는 처음에 그런 말을 듣고는 놀랐으나 뒤에는 의심하게 되었고, 다시 정력을 다하여 생각하면서 여러 가지 자료들을 참고하기도 하고 선생님께 여쭈어 보기도 하였다. 그런 뒤에야 선생님의 학설은 물이 차고 불이 뜨거운 것과 같이 절대로 영원히 다른 성인(聖人)이 나온다 해도 변경되지 않을 것임을 알게 되었다.

原文 先生於大學格物諸說, 悉以舊本爲正. 蓋先儒所謂誤本者也. 愛始聞而駭, 旣而疑, 已而殫精竭思, 參互錯綜, 以質於先生. 然後知先生之說, 若水之寒, 若火之熱, 斷斷乎百世以俟聖人而不惑者也.

註解 ㅇ大學(대학)－'사서(四書)' 가운데의 하나. 본시《예기(禮記)》의 한 편이었으나 주자(朱子)에 의하여 단행본으로 '사서' 속에 끼어 유가의 기본 경전으로 중시되게 되었다.《대학》은 따라서 성리학에서 존중받는 경서이며, 왕양명의 학설도《대학》에 중요한 근거를 두고 있다. 주자와 해석을 달리하는 데서부터 이들의 학설이 갈라지게 된다. ㅇ格物諸說(격물제설)－《대학》의 격물치지(格物致知)에 관한 제학설. 주자는《대학》을 고정(考正)하여 〈경(經)〉 1장과 〈전(傳)〉 10장으로 구분하여 편서를 새로이 하고, 그 〈전〉의 제5장인 '격물치지'에 관한 해설부분은 없어진 것이라 인정하고 자기가 새로 지어 보충하였다. 이곳의 '격물제설'은 주로 주자의 이에 관한 독특한 견해를 가리킨다. ㅇ舊本(구본)－《예기》 속에 있던 대로의《대학》을 가리킨다. ㅇ殫精竭思(탄정갈사)－정력을 다하고 생각을 다하여 연구하는 것. ㅇ參互錯綜(참호착종)－여러 가지 학설들을 참고하는 것. ㅇ百世以俟聖人而不惑(백세이사성인이불혹)－백세토록 성인이 나오기를 기다려도 다시 미혹되지 않는다. 성인이 다시 나오더라도 영원히 바꿀 수 없는 진리라는 뜻.《중용(中庸)》에 보이는 말임.

解說 여기서는 서애가 자기 스승의 새로운 학설에 이끌려 그 공부에 빠지기 시작한 경과를 중요한《대학》의 '격물치지'의 해석을 통하여 설명한 것이다.

2. 선생님께서는 타고난 천성이 총명하시고 또 온화하면서도 대범하여 겉치레나 잔일에 마음을 쓰지 않으셨다. 사람들은, 선생님께서 젊었을 적에 호방하고 자유롭게 행동하셨고 또 일찍이 글짓는 일에 몰두하기도 했고 불교와 도교 사상에도 출입하셨던 일을 알고 있어서, 갑자기 이러한 학설을 듣고는 모두가 선생님께서 특이한 일을 좋아하여 기이한 학설을 내세우는 거라 보고서 따져보지도 않고 아무렇게나 버려두었었다. 선생님께서는 오랑캐 땅에 3년 계시는 동안 곤경에 처하였을 때 고요히 수양하시어 정순(精純)하고 순일(純一)한 공부가

이미 멀리 성인의 경지에 들어가 순수하고 위대하고 지극한 중정(中正)에 달하여 계심을 알지 못하기 때문인 것이다.

原文 先生明睿天授, 然和樂坦易, 不事邊幅. 人見其少時豪邁不羈, 又嘗泛濫於詞章, 出入二氏之學, 驟聞是說, 皆目以爲立異好奇, 漫不省究. 不知先生居夷三載, 處困養靜, 精一之功, 固已超入聖域, 粹然大中至正之歸矣.

註解 ㅇ天授(천수)-타고난 천성. ㅇ事邊幅(사변폭)-겉치레나 소용없는 일에 마음을 쓰는 것. ㅇ不羈(불기)-매이지 않다. 자유로이 행동하다. ㅇ泛濫(범람)-어떤 일에 마음을 많이 쓰는 것. ㅇ二氏(이씨)-석가여래(釋迦如來)와 노자(老子), 곧 불교와 도교. ㅇ居夷三載(거이삼재)-왕양명이 무종(武宗)의 정덕(正德) 원년(1506) 귀주성(貴州省)의 용장(龍場) 역승(驛丞)으로 귀양가서 3년 동안 묘족(苗族)들 사이에서 살았던 일을 가리킨다. ㅇ精一之功(정일지공)-'정일(精一)'은 《서경(書經)》 대우모(大禹謨)의 '정순〔精〕하고 순일〔一〕되게 그 중정〔中〕함을 잡아라'는 말에서 따온 것이며, 공(功)은 수양한 결과를 뜻한다. ㅇ大中至正(대중지정)-위대하고 지극하게 알맞고 바른 것, 사람이 완전무결한 성인의 경지에 도달해 있는 것을 형용한 말이다.

解說 왕양명의 젊었을 적 행동만을 보고 그를 잘못 이해하고 있는 사람들이 많지만, 사실은 그가 오랑캐 땅에서 3년 고생하는 동안 정신적인 수양을 쌓아 성인의 경지에 달해 있음을 설명한 대목이다.

3. 나는 아침저녁으로 선생 문하에서 가르침을 받고 있는데 선생님의 도는 가까이하기가 쉬운 듯하면서도 우러러 볼수록 더욱 높기만 하고, 봄에는 거친 듯하면서도 탐구하여 볼수록 더욱 정밀하기만 하고, 따라가 보면 가까운 듯하면서도 나아가 볼수록 더욱더 무궁하여

짐을 느끼고 있다. 10여 년이 지났지만 결국은 그 윤곽조차도 들여다 보지 못하고 있는 것이다.

세상의 군자들은 혹은 선생님과 겨우 한 번 대면한 정도이거나 혹은 그분의 기침 소리조차도 들어보지 못했으면서도 간혹 미리부터 가벼이 여기거나 분격하는 마음을 품고서 선생님에 관하여 즉시 서둘러서 남의 말을 엿들은 것을 근거로 하여 억측에 의한 판단이나 자기 멋대로의 평가를 시도하는 이도 있는 것이다. 어찌하여 그것이 제대로 들어맞을 수가 있겠는가?

선생님을 따라 공부하는 선비들도 선생님의 가르침을 듣고서는 왕왕 하나는 이해하지만 둘은 빠뜨리거나 그 겉보기만을 따지다가 그 중요한 내용을 버리기 일쑤인 것이다. 그러므로 나는 평소에 들은 일들을 모두 기록하여 슬며시 동지들에게 보임으로써 서로 더불어 생각하며 바로잡으려 하는 것이다. 선생님의 가르침을 어기는 일이 없기를 바랄 따름이다.

문인 서애 씀.

原文 愛朝夕炙門下, 但見先生之道, 卽之若易, 而仰之愈高, 見之若粗, 而探之愈精, 就之若近, 而造之愈益無窮. 十餘年來, 竟未能窺其藩籬.

世之君子, 或與先生僅交一面, 或猶未聞其謦欬, 或先懷忽易憤激之心, 而遽欲於立談之間, 傳聞之說, 臆斷懸度. 如之何其可得也?

從遊之士, 聞先生之教, 往往得一而遺二, 見其牝牡驪黃, 而棄其所謂千里者. 故愛備錄平日之所聞, 私以示夫同志, 相與考而正之. 庶無負先生之教云.

門人徐愛書.

註解 ○炙(자)－친근하다, 가까이서 가르침을 받다. ○先生之道(선생지도)－왕양명의 학설, 가르침. ○藩籬(번리)－울타리, 윤곽(輪廓). ○謦欬(경해)－기침하는 것. ○忽易(홀이)－가벼이 여기다. 경시하다. ○立談之間(입담지간)－서서 얘기하는 사이. 짧은 시간. ○懸度(현탁)－자기 멋대로 추측하는 것. ○牝牡驪黃(빈무려황)－말의 암·수컷과 털빛이 검고 누런 것, 곧 겉모양. 《열자(列子)》 설부편(說符篇)에 말의 관상을 잘 보는 백락(伯樂) 얘기가 보인다. 백락은 천리마(千里馬)를 찾아놓고 주(周)나라 목왕(穆王)에게 '누런 암말'이라 보고하였다. 그러나 가보니 실은 '검은 숫말'이었다. 다만 이놈이 천리마임에는 틀림없었다. 백락은 말의 속만 보았지 겉모양에는 주의하지 않았기 때문에 보고를 잘못하였던 것이다. 반대로 세상 사람들은 말의 겉모양이나 보았지 그것이 천리마인지 아둔한 말인지는 알아보지 못한다. ○庶(서)－바라건대.

解說 왕양명의 학설은 심오하고도 고상하다. 그러나 세상 사람들은 이를 알지 못하고 그를 비평하기만 한다. 서애는 이 그릇된 견해들을 바로잡고 올바른 선생님의 가르침을 전하기 위하여 이 글을 쓰게 되었음을 밝힌 것이다.

이하는 문인 서애가 수록(收錄)한 것이다.(以下門人徐愛錄)

본문(本文)

1. 내가 여쭈었다.

"《대학》의 '백성들을 친근히 함[親民]'이란 말에 대하여 주자(朱子)는 마땅히 '백성들을 새로이 함[新民]'으로 써야 한다고 주장하였습니다. 뒷 장(章)에 '새로이 백성들을 일으킨다[作新民]'는 글이 있으니 역시 근거는 있는 것 같습니다. 선생님께서는 구본(舊本)을 따라서 마땅히 친민(親民)으로 써야 한다고 말씀하셨는데 달리 근거가 있는지요?"

선생님께서 말씀하셨다.

"'새로이 백성들을 일으킨다[作新民]'는 '신(新)'은 스스로 새롭게 하는 백성들을 두고 한 말이어서 '백성들을 새롭게 하는 데 있다[在新民]'는 '신(新)'과는 같지 않은 것이다. 이것이 어찌 근거가 될 수 있겠느냐?

'일으킨다'는 '작(作)'자야말로 오히려 '백성들을 친근히 한다'는 '친(親)'자와 상대가 된다. 그러나 '친근히 한다'는 뜻은 아니다. 아래쪽 '나라를 다스리고 천하를 평화롭게 한다[治國平天下]'는 대목도 모두 '신(新)'의 '새롭게 한다'는 뜻을 밝히고 있지 않다. 오히려 '군자(君子)는 어진이를 존경하고 그의 친족들을 친근히 하지만, 소인(小人)은 자기의 즐거움을 즐기고 그의 이익만을 이롭게 여긴다.' 또 '갓난아기를 보호하는 것처럼 백성들이 좋아하는 것이면 그도 좋아하고 백성들이 싫어하는 것이면 그도 싫어한다. 이런 것을 두고 백성들의 부모라는 것이다'는 종류의 글들은 모두가 '친근히 한다'는 '친(親)'자의 뜻이 있는 것이다.

'백성들을 친근히 함[親民]'이란 마치 《맹자(孟子)》의 '친족들과 친근히 지내고 백성들을 사랑한다'는 말과 같은 것이다. '친근히 한다'는 것은 '사랑한다'는 뜻인 것이다. 《서경(書經)》 순전(舜典)에서 '백성들이 친근히 지내지 않으므로 순(舜)임금은 설(契)을 사도(司徒)로 삼아 공경히 다섯 가지 가르침[五敎]을 펴나가게 하였다'고 한 것도 백성들을 친근히 하는 일인 것이다. 요전(堯典)에서 '위대한 덕을 잘 밝히셨다'고 한 것은 바로 '밝은 덕을 밝히는 것[明明德]'이며, '그럼으로써 모든 친족들과 친근히 하였다'고 한 데서부터 '평화롭고 밝게 다스리셨다' '서로 조화되게 하셨다'고 한 데까지가 모두 바로 '백성들을 친근히 함'을 뜻하는 것이며 바로 '밝은 덕을 천하에 밝힘'을 뜻하는 것이다.

또 공자께서 말씀하신 '자기를 수양함으로써 백성들을 편안케 한다

〔修己以安民〕'는 말의, '자기를 수양함'이란 바로 '밝은 덕을 밝힘'을 뜻하며, '백성들을 편안케 함'이란 바로 '백성들을 친근히 함'을 뜻하는 것이다. '백성들을 친근히 한다'고 말하면 곧 교화와 양생(養生)의 뜻을 다 겸하는 게 되지만 '백성들을 새롭게 한다'고 말하면 곧 한편으로 치우쳐짐을 느낄 것이다."

原文 愛問, 在親民, 朱子謂, 當作新民. 後章作新民之文, 似亦有據. 先生以爲, 宜從舊本作親民, 亦有所據否?

先生曰, 作新民之新, 是自新之民, 與在新民之新不同. 此豈足爲據?

作字卻與親字相對, 然非親字義. 下面治國平天下處, 皆於新字無發明. 如云, 君子賢其賢, 而親其親, 小人樂其樂, 而利其利, 如保赤子, 民之所好好之, 民之所惡惡之. 此之謂民之父母之類, 皆是親字意.

親民猶孟子親親仁民之謂. 親之卽仁之也. 百姓不親, 舜使契爲司徒, 敬敷五教, 所以親之也. 堯典克明峻德, 便是明明德. 以親九族, 至平章協和, 便是親民. 便是明明德於天下.

又如孔子言修己以安百姓, 修己, 便是明明德. 安百姓, 便是親民. 說親民, 便是兼教養意. 說新民, 便覺偏了.

註解 ㅇ在親民(재친민)－《대학》의 첫머리에 '대학의 도는 밝은 덕을 밝히는 데 있고 백성들을 친근히 하는 데 있으며 지극한 선(善)에 머무는 데 있다〔大學之道, 在明明德, 在親民, 在止於至善〕'고 한 데서 따온 말임. 주자는 정자(程子)의 설을 따라 '친(親)'을 '새롭게 한다'는 '신(新)'으로 고쳐 읽고, 그것을 바탕으로 자기의 학술사상을 전개시키고 있다. ㅇ朱子(주자)－이름은 희(熹), 자는 원회(元晦), 호는 회암(晦菴). 성리학(性理學)을 크게 완성시킨 남송시대의 대학자임. ㅇ作新民(작신민)－

《대학》에서 《서경》 강고(康誥)의 말로써 인용한 구절임. ㅇ自新之民(자신지민)－주자도 '작신민(作新民)'에 '그 스스로 새로워지는 백성들을 떨쳐 일으키는 것'이라고 주를 달고 있다. ㅇ親親仁民(친친인민)－《맹자》 진심상(盡心上)편에 나오는 말. ㅇ契(설)－순임금을 섬긴 신하 이름. 우(禹)를 도와 치수(治水)에 공을 세워 상(商)나라에 봉해져 상나라의 조상이 되었다. ㅇ司徒(사도)－백성들의 교육과 행정을 관장하는 관리 이름. ㅇ五教(오교)－부자의 친(親), 임금과 신하의 의(義), 부부의 별(別), 어른과 젊은이의 서(序), 친구 사이의 신(信)에 관한 다섯 가지 가르침. ㅇ敷(부)－펴다. ㅇ峻德(준덕)－큰 덕. 《서경》 요전(堯典)을 보면 요임금의 덕을 기리어 '위대한 덕을 잘 밝힘으로써 온 친족들을 친근케 하고, 온 친족들이 화목해진 다음에는 백성들을 평화롭고 밝게 다스리고, 백성들을 밝게 다스림으로써 온 세상을 서로 조화되고 평화롭게 하셨다[克明峻德, 以親九族, 九族旣睦, 平章百姓, 百姓昭明, 協和萬邦]'고 말하고 있다. 이 대목은 이 글을 두고 얘기하고 있는 것이다. ㅇ修己以安百姓(수기이안백성)－《논어》 헌문(憲問)편에 보이는 말. ㅇ教養(교양)－백성들을 덕으로 교화(教化)하고 물질적으로 양육(養育)하는 것.

解說 《대학》의 '친민(親民)'에 대한 주자의 해설과 다른 견해를 밝힌 대목이다. 이 구절에 대한 해설은 그들의 사상의 전개와도 깊은 관계가 있으나 여기서는 다만 글자 뜻의 해석을 중심으로 한 의론이 전개되고 있다.

2. 내가 여쭈어 보았다.

"《대학》에 '멈출 곳을 안 뒤에야 안정됨이 있다'는 구절에 대하여 주자는 '모든 일, 모든 물건에 모두 일정한 이치가 있기 때문이다'고 하였으니 선생님의 학설과는 서로 어긋나는 것 같습니다."

선생님께서 대답하셨다.

"모든 일 모든 물건에 있어서 지극한 선(善)을 추구하는 것은 '의

(義)는 마음 밖의 것'이란 주장과 같다. 지극한 선이란 마음의 본체(本體)여서 오직 밝은 덕을 밝히어 지극히 정순(精純)하고 지극히 순일(純一)하게 하기만 하면 되는 것이다. 그렇지만 역시 일과 물건을 떠나 버리는 것은 아닌 것이다. 주자의 본주(本註)에서 말한 '하늘의 이치의 극치를 다하되 조그마한 사람의 개인적인 욕망도 없는 것'이라는 해석은 옳은 것이다."

原文 愛問, 知止而後有定, 朱子以爲事事物物皆有定理, 似與先生之說相戾.

先生曰, 於事事物物上求至善, 卻是義外也. 至善是心之本體. 只是明明德, 到至精至一處便是. 然亦未嘗離卻事物. 本註所謂盡夫天理之極, 而無一毫人欲之私者, 得之.

註解 ㅇ朱子(주자)－주자의《대학혹문(大學或問)》에 나오는 해설.《대학혹문》에서 그는 '멈출 곳을 잘 안다면 짧은 사이에도 모든 일, 모든 물건에 모두 일정한 이치가 있게 된다'고 하였다. ㅇ至善(지선)－지극한 선. 주자는 '사리(事理)의 당연한 극치'라 해설하고 있다. ㅇ義外(의외)－《맹자》 고자상(告子上)편을 보면 고자는 '인(仁)은 안의 것이요 의(義)는 밖의 것'이라 주장하고 있는데, 맹자는 그것을 반박하고 있다. 왕양명은 '마음이 곧 이(理)'라 주장하면서 이 고자의 말을 인용하며 주자가 '모든 사물에 이가 있다'고 주장한 것을 공격한 것이다. ㅇ本註(본주)－주자의《대학혹문》에 대하여 그의《대학장구(大學章句)》를 가리킨다. ㅇ盡夫天理之極(진부천리지극)－이 구절은 주자가《대학》의 삼강령(三綱領)인 '지선(至善)'을 해설하는 데 사용한 말임.

解說 '이(理)'의 내외(內外)의 문제는 바로 주자학(朱子學)과 양명학(陽明學)의 갈림길이 되는 곳이다. 이가 곧 사람의 마음이라 보는 것과 모든 사물에 있다는 것은 그들의 철학사상의 전개에 있어 크게

결과를 달리하게 한다. 이 문제는 뒤에 다시 여러번 나올 것이므로 자세한 설명은 뒤의 본문으로 미룬다.

3. 내가 여쭈어 보았다.

"'지극한 선'을 오직 마음에서만 구한다면 아마 천하의 사리(事理)는 다할 수 없을 것만 같습니다."

선생님께서 말씀하셨다.

"마음이 곧 이치〔理〕인 것이다. 천하에 또 마음 밖의 일이 있고 마음 밖의 이치가 있는가?"

내가 말씀드렸다.

"아버지를 섬기는 효도나 임금을 섬기는 충성이나 벗과 사귀는 믿음이나 백성을 다스리는 어짊 같은 것들에는 그것들 사이에도 허다한 이치가 존재하고 있습니다. 아마 잘 살피시지 않으면 안될 것 같습니다."

선생님께서 탄식하시며 말씀하셨다.

"그러한 설이 올바른 생각을 가리어 온 지는 오래된 일이다. 어찌 한마디 말로써 깨닫게 할 수야 있겠는가! 지금은 그저 질문한 말에 대해서만 얘기해 보겠다.

아버지를 섬기는 일 같은 것은 아버지에게서 효도의 이치를 구할 수 있는 것이 아니다. 임금을 섬기는 일은 임금에게서 충성의 이치를 구할 수 있는 것이 아니다. 벗을 사귀고 백성을 다스리는 데 있어서도 벗에게나 백성들에게서 믿음이나 어짊의 이치가 구해지는 것은 아니다. 모두가 다만 자기의 마음에 달려 있는 것이다. 마음이 곧 이치인 것이다.

이 마음에 사사로운 욕심에 의하여 가리워진 게 없다면 곧 그것이 천리(天理)인 것이니 밖으로부터 조금도 더 보탤 필요가 없는 것이다. 이 천리에 순일(純一)해진 마음을 가지고서 그것을 발휘하여 아버지를 섬기면 곧 그것이 효도이며, 그것을 발휘하여 임금을 섬기면 곧 그것이 충성이며, 그것을 발휘하여 벗을 사귀고 백성들을 다스리면, 곧 그것이 믿음과 어짊인 것이다. 오직 자기의 마음에 있어서 개인의 욕망을 버리고 천리(天理)를 간직하려는 노력만 하면 곧 되는 것이다."

내가 다시 여쭈었다.

"선생님의 이러한 말씀을 듣고서 저는 이미 깨달은 바가 있다고 느끼고 있습니다. 그러나 구설(舊說)이 가슴속에 서리어 있어서 아직도 석연치 않은 점이 있습니다. 아버지를 섬기는 한 가지 일로 말씀드리더라도 그 사이에서 추위와 더위에 마음을 쓰고 아침저녁으로 문안을 드리는 것 같은 일들이 허다합니다. 그러한 일들도 강구해야만 되는지 알지 못하겠습니다."

선생님께서 말씀하셨다.

"어찌 강구하지 않을 수가 있겠느냐? 다만 거기에는 요점이 있는 것이다. 오직 자기의 마음에서 개인의 욕망은 버리고 천리(天理)만을 남겨두도록 강구해야만 할 것이다. 예를 들면 겨울에 따스하게 해드림을 강구함에 있어서도 다만 자기 마음의 효성을 다하기만 하여야지 터럭만큼이라도 개인의 욕망이 거기에 섞여들지 않도록 조심해야 한다. 여름에 시원하게 해드림을 강구함에 있어서도 다만 자기 마음의 효성을 다하기만 하여야지 터럭만큼이라도 개인의 욕망이 거기에 섞여들지 않도록 조심해야 한다.

오직 이러한 마음으로 강구하기만 하여 자기 마음에 개인의 욕망은 없어지고 순일한 천리만이 있게 된다면 아마도 어버이에게 효도함에 정성을 다하는 마음이 되어서, 겨울철이면 자연히 부모님의 추위를 생각하고 따뜻하게 해드릴 방법을 강구하게 될 것이고, 여름철이면 자연히 부모님의 더위를 생각하고 곧 스스로 시원하게 해드릴 방법을 강구하게 될 것이다. 이것은 모두가 효도함에 있어 정성을 다하는 마음에서 발휘되는 조건인 것이다. 또한 반드시 이러한 효도에 정성을 다하는 마음이 있어야만 이러한 조건이 발휘되는 것이다.

그것을 나무에다 비유한다면 이 효도에 정성을 다하는 마음이란 바로 뿌리이며, 여러 가지 조건들이란 가지와 잎과 같은 것이다. 반드시 먼저 뿌리가 있어야만 가지와 잎이 존재할 수 있는 것이다. 먼저 가지와 잎을 찾아놓은 다음에 뿌리를 심지는 않는 법이다.《예기》에 말하기를 '효자로서 깊은 애정이 있는 사람은 반드시 유화(柔和)한 기색이 있다. 유화한 기색이 있는 사람은 반드시 즐거운 표정을 짓는다. 즐거운 표정을 짓는 사람은 반드시 유순한 태도를 지닌다'고 하였다. 반드시 깊은 애정이 뿌리박고 있어야만 자연히 이와 같이 될 수가 있는 것이다."

原文 愛問, 至善只求諸心, 恐於天下事理有不能盡.

先生曰, 心卽理也. 天下又有心外之事, 心外之理乎?

愛曰, 如事父之孝, 事君之忠, 交友之信, 治民之仁, 其間有許多理在. 恐亦不可不察.

先生嘆曰, 此說之蔽久矣. 豈一語所能悟. 今姑就所問者言之.

且如事父, 不成去父上求箇孝的理. 事君, 不成去君上求箇忠的理. 交友治民, 不成去友上民上求箇信與仁的理. 都只在此心. 心卽理也. 此心無私欲之蔽, 卽是天理, 不須外面添一分.

以此純乎天理之心, 發之事父, 便是孝, 發之事君, 便是忠, 發之交友治民, 便是信與仁. 只在此心去人欲存天理上用功, 便是.

愛曰, 聞先生如此說, 愛已覺有省悟處. 但舊說纏於胸中, 尚有未脫然者. 如事父一事, 其間溫凊定省之類, 有許多節目. 不知亦須講求否?

先生曰, 如何不講求? 只是有箇頭腦. 只是就此心去人欲存天理上講求. 就如講求冬溫, 也只是要盡此心之孝, 恐怕有一毫人欲間雜. 講求夏清, 也只是要盡此心之孝, 恐怕有一毫人欲間雜.

只是講求得此心, 此心若無人欲, 純是天理, 是箇誠於孝親的心, 冬時自然思量父母的寒, 便自要去求箇溫的道理, 夏時自然思量父母的熱, 便自要去求箇清的道理. 這都是那誠孝的心發出來的條件. 卻是須有這誠孝的心, 然後有這條件發出來.

譬之樹木, 這誠孝的心便是根, 許多條件, 便是枝葉. 須先有根, 然後有枝葉. 不是先尋了枝葉, 然後去種根. 禮記言, 孝子之有深愛者, 必有和氣. 有和氣者, 必有愉色, 有愉色者, 必有婉容. 須是有箇深愛做根, 便自然如此.

註解 ㅇ至善(지선)—여기서는 앞 대목에서 얘기한 '이(理)'와 같은 것이다. ㅇ心卽理(심즉리)—왕양명에 앞서 송(宋)나라 육상산(陸象山)이 주자와 견해를 달리하여 주장한 말임. 왕양명은 여러 면에서 육상산의 영향을 많이 받고 있다. ㅇ蔽(폐)—가리다. 올바른 모습이나 생각을 가리는 것. ㅇ不成(불성)— ……이 되지 않는다. 백화(白話)식의 표현임. ㅇ去父上(거부상)—아버지에게서. 역시 백화식의 표현임. ㅇ用功(용공)—노력하다. 힘쓰다. ㅇ舊說(구설)—주자의 학설을 가리킨다. ㅇ纏(전)—감기다, 서리다. ㅇ脫然(탈연)—석연해지다. 확 풀리다. ㅇ溫凊定省(온청정성)—《예기》 곡례상(曲禮上)편에 '무릇 사람의 자식된 사람의 예는 겨울에는 따스하게 해드리고[溫], 여름에는 시원하게 해드리며[凊], 저녁에는 일정하게 인사드리고[定], 아침에는 문안드려야 하는 것이다[省]'고 한 말에서 인용한 보통사람들이 행해야 할 효행임. ㅇ節目(절목)—여러 가지 일. 프로그램. ㅇ講求(강구)—강구(講究)하다, 연구 노력하다. ㅇ頭腦(두뇌)—중요한 곳. 요점. ㅇ一毫(일호)—한 개의 터럭, 조그만 것에 비유한 말.

解說 여기서는 실제로 효행이나 충성 같은 문제들을 놓고서 사람들

의 '마음이 곧 이치'임을 해설하고 있다. 모든 사람의 행동은 마음에서 출발하는 것이므로, 기본이 되는 '이(理)'는 바로 마음에 있다는 것이다. 따라서 사람은 무엇보다도 순일(純一)한 사욕 없는 마음가짐을 지니는 게 가장 중요하다는 것이다.

4. 정일초(鄭一初)가 여쭈어 보았다.

"'지극한 선'도 반드시 사물(事物)에서 구해야만 할 것이 있지 않습니까?"

선생님께서 말씀하셨다.

"'지극한 선'이란 오직 이 마음이 천리(天理)에 순일(純一)한 극치에 이르게 되면 곧 그것인 것이다. 그밖에 사물에서 어찌 무엇을 구하겠는가? 그렇지만 네가 생각하고 있는 몇 가지 예를 얘기해 보거라."

정일초가 아뢰었다.

"어버이를 섬기는 일 같은 것으로 말씀드린다면 어떻게 하면 따스하게 해드릴까, 어떻게 하면 봉양(奉養)을 잘 해드릴까 하는 일은 반드시 가장 합당한 방법을 구해야만 할 것입니다. 바로 이것이 '지극한 선'입니다. 그래서 학문과 사변(思辨)의 공과(功果)가 있게 되는 것입니다."

선생님께서 말씀하셨다.

"만약 따스하고 시원하게 적절히 해드리고 봉양을 잘 해드리는 것뿐이라면 하루이틀 그에 관하여 연구하면 다 잘될 것이다. 무슨 학문이나 사변이 거기에 소용있겠느냐?

다만 따스하고 시원하게 해드릴 적에도 오직 이 마음이 천리에 순일한 극치에 이르도록 해야만 하며, 봉양해 드릴 적에도 오직 이 마음이 천리에 순일한 극치에 이르도록 해야만 하는 것이다. 이 일은 학문과 사변을 쌓지 않았다면 처음엔 작은 듯하지만 결과적으로 천리의 그릇된 결과가 됨을 면할 수 없을 것이다. 그래서 비록 성인들이라 하더라도 더욱 정일(精一)해야 한다는 훈계가 필요했던 것이다.

만약 오직 그러한 외면상의 예절에 있어서만 합당함을 구하는 것을 곧 '지극한 선'이라 말한다면 지금 배우들이 여러 가지 따스하고 시원하게 해드리고 봉양하는 외면적인 예절을 합당하게 연출한 데도 역시 그것을 '지극한 선'이라 말할 수 있게 될 것이다."

나는 이날의 문답을 듣고 또 스스로를 반성하였다.

原文 鄭朝朔問, 至善亦須有從事物上求者.

先生曰, 至善只是此心純乎天理之極便是. 更於事物上怎生求? 且試說幾件看.

朝朔曰, 且如事親, 如何而爲溫凊之節, 如何而爲奉養之宜. 須求箇是當, 方是至善. 所以有學問思辨之功.

先生曰, 若只是溫凊之節, 奉養之宜, 可一日二日講之而盡. 用得甚學問思辨?

惟於溫凊時, 也只要此心純乎天理之極, 奉養時, 也只要此心純乎天理之極. 此則非有學問思辨之功, 將不免於毫釐千里之繆. 所以雖在聖人, 猶加精一之訓.

若只是那些儀節, 求得是當, 便謂至善, 卽如今扮戲子, 扮得許多溫凊奉養的儀節是當, 亦可謂之至善矣.

愛於是日又有省.

註解 ㅇ鄭朝朔(정조삭)-이름은 일초(一初), 조삭은 그의 자이며, 왕양명의 제자 중의 한사람. ㅇ怎生(즘생)-옛날 백화체(白話體) 말로서 현대 중국어의 '어떻게? [怎麽樣]'와 같은 말임. ㅇ如何而溫凊(여하이온청)…… -주자의 《대학혹문(大學或問)》에 보이는 말을 인용한 것임. ㅇ學問思辨(학문사변)-《중용》에 보이는 박학(博學), 심문(審問), 신사(愼思),

명변(明辨)을 간략히 모은 말임. ㅇ甚(심)－현대 중국어의 '무슨?(甚麽)'과 같은 백화식의 표현임. ㅇ毫釐千里之繆(호리천리지류)－처음에는 약간의 차이에 불과하던 게 나중에는 큰 차이가 나는 과오를 범한다는 뜻. 《예기》 애공문(哀公問)편 및 사마천(司馬遷)의 《사기(史記)》 태사공자서(太史公自序) 등에 보이는 말. ㅇ精一之訓(정일지훈)－《서경》 대우모(大禹謨)편에 보면 순(舜)임금이 우(禹)에게 교훈하여 '오직 정순되고 오직 순일되게 진실로 그 중정(中正)함을 잡아라[惟精惟一, 允執厥中]'고 말한 것을 간단히 표현한 말임. ㅇ儀節(의절)－형식적인 예의. ㅇ扮戲子(반희자)－연극 배우. ㅇ扮(반)－분장(扮裝)하다, 연극을 연출하다.

解說 여기서도 앞의 '마음이 곧 이(理)'라는 이론을 부연한다. 효행도 형식적인 행동보다도 그의 마음을 천리(天理)에 순일한 극치로 이끌어 나가는 데서 '지극한 선'을 찾아야 함을 역설하고 있다. 효행뿐만 아니라 모든 사물의 '지극한 선'은 그의 마음을 천리에 따라 순일케 하는 데서 얻어진다는 것이다.

5-1. 나는 아직도 선생님의 '지행합일(知行合一)'의 가르침을 잘 이해하지 못하고 있었기 때문에 종현(宗賢)·유현(惟賢)의 두 사람과 주고받고 토론을 하였으나 결론을 얻지 못하였다. 그래서 선생님께 여쭈었다. 선생님이 말씀하셨다.

"생각한 것을 얘기해 보아라."

내가 아뢰었다.

"지금 사람들은 누구나가 아버지에게는 효도를 다하고 형에게는 아우 노릇을 다하여야 함을 알고 있지만 효도를 다하지 못하거나 아우 노릇을 다하지 못하기 일쑤입니다. 그러니 앎[知]과 행동[行]은 분명히 두 가지 일인 것 같습니다."

선생님께서 말씀하셨다.

"거기에는 이미 사욕(私欲)에 의한 격절(隔絶)이 있으므로 지행(知行)의 본체는 아닌 것이다. 알면서도 행하지 않는 자는 있을 수 없는 것이다. 알면서도 행하지 않는다면 그것은 다만 알지 못하는 것이다.

성현들이 사람들에게 가르친 것은 앎과 행동의 바로 그 본체로 회복케 하자는 것이었다. 그대들로 하여금 그처럼 멋대로 행하게 두려는 것은 아니었다. 그러므로 《대학》에서는 참된 앎과 행동을 지적하여 사람들에게 보여주면서 그것은 '아름다운 색깔을 좋아하고 악한 냄새를 싫어하는 것과 같은 것'이라 말하고 있는 것이다. 아름다운 색깔을 보는 것은 앎에 속하는 것이고, 아름다운 색깔을 좋아하는 것은 행동에 속하는 것이다. 다만 그 아름다운 색깔을 보았을 적에는 이미 자연스럽게 좋아하게 되는 것이다. 보고 난 뒤에 또다시 결심을 하고서 그것을 좋아하는 것은 아니다.

악한 냄새를 맡는다는 것은 앎에 속하고 악한 냄새를 싫어한다는 것은 행동에 속한다. 다만 그 악한 냄새를 맡았을 적에는 이미 자연스럽게 싫어하게 되는 것이다. 맡고 난 뒤에 달리 결심을 하고서 그것을 싫어하는 것은 아니다. 코가 막힌 사람이라면 비록 악한 냄새가 나는 것이 눈앞에 보인다 하더라도 코로써 그것을 냄새맡지 못하기 때문에 곧 별로 싫어하지 않는다. 그것은 다만 냄새를 알지 못하기 때문인 것이다.

또 어떤 사람이 효도를 알고 아우 노릇을 알고 있다고 한다면 반드시 그 사람은 이미 효도를 행하거나 아우 노릇을 하고 있기 때문에 그가 효도를 알고 아우 노릇을 안다고 말할 수 있는 것이다. 오직 효도나 아우 노릇에 관한 얘기들을 말할 줄 안다 해서 곧 그가 효도나 아우 노릇을 알고 있다고 말할 수는 없는 것이다.

또 아픔을 안다는 것도 반드시 먼저 자신이 아파 본 다음에야 아픔을 알게 되는 것이다. 추위를 아는 것도 반드시 먼저 자신이 추위를 겪어 보아야 되는 것이다. 굶주림을 아는 것도 반드시 먼저 자신이 굶주려 보아야 되는 것이다. 앎과 행동을 어찌 따로 떼어놓을 수가 있겠는가?

이것은 바로 앎과 행동의 본체이며, 사사로운 뜻에 의한 격절(隔絶)이 전혀 없는 것이다. 성인들이 사람들에게 가르치신 것은 반드시 이러하기를 요구하신 것일 것이다. 그렇게 되어야만 비로소 그것을 앎이라 말할 수가 있을 것이다. 그렇지 않다면 그것은 전혀 알지 못하는 것이다.

이것이야말로 얼마나 중요하고 실질적인 공부가 되겠는가? 그런데도 지금 억지로 앎과 행동을 두 가지로 나누어야 한다고 말하려 드는 것은 무슨 뜻에서인가? 나는 그것들을 하나라고 주장하는데 그것은 무슨 뜻에서이겠는가?

만약 그러한 입론(立論)의 주지(主旨)를 알지 못하고서 오직 한 개다, 두 개다, 하고 말하기만 한다면 또한 무슨 소용이 있겠는가?"

原文 愛因未會先生知行合一之訓, 與宗賢惟賢往復辯論, 未能決. 以問於先生.

先生曰, 試擧看.

愛曰, 如今, 人儘有知得父當孝, 兄當弟者. 却不能孝, 不能弟. 便是知與行, 分明是兩件.

先生曰, 此已被私欲隔斷. 不是知行的本體了. 未有知而不行者. 知而不行, 只是未知.

聖賢敎人, 知行正是要復那本體. 不是着你只恁的便罷. 故大學指箇眞知行, 與人看, 說如好好色, 如惡惡臭. 見好色屬知, 好好色屬行. 只見那好色時, 已自好了. 不是見了後, 又立箇心去好.

聞惡臭屬知, 惡惡臭屬行. 只聞那惡臭時, 已自惡了. 不是聞了後, 別立箇心去惡. 如鼻塞人, 雖見惡臭在前, 鼻中不曾聞得, 便亦不甚惡. 亦只是不曾知臭.

就如稱某人知孝, 某人知弟, 必是其人已曾行孝行弟, 方可稱他知孝知弟. 不成只是曉得說些孝弟的話, 便可稱爲知孝弟.

又如知痛, 必已自痛了方知痛. 知寒, 必已自寒了. 知饑, 必已自饑了. 知行如何分得開?

此便是知行的本體, 不曾有私意隔斷的. 聖人敎人, 必要是如此. 方可謂之知. 不然, 只是不曾知.

此卻是何等緊切着實的工夫? 如今苦苦定要說知行做兩箇. 是甚麼意. 某要說做一箇. 是甚麼意?

若不知立言宗旨, 只管說一箇兩箇, 亦有甚用?

註解 ㅇ會(회)－이해하다. 알다. ㅇ宗賢(종현)－황관(黃綰)의 자, 호를 구암(久庵)이라 하였으며 왕양명의 제자이다. ㅇ惟賢(유현)－고응상(顧應祥)의 자, 호는 약계(若溪), 종현과 함께 왕양명의 제자. ㅇ擧(거)－생각하고 있는 것을 구체적으로 예를 드는 것. ㅇ着(착)－……로 하여금, 사(使)와 이 경우엔 같은 뜻임. ㅇ恁的(임적)－그처럼. 백화적인 표현이다. ㅇ聞(문)－냄새를 맡다. ㅇ曉(효)－알다. 깨닫다. ㅇ苦苦(고고)－억지로 고생하며. ㅇ只管(지관)－오직 ……하려고만 들다.

解說 '앎과 행동이 하나로 합치되어야 한다'는 '지행합일'은 왕양명 사상의 특징 중의 하나이다. 보통사람들은 '앎'과 행동은 별개의 것으로 생각하고 있으므로 여기에서는 그것을 알기 쉽게 설명한 것이다.

5-2. 내가 여쭈었다.

"옛사람들이 앎과 행동을 별개의 것이라고 말한 것은 역시 사람들로 하여금 보고서 잘 알게 하려는 것이었습니다. 한편으로는 앎에 대한 공부를 하고 한편으로는 행동에 대한 공부를 하도록 하려는 것입니다. 그래야만 비로소 공부의 결과가 나타날 것입니다."

선생님께서 말씀하셨다.

"그건 오히려 옛사람들의 주지(主旨)를 잃고 있는 거야. 나는 전에도 말했지만 앎이란 행동의 본의(本意)이며 행동이란 앎의 공부인 것이다. 앎이란 행동의 시작이며 행동이란 앎의 완성인 것이다. 만약 무엇을 깨달았을 적에 오직 한 가지 앎만을 말하지만 이미 스스로 행동도 거기에 존재하는 것이다. 오직 한 가지 행동만을 말한다 하더라도 이미 스스로 앎이 거기에 존재하는 것이다.

옛사람들이 한 가지 앎만을 얘기한 한편 또 한 가지 행동만을 얘기한 것은 까닭이 있는 것이다. 오직 세상에는 특수한 사람들이 있어서 멍청히 멋대로 행동하면서 전혀 생각하고 살피고 할 줄을 모르기 때문인 것이다. 이것은 또한 맹목적인 행동이라고 말할 수가 있는 것이다. 그래서 반드시 앎에 대해서 이야기해야만 비로소 행동이 제대로 될 수 있는 것이다.

또 한 가지 특수한 사람들은 막연히 터무니없는 사색만을 하고 전혀 착실히 실행하려 들지 않는다. 이것은 오직 추측이나 망상에 불과한 것이기 때문에 반드시 행동에 대하여 얘기해 주어야만 비로소 앎이 참되게 되는 것이다. 그래서 옛사람들은 부득이 편벽됨을 보충하고 폐단을 없애기 위한 설명을 하였던 것이다. 만약 뜻을 알기만 한다면 앎이나 행동에 대해 한 가지만을 얘기해도 충분할 것이다.

그런데도 지금 사람들은 앎과 행동을 두 가지로 나누어 이해하고 있다. 그들은 반드시 먼저 안 뒤에야 행동할 수 있다고 생각한다. 우리는 지금 앎에 대하여 배우고 토론하고 공부를 함으로써 앎이 참되게 된 다음에야 비로소 행동의 공부를 하여야 한다고 생각하고 있다. 그러므로 마침내는 평생토록 행동하지 못하거나 평생토록 알지 못하게 되고 마는 것이다.

이것은 결코 작은 병폐가 아니다. 그리고 그 유래도 하루 이틀에 된 게 아닌 것이다. 내가 지금 얘기하는 '지행합일(知行合一)'은 바로 이 병에 대한 약인 것이다. 또한 내가 터무니없이 함부로 지어낸 것도 아니다. 앎과 행동의 본체가 본시 이러한 것이다.

지금 만약 나의 주지(主旨)를 이해하기만 한다면 그것이 두 가지라고 말한 데도 상관없는 일이다. 그것은 오직 하나인 것이기 때문이다. 만약 나의 주지를 이해하지 못한다면 앎과 행동은 한 가지라고 말한 데도 무슨 일에 도움이 되겠는가? 오직 쓸데없는 애기에 불과하게 될 것이다."

原文 愛曰, 古人說知行做兩箇, 亦是要人見箇分曉. 一行做知的功夫, 一行做行的功夫, 卽功夫始有下落.

先生曰, 此卻失了古人宗旨也. 某嘗說, 知是行的主意, 行是知的功夫. 知是行之始, 行是知之成. 若會得時, 只說一箇知, 已自有行在. 只說一箇行, 已自有知在.

古人所以旣說一箇知, 又說一箇行者, 只爲世間有一種人, 懵懵懂懂的, 任意去做, 全不解思惟省察. 也只是箇冥行妄作. 所以必說箇知, 方纔行得是.

又有一種人, 茫茫蕩蕩, 懸空去思索, 全不肯着實躬行. 也只是箇揣摸影響. 所以必說一箇行, 方纔知得眞. 此是古人不得已補偏救弊的說話. 若見得這箇意時, 卽一言而足.

今人卻就將知行分作兩件去做. 以爲, 必先知了然後能行. 我如今且去講習討論做知的工夫, 待知得眞了, 方去做行的工夫. 故遂終身不行, 亦遂終身不知.

此不是小病痛. 其來已非一日矣. 某今說箇知行合一, 正是對病的藥. 又不是某鑿空杜撰. 知行本體, 原是如此.

今若知得宗旨時, 卽說兩箇亦不妨. 亦只是一箇. 若不會宗旨, 便說一箇亦濟得甚事? 只是閒說話.

註解 ㅇ古人說(고인설)－《중용(中庸)》에서 '나면서 알아 편안히 행동하고, 배워서 알아 편리하게 행동하고, 곤궁하여져서 알아 힘써 행동한다[生知安行, 學知利行, 困知勉行]'고 말한 것 등, 경서에서 앎과 행동에 대하여 얘기한 것을 가리킨다. ㅇ一行(일행)－한편으로. ㅇ下落(하락)－결말, 귀착, 결과. ㅇ懵懵懂懂(몽몽동동)－멍청한 것, 무언지 잘 모르는 모양. ㅇ冥行妄作(명행망작)－아무것도 모르면서 함부로 행동하는 것, 맹목적인 행동. ㅇ茫茫蕩蕩(망망탕탕)－물이 끝없이 넓은 모양. 뜻이 발전하여 '막연한 것'. ㅇ懸空(현공)－터무니없는 것. ㅇ揣摸(췌모)－추측하다. 상상하다. ㅇ影響(영향)－그림자와 울림을 뒤좇듯 망상(妄想)을 하는 것. ㅇ補偏救弊(보편구폐)－편벽된 잘못을 보충하고 폐단을 없애는 것. ㅇ一言(일언)－앎이나 행동 한 가지만을 얘기하는 것. ㅇ鑿空杜撰(착공두찬)－터무니없는 짓을 하고, 제멋대로 근거없이 지어내는 것.

解說 여기서도 왕양명의 '지행합일'의 학설이 계속 설명되고 있다. 그는 옛부터 어진 사람들이 앎과 행동을 따로 떼어 애기한 것은 어떤 이는 앎에만 치중하고 어떤 이는 행동에만 치중하므로 이 치우침을 보충하기 위한 것이었다는 것이다.

왕양명이 이처럼 '지행합일'을 주장한 것은 송대 성리학이 성행한 뒤로 이론에만 치우쳐서 유가 본래의 실천면이 등한히 된 데에 원인이 있다. 그는 이론에는 반드시 실행과 체험이 뒤따라야만 한다고 했다.

6-1. 내가 여쭈어 보았다.

"어제 선생님으로부터 '지극한 선에 머문다'는 데 대한 가르침을 듣고 나니 벌써 공부하는 데 힘주어야 할 곳이 따로 있음을 깨닫게 되었습니다. 그러나 주자(朱子)의 '격물(格物)은 물건에 대하여 그 이치를 추궁하는 것'이란 가르침과는 아무리 생각해 보아도 끝내 합치되지를 못합니다."

선생님께서 말씀하셨다.

" '격물'이란 '지극한 선에 머무는 것'에 대한 공부이다. 이미 '지극한 선'을 알았다면 곧 '격물'도 알고 있는 것이다."

내가 여쭈었다.

"어제 선생님께서 가르쳐 주신 것을 주자의 '격물'에 대한 설명에다 미루어 보아 대체적인 것은 이해할 수 있었던 것 같습니다. 그러나 주자의 가르침은 《서경(書經)》의 '오직 정순되고 순일되다'는 말이나 《논어(論語)》의 '널리 글을 배우고 예로써 단속한다'는 말이나 《맹자(孟子)》의 '마음을 다하고 본성을 안다'는 말을 모두 근거로 삼고 있습니다. 그래서 아직도 석연치 않습니다."

선생님께서 말씀하셨다.

"자하(子夏)는 성실히 성인을 믿고 따랐으나, 증자(曾子)는 돌이키어 자기 마음에 물어 진리를 구하였다. 성실히 성인을 믿는 것도 본시가 옳은 일이지만 돌이키어 자기 마음에 물어 진리를 구하는 것처럼 적절하지는 못하다. 지금 자기 마음에 납득이 되지 않는다면 어찌 옛날 들은 것에만 집착하고 올바른 것을 구하지 않겠는가?

주자 같은 분으로 말하더라도 역시 정자(程子)를 존경하고 믿었지만 그의 마음으로 납득할 수 없는 것에 이르러서는 또 어찌 구차히 따르기만 했겠느냐? '정순하고 순일되다'는 것과 '널리 글을 배우고 예로써 단속한다'는 말과 '자기 마음을 다한다'는 것은 본시 스스로 나의 설과 합치되는 것이다. 다만 그것에 대하여 생각해 보지 않았기 때문일 것이다.

주자의 '격물'에 대한 가르침은 억지로 끌어다 붙인 것에 불과하며 그러한 말들의 본뜻이 아닌 것이다. 정순하게 한다는 것은 순일되게 하는 공부이며, 널리 공부하는 것은 예로 단속하는 공부가 되는 것이다. 그대는 이미 '지행합일(知行合一)의 설'을 잘 알고 있으니 이 한 마디로써 깨달을 수가 있을 것이다.

《맹자》의 '마음을 다하고' '본성을 알고' '하늘을 안다'는 것은 《중용(中庸)》의 '나면서 알고 편안히 행한다'는 것과 같은 뜻이다. '마음을 두고' '본성을 기르고' '하늘을 섬긴다'는 것은 '배워서 알고, 이로움에서 행한다'는 것과 같은 뜻이다. '일찍 죽고 오래 사는 것 때문에 마음이 바뀌지 않고' '몸을 닦고서 죽음을 기다린다'는 것은 '곤궁함으로써 알게 되고, 애써서 행한다'는 것과 같은 뜻이다.

주자는 '격물'에 대하여 그릇된 해석을 하여 이 뜻을 거꾸로 이해하였기 때문에 '마음을 다하고 본성을 안다'는 것을 '물건의 이치를 궁리하여 앎에 이르는 것'으로 보고 처음 공부하는 사람들에게 '나면서 알고 편안히 행한다'는 성인의 일을 하도록 요구하고 있으나 어찌 될 수가 있는 일이겠느냐?"

原文 愛問, 昨聞先生止至善之教, 已覺功夫有用力處. 但與朱子格物之訓, 思之終不能合.

先生曰, 格物是止至善之功. 旣知至善, 卽知格物矣.

愛曰, 昨以先生之教, 推之格物之說, 似亦見得大略. 但朱子之訓, 其於書之精一, 論語之博約, 孟子之盡心知性, 皆有所證據. 以是未能釋然.

先生曰, 子夏篤信聖人, 曾子反求諸己. 篤信固亦是. 然不如反求之切. 今旣不得於心, 安可狃於舊聞不求是當?

就如朱子, 亦尊信程子, 至其不得於心處, 亦何嘗苟從? 精一, 博約, 盡心, 本自與吾說脗合. 但未之思耳.

朱子格物之訓, 未免牽合附會, 非其本旨. 精是一之功, 博是約之功. 曰仁旣明知行合一之說, 此可一言而喩.

盡心, 知性, 知天, 是生知安行事. 存心, 養性, 事天, 是學知利行事. 殀壽不貳, 修身以俟, 是困知勉行事.

朱子錯訓格物, 只爲倒看了此意, 以盡心知性, 爲物格知至, 要初學便去做生知安行事. 如何做得?

註解 ㅇ止至善之敎(지지선지교)－앞의 2, 3 조목을 참조하기 바람. ㅇ朱子格物之訓(주자격물지훈)－주자는 《대학》의 보전(補傳)에서 '이른바 앎에 이르는 것은 사물에 대하여 이르게 되는 데 있다고 말한 것은, 나의 앎을 이르게 하고자 하는 것은 사물에 대하여 그 이치를 추궁하는 일에 달려 있다는 뜻인 것이다'고 설명하고 있다. 주자는 먼저 사물에 대하여 그 이치를 추궁해 나간다면, 그로 인하여 나의 앎은 스스로 밝아진다고 해설한 것이다. 왕양명은 물건[物]이란 일[事]이라 보고 일이란 우리의 뜻이 두어진 곳, 곧 대상에 대한 우리의 의식이라 생각한다. 그리고 '격물'이란 '일을 올바로 한다'고 해석하여 '격물'이란 바로 뜻을 정성되게 하는 것이며, '마음에 천리(天理)를 지님으로써 개인의 욕망을 떠나는 것'이라 주장한다. 모든 것을 자기 마음에서 구하는 게 주자의 설과는 크게 다른 점이다. ㅇ功(공)－공부, 노력. ㅇ書之精一(서지정일)－《서경》 대우모(大禹謨)의 '오직 정순(精純)되게 하고 오직 순일(純一)되게 한다[惟精惟一]'는 말을 줄인 것. 앞의 서문에 나왔음. 주자는《중용장구(中庸章句)》에서 '정(精)이란 도심(道心)과 인심(人心)의 두 가지 사이를 살피어 잡되지 않게 하는 것이며, 일(一)이란 그 올바른 본심을 지키어 떠나지 않는 것이다'고 풀이하였다. ㅇ論語之博約(논어지박약)－《논어》 옹야(雍也)편에 '군자는 널리 글을 배우고 예(禮)로써 이를 단속한다'고 한 말을 가리킨다. 주자는 '널리 글을 배우는 것[博文]'이 바로 '격물치지(格物致知)'라 하였다. ㅇ孟子之盡心知性(맹자지진심지성)－《맹자》 진심상(盡心

上)편에 '그의 마음을 다하는 사람은 그 본성을 안다. 그 본성을 알면 하늘을 안다. 그의 마음을 두고 그의 본성을 기르는 것은 하늘을 섬기는 근거가 된다. 일찍 죽고 오래 사는 것으로서 마음이 바뀌지 않고, 몸을 닦고서 자기 수명을 기다리는 것은 자기 운명을 세우는 근거가 된다'고 한 말의 첫 구절을 가리킨다. 주자는 '본성을 아는 것[知性]'이 《대학》의 '물격(物格)'을 뜻하는 것이며, '마음을 다하는 것[盡心]'이 《대학》의 '지치(知致)'를 뜻하는 것이라고 주를 달고 있다. ㅇ子夏篤信聖人(자하독신성인)–자하는 공자의 제자, 성인은 공자를 가리킨다. 이 말은 《맹자》 공손추상(公孫丑上)편 주자의 주에 보인다. ㅇ曾子(증자)–증삼(曾參), 효행에 뛰어난 공자의 제자. ㅇ反求諸己(반구저기)–돌이키어 자기 마음에 물어서 진실을 구한다(《논어》에 보이는 말). ㅇ狃(뉴)–익숙하다. 집착하다. ㅇ脗合(문합)–합치되다. ㅇ牽合附會(견합부회)–억지로 끌어다가 두드려 맞추는 것. ㅇ曰仁(왈인)–서애(徐愛)의 자. ㅇ生知安行(생지안행)–《중용》에 '어떤 이는 나면서부터 그것을 알고, 어떤 이는 배워서 그것을 알고, 어떤 이는 곤경을 겪음으로써 그것을 안다. 그들이 그것을 앎에 있어서는 한 가지인 것이다. 어떤 이는 편안하게 그것을 행하고, 어떤 이는 이로움 때문에 그것을 행하고, 어떤 이는 애써서 그것을 행한다. 그러나 그 공을 이룩하는 데 있어서는 한 가지인 것이다'고 한 데 근거를 두고 있다. 그러나 여기의 '나면서 알고 편안히 행한다'는 것은 성인(聖人)의 일인 것이다. ㅇ學知利行(학지이행)–'배워서 알고, 이로움 때문에 행한다'. 앞의 《중용》에서 나온 말로 현인(賢人)에 해당하는 일이다. ㅇ困知勉行(곤지면행)–'곤경을 겪음으로써 알고 애씀으로써 행한다' 역시 앞의 《중용》에서 나온 말로써 보통 사람들에게 해당하는 일이다. ㅇ殀壽不貳(요수불이)–일찍 죽고 오래 사는 일로서 마음이 변하지 않는다. 앞의 '진심(盡心), 지성(知性), 지천(知天)' 및 '존심(存心), 양성(養性), 사천(事天)'과 함께 모두 《맹자》 진심상(盡心上)편에 나오는 말(앞의 주해 참조). ㅇ修身以俟(수신이사)–자기 몸을 닦음으로써 자기의 죽음을 기다리는 것. 주자는 이것을 '어짊[仁]의 지극함'으로 보았으니, 어짊과 지혜의 지극함이란 성인의 일이 된다. 왕양명은 이상의 순서를 주자와 반대로 본 것이다.

解說 《대학》에 보이는 수신(修身)의 출발인 '격물치지(格物致知)'에 대한 해설을 근거로 하여, 여기서는 주자학과 왕양명 학설의 차이점을 논하고 있다. 이러한 차이는 왕양명의 '자기의 마음'에서 모든 이치를 구하려는 자세와 '지행합일'의 주장 때문에 생겨나는 것이다. 이에 관한 이론은 다음 대목으로 연결되고 있으니 주의하기를 바란다.

6-2. 내가 여쭈었다.

" '마음을 다하고 본성을 안다'는 게 어떻게 해서 '나면서 알고 편안히 행하는 것'인 성인의 일이 됩니까?"

선생님께서 말씀하셨다.

" '본성이란 마음의 본체이며, '하늘'이란 본성의 근원이 되는 것이다. '마음을 다한다는 것'은 바로 '본성을 다하는 것'이 되는 것이다. 오직 천하의 '지극히 정성스런 사람'만이 그의 본성을 다할 수 있게 되는 것이며, 하늘과 땅의 변화와 생성(生成)을 알게 되는 것이다.

'마음을 두고 있는 사람'은 마음을 다하지 못한 게 있는 것이다. '하늘을 안다[知天]'는 지(知)는 '지주(知州), 지현(知縣)의 지(知)'와 같은 뜻으로써 그것은 모든 사물을 자기 자신에 관한 일로 받아들이는 것이기 때문에 이미 하늘과 하나가 됨을 뜻하게 된다.

'하늘을 섬긴다[事天]'는 것은 자식이 아버지를 섬기고 신하가 임금을 섬기는 것과 같은 것이어서 반드시 공경히 떠받들어야만 비로소 실수가 없게 되는 것이지만, 또한 하늘과는 둘이 되고 있는 것이다. 이것이 바로 성인(聖人)과 현인(賢人)의 구별인 것이다.

'일찍 죽고 오래 사는 일이 그의 마음을 변하게 하지 않는다'는 것은 바로 학문하는 사람들로 하여금 오직 한 마음으로 선(善)을 행하게 하려는 것이다. 궁해지거나 뜻을 얻거나 일찍 죽거나 오래 사는 일 때문에 '곧 선을 행하려는 마음에 변동이' 생겨서는 안된다는 것이다. 오직 자기 몸을 닦음으로써 천명(天命)을 기다리며, 궁해지거나 뜻을 얻거나 일찍 죽거나 오래 사는 것은 자기에게 운명지어져 있는 것임을 알아차리고서 이것들 때문에 마음이 움직여서는 안된다는 것이다.

'하늘을 섬기는 것'은 비록 하늘과 둘이 되기는 하지만 이미 하늘이 자기 앞에 있다는 것을 자각하고 있는 상태이다. '천명을 기다리는 것'은 바로 하늘을 대면한 일 없이 여기에서 기다리고 있는 것과 비슷한 일이다. 이것은 바로 처음 학문하는 사람이 뜻을 세운 시초여서 '곤궁을 겪음으로써 알고 애써 행한다'는 범인적인 뜻이 있는 것이다.

그런데 지금 주자(朱子)는 이 성인, 현인, 범인의 순서를 반대로 이해하고 있다. 그래서 학문하는 사람들로 하여금 손댈 곳도 없게 만든 것이다."

原文 愛問, 盡心知性, 何以爲生知安行?

先生曰, 性是心之體, 天是性之原. 盡心卽是盡性. 惟天下至誠, 爲能盡其性, 知天地之化育.

存心者, 心有未盡也. 知天, 如知州知縣之知, 是自己分上事, 已與天爲一.

事天, 如子之事父, 臣之事君, 須是恭敬奉承, 然後能無失, 尚與天爲二. 此便是聖賢之別.

至於夭壽不貳其心, 乃是教學者一心爲善, 不可以窮通夭壽之故, 便把爲善的心變動了, 只去修身以俟命, 見得窮通壽夭, 有箇命在我, 亦不必以此動心.

事天雖與天爲二, 已自見得箇天在面前. 俟命, 便是未曾見面, 在此等候相似. 此便是初學立心之始, 有箇困勉的意在.

今卻倒做了. 所以使學者無下手處.

註解 ㅇ天下至誠(천하지성)-《중용》의 '오직 천하의 지극히 정성된 사람만이 그의 본성을 다할 수 있게 된다'고 한 말에서 인용한 것임. ㅇ知天地之化育(지천지지화육)-《중용》을 보면 앞글에 이어 '그의 본성을 다할 수 있게 하면 곧 사람으로서의 본성을 다하게 된다. 사람으로서의 본성을 다할 수 있으면 물건의 본성을 다하게 된다. 물건의 본성을 다할 수 있게 되면 곧 하늘과 땅의 변화와 생성〔化育〕을 돕게 된다. 하늘과 땅의 변화와 생성을 도울 수 있게 되면 곧 하늘과 땅에 화합할 수 있게 된다'고 씌어 있다. ㅇ知州知縣(지주지현)-주(州)나 현(縣)의 지사(知事). 지방의 장관. ㅇ窮通(궁통)-곤궁한 처지와 뜻이 통달하는 것. 일이 잘 안 되는 것과 일이 다 잘되는 것. ㅇ見面(견면)-사람을 만나는 것. ㅇ倒做(도주)-성인·현인·범인의 순서를 거꾸로 이해하는 것.

解說 앞 대목에서 얘기한 성인·현인·범인의 일에 관한 설명이다. 왕양명의 '지행합일'의 사상은 이처럼 성인과 현인과 범인의 일을 주자와는 반대 순서로 이해하게 만든 것이다.

6-3. 내가 여쭈었다.

"어제 선생님의 가르침을 듣고 나서 어렴풋이나마 공부는 반드시 그와 같이 하여야 함을 알게 되었습니다. 지금 선생님의 말씀을 듣고서는 더욱 의심나는 게 없어졌습니다. 저는 어젯밤에 생각한 끝에 '격물(格物)'의 물(物)자는 바로 '사(事)'자와 같은 뜻이라는 것은 모두 마음으로부터 이해하여야 한다고 여기게 되었습니다."

선생님께서 말씀하셨다.

"그렇다. 몸의 주재자(主宰者)는 바로 마음이며, 마음이 겉으로 나타난 것이 뜻이다. 뜻의 본체는 바로 앎이며 뜻이 가 있는 곳이 바로

물(物)인 것이다.

만약 뜻이 어버이를 섬기는 데 있다면 곧 어버이를 섬기는 게 바로 한 가지 물이 된다. 뜻이 임금을 섬기는 데 있다면 곧 임금을 섬기는 게 바로 한 가지 물이 된다. 뜻이 백성들을 사랑하고 물건을 아끼는 데 있다면 곧 백성들을 사랑하고 물건을 아끼는 게 바로 한 가지 물이 된다. 뜻이 보고 듣고 말하고 행동하는 게 바로 한 가지 물이 된다.

그래서 나는 말하기를 '마음 밖에 이(理)가 있는 게 아니고 마음 밖에 물(物)이 있는 게 아니다'고 한 것이다. 《중용》에서도 말하기를 '정성되지 않으면 물도 없다'고 하였다. 《대학》에서 말한 '밝은 덕을 밝히는' 공부가 바로 '뜻을 정성되게 하는 것'이다. '뜻을 정성되게 하는' 공부가 바로 '격물(格物)'이 되는 것이다."

原文 愛曰, 昨聞先生之教, 亦影影見得功夫須是如此. 今聞此說, 益無可疑. 愛昨晩思, 格物的物字, 卽是事字, 皆從心上說.

先生曰, 然. 身之主宰便是心, 心之所發便是意, 意之本體便是知, 意之所在便是物.

如意在於事親, 卽事親便是一物. 意在於事君, 卽事君便是一物. 意在於仁民愛物, 卽仁民愛物, 便是一物. 意在於視聽言動, 卽視聽言動便是一物.

所以某說, 無心外之理, 無心外之物. 中庸言, 不誠無物. 大學明明德之功, 只是箇誠意, 誠意之功, 只是箇格物.

註解 ㅇ影影(영영)－어렴풋이. 대체적인 윤곽만 보이는 모양. ㅇ主宰(주재)－주재자. 통솔자.

解說 여기서는 《대학》의 '격물'이란 말에 쓰인 물(物)이 사(事)의

뜻이라고 설명한 왕양명의 설을 '마음이 곧 이'라는 입장에서 설명하고 있다. 앞 대목과는 얘기가 약간 빗나간 듯도 하지만 마음[心]·뜻[意]·지[知]·물(物)·밝은 덕[明德]을 한가지 계통의 것으로 해설하는 왕양명 학설의 중점이 잘 나타나 있다.

7. 선생님께서 또 말씀하셨다.

"'격물(格物)'의 격(格)자는《맹자》의 '위대한 사람은 임금의 마음을 바로잡는다[大人格君心]'는 말의 '격'자와 같은 뜻이다. 그것은 그 마음의 바르지 못한 상태를 떠나 그의 본체의 올바른 상태로 완전하게 됨을 뜻한다. 다만 그러자면 뜻과 생각이 있는 곳에 대하여 곧 그 바르지 않은 상태를 떠나서 그 올바른 상태로 완전히 되어야 한다. 곧 어떤 때나 어떤 곳을 막론하고 천리(天理)를 간직하지 않는 일이 없어야 하는데, 곧 이것이 '궁리(窮理)'인 것이다. '천리'가 바로 '밝은 덕'이며 '궁리'가 바로 '밝은 덕을 밝히는 것[明明德]'인 것이다."

原文 **先生又曰, 格物如孟子大人格君心之格. 是去其心之不正, 以全其本體之正. 但意念所在, 卽要去其不正以全其正. 卽無時無處, 不是存天理, 卽是窮理. 天理卽是明德, 窮理卽是明明德.**

註解 ㅇ大人格君心(대인격군심)－《맹자》이루상(離婁上)편에서 '오직 위대한 사람[大人]만이 임금의 마음[君心]의 그릇됨을 바로잡아 줄[格] 수가 있다'고 한 말에서 인용한 것이다. ㅇ意念(의념)－뜻과 생각.

解說 여기서는《대학》에 나오는 '격물'에 대한 독특한 왕양명의 해설을 바탕으로 하여, '격물'은 '궁리'와 '밝은 덕을 밝힘'과 모두 같은

뜻임을 논하고 있다. '격물'의 '격'은 '바로잡는다〔正〕'는 뜻이며 '물'은 '사(事)'의 뜻으로써 사람이 '뜻과 마음을 두고 있는 대상'이어서, 곧 '격물'이란 언제 어디서나 '천리'를 간직하는 것이 된다는 것이다.

8. 선생님께서 또 말씀하셨다.

"앎이란 마음의 본체여서 마음은 자연히 알 수 있게 된다. 아버지를 보면 자연히 효도를 알게 되고, 형을 보면 자연히 아우 노릇을 알게 되며, 어린아이가 우물에 빠지는 것을 보면 자연히 측은(惻隱)함을 알게 된다. 이것이 바로 '양지'여서 자기 밖에서 구할 필요가 없는 것이다.

만약 이 '양지'가 발휘되어 전혀 사사로운 뜻의 장애가 없게 된다면 바로 이른바 '그 측은한 마음을 확충(擴充)해 나가서 어짊〔仁〕을 이루 다 쓸 수 없게 된다'는 상태가 되는 것이다. 그러나 보통사람들에게 있어서는 '사사로운 뜻의 장애가 없을' 수가 없는 것이다. 그래서 반드시 '치지격물'의 공부를 함으로써 사사로움을 이기고 '이'로 되돌아가야만 한다. 곧 마음의 '양지'가 아무런 장애도 받지 않고 가득 차서 두루 행해질 수 있게 되면 그것이 바로 그의 앎에 이르게 되는 것〔致知〕이다. 앎에 이르게 되면 곧 그의 뜻도 정성스러워〔意誠〕질 것이다."

原文 又曰, 知是心之本體, 心自然會知. 見父自然知孝, 見兄自然知弟, 見孺子入井, 自然知惻隱. 此便是良知, 不假外求.

若良知之發, 更無私意障碍, 卽所謂充其惻隱之心, 而仁不可勝用矣. 然在常人不能無私意障碍. 所以須用致知格物之功, 勝私復理. 卽心之良知, 更無障碍, 得以充塞流行, 便是致其知. 知致則意誠.

註解 ㅇ孺子入井(유자입정)－《맹자》 공손추상(公孫丑上)편에 '지금 사람들이 갑자기 어린아이가 우물에 빠지려는 것을 본다면, 모두 놀라고 측은히 여기는 마음을 갖게 될 것이다'고 한 데서 인용한 말임. ㅇ惻隱(측은)－동정하여 마음 아파하는 것. ㅇ良知(양지)－《맹자》 진심상(盡心上)편에 '사람이 배우지 않고도 할 수 있는 것은 그의 양능(良能)이며, 생각하지 않고도 알 수 있는 것은 그의 양지(良知)이다'고 한 데서 나온 말. 양(良)은 진실, 참의 뜻임. ㅇ障碍(장애)－방해, 장애. ㅇ充其惻隱之心(충기측은지심)……－《맹자》 진심하(盡心下)편에 '사람들이 남을 해치려 하지 않는 마음을 확충해 나갈 수만 있다면, 어짊〔仁〕은 이루 다 쓸 수도 없게 될 것이다'고 한 말에 근거를 둔 구절임.

解說 왕양명은 마음의 '양지'를 주장한다. 그것은 '이'는 밖에 있는 게 아니라 바로 사람의 '마음'에 있다는 데 근거를 두고 있다.

다만 그의 '양지'에 대한 학설은 초기와 만년에 단계적인 격차가 보인다. 그러나 초기에 있어서도 만년에 완성된 그의 '양지설'이 거의 완전한 모습으로 설명되고 있음은 재미있는 현상이라 하겠다. '앎'은 마음의 본체이며, 그것은 사람들이 본시부터 갖고 있는 덕성으로서 사람이 직각(直覺)적으로 얻은 '양지'라는 것이다. 이러한 사상이 그의 일생을 통하여 양명학으로 발전하는 것이다.

9. 내가 여쭈어 보았다.

"선생님께서는 '널리 글공부를 하는 것〔博文〕'은 '예로써 단속하는〔約禮〕' 공부라 하셨습니다. 깊이 생각하여 보았으나 그 내용을 깨닫지 못하겠습니다. 가르치심이 있으시기를 바랍니다."

선생님께서 말씀하셨다.

"'예(禮)'란 글자는 곧 '이(理)'자와 같은 뜻이다. '이'가 발휘되어 볼 수 있게 된 것을 '글〔文〕'이라 말하는 것이다. '글'에서는 숨기어져 있어서 볼 수가 없는 것을 '이'라 말한다. 그것들은 오직 한가지 것인 것이다.

'예로써 단속한다'는 것은 오직 이 마음을 순수하게 한 '천리(天理)'가 되도록 하려는 것이다. 이 마음을 순수하게 '천리'가 되게 하자면 반드시 '이'가 발휘된 곳에서 공부를 하지 않으면 안된다. 예를 들면 '이'가 어버이를 섬기는 데 발휘되어 있을 적에는 곧 어버이를 섬기는 일에 이 '천리'를 보존하게 되도록 배워야 한다. '이'가 임금을 섬기는 일에 발휘되어 있을 적에는 곧 임금을 섬기는 일에 이 '천리'를 보존하게 되도록 배워야 한다. '이'가 부귀나 빈천함에 처신하는 데 발휘되어 있을 적에는 곧 부귀나 빈천함에 처신하는 일에 이 '천리'를 보존하게 되도록 배워야 한다. '이'가 환난이나 오랑캐들 사이에 처신하는 데에 발휘되어 있을 적에는 곧 환난이나 오랑캐들 사이에 처신하는 일에 이 '천리'를 보존하게 되도록 배워야 한다. 움직이건 가만히 있건 얘기하고 있건 입을 다물고 있건 간에 그렇지 않은 곳이란 없다. 언제나 '이'가 발휘되어 있는 곳을 따라 곧 거기에 '천리'를 보존하게 되도록 배우는 것이다.

이것이 바로 '글에서 널리 배우는' 것이며, 바로 '예로써 단속하는' 공부인 것이다. '널리 글을 배운다'는 것은 바로 '오직 정순(精純)케 하는 것'이며, '예로써 단속한다'는 것은 바로 '오직 순일(純一)케 한다'는 것이다."

原文 愛問, 先生以博文爲約禮功夫. 深思之, 未能得略. 請開示.

先生曰, 禮字, 卽是理字. 理之發見可見者, 謂之文. 文之隱微不可見者, 謂之理. 只是一物.

約禮, 只是要此心純是一箇天理. 要此心純是天理, 須就理之發見處用功. 如發見於事親時, 就在事親上學存此天理. 發見於事君時, 就在事君上學存此天理. 發見於處富貴貧賤時,就在處富貴貧賤上學存此天理. 發見於處患難夷狄時, 就在處患難夷狄上學存此天理. 至於作止語默, 無處不然. 隨他發見處, 卽就那上面學箇存天理.

這便是博學之於文, 便是約禮的功夫. 博文卽是, 惟精, 約禮卽是, 惟一.

註解 ㅇ博文(박문)-뒤의 '약례(約禮)'와 함께 《논어》 옹야(雍也)편에 보이는 글. 주자는 '박문'을 '격물치지'라 하였다. ㅇ得略(득략)-개략을 체득하다. 내용을 깨닫다. ㅇ發見(발현)-발휘되다. 겉으로 나타나다. ㅇ夷狄(이적)-남이(南夷)와 북적(北狄), 오랑캐들. ㅇ作止語默(작지어묵)-작(作)은 동작을 하는 것, 지(止)는 멈춰 있는 것, 어(語)는 말하는 것, 묵(默)은 침묵을 지키는 것, 사람의 모든 동작을 가리킨다.

解說 《논어》에 보이는 '널리 글을 배운다'는 것과 '예로써 단속한다'는 말에 대한 해설이다. 왕양명은 '문(文)'과 '이(理)'자의 해설을 통하여 '예'도 '이'라 보면서, '이'가 발휘되어 있는 곳, 곧 글[文]에서 '천리'를 보존하는 것을 배우는 게 '널리 글을 배우는 것'이라 하였다. 그리고 그것은 '천리에 순수하여지기 위한 것'이므로 '예로써 단속하는' 공부라는 것이다. 이처럼 왕양명은 '글을 널리 공부하는 것'과 '예로써 단속하는 것'을 거의 같은 내용의 말로 풀이하고 있다. 그러나 서로 반대되는 개념을 지닌 이 말들을 통일시키려는 논리에는 약간 무리가 있는 듯이 느껴진다.

10. 내가 여쭈었다.

"주자는 '도심(道心)은 언제나 한 몸의 주인이 되고, 인심(人心)은 언제나 그 명령을 따른다'고 하였는데, 선생님의 '오직 정순(精純)하고 순일(純一)하다'는 말의 해석으로 미루어 볼 때 이 말에는 잘못이 있는 듯이 여겨집니다."

선생님께서 말씀하셨다.

"그렇다. 마음은 하나가 있을 뿐이다. 마음에 개인적인 것이 섞여 있지 않은 것을 '도심'이라 말하고, 인위적인 것이 섞여 있는 것을 '인심'이라 하는 것이다. '인심'이 올바르게 놓여 있는 것이 곧 '도심'이며, '도심'이 올바름을 잃고 있는 것이 곧 '인심'인 것이다. 처음부터 두 가지 마음이 있는 게 아닌 것이다.

정자(程子)가 말하기를 '인심은 곧 사람들의 욕심이며, 도심은 곧 천리이다'고 하였다. 이 말은 마음을 둘로 나누고 있는 듯하지만, 그 뜻은 사실상 올바른 것이다. 지금 '도심은 주인이 되고 인심은 그 명령을 따른다'고 말하는 것은, 곧 두 가지 마음이 된다. '천리'와 '사람의 욕망'은 아울러 존재하지 않는 것이다. 어찌 '천리'가 주인이 되고 '사람의 욕심'이 또 따라서 그 명령을 듣게 되겠는가?"

原文 **愛問, 道心常爲一身之主, 而人心每聽命. 以先生精一之訓推之, 此語似有弊.**

先生曰, 然. 心一也. 未雜於人, 謂之道心, 雜以人僞, 謂之人心. 人心之得其正者, 卽道心. 道心之失其正者, 卽人心. 初非有二心也.

程子謂, 人心卽人欲, 道心卽天理. 語若分析, 而意實得之. 今曰, 道心爲主, 而人心聽命, 是二心也. 天理人欲, 不並立. 安有天理爲主, 人欲又從而聽命者?

註解 ㅇ道心(도심)—뒤의 '인심(人心)'과 함께 《서경》 대우모(大禹謨)편의 '인심은 위태롭고 도심은 미묘하다. 오직 정순(精純)하고 순일(純一)하여 진실로 그 중정(中正)을 지켜야 한다'고 한 말에서 인용한 것임. 이 대목은 《중용장구(中庸章句)》 서문에 보이는 주자의 설이다. ㅇ弊(폐)—

폐단. 잘못. ㅇ人僞(인위)-인위(人爲)와 같은 말. ㅇ程子謂(정자위)-《이정전서(二程全書)》의 유질부록(劉質夫錄)에 '인심이 위태롭다는 것은 사람들의 욕심이기 때문이다. 도심이 미묘하다는 것은 천리이기 때문이다'고 한 말에서 인용한 것.

解說 '도심'과 '인심'에 대한 주자의 해설의 잘못을 지적한 대목이다. 왕양명은 '도심'이나 '인심'은 모두 같은 사람의 올바른 상태와 바르지 못한 상태를 가리키는 것이라 주장하였다.

11-1. 내가 문중자(文中子)와 한퇴지(韓退之)에 관하여 여쭈어 보았다. 선생님께선 다음과 같이 말씀하셨다.

"한퇴지는 문인 중에서 뛰어난 사람이고, 문중자는 현명한 유학자이다. 후인들은 공연히 그의 문장 때문에 한퇴지를 높이 떠받들고 있지만 사실은 한퇴지는 문중자보다 훨씬 못한 사람이다."

나는 여쭈었다.

"그러면 어째서 그는 경전(經典)을 흉내내는 잘못을 저질렀습니까?"

선생님께서 말씀하셨다.

"경전을 흉내냈다는 것은 전혀 잘못이라고 할 수는 없을 것이다. 어떻든 후세 유학자들이 저술을 하는 의도와 경전을 흉내내는 것에 대하여 말하여 보거라."

내가 말씀드렸다.

"세상의 유학자들이 저술을 함에 있어서 명성을 추구하려는 뜻이 없지는 않습니다. 그러나 그들은 도를 밝히는 것을 목표로 삼고 있습니다. 경전을 흉내내는 것은 순전히 명성을 위한 짓인 것 같습니다."

선생님께서 말씀하셨다.

"저술을 함에 있어서 도를 밝힌다면 또한 무엇을 법도로 삼겠는가?"

내가 여쭈었다.

“공자께서 여섯 가지 경전을 편찬하심으로써 도를 밝히신 것으로 삼습니다.”

선생님께서 말씀하셨다.

“그렇다면 경전을 흉내내는 것만은 공자님을 법도로 삼는 게 아니라는 말인가?”

내가 여쭈었다.

“저술은 곧 도에 관하여 밝혀내는 바가 있습니다. 경전을 흉내내는 것은 공연히 그 겉모양만을 흉내내는 것 같습니다. 아마 도에 관하여는 도움이 되는 게 없을 것입니다.”

선생님께서 말씀하셨다.

“그대는 도를 밝히는 것은 그것을 순박한 모양으로 되돌리어 실제로 행하는 일의 진실을 나타내 보이는 것이라 생각하는가? 그렇지 않으면 그 용어를 아름답게 꾸며 가지고 공연히 세상에 떠들어대는 것이라 생각하는가?

천하가 크게 어지러워지는 것은 헛된 글은 성하여지고 진실한 행동은 쇠한 데 원인이 있다. 도가 천하에 밝혀져 있다면 곧 여섯 가지 경전도 편찬할 필요가 없었을 것이다. 여섯 가지 경전을 편찬하신 것은 공자로서도 부득이하였던 것이다.

복희(伏羲)가 팔괘(八卦)를 만든 이래로 문왕(文王)과 주공(周公)에 이르기까지 그 사이에 역(易)을 논한 것으로 연산(連山) 귀장(歸藏) 같은 종류가 분분히 그 얼마나 되는지도 알지 못할 정도로 나와서 역도(易道)는 크게 어지러워졌다. 공자께서는 천하에 글을 좋아하는 기풍이 날로 성하고 있다 여기시고 그 논설들이 종잡을 수도 없게 될 것을 아셨기 때문에 이에 문왕과 주공의 설을 취하여 여기에 해설을 보탬으로써 이것만이 정통을 얻은 것이라 규정하셨던 것이다. 이에 분분하던 논설들은 모두 없어지고 천하의 《역》을 논하는 사람들이 비로소 통일되었던 것이다.

서(書)·시(詩)·예(禮)·악(樂)·춘추(春秋)가 모두 그러하다. 《서경》은 이전삼모(二典三謨) 이후, 《시경》은 주남(周南)과 소남(召南) 이하로, 구구(九邱)와 팔색(八索) 같은 함부로 되어먹은 글들이 몇천 몇백 편이나 되는지 알 수도 없었다. 예악(禮樂)에 관한 명칭과 기물(器物)과 제도도 이에 이르러 이루 다 추궁할 수도 없게 되어 있었다.

공자가 이런 것을 모두 깎아내고 바로잡았다. 그런 뒤에야 그러한 논설들이 비로소 없어졌다. 《서경》·《시경》·《예경(禮經)》·《악경(樂經)》들 가운데에 공자께서 어디엔들 한 마디나 더 보태셨더냐? 지금의 《예기(禮記)》의 여러 논설들은 모두 후세 유학자들이 갖다붙여서 이루어진 것이지 공자께서 편찬한 본시의 것이 아닌 것이다. 《춘추(春秋)》에 이르기까지도 비록 그것을 공자가 지으셨다고는 하지만 사실은 모두 《노사(魯史)》에 있던 옛글들인 것이다. 이른바 공자께서 쓰셨다는 것[筆]도 그 옛글들을 베낀 것이며, 이른바 깎아냈다는 것[削]은 그 중의 번잡한 것을 깎아낸 것이어서, 줄이기는 하셨을지언정 늘이시지는 않으셨던 것이다. 공자께서 여섯 가지 경서를 편찬하신 것은 번거로운 글이 천하를 어지럽히는 것을 두려워하신 때문이어서 되도록 그것을 간단히 하려 하였으나, 뜻대로 되지 않아 천하 사람들로 하여금 그 문식(文飾)을 떼어 버리고 그 진실을 추구하도록 하셨던 것이니, 글로써 사람들을 가르치려 한 것은 아니었다.

춘추시대 이후로 번잡한 글들이 더욱 널리 행하여져 천하는 더욱 어지러워졌다. 진시황(秦始皇)은 세상의 책을 모아 태운 것[焚書]으로서 죄인 취급을 받고 있는데, 그것은 개인의 뜻이었다는 것과 또 여섯 가지 경서는 태워서는 안될 것이었다는 점에서 그렇게 취급되는 것이다. 만약에 그 당시 도를 밝히는 데 뜻을 두고서 경서에 위배되거나 이치에 어긋나는 여러 가지 학설들을 모두 모아서 태워 버렸었다면, 역시 경서를 편찬하셨던 공자의 뜻과도 은연중에 들어맞았을 것이다.

진한(秦漢) 이후로 글은 다시 날로 성하여져 만약 그것들을 모두 없애 버리려 한다 하더라도 절대로 없앨 수가 없게 되었다. 오직 공자를 법도로 삼아서 이에 가까운 것들을 기록하여 그것을 드러내 주는 수밖에 없게 되었다. 그러면 여러 가지 괴상하고 도리에 어긋나는 학설들은 점점 자연히 없어지는 수밖에 없을 것이다. 문중자가 당시 경서를 흉내냈던 의도가 어디에 있었는지 알지 못하지만, 나는 그가 한 일에 대하여 절실한 공명을 느낀다. 성인이 또다시 나온다 하더라도 내 생각을 바꿀 수는 없을 거라고 생각한다.

천하가 다스려지고 있지 않은 까닭은 글은 성한 반면 진실은 쇠하여서, 오직 사람들은 자기 나름대로의 견해를 내어놓으면 신기한 것을 고귀하게 여김으로써 세속(世俗)을 현혹시켜 명성을 얻으려는 데 있다. 쓸데없이 천하 사람들의 총명함을 어지럽히고 천하 사람들의 눈과 귀를 가림으로써 천하 사람들로 하여금 모두가 앞을 다투어 글을 꾸며내는 데 힘씀으로써 세상에 알려지기를 바라게 한 때문인 것이다. 그래서 근본을 소중히 하고 진실을 숭상하여 순박함으로 되돌아가는 행실은 존재조차도 알 수 없게 되었다. 이것은 모두 글을 짓는 사람들이 길을 열어 놓은 것이다."

原文 愛問文中子韓退之.

先生曰, 退之, 文人之雄耳. 文中子, 賢儒也. 後人徒以文詞之故, 推尊退之. 其實退之去文中子, 遠甚.

愛問, 何以有擬經之失?

先生曰, 擬經, 恐未可盡非. 且說, 後世儒者著述之意, 與擬經如何.

愛曰, 世儒著述, 近名之意不無, 然期以明道. 擬經純若爲名.

先生曰, 著述以明道, 亦何所效法?

曰, 孔子刪述六經以明道也.

先生曰, 然則擬經獨非效法孔子乎?

愛曰, 著述卽於道有所發明, 擬經似徒擬其迹, 恐於道無補.

先生曰, 子以明道者, 使其反朴還淳, 而見諸行事之實乎? 抑將美其言辭, 而徒以譊譊於世也?

天下之大亂, 由虛文勝而實行衰也. 使道明於天下, 則六經不必述. 刪述六經, 孔子不得已也.

自伏羲畫卦, 至於文王周公, 其間言易, 如連山歸藏之屬, 紛紛籍籍, 不知其幾, 易道大亂. 孔子以天下好文之風日盛, 知其說之將無紀極, 於是取文王周公之說而贊之, 以爲惟此爲得其宗. 於是紛紛之說盡廢, 而天下之言易者, 始一.

書詩禮樂春秋皆然. 書自典謨以後, 詩自二南以降, 如九邱八索, 一切淫哇逸蕩之詞, 蓋不知其幾千百篇. 禮樂之名物度數, 至是亦不可勝窮.

孔子皆刪削而述正之, 然後其說始廢. 如書詩禮樂中, 孔子何嘗加一語? 今之禮記諸說, 皆後儒附會而成已. 非孔子之舊. 至於春秋, 雖稱孔子作之, 其實皆魯史舊文, 所謂筆者筆其舊, 所謂削者削其繁, 是有減無增. 孔子述六經, 懼繁文之亂天下, 惟簡之而不得, 使天下務去其文, 以求其實. 非以文敎之也.

春秋以後, 繁文益廣, 天下益亂. 始皇焚書得罪, 是出於私意, 又不合焚六經. 若當時志在明道, 其諸反經叛理之說, 悉取而焚之, 亦正暗合刪述之意.

自秦漢以降, 文又日盛. 若欲盡去之, 斷不能去. 只宜取法孔子, 錄其近是者而表章之, 則其諸怪悖之說, 亦宜漸漸自廢. 不知文中子當時擬經之意如何, 某切深有取於其事. 以爲聖人復起, 不能易也.

天下所以不治, 只因文盛實衰, 人出己見, 新奇相高, 以眩俗取譽, 徒以亂天下之聰明, 塗天下之耳目, 使天下靡然, 爭務修飾文詞, 以求知於世. 而不復知有敦本尙實, 反朴還淳之行. 是皆著述者, 有以啓之.

註解 ㅇ文中子(문중자)-이름은 왕통(王通), 자는 중엄(仲淹). 문중자는 그의 시호(諡號)이다. 수(隋)나라 때 사람으로 《문중자중설(文中子中說)》 10편을 지었다. 《문중자》 또는 《중설》이라고도 부르며 그 내용은 《논어》의 형식을 흉내낸 것이다. ㅇ韓退之(한퇴지)-이름은 유(愈), 퇴지는 그의 자이며 중당(中唐)시대 고문운동(古文運動)의 대가로 유명하다. 호는 창려(昌黎)라 했고 시호는 문공(文公)이라 하였다. 그는 유학의 정통(正統)과 도(道)를 내세우며 불교를 배척하여 송대 성리학파의 선구적인 역할도 하였다. 여기에서 문중자와 한퇴지에 관하여 질문하고 있는 것은 주자가 한대 이후의 인물로는 이들 두 사람이 있을 뿐이라 말하였기 때문이다. ㅇ擬經(의경)-경전을 흉내내는 것. 문중자의 《중설》이 《논어》를 본뜬 것을 가리킨다. ㅇ近名(근명)-명성을 가까이하다, 명예를 추구하다. ㅇ刪述(산술)-편찬하는 것. 옛 자료를 깎아내고 새로 엮고 하여 다른 책을 만드는 것. ㅇ六經(육경)-역(易)·시(詩)·서(書)·예(禮)·악(樂)·춘추(春秋)의 여섯 가지 경전. ㅇ反朴還淳(반박환순)-순박함으로 되돌아가다. 구체적인 본래의 참된 모습으로 되돌아가는 것. ㅇ抑(억)-그렇지 않으면. ㅇ譊譊(요요)-시끄럽게 떠들어대는 모양. ㅇ虛文(허문)-헛된 글, 문(文)은 글과 겉의 꾸밈이란 두 가지 뜻을 다 가지고 있다. ㅇ伏羲畫卦(복희획괘)-《역경》의 팔괘는 본시 복희씨가 만들어 냈다고 한다. 그 뒤 주(周)나라 문왕(文王)은 괘사(卦辭)를 짓고 주공(周公)은 효사(爻辭)를 지었다 한다. ㅇ連山(연산)-'귀장(歸藏)'과 함께 옛 《역(易)》 이름. '연산'은 하(夏)나라, '귀장'은 은(殷)나라의 《역》이라 한다. ㅇ紛紛籍籍(분분적적)-어지러이 많은 모양. ㅇ紀極(기극)-궁극(窮極). 끝가는 데. ㅇ贊(찬)-설명을 보태는 것. 공자는 《역경》의 이른바 십익(十翼)을 지었다 한다. '십익'은 상하단(上下彖)·상하상(上下象)·상하계사(上下繫辭)·문

언(文言)·설괘(說卦)·서괘(序卦)·잡괘(雜卦)를 말한다. ㅇ典謨(전모)-《서경》 요전(堯典)·순전(舜典)의 이전(二典)과 대우모(大禹謨)·고요모(皐陶謨)·익직(益稷)의 삼모(三謨) 다섯 편을 가리킴. ㅇ二南(이남)-《시경》 국풍(國風) 첫머리의 주남(周南)과 소남(召南)을 가리킴. ㅇ九邱(구구)-'구구(九丘)'로도 쓰며 옛 구주(九州)에 관한 기후·풍토와 정치에 관한 기록을 하였다는 책이름(《左傳》에 보임). ㅇ八索(팔색)-팔괘(八卦)에 관한 설이 씌어 있었다는 옛 책이름(《좌전》에 보임). ㅇ淫哇逸蕩(음와일탕)-'음와'는 시끄러운 것, '일탕'은 멋대로 놀아나는 것. ㅇ名物度數(명물도수)-명칭·기물(器物)·제도 등 자세한 지식. ㅇ魯史(노사)-'노'나라의 역사. 공자는 이 《노사》를 근거로 하여 《춘추》를 지었다 한다. ㅇ始皇焚書(시황분서)-진시황은 선비들이 경전을 근거로 하여 자기의 정치를 비난한다 하여 의약이나 점 등 국민의 일상생활에 직접 필요한 책 이외의 모든 책을 모아 불사르게 하였다. ㅇ恠悖(괴패)-괴상하고 사리에 어긋나는 것. ㅇ有取(유취)-찬동하다. 공명하다. ㅇ靡然(미연)-바람에 풀이 나부끼듯 모두가 한편으로 쏠리는 모양.

解說 여기에서는 주자가 한 이후 인물은 이들 둘뿐이라고 한 문중자(文中子)와 한퇴지(韓退之)를 비교하고 있다. 왕양명은 '지행합일'의 행동철학을 바탕으로 하여 문학가로서 알려진 한퇴지보다 유학 연구에만 힘쓴 문중자를 높이 평가한다. 이것은 옛날이나 지금이나 일반 사람들이 상식적으로 한퇴지를 더 숭상하는 경향과 반대되는 것이다. 글이나 지어내는 사람들은 세상에 특이한 이론을 분분케 함으로써 천하를 어지럽히는 사람에 불과하다는 것이다. 논리적으로 과격하기는 하지만 왕양명 사상의 특징은 이런 데서 오히려 잘 파악될 줄로 믿는다. 학자들의 저술에 대한 토론은 뒤로 계속되고 있으니 전체를 읽은 뒤 '글'과 '진실'에 대한 그의 생각을 올바로 파악하기 바란다.

11-2. 내가 여쭈었다.

“저술에도 역시 없어서는 안될 것도 있습니다. 《춘추》 같은 경전으로 말할 것 같으면 만약 《좌전(左傳)》이 없었다면 이해하기가 어려웠을 줄로 믿습니다.”

선생님께서 말씀하셨다.

“《춘추》를 반드시 ‘전’에 힙입은 뒤에야 이해할 수 있다면 그것은 뒷부분은 빼놓은 수수께끼 같은 게 된다. 성인께서 어찌 일부러 뜻이 어렵고 애매한 글을 지으셨겠느냐? 《좌전》도 대부분이 《노사(魯史)》의 옛글인데, 만약 《춘추》가 그것이 있어야만 이해할 수 있는 것이라면 공자께선 어째서 그것을 깎아내셨겠느냐?”

내가 말씀드렸다.

“정이천(程伊川)도 ‘전(傳)은 기소장이고 경(經)은 판결문’이라 말하였습니다. ‘경’에 ‘어떤 임금을 시해하였다’ 또는 ‘어떤 나라를 정벌하였다’고 쓰여 있을 때, 만약 그 일에 관하여 분명히 알지 못한다면 아마 그에 관한 판단을 내리기 어려우리라 생각됩니다.”

선생님께서 말씀하셨다.

“정이천의 그 말은 역시 세상 유학자들의 설을 그대로 따른 것이어서 성인께서 ‘경’을 지으신 뜻을 잘 이해하지 못한 것이라 생각한다. 만약 ‘경’에 ‘어떤 임금을 시해하였다’고 씌어 있다면 곧 ‘임금을 시해한 것’이 바로 죄가 되는 것이지 어찌 ‘임금을 시해한’ 자세한 내용을 다시 따질 필요가 있겠느냐? ‘정벌’이란 마땅히 천자나 행해야 하는 것이니 ‘경’에 ‘어떤 나라를 정벌하였다’고 씌어 있다면 곧 ‘나라를 정벌한 것’이 바로 죄가 되는 것이지 어찌 그 ‘나라를 정벌한’ 자세한 내용을 다시 따질 필요가 있겠느냐?

성인께서 여섯 가지 경전을 편찬하신 것은 오직 사람들의 마음을 바로잡으려는 것이었으며, 오직 천리(天理)를 보존시키고 사람들의 욕망을 없애려는 것이었다. ‘천리를 보존시키고 사람들의 욕망을 없애는 일'에 대하여는 일찍이 얘기한 일이 있었다. 그러나 그것은 사람들의 질문에 대하여 각각 그의 역량을 따라 설명한 것이며, 그 이상 많은 말을 하려 하지 않으셨다. 사람들이 오로지 그 뜻을 말에서만 얻으려 들까 두려워하셨기 때문이다. 그래서 '나는 아무 말도 하고 싶지 않다'고 말씀하셨던 것이다.

만약 그것이 사람의 욕망을 멋대로 따르고 천리를 멸하는 일이라면 또 어찌 자세히 설명하여 사람들에게 보여주려 하셨겠는가? 그것은 혼란을 조장하고 간사함을 인도해 주는 짓일 것이다. 그러므로 《맹자》에도 '공자의 문하에서는 제(齊)나라 환공(桓公)이나 진(晋)나라 문공(文公) 같은 패자(覇者)에 관한 얘기는 하지 않았다. 그래서 후세에 그들에 관한 얘기가 전해지는 게 없는 것이다'고 말했던 것이다. 이것이 바로 공자 문하의 가법(家法)인 것이다.

세상의 유학자들은 오직 패자의 학문만을 연구하고 있다. 그래서 많은 음모와 계략을 알아야만 하게 되었다. 이것은 순전한 공리적인 마음에서 나온 짓이어서 성인께서 '경'을 지으신 의도와는 정반대가 되는 것이다. 어찌 그들의 생각이 성인의 뜻으로 통할 수가 있겠느냐?"

그리고는 탄식하시면서 말씀하셨다.

"이것은 하늘의 덕에 통달한 사람이 아니라면 함부로 이처럼 얘기해서는 안될 일이다."

그리고 또 말씀하셨다.

"공자께서는 '나는 이제 옛 사관(史官)들이 쓰지 않고 남겨둔 일에 관한 뜻을 이해하게 되었다'고 말씀하셨고 맹자께서는 '《서경》을 그대로 다 믿는 것은 《서경》이 없는 것만도 못한 일이다. 나는 무성(武成)편에서는 두세 개의 대쪽에 쓰인 글 정도만을 취하고 있을 따름이다'고 하셨다. 공자가 편찬하신 《서경》은 당(唐)·우(虞)·하(夏)의 4, 5백년 동안에 대하여 겨우 수편의 기록을 담고 있다. 어찌 그밖에 한 가지 일도 더 전하는 게 없었겠느냐? 그런데도 기술은 이에 머물고 있는 것이다. 여기에서 성인의 뜻을 알 수 있게 되었을 것이다. 성인께서는 오직 번거로운 글들을 깎아 내버리려 하셨었다. 후세의 선비들은 반대로 오직 거기에 첨가하려고만 하고 있는 것이다."

原文 愛曰, 著述亦有不可缺者. 如春秋一經, 若無左傳, 恐亦難曉.

先生曰, 春秋必待傳而後明, 是歇後謎語矣, 聖人何苦爲此艱深隱晦之詞? 左傳多是魯史舊文. 若春秋須此而後明, 孔子何必削之?

愛曰, 伊川亦云, 傳是案, 經是斷. 如書弑某君, 伐某國, 若不明其事, 恐亦難斷.

先生曰, 伊川此言, 恐亦是相沿世儒之說, 未得聖人作經之意. 如書弑君, 卽弑君便是罪, 何必更問其弑君之詳? 征伐當自天子出, 書伐國, 卽伐國便是罪, 何必更問其伐國之詳?

聖人述六經, 只是要正人心, 只是要存天理, 去人欲. 於存天里, 去人欲之事, 則嘗言之. 或因人請問, 各隨分量而說, 亦不肯多道. 恐人專求之言語. 故曰, 予欲無言.

若是一切縱人欲, 滅天理的事, 又安肯詳以示人? 是長亂導奸也. 故孟子云, 仲尼之門, 無道桓文之事者. 是以後世無傳焉. 此便是孔門家法.

世儒只講得一箇伯者的學問, 所以要知得許多陰謀詭計. 純是一片功利的心, 與聖人作經的意思, 正相反. 如何思量得通?

因嘆曰, 此非達天德者, 未易與言此也.

又曰, 孔子云, 吾猶及史之闕文也. 孟子云, 盡信書, 不如無書. 吾於武成, 取二三策而已. 孔子删書, 於唐虞夏四五百年

間, 不過數篇, 豈更無一事? 而所述止此. 聖人之意, 可知矣. 聖人只是要刪去繁文, 後儒卻只要添上.

註解 ㅇ左傳(좌전)-《춘추좌씨전(春秋左氏傳)》이 그 올바른 이름. 좌구명(左丘明)이란 사람이 공자의 《춘추》를 보충 해설하기 위하여 지었다는 책. '경'에 대한 권위있는 해설을 '전(傳)'이라 하며 《춘추》에는 《좌전》 이외에 《공양전(公羊傳)》과 《곡량전(穀梁傳)》이 또 있다. ㅇ歇後謎語(헐후미어)-뒷부분은 빼버리고 읽는 이에게 알아맞히도록 하는 수수께끼. ㅇ艱深隱晦(간심은회)-뜻을 이해하기 어렵고 감추어져 있어 애매한 것. ㅇ伊川(이천)-송(宋)나라 정이(程頤). 형 정호(程顥)와 함께 흔히 이정자(二程子)라 부르며 주자가 스승으로 모셨다. 자는 정숙(正叔), 이천은 그의 호임. 이 말은 《근사록(近思錄)》 치지(致知)편에 보인다. ㅇ案(안)-안건(案件), 기소문. ㅇ斷(단)-판결, 판결문. ㅇ弑(시)-신하가 임금을 죽이는 것. ㅇ分量(분량)-갖고 있는 역량(力量). ㅇ予欲無言(여욕무언)-나는 말을 하고 싶지 않다. 《논어》 양화(陽貨)편에 보이는 말. ㅇ縱(종)-멋대로 하다. 멋대로 버려두다. ㅇ孟子云(맹자운)-《맹자》 양혜왕상(梁惠王上)편에 보이는 말. 단 원문엔 '문(門)'자가 '도(徒)'로 되어 있음. ㅇ桓文(환문)-제(齊)나라 환공(桓公)과 진(晋)나라 문공(文公). 춘추시대 오패(五覇) 중의 대표적인 임금임. ㅇ伯者(백자)-패자(覇者). ㅇ天德(천덕)-《중용》의 '진실로 본시부터 총명하고 성인다운 지혜를 지니어 하늘의 덕[天德]에 통달한 사람이 아니라면 그 누가 이것을 알 수 있겠느냐?'고 한 말에서 따온 말임. 따라서 '하늘의 덕에 통달한 사람'이란 세상과 자연의 모든 이치를 꿰뚫어 아는 성인을 가리킨다. ㅇ孔子云(공자운)-《논어》 위령공(衛靈公)편에 보이는 구절. ㅇ闕文(궐문)-어떤 일을 기록하지 않고 빼놓은 것. ㅇ孟子云(맹자운)-《맹자》 진심하(盡心下)편에 보이는 구절임. ㅇ策(책)-대쪽. 옛날에는 종이가 없어 대쪽에 글을 적어 그것을 엮어 책을 만들었다. '간(簡)'이라고도 한다. ㅇ唐(당)-요(堯)임금의 나라. ㅇ虞(우)-순(舜)임금의 나라 이름. ㅇ夏(하)-우(禹)임금이 순임금에게서 천자자리를 물려받아 세운 나라.

解說 여기서 서애는 《좌전》의 예를 들며 '경' 이외의 학자들의 저술의 필요성을 주장하였다. 그러나 왕양명은 '경' 이외의 모든 저술은 세상에 혼란을 더하는 소용없는 것임을 단언하고 있다. '경' 이외의 것은 모두가 패자(覇者)의 학문이며 공리적인 학자들의 마음에서 우러나온 것이라는 것이다.

11-3. 내가 여쭈었다.

"성인이 《경》을 지으심에 있어서는 오직 사람의 욕망은 버리고 천리(天理)를 보존케 하려 하시고, 오패(五覇) 이하의 일 같은 것을 성인께서는 상세히 설명하여 사람들에게 보여주려 하지 않으셨다는 것은 정말 그러한 것 같습니다. 그러나 요순(堯舜) 이전의 일 같은 것은 어찌하여 간략히 취급하여 조금도 알려주지 않으셨습니까?"

선생님께서 말씀하셨다.

"복희(伏羲)·황제(黃帝)의 시대에는 일이 드문드문하고 오래되어 그에 관해 전해지는 게 드문 것이다. 이것으로도 역시 그 시대에는 완전히 참되고 소박하여 조금도 겉을 꾸미려는 기풍이 없었음을 알 수 있다. 이것은 바로 태곳적 다스림이어서 후세에는 따라갈 수가 없는 일이었다."

내가 여쭈었다.

"《삼분(三墳)》과 같은 종류의 전하여지는 책이 있었는데 공자께서는 어찌하여 그런 것을 깎아내어 버렸습니까?"

선생님께서 말씀하셨다.

"비록 전하여지는 게 있다 하더라도 또한 세상의 변화로 말미암아 합당치 않았기 때문이다. 세상의 기풍은 더욱 열리어 겉을 꾸미는 문채(文采)가 날로 더하여져 주(周)나라 말엽에 이르자 비록 하(夏)나라나 상(商)나라의 습속을 가지고 순박하게 변화시키려 해도 이미 되돌릴 수가 없었다. 하물며 당(唐)·우(虞)의 것으로야 되겠느냐? 더욱이 복희·황제의 시대 것으로야 되겠느냐?

그러나 그 정치는 같지 않았다 하더라도 그 도(道)는 한가지였다. 공자께서는 요임금과 순임금에 대하여는 이를 법도로 받들며 따르셨고, 문왕(文王)과 무왕(武王)에 대하여는 이를 법도로써 밝히셨다. 문왕과 무왕이 다스린 법도는 곧 요임금과 순임금의 도였다.

그러나 시대에 따른 정치방법은 그 시책이나 정령(政令)에 있어 이미 모두 같지 않았다. 곧 하나라나 상나라의 시정방법을 주(周)나라에 실시하려 해도 이미 맞지 않게 되어 있었던 것이다. 그러므로 주공(周公)은 우(禹)·탕(湯)·문무(文武) 삼왕(三王)의 정치를 아울러 실시하려 생각하였지만 그 시대에 맞지 않는 게 있어 하늘을 우러러 생각하며 밤낮없이 머리를 짰었다. 하물며 태곳적 정치를 어찌 다시 실시할 수가 있겠는가? 이러니 본시부터 성인이라 하더라도 생략해 버릴 수가 있는 일인 것이다."

다시 말씀하셨다.

"오로지 아무것도 하지 않는 '무위(無爲)'를 일삼고 우·탕·문무 삼왕의 시대에 따른 정치도 실시하지 못하면서도 반드시 태곳적 풍속을 따라 행동하려 하는 것이 바로 불교와 도교의 학술이다. 시대에 따른 정치를 함에 있어 우·탕·문무의 삼왕들처럼 한 줄기의 도로써 하지 못하고서 공리적인 마음으로 정치를 행하는 것이 바로 패자(覇者) 이하가 하는 일이다. 후세 유학자들은 허다한 토론을 되풀이하였지만 오직 '패술(覇術)'만을 연구한 데 불과하다."

原文 愛曰, 聖人作經, 只是要去人欲存天理, 如五伯以下事, 聖人不欲詳以示人, 則誠然矣. 至如堯舜以前事, 如何略不少見?

先生曰, 義黃之世, 其事闊疏, 傳之者鮮矣. 此亦可以想見, 其時全是淳龐朴素, 略無文采的氣象. 此便是太古之治, 非後世可及.

愛曰, 如三墳之類, 亦有傳者, 孔子何以刪之?

先生曰, 縱有傳者, 亦於世變漸, 非所宜. 風氣益開, 文采日勝, 至於周末, 雖欲變以夏商之俗, 已不可挽. 況唐虞乎? 又況羲黃之世乎?

然其治不同, 其道則一. 孔子於堯舜, 則祖述之, 於文武, 則憲章之. 文武之法, 卽是堯舜之道.

但因時致治, 其設施政令, 已自不同. 卽夏商事業, 施之於周, 已有不合, 故周公思兼三王, 其有不合, 仰而思之, 夜以繼日. 況太古之治, 豈復能行? 斯固聖人之所可略也.

又曰, 專事無爲, 不能如三王之因時致治, 而必欲行以太古之俗, 卽是佛老的學術. 因時致治, 不能如三王之一本於道, 而以功利之心行之, 卽是伯者以下事業. 後世儒者, 許多講來講去, 只是講得箇伯術.

註解 ㅇ五伯(오백)－춘추시대의 오패(五霸). 제(齊) 환공(桓公)·진(晋) 문공(文公) 이외에 보통 진(秦) 목공(穆公)·송(宋) 양공(襄公)·초(楚) 장왕(莊王)을 친다. ㅇ闊疏(활소)－드문드문하고 먼 것. ㅇ淳龐(순방)－참되고 착실한 것. ㅇ文采(문채)－무늬와 채색. 겉장식. ㅇ三墳(삼분)－복희(伏羲)·신농(神農)·황제(黃帝)의 도에 관해 씌어진 옛 책(《좌전》에 보임). ㅇ縱(종)－비록. 가령. ㅇ挽(만)－만회하다. 되돌리다. ㅇ祖述(조술)－먼 옛일을 법도로써 떠받들고 따르는 것. 《중용》에 '공자는 요순을 조술하고 문무를 헌장(憲章)했다' 하였다. ㅇ憲章(헌장)－법도로써 밝히는 것. ㅇ三王(삼왕)－하(夏)나라 우(禹)임금·상(商)나라 탕(湯)임금·주(周)나라 문왕(文王)과 무왕(武王). 주공(周公)이 삼왕(三王)의 정치를 아우르려고 생각하였다는 말은 《맹자》 이루하(離婁下)편에 보인다. ㅇ佛老(불로)－부처와 노자. 불교와 도교.

解說 왕양명은 정치나 사회풍속에 있어 시대성을 인정한다. 그것은 옛날의 정치와 현대의 정치는 방법에 있어 달라야 한다는 것을 뜻한다. 정치의 근본적인 도는 언제나 변함없지만 사회의 시대적인 변천을 따라 이를 펴는 방법은 달라야 한다는 것이다. 그렇기 때문에 공자도 요·순 이전의 태곳적 일에 대하여는 별로 기록을 남기지 않았다는 것이다.

그리고 왕양명은 춘추시대 이후의 시대는 오직 겉치레만을 숭상한 시대로서 전적으로 부정하고 있다. 이것은 아무래도 시대적인 변천을 수긍하는 그의 태도로서는 논리적인 무리를 범하고 있는 듯하다. 얘기는 문중자의 의경(擬經)에서 출발하였지만 서애(徐愛)는 자기 스승의 대답을 넓은 방면으로 유도하고 있다.

12. 또 말씀하셨다.

"당(唐)·우(虞) 시대 이상의 정치는 후세에 부활시킬 수가 없는 것이어서 이를 생략해도 괜찮은 것이다. 하(夏)·은(殷)·주(周) 삼대 이하의 정치는 후세에 법도로 삼을 수가 없는 것이어서, 이를 삭제해도 괜찮은 것이다. 다만 중간의 삼대의 정치만을 실행할 수가 있는 것이다. 세상의 삼대에 관하여 논하는 사람들은 그 정치의 근본은 알지 못하고 말단적인 것에만 헛되이 종사하고 있으니, 역시 부활시킬 수 없게 되어 있는 것이다."

原文 **又曰, 唐虞以上之治, 後世不可復也. 略之可也. 三代以下之治, 後世不可法也, 削之可也. 惟三代之治可行. 然而世之論三代者, 不明其本, 而徒事其末, 則亦不可復矣.**

註解 ○三代以下(삼대이하)—동주(東周)·진(秦)·한(漢) 이후를 가리킴.

解說 이것은 달리 한 조목으로 독립되어 있으나 앞 조목의 계속이

라 보는 게 옳을 것이다. 왕양명은 시대의 변천을 전제로 하여 '삼대' 이전의 정치는 워낙 순박하여 현대에 부활시킬 수 없는 것이니 뜻이 없고, '삼대' 이후의 정치는 어지러운 것으로서 본받을 게 못되니 버려도 좋다. 오직 '삼대'의 정치만이 현대에도 법도가 될 수 있는 것인데 세상사람들이 우매하여 이를 실현시킬 수도 없다는 것이다. 시대의 변천을 수긍하면서도 후세를 부정하는 태도는 논리적으로 모순을 범하고 있는 듯하다.

13. 내가 여쭈었다.

"옛 선비들이 여섯 가지 경서를 논함에 있어서 《춘추》를 역사책이라 하였습니다. 역사책은 전문적으로 사실을 기록하는 것이니 아마 다른 다섯 가지 경서들과는 사실의 내용이 약간은 다른 게 아닌가 생각됩니다."

선생님께서 말씀하셨다.

"사실로써 말할 것 같으면 '역사'라 할 수 있고, 도에 관한 기록으로써 말할 것 같으면 '경'이라 말할 수 있는 것이다. 사실이 곧 도요, 도가 곧 사실인 것이다.

《춘추》도 역시 '경'이요, 다른 다섯 가지 경서도 역시 '역사'인 것이다. 《역경》은 복희(伏羲)씨의 역사이고, 《서경》은 요순(堯舜) 이하의 역사이며, 《예경》과 《악경》은 하(夏)·은(殷)·주(周) 삼대의 역사인 것이다. 그 사실들도 같고 그 도도 같은 것이다. 어찌 다를 바가 있겠느냐?"

原文 愛曰, 先儒論六經, 以春秋爲史. 史專記事, 恐與五經事體, 終或稍異.

先生曰, 以事言, 謂之史, 以道言, 謂之經. 事卽道, 道卽事. 春秋亦經, 五經亦史. 易是包犧氏之史, 書是堯舜以下史,禮樂是三代史. 其事同, 其道同. 安有所謂異?

註解 ㅇ事體(사체)－사실의 내용, 사실의 체례(體例). ㅇ包犧(포희)－복희(伏羲). 옛날에는 글자의 음이 같아서 서로 통용되었던 것 같다.

解說 보통 여섯 가지 경서 중에서 《춘추》만은 춘추시대의 역사를 기록한 책이라 한다. 그러나 왕양명은 《춘추》뿐만이 아니라 다른 경서들도 같은 사실의 기록이어서 같은 성질의 책이라는 것이다. 사실의 기록에서 본다면 모두가 역사의 기록이고, 도를 밝힌다는 점에서 본다면 모두가 경서라는 것이다. 그는 여기서 '사실이 곧 도이고, 도가 곧 사실이라'는 입장을 밝히고 있다.

청(淸)대 학자 장학성(章學誠)도 그의 《문사통의(文史通義)》에서 '여섯 가지 경서는 모두가 역사'라는 입장을 밝히고 있다. 경서를 역사적인 자료로 본다면 사실의 검토에 있어 얼마든지 취사(取捨)하고 비평할 여지가 있지만 순전히 '경'으로 볼 때에는 절대적인 신봉을 필요로 하게 되는 것이다. 왕양명은 '역사가 곧 경'이라는 입장이어서 그 점에서는 태도가 애매하다.

14. 또 말씀하셨다.

"다섯 가지 경서들도 역시 '역사'인 것이다. '역사'란 선악을 밝히고 훈계를 제시하는 목적이 있다. 일이 선하여 교훈이 될 만한 것은 때로는 그 사실을 보전함으로써 모범을 보여주고 일이 악하여 경계하여야만 할 것은 그 경계만을 남기고 그 사실은 삭재해 버림으로써 간악함을 막는 것이다."

내가 여쭈었다.

"그 사실을 보존함으로써 모범을 보여준다는 것은 또한 천리(天理)의 본연의 모습을 보존하는 것이고, 그 사실을 삭제함으로써 간악함을 막는다는 것은 또한 사람의 욕망을 싹트기도 전에 막는다는 것이 됩니까?"

선생님께서 말씀하셨다.

"성인께서 '경'을 지으심에 있어서는 본시부터 그런 뜻이 아닌 게 없다. 그러나 또 반드시 글귀 하나하나에 그렇게 얽매일 것도 없다."

내가 다시 여쭈었다.

"일이 악하여 경계해야만 할 것은 그 경계만을 보존하고 그 사실은 삭제해 버림으로써 간악함을 막는다 하셨는데, 어째서 유독 《시경》에 있어서만 '정풍(鄭風)'과 '위풍(衛風)'을 깎아내시지 않았습니까? 주자(朱子)는 '악한 시로써는 사람들의 놓여나는 뜻을 징계할 수가 있다'고 하였는데 정말 그래서입니까?"

선생님께서 말씀하셨다.

"지금 《시경》은 공자 문하에 전해지던 구본(舊本)이 아니다. 공자께서는 '정(鄭)나라 노래를 내치겠다. 정나라 노래는 음탕하다'고 말씀하셨고, 또 '정나라 노래가 우아한 음악을 어지럽히는 것을 싫어한다' '정나라와 위나라의 음악은 망해가는 나라의 음악이다'고 말씀하셨다. 이것이 공자 문하의 가법(家法)인 것이다.

공자께서 편정(編定)한 3백편은 모두가 이른바 우아한 음악이어서 모두 교묘(郊廟)의 제사에 연주할 수 있었고 고을의 예회(禮會)에서도 연주할 수가 있는 것이었다. 모두가 탁 트이고 평화스러우며, 사람의 덕성을 길러 주고 세상 풍속을 훌륭하게 만들 수 있는 것이었다. 어찌 그러한 음탕함을 조장하고 간악함으로 인도해 주는 게 있을 수가 있었겠느냐?

이것은 반드시 진시황(秦始皇)의 분서(焚書) 뒤에 세상의 선비들이 억지로 주워 모아 3백편의 숫자를 채우느라고 끼어든 것일 것이다. 일반적으로 음탕한 시들은 세상 습속으로는 더욱 전하기를 좋아하는 것이니, 지금의 민간에서도 역시 그러하다. '악한 시로써는 사람들의 놓여나는 뜻을 징계할 수가 있다'고 한 것은 거기에 맞는 설을 찾다가 되지 않으니까 거기에 맞추어 지어낸 말인 것이다."

原文 又曰, 五經亦只是史. 史以明善惡, 示訓戒. 善可爲訓者, 時存其迹, 以示法, 惡可爲戒者, 存其戒而削其事, 以杜奸.

愛曰, 存其迹以示法, 亦是存天理之本然, 削其事以杜奸, 亦是遏人欲於將萌否?

先生曰, 聖人作經, 固無非是此意. 然又不必泥着文句.

愛又問, 惡可爲戒者, 存其戒而削其事, 以杜奸, 何獨於詩而不刪鄭衛? 先儒謂, 惡者可以懲創人之逸志, 然否?

先生曰, 詩非孔門之舊本矣. 孔子云, 放鄭聲, 鄭聲淫. 又曰, 惡鄭聲之亂雅樂也. 鄭衛之音, 亡國之音也. 此是孔門家法.

孔子所定三百篇, 皆所謂雅樂, 皆可奏之郊廟, 奏之鄉黨. 皆所以宣暢和平, 涵泳德性, 移風易俗. 安得有此是長淫導奸矣?

此必秦火之後, 世儒附會, 以足三百篇之數. 蓋淫佚之詞, 世俗多所喜傳, 如今閭巷皆然. 惡者可以懲創人之逸志, 是求其說而不得, 從而爲之辭.

註解 ㅇ迹(적)－사실. 사실의 기록을 가리킨다. ㅇ泥着(이착)－얽매이다, 구니(拘泥)되다. ㅇ鄭衛(정위)－《시경》 국풍(國風)의 정풍(鄭風)과 위풍(衛風). 정나라와 위나라의 노래는 음탕한 것들이 많다. ㅇ先儒(선유)－주자(朱子)를 가리킴. 이 구절은 《논어》 위정(爲政)편 '시삼백(詩三百)'에 대한 주자의 주(註)에 보인다. ㅇ懲創(징창)－징계하다. ㅇ逸志(일지)－놓여나려는 뜻. 놀아나려는 마음. ㅇ放鄭聲(방정성)－정나라 노래를 내치다. 이 구절은 《논어》 위령공(衛靈公)편에 보이는 말임. ㅇ惡鄭聲(오정성)－정나라 노래를 싫어하다. 이 구절은 《논어》 양화(陽貨)편에 보이는 말임. ㅇ鄭衛之音(정위지음)－정나라와 위나라의 노래. 이 구절은 《시

경》 대서(大序) 및 《예기》 악기(樂記)편에 보이는 말임. ㅇ三百篇(삼백편)－《시경》에는 도합 305편의 시가 실려 있어 옛부터 '삼백편' 또는 '시삼백(詩三百)'은 《시경》을 뜻하는 숙어로 흔히 쓰였다. ㅇ郊廟(교묘)－천자가 하늘에 지내는 제사[郊]와 종묘에 지내는 제사[廟]. ㅇ鄕黨(향당)－옛날에는 2천5백 가구를 향(鄕), 5백 가구를 당(黨)이라 하였으며, 이런 고을의 예회(禮會)를 '향당'이라 불렀다. ㅇ宣暢(선창)－탁 틔어 밝은 것. ㅇ涵泳(함영)－함양하다. 기르다. ㅇ秦火(진화)－진시황(秦始皇)이 천하의 책을 모아 불태운 분서(焚書)를 가리킴. ㅇ閭巷(여항)－촌리(村里). 시정(市井).

解說 내용은 앞 대목의 계속이지만 실상은 중점이 《시경》의 이른바 음시(淫詩) 문제로 돌아갔다. 《시경》에는 연애시 또는 자기를 버린 남편이나 세상을 원망하는 시들이 적지않게 실려 있다. 특히 정풍(鄭風)과 위풍(衛風)에는 그러한 시들이 더욱 많다. 그 때문에 옛날부터 학자들은 이런 시들을 도덕적인 면에 부합시켜 해설하려고 무척 애를 써 왔다. 한(漢)·당(唐) 시대에는 모두 이런 시의 내용을 억지로 도덕적인 입장에서 왜곡시켜 엉뚱한 해설을 많이 하였다. 송(宋)대 이후로 차차 시를 문면(文面)대로 읽는 기풍이 생기어 지금에 와서는 그런 식으로 시를 읽는 학자는 거의 없어졌다.

왕양명은 이러한 음시들은 후세 학자들이 집어넣은 것이라고 이의 가치까지를 철저히 부정하고 나선다. 그 학문적인 근거는 역시 약하지만 모든 사물을 순수한 입장에서만 보려는 그의 태도만은 높이 평가해야 할 것 같다.

〔서애(徐愛)의 발문(跋文)〕

나는 주자(朱子)의 옛 학설에만 빠져 있다가 처음 선생님의 가르침을 듣고는 정말로 놀람을 금할 수가 없었으며 종잡을 데가 없었다. 그 뒤로 가르침을 오랫동안 듣고 나서야 점차 자신을 반성하며 실천

할 줄 알게 되었다. 그렇게 된 뒤에야 비로소 선생님의 학문이 공자 학문의 정통이며, 이것 이외의 것은 모두가 샛길이나 작은 길이며, 끊겨진 냇물과 같은 것임을 믿게 되었다.

'격물(格物)'은 '뜻을 정성되이 하는[誠意]' 공부이며, '선을 밝힘[明善]'은 '자신을 정성되이 하는[誠身]' 공부이며, '궁리하는 것'은 '본성을 다하는[盡性]' 공부이며, '학문의 길을 닦는 것'은 '덕성을 높이는' 공부이며, '글을 널리 배우는 것'은 '예로써 자신을 단속하는' 공부이며, '정순(精純)하게 하는 것'은 '순일(純一)케 하는' 공부라는, 모든 이와 같은 가르침은 처음에는 모두 서로 떨어져 합치되기 어려운 것이었으나, 그 뒤 이에 대하여 오랫동안 생각하고 나니 나도 모르게 덩실덩실 춤이 나오도록 감격하게 되었다.

이상 왈인(曰仁)이 기록함.

原文 愛因舊說汩沒, 始聞先生之教, 實是駭愕不定, 無入頭處. 其後聞之旣久, 漸知反身實踐. 然後始信先生之學, 爲孔門嫡傳, 舍是皆傍蹊小徑, 斷港絶河矣.

如說格物是誠意的工夫, 明善是誠身的工夫, 窮理是盡性的工夫, 道問學是尊德性的工夫, 博文是約禮的工夫, 惟精是惟一的工夫, 諸如此類, 始皆落落難合, 其後思之旣久, 不覺手舞足蹈.

右曰仁所錄.

註解 ㅇ舊說(구설)－주자의 성리학을 가리킨다. ㅇ汩沒(골몰)－어떤 일에 빠져 크게 애쓰고 있는 것. ㅇ駭愕(해악)－놀라다. 경악하다. ㅇ入頭處(입두처)－입구(入口), 종잡을 곳. ㅇ傍蹊(방혜)－곁가지로 뻗은 작은 길. ㅇ斷港(단항)－흐름이 끊긴 냇물. ㅇ落落(낙락)－서로 떨어져 합쳐지지 않는 모양. ㅇ曰仁(왈인)－이 글을 쓴 서애의 자.

解說 서애가 기록한 첫번째의 《전습록》은 이상의 열네 조목이었으며, 이것은 그 발문(跋文)이다. 〈서문〉이나 마찬가지로 '성리학'으로부터 그가 '양명학'으로 옮긴 경과를 쓰고 있다. 이 글을 통해서 보더라도 당시 중국의 학설이란 서양의 과학적·비판적인 것과는 달리, 교의(敎義)나 교설(敎說)처럼 '믿는 것'에 가까운 것이었음을 알 수 있다.

이하는 문인 육징(陸澄)이 수록한 것이다.(以下門人陸澄錄)

15. 육징(陸澄)이 여쭈었다.

"'하나를 위주로 하는[主一]' 공부는, 예를 들면 책을 읽는다면 책을 읽는 데 한 마음을 두고, 손님을 접대한다면 손님을 접대하는 데 한 마음을 둔다면 '하나를 위주로 하는 것'이 될 수 있겠습니까?"

선생님께서 말씀하셨다.

"색을 좋아한다면 색을 좋아하는 데 한 마음을 두고, 재물을 좋아한다면 재물을 좋아하는 데 한 마음을 둔다면 '하나를 위주로 하는 것'이 될 수가 있겠느냐?

이것은 이른바 '물건을 뒤좇는 것[逐物]'이지 '하나를 위주로 하는 것'은 아닌 것이다. '하나를 위주로 하는 것'은 '오로지 하나의 천리를 위주로 한다'는 뜻이다."

原文 陸澄問, 主一之功, 如讀書, 則一心在讀書上, 接客, 則一心在接客上, 可以爲主一乎?

先生曰, 好色, 則一心在好色上, 好貨, 則一心在好貨上, 可以爲主一乎?

是所謂逐物, 非主一也. 主一是專主一箇天理.

註解 ㅇ陸澄(육징)—자는 원정(元靜) 또는 원정(原靜), 청백(淸伯)이라

고도 하였다. 왕양명의 제자로서 서애(徐愛)가 죽은 뒤로는 스승의 기망(期望)이 그에게 걸려 있었다. ㅇ主一(주일)-하나를 위주로 하다. 정자(程子)와 주자(朱子)의 중요한 수양방법의 하나이다. 정이천(程伊川)은 '하나를 위주로 하는 것[主一]을 공경[敬]한다'고 말하고, 가는 데가 없는 것(無適)을 '하나라고 말한다'고 설명하였다. 주자는 '하나를 위주로 한다는 것은 오직 마음을 하나로 오로지 하여 다른 생각이 거기에 섞이지 않음을 뜻한다'고 말하였다. 이들은 '전심(專心)' 또는 '전념(專念)'과 비슷한 뜻으로 '주일(主一)'을 이해하였으나 왕양명의 견해는 달랐다. ㅇ好色(호색)-뒤의 '호화(好貨)'와 함께 《맹자》 양혜왕하(梁惠王下)편에 보이며, 세속적인 좋지 못한 짓을 가리킨다. ㅇ逐物(축물)-자기 자신을 잃고 물건을 추구하는 것.

解說 정자와 주자가 주장하던 '주일무적(主一無適)' 곧 '다른 데로 마음을 팔지 않고 한 가지만을 위주로 하는' 수양방법을 왕양명은 '천리'를 위주로 하는 것이라고 자기의 일관된 사상으로 풀이하였다.

16. '뜻을 세우는 것[立志]'에 대하여 여쭙자, 선생님께서 말씀하셨다.

"오직 천리를 보전하려는 생각만 하고 있는 것이 곧 '뜻을 세우는 것'이다. 이렇게 하는 것을 잊지 않고 있으면 오래 되면 자연히 마음 속에 모이어 뭉쳐지는 게 있게 된다. 그것은 마치 도가에서 말하는 '성스런 태아[聖胎]'가 맺혀진다는 것과 같은 것이다. 이러한 '천리'에 대한 생각이 언제나 보존되어 있으면 아름답고 위대한 성인답고 신령스러움에 자연히 이르게 된다. 또한 오직 이 한 가지 생각으로부터 보존하고 기르며 확대하고 충실케 해나가야만 되는 것이다."

原文 問立志. 先生曰, 只念念要存天理, 卽是立志. 能不忘乎此, 久則自然心中凝聚. 猶道家所謂結聖胎也. 此天理之念常存, 馴至於美大聖神. 亦只從此一念, 存養擴充去耳.

註解 ㅇ立志(입지)－뜻을 세우다. 《논어》 위정(爲政)편의 '나는 열다섯 살에 배움에 뜻을 두었다'는 말과 《맹자》 만장하(萬章下)편의 '겁많은 남자도 뜻을 세우게 된다'는 말에서 나온 말임. ㅇ凝聚(응취)－모이어 굳어지는 것. ㅇ聖胎(성태)－배 속에 성인의 태아가 들어앉은 것. 이것은 자기 마음속에 성인의 요건(要件)들이 모이어 굳어짐에 비유한 말이다. ㅇ馴至(순지)－순조롭게 ……에 이르다. 자연히 ……이 되다. ㅇ聖神(성신)－성인(聖人)답고 신령스러운 것.

解說 '뜻을 세우는 것'은 학문하는 사람으로서의 마음가짐을 뜻한다. 왕양명은 이러한 평범한 말에까지도 일관하여 '천리'를 보존해야 한다고 풀이하고 있는 것이다.

17. "매일매일 공부를 함에 있어서 마음이 어수선하다고 느껴지거든 곧 정좌(靜坐)하고, 책을 보는 데 싫증이 난다고 느껴지거든 그대로 책을 보거라. 이것도 역시 병에 따라 약을 쓰는 거나 같은 방법이다."

原文 **日間工夫, 覺紛擾, 則靜坐. 覺懶看書, 則且看書. 是亦因病而藥.**

註解 ㅇ日間(일간)－매일. 평소에. ㅇ紛擾(분요)－마음이 어수선한 것, 마음이 어지러운 것. ㅇ靜坐(정좌)－고요히 바로 앉아 마음을 가라앉히는 수양 방법. ㅇ懶(란)－싫증나다. 지치다.

解說 여기서는 평소의 공부하는 방법을 간단히 얘기해 준 것이다.

18. 친구들과 어울림에 있어서 서로 겸양하기에 힘쓰면 이익을 얻고, 서로 뽐내려들면 손해를 본다.

原文 **處朋友, 務相下則得益, 相上則損.**

註解 ㅇ下(하)－남의 아래로 처신하는 것. 겸양하는 것. 반대로 '상(上)'은 남의 위로 기어오르는 것. 뽐내는 것. 남을 깔보는 것.

解說 '겸양'은 옛부터 대표적인 유가의 덕성이다. 왕양명은 남을 대함에 있어 언제나 겸손할 것을 가르치고 있다.

19. 맹원(孟源)은 자기를 옳다고 주장하고 명성을 좋아하는 병폐를 지니고 있어서 선생님께서는 여러번 그를 책하셨다. 어느 날 그에 대한 훈계가 막 끝났을 때 한 친구가 스스로 평소의 공부에 대하여 말씀드리며, 바로잡아 줄 것을 요청하였다. 맹원이 곁에 있다가 말하였다.

"이것은 바로 제가 옛날 했던 일을 묻고 있는 거군요."

선생님께서 말씀하셨다.

"네 병이 또 나타나는구나!"

맹원은 얼굴빛이 변하여 무엇인가 변명을 하려들었다. 선생님께서 다시 말씀하셨다.

"네 병이 또 나타나는구나!"

그리고는 그를 깨우쳐 말씀하셨다.

"이것이 네 평생의 커다란 병의 뿌리이다. 예를 들면 1장(丈) 사방의 땅 안에 이러한 큰 나무가 심어져 있는 것과 같다. 비 이슬의 혜택이나 흙의 힘은 오직 이 큰 뿌리만을 길러 주고 있다. 사방에다 훌륭한 곡식을 심으려 해도 위쪽은 이 나무의 잎새에 가려져 있고 아래쪽은 이 나무의 뿌리가 서리어 있으니 어찌 자랄 수가 있겠느냐? 반드시 이 나무를 베어내어 가는 뿌리도 남기지 말아야만 비로소 좋은 종자를 심을 수가 있는 것이다. 그렇지 않으면 아무리 네가 갈고 김매며 북돋아 주며 기른다 하더라도 오직 이 뿌리만을 기르는 것이 될 따름이다."

原文 **孟源有自是好名之病. 先生屢責之. 一日警責方已, 一友自陳日來工夫, 請正. 源從傍曰, 此方是尋着源舊時家當.**

先生曰, 爾病又發.

源色變, 議擬欲有所辨. 先生曰, 爾病又發.

因喻之曰, 此是汝一生大病根. 譬如方丈地內, 種此一大樹. 雨露之滋, 土脈之力, 只滋養得這箇大根. 四傍縱要種些嘉穀, 上面被此樹葉遮覆, 下面被此樹根盤結, 如何生長得成? 須用伐去此樹, 纖根勿留, 方可種植嘉種. 不然, 任汝耕耘培壅, 只是滋養得此根.

註解 ㅇ孟源(맹원)－왕양명의 제자, 자는 백생(伯生). ㅇ自是(자시)－자기만이 옳다고 고집하는 것. ㅇ家當(가당)－본시는 재산, 집안 살림살이란 뜻. 여기서는 '자기가 하던 일' '자기의 경험'을 가리킨다. ㅇ方丈(방장)－사방 1장의 넓이. 1장은 열자[尺]. ㅇ滋(자)－자양(滋養). 혜택. ㅇ土脈(토맥)－흙의 기름진 성분. ㅇ盤結(반결)－서리다. 얽히어 뭉쳐지다. ㅇ纖根(섬근)－가는 뿌리. ㅇ耕耘(경운)－밭 갈고 김매는 것. ㅇ培壅(배옹)－북주고 돋아주는 것.

解說 여기서는 겸손함을 가르치는 왕양명의 모습이 생생하게 그려져 있다. 앞의 서애의 기록에 비하여, 이곳 육징의 기록은 더욱《논어》의 형식에 가깝다. 성질이 팔팔한 제자들을 교육하는 위대한 스승

의 면모가 생생히 드러나 있다.

20. 내가 여쭈었다.

"후세에 와서 저술이 많아졌는데 올바른 학문을 어지럽히는 점도 있지 않겠습니까?"

선생님께서 말씀하셨다.

"사람의 마음과 천리가 혼연히 융화된 것을 성현들은 책으로 써놓으신 것이다. 그것은 초상화를 통하여 정신을 전하는 것같이 다만 형상의 대략을 사람들에게 제시해 주고, 그들로 하여금 이것을 근거로 하여 그 진실을 추구하도록 하신 것이다. 그 정신이나 의기 또는 말하고 웃고 행동하는 것은 본시부터 다 전할 수는 없는 것이다. 후세의 저술이란 또 성인들이 그려놓은 것을 모방하여 베끼고서 멋대로 자기가 분석하고 더 보탬으로써 자기의 재주를 발휘한 것이어서, 그것은 진실과 더욱 멀어지고 있는 것이다."

原文 問, 後世著述之多, 恐亦有亂正學.

先生曰, 人心天理渾然, 聖賢筆之書, 如寫眞傳神, 不過示人以形狀大略, 使之因此而討求其眞耳. 其精神意氣, 言笑動止, 固有所不能傳也. 後世著述, 是又將聖人所畫, 摹倣謄寫, 而妄自分析加增, 以逞其技, 其失眞愈遠矣.

註解 ㅇ渾然(혼연)－잘 융합이 되어 있는 모양. ㅇ寫眞(사진)－초상화를 그리는 것. ㅇ逞(정)－드러내다, 나타내다.

解說 앞의 서애와의 문답에서도 이미 왕양명은 후세의 저술이 천하를 어지럽히는 장본이 되고 있음을 지적하였다. 육징은 그러한 스승의

뜻에 맞추어 질문을 함으로써 스승의 가르침을 다시 한 번 확인한 것이다.

21. 내가 여쭈었다.

"성인은 모든 변화에 대하여 무궁한 대응을 하는데, 그것은 미리 변화에 대하여 강구하기 때문입니까?"

선생님께서 말씀하셨다.

"어떻게 그렇게 많은 변화에 대하여 다 강구할 수가 있겠느냐? 성인의 마음은 밝은 거울과 같은 것이어서 오직 밝음으로써 느껴지는 대로 대응하는 것이며, 비추어지지 않는 물건이란 없는 것이다. 과거의 형체가 그대로 남아 있는 일도 없거니와 비춰이지도 않은 형체가 먼저 드러나는 일도 없는 것이다.

후세의 학문하는 방법은 그러하다. 그래서 성인의 학문과는 크게 어긋나는 것이다.

주공(周公)은 예의를 제정하고 음악을 작곡하여 천하를 문화적으로 다스렸는데, 모두가 성인이라면 할 수 있는 일이다. 요(堯)임금과 순(舜)임금은 어째서 그런 일을 모두 하지 않고 주공에게 그 일을 미루었을까? 공자께서 여섯 가지 경서를 편찬하여 만세의 가르침으로 삼았는데, 역시 성인이라면 모두가 할 수 있는 일이다. 주공은 어찌하여 먼저 그것을 하지 않고서 공자에게 그 일을 미루었는가?

이것으로도 성인은 그러한 시대를 만나야만 비로소 그러한 일을 함을 알 수가 있다. 오직 거울이 밝지 않을까 걱정은 할지언정 물건이 앞에 있을 때 비추지 못할까 걱정하지는 않는다. 일의 변화에 대하여 강구한다는 것은 또한 그 시대의 일들을 비추는 일과 같은 것이다.

그러니 학문하는 사람은 반드시 먼저 마음을 밝게 하는 공부를 하여야 한다. 학문하는 사람은 오직 자기 마음을 밝게 할 수 없는 것만을 걱정해야지, 일의 변화에 대하여 다 알지 못함을 걱정해서는 안 된다."

다시 여쭈었다.

"그렇다면 이른바 '마음은 텅 비고 고요하여 아무 조짐도 없으나 삼라만상(森羅萬象)이 모두 이미 갖추어져 있다'고 한 것은 논리적으로 맞는 말입니까?"

"그 말은 본시 훌륭한 것이다. 다만 잘 생각하지 않으면 또한 병폐가 생길 수도 있는 것이다."

原文 問, 聖人應變不窮, 莫亦是預先講求否?

先生曰, 如何講求得許多? 聖人之心, 如明鏡. 只是一箇明, 則隨感而應, 無物不照. 未有已往之形尚在, 未照之形先具者.

若後世所講, 卻是如此. 是以與聖人之學大背.

周公制禮作樂, 以文天下, 皆聖人所能爲. 堯舜何不盡爲之, 而待於周公? 孔子刪述六經, 以詔萬世, 亦聖人所能爲. 周公何不先爲之, 而有待於孔子?

是知聖人遇此時, 方有此事. 只怕鏡不明, 不怕物來不能照. 講求事變, 亦是照時事. 然學者卻須先有箇明的工夫. 學者惟患此心之未能明, 不患事變之不能盡.

曰, 然則所謂冲漠無朕, 而萬象森然已具者, 其言何如?

曰, 是說本自好. 只不善看, 亦便有病痛.

註解 ㅇ應變不窮(응변불궁)－일의 변화에 대응하여 무궁히 미혹되거나 막히지 않고 잘 처리한다. 성인은 만사에 통달해 있기 때문이다. ㅇ文(문)－문화적으로 다스리다. 문명케 하다. ㅇ詔(조)－가르치다. 가르침으로 삼다. ㅇ所謂(소위)－이른바. 《근사록》에 보이는 정이천(程伊川)의 유명한 말임.

ㅇ冲漠(충막)-마음이 텅 비어 고요한 모양. ㅇ無朕(무짐)-아무런 조짐(兆朕)도 보이지 않는 것. ㅇ萬象(만상)-우주의 모든 현상. ㅇ森然(삼연)-빠짐없이 갖추어져 있는 모양.

解說 마음을 밝은 거울로 보는 것은 본시 불교에서 나온 말이다. 그러나 송대 성리학자들은 유학을 철학화시키면서 이 말을 끌어들이어 왕양명에게까지 발전한 것이다. 왕양명은 '마음이 곧 이'라 보기 때문에 더욱 그러한 생각이 절실하다. 맑은 거울에 밖의 모습이 그대로 비춰지듯 마음이 밖의 현상을 참된 모습 그대로 받아들이는 데서 진리는 얻어진다고 생각한 것이다. 따라서 자연과 세상의 모든 일에 관하여 알려고 애쓰기보다는 거울처럼 맑은 마음을 지니도록 노력하여야 올바른 학문이 이루어질 수 있다는 것이다. 마음이 밝기만 하면 텅 비고 고요한 속에 '삼라만상이 다 갖추어질 수 있다'고 생각되기 때문이다.

22. "올바른 이치는 있는 곳이 일정하지 않고 다함 없이 무궁한 것이다. 내가 그대와 얘기함으로써 약간의 얻은 것이 있다 하더라도 곧 여기에 그대로 머물겠다고 생각해서는 안되는 것이다. 다시 말하면 10년, 20년 또는 50년이 가더라도 머물러서는 안되는 것이다."

다른 날 선생님께서 또 말씀하셨다.

"성인이란 요(堯)·순(舜)임금 같은 분이다. 그러나 요임금과 순임금의 위로도 선(善)은 무한히 있는 것이다. 악인이란 걸(桀)왕·주(紂)왕 같은 사람이다. 그러나 걸왕과 주왕 아래로도 악은 무한히 있는 것이다. 만약 걸왕이나 주왕이 죽지 않았다면 악이 어찌 거기에 머물고 말았겠는가? 만약 선에 한계가 있다면 문왕(文王)이 어찌하여 '도(道)를 바라보았지만 그것을 보지 못하였다'는 일이 있었겠느냐?"

原文 義理無定在, 無窮盡. 吾與子言, 不可以少有所得, 而遂謂止此也. 再言之, 十年, 二十年, 五十年, 未有止也.

他日又曰, 聖如堯舜. 然堯舜之上, 善無盡. 惡如桀紂, 然桀紂之下, 惡無盡. 使桀紂未死, 惡寧止此乎? 使善有盡時, 文王何以望道而未之見?

註解 ㅇ定在(정재)－일정하게 있는 곳. ㅇ桀紂(걸주)－하(夏)나라의 최후 왕과 은(殷)나라의 최후 왕. 모두 폭군으로 유명하다. ㅇ文王(문왕)－《맹자》 이루하(離婁下)편에 이 구절이 보인다.

解說 선도 무궁한 것이고 악도 끝이 없는 것이다. 따라서 학문도 무한한 것이다. 그러므로 학문하는 사람들은 조금도 쉬지 말고 약간의 성취에 만족함이 없이 꾸준히 공부해야 한다는 것이다.

23. 내가 여쭈었다.

"고요히 있을 적에는 좋은 생각이 나다가도 일을 당하기만 하면 달라지니 어찌된 일입니까?"

선생님께서 말씀하셨다.

"그것은 다만 고요히 마음을 기르는 것만을 알고 자기를 이겨내는 공부는 하지 않았기 때문이다. 그러한 상태로써 일을 대하면 곧 일에 압도당하고 마는 것이다. 사람은 반드시 일을 통하여 자신을 연마하여야만 비로소 자신을 확립시킬 수가 있는 것이다. 그래야만 비로소 고요함에도 안정될 수가 있고 행동에도 안정될 수가 있는 것이다."

原文 問, 靜時亦覺意思好, 才遇事便不同. 如何?

先生曰, 是徒知靜養, 而不用克己工夫也. 如此臨事, 便要傾倒. 人須在事上磨, 方立得住, 方能靜亦定, 動亦定.

註解 ㅇ傾倒(경도)－기울어져 넘어지다. 압도당하다. 지금의 용법과는 뜻이 다르다. ㅇ靜亦定(정역정)－고요함에도 안정될 수 있다. 《근사록》에 보이는 정명도(程明道)의 말.

解說 이것도 왕양명의 '지행합일' 사상과 연관된 것이다. 정주학(程朱學)에서는 행동[動]과 고요함[靜]의 구별을 내세우지 않으면서도 언제나 고요함을 근본으로 삼는 경향이 있다. '고요함'이란 마음을 고요히 가라앉혀 고도의 사색을 함을 뜻한다. 왕양명도 '고요히 앉아 마음을 맑게 하는 것[靜坐澄心]'을 중히 여기기는 하지만, 거기에서 얻어지는 사색은 실제 일을 통해 행동으로써 연마되어야 한다고 생각한 것이다. 이것은 '지행합일'에서 나온 왕양명의 적극적이고도 실제적인 학문 경향을 말해 주는 것이라고 볼 수 있다.

24. 내가 높은 경지로 이르는 '상달(上達)'의 공부에 대하여 여쭈어 보았다. 선생님께서 말씀하셨다.

"후세 유학자들은 사람들을 가르침에 있어서 정미(精微)한 이론에 들어가기만 하면 곧 말하기를 '높은 경지로 이르는 것[上達]은 공부하기에 적합하지 못하니 아래로 배우는 하학(下學)을 가르쳐야겠다' 고 말한다. 이것은 학문을 '아래로 배우는 것'과 '높은 경지로 이르는 것'의 두 가지로 구분하고 있는 것이다.

그런데 눈으로 볼 수 있고 귀로 들을 수 있고 입으로 말할 수 있고 마음으로 생각할 수 있는 것들은 '모두가 아래로 배우는 것'이다. 눈으로 볼 수가 없고 귀로 들을 수가 없고 입으로 말할 수가 없고 마음으로도 생각할 수가 없는 것들은 '높은 경지로 이르는 것'이다.

예를 들면 나무를 재배하고 물을 주는 것 같은 것은 '아래로 배우는 것'이다. 밤낮으로 생장해 가고 가지가 뻗고 무성해지는 것은 곧 '높은 경지로 이르는 것'이다. 사람으로서 어찌 그렇게 만드는 힘에 참여할 수가 있겠는가?

그러므로 모든 노력으로써 될 수가 있고 말로써 알려 줄 수가 있는 것은 모두가 '아래로 배우는 것'인 것이다. '높은 경지로 이르는 것'은 오직 '아래로 배우는 것' 속에 있는 것이다. 모든 성인들께서 말씀하신 것은 비록 극히 정세하고 미묘한 것이라 하더라도 모두가 '아래로 배우는 것'이다. 학문하는 사람들은 오직 '아래로 배우는 것'으로부터 공부를 해나가기만 하면 자연히 '높은 경지로 이르게' 되는 것이다. 달리 '높은 경지로 이르는' 공부를 찾을 필요가 없는 것이다."

原文 問上達工夫. 先生曰, 後儒教人, 纔涉精微, 便謂上達未當學, 且說下學. 是分下學上達爲二也.

夫目可得見, 耳可得聞, 口可得言, 心可得思者, 皆下學也. 目不可得見, 耳不可得聞, 口不可得言, 心不可得思者, 上達也.

如木之栽培灌漑, 是下學也. 至於日夜之所息, 條達暢茂, 乃是上達. 人安能預其力哉.

故凡可用功, 可告語者, 皆下學. 上達只在下學裏. 凡聖人所說, 雖極精微, 俱是下學. 學者只從下學裏用功, 自然上達去. 不必別尋箇上達的工夫.

註解 ㅇ上達(상달)－《논어》 헌문(憲問)편에 '하늘을 원망하지 않고 사람들을 탓하지 않고 아래로 배워서[下學] 높은 경지로 이른다[上達]. 나를 알아주는 것은 저 하늘인가!'라고 말한 데서 나온 말임. 《논어》에서는 비근한 학문을 하여[下學] 높은 경지에 이른다[上達]는 뜻으로 쓰고 있다. ㅇ精微(정미)－정세하고 미묘한 것. ㅇ灌漑(관개)－물을 주다. 물을

대다. ㅇ日夜之所息(일야지소식)-밤낮으로 생육하는 것. 식(息)은 생식(生息)의 뜻으로 이것은《맹자》고자상(告子上)편에 보이는 말임. ㅇ條達(조달)-나뭇가지가 쭉쭉 뻗는 것. ㅇ暢茂(창무)-무성하게 잘 자라는 것.

解說 왕양명의 '하학'과 '상달'에 대한 견해는 보통사람들의 생각과 다르다. 그는 '상달'이란 사람의 직관(直觀)이나 오성(悟性)을 통해서만 알게 되는 것으로 생각했던 것 같다. 그리고는 성인의 가르침조차도 모두가 하학 속에 포함시키고 있다. 이것은《논어》에 쓰인 공자의 뜻과도 어긋나는 것 같다. 그러나 그가 '상달'을 사람의 노력으로 이루어지는 공부 이외의 것으로 규정한 것은 주자가 학문에 상하의 단계를 규정해 놓고 형이상학적인 사유만을 고상한 것으로 여기고 있는 경향을 깨뜨리기 위한 주장으로 이해된다. 그러한 학문의 높고 낮은 구별을 없애야만 '지행'은 하나로 합치될 수 있을 것이기 때문이다.

25. "뜻을 지니는 것은 마음에 아픔이 있는 듯이 하여야 한다. 자기 마음에 아픔이 있다면 어찌 한가한 얘기를 할 겨를이나 쓸데 없는 일에 상관할 겨를이 있겠는가?"

原文 持志如心痛. 一心在痛上, 豈有工夫說閒話, 管閒事?

註解 ㅇ志(지)-뜻. 지조. ㅇ痛(통)-아픔. 고민. ㅇ工夫(공부)-시간. 겨를.

解說 이 조목은 삼윤집재본(三輪執齋本)에는 빠져 있다. 사람은 평소에 조금도 늦추지 말고 자기가 세운 뜻을 이루기에 노력해야 한다는 교훈이다.

26. 내가 여쭈었다.

"'오직 정순(精純)되고 순일(純一)됨'은 어떻게 공부를 해야만 됩니까?"

선생님께서 말씀하셨다.

"'오직 순일됨'은 '오직 정순함'의 주요 목적이며, '오직 정순함'은 '오직 순일케' 되려는 공부여서, '오직 정순함'밖에 달리 '오직 순일됨'이 있는 것은 아니다. '정(精)'자는 '쌀 미(米)'자 변이 달려 있으니 시험삼아 '쌀'로써 비유해 보자.

쌀을 순수히 깨끗하고 희게 하려는 것은 바로 '오직 순일됨'에 이르려는 뜻이다. 그러나 절구에 찧고 키로 까부르고 체로 치고 뉘를 고르는 '오직 정순함'의 노력을 가하지 않으면 순수히 깨끗하고 희게 할 수가 없는 것이다. 찧고 까부르고 치고 고르고 하는 것이 '오직 정순케 하는' 노력인 것이다. 그러나 또한 그것은 다만 이 쌀을 순수히 깨끗하고 희게 만들려는 것뿐이다.

'널리 배우고, 자세히 연구하고, 신중히 생각하고, 밝게 분별하고, 독실히 실행하는 것'은 모두가 '오직 정순해지려는' 것이며, '오직 순일됨'을 추구하는 행동인 것이다. 그밖에도 '널리 글을 배우는 것'은 곧 '예로써 몸을 단속하는' 공부이며, '격물치지'는 곧 '뜻을 정성되이 하는' 공부이며, '학문의 길을 가는 것'은 곧 '덕성을 높이는' 공부이며, '선(善)을 밝히는 것'은 곧 '자기 자신을 정성되이 하는' 공부이며, 모두가 다른 뜻을 가진 얘기가 아닌 것이다."

原文 問, 惟精惟一, 是如何用功?

先生曰, 惟一是惟精主意, 惟精是惟一功夫. 非惟精之外復有惟一也. 精字從米, 姑以米譬之.

要得此米純然潔白, 便是惟一意. 然非加舂簸篩揀, 惟精之功, 則不能純然潔白也. 舂簸篩揀, 是惟精之功. 然亦不過要此米到純然潔白而已.

博學審問愼思明辨篤行者, 皆所以爲惟精, 而求惟一也. 他如博文者卽約禮之功, 格物致知者卽誠意之功, 道問學卽尊德性之功, 明善卽誠身之功, 無二說也.

註解 ㅇ惟精惟一(유정유일)—《서경》 대우모(大禹謨)편에 보이는 말. 앞에 이미 여러번 나왔음. ㅇ主意(주의)—주요 목적. ㅇ博學(박학)—이 구절은 모두 《중용》에 보이는 말임.

解說 이 문제에 관해서는 앞에서 서애가 기록한 9, 10조목 등에 이미 여러번 나왔다.

27. "앎이란 행동의 시작이며, 행동이란 앎의 완성인 것이다. 성인의 학문은 오직 한 가지 공부만이 있을 뿐이다. 앎과 행동은 두 가지 일로 나눌 수가 없는 것이다."

原文 知者行之始, 行者知之成. 聖學只一箇功夫. 知行不可分作兩事.

解說 '지행합일'의 해설은 이미 앞에서 서애가 기록한 5조목에 자세하게 나왔으니 참고하기 바란다.

28. "공자가 벼슬하기를 권하자 칠조개(漆雕開)는 말하기를 '저는 그 일을 아직 믿지 못하고 있습니다'고 하니 공자는 그것을 기뻐하셨다. 자로(子路)가 자고(子羔)를 비(費) 고을의 책임자로 임명케 하니, 공자가 말씀하시기를 '그 젊은이를 해치는 짓이다'고 하셨다. 증점(曾

點)이 정치에 초연한 자기 뜻을 말하자 공자는 이에 찬동하셨다. 성인의 뜻을 이것으로써 알 수가 있을 것이다."

原文 漆雕開曰, 吾斯之未能信, 夫子說之.

子路使子羔爲費宰, 子曰, 賊夫人之子. 曾點言志, 夫子許之. 聖人之意可見矣.

註解 ㅇ漆雕開(칠조개)－공자의 제자. 자는 자약(子若). 이것은 《논어》 공야장(公冶長)편에 보이는 얘기임. ㅇ斯(사)－그것. 벼슬하는 것을 가리킴. ㅇ子路(자로)－공자의 제자. 성은 중(仲), 이름은 유(由), 자를 자로 또는 계로(季路)라 하였다. 성격이 지나치고 용감하기로 유명하다. ㅇ子羔(자고)－공자의 제자. 성은 고(高), 이름은 채(柴), 자가 자고임. 이 얘기는 《논어》 선진(先進)편에 보임. ㅇ費(비)－노(魯)나라의 고을 이름. ㅇ宰(재)－고을을 다스리는 우두머리. ㅇ賊(적)－해치다. ㅇ曾點(증점)－공자의 제자, 증삼(曾參)의 아버지, 자는 자석(子晳). 이 얘기도 《논어》 선진(先進)편에 보인다. 공자가 자로(子路)·염유(冉有)·공서화(公西華)와 증점의 네 제자를 데리고 각기 포부를 얘기하라고 하였다. 다른 제자들은 모두 정치적인 큰 포부를 얘기하였는데 증점만이 정치에 초연한 뜻을 얘기하였다. 이때 공자는 '나도 증점과 뜻이 같다'고 하였다. ㅇ許(허)－허락하다. 지지하다. 찬동하다.

解說 《논어》에서 공자의 벼슬하는 것에 대한 태도를 쓴 대목 셋을 골라 공자는 어지러운 세상에서 벼슬살이하는 것을 탐탁히 여기지 않았음을 지적하고 있다. 왕양명은 학문보다도 벼슬에 더 군침을 흘리는 제자들을 훈계하기 위하여 이런 말을 하였을 것이다.

29. 내가 여쭈었다.

"편안하고 고요하게 마음을 지니고 있을 때를 《중용》에서 말한 '감정이 나타나기 전의 중의 상태'가 되었다고 할 수가 있겠습니까?"

선생님께서 말씀하셨다.

"지금 사람들은 마음을 지님에 있어서는 오직 기운[氣]을 안정시킬 뿐이다. 마음을 편안하고 고요하게 했을 적이라 하더라도 역시 다만 기운이 편안하고 고요하게 되었을 뿐이다. 그것으로써 '감정이 나타나기 전의 중의 상태'라고는 할 수가 없는 것이다."

"'중의 상태'는 못된다 하더라도 '중의 상태'를 추구하는 공부는 되지 않겠습니까?"

"오직 사람의 욕망은 버리고 천리를 보존하려고 하는 것만이 비로소 공부가 되는 것이다. 고요히 있을 적에도 사람의 욕망은 버리고 천리를 보존하려고 생각하고, 움직일 적에도 사람의 욕망은 버리고 천리를 보존하려고 생각해야 하는 것이다. 편안하고 고요하다든가 편안하고 고요하지 않다는 것 같은 것은 상관이 없는 것이다.

만약 그러한 마음의 편안하고 고요한 상태에만 의존한다면 점점 고요히 있기만을 좋아하고 움직이기는 싫어하는 폐단이 생길 뿐만이 아니라, 그 중간에 있는 여러 가지 병폐들이 그대로 잠재하여 내내 떼어 버릴 수가 없게 될 것이며, 일을 당하면 병폐가 여전히 자라나게 될 것이다. 이를 따르는 것을 위주로 한다면 어찌 마음이 편안하고 고요해지지 않을 수가 있겠느냐? 마음의 편안함과 고요함을 위주로 한다면 반드시 이를 따르게 된다고 할 수가 없는 것이다."

原文 問, 寧靜存心時, 可爲未發之中否?

先生曰, 今人存心, 只定得氣. 當其寧靜時, 亦只是氣寧靜. 不可以爲未發之中.

曰, 未便是中, 莫亦是求中功夫?

曰, 只要去人欲存天理, 方是功夫. 靜時, 念念去人欲存天理, 動時, 念念去人欲存天理, 不管寧靜不寧靜.

若靠那寧靜, 不惟漸有喜靜厭動之弊, 中間許多病痛, 只是潛伏在, 終不能絶去, 遇事依舊滋長. 以循理爲主, 何嘗不寧靜? 而寧靜爲主, 未必能循理.

註解 ㅇ未發之中(미발지중)-《중용》에 나오는 말. 사람의 기쁨·노여움·슬픔·즐거움 같은 감정이 아직 드러나기 전의 상태를 '중'이라 한다는 것이다. 그러한 '중'이란 가장 알맞고도 바른 본성적인 상태이며, 송대 이후로는 사람들의 수양에 있어 중요한 문제의 하나가 되었다. ㅇ靠(고)-의지하다. 의존하다. ㅇ病痛(병통)-병폐. 결점. ㅇ滋長(자장)-자라나다. 불어나다. ㅇ理(이)-이치. 자연의 원리. 천리.

解說 왕양명은 역시 앎과 행동은 일치해야 한다는 전제 아래 정좌(靜坐)를 통한 마음의 수양만으로는 올바른 공부가 되지 못한다고 생각하였다. 그는 실제 생활을 통하여 '사람은, 욕망은 버리고 천리를 보존함'으로써 결과적으로 마음이 편안하고 고요해져야만 한다고 생각했던 것이다. '마음이 곧 이'라는 가르침 때문에 공연히 사색이나 마음의 수양에만 빠져들어갈 위험성이 있으므로 특히 실행을 통한 공부를 강조하기 위하여 이런 말을 한 것으로 생각된다.

30. 내가 여쭈었다.

"공자의 문하생들이 자기들의 뜻을 얘기했을 때 자로(子路)와 염유(冉有)는 정사를 맡을 뜻을 얘기하였고 공서화(公西華)는 예악을 맡겠다는 얘기를 하였습니다. 이것은 모두가 실용적인 뜻입니다. 그러나 증석(曾皙)의 얘기로 말하면 장난 같은 일이었는데도 성인께서는 오히려 그의 뜻에 찬동하셨습니다. 그것은 무슨 뜻에서였습니까?"

"앞에 든 세 사람은 개인의 뜻을 고집하는 경향이 있다. 개인의 뜻을 고집하면 곧 한편으로 치우쳐지게 마련이다. 이것은 할 수 있지만

저것은 반드시 할 수 없게 되는 것이다. 증석의 그러한 뜻에는 개인의 뜻과 고집이 없다. 곧 '그의 위치대로 알맞게 행동하며 그밖의 것은 바라지 않는다. 오랑캐들 사이에 처하면 오랑캐들에 알맞게 행동하고, 환난에 처하면 환난에 알맞게 행동하여 어디를 가나 자기 뜻대로 되지 않는 게 없다'는 식이 되는 것이다.

이 세 사람은 공자께서 말씀하신 이른바 '너는 그릇과 같다'는 표현에 해당한다. 증석은 곧 공자가 말씀하신 '군자는 그릇처럼 한 군데만 쓰이지 않는다'고 한 표현에 들어맞는다. 그러나 그 세 사람의 재능도 각기 특출한 무늬를 이룬 듯 훌륭하여, 세상의 헛된 말만 하고 내용이 없는 자들과는 같지 않은 것이다. 그래서 공자께서는 역시 이들 모두의 의견을 인정하셨던 것이다."

原文 **問, 孔門言志, 由求任政事, 公西赤任禮樂, 多少實用. 及曾晳說來, 卻似耍的事, 聖人卻許他. 是意何如?**

曰, 三子是有意必. 有意必, 便偏着一邊. 能此, 未必能彼. 曾點這意思, 卻無意必. 便是素其位而行, 不願乎其外. 素夷狄, 行乎夷狄, 素患難, 行乎患難, 無入而不自得矣.

三子, 所謂汝器也. 曾點, 便有不器意. 然三子之才, 各卓然成章, 非若世之空言無實者, 故夫子亦皆許之.

註解 ㅇ孔門言志(공문언지)—앞 28조목에도 보인 《논어》 선진(先進)편에 보이는 유명한 얘기. ㅇ由求(유구)—자로(子路)와 염유(冉有)의 이름. ㅇ赤(적)—공서화(公西華)의 이름. ㅇ似耍(사솨)—장난 같은 것. 증석이 현실에 초연한 듯한 얘기를 한 것을 가리킨다. ㅇ意必(의필)—《논어》 자한(子罕)편에 '공자는 다음 네 가지를 끊으셨다. 자기 뜻[意]을 내세우지 않고, 고집[必]하지 않고, 고루하지 않고, 나를 내세우지 않았다'는 말에 근거를 두고 있다. ㅇ偏(편)—편벽되다. 치우치다. ㅇ素其位(소기위)—그의 처한 위치를 그대로 따르는 것. 이 구절은 《중용》에서 나온 말임.

ㅇ自得(자득)－자기 뜻대로 되는 것. ㅇ汝器(여기)－'그대는 그릇이다', 곧 그릇처럼 한 군데밖에 쓰이는 데가 없다는 뜻. 《논어》 공야장(公冶長)편에 보이는 말임. ㅇ不器(불기)－《논어》 위정(爲政)편에 보이는 말. ㅇ卓然(탁연)－뛰어난 모양. 특출한 모양. ㅇ成章(성장)－아름다운 무늬를 이루다. 재질의 훌륭함에 비유한 말.

解說 《논어》 선진(先進)편을 보면 다른 제자들은 정치적인 큰 포부를 말한 데 비하여 증석은 '기수(沂水)에 목욕하고 무우(舞雩)에 바람을 쐬며 읊조리며 돌아오는 것'이란 뜻을 말하고 있다. 공자는 그 중 증석의 이처럼 탈속적(脫俗的)인 발언에 찬의를 표하는데 이것은 현실을 바탕으로 한 공자의 가르침과 어긋나는 듯하여 옛부터 학자들의 논의의 대상이 되었다. 왕양명은 이것을 풀이하여 공자는 증석의 현실에 초연한 태도를 찬동한 게 아니라 무슨 일이나 올바로 해낼 만한 큰인물다운 자질을 좋아한 것이라 주장하고 있다. 이러한 해설이 꼭 들어맞았느냐는 것은 별문제로 하더라도 왕양명다운 적극적인 해석이 재미있다.

31. 내가 여쭈었다.

"지식이 발전하지 않는데 어떻게 하면 좋겠습니까?"

선생님께서 말씀하셨다.

"학문을 하는 데에는 반드시 근원이 있어야 한다. 반드시 근본적인 것으로부터 노력을 가하여 점점 가까운 것으로부터 단계적으로 발전해야만 한다. 신선가(神仙家)들은 갓난아기로서 이것을 설명하고 있는데 역시 좋은 비유인 것 같다.

갓난아기가 어머니 배 속에 있을 적에는 오직 순수한 기운뿐이고 아무런 지식도 없다. 그러나 태(胎) 밖으로 나온 뒤에는 비로소 울 수가 있게 된다. 그런 다음에는 웃을 수 있게 되고, 다시 그 다음에는 그의 부모형제들을 알아보게 된다. 또 그 다음에는 설 수 있게 되고 걸을 수 있게 되며, 물건을 들 수 있게 되고, 짊어질 수 있게 된다. 그리고 마침내는 천하의 모든 일을 할 수 있게 된다.

모두가 정기(精氣)가 나날이 충족됨에 따라서 근력도 나날이 강해지고 총명함도 나날이 발전하기 때문이다. 태 밖으로 나오는 날 바로 이런 것을 강구하여 얻게 되는 게 아니다. 그러므로 반드시 근원이란 게 있어야만 하는 것이다.

성인이 하늘과 땅의 위치를 안정시키는 능력도 역시 오직 '기쁨과 노여움과 슬픔과 즐거움의 감정이 나타나기 전의 중'으로부터 길러지는 것이다. 후세의 선비들은 '격물'에 대한 해설을 잘 알지 못하여 성인은 알지 못하는 게 없고 하지 못하는 게 없다고 생각하고는 곧 처음 시작할 때부터 모든 것을 강구하려고 한다. 어찌 그렇게 될 리가 있겠느냐?"

그리고는 또 말씀하셨다.

"뜻을 세워 공부를 하는 것은 나무를 심는 일과 같은 것이다. 나무의 뿌리와 싹이 날 적에는 아직도 줄기가 없다. 나무의 줄기가 생길 적에는 아직도 가지가 없다. 가지가 자란 다음에야 잎새가 달리고, 잎새가 달린 다음에야 꽃과 열매가 달린다. 처음 싹을 낼 적에는 오직 북돋우고 물주기만을 해야지, 가지가 자라날 생각을 해서도 안되고 잎새가 달리는 생각을 해서도 안되며 꽃이 피는 생각을 해서도 안되고 열매가 달리는 생각을 해서도 안된다. 현실과 동떨어진 생각이 무슨 이익이 되겠느냐? 오직 북돋아 기르는 노력만을 잊지 않는다면 가지나 잎새나 꽃이나 열매가 자라나지 않을까 걱정이 되겠느냐?"

原文 問, 知識不長進, 如何?

先生曰, 爲學須有本原. 須從本原上用力, 漸漸盈科而進. 仙家說嬰兒, 亦善譬.

嬰兒在母腹時, 只是純氣, 有何知識? 出胎後, 方始能啼, 旣而後, 能笑. 又旣而後, 能識認其父母兄弟. 又旣而後, 能立能行, 能持能負. 卒乃天下之事, 無不可能.

皆是精氣日足, 則筋力日强, 聰明日開, 不是出胎日, 便講求推尋得來. 故須有箇本原.

聖人到位天地育萬物, 也只從喜怒哀樂未發之中上養來. 後儒不明格物之說, 見聖人無不知, 無不能, 便欲於初下手時, 講求得盡. 豈有此理?

又曰, 立志用功, 如種樹然. 方其根芽, 猶未有幹. 及其有幹, 尙未有枝. 枝而後葉, 葉而後花實. 初種根時, 只管栽培灌漑, 勿作枝想, 勿作花想, 勿作實想. 懸想何益? 但不忘栽培之功, 怕沒有枝葉花實?

註解 ㅇ盈科而進(영과이진)—《맹자》 이루하(離婁下)편에 보이는 말. 물이 높은 데서 아래로 내려갈 적에는 움푹한 곳[科]은 물로 하나하나 채우면서 아래로 흘러 내려간다. 곧 가까운 것에서부터 순서대로 하나하나 단계적으로 공부해 가야 함에 비유한 것이다. ㅇ仙家(선가)—도가(道家)를 가리킨다. ㅇ位天地(위천지)—이 구절은 《중용》에 보인다. 《중용》에 '기쁨·노여움·슬픔·즐거움의 감정이 아직 나타나기 전의 상태를 중(中)이라 말한다. 그 감정이 나타나 모두 절도에 들어맞는 것을 화(和)라고 한다. 중은 천하의 위대한 근본이요, 화는 천하에 통달하는 도(道)인 것이다. 중과 화를 이르게 하면 하늘과 땅이 제 위치를 찾고 만물이 자라난다'고 하였다. ㅇ格物之說(격물지설)—앞의 6조목 등을 참조. ㅇ懸想(현상)—현실과 동떨어진 먼 생각.

解說 왕양명은 학문은 근본적인 '감정이 아직 나타나기 전의 중'의 상태로부터 시작해야 한다고 한다. 그리고 앞에서 학문이란 '마음에 천리를 밝히는 것'이라 하였으니, 단계적으로 그 천리를 밝혀 나가는

일에만 몰두하라는 것이다. 공부를 해서 어떻게 되겠다든가 무엇을 하겠다든가 하는 생각은 처음부터 지녀서는 안된다는 것이다. 그저 근본적인 데서부터 노력하여 단계적으로 발전하다 보면 자연히 모든 일을 할 수 있도록 대성할 것이라는 것이다.

32. 내가 여쭈었다.

"책을 읽다가 잘 모르는 게 있으면 어떻게 합니까?"

선생님께서 말씀하셨다.

"그것은 오직 문장의 뜻에서만 억지로 추구하기 때문에 잘 알지 못하는 것이다. 그렇게 하려면 차라리 전날의 정자(程子)나 주자(朱子) 같은 학문을 하는 게 좋을 것이다. 그들은 많은 것을 읽으면 그대로 이해하게 되는 방법을 썼기 때문이다.

오직 그들의 학문방법은 비록 분명히 이해한다 하더라도 평생토록 얻는 게 없는 것이다. 공부는 반드시 마음의 본체에 대하여 노력하여야 한다. 모든 알 수가 없고 행하지 못할 것은 반드시 돌이켜 자기 마음에 합당하도록 체찰(體察)하면 곧 통달할 수 있게 될 것이다.

사서나 오경도 다만 이 마음의 본체에 대하여 해설한 데 불과한 것이다. 이 마음의 본체가 곧 이른바 '도심(道心)'인 것이다. 본체가 밝으면 곧 도도 밝아지는 것이다. 도와 마음은 다른 게 아니다. 이것이 학문을 하는 요점인 것이다."

原文 問, 看書不能明, 如何?

先生曰, 此只是在文義上穿求, 故不明. 如此, 又不如爲舊時學問. 他到看得多, 解得去.

只是他爲學, 雖極解得明曉, 亦終身無得. 須於心體上用功. 凡明不得, 行不去, 須反在自心上體當, 卽可通.

蓋四書五經, 不過說這心體. 這心體, 卽所謂道心. 體明, 卽是道明. 更無二. 此是爲學頭腦處.

註解 ㅇ穿求(천구)－구멍을 뚫으며 찾는 것. 애써 추구하는 것. ㅇ舊時學問(구시학문)－지난날의 정자(程子)나 주자(朱子) 같은 학문 방법.

解說 왕양명은 '마음이 곧 이'라는 사상을 바탕으로 학문방법을 설명하고 있다. 이것은 육상산(陸象山)이 '학문에 진실로 근본이 있다면 육경(六經)은 나의 주해(註解)이다' 또는 '육경이 나를 주해하였지 내가 육경을 주해하는 게 아니다'(《象山集要》 5권)고 한 말을 계승한 것이다. 책을 읽는 것은 자기 마음의 본체를 바탕으로 하여 '합당하도록 체찰하는 데'서 올바른 도를 터득하는 데 목적이 있다고 생각한 것이다. 이것은 책은 읽지 않고 사색에만 힘쓰게 할 위험성이 많은 학설이다. 실제로 명말의 왕양명 좌파(左派)에 속하는 학자들은 그런 경향이 짙었다.

33. "마음이란 텅 비었지만 영묘(靈妙)하고 밝으며, 모든 이가 갖추어져 있고 만 가지 일이 여기에서 나온다. 마음 밖에 이는 있지 않으며, 마음 밖에 일이 있는 것은 아니다."

原文 虛靈不昧, 衆理具而萬事出. 心外無理, 心外無事.

註解 ㅇ虛靈(허령)－텅 비어 있으면서도 그 작용은 영묘한 마음을 형용한 말. ㅇ不昧(불매)－어둡지 않다. 밝다.

解說 짧은 글이지만 왕양명의 사람의 마음에 대한 생각이 구체적으로 잘 표현되어 있다. 그의 학문을 '심학(心學)'이라 부를 만큼 그는

이 마음을 바탕으로 하여 학문을 전개시키고 있으므로 자세히 음미하기 바란다.

34. 어떤 사람이 여쭈었다.

"회암(晦庵) 선생께서는 말씀하시기를 '사람이 학문을 할 수 있는 것은 마음과 이가 있기 때문이다'고 하였는데 이 말은 어떻습니까?"

선생님께서 말씀하셨다.

"마음이 곧 본성이고, 본성이 곧 이인 것이다. 그 중간에 '……과〔與〕'하는 한자를 넣은 것은 그것을 두 가지 다른 것으로 본 것이라 하는 수밖에 없을 것이다. 이 점에 대하여 학문하는 사람들은 잘 살펴야만 할 것이다."

原文 **或問, 晦庵先生曰, 人之所以爲學者, 心與理而已. 此語如何?**

曰, 心卽性, 性卽理. 下一與字, 恐未免爲二. 此在學者善觀之.

註解 ㅇ晦庵(회암)－주자의 호. 그밖에 원회(元晦)·회옹(晦翁)·둔옹(遯翁) 등의 호도 썼다. 주자의 이 말은《대학혹문(大學或問)》에 보인다.
ㅇ爲二(위이)－두 가지가 되다. 다른 것이 되다.

解說 주자는 마음과 이는 다른 것으로 본 데 비하여 왕양명은 '마음이 곧 이'라고 본 것이다. 그것은 마음도 본성이고 이도 본성이기 때문이다.

35. 어떤 사람이 여쭈었다.

"사람은 모두 같은 마음을 갖고 있습니다. 마음이 곧 이라면 어째서 선을 행하는 사람이 있고 선하지 않은 행위를 하는 사람이 있습니까?"

선생님께서 말씀하셨다.

"악한 사람들의 마음은 그 본체를 잃었기 때문이지."

原文 或曰, 人皆有是心. 心卽理, 何以有爲善, 有爲不善? 先生曰, 惡人之心, 失其本體.

解說 '마음이 곧 이'라는 왕양명의 사상은 이른바 성선설(性善說)에 속하는 것이다. '마음이 곧 이'라면 사람이 악한 일을 할 리가 없다. 사람이 악한 일을 하는 것은 자기 마음의 본체를 잃었기 때문이라는 것이다. 그러기에 왕양명은 '마음에 천리를 보존시키는 것'을 학문의 가장 높은 목표로 보고 있는 것이다.

36. 내가 여쭈었다.

"주자는 '사물의 이치를 분석하여 정세하고 미묘함의 극치에 이르러도 어지럽혀지지 않고, 그런 뒤에 이들을 모아서 그 크기를 다하여도 남음이 없어야 한다'고 학문 방법을 설명하고 있는데 이 말은 어떻습니까?"

선생님께서 말씀하셨다.

"그것은 뜻을 다하지 못하고 있는 것 같다. 이 이라는 것을 어찌 분석할 수가 있겠으며, 또 어찌 주워모을 필요가 있겠느냐? 성인께서 '정순(精純)'과 '순일(純一)'이라 하신 말씀에 그 뜻이 전부 표현되어 있는 것이다."

原文 問, 析之, 有以極其精, 而不亂, 然後合之, 有以盡其大, 而無餘. 此言如何?

先生曰, 恐亦未盡. 此理豈容分析, 又何須湊合得? 聖人説精一, 自是盡.

註解 ㅇ析(석)－분석하다. 이 구절은 주자가《대학혹문(大學或問)》에서 학문 방법을 설명한 말이다. ㅇ容(용)－용납되다. ……할 수 있다. ㅇ湊合(주합)－주워모으는 것. 합치는 것. ㅇ精一(정일)－정순(精純)과 순일(純一).《서경》대우모(大禹謨)에 보이는 말로, 앞에 이미 여러번 보였음.

解說 주자는 분석과 종합, 객관과 주관, 안과 밖 같은 반대되는 두 면을 겸하여 학문을 연구하였다. 논리상으로는 매우 합리적이지만 진리를 어떻게 분석하고 어떻게 종합하느냐 하는 문제는 곤란에 부딪친다. 왕양명은 그런 입장에서 주자의 학문방법을 반대하고 나섰던 것이다.

37. "마음속으로 잘 살핀다는 것은 일이 있을 때 천리를 보존하고 기르는 것이며, 천리를 보존하고 기르는 것은 일이 없을 때 마음속으로 잘 살피는 것이다."

原文 省察是有事時存養, 存養時無事時省察.

註解 ㅇ省察(성찰)－마음으로 반성하고 살피는 것. ㅇ存養(존양)－마음에 천리(天理)를 보존하고 기르는 것.

解說 왕양명은 '마음이 곧 이'라 보았기 때문에 '마음으로 생각하고 살피는 것'이 바로 '마음에 천리를 보존하고 기르는 일'이라 생각하였던 것이다.

38. 나는 일찍이 육상산(陸象山)이 말한 '사람의 감정이나 일의 변화에 대하여 공부를 해야 한다'는 설에 대하여 여쭈어 본 일이 있었다. 선생님께서는 다음과 같이 말씀하셨다.

"사람들의 감정이나 일의 변화를 빼어 버리면 이 세상엔 아무 일도 없게 될 것이다. '기쁨과 노여움과 슬픔과 즐거움'은 사람의 감정이 아닌가? 보고 듣고 말하고 행동하는 것으로부터 부하고 귀하고 가난하고 천한 것이나 환난과 죽고 사는 게 모두가 일의 변화이다. 일의 변화도 역시 사람들의 감정 속에서 파악되는 것이다. 그 요점이 다만 '중(中)과 화(和)'를 이룩하는 데 있을 뿐이다. '중과 화'를 이룩하는 것은 오직 '홀로 있을 적을 삼가는 데' 달려 있는 것이다."

原文 澄嘗問, 象山在人情事變上做工夫之說.

先生曰, 除了人情事變, 則無事矣. 喜怒哀樂, 非人情乎? 自視聽言動, 以至富貴貧賤, 患難死生, 皆事變也. 事變亦只在人情裏. 其要只在致中和. 致中和只在謹獨.

註解 ㅇ人情事變(인정사변)－육상산이 그의 형 복재(復齋)에게 '사람의 감정과 일의 변화와 물건의 이치에 대하여 여러 가지 공부를 한다'고 한 말을 가리킨다. 여기서는 '물건의 이치'는 빼고 얘기되고 있으나 논리의 귀결에 있어서는 마찬가지이다. ㅇ喜怒哀樂(희로애락)－뒤의 '중화(中和)', '근독(謹獨)'과 함께 모두 《중용》에 나오는 말임. '근독'이 《중용》에는 '신독(愼獨)'으로 되어 있으나 뜻은 같다.

解說 육상산이 '사람의 감정과 일의 변화'에 대하여 공부해야 한다고 했는데, 왕양명은 '일의 변화'나 '물건의 이치'도 사람의 마음을 떠나서는 무의미한 것이라 생각하였다. 따라서 공부나 수양은 순전한 사람의 마음에 대한 문제라고 생각했던 것이다.

39. 내가 여쭈었다.

"어짊과 의로움과 예의와 지혜〔仁義禮智〕의 명칭은 감정이 이미 나타난 것에 대하여 붙여진 것입니까?"

"그렇다."

뒷날 내가 또 여쭈었다.

"측은함〔惻隱〕, 부끄러워하고 싫어함〔羞惡〕, 사양함〔辭讓〕, 옳고 그름을 가림〔是非〕의 네 가지는 본성이 겉으로 드러난 덕입니까?"

"어짊과 의로움과 예의와 지혜도 역시 겉으로 드러난 덕이다. 본성은 하나인 것이다.

그 형체에 대하여 말할 적에는 '하늘'이라 하고 그 주재자(主宰者)에 대하여 말할 적에는 '하느님'이라 하며, 두루 움직이는 것에 대하여 말할 적에는 '운명'이라 하고, 사람에게 주어진 것에 대하여 말할 적에는 '본성'이라 말하며, 몸에 주인이 되는 것에 대하여 말할 적에는 '마음'이라 한다.

마음이 발동하여 아버지를 만나면 곧 그것을 '효도'라 말하고 임금을 만나면 곧 그것을 '충성'이라 말한다. 이렇게 나아가고 보면 명칭은 한이 없게 될 것이지만 모두가 오직 한 가지 '본성'일 따름이다.

마치 사람은 하나일 따름인데도 아버지에 대하여 말할 적에는 '자식'이라 하고, 자식에 대하여 말할 적에는 '아버지'라 하며, 이렇게 나아가면 끝없이 많은 호칭이 생기지만 오직 한 사람인 거와 같은 것이다.

사람은 오직 이 '본성'에 대하여 공부를 해야만 한다. '본성'이란 한 가지 글자를 분명히 이해하게 되면 곧 만 가지 이치가 찬연해질 것이다."

原文 澄問, 仁義禮智之名, 因已發而有?

曰, 然.

他日, 澄曰, 惻隱羞惡辭讓是非, 是性之表德邪?

曰, 仁義禮智, 也是表德. 性一而已.

自其形體也, 謂之天. 主宰也, 謂之帝. 流行也, 謂之命. 賦於人也, 謂之性. 主於身也, 謂之心.

心之發也, 遇父便謂之孝, 遇君便謂之忠. 自此以往, 名至於無窮, 只一性而已.

猶人一而已, 對父謂之子, 對子謂之父, 自此以往, 至於無窮, 只一人而已.

人只要在性上用功. 看得一性字分明, 卽萬里燦然.

註解 ㅇ仁義禮智(인의예지)-《맹자》에서 말한 사람의 네 가지 덕성. ㅇ已發(이발)-기쁨·노여움·슬픔·즐거움 등의 감정이 이미 드러난 것. 《중용》의 '미발(未發)'에 대하여 말한 것이다. ㅇ惻隱(측은)-《맹자》 공손추상(公孫丑上)편에 '측은한 마음은 어짊[仁]의 발단[端]이요, 수오(羞惡)하는 마음은 의로움[義]의 발단이요, 사양(辭讓)하는 마음은 예의[禮]의 발단이요, 시비(是非)를 가리는 마음은 지혜[智]의 발단이다'고 하였다. 이것을 사단(四端)이라 말하며, 어짊·의로움·예의·지혜의 사덕(四德)은 이 '사단'이 확충되어 이루어진 것이라 보았다. ㅇ表德(표덕)-겉으로 드러난 덕. ㅇ流行(유행)-이리저리 여러 가지로 변화하는 것. ㅇ燦然(찬연)-밝게 드러나는 모양.

解說 주자는 '어짊·의로움·예의·지혜'의 네 가지 덕성을 본성이라 보고 또 사람의 감정이 드러나기 전의 미발(未發)이라 보았다. 그러나 왕양명은 이 '사덕(四德)'은 물론 '사단(四端)'까지도 '이발(已發)'이며 본성이 겉으로 드러난 덕이라 보았다. '사덕'과 '사단'뿐만 아니라 하늘·하느님·운명·마음·효도·충성 등도 모두가 본성에 근거를 둔 것이라 보고, 따라서 학문은 이 '본성'의 연구에 온 힘이 기울어져야 한다고 주장한다.

40. 어느 날 학문을 하는 방법을 논하였는데 선생님께서 다음과 같이 말씀하셨다.

"사람들의 학문하는 것을 가르침에 있어서는 한편으로 치우친 것을 고집해서는 안된다. 처음 공부할 적에는 마음이 뒤숭숭하여 붙잡아 안정시키지를 못한다. 그의 생각하는 것은 대부분이 사람의 욕망 한 쪽으로만 쏠린다. 그래서 그들에게 고요히 앉아 생각을 없애도록 가르치는 것인데, 그렇게 오랫동안 지내노라면 그의 마음이 약간 안정될 것이다.

오직 터무니없이 고요함만을 지키면 그것도 마른 나무나 죽은 재와 같이 되어 역시 소용이 없다. 반드시 그들에게 자기 마음으로 살피고 자기 욕망을 이겨내고 다스리는 것을 가르쳐야 한다. 마음으로 살피고 욕망을 이겨내고 다스리는 공부는 수시로 해야 하며 중간에 쉬는 일이 있어서는 안된다.

마치 도적을 몰아내듯 반드시 깨끗이 쓸어내어 맑게 하려는 뜻을 지녀야 한다. 일이 없을 적에 여색(女色)을 좋아하고 재물을 좋아하고 명예를 좋아하는 것 같은 사욕을 한 가지 한 가지씩 찾아내어, 병폐의 뿌리를 완전히 뽑아내어서 영원히 일어나지 않게 해야만 비로소 완쾌되는 것이다.

언제나 고양이가 쥐를 잡을 때처럼 한쪽 눈으로 살피고 한쪽 귀로 들어 한 가지 욕망이라도 싹터 움직이는 게 있기만 하면 즉시 극복하여 내버리고 단연코 잠시라도 그놈이 멋대로 놀아나도록 내버려두어서는 안된다. 굴에 숨도록 버려두어도 안되며 그의 도망갈 길을 비워주어도 안된다. 그래야만 비로소 참된 공부가 되는 것이다.

그처럼 깨끗이 쓸어내어 극복할 만한 사사로운 게 없어야만 자연히 팔짱끼고 앉아 있을 수 있게 되는 것이다. 비록 '무엇을 생각하고 무엇을 사색하는가?'고 말하는 이도 있지만, 생각이 없는 것은 처음 학문을 시작할 때의 일은 아닌 것이다. 처음 학문하는 사람은 반드시 생각하고 살피며 자기를 이기고 다스릴 것을 생각하지 않으면 안된다. 그것이 곧 생각을 정성되이 하는 것이다. 오직 한 가지 '천리'만을 생각하여 '천리'가 순수하고 완전히 보존케 되면 곧 더 무엇을 생각하고 무엇을 사색하겠는가?"

原文 一日論爲學工夫. 先生曰, 敎人爲學, 不可執一偏. 初學時, 心猿意馬, 拴縛不定. 其所思慮, 多是人欲一邊. 故且敎之靜坐, 息思慮, 久之俟其心意稍定.

只懸空靜守, 如槁木死灰, 亦無用. 須敎他省察克治. 省察克治之功, 則無時而可閒.

如去盜賊, 須有箇掃除廓淸之意. 無事時, 將好色, 好貨, 好名等私, 逐一追究搜尋出來, 定要拔去病根, 永不復起, 方始爲快.

常如猫之捕鼠, 一眼看着, 一耳廳着, 纔有一念萌動, 卽與克去, 斬釘截鐵, 不可姑容與他方便, 不可窩藏, 不可放他出路, 方是眞實用功.

方能掃除廓淸, 到得無私可克, 自有端拱時在. 雖曰, 何思何慮, 非初學時事. 初學必須思省察克治. 卽是思誠. 只思一箇天理, 到得天理純全, 便是何思何慮矣.

註解 ㅇ心猿意馬(심원의마)—마음이 어수선함을 원숭이나 말이 날뛰는 것에 비유한 것. 본시는 불교에서 나온 말이나 중국에선 숙어로 흔히 쓰인다. ㅇ拴縛(전박)—매어 붙잡아 두는 것. ㅇ懸空(현공)—터무니없는 것. 사실과 동떨어져 있는 것. ㅇ省察(성찰)—마음으로 생각하며 살피는 것. ㅇ克治(극치)—자기의 욕망을 이겨내고 다스리는 것. ㅇ廓淸(곽청)—깨끗하고 맑게 하는 것. ㅇ斬釘截鐵(참정절철)—못을 자르고 쇠를 자르듯 결단을 내리는 것. 단호히 행동하는 것. ㅇ方便(방편)—멋대로 행동하는 것,

좋은 대로 행동하는 것. ㅇ窩藏(와장)－굴에 숨는 것. 숨는 것. ㅇ端拱(단공)－단좌공수(端坐拱手), 팔짱끼고 가만히 앉아 있어도 천하가 잘 다스려지는 것. 가만히 있어도 일이 올바로 잘 되는 것. ㅇ何思何慮(하사하려)－무엇을 생각하고 무엇을 걱정하나? 생각도 사색도 안함을 뜻한다(《역경》 繫辭下傳). ㅇ思誠(사성)－《맹자》 이루상(離婁上)편 및 《중용》에 '생각을 정성되이 하는 것이 사람의 도이다'고 한 데서 나왔음. 왕양명은 '정성됨'을 천리라 보는 것이다.

解說 학문하는 목적이 자기 마음속에 천리를 밝히고 사람의 욕망을 버리는 공부임은 앞에서도 이미 여러번 얘기하였다. 다만 처음 공부하는 사람들은 언제나 마음이 어수선하여 제대로 공부가 안 된다. 따라서 마음으로 생각하고 살피며 자기의 욕망을 극복하고 다스리기 위하여 고요히 앉아 모든 생각을 없애는 공부가 필요하다. 그러나 이것은 처음 공부를 시작한 사람의 수양방법이며, 그러한 단계를 지나면 천리를 밝히고 그것을 실천하도록 적극적인 노력을 해야 한다는 것이다.

41. 내가 여쭈었다.

"어떤 사람은 밤에 귀신을 두려워하는데 어떻습니까?"

선생님께서 말씀하셨다.

"그것은 오직 평일에 올바른 행동을 쌓지 못하여 마음에 졸이는 데가 있기 때문에 두려워하는 것이다. 만약 평소의 행동이 신명(神明)에 합치된다면 무슨 두려울 게 있겠느냐?"

자신(子莘)이 여쭈었다.

"바르고 곧은 귀신이야 두려워할 필요가 없을 것입니다. 그러나 악한 귀신은 사람이 선하고 악한 것을 상관하지 않을지도 모르기 때문에 두려워하지 않을 수가 없는 것입니다."

선생님께서 말씀하셨다.

"어찌 악한 귀신이 올바른 사람을 미혹되게 할 수가 있겠느냐? 오직 마음의 두려움이란 곧 마음에 악한 점이 있기 때문에 미혹당하여 생기게 되는 것이지, 귀신이 미혹시키는 것은 아니다. 마음이 스스로 미혹되는 것이다. 만약 사람이 여색(女色)을 좋아한다면 곧 색귀(色鬼)에 미혹당할 것이다. 재물을 좋아한다면 곧 재귀(財鬼)에 미혹당할 것이다. 노여워해서는 안될 데에 노하는 사람은 노귀(怒鬼)에게 미혹당할 것이다. 두려워해서는 안될 데에 두려워하는 사람은 구귀(懼鬼)에게 미혹당할 것이다."

原文 澄問, 有人夜怕鬼者, 奈何?

先生曰, 只是平日不能集義, 而心有所慊故怕. 若素行合於神明, 何怕之有?

子莘曰, 正直之鬼, 不須怕. 恐邪鬼, 不管人善惡, 故未免怕.

先生曰, 豈有邪鬼能迷正人乎? 只此一怕, 卽是心邪故有迷之者. 非鬼迷也. 心自迷耳. 如人好色. 卽是色鬼迷. 好貨, 卽是貨鬼迷. 怒所不當怒, 是怒鬼迷. 懼所不當懼, 是懼鬼迷.

註解 ○集義(집의)－올바른 행동을 쌓아나가는 것. 《맹자》 공손추상(公孫丑上)편에 보이는 말. ○慊(겸)－마음이 졸이다, 마음이 켕기다. ○子莘(자신)－왕양명의 제자. 성은 마(馬), 이름은 명형(明衡), 자신은 그의 자이다.

解說 귀신에 대하여도 왕양명은 철저한 유심적(唯心的)인 사상을 보여주고 있다. 자기 마음만 바르면 귀신이 있든 없든 두려워할 게 없다는 것이다.

42. '안정〔定〕'이란 마음의 본체이며 천리이다. 움직임과 고요함이란 그때그때의 경우에 따라서 생기는 변화인 것이다.

原文 定者, 心之本體, 天理也. 動靜, 所遇之時也.

註解 ㅇ定(정)－안정됨. 정명도(程明道)가 《정성서(定性書)》에서 '움직임[動]도 역시 안정됨이고, 고요함[靜]도 역시 안정됨이다'고 한 말에서 따온 것이다.

解說 '안정됨'이란 고요함에 가깝게 느껴진다. 그러나 그것은 마음의 본체로서의 상태를 뜻한다. '고요함'은 '움직임'에 대한 것이므로, 그것들은 본체와도 관계가 없는 것이며 '안정됨'과도 관계가 없는 것이다. 왕양명은 정명도의 설에 반대하고 '움직임과 고요함이란 그때그때의 경우에 따라 생기는 변화'이지 마음의 본체인 '안정됨'은 아니라고 하였지만 설명이 너무 간단한 듯하다.

43. 내가 《대학》과 《중용》의 차이점에 대하여 여쭈어 보았다. 선생님께서 말씀하셨다.

"자사(子思)는 《대학》이란 한 책의 뜻을 요약하여 《중용》의 첫 장(章)으로 삼았다."

原文 澄問學庸同異. 先生曰, 子思括大學一書之義, 爲中庸首章.

註解 ㅇ學庸(학용)－《대학》과 《중용》. ㅇ子思(자사)－공자의 손자. 이름은 급(伋), 자사는 그의 자이다. ㅇ括(괄)－개괄하다. 요약하다.

解說 《대학》과 《중용》은 본시 《예기》 속에 들어 있던 한 편(篇)들이었으나, 주자에 의하여 완전히 단행본으로 독립하여 '사서(四書)' 중에 끼이게 되었다. 주자는 《대학》은 공자의 가르침을 증자(曾子)가

그것을 기록하고 다시 해설한 것이며, 《중용》은 자사가 쓴 것으로 공자 학문의 정통을 논한 것으로 보았다. 왕양명도 그러한 두 책의 가치를 인정하면서 《대학》의 밝은 덕[明德], 바른 마음[正心], 정성된 뜻[誠意], 치지(致知), 격물(格物) 등을 본성과 같은 것으로 보고 있기 때문에, 《중용》의 첫머리에서 '본성'이나 '감정이 나타나기 전의 중' 같은 것을 논하고 있음을 두고 그렇게 말한 것이다.

44. 내가 여쭈었다.

"자로(子路)가 공자에게 '위(衛)나라 임금 첩(輒)이 선생님께 정치를 맡기고자 합니다만, 만약 정치를 맡게 되면 무엇부터 하시겠습니까?'하고 묻자, 공자께서는 '반드시 명분을 올바르게[正名] 하겠다'고 하셨습니다. 옛 선비들은 '공자께선 위로는 천자에게 고하고 아래로는 방백(方伯)들에게 고하여 첩을 쫓아내고 아우 영(郢)을 임금자리에 세우려는 것이었다'고 그것을 해설하고 있는데, 그런 해설은 어떻습니까?"

선생님께서 말씀하셨다.

"아마 그와 같기는 어려울 것이다. 어찌 전제군주가 경의를 표하고 예의를 갖추어 자기에게 정치를 맡기려 하는데, 그가 바로 먼저 그 임금을 쫓아낼 수가 있겠느냐? 어찌 그것이 인정이며 천리이겠느냐?

공자가 이미 첩을 위하여 정치를 할 것을 승낙하였다면, 반드시 이미 그도 마음을 기울여 나라를 맡기고 공자의 의견을 따랐을 것이다. 성인의 선한 덕과 지극한 정성은 반드시 위(衛)나라 첩을 감화시키어 아버지 없이는 사람 노릇을 할 수가 없다는 것을 알게 함으로써 반드시 통곡하며 달려가 그의 아버지를 맞아 오도록 만들 것이다.

아버지와 아들의 사랑은 타고난 본성에 뿌리박고 있는 것이다. 첩이 이와 같이 진실하고 절실히 아프게 뉘우칠 수 있다면 괴궤(蒯聵)라고 어찌 감동되어 좋아하지 않을 리가 있겠느냐? 괴궤가 돌아온 다음에는 첩은 곧 나라를 아버지에게 바치며 처벌을 자청할 것이다. 그러나 괴궤가 이미 자식에게 감화되었고 또 공자께서 지극한 정성으로 그들 사이를 조화시키고 계시니, 절대로 임금자리를 받지 않고 그래도 첩에게 임금 노릇을 하게 할 것이다. 여러 신하들과 백성들도 반드시 첩이 임금 되기를 바랄 것이다.

그러면 첩은 스스로 그의 죄를 드러내면서 천자에게 요청하고 방백과 제후들에게 고하여, 반드시 나라를 아버지에게 돌려드리려 할 것이다. 괴궤와 여러 신하들과 백성들은 그러면 모두가 첩이 깨닫고 뉘우친 어질고도 효성스런 아름다움을 드러내어 천자에게 요청하고 방백과 제후들에게 고하여 반드시 첩을 자기네 나라 임금으로 삼으려들 것이다. 이렇게 되면 천자에게서 첩에게 명령이 내리어 그로 하여금 다시 위나라의 임금 노릇을 하도록 만들 것이다.

첩은 하는 수 없이 바로 후세의 상황(上皇)의 예처럼 여러 신하들과 백성들을 거느리고 괴궤를 태공(太公)으로 높이 받들어 온갖 물건을 갖추어 부양을 다해 드린 다음에야 비로소 물러나와 그의 임금자리에 다시 앉게 될 것이다.

그러면 임금은 임금답게 되고, 아버지는 아버지답게 되고, 아들은 아들답게 된다. 명분도 바르게 되고 말도 순조롭게 되어 단번에 천하에 정치가 제대로 행해지게 될 것이다. 공자께서 '명분을 바로잡겠다'고 하신 것은 아마 이와 같은 것을 두고 말씀하신 것일 것이다."

原文 問, 孔子正名, 先儒說, 上告天子, 下告方伯, 廢輒立郢. 此意如何?

先生曰, 恐難如此. 豈有一人致敬盡禮, 待我而爲政, 我就先去廢他? 豈人情天理?

孔子旣肯與輒爲政, 必已是他能傾心委國而聽. 聖人盛德至誠, 必已感化衛輒, 使知無父之不可以爲人, 必將痛哭奔走,往迎其父.

父子之愛，本於天性. 輒能悔痛眞切如此，蒯聵豈不感動底豫? 蒯聵旣還，輒乃致國請戮，聵已見化於子，又有夫子至誠調和其閒，當亦决不肯受，仍以命輒. 羣臣百姓，又必欲得輒爲君.

輒乃自暴其罪惡，請於天子，告於方伯諸侯，而必欲致國於父. 聵與羣臣百姓，亦皆表輒悔悟仁孝之美，請於天子，告於方伯諸侯，必欲得輒而爲之君. 於是集命於輒，使之復君衛國.

輒不得已，乃如後世上皇故事，率羣臣百姓，尊聵爲太公，備物致養，而始退復其位焉.

則君君，臣臣，父父，子子. 名正言順，一擧而可爲政於天下矣. 孔子正名，或是如此.

註解　ㅇ孔子正名(공자정명)－《논어》 자로(子路)편에 보임. 위(衛)나라에 내란이 있어 영공(靈公)의 태자 괴궤(蒯聵)는 외국으로 도망가고 그의 아들 첩(輒)이 왕위에 올라 아버지의 귀국을 거부하고 있었다. 위나라에서 벼슬을 하고 있던 자로가 그때 공자에게 "위나라 임금 첩이 선생님께 정사를 맡기고 싶다고 말하고 있는데, 만약 정치를 하게 되면 무엇을 먼저 하시겠습니까?"하고 물었다. 이때 공자는 "반드시 명분을 바로잡겠다."고 대답했다. ㅇ先儒(선유)－옛 선비. 호오봉(胡五峯), 주자(朱子) 같은 학자들을 가리킨다. ㅇ方伯(방백)－제후들을 다스리는 더 높은 제후. ㅇ一人(일인)－임금 첩을 가리킴. ㅇ父子之愛(부자지애)－《효경》에 '부자의 도는 천성이라'고 하였다. ㅇ底豫(저예)－즐겁게 되다. 기뻐하다. ㅇ請戮(청육)－처벌을 요청하다. ㅇ集命(집명)－본시는 하늘의 명이 이루어지는 것. 여기서는 천자가 명을 내리어 위나라 임금으로 삼음을 뜻한다. ㅇ上皇故事(상황고사)－한(漢) 고조(高祖)가 임금이 된 뒤 자기 아버지를 태상황(太上皇)으로 모셨던 일을 가리킨다. ㅇ名正言順(명정언순)－명분이 바르고 말이 순조롭다. 《논어》 자로(子路)편에서 따온 것임.

解說 공자가 '명분을 바로잡는다'고 말한 것은 결국 '임금은 임금답고, 신하는 신하답고, 아버지는 아버지답고, 자식은 자식답게 되는 것'을 뜻한다. 그리고 공자의 이 말은 후세 유가에게 많은 영향을 주어 심지어는 사실보다도 명분만을 더 중히 여기는 경향까지 생기게 되었다. 이 글로 주자학파가 지나치게 형식적이고 논리적일 경향으로 흐르는 데 대한 반발로써 '천성에 바탕을 둔 부자의 사랑'을 근거로 실질적인 명분의 해석을 시도한 것이라 볼 수 있다.

45. 내가 홍려시(鴻臚寺)에 임시로 머물고 있을 때 갑자기 집에서 편지가 와서 말하기를 집 아이의 병이 위독하다는 것이었다. 나는 마음이 매우 걱정스러워 참을 수가 없을 지경이었다. 이때 선생님께서 말씀하셨다.

"이런 때일수록 마땅히 공부해야만 한다. 만약 이런 때를 그대로 보내 버린다면 한가할 때의 공부가 무슨 소용이 있겠느냐? 사람이란 바로 이러한 때 연마를 해야만 한다.

아버지가 자식을 사랑하는 것은 말할 것도 없는 지극한 정이다. 그러나 천리에도 말할 것도 없이 가장 알맞고 조화되는 곳이 있는 것이다. 지나치게 되면 바로 사사로운 뜻이 되고 만다. 사람들은 이런 처지에 놓이면 대부분이 천리로 보아 마땅히 걱정해야 할 것으로 생각하고는 곧장 걱정하며 괴로워한다. 그러나 그것이 이미 '걱정하는 게 있으면 마음의 올바름을 얻지 못한다'고 한 상태에 빠진 것임을 알지 못한다.

대체로 사람의 여러 가지 감정은 대부분이 지나치며 결코 부족되는 일은 적다. 지나치게 되기만 하면 곧 마음의 본체가 아니므로 반드시 잘 조정하여 알맞게 만들어야만 비로소 되는 것이다. 곧 부모의 상을 당했을 경우라면 자식된 사람이야 어찌 한 번 곡하며 바로 죽어버려야 마음이 통쾌해질 것이라고 생각하지 않겠느냐? 그러나 《효경》에는 '슬픔으로 몸이 여윌지언정 본성을 망쳐서는 안된다'고 말하고 있는데, 성인께서 억지로 그렇게 제정한 것은 아니다. 천리와 본체에는 스스로 분수와 한계가 있으니 지나쳐서는 안되는 것이다. 사람이 마음의 본체에 대하여 알기만 한다면 자연히 조금도 그 한계에서 더하거나 덜할 수 없게 될 것이다."

原文 澄在鴻臚寺倉居, 忽家信至, 言兒病危. 澄心甚憂悶, 不能堪.

先生曰, 此時, 正宜用功. 若此時放過, 閑時講學何用? 人正要在此等時磨鍊.

父之愛子, 自是至情. 然天理, 亦自有箇中和處. 過, 卽是私意. 人於此處, 多認做天理當憂, 則一向憂苦, 不知已是有所憂患不得其正.

大抵七情所感, 多只是過, 少不及者. 才過, 便非心之本體. 必須調停適中, 始得. 就如父母之喪, 人子豈不欲一哭便死, 方快於心? 然卻曰, 毁不滅性. 非聖人强制之也. 天理本體, 自有分限, 不可過也. 人但要識得心體, 自然增減分毫不得.

註解 ㅇ鴻臚寺(홍려시)－손님대접 및 조정의 여러 가지 의식을 인도하는 관청 이름. ㅇ倉居(창거)－임시로 머무는 것. ㅇ放過(방과)－놓아보내다. 그대로 보내다. ㅇ有所憂患(유소우환)－걱정하는 게 있으면. 이 구절은 《대학》에 나오는 말임. ㅇ七情(칠정)－기쁨 · 노여움 · 슬픔 · 두려움 · 사랑 · 미움 · 욕망 등 사람의 여러 가지 감정. ㅇ毁不滅性(훼불멸성)－《효경》에 '몸을 여위게 하더라도 본성을 망치지 않는 것은 성인의 다스림이다'라고 하였다.

解說 어려움을 당했을 때 실제로 수양을 쌓는 방법을 얘기하고 있다. 사람은 자기 감정에 빠져 버리기 쉽다. 자기 감정을 적절히 조절

할 줄 알아야만 마음의 본체를 체득하고 천리를 보존시킬 수가 있다는 것이다. 그러나 실제로 큰일을 당했을 때 슬픔이나 걱정 같은 자기의 감정을 조절한다는 것은 범인으로서는 어려운 일이다.

46. "'감정이 아직 나타나기 전의 중(中)'을 보통사람들 모두가 지니고 있다고는 말할 수 없다. 대체로 본체[體]와 작용[用]은 한 개의 근원이어서, 이러한 본체가 있으면 곧 이러한 작용이 있게 되는 것이다. 따라서 '감정이 아직 나타나기 전의 중'이 있다면 곧 '감정이 나타나서 모두가 절조에 맞는 화(和)'도 있게 되는 것이다. 지금 사람들은 '감정이 나타나서 모두가 절조에 맞는 화'를 지니지 못하고 있는데, 그것은 '감정이 아직 나타나기 전의 중'을 완전히 체득하지 못하고 있기 때문이라는 것을 반드시 알아야 할 것이다."

原文 **不可謂未發之中, 常人俱有. 蓋體用一源, 有是體, 卽有是用. 有未發之中, 卽有發而皆中節之和. 今人未能有發而皆中節之和, 須知是他未發之中, 亦未能全得.**

註解 ㅇ體用一源(체용일원)－정이천(程伊川)의 〈역전서(易傳序)〉에 '지극히 미세한 것은 이이며 지극히 뚜렷한 것은 현상이다. 본체와 작용은 한 가지 근원이어서 드러나고 미세한 것에 차이가 없는 것이다'고 하였다.

解說 《중용》에 보이는 '감정이 아직 나타나기 전[未發]'과 '감정이 이미 나타난 것[已發]'의 문제는 앞에서 여러번 이미 얘기되었다. 여기서는 '감정이 나타나기 전의 중'을 본체로 보고 '감정이 이미 나타나 절조에 들어맞는 화'를 작용으로 보고 이들 사이의 관계를 해설한 것이다.

47. "《역(易)》의 사(辭)란 바로 '초구(初九) 물속에 잠긴 용이니 쓰지 말라'고 한 여섯 자이다. 《역》의 상(象)이란 거기에 대한 괘(卦)의 첫 획이다. 《역》의 변화[變]는 괘의 획들이 만나는 데서 생긴다. 《역》의 점(占)은 관련된 사(辭)를 사용하는 것이다."

原文 **易之辭, 是初九, 潛龍勿用六字. 易之象, 是初畫. 易之變, 是値其畫. 易之占, 是用其辭.**

註解 ㅇ易(역)－《주역(周易)》, 《역경》. ㅇ辭(사)－괘효(卦爻)의 사. 《역경》 계사전(繫辭傳)에 '《역》에는 성인의 도가 네 가지 있다. 그것으로써 말을 하는 사람은 사(辭)를 숭상하고, 움직이는 사람은 그 변(變)을 숭상하고, 기구를 제정하는 사람은 그 상(象)을 숭상하고, 점을 치는 사람은 그 점(占)을 숭상한다'고 하였다. ㅇ初九(초구)－한 괘(卦) 여섯 효(爻)의 가장 아래 획을 초효(初爻)라 하고, 초효가 양(陽)일 경우에는 초구(初九), 음(陰)일 경우에는 초륙(初六)이라 부른다. ㅇ潛龍勿用(잠룡물용)－첫번째 건(乾)괘 초구(初九) 효사(爻辭). '물에 잠긴 용이니 쓰지 말라.' 곧 용은 물에 잠겨 있다가 하늘로 날아오른다. 그처럼 사람도 가만히 실력이나 쌓고 있으면 뒤에 크게 성공할 것이니 지금 나가서 활동하지 말라는 뜻을 갖고 있다. ㅇ象(상)－괘효(卦爻)의 형상을 뜻함. ㅇ變(변)－괘효의 음 또는 양으로의 변화. ㅇ占(점)－사람의 길흉(吉凶)을 알아맞히는 것.

解說 《역》의 사(辭)·상(象)·변(變)·점(占)을 건괘(乾卦)의 초효(初爻)를 가지고 알기 쉽게 설명한 것이다. 이 설명은 《역》의 384효(64괘) 어느 것에도 적용된다.

48. "맹자가 말씀하신 '밤기운'이란 보통사람들에 대하여 애기한 것이다. 학문하는 사람이라면 공부를 함으로써 낮에도 일이 있든 없든

언제나 이러한 기운이 모이고 발생하는 곳으로 되어 있다. 그래서 성인 공자께서는 '밤기운'을 말씀하실 필요도 없으셨던 것이다."

原文 **夜氣是就常人說. 學者能用功, 則日間有事無事, 皆是此氣翕聚發生處. 聖人則不消說夜氣.**

註解 ㅇ夜氣(야기)－《맹자》 고자상(告子上)편에 보이는 말. 사람들은 낮에는 어지러운 일들 때문에 양심도 어지러워지지만 밤에는 기운이 말갛게 가라앉아 양심도 맑게 회복되어 아침이면 다시 양심이 싹터 있게 된다는 것이다. ㅇ翕聚(흡취)－모이다. ㅇ不消(불소)－불요(不要)·불용(不用), ……할 필요가 없다.

解說 '밤기운'에 의하여 양심이 회복된다는 것은 '고요함'을 중시한 것이다. '고요함'과 함께 '움직임'에도 천리를 보존해야 한다는 왕양명의 가르침과는 어긋난다. 그래서 왕양명은 《맹자》의 '밤기운'은 공부하지 않는 보통사람들을 두고 한 말이라고 해설하고 있는 것이다.

49. 내가 《맹자》의 '잡으면 남아 있고 버리면 없어진다'는 대목에 대하여 여쭈었다.

선생님께서 말씀하셨다.

"'때없이 드나들고 제 고장을 모르는 것'이라 한 것은 비록 보통사람들의 마음에 대하여 얘기한 것이라 하더라도, 학문하는 사람이라면 역시 마음의 본체란 원래가 그러한 것임을 반드시 알아야 할 것이다. 그래야만 마음을 잡아두는 공부를 함에 비로소 병폐가 없게 될 것이다.

그러나 마음이 밖으로 나가면 없어지는 것이고 들어오면 곧 남아 있는 것이라고 생각해서는 안된다. 마음의 본체를 논할 것 같으면 본래부터 마음은 나가는 것도 없고 들어오는 것도 없는 것이다. 만약 나가고 들어가는 것을 억지로 논한다면 곧 마음이 생각하고 작용하는 것이 바로 '나가는 것'이 된다. 그러나 마음의 주재자는 언제나 밝게 여기에 있으니 어찌 나간 것이 있겠느냐? 그러나 나가는 게 없다면 어찌 또 들어오는 게 있겠느냐?

정자(程子)가 말한 '가슴속에 둔다'는 것도 역시 다만 천리일 따름인 것이다. 비록 하루종일 일을 주고받으면서도 천리에서 벗어나지 않는다면 곧 '가슴속에 두는 것'이 되는 것이다. 만약 천리에서 벗어난다면 이것을 '놓여나는 것'이라 말하고 '없어지는 것'이라 말하는 것이다."

선생님께서 또 말씀하셨다.

"마음이 나가고 들어온다는 것은 역시 '움직임'과 '고요함'일 따름이다. '움직임'과 '고요함'은 쉴 사이가 없는데 어찌 제 고장이 있겠느냐?"

原文 澄問, 操存舍亡章.

曰, 出入無時, 莫知其鄕, 此雖就常人心說, 學者亦須是知得心之本體, 亦元是如此. 則操存功夫, 始沒病痛.

不可便謂出爲亡, 入爲存. 若論本體, 元是無出無入的. 若論出入, 則其思慮運用是出. 然主宰常昭昭在此, 何出之有? 旣無所出, 何入之有?

程子所謂腔子, 亦只是天理而已. 雖終日應酬, 而不出天理, 卽是在腔子裏. 若出天理, 斯謂之放, 斯謂之亡.

又曰, 出入亦只是動靜, 動靜無端, 豈有鄕邪?

註解 ㅇ操存舍亡(조존사망)—《맹자》 고자상(告子上)편에서 공자의 말로써 '잡으면 남아 있고 버리면 없어지고〔操存舍亡〕 때없이 드나들고 제 고장을 모른다는 것은〔出入無時, 莫知其鄕〕 마음을 두고 한 말일 게다'

고 적고 있는 데서 인용한 말임. ○鄕(향)—제 고장, 제 본위치. ○昭昭(소소)—밝은 모양. ○腔子(강자)—몸통 안. 가슴속. 《근사록》 존양(存養)편에 '정자(程子)께서 말씀하시기를 마음은 가슴속[腔子裏]에 두어야 한다'고 한 말에 보임.

解說 《맹자》를 보면 같은 고자상(告子上)편에 '학문하는 길은 다른 게 아니다. 자기가 놓아보낸 마음을 찾는 것일 따름이다'고 말하고 있다. 그러나 왕양명은 마음이란 자기 속에 있는 천리라 보기 때문에 '마음을 놓아보낸다'는 것은 생각할 수도 없다. 그러나 맹자의 말을 정면으로 반대하고 나설 수는 없기 때문에 '마음이 남아 있고 없어진다[存亡]'는 것과 '드나든다[出入]'는 말만을 자기 학설에 맞도록 설명하고 있다. 그러나 왕양명으로서는 마음에 대하여 '남아 있고 없어진다'든가 '드나든다'는 말은 받아들이기 어려운 표현인 것이다.

50. 왕가수(王嘉秀)가 여쭈었다.

"불교에서는 삶과 죽음을 이탈하는 것으로써 사람들을 유인하여 자기네 도로 끌어들이고, 도교에서는 늙지 않고 오래 사는 것으로써 사람들을 유인하여 자기네 도로 끌어들이고 있습니다. 그러나 그들의 마음도 역시 사람들에게 좋지 않은 짓을 하기를 바라지는 않습니다. 그 궁극을 추구해 가면 성인의 높은 경지를 볼 수가 있습니다. 그러나 도로 들어가는 올바른 길은 아닌 것 같습니다.

지금 벼슬하는 사람들도 과거(科擧)를 통한 사람이 있고 공진(貢進)을 통한 사람이 있고 권력가의 추천을 통한 사람이 있습니다. 다 같이 대관이 될 수는 있지만 결국 벼슬하는 바른 길이 아니면 군자들은 그 길을 통하지 않습니다.

도교와 불교도 극점에 이르면 유교와 대략 마찬가지입니다. 다만 높은 경지만이 있고 낮은 경지는 빠뜨리고 있어 아무래도 성인의 완전함 같지는 않습니다. 그러나 그 높은 경지가 같다는 것만은 부정할 수가 없습니다.

후세의 유학자들은 오직 성인의 낮은 경지만을 공부하여 다시 그것을 나누고 찢어서 참된 것을 잃고, 글을 외우고 읽고, 시 쓰고, 글 짓고, 공리적인 공부와 글자의 해석이나 하는 경향으로 흐르고 있으므로 마침내는 이단적인 학문이 됨을 면치 못하고 있습니다. 이러한 네 가지 유파들은 평생토록 수고하고 고생하여도 자기의 몸과 마음에 아무런 이익도 얻지 못합니다.

저 도교와 불교의 신자들이 마음을 밝게 하고 욕망을 없애서 초연히 세상의 번거로움 밖에 있는 것에 비하더라도 오히려 그들만 못한 것 같습니다. 지금 학문하는 사람들은 먼저 도교와 불교를 배척할 필요 없이 뜻을 독실히 하여 성인의 학문을 공부해야만 할 것 같습니다. 성인의 학문에 밝아지기만 하면 곧 도교와 불교는 자연히 없어질 것입니다.

그렇지 않으면 우리가 배우는 것을 그들이 무시하게 될는지도 모릅니다. 그런데도 오히려 그들을 굴복시키려 든다는 것은 어려운 일이 아니겠습니까? 저의 소견은 이러하온데 선생님께서는 어떻게 생각하고 계신지요?"

선생님께서 말씀하셨다.

"논리에 있어서는 대략 옳은 것 같다. 다만 높은 경지와 낮은 경지를 말하는 것은 역시 사람들의 편견 때문에 그렇게 되는 것이다. 성인의 크게 알맞고 지극히 올바른 도로 말할 것 같으면 높은 데로부터 낮은 데까지 오직 한가지 도로 관철되는 것이다. 그런데 다시 무슨 높은 경지와 낮은 경지가 있겠느냐?

《역경》에선 '음이 되었다 양이 되었다 하는 것을 도라고 한다. 다만 어진 사람은 그것을 보고서 어짊[仁]이라 말하고, 지혜로운 사람은 그것을 보고서 곧 지혜라 말하는데, 백성들은 매일같이 이를 행하고 있으면서도 알지 못하는 것이다. 그러므로 군자의 도는 드물게 보이는 것이다'고 하였다. 어짊이나 지혜도 어찌 도라고 말하지 않을 수가 있겠느냐? 다만 편견을 지니면 곧 병폐가 생기게 되는 것이다."

原文 王嘉秀問, 佛以出離生死, 誘人入道. 仙以長生久視, 誘人入道. 其心亦不是要人做不好. 究其極至, 亦是見得聖人上一截. 然非入道正路.

如今仕者, 有由科, 有由貢, 有由傳奉, 一般做到大官, 畢竟非入仕正路, 君子不由也.

仙佛致極處, 與儒者略同. 但有了上一截, 遺了下一截, 終不似聖人之全. 然其上一截同者, 不可誣也.

後世儒者, 又只得聖人下一截, 分裂失眞, 流而爲記誦詞章功利訓詁, 亦卒不免爲異端. 是四家者, 終身勞苦, 於身心無分毫益.

視彼仙佛之徒, 淸心寡慾, 超然於世累之外者, 反若有所不及矣. 今學者不必先排仙佛, 且當篤志爲聖人之學. 聖人之學明, 則仙佛自泯.

不然, 則此之所學, 恐彼或有不屑. 而反欲其俯就, 不亦難乎? 鄙見如此, 先生以爲何如?

先生曰, 所論大略亦是. 但謂上一截, 下一截, 亦是人見偏了如此. 若論聖人大中至正之道, 徹上徹下, 只是一貫. 更有甚上一截, 下一截?

一陰一陽之謂道. 但仁者見之, 便謂之仁, 智者見之, 便謂之智, 百姓又日用而不知. 故君子之道, 鮮矣. 仁智, 豈可不謂之道? 但見得偏了, 便有弊病.

註解 ㅇ王嘉秀(왕가수)－어떤 사람인지 확실치는 않으나 도교와 불교를 좋아했던 사람인 듯하다. ㅇ久視(구시)－오래 사는 것. 《노자》에 보이는 말임. ㅇ上一截(상일절)－높은 위의 경지, 성인의 가르침을 구별하여 도를 터득한 경지를 '상일절', 일상생활에 가까운 일이나 학문에 관한 낮은 경지의 것을 '하일절(下一截)'이라 표현하였다. ㅇ科(과)－과거(科擧). ㅇ貢(공)－각 지방에서 우수한 인재를 추천해 올리는 '공진(貢進)'. ㅇ傳奉(전봉)－유력한 사람의 추천으로 벼슬하는 것. ㅇ誣(무)－속이다. 무시하다. ㅇ四家(사가)－앞의 기송(記誦)·사장(詞章)·공리(功利)·훈고(訓詁)의 공부를 하는 네 유파(流派). ㅇ世累(세루)－세상의 번거로움. ㅇ泯(민)－멸하다. 없어지다. ㅇ不屑(불설)－시원찮게 여기다. 무시하다. ㅇ俯就(부취)－굴복해 오다. ㅇ一陰一陽(일음일양)－음이 되었다 양이 되었다 하면서 쉴새없이 변화하는 것. 이 대목은 《역경》 계사전(繫辭傳)에 보인다.

解說 왕가수는 '불교나 도교도 궁극에 가서는 유교의 가르침과 마찬가지이다. 다만 유교는 다른 종교보다 일상생활에 대한 가르침이 많을 뿐이다'는 의견을 제시하고 왕양명의 비평을 듣는다.

왕양명은 그의 이론을 시인하는 듯하면서도 참된 도에는 높은 경지와 낮은 경지의 구별이 없는 것이라고 주장한다. 그것은 일상생활을 외면한 불교나 도교의 주장이 올바른 도가 되기 어려움을 뜻하기도 한다. 그의 학문에 대한 견해는 앞 24조목의 하학(下學)과 상달(上達)에 대한 얘기를 읽어보면 더욱 분명해질 것이다.

51. "점가치는 본시가 《역》에 속하는 것이며, 거북 역시 《역》에 속하는 것이다."

原文 **蓍固是易, 龜亦是易.**

註解 ㅇ蓍(시)－시초(蓍草)의 대로 만든 점가치. 후세에는 대나무로도

점가치를 만들었는데, 이를 뽑아서 괘효(卦爻)를 만들어 점을 친다. ㅇ龜(귀)－옛날에는 말린 거북껍질을 불로 지져 그것이 터지는 모양을 보고 점을 치기도 하였다.

解說 중국에서는 옛날부터 크게는 나랏일이나 작게는 개인의 일을 막론하고 사람의 지혜로 어떤 결단을 내리기 어려울 적에는 반드시 점을 쳤다. 그 중 가장 대표적인 점이 점가치를 이용한 역점(易占)과 거북껍질을 이용한 귀복(龜卜)이었다. 따라서 점가치와 거북은 본시 다른 것이지만 크게 볼 때 자연의 변화를 통하여 사람의 운명을 알아보려는 원리는 같으므로 왕양명은 모두가 《역》이라고 말한 것이다.

52. 내가 여쭈었다.

"공자께서 말씀하시기를 주(周)나라 무왕(武王)은 훌륭함을 다하지 못하였다고 하셨으니, 아마도 만족스럽지 않은 점이 있었던 것 같습니다."

선생님께서 말씀하셨다.

"무왕에게 있어서는 스스로가 바로 그러하였다고 본다."

"만약 문왕(文王)께서 돌아가시지 않으셨더라면 결국 어떻게 되었겠습니까?"

"문왕이 생존해 계실 때 온 천하는 셋으로 나뉘어 있다가 이미 그 중 둘이 문왕에게 붙었었다. 만약 무왕이 상(商)나라를 정벌했을 때까지 문왕이 생존해 계셨더라면 아마 군사를 일으킬 필요도 없이 틀림없이 나머지 3분의 1도 굴복해 왔을 것이다. 문왕은 오직 주(紂)왕을 잘 단속함으로써 멋대로 악한 짓을 하지 못하게 만들었을 것이다."

原文 問, 孔子謂, 武王未盡善, 恐亦有不滿意.

先生曰, 在武王, 自合如此.

曰, 使文王未沒, 畢竟如何?

曰, 文王在時, 天下三分, 已有其二. 若到武王伐商之時, 文王若在, 或者不致興兵, 必然這一分亦來歸了. 文王只善處紂, 使不得縱惡而已.

註解 ㅇ孔子謂(공자위)-《논어》 팔일(八佾)편에서 공자는 '소(韶)는 아름다움을 다하고 훌륭함을 다하였다 하였고, 무(武)는 아름다움은 다하였지만 훌륭함을 다하지는 못하였다 하셨다'고 기록하고 있다. '소'는 순(舜)임금의 음악이고 '무'는 무왕의 음악이다. ㅇ來歸(내귀)-귀부(歸附)하다. 굴복해 오다. ㅇ縱(종)-멋대로 행동하는 것.

解說 무왕은 아버지 문왕의 상도 다 치르기 전에 문왕의 신주를 수레에 싣고 은나라 주(紂)를 쳤으니, 잘못된 것이라 주장하는 이가 많다. 문덕(文德)을 숭상해 온 유가로서는 어쩔 수 없는 결론인 듯하다.

53. 내가 여쭈었다.

"맹자께서 말씀하시기를 '중정(中正)함을 잡고 있으면서도 권변(權變)이 없다면 그것은 한 가지를 고집하는 거와 같다'고 하였는데 무슨 뜻입니까?"

선생님께서 말씀하셨다.

" '중정'이란 바로 천리이며 바로 '역'인 것이다. 그것은 수시로 변화되고 있는데 어떻게 잡고만 있겠는가? 반드시 그때그때의 사정에 따라 알맞게 처리해야지 미리 한 가지 규칙을 정해 놓고 있기는 어려운 것이다. 예를 들면 후세의 유학자들은 도리에 대하여 일일이 빈틈 하나 없이 해설함으로써 어떤 격식을 세워놓으려 하는데, 이것이 바로 한 가지를 고집하는 것이다."

原文 問, 孟子言, 執中無權, 猶執一.

先生曰, 中, 只是天理, 只是易. 隨時變易, 如何執得? 須是因時制宜, 難預先定一箇規矩在. 如後世儒者, 要將道理一一說得無罅漏, 立定箇格式, 此正是執一.

註解 ㅇ孟子言(맹자언)－《맹자》 진심상(盡心上)편에 보이는 말. ㅇ中(중)－중정(中正). 알맞음. 중용(中庸). ㅇ權(권)－권변(權變). 적절한 변화 조치. ㅇ易(역)－《역경》 또는 《역경》의 원리를 가리키며, 동시에 '변역(變易)' 또는 '변화'의 뜻도 지니고 있다. ㅇ罅漏(하루)－새는 틈. 빈 틈.

解說 사람은 때와 장소에 알맞는 적절한 행동을 할 줄 알아야 한다. 언제 어디서나 똑같은 짓을 한다는 것은 고집에 불과하다는 것이다. '천리'를 유동적이라 보는 왕양명의 견해에서 더욱 현실적이고 적극적인 그의 학문 태도가 엿보인다.

54. 당허(唐詡)가 여쭈었다.

"'뜻을 세움[立志]'이란 바로 언제나 선한 생각을 지니고서 선함을 행하고 악함을 버리려는 것이 아니겠습니까?"

"선한 생각을 지니고 있을 때 바로 그것이 천리인 것이다. 그의 생각이 선하다면 다시 무슨 선함을 생각하겠는가? 그의 생각이 악하지 않다면 다시 무슨 악함을 버리겠는가?

그러한 생각은 나무의 뿌리나 싹과 같은 것이다. '뜻을 세운다'는 것은 언제나 그러한 선한 생각을 세워두는 것일 따름이다. '마음이 하고자 하는 대로 따라도 규범을 넘는 일이 없다'는 것은 바로 뜻이 원숙한 경지에 이른 것이다."

原文 唐詡問, 立志, 是常存箇善念, 要爲善, 去惡否?

曰, 善念存時, 卽是天理. 此念卽善, 更思何善? 此念非惡, 更去何惡?

此念如樹之根芽. 立志者, 長立此善念而已. 從心所欲, 不踰矩, 只是志到熟處.

註解 ㅇ唐詡(당허)－왕양명의 제자인 듯하나 자세한 생평은 알 수 없다. ㅇ從心所欲(종심소욕)－이 구절은 공자가 70세가 되어서 그렇게 되었다고 표현한 말임. 《논어》 위정(爲政)편을 참조할 것.

解說 '뜻을 세우는 것'이란 '천리를 보존하고 사람의 욕망을 버리는 것'임은 이미 앞에서 설명하였다. 여기에서는 선(善)을 중심으로 하여 그러한 '뜻을 세움'을 설명한 것이다. 선한 생각을 지니는 것은 천리를 보존하는 것이 되며 그것이 바로 '뜻을 세우는 것'이라니 '생각'과 '뜻'이 거의 같은 뜻으로 쓰여지고 있는 듯하다.

55. "정신과 도덕과 말이나 행동은 대체로 거둬들이어 밖으로 나타내지 않는 것을 주지(主旨)로 삼아야 한다. 겉으로 나타낸다는 것은 어찌할 수 없을 때에 한한다. 하늘과 땅이나 사람과 만물이 모두 그러하다."

原文 精神道德言動, 大率收斂爲主. 發散是不得已. 天地人物, 皆然.

註解 ㅇ收斂(수렴)－거둬들이어 단속함으로써 겉으로 내보이지 않는 것. ㅇ發散(발산)－밖으로 내보내는 것, 겉으로 내보내는 것.

解說 사람의 수양은 안으로 충실을 기해야 한다는 것이다. 안으로

충실을 기하는 것이 '거둬들여 밖으로 나타내지 않는 것'이다. 안으로 충실하기만 하면 되며 겉으로 나타내어 선전하거나 뽐낼 필요는 없다는 것이다.

56. 내가 여쭈었다.

"문중자(文中子)란 어떠한 사람입니까?"

선생님께서 말씀하셨다.

"문중자는 맹자가 말한 '거의 전체를 갖추고 있지만 틀이 작은' 사람이다. 아깝게도 그는 일찍 죽었지."

"어찌하여 그가 경전을 흉내냈다는 비난을 받고 있습니까?"

"경전을 흉내내는 것도 모두가 잘못이라고 할 수는 없는 것이다."

그 까닭을 여쭈니 한참만에야 말씀하셨다.

"훌륭한 공인(工人)은 마음으로 홀로 괴로워한다는 것을 새삼 깨닫게 되는구나."

原文 **問, 文中子是如何人?**

先生曰, 文中子, 庶幾具體而微. 惜其蚤死.

問, 如何卻有續經之非?

曰, 續經亦未可盡非.

請問, 良久曰, 更覺良工心獨苦.

註解 ㅇ文中子(문중자)-수(隋)나라 왕통(王通). ㅇ具體而微(구체이미)-성인의 전체를 갖추고는 있지만 크기가 작다는 뜻. 《맹자》 공손추상(公孫丑上)편에 보이는 말임. ㅇ蚤(조)-일찍. 조(早)와 같은 글자. 34세 또는 38세에 왕통이 죽었다 한다. ㅇ續經(속경)-경전을 이어 짓다. 경전을 흉내냄을 뜻한다.

解說 문중자에 대하여는 이미 앞 2조목에서 한퇴지(韓退之)와 견주어 자세히 설명되었다. 여기에서도 문중자에게로 기울어지는 왕양명의 동정을 느낄 수가 있을 것이다.

57. "허노재(許魯齋)가 말한 '유학자는 생업(生業)을 다스리는 일을 먼저 해야 한다'는 설은 사람들을 오해하게 하고 있다."

原文 許魯齋謂, 儒者以治生爲先之說, 亦誤人.

註解 ㅇ許魯齋(허노재)－원(元)나라 허형(許衡), 자는 중평(仲平), 노재는 그의 호이며, 주자학파에 속하는 사람이다. ㅇ治生(치생)－생업을 다스리다. 먹고사는 일을 해결하는 것.

解說 허형의 이 말은 사람이란 우선 먹고살 줄 알아야만 학문도 할 수 있다는 뜻에서 한 말이다.

그러나 세상 사람들은 학문보다도 이익의 추구나 명예의 추구를 앞세워야 한다는 말로 잘못 이해하는 사람이 많다는 것이다.

58. 도가(道家)에서 말하는 원기(元氣)와 원신(元神)과 원정(元精)에 관하여 여쭈었다.

선생님께서 말씀하셨다.

"오직 한 가지 것들이야. 흘러다니면 기(氣)가 되고, 모여 엉기면 정(精)이 되고, 미묘하게 작용하면 신(神)이 되는 것이다."

原文 問仙家元氣元神元精.

先生曰, 只是一件. 流行爲氣, 凝聚爲精, 妙用爲神.

註解 ㅇ元氣(원기)-사람의 근원이 되는 기운. 도가에서는 사람의 요소를 삼원(三元) 또는 오원(五元)으로 나누어 설명한다. 원기와 원신·원정 이외에 원성(元性)과 원정(元情)을 가하여 오원이 되는 것이다. ㅇ凝聚(응취)-모여서 한데 엉키는 것.

解說 도가에서는 사람의 근본 요소를 삼원(三元) 또는 오원(五元)으로 나누어 설명하지만 그것은 모두가 오직 하나의 다른 형태일 따름이라는 것이다. 오직 하나란 이이며, 마음인 것이다.

59. "기쁨과 노여움과 슬픔과 즐거움의 본체는 스스로가 중(中)이 되고 화(和)가 되는 것이다. 자기 자신의 뜻을 약간만 거기에 붙이기라도 하면 바로 지나치거나 부족하게 되며 바로 사사로운 게 되는 것이다."

原文 喜怒哀樂本體, 自是中和的. 纔自家着些意思, 便過不及, 便是私.

註解 ㅇ纔(재)- ……하기만 하면. ㅇ着些(착사)-약간이라도 붙이다.

解說 여기서도 《중용》에서 말한 '사람의 감정이 나타나기 전의 중'과 '이미 나타난 뒤 절조에 들어맞는 화'에 대해 설명하고 있다. 사람의 감정의 본체는 가장 잘 들어맞는 중이며, 나타나서는 모든 것과 잘 조화가 되는 화이다. 그러나 사람들의 욕망 때문에 이 본체를 잃게 된다는 것이다.

60. 공자께서 '곡을 한 날은 노래하지 않는다'고 한 말에 대하여 여쭈었다.

선생님께서 말씀하셨다.

"성인의 마음의 본체가 자연히 그렇게 되는 것이다."

原文 **問哭則不歌.**

先生曰, 聖人心體, 自然如此.

註解 ㅇ哭則不歌(곡즉불가)－《논어》 술이(述而)편에 '공자께서는 곡을 한 날이면 곧 노래를 하지 않으셨다' 하였다.

解說 남을 조상(吊喪)가서 곡하고 온 날 노래하지 않는다는 것은 성인의 마음으로서는 당연하고도 자연스러운 모습이라는 것이다. 거기에는 아무런 이유도 붙일 필요가 없는 것이다.

61. "자기 자신을 이겨냄에 있어서는 반드시 마음을 깨끗이 쓸어내어 맑게 하고 조금도 흔적을 남겨두어서는 안되는 것이다. 조금이라도 남아 있게 되면 곧 여러 가지 악이 서로 이끌려 오게 되는 것이다."

原文 **克己, 須要掃除廓清, 一毫不存, 方是. 有一毫在, 則衆惡相引而來.**

註解 ㅇ克己(극기)－자기를 이기다. 자기 욕망을 극복하다. 《논어》 안연(顔淵)편엔 '자기를 이겨내어 예로 되돌아가는 것〔克己復禮〕이 어짊〔仁〕이다'고 하였다. ㅇ一毫不存(일호부존)－조그만 터럭만한 자기 욕망이나 감정도 남겨두지 않는다.

解說 '자기 자신을 이겨내는 공부'는 조그만 자기 욕망이나 감정도

남겨두지 않도록 노력해야 한다는 것이다. 그래야만 마음에 천리를 보존케 될 것이다.

62. 채원정(蔡元定)의 《율려신서(律呂新書)》에 대하여 여쭈었더니 선생님께서는 다음과 같이 말씀하셨다.

"학문하는 사람은 긴요한 일에 힘써야만 한다. 거기에 씌어 있는 숫자 계산에 익숙해진다 하더라도 아마 별로 소용이 없을 것이다. 반드시 자기 마음속에 먼저 예의와 음악의 근본을 갖추고 있어야만 되는 것이다.

또한 그 책에서 해설하고 있는 것을 보면 흔히 대통을 가지고 기후를 관찰하게 되어 있다. 그러나 '동지(冬至)'가 되는 그 순간에 이르렀을 때, 대통 안의 재가 나는 것은 빠르고 늦는 경우가 있을 것이다. 순간적인 시간인데 그 대통이 '동지'가 된 정확한 시각을 어떻게 알겠는가? 반드시 자기 마음속으로 먼저 '동지'의 시각에 대하여 이해한 뒤라야 비로소 되는 것이다.

이 점에 있어서 곧 통하지 않는 곳이 있다. 학문하는 사람들은 반드시 먼저 예의와 음악의 근본에서부터 공부를 해야 할 것이다."

原文 問律呂新書. 先生曰, 學者當務爲急, 算得此數熟, 亦恐未有用. 必須心中先具禮樂之本, 方可.

且如其書說, 多用管以候氣. 然至冬至那一刻時, 管灰之飛, 或有先後. 須臾之間, 焉知那管正值冬至之刻? 須自心中先曉得冬至之刻, 始得.

此便有不通處. 學者須先從禮樂本原上, 用功.

註解 ○律呂新書(율려신서)—음악의 원리를 사물의 이치와 결부시켜

해설한 중국 음악의 이론서. 주자의 제자인 채원정(蔡元定)이 지은 것임. 채원정은 자가 계통(季通), 호가 서산(西山)이다. ㅇ當務爲急(당무위급)－다급한 일, 가장 긴요한 일에 힘써야만 한다. 《맹자》 진심상(盡心上)편에서 나온 말. ㅇ候氣(후기)－《율려신서》에 의하면 음양십이율(陰陽十二律)에 해당하는 열두 개의 대통을 만들어 땅에 묻어놓고 그 속에 갈잎을 태운 재를 넣어둔다. 그러면 동지(冬至)에는 황종(黃鍾)에 해당하는 대통의 재가 밖으로 날아 구멍이 트인다 하였다. 다른 대통도 각기 그것에 해당하는 때를 따라 재가 움직인다.

解說 《율려신서》에서는 음악의 성(聲)과 율(律)을 절후(節候)를 비롯한 여러 가지 자연 현상에 부합시켜 해설하고 있다. 이것은 중국의 전통적인 방법이지만 아무래도 억지가 많을 것이다. 오히려 예의와 음악의 근본부터 공부하라는 왕양명의 태도가 올바른 학자답게 느껴진다.

63. 서애(徐愛)가 말했다.

"마음이란 마치 거울과 같은 것이다. 성인의 마음은 밝은 거울과 같고, 보통사람들의 마음은 흐린 거울과 같다.

근세 주자의 '격물(格物)'에 대한 해설은 마치 거울로써 물건을 비춰보려고만 하는 것 같다. 비추는 공부만 하면서 거울이 아직도 흐리다는 것을 알지 못하고 있으니 어떻게 비춰볼 수가 있겠는가? 우리 선생님의 '격물'에 대한 해설은 마치 거울을 닦아서 그 거울을 밝게 하려는 것과 같다. 닦는 공부를 하여 밝아진 뒤에는 비추어지지 않는 일이 없게 될 것이다."

原文 曰仁云, 心猶鏡也. 聖人心如明鏡, 常人心如昏鏡.

近世格物之說, 如以鏡照物. 照上用功, 不知鏡尚昏在, 何能照? 先生之格物, 如磨鏡而使之明. 磨上用功, 明了後, 亦未嘗廢照.

註解 ㅇ曰仁(왈인)－서애의 자. ㅇ昏(혼)－어두움. 흐림.

解說 이미 21조목에서 왕양명이 성인의 마음을 밝은 거울에 비유하고 있다. '마음이 곧 이'이기 때문에 마음만 밝게 닦으면 모든 사물의 이치는 저절로 밝아진다는 것이다. 공연히 자기 마음은 버려둔 채 사물을 상대로 이치를 찾으려 애쓸 게 없다는 것이다. 바로 이 점이 주자학과 양명학의 근본적인 차이인 것이다.

64. 도에 정세(精細)하고 조잡(粗雜)한 구별이 있는가 여쭈니 선생님께서 말씀하셨다.

"도에는 정세하고 조잡한 구별이 없는데 사람들의 견해에 정세하고 조잡한 구별이 있는 것이다.

그것은 마치 이 한 칸의 방과도 같은 것이다. 사람들은 처음 들어와서는 오직 이처럼 방의 규모가 크다는 것만을 안다. 오래 있게 되면 곧 방의 기둥과 벽 같은 것에 대하여 하나하나 분명히 보게 된다. 더 오래 있으면 기둥 위에 어떤 무늬가 있다는 것까지도 자세히 모두 볼 수 있게 된다. 그러나 오직 이것은 한 칸의 방인 것이다."

原文 問道之精粗. 先生曰, 道無精粗, 人之所見有精粗.

如這一間房. 人初進來, 只見一箇大規模如此, 處久, 便柱壁之類, 一一看得明白. 再久, 如柱上有些文藻, 細細都看出來. 然只是一間房.

註解 ㅇ文藻(문조)－무늬, 조각된 무늬.

解說 도는 하나인데 보는 사람에 따라 여러 가지로 보인다. 따라서 공부하는 사람은 오래도록 도를 가까이하여 도를 올바로 파악하게 되도록 노력해야 한다는 뜻이 될 것이다. 다만 왕양명이 도에 대하여 어떤 개념을 지니고 있었느냐는 문제는 이곳에선 잘 밝혀지지 않고 있다.

65. 선생님께서 말씀하셨다.

"요즘에 여러분의 질문이 적어졌는데 어찌된 일인가? 사람이 공부를 하지 않으면 언제나 스스로 학문하는 방법을 이미 알았으니 오직 그대로 해나가기만 하면 된다고 생각하게 되는 것이다. 특히 알지 못하고 있는 것은, 사사로운 욕망이 나날이 생겨나는 것은 마치 땅 위의 먼지와 같은 것이어서 자주 쓸어내지 않으면 곧 그만큼 층층이 쌓이게 된다는 것이다. 착실히 공부를 하노라면 곧 도에는 끝이 없고 탐구하면 할수록 더욱 깊어짐을 알게 될 것이다. 반드시 조금이라도 철저하지 않는 게 없도록 깨끗이 구명하여야만 되는 것이다."

原文 **先生曰, 諸公近見時少疑問, 何也? 人不用功, 莫不自以爲已知爲學, 只循而行之是矣. 殊不知, 私欲日生, 如地上塵, 一日不掃, 便又有一層. 着實用功, 便見道無終窮, 愈探愈深. 必使精白無一毫不徹, 方可.**

註解 ㅇ循而行(순이행)－그대로 따라서 행하다. ㅇ精白(정백)－쌀을 깨끗하고 희게 하듯 깨끗이 구명하는 것.

解說 학문을 함에 있어 자칫하면 안이하게 자기 타성에 빠지기 쉽다. 언제나 새로운 의문을 추구하는 데서 학문이 발전한다는 것이다.

66. 내가 여쭈었다.

"'앎에 이른[知至]' 다음에야 '뜻을 정성되이 하는 것[誠意]'을 얘기할 수가 있습니다. 지금 천리와 사람의 욕망을 다 알지 못하였는데 어떻게 자기를 이겨내는 공부를 해나갈 수가 있겠습니까?"

선생님께서 말씀하셨다.

"사람이 만약에 진실하게 자기에게 절실한 공부를 쉬지 않고 해나간다면 곧 자기 마음속의 천리의 정미(精微)함이 나날이 더 잘 보이게 될 것이며, 사사로운 욕망의 자세한 내용도 역시 나날이 더 잘 보이게 될 것이다. 만약 자기를 이겨내는 공부를 하지 않는다면 하루종일 오직 말만 할 뿐 천리도 끝내 보이지 않고 사사로운 욕망도 끝내 보이지 않을 것이다.

그것은 사람이 길을 가는 거와 마찬가지이다. 어느 정도 길을 가면 비로소 간 곳만큼 알게 되며, 갈림길에 이르게 되면 의문이 생겨 묻게 된다. 물어보고는 또 걸어 비로소 점차 가고자 하던 곳에 다다르게 되는 것이다.

지금 사람들은 이미 알고 있는 천리도 보존시키려들지 않고 이미 알고 있는 사람의 욕망도 버리려들지 않고 있다. 그러면서도 모든 것을 다 알지 못하는 것만을 걱정하고 쓸데없이 떠들기만 하고 있으니 무슨 이익이 되겠는가? 그러니 자기 자신을 이겨내게 된 다음 다시 더 이겨낼 사사로움이 없게 되어서야 비로소 모든 것을 다 알지 못함을 걱정한다 하더라도 늦을 게 없을 것이다."

原文 問, 知至然後可以言誠意. 今天理人欲, 知之未盡, 如何用得克己工夫?

先生曰, 人若眞實切己用功不已, 則於此心天理之精微, 日見一日, 私欲之細微, 亦日見一日. 若不用克己工夫, 終日只是說話而已, 天理終不自見, 私欲亦終不自見.

如人走路一般, 走得一段, 方認得一段. 走到岐路處, 有疑便問. 問了又走, 方漸能到得欲到之處.

今人於已知之天理不肯存, 已知之人欲不肯去, 且只管愁不能盡知, 只管閒講, 何益之有? 且待克得自己, 無私可克, 方愁不能盡知, 亦未遲在.

註解 ㅇ知至(지지)-모든 것을 알아 사물의 원리에 밝아지는 것. '성의(誠意)'와 함께 《대학》에 보이는 말임. ㅇ岐路處(기로처)-길이 갈라진 곳. ㅇ只管(지관)-오직 ……을 하려만 든다.

解說 '지행합일'을 근거로 한 수양방법을 설명하고 있다. 사람들은 보통 다 알아야만 행할 수 있다고 생각하며, 먼저 모든 것을 이론적으로 알려고만 든다. 그러나 참된 지식이란 실행과 함께 얻어지는 것이다. 따라서 지식의 증진은 실행의 발전과 비례하는 것이다.

67. 내가 여쭈었다.

"도는 하나가 있을 뿐입니다. 그러나 옛사람들이 도를 논한 것을 보면 대개 같지 않습니다. 도를 추구하는 데도 요령이 있는 것입니까?"

선생님께서 말씀하셨다.

"도에는 일정한 넓이와 형체가 없으니, 거기에 집착되어서는 안된다. 또한 글의 뜻에만 얽매여 있는 것도 도를 추구하는 것에서 먼 일이다.

지금 사람들은 덮어놓고 하늘을 얘기하고 있지만 사실은 그들이 하늘을 본 일이 있는가? 해와 달과 바람과 우레가 곧 하늘이라 하여도 안될 것이다. 사람과 물건과 풀과 나무는 하늘이 아니라고 하여도 안될 것이다. 도란 바로 하늘인 것이다.

만약 이것을 알았다면, 도가 아닌 것이 어디에 또 있겠는가? 사람들은 다만 각자 도의 한 모퉁이만을 보고서 도란 오직 이와 같은 것이라고 단정하기 때문에 모두가 같지 않은 것이다. 만약 자기 내부로 추구해 들어가 자기 마음의 본체를 볼 줄 안다면 곧 어느 때 어느 곳에서나 이 도가 아닌 것이 없게 될 것이다. 옛부터 지금까지 변함없고 끝도 없고 시작도 없는 것인데, 다시 무슨 다른 것이 있겠는가? 마음이 곧 도요, 도가 곧 하늘인 것이다. 마음을 알면 곧 도를 알고 하늘을 알게 된다."

다시 말씀하셨다.

"여러분이 정말로 이 도를 보려고 한다면 반드시 자기의 마음으로부터 체득하도록 해야지 밖에서 찾으려 해서는 안되는 것이다."

原文 問, 道一而已. 古人論道, 往往不同. 求之亦有要乎?

先生曰, 道無方體, 不可執着. 卻拘滯於文義上, 求道遠矣.

如今, 人只說天, 其實何嘗見天? 謂日月風雷卽天, 不可. 謂人物草木不是天, 亦不可. 道卽是天.

若識得時, 何適而非道? 人但各以其一隅之見, 認定以爲道止如此, 所以不同. 若解向裏尋求, 見得自己心體, 卽無時無處不是此道. 亘古亘今, 無終無始. 更有甚同異? 心卽道, 道卽天. 知心, 則知道知天.

又曰, 諸君要實見此道, 須從自己心上體認, 不假外求始得.

註解 ㅇ道一而已(도일이이)－도는 하나일 따름이다. 《맹자》 등문공상(滕文公上)편에 보이는 말. 단 맹자가 말한 도는 뜻이 다르다. ㅇ無方體(무방체)－면적도 체적도 없다. 일정한 형체가 없다는 뜻. ㅇ拘滯(구체)－얽매여 있는 것. ㅇ天(천)－하늘, 자연, 자연의 섭리 등을 모두 포함한 말임. ㅇ亘古亘今(항고항금)－옛부터 지금까지 변함없는 것. 영원한 것.

解說 왕양명이 말하는 도란 바로 하늘이요, 마음인 것이다. 따라서 그것은 이 또는 천리도 뜻하게 된다. 따라서 도의 추구는 바로 자기 마음으로부터 시작해야 한다는 것이다. 이것은 이제껏 왕양명이 주장해 온 학문의 방법과도 일치하는 것이다.

68. 내가 여쭈었다.

"명칭과 기물(器物)과 제도에 관해서도 반드시 먼저 강구해야만 됩니까?"

선생님께서 말씀하셨다.

"사람은 오직 자기 마음의 본체를 성취시켜야만 한다. 그러면 작용은 그 속에서 자연히 우러나올 것이다. 만약 마음의 본체를 잘 길러서 정말로 '감정이 드러나기 전의 중(中)'을 지니게 된다면 자연히 '감정이 나타나서도 모두가 절도에 알맞는 화(和)'를 이루게 될 것이다. 그러면 자연히 무슨 일을 하거나 되지 않는 것이 없을 것이다.

진실로 이러한 마음 없이는 비록 미리 세상의 허다한 명칭과 기물과 제도를 연구했다 하더라도 자기와는 본시 상관없는 것이니 오직 형식적인 장식에 불과하게 될 것이다. 따라서 일을 당했을 적에는 제대로 행해지지 않게 될 것이다.

또한 명칭과 기물과 제도를 전혀 상관도 말라는 것은 아니다. 오직 그 앞뒤 관계를 알기만 하면 도에 가깝게 된다는 것이다."

선생님이 다시 말씀하셨다.

"사람은 자기 재질을 따라서 자기를 이룩해 가야 한다. 재질이란 그가 할 수 있는 능력을 말한다. 기(夔)가 음악을 하고 직(稷)이 농사를 짓는 것 같은 것이다. 그것은 그들의 타고난 성질이 처음부터 이러하였던 것이다.

자기를 이룩해 나간다는 것은 또한 오로지 그의 마음의 본체를 천리에 순수하게 지녀야 한다는 것이다. 마음을 운용하는 데 있어서는 언제나 천리로부터 출발해야만 비로소 재질이라고 할 수 있는 것이다. 천리의 순수한 경지에 이르게 되면 또한 그릇처럼 한 가지 일에만 쓰이지 않게 된다. 예를 들면 기와 직의 맡은 일을 바꾸어 하게 했더라도 역시 해낼 수 있었을 것이다."

선생님이 또 말씀하셨다.

"부하고 귀한 처지에 놓이면 부하고 귀한 데 따라서 행동하고, 환난에 처하게 되면 환난을 따라서 알맞게 행동한다는 것 같은 것도 모두가 그릇처럼 한 가지 일에만 쓰이는 게 아니다. 이것은 오직 마음의 본체를 올바르게 기른 사람만이 가능한 일이다."

原文 問, 名物度數, 亦須先講求否?

先生曰, 人只要成就自家心體, 則用在其中. 如養得心體, 果有未發之中, 自然有發而中節之和. 自然無施不可.

苟無是心, 雖預先講得世上許多名物度數, 與己原不相干, 只是裝綴. 臨時自行不去.

亦不是將名物度數, 全然不理. 只要知所先後, 則近道.

又曰, 人要隨才成就. 才是其所能爲, 如夔之樂, 稷之種. 是他資性合下便如此.

成就之者, 亦只是要他心體純乎天理. 其運用處, 皆從天理上發來, 然後謂之才. 到得純乎天理處, 亦能不器. 使夔稷易藝而爲, 當亦能之.

又曰, 如素富貴行乎富貴, 素患難行乎患難, 皆是不器. 此惟養得心體正者能之.

註解 ㅇ名物度數(명물도수)—명칭, 기물과 제도. 사회에 존재하는 인위적인 것들. 앞 11조목에도 보임. ㅇ用(용)—작용, 효용, 본체[體]에 대한

말임. '미발지중(未發之中)'이 본체인 데 비하여 '기발지화(旣發之和)'는 작용이다. '미발' '기발'에 대하여는 앞 29조목을 참조할 것. ㅇ裝綴(장철)－겉을 장식하는 것. ㅇ夔(기)－순임금의 신하. 음악을 관장하는 전악(典樂)이란 벼슬을 지냈다(《서경》 舜典). ㅇ稷(직)－순임금의 신하. 농사짓는 일을 맡아 관장했다(《서경》 순전). ㅇ種(종)－씨뿌리다. 농사짓다. ㅇ資性(자성)－타고난 성질. ㅇ合下(합하)－처음부터. ㅇ不器(불기)－그릇처럼 한 가지 일에만 쓰이지 않고 모든 일을 할 수 있는 것. 《논어》 위정(爲政)편에 나온 말. ㅇ素富貴(소부귀)－이 구절은 《중용》을 인용한 것임.

解說 세상의 여러 가지 일과 제도 같은 것을 안다는 것은 살아가는 데 필요한 일이다. 그러나 공부는 자기 마음으로부터 시작해야 한다. 자기 마음의 본체가 그 지식을 활용하도록 만들어야 한다. 그리고 사람은 자기의 재질을 따라 자기를 발전시켜야 한다. 자기의 재질을 따라 한 가지 일을 발전시켜 나중에는 만사에 통달하도록 해야 한다는 것이다. 이것은 퍽 진보적인 생각인 듯하다.

69. "넓다란 근원이 없는 호수가 되느니보다는 차라리 몇 자 넓이의 생기가 다하는 일 없는 샘물이 되는 게 좋다."

이때 선생님은 못가에 앉아 계셨는데 곁에 샘이 있었다. 그래서 이것들로써 학문을 깨우치신 것이다.

原文 **與其爲數頃無源之塘水，不若爲數尺有源之井水，生意不窮.**

時先生在塘邊坐，傍有井. 故以之喩學云.

註解 ㅇ頃(경)－넓이의 단위. 1경은 백묘(畝). ㅇ塘水(당수)－못물. 호수.

解說 학문은 언제나 생기넘치고 쉬는 일이 없는 샘물같이 해야 한다는 것이다. 넓다 해도 호수처럼 고요히 머물러 있는 학문을 해서는 안된다.

70. 내가 여쭈었다.

"세상의 도의(道義)는 날로 타락하고 있습니다. 태곳적 기상을 어떻게 하면 다시 볼 수가 있겠습니까?"

선생님께서 말씀하셨다.

"하루란 바로 수만년의 긴 세월과 같은 것이다. 사람이 새벽에 일어나 앉아 밖의 물건과 접촉하지 않고 있을 적에는 그의 마음에는 맑고 밝은 모습을 지니고 있어서 곧 복희(伏羲) 시대에 노니는 거와 같은 것이다."

原文 **問, 世道日降. 太古時氣象, 如何復見得?**

先生曰, 一日, 便是一元. 人平旦時起坐, 未與物接, 此心淸明景象, 便如在伏羲時遊一般.

註解 ○日降(일강)－나날이 내려가다. 나날이 타락하다. ○一元(일원)－송나라 소옹(邵雍)은 우주의 시간을 세(世)·운(運)·회(會)·원(元)의 단위로 계산하였는데 '1원'은 12만 9천6백년이었다(《皇極經世書》). ○平旦(평단)－새벽. 이른 아침. ○景象(경상)－모양. 모습.

解說 태곳적 세상이 평화스러웠던 것은 사람들의 마음이 순박하였기 때문이다. 지금 사람들도 잠을 잘 자고 난 이른 새벽의 마음은 순박하기만 하다. 밖의 물건에 의하여 어지럽혀지지 않은 마음의 순박함을 잃지 않는다는 것은 마음에 천리를 보존하는 공부가 된다고 생각했던 것이다.

71. 내가 여쭈었다.

"마음은 밖의 사물만 뒤쫓으려 하는데 어찌하면 좋겠습니까?"

선생님께서 말씀하셨다.

"임금은 단정히 맑고 고요하게 처신하고 육부(六部) 대신들은 자기 직분을 지켜야만 천하는 다스려지는 것이다. 마음이 오관(五官)을 다스리는 것도 역시 이와 같은 것이다.

지금 눈이 보려고 할 때에 마음이 곧 색깔을 추구하고, 귀가 들으려 할 때에 마음이 곧 소리를 추구하고 있다면, 마치 임금이 관리로 선임하려 할 적에는 스스로 이부(吏部)로 나가 앉아 있고, 군사를 조련하려 할 적에는 자신이 병부로 나가 앉아 있는 것과 같은 것이다. 그렇게 되면 어찌 임금의 체통을 잃을 뿐이겠느냐? 육부의 대신들도 모두가 자기 직분을 다할 수가 없게 되는 것이다."

原文 問, 心要逐物, 如何則可?

先生曰, 人君端拱淸穆, 六卿分職, 天下乃治. 心統五官, 亦要如此.

今眼要視時, 心便逐在色上, 耳要聽時, 心便逐在聲上, 如人君要選官時, 便自去坐在吏部, 要調軍時, 便自去坐在兵部. 如此豈惟失卻君體? 六卿亦皆不得其職.

註解 ㅇ端拱(단공)ㅡ단정히 앉아 팔짱을 끼고 아무것도 않는 것. ㅇ淸穆(청목)ㅡ맑고 고요하게 처신하는 것. ㅇ六卿(육경)ㅡ옛날의 육부(六部) 장관. 육부는 이부(吏部)·병부(兵部)·호부(戶部)·예부(禮部)·형부(刑部)·공부(工部)임. ㅇ五官(오관)ㅡ보고 듣고 맛보고 냄새맡고 느끼는 다섯 가지 감각기관. ㅇ調軍(조군)ㅡ군사를 조련하는 것.

解說 마음을 임금, 오관을 대신들에게 비유한 얘기는 이미《장자

(莊子)》와 《순자(荀子)》에도 보인다. 그리고 마음이 밖의 사물을 추구하게 되는 것은 어떻게 하면 좋겠느냐는 질문에 대한 대답으로는 방향이 약간 어긋나고 있다.

72. "선한 생각이 일어나면 그것을 알아차리고서 충실케 해야 한다. 악한 생각이 일어나면 그것을 알아차리고서 막아내야 한다. 알아차려서 충실하게도 하고 막아내기도 하는 것은 뜻이다. 타고난 총명함인 것이다. 성인이란 오직 이것을 지니고 있을 뿐이다. 학문하는 사람도 마땅히 이것을 보존해야 한다."

原文 **善念發, 而知之, 而充之. 惡念發, 而知之, 而遏之. 知與充與遏者, 志也. 天聰明也. 聖人只有此. 學者當存此.**

註解 ㅇ遏(알)―그치게 하다. ㅇ聰明(총명)―귀 밝고 눈이 예민한 것.

解說 좋은 생각은 더욱 발전시키고 나쁜 생각은 없애 버리라는 간단한 내용의 가르침이다.

73. 내가 말씀드렸다.

"여색을 좋아하고 이익을 좋아하고 명성을 좋아하는 것은 본시 사사로운 욕망입니다. 한가로운 생각이나 잡념 같은 것은 어째서 또 사사로운 욕망이라 말하는 것입니까?"

선생님께서 말씀하셨다.

"결국은 여색을 좋아하고 이익을 좋아하고 명성을 좋아하는 근원에서 그것들이 생겨나기 때문이다. 자신이 그 근원을 찾아보면 그러함을 곧 발견하게 될 것이다.

예를 들면 너의 마음속으로 자기는 도적질을 할 생각이 없음을 분명히 알고 있는 것은 어째서인가? 너는 원래부터 그러한 마음이 없었기 때문인 것이다. 네가 만약 재물·여색·명예·이익 등이 마음에 있어도 모두 도적질을 하지 않는 마음과 같이 전부를 깨끗이 없애 버릴 수만 있다면 오직 마음의 본체만이 있게 될 것인데 거기에 무슨 한가한 생각들이 일어나겠느냐?

이것이 바로 《역경》에서 말한 '고요히 움직이지 않는 것'이며, 바로 《중용》에서 말한 '감정이 드러나기 전의 중'이며, 정자(程子)가 말한 '탁 트이어 크게 공명(公明)한 것'이다. 그러므로 자연히 '느끼면 마침내 온 세상일에 통하게' 되고, 자연히 '드러나면 절도에 들어맞게' 되고, 자연히 '사물을 대하게 되면 순조로이 호응하게' 되는 것이다."

原文 澄曰, 好色, 好利, 好名等心, 固是私欲. 如閒思雜慮, 如何亦謂之私欲?

先生曰, 畢竟從好色, 好利, 好名等根上起. 自尋其根, 便見.

如汝心中, 決知是無有做劫盜的思慮, 何也? 以汝元無是心也. 汝若於貨色名利等心, 一切皆如不做劫盜之心一般, 都消滅了光光, 只是心之本體, 看有甚閒思慮.

此便是寂然不動, 便是未發之中, 便是廓然大公. 自然感而遂通, 自然發而中節, 自然物來順應.

註解 ○閒思(한사)—한가한 생각. 쓸데없는 생각. ○光光(광광)—깨끗이 아무것도 없는 모양. ○寂然不動(적연부동)—《역경》 계사상(繫辭上)전에 나오는 말로 '고요히 움직이지 않으며, 느껴지면 마침내 천하의 일에 통한다[感而遂通天下故]'고 하였다. 송대 선비들은 앞의 '고요히 움직이지 않는 것'을 마음의 본체, '느껴지면 마침내 통하는 것'을 마음의 작용이라 하였다. 《중용》의 '감정이 드러나기 전의 중[未發之中]'과 '드러

나서 절도에 맞는 것[發而中節]'의 관계와 같다. ㅇ廓然大公(곽연대공)－탁 트이어 크게 공명(公明)한 것. 정명도(程明道)의 《정성서(定性書)》에 보이는 말로 마음의 본체를 형용한 말이며 이 뒤에 마음의 작용을 형용한 '사물을 대하면 순조로이 호응하게 된다[物來順應]'는 말이 붙어 있다.

解說 한가한 생각이나 잡념은 적극적으로 천리를 흐리게 하는 악한 생각은 아니지만, 모두가 여색이나 이익 또는 명예를 좋아하는 것 같은 악한 생각에 뿌리를 박고 있는 것이므로 그런 것들까지 없애 버려야 한다. 그래야만 사람의 마음이 완전한 본체로 돌아가 원만한 작용을 발휘할 수 있게 된다는 것이다.

74. 내가 《맹자》에서 '뜻이 나타나면 기는 그 뒤를 따른다[志至氣次]'고 한 말에 대하여 여쭈었다.

선생님께서는 다음과 같이 말씀하셨다.

"뜻이 가는 곳에는 기도 역시 간다는 말이지, 주자가 말한 것처럼 '뜻은 지극한 것이고 기는 그 다음 번째의 것'이라는 말은 아니다. 그의 뜻을 올바로 지니고 있으면 그러는 가운데 기도 키워지는 것이다. 그리고 그의 기를 어지럽히지 않으면 곧 그의 뜻도 올바로 지니게 되는 것이다. 맹자는 고자(告子)의 편벽된 생각을 고쳐 주기 위하여 이처럼 양면으로 해설하였던 것이다."

原文 **問, 志至氣次.**

先生曰, 志之所至, 氣亦至焉之謂, 非極至次貳之謂. 持其志, 則養氣在其中. 無暴其氣, 則亦持其志矣. 孟子救告子之偏, 故如此夾持說.

註解 ㅇ志至氣次(지지기차)－《맹자》 공손추상(公孫丑上)편에 보이는 말

임. 고자(告子)가 '남의 말이 자기 이론에 맞지 않아도 마음에 호소하지 말 것이며, 마음에 맞지 않아도 기(氣)에 호소하지 말 것이다'는 '마음을 움직이지 않는다[不動心]'는 설을 주장한 데 대한 반박으로, 맹자는 '뜻은 기의 통솔자이며, 기는 몸에 채워져 있는 것이다. 뜻이 나타나면 기는 그 뒤를 따른다[志至氣次]. 그러므로 그의 뜻을 올바로 지니고[持其志] 그의 기를 어지럽히지 말라[無暴其氣]고 말하는 것이다'고 말하고 있다. ㅇ極至次貳(극지차이)－지극한 것과 다음 번으로 중요한 것. 주자는《맹자》의 말을 풀이하여 '뜻은 본시가 지극한 것이며, 기는 곧 여기에 뒤따르는 것이다'고 말하고 있다. ㅇ告子(고자)－고는 성, 이름은 불해(不害). 유가와 묵가(墨家)의 학문을 겸하여 닦은 사람.《맹자》에는 고자편(告子篇)이 있다.

解說 주자는 뜻[志]이란 정신적인 것이고, 기(氣)란 신체적인 것이라 보았다. 그러나 왕양명은 뜻과 기는 그러한 높고 낮은 차이가 있는 게 아니라 기를 기름으로써 뜻을 올바로 지니게 될 수 있고, 뜻이 다르다는 것은 기가 자라나 있음을 뜻하는 것이라 보았다. 맹자는 '호연지기(浩然之氣)'를 얘기하면서 기를 기름으로써 인격을 쌓아올려야 한다고 주장하고 있지만, 뜻을 올바로 지니는 문제에는 자세한 설명이 없으므로 어느 편의 해설이 맞는지는 의론이 분분하다.

75. 내가 여쭈었다.

"정자(程子)는 말하기를 '성인의 도는 반드시 겸손히 자기를 낮추지만, 현명한 사람의 말은 곧 끌어서 자기를 올린다'고 하였는데 어떻게 생각하십니까?"

선생님께서 말씀하셨다.

"그렇지 않다. 그렇다면 그것은 곧 거짓이 된다. 성인이란 하늘과 같은 분이시다. 이 우주의 어디를 가나 하늘이 아닌 곳이란 없다. 해와 달과 별이 있는 그 위도 하늘이고, 깊숙한 땅 아래도 역시 하늘이다. 하늘이 어떻게 겸손히 스스로를 낮출 수가 있겠는가? 이것이 바로《맹자》에서 '위대하면서도 마음대로 변화하는 것'이라 말한 것이다.

현명한 사람은 산악과 같은 것이어서 그의 높이를 지킬 따름인 것이다. 그러니 백길의 산을 끌어올려 천길 높이로 만들 수도 없고 천길의 산을 끌어올려 만길 높이로 만들 수도 없는 것이다. 그러므로 현명한 사람은 '끌어서 자기를 높이는' 일이 있을 수 없는 것이다. '끌어서 스스로를 높힌다'는 것은 거짓인 것이다."

原文 問, 先儒曰, 聖人之道, 必降而自卑, 賢人之言, 則引而自高. 如何?

先生曰, 不然. 如此, 卻乃僞也. 聖人如天, 無往而非天. 三光之上, 天也. 九地之下, 亦天也. 天何嘗有降而自卑? 此所謂大而化之也.

賢人如山嶽, 守其高而已. 然, 百仞者, 不能引而爲千仞, 千仞者, 不能引而爲萬仞. 是賢人未嘗引而自高也. 引而自高, 則僞矣.

註解 ㅇ先儒(선유)-정자(程子)를 가리킴.《논어》자한(子罕)편의 주자의 주에 정자의 말이라 하여 '성인의 도는 반드시 겸손히 스스로를 낮춘다. 그렇지 않으면 사람들이 친근히 따르지 않는다. 현명한 사람의 말은 곧 끌어서 스스로를 높힌다. 그렇지 않으면 곧 도가 존귀하지 않게 된다. 공자와 맹자를 보면 그것을 곧 알 수 있다'는 말을 인용한 것이다. ㅇ三光(삼광)-해와 달과 별. ㅇ九地(구지)-아홉 층으로 된 땅, 대지(大地). ㅇ大而化之(대이화지)-《맹자》진심하(盡心下)편에 '위대하면서도 스스로 변화시키는 것, 이것을 성인이라 한다'고 말하고 있다. '화지(化之)'는 백성들의 교화로부터 세상 만물의 변화까지를 다 포함한다. ㅇ仞(인)-길이의 단위. 한길 정도임.

解說 주자가 인용한 정자의 말처럼 성인이 백성들을 친근하게 만들기 위하여 겸손하고, 현명한 사람들이 도의 존귀함을 알리기 위하여 스스로를 높힌다는 것은 아무래도 억지 설명인 듯하다. 왕양명의 반박은 당연한 것 같다. 그러나 정자가 성인과 현인의 특징을 비유로 얘기한 것이라면 잘못이라고 할 수도 없다. 왕양명은 그런 것까지도 계산에 넣고 제자들의 오해를 막기 위해 이러한 설명을 한 것인지도 모른다.

76. 내가 여쭈었다.

"정이천(程伊川)은 '기쁨·노여움·슬픔·즐거움 같은 감정이 드러나기도 전에 중을 구하는 것은 안될 일이다'고 말하였는데, 이연평(李延平)은 반대로 제자들에게 '감정이 드러나기 전의 마음의 모양을 잘 보라'고 가르쳤습니다. 선생님께선 어떻게 생각하시는지요?"

선생님께서 말씀하셨다.

"모두 옳다. 정이천은 사람들이 감정이 드러나기 전에 중을 추구하면서, 중을 한 개의 물건처럼 봄으로써 내가 전에 말한 것처럼 '기(氣)가 안정된 상태를 중이라 여길까 하여' 걱정이 되었던 것이다. 그러므로 마음을 기르고 생각하며 살피는 일에만 노력하라고 하였던 것이다.

이연평은 공부할 때 손댈 곳을 몰라 잘 안될까 걱정하였던 것이다. 그러므로 사람들로 하여금 시시각각으로 감정이 드러나기 전의 마음의 모양을 추구하게 하였던 것이다. 사람들로 하여금 눈을 똑바로 뜨고 이것만을 보고, 귀를 기울여 이것만을 듣도록 한 것이다. 이것이 곧 《중용》의 '보지 않을 적에 경계하고 삼가고, 듣지 않을 적에 두려워한다'는 공부이다. 모두가 옛사람들이 부득이하여 사람들을 유도하는 말들인 것이다."

原文 問, 伊川謂, 不當於喜怒哀樂未發之前, 求中. 延平卻教學者, 看未發之前氣象, 何如?

先生曰, 皆是也. 伊川恐人於未發之前討箇中, 把中做一物看, 如吾向所謂認氣定時做中. 故令只於涵養省察上用功.

延平恐人未便有下手處. 故令人時時刻刻求未發前氣象, 使人正目而視惟此, 傾耳而聽惟此. 卽是戒愼不睹, 恐懼不聞的工夫, 皆古人不得已誘人之言也.

註解 ㅇ伊川(이천)-정이(程頤). 그의 이 말은 《근사록》 존양(存養)편에 보인다. ㅇ延平(연평)-성은 이(李), 이름은 동(侗), 자는 원중(愿中), 호가 연평. 주자의 스승으로 이 말은 〈연평문답(延平問答)〉에 보인다. ㅇ討(토)-구하다. 찾다. ㅇ吾向所謂(오향소위)-내가 전에 말한 바. 이 말은 29조목에 보이니 참고하기 바란다. ㅇ下手處(하수처)-손을 댈 곳. 착수할 실마리.

解說 정이천의 말과 이연평의 말은 얼핏 보기에 서로 모순이 되는 듯하다. 그러나 정이천은 가만히 앉아서 사람들이 '중'을 구하는 것을 경계한 말이고, 이연평은 공부하는 본보기로서 '감정이 드러나기 전의 중'을 언제나 주의해 보라고 가르쳤다는 것이다. 두 사람의 의견은 다른 것 같지만 실은 같은 생각에서 나온 말이라는 것이다.

77. 내가 여쭈었다.

"기쁨·노여움·슬픔·즐거움의 중(中)과 화(和)는 그 전체를 보통 사람으로서는 본시 지닐 수가 없는 것입니다. 그러나 예로 한 가지 조그만 일이 있어 마땅히 기뻐하거나 노해야 할 적에, 평시에는 기뻐하고 노여워하는 마음이 없다가 그러한 일을 당하게 되니 절도에 알맞게 할 수가 있었다면 역시 그것을 중과 화라고 말할 수가 있겠습니까?"

선생님께서 말씀하셨다.

"한때의 한 가지 일에 있어서도 본시 중과 화라고 말할 수가 있는 것이다. 그러나 《중용》에서 말한 '위대한 근본[大本]'이나 '통달한 도'로서는 중과 화라고는 말할 수가 없는 것이다.

사람의 본성은 모두가 선하다. 중과 화는 사람마다 본시부터 지니고 있는 것이니 어찌 그것이 없다고야 말할 수 있겠느냐? 다만 보통 사람들의 마음은 이미 어둡게 가려진 바가 있어서 그 본체는 비록 때때로 드러난다고는 하지만 필경은 잠시 밝아졌다가는 잠깐만에 꺼져 버리는 것이어서 마음 전체가 크게 작용하는 것은 아니다.

'중'이 아닌 때가 없어야만 비로소 '위대한 근본'의 '중'이라 말할 수 있으며, '화'가 되지 않는 때가 없어야만 비로소 '통달한 도'로서의 '화'라고 말할 수가 있는 것이다. 오직 천하의 '지극한 정성'을 지닌 사람이어야만 천하의 '위대한 근본'을 수립할 수가 있는 것이다."

"저는 '중'자의 뜻도 아직 잘 모르고 있습니다."

"이것은 반드시 자기의 마음으로 체득해 내야 하는 것이다. 말로 해서 깨우쳐 줄 만한 것이 아니다. '중'이란 바로 천리이다."

"어떤 것을 천리라 하는지요?"

"사람은 욕망을 버려야만 곧 천리를 알게 된다."

"천리를 어째서 중이라고 말하십니까?"

"치우치는 일이 없기 때문이다."

"치우치는 일이 없다는 것은 어떤 모양의 것입니까?"

"마치 밝은 거울과 같지. 전체가 맑고 깨끗하여 작은 먼지도 전혀 묻어 있지 않은 것 같은 것이다."

"그렇다면 치우친다는 것은 무엇이 묻어 있다는 말이 되겠습니다. 예를 들면 여색을 좋아하거나 이익을 좋아하거나 명성을 좋아하는 것 같은 일들에 붙어 있어야만 비로소 치우쳤음을 알게 되겠습니다. 만약 감정이 드러나지 않았을 적이라면 아름다운 여색이나 명성과 이익을 모두 보지도 않았을 때입니다. 그런데 어떻게 그 마음에 치우친 데가 있다는 것을 알 수 있습니까?"

"비록 아직 보지는 않았다 하더라도 평소에 여색을 좋아하고 이익을 좋아하고 명성을 좋아하는 마음이 원래부터 없었던 것은 아니다. 원래부터 없었던 것이 아니라면 곧 그것을 지니고 있었다 할 것이다. 이미 그것을 지니고 있다면 곧 치우친 데가 없다고 말할 수는 없을 것이다.

예를 들면 학질을 앓는 사람이 비록 한때 열이 나지 않았다 하더라도 병의 근원이 없어진 것은 아니므로 그를 병이 없는 사람이라고 말할 수는 없는 것과 같은 것이다.

반드시 평일에 여색을 좋아하거나 이익을 좋아하거나 명예를 좋아하는 것 따위의 사사로운 마음들을 쓸어내고 씻어내고 하여 터럭끝만큼도 남아 있지 않게 됨으로써, 그의 마음 전체가 탁 트이어 순수한 천리가 되어야만 비로소 '기쁨·노여움·슬픔·기쁨 같은 감정이 드러나기 전의 중'이라 말할 수 있는 것이며, 비로소 천하의 '위대한 근본'이 되는 것이다."

原文 澄問, 喜怒哀樂之中和, 其全體, 常人固不能有. 如一件小事, 當喜怒者, 平時無有喜怒之心, 至其臨時, 亦能中節, 亦可謂之中和乎?

先生曰, 在一時一事, 固亦可謂之中和. 然未可謂之大本達道.

人性皆善, 中和是人人原有的. 豈可謂無? 但常人之心, 旣有所昏蔽, 則其本體, 雖亦時時發見, 終是暫明暫滅, 非其全體大用矣.

無所不中, 然後謂之大本. 無所不和, 然後謂之達道. 惟天下之至誠, 然後能立天下之大本.

曰, 澄於中字之義, 尙未明.

曰, 此須自心體認出來, 非言語所能喩. 中, 只是天理.

曰, 何者爲天理?

曰, 去得人欲, 便識天理.

曰, 天理, 何以謂之中?

曰, 無所偏倚.

曰, 無所偏倚, 是何等氣象?

曰, 如明鏡然. 全體瑩徹, 略無纖塵染着.

曰, 偏倚是有所染着. 如着在好色, 好利, 好名等項上, 方見得偏倚. 若未發時, 美色名利, 皆未相着. 何以便知其有所偏倚?

曰, 雖未相着, 然平日好色, 好利, 好名之心, 原未嘗無. 旣未嘗無, 卽謂之有. 旣謂之有, 則亦不可謂無偏倚.

譬之, 病瘧之人, 雖有時不發, 而病根原不曾除, 則亦不得謂之無病之人矣.

須是平日好色, 好利, 好名等項一應私心, 掃除蕩滌, 無復纖毫留滯, 而此心全體廓然, 純是天理, 方可謂之喜怒哀樂未發之中, 方是天下之大本.

註解 ㅇ大本達道(대본달도)-《중용》에 '중은 천하의 위대한 근본[大本]이요, 화는 천하의 통달하는 도[達道]이다'고 하였다. ㅇ昏蔽(혼폐)-어둡게 가려지는 것. ㅇ發見(발현)-나타나다. 드러나다. ㅇ至誠(지성)-지극한 정성을 지닌 사람. 《중용》에 보이는 말. ㅇ偏倚(편의)-치우치고 기운 것. 《중용》의 주자의 주에 '중이란 치우치지도 않고 기울지도 않으며, 지나침과 부족함이 없는 것을 이름'이라 하였다. ㅇ瑩徹(형철)-완전히 맑은 것. ㅇ相(상)-보는 것. ㅇ病瘧(병학)-학질을 앓는 것. ㅇ蕩滌(탕척)-씻어내는 것. ㅇ纖毫(섬호)-가는 터럭.

解說 중과 화란 마음의 본체와 작용이 완전한 상태를 뜻한다. 왕양명은 그것은 천리이며 먼지가 조금도 묻지 않은 맑은 거울과 같은 것이라 설명하고 있다. 다만 이것을 아는 방법은 자기 마음으로 체득하는 것뿐이라 한다. 마음에 있는 사람의 욕망을 완전히 제거해야만 천리인 중과 화를 알게 된다는 것이다. 사람의 마음, 중과 화, 천리 같은 것은 양명학의 중심을 이루는 것들이지만 왕양명도 이 이상의 구체적인 설명을 하기는 어려운 것이었던 것 같다. 사실은 모든 진리가 논리에 의하여 설명되기보다는 사람의 마음으로 체득하는 것인지도 모른다.

78. 내가 여쭈었다.

" '안연(顔淵)이 죽은 뒤로 성인의 학문이 망하였다'고 하시는데, 이 말씀은 의심스럽습니다."

선생님께서 말씀하셨다.

"성인의 도의 완전한 형태를 알았던 이는 오직 안연뿐이다. 《논어》에서 공자의 위대함을 크게 찬탄하고 있는 한 장(章)을 보아도 그러함을 알 수 있다. 거기에서 그는 '선생님께서는 차근차근 사람들을 잘 교도하시며, 글로써 우리의 지식을 넓히시고 예의로써 우리의 행동을 단속하셨다'고 하였는데, 이것은 공자의 가르침을 완전히 알고 난 후에 이렇게 말한 것이다.

'글을 널리 배우고 예의로써 단속한다'고 하셨는데, 그것이 어찌하여 사람들을 잘 교도하는 건가? 학문하는 사람은 반드시 그것을 생각해야만 한다. 도의 전체에 대하여는 성인께서도 사람들에게 설명하기가 어려웠던 것이다. 반드시 학문하는 사람들이 스스로 닦고 스스로 깨달아야만 하는 것이다.

안연이 '비록 선생님을 따르고자 하나 방법이 없을 따름이다'고 한 것은 《맹자》에서 '문왕(文王)은 도를 바라기는 하였지만 보지는 못하였다'고 한 것과 같다. '도를 바라기는 하였으나 보지 못하였다'는 것은 참으로 본 것이다. 안회가 죽자 성인의 학문의 정통은 완전히 전해지지 않았다."

原文 問, 顔子沒而聖學亡, 此語不能無疑.

先生曰, 見聖道之全者, 惟顔子. 觀喟然一嘆可見. 其謂夫子循循然善誘人, 博我以文, 約我以禮, 是見破後如此說.

博文約禮, 如何是善誘人? 學者須思之. 道之全體, 聖人亦難以語人. 須是學者自修自悟.

顔子雖欲從之, 未由也已, 卽文王望道未見意. 望道未見, 乃是眞見. 顔子沒, 而聖學之正派, 遂不盡傳矣.

註解 ○顔子(안자)－안회(顔回), 자가 자연(子淵)이라 안연(顔淵)이라고도 불렀다. 공자의 제자 중에서 가장 학문과 덕행에 뛰어났었으나 젊은 나이에 죽었다. ○聖學亡(성학망)－성인의 학문이 망하였다. 〈양명문록(陽明文錄)〉 제2의 별잠감천서(別湛甘泉序)에서 '망'을 '부전(不傳)'으로 쓰고 있다. 이는 육상산(陸象山)의 설에 근거한 것으로 왕양명의 지론이었다. 그것은 자기가 직접 성인의 학문을 계승한 것으로 자부하는 근거가 되었다. ○喟然一嘆(위연일탄)－《논어》 자한(子罕)편에 '안연이 크게 탄식하면서 말하였다. 선생님은 우러러볼수록 더욱 높고 뚫어보려 할수록 더욱 굳으시다. 바라보면 앞에 계시다가도 어느덧 뒤에 계시다. 선생님은 차근차근 사람들을 잘 교도하셨다. 글로써 우리의 지식을 넓히시고, 예로써 우리를 단속하셨다. …… 선생님을 따르려 하였으나 방도가 없을 따름이었다'고 한 1장을 가리킨다. ○見破(견파)－참된 내용을 알아내는 것. ○文王望道未見(문왕망도미견)－문왕은 도를 바랐으나 보지는 못하였다. 《맹자》 이루하(離婁下)편에 보이는 말.

解說 왕양명의 이 주장은 그 자신이 성인의 학문을 계승하여 성인의 도를 밝힌다는 자부에서 나온 것 같다. 그렇지 않다면 안연 이후로

오랜 세월을 두고 성인의 가르침을 계승한 이도 없었고 성인의 도란 종잡기도 어려운 것이므로 결국은 학문 자체를 부정하는 주장이 되고 만다. 그것은 사람이면 누구나 성인이 될 수 있다는 왕양명의 주장과도 모순이 된다. 자기만이 올바른 성인의 학문방법과 성인의 도를 추구하는 것임을 굳게 믿었던 것 같다.

79. 내가 여쭈었다.

"몸의 주인은 마음이고, 마음의 영묘(靈妙)하고 밝은 작용이 지혜이며, 지혜의 발동이 뜻이며, 뜻이 붙어 있는 상태가 사물이라 생각합니다. 올바른 생각입니까?"

선생님께서 말씀하셨다.

"그럴 거다."

原文 問, 身之主爲心, 心之靈明是知, 知之發動是意, 意之所着爲物. 是如此否?

先生曰, 亦是.

註解 ㅇ靈明(영명)－영묘하고 밝은 작용.

解說 이것은 왕양명이 평소에 흔히 사용하던 말에 대한 질문이다.

80. "오직 자기의 마음을 지니고서 언제나 현재에 있게 하는 것이 바로 학문이다. 과거나 미래에 대한 일을 생각해보았자 무슨 이익이 있겠는가? 공연히 마음을 산란하게 할 따름이다."

原文 只存得此心常見在, 便是學. 過去未來事, 思之何益?

徒放心耳.

解說 학문은 마음에 천리를 지니게 하는 것이라는 왕양명의 생각이 이처럼 대담한 선언을 하게 한 것이다. 마음에 천리를 지닌다는 것은 현재의 문제이지 과거나 미래와는 상관이 없는 일이다. 지식의 습득을 학문이라 보는 사조와는 거리가 먼 견해이다.

81. "하는 말에 질서가 없으면 역시 마음이 존재하지 않음을 알기에 충분하다."

原文 言語無序, 亦足以見心之不存.

解說 마음에 없는 말은 횡설수설하기 마련인 것이다.

82. 설간(薛侃)이 여쭈었다.

"맹자의 마음을 움직이지 않는 것에 대한 생각은 고자(告子)와 어떻게 다릅니까?"

선생님께서 말씀하셨다.

"고자는 자기의 마음을 굳게 잡고 있음으로써 움직이지 않게 하려는 것이었고, 맹자는 의로움을 모음으로써 자연히 움직이지 않게 하려는 것이었다."

또 말씀하셨다.

"마음의 본체는 원래 스스로가 움직이지 않는 것이다. 마음의 본체는 바로 본성[性]이다. 본성은 곧 이이다. 본성은 원래 움직이지 않는 것이다. 이도 원래 움직이지 않는 것이다. '의로움을 모은다'는 것은 그의 마음의 본체로 되돌아가는 것이다."

原文 尙謙問, 孟子之不動心, 與告子異?

先生曰, 告子是硬把捉着此心, 要他不動. 孟子卻是集義到自然不動.

又曰, 心之本體, 原自不動. 心之本體, 卽是性. 性卽是理. 性元不動, 理元不動, 集義是復其心之本體.

註解 ㅇ尙謙(상겸)－성은 설(薛), 이름은 간(侃), 상겸은 그의 자. 왕양명의 제자. ㅇ孟子之不動心(맹자지부동심)－《맹자》 공손추상(公孫丑上)편에 보이는 말. ㅇ硬(경)－굳게. 억지로.

解說 왕양명은 마음은 곧 본성이며 이이니 '움직이지 않는 것'이라 보았지만 사실은 맹자도 마음의 본체를 '움직이지 않는 것'이라 본 것은 아니다. 다만 그 결론을 같게 유도하였을 따름이다. 그러나 고자가 억지로 마음을 꼭 잡아 움직이지 않게 하여야 한다고 본 것보다는 맹자편이 왕양명에 가까운 것은 사실이다.

83. "온갖 현상이 마음에 모두 갖추어져 있다면 또한 텅 비고 고요하여 아무 조짐도 없는 게 된다. 마음이 텅 비고 고요하여 아무 조짐도 없다면 곧 온갖 현상이 모두 갖추어지게 된다. 텅 비고 고요하여 아무 조짐도 없다는 것은 순일(純一)함의 아버지이며 온갖 현상이 모두 갖추어져 있다는 것은 정순(精純)함의 어머니인 것이다. 순일함 가운데 정순함이 있고, 정순함 가운데 순일함이 있는 것이다."

原文 萬象森然時, 亦冲漠無朕. 冲漠無朕, 卽萬象森然. 冲漠無朕者, 一之父, 萬象森然者, 精之母. 一中有精, 精中有一.

註解 ㅇ萬象森然(만상삼연)－온갖 만물의 현상이 모두 마음에 비추어져 갖추어져 있는 것. '충막무짐(冲漠無朕)'과 함께 정이천(程伊川)이 마음을 형용하는 데 쓴 말임. 앞의 것은 마음의 작용을, 뒤의 것은 마음의 본체를 형용한 말이다. 앞의 21조목을 참조할 것. ㅇ一(일)－뒤의 '정(精)'과 함께 《서경》 대우모(大禹謨)의 '오직 정순하고 오직 순일되라'는 말에서 나온 말.

解說 여기서는 마음의 본체[體]와 작용[用]의 관계를 설명하고 있다. 마음의 본체가 완전하면 그 작용도 완전하고, 마음의 작용이 완전하다면 그 본체도 완전하다는 것이다. 따라서 《서경》에서 '오직 정순하고 오직 순일되라'고 한 것은 이 마음의 본체와 작용을 완전히 하라는 가르침에 지나지 않는다는 것이다.

84. "마음 이외엔 아무런 사물도 없다. 예를 들면 나의 마음에 부모에게 효도를 한다는 한 가지 생각이 생겨나면 곧 부모에게 효도를 하는 것이 한 가지 사물이 되는 것이다."

原文 心外無物. 如吾心發一念孝親, 卽孝親便是物.

解說 양명학이 사람의 마음을 바탕으로 하고 있음은 앞에서도 이미 여러번 보았다.

85. 선생님께서 말씀하셨다.

"지금 내가 주장하는 '격물'의 학문을 닦는 사람들 중에도 아직까지

입과 귀에서만 그치고 마는 사람들이 많다. 하물며 처음부터 입과 귀로서만 하는 학문을 하는 사람들이야 올바른 '격물'의 학문으로 되돌아올 수가 있겠는가?

천리와 사람의 욕망은 그 정미(精微)한 것에 대하여도 반드시 언제나 힘써 생각하고 살피어 자기를 이겨내고 다스려야만 비로소 하루하루 조금씩 알게 되는 것이다. 예를 들면 지금 우리가 얘기하고 있는 사이도 비록 오직 천리만을 얘기했다고는 하지만 마음속으로는 잠깐 사이에 이미 얼마간에 사사로운 욕망을 지니게 되었는지도 모를 일이다. 거기에는 모르는 사이에 생겨나서 알지 못하는 것들이 있으니 비록 힘써 그것을 살핀다 하더라도 알아내기 어려운 것이다. 하물며 쓸데없이 입으로만 얘기해 가지고서야 모두를 알 수가 있겠느냐?

지금 오직 천리만을 얘기한다 하더라도 내버려두고 따라가지는 않으며, 사람의 욕망을 얘기한다 하더라도 내버려두고 버리지 않는다면 어찌 '격물치지'의 학문이라 할 수가 있겠는가? 후세의 학문이란 그 극점에 이르러는 오직 뜻만을 좇아서 알아내는 공부만을 하게 되는 것이다."

原文 **先生曰, 今爲吾所謂格物之學者, 尙多流於口耳. 況爲口耳之學者, 能反於此乎?**

天理人欲, 其精微, 必時時用力省察克治, 方日漸有見. 如今一說話之間, 雖只講天理, 不知心中倏忽之間, 已有多少私欲. 蓋有竊發而不知者, 雖用力察之, 尙不易見. 況徒口講, 而可得盡知乎?

今只管講天理來, 頓放着不循, 講人欲來, 頓放着不去, 豈格物致知之學? 後世之學, 其極至只做得箇義襲而取的工夫.

註解 ㅇ格物之學(격물지학)－마음에 사람의 욕망을 버리고 천리를 구

하는 학문. 주자가 주장하는 지식을 추구하는 학문과 다르다. 6조목을 참조할 것. ㅇ流於口耳(유어구이)-입과 귀로만 흐른다, 곧 입과 귀로 지식만을 추구함을 뜻한다. ㅇ倏忽(숙홀)-잠깐. 짧은 순간. ㅇ頓放(돈방)-내버리다, 내던지다. ㅇ義襲而取(의습이취)-뜻을 좇아서 추구하여 얻어내려는 것. 지식만을 추구하는 것. 《맹자》 공손추상(公孫丑上)편에서 '집의(集義)'의 대가 되는 말로 쓰고 있다.

解說 지식은 행동과 합치되어야 한다. 지식은 실천을 통하여 추구해야 한다는 것이 왕양명의 주장이다. 실행과 관계없는 지식은 쓸데없는 것이 된다. 그런데도 세상에는 쓸데없이 행동을 외면하고 지식만을 추구하는 사람들이 많음을 경계한 말이다.

86. '격물'에 대하여 여쭈었더니 선생님께서 말씀하셨다.
"'격'이란 바로잡는다는 뜻이다. 따라서 바르지 않은 것들을 바로잡음으로써 올바름으로 되돌아가게 한다는 뜻이다."

原文 問格物. 先生曰, 格者, 正也. 正其不正, 以歸於正也.

解說 《대학》에 보이는 '격물'에 대하여는 이미 앞에서도 여러 가지로 설명이 나왔다.

87. 내가 여쭈었다.
"'《대학》'의 '멎음을 안다[知止]'는 것은 '지극한 선[至善]'은 오직 자기 마음에 있는 것이지 본시가 밖에 있는 것이 아님을 아는 것이며, 그런 뒤에야 뜻이 안정될 수 있는 것입니까?"
"그렇다."

原文 問, 知止者, 知至善只在吾心, 元不在外也. 而后志定?
曰, 然.

註解 ㅇ知止(지지)－《대학》에서 '대학의 도'는 '지극한 선[至善]에 멎는 데 있다'고 하고, 다시 '멎음을 알아야만[知止] 뒤에 안정됨이 있다[有定]'고 한 것을 가리킨다.

解說 이것도 《대학》에 보이는 간단한 어구에 대한 설명이며 이미 앞에서도 설명한 바 있다.

88. 내가 여쭈었다.
"'격물'이란 움직이는 곳에서 공부하는 게 아닙니까?"
선생님께서 말씀하셨다.
"'격물'이란 움직임과 고요함의 구별이 없다. 고요함도 역시 '물(物)'이기 때문이다. 맹자가 '반드시 일로 삼아라' 하신 것처럼 움직임이나 고요함에 모두 일[事]이 있는 것이다."

原文 問, 格物, 於動處用功否?
先生曰, 格物, 無間動靜. 靜亦物也. 孟子謂, 必有事焉, 是動靜皆有事.

註解 ㅇ格物(격물)－왕양명이 '격(格)은 바로잡는다[正]는 뜻이며, 물(物)은 일[事]의 뜻인데, 일이란 뜻이 있는 곳이다'고 한 해설을 기억하기 바란다. ㅇ必有事焉(필유사언)－《맹자》 공손추상(公孫丑上)편에 보이는 말. 맹자는 호연지기(浩然之氣)를 기르기 위하여는 '의로움을 모으는 것[集義]'을 필요로 하는데, 그것은 단번에 되는 게 아니라 언제나 잊지 않고 계속해야 하며, 끊임없이 마음에 두고 '반드시 일로 삼는 것'이 필요

하다고 말하였다. 왕양명은 맹자의 말을 빌어 '일'이 움직임이나 고요함과 관계가 없음을 증명하고 있지만 본시 왕양명의 '일'과 맹자가 말한 '일'의 뜻에는 차이가 있다.

解說 '물'이란 '일'이며 일이란 뜻이 있는 곳이라면 뜻은 언제나 움직이고 변화하고 있으므로 '움직이는 것'이라 이해함이 당연한 것 같다. 그러나 왕양명은 '움직임'과 '고요함'의 구별 없는 마음의 본체를 강조하고 있는 것이다.

89. "공부하기 어려운 점은 완전히 '격물치지' 때문이다. 그것은 곧 '뜻을 정성되이 하는 것[誠意]'이다. 뜻이 정성되면 대체적으로 마음도 역시 스스로 올바르게 되고 몸도 역시 스스로 닦일 것이다.

다만 '마음을 올바르게 한다[正心]'는 것과 '몸을 닦는다[修身]'는 공부도 역시 각각 힘써야만 할 곳이 있다. '몸을 닦는다'는 것은 '감정이 이미 드러난' 쪽에 힘써야 하고, '마음을 바로잡는다'는 것은 '감정이 들어가기 전' 쪽에 힘써야 한다. 마음이 바르면 '중(中)'이 되고, 몸이 닦이면 곧 '화(和)'가 되는 것이다."

原文 **工夫難處, 全在格物致知上. 此卽誠意之事. 意旣誠, 大段心亦自正, 身亦自修.**

但正心修身工夫, 亦各有用力處. 修身是已發邊, 正心是未發邊. 心正則中, 身修則和.

註解 ㅇ大段(대단)－대체적인, 전체적인. ㅇ邊(변)－쪽, 편.

解說 여기서도 《대학》의 '격물치지(格物致知)'와 '성의(誠意)'·'정심(正心)'·'수신(修身)'에 관한 해설을 하고 있다. 《중용》의 '미발(未

發)'·'이발(已發)'과 관련시키며 그의 통일된 사상의 면모를 보여주고 있다.

90. "《대학》의 '격물치지'로부터 '평천하'에 이르기까지가 다만 한 가지 '밝은 덕을 밝히는 것〔明明德〕'에 불과하다. '백성들을 친근히 하는 것〔親民〕'까지도 역시 '밝은 덕'에 관한 일인 것이다. '밝은 덕'이란 자기 마음의 덕이며, 바로 '어짊〔仁〕'인 것이다. 정명도(程明道)가 '어진 사람은 천지 만물을 일체로 한다' 하였는데, 만약 한 가지 물건이라도 제 장소를 잃으면 곧 나의 어짊에 미진한 곳이 있기 때문인 것이다."

原文 **自格物致知, 至平天下, 只是一箇明明德. 雖親民, 亦明德事也. 明德是此心之德, 卽是仁. 仁者, 以天地萬物爲一體. 使有一物失所, 便是吾仁有未盡處.**

註解 ㅇ親民(친민)－백성들을 친근히 한다. 주자는 정자(程子)의 설을 따라 친(親)을 신(新)과 통하는 자로 보고 '백성들을 새롭게 한다'고 풀이하고 있다. ㅇ仁者(인자)－정명도의 이 말은 《근사록》 도체(道體)편에 보인다.

解說 모든 학문은 '밝은 덕'을 추구하는 데 궁극적인 목표가 있다. '밝은 덕'이란 바로 '마음의 덕'이며 '어짊'이라는 것이다. 그리고 그 '어짊'의 완전한 형태는 자기뿐만이 아니라 하늘과 땅 사이의 모든 사물을 원만히 조화시키는 것이다. 이러한 '만물일체'의 어짊은 개인주의를 앞세우는 현대인으로서는 생각도 못할 큰 스케일이다.

91. "오직 '밝은 덕을 밝히는 것'만을 얘기하고 '백성들을 친근히 하

는 것'을 애기하지 않는다면 곧 도가나 불가와 비슷하게 된다."

原文 **只說明明德, 而不說親民, 便似老佛.**

解說 유가와 도가·불가의 차이는 이 세상과는 동떨어진 이상을 추구하는 동시에 사람의 현실 문제도 다루느냐 다루지 않느냐 하는 데 있다는 것이다. 곧 유교는 철학적인 경향뿐만 아니라 도가나 불가에 비하여 사회적·정치적·경제적·도덕적인 여러 가지 문제들도 구체적으로 다루는 게 특징이란 뜻이 된다.

92. " '지극한 선[至善]'이란 본성인 것이다. 본성에는 본시부터 터럭끝만한 악이 없다. 그러므로 '지극한 선'이라 말하는 것이다. '거기에 멎는다[止之]'는 것은 그 본연의 모습으로 되돌아가는 것일 따름인 것이다."

原文 **至善者, 性也. 性元無一毫之惡. 故曰至善. 止之, 是復其本然而已.**

解說 맹자의 '성선설'은 후세 유가의 도덕이념의 바탕이 되었다. 다만 맹자는 '선한 성'이라 할지라도 그것을 완전한 것으로 보지 않았으나 당 이고(李翶)의 《복성서(復性書)》 이후로 송대 성리학자들을 거쳐 왕양명에 이르기까지 본성은 완전한 것으로 여겨져 수양이란 그 본래의 모습으로 되돌아가는 것이라 생각하게 되었다. 여기서는 그러한 생각을 강조하고 있는 것이다.

93. 내가 여쭈었다.

"'지극한 선'이 곧 '나의 본성'이며, '나의 본성'은 '나의 마음'에 갖추어져 있고, '나의 마음'은 곧 '지극한 선이 멈춰 있게 되는 곳'임을 알았으니, 곧 전날처럼 어지러이 외부로 '지극한 선'을 구하지 않게 되어 뜻이 안정됩니다. 안정되면 소란스럽지 않고 고요해질 것입니다. 고요해져서 함부로 행동하지 않으면 곧 편안해질 것입니다. 편안해지면 곧 한마음 한뜻으로 오직 이곳에 있으면서 모든 생각과 모든 머리로써 이 '지극한 선'을 꼭 체득하려고 힘쓰게 될 것입니다. 그러면 '잘 생각함으로써 체득하게' 될 것입니다. 이러한 이론은 틀리지 않습니까?"

선생님께서 말씀하셨다.

"대체로 그러하다."

原文 問, 知至善卽吾性, 吾性卽吾心, 吾心乃至善所止之地, 則不爲向時之紛然外求, 而志定矣. 定則不擾擾而靜. 靜而不妄動則安. 安則一心一意, 只在此處, 千思萬想, 務求必得此至善. 是能慮而得矣. 如此說, 是否?

先生曰, 大略亦是.

註解 ㅇ至善(지선)—지극한 선. 이 구절은 《대학》의 '멎음을 안 뒤에야 안정된다. 안정된 뒤에야 고요할 수 있다. 고요해진 뒤에야 편안할 수 있다. 편안해진 뒤에야 잘 생각하게 된다. 잘 생각하게 된 뒤에야 체득할 수 있게 된다'고 한 말을 해석한 것이다. ㅇ向時(향시)—전의, 이전의. ㅇ擾擾(요요)—소란한 모양. 어지러운 모양.

解說 '대체로 그러하다'는 대답이 애매하다. 아마 왕양명은 그의 논리 전개가 완전히 자기 뜻에 들어맞지 않았기 때문에 그런 대답을 했을 것이다.

94. 내가 여쭈었다.

"정자(程子)는 '어진 사람은 천지만물을 일체로 여긴다'고 하였는데, 어찌하여 묵자(墨子)의 '겸애(兼愛)' 사상은 오히려 어짊〔仁〕이라 할 수 없는 것이라 합니까?"

선생님께서 말씀하셨다.

"이것도 매우 설명하기 어렵다. 반드시 여러분 자신이 체득해야만 되는 것이다. 어짊이란 조물주가 쉬지 않고 살리고 생성하는 이치인 것이다. 비록 널리 두루 펴져 어느 곳이건 이것이 아닌 게 없다고는 하지만 이것이 두루 행해지고 발생하자면 역시 조금씩 순서대로 되어야 하는 것이다. 그래서 '쉬지 않고 살리고 생성한다'는 것이다.

예를 들면 동지(冬至)는 하나의 양(陽)에서 생기지만, 반드시 하나의 양이 생겨난 뒤에 점점 여섯의 양에 이르게 되는 것이다. 만약 하나의 양이 생기지 않았다면 어찌 여섯의 양이 있게 되겠는가? 음(陰)도 역시 그러하다. 오직 조금씩 순서대로 되는 것이다.

그래서 곧 일이 발단하는 곳이 있게 되는 것이다. 일에 발단하는 곳이 있기 때문에 생성케 되는 것이다. 그것이 생성되기 때문에 쉬지 않게 되는 것이다.

나무에 비유할 것 같으면 처음 싹이 트는 것이 바로 나무의 생명이 발단하는 곳인 것이다. 싹이 튼 뒤에야 줄기가 생겨난다. 줄기가 생겨난 뒤에야 가지가 생기고 잎새가 생겨난다. 그러한 뒤에야 '쉬지 않고 살고 생성된다'. 만약 싹이 없었다면 어떻게 줄기가 있고 가지와 잎새가 있게 되었겠느냐?

싹이 트자면 반드시 아래쪽에 뿌리가 있어야만 한다. 뿌리가 있어야만 비로소 생장한다. 뿌리가 없으면 바로 죽어 버린다. 뿌리가 없는데 어디서 싹이 돋아나겠는가?

부자나 형제의 사랑이란 바로 사람의 마음의 생명이 발단하는 곳이어서 나무의 싹이 트는 거와 같은 것이다. 이로부터 시작하여 백성들을 사랑하고 만물을 아끼게 되는 것은 바로 줄기가 생겨나고 가지와 잎새가 생겨나는 거와 같다.

묵자의 '겸애'에는 차별이 없어서 자기 집 부자나 형제를 길거리의 사람들과 똑같이 보는 것이니, 곧 스스로 발단하는 곳을 없앤 것이다. 싹이 트지 않음으로써 곧 거기엔 뿌리가 없다는 것도 알 수 있게 된다. 곧 그것은 '쉬지 않고 살리고 생성하는 것'이 못된다. 그런데 어찌 어짊이라 말할 수 있겠는가? '효도와 우애는 어짊의 근본'이다. 그리고 어짊의 도리는 그 속에서 발생하는 것이다."

原文 問, 程子云, 仁者, 以天地萬物爲一體. 何墨氏兼愛, 反不得謂之仁?

先生曰, 此亦甚難言. 須是諸君自體認出來, 始得. 仁是造化生生不息之理. 雖瀰漫周遍, 無處不是, 然其流行發生, 亦只有箇漸. 所以生生不息.

如冬至一陽生, 必自一陽生而後, 漸漸至於六陽. 若無一陽之生, 豈有六陽? 陰亦然, 惟其漸.

所以便有箇發端處. 惟其有箇發端處, 所以生. 惟其生, 所以不息.

譬之木, 其始抽芽, 便是木之生意發端處. 抽芽然後發幹. 發幹然後生枝生葉. 然後是生生不息. 若無芽, 何以有幹有枝葉?

能抽芽, 必是下面有箇根在. 有根, 方生. 無根, 便死. 無根, 何從抽芽?

父子兄弟之愛, 便是人心生意發端處, 如不之抽芽. 自此而仁民而愛物. 便是發幹生枝生葉.

墨氏兼愛, 無差等. 將自家父子兄弟, 與途人一般看, 便自沒了發端處. 不抽芽, 便知得他無根. 便不是生生不息. 安得謂之仁? 孝弟爲仁之本. 卻是仁理從裏面發生出來.

註解 ㅇ墨氏(묵씨)－묵자(墨子), 이름은 적(翟). 그는 모든 사람을 아울러 똑같이 사랑해야 한다는 '겸애(兼愛)'를 주장하여 유가에 필적할 만한 학파를 이루었다. ㅇ彌漫周遍(미만주편)－어디에나 가득히 두루 펴져 있는 것. ㅇ漸(점)－점차로 피는 것. 조금씩 순서대로 이루어지는 것. ㅇ冬至一陽(동지일양)－《역》에 의하면 동지는 하나의 양이 되돌아온 복(復)괘, 곧 ☷☳에 해당한다. 동지로부터 양이 늘어가 결국은 하지(夏至) 전 달의 건(乾), 곧 ☰☰에 이르게 되는데, 그것은 여섯 개의 양효(陽爻)로 이루어져 있다. 하지는 하나의 음이 생기는 구(姤), 곧 ☰☴이며 음이 점점 늘어나 동지 바로 전달의 곤(坤), 곧 ☷☷에 이르게 되는데, 그것은 여섯 개의 음(陰)으로 이루어진 것이다. ㅇ發端(발단)－일의 시작. ㅇ抽芽(추아)－싹이 트는 것. ㅇ孝弟爲仁之本(효제위인지본)－《논어》 학이(學而)편에 보이는 말.

解說 모든 사람을 평등히 사랑한다는 묵자의 '겸애설'은 유가의 어짊보다도 더 적극적인 사랑이 될 것 같다. 그러나 묵자는 부자와 형제나 남을 구별하는 사람의 근본적인 성격이나 감정을 무시하고 출발한 주장이어서 올바른 학설이 못된다는 것이다. 논리의 전개나 나무의 성장을 어짊에 비유하는 데에는 무리가 있는 듯하지만, 그것은 근본적인 바탕을 무시하고 훌륭한 결과가 나올 수 없는 것, 다시 말하면 사람의 본성을 무시하고 어짊이나 참된 사랑이 나올 수 없는 것임을 깨우치기 위한 것이다.

95. 내가 여쭈었다.

"이연평(李延平)은 말하기를 '마음이 이에 합치되어 있으면 사사로운 마음이 없다'고 하였는데 '이에 합치하는 것' '사사로운 마음이 없는 것'을 어떻게 구별합니까?"

선생님께서 말씀하셨다.

“마음이 곧 이이다. 사사로운 마음이 없다는 것은 바로 이에 합치되어 있는 것이다. 이에 합치되어 있지 않으면 곧 사사로운 마음이 된다. 만약 마음과 이를 갈라놓고 얘기한다면 옳지 못할 것이다.”

“불교에서는 세상의 모든 정욕의 사사로움에 전혀 물들지 않으려 하니 사사로운 마음이 없는 것 같습니다. 다만 밖으로 사람의 윤리를 버리고 있다는 것이 이치에 맞지 않는 것 같습니다.”

“역시 모두가 한 가지로 연관되는 일이다. 그들이 하는 짓은 오직 그들의 사사로운 마음을 성취시키려는 것일 따름이다.”

原文 問, 延平云, 當理而無私心. 當理與無私心, 如何分別?

先生曰, 心卽理也. 無私心, 卽是當理. 未當理, 便是私心. 若析心與理言之, 恐亦未善.

又問, 釋氏於世間一切情欲之私, 都不染着, 似無私心. 但外棄人倫, 卻是似未當理.

曰, 亦只是一統事. 都只是成就他一箇私己之心.

註解 ㅇ延平(연평)－이연평(李延平), 앞 76조목에도 보인 주자의 스승. ㅇ當理(당리)－이에 합치되는 것. ㅇ釋氏(석씨)－석가모니. 부처. 불교. ㅇ一統事(일통사)－한 가지 계통의 일. 다같이 연관되는 일.

解說 왕양명의 ‘마음이 곧 이’라는 학설을 강조한 대목이다. 불교에서는 속세의 정욕을 버리고 출가(出家)하므로 깨끗한 마음을 지닐 것 같지만, 자기 가족이나 친지를 버리는 행동에는 이미 자기를 위하는 사사로운 마음이 들어 있으므로 잘못된 것이다.

이하는 문인 설간(薛侃)이 수록(收錄)한 것이다.(以下門人薛侃錄.)

96. 설간(薛侃)이 여쭈었다.

"'뜻을 지니는 것을 마음에 걱정이 있듯이 하라. 마음에 걱정이 있다면 한가한 얘기를 하고 쓸데없는 일을 할 겨를이 있겠느냐?'고 하셨는데 어째서입니까?"

선생님께서 말씀하셨다.

"처음 학문할 때에는 공부를 그렇게 하는 것도 좋다는 것이다. 다만 맹자께서 말한 '마음은 드나듦에 일정한 때가 없고 그 본고장을 알 수가 없다'고 한 것처럼 마음의 신묘(神妙)하고 영명(靈明)함이 그러하다는 것을 알게 하려는 것이었다. 공부는 그래야만 제자리가 잡힐 수 있게 되는 것이다. 만약 오직 그대로 지키기만 한다면 아마 공부하는 데 또다른 폐해가 생기게 될 것이다."

原文 侃問, 持志如心痛, 一心在痛上, 安有工夫說閑話, 管閑事?

先生曰, 初學工夫, 如此用亦好. 但要使知出入無時, 莫知其鄉, 心之神明原是如此. 工夫方有着落. 若只死死守着, 恐於工夫上, 又發病.

註解 ㅇ侃(간)-설간(薛侃), 자가 상겸(尙謙). 앞 82조목에도 나왔으며 이하는 그가 기록한 것이다. ㅇ持志(지지)-뜻을 지니는 것. 이 구절은 25조목에 나온 왕양명의 말이다. ㅇ出入無時(출입무시)-드나듦에 일정한 때가 없다. 이 말은 《맹자》 공손추상(公孫丑上)편에 보인다. ㅇ着落(착락)-낙착되다, 제자리를 잡다. ㅇ死死(사사)-그대로, 죽은 듯이.

解說 마음에 걱정이 있듯이 언제나 마음가짐에 신경을 쓰라고 한 것은 처음 공부하는 사람들에게 사람의 마음이란 변화무쌍한 것임을 알려주기 위한 것이라고 했다. 그러나 덮어놓고 조심만 한다면 또 올바른 공부도 하지 못하게 될 것이다.

97. 내가 여쭈었다.

"오로지 마음을 함양(涵養)하기만 하고 일에 대한 연구에는 힘쓰지 않는다면 사람의 욕망을 이라고 잘못 생각하게 될는지도 모르는데 어떻게 하면 좋겠습니까?"

선생님께서 말씀하셨다.

"사람은 반드시 학문에 대하여 알아야만 한다. 일을 연구한다는 것은 또한 마음을 함양하는 것이 된다. 일에 대하여 연구하지 않는다면 바로 마음을 함양하려는 뜻이 절실하지 않게 된다."

"학문에 대하여 안다는 것은 무엇을 뜻합니까?"

"무엇 때문에 학문을 하고 무엇을 배워야 하는가를 말해 보아라."

"일찍이 선생님의 가르침을 들었습니다. 학문이란 마음에 천리를 보존하는 것을 배우는 것입니다. 마음의 본체가 곧 천리이며, 천리를 체득하자면 오직 자기 마음속에 사사로운 뜻이 없어야만 합니다."

"그렇다면 다만 사사로운 뜻만을 이겨내기만 하면 되는데 또 어째서 천리와 욕망이 분명하지 않은 것을 걱정하는가?"

"바로 그 사사로운 뜻을 잘못 알게 될까 두렵습니다."

"모두 공부하려는 뜻이 절실하지 않기 때문이다. 뜻만 절실하다면 눈으로 보고 귀로 듣는 게 모두 이 천리에 있게 된다. 어찌 잘못 알게 되겠느냐?

맹자는 '옳고 그름을 가리는 마음은 사람 모두가 지니고 있으니 밖에서 구할 필요가 없다'고 하셨다. 일을 연구한다는 것도 다만 자기 마음으로 안 것을 가져다 응용하는 것이니만큼 마음 밖에서 달리 알게 되는 것이 아니다."

原文 侃問, 專涵養而不務講求, 將認欲作理. 則如之何?

先生曰, 人須是知學. 講究亦只是涵養. 不講求, 只是涵養之志不切.

曰, 何謂知學?

曰, 且道, 爲何而學, 學箇甚.

曰, 嘗聞先生教. 學是學存天理. 心之本體卽是天理, 體認天理, 只要自心地無私意.

曰, 如此, 則只須克去私意, 便是. 又愁甚理欲不明?

曰, 正恐這些私意認不眞.

曰, 總是志未切. 志切, 目視耳聽皆在此. 安有認不眞的道理? 是非之心, 人皆有之, 不假外求. 講求亦只是體當自心所見. 不成去心外, 別有箇見.

註解 ㅇ涵養(함양)—마음에 천리를 보존하도록 수양하는 것. ㅇ講求(강구)—사물에 대하여 강구하는 것. 사물에 대한 기술이나 지식을 연구하여 얻는 것을 가리킨다. ㅇ是非之心(시비지심)—옳고 그름을 판단하는 마음. 이 구절은 《맹자》 고자상(告子上)편에 보인다. ㅇ體當(체당)—올바로 알고 잘 응용하는 것.

解說 왕양명은 마음을 중시한다. 학문이란 곧 마음에 천리를 보존하도록 노력하는 것이라고 주장한다. 이것은 얼핏보기에 마음의 수양만을 중시하고 사물에 대한 지식이나 사물에 대처할 능력을 얻는 일에는 소홀히 하는 것처럼 보이기도 한다. 그러나 왕양명은 한편 '지행합일'을 주장한다. 따라서 실제로 사물의 이치를 알고 사물에 대처하는 능력을 기르는 것은 마음에 천리를 보전하는 일 가운데 하나가 된다는 것이다. 곧 왕양명은 밖의 사물을 자기 마음을 통하여 긍정하려는 것이다.

98. 선생님께서 자리에 앉아 있던 벗들에게 요즘 어떻게 공부를 하고 있는가 물으셨다. 한 친구가 자기 마음을 텅 비고 밝게 한 뜻을 말

씀드리자 선생님께서는,

"그것은 공부한 모양을 얘기한 거지."

하고 말씀하셨다. 한 친구가 옛날의 자기와 지금의 자기가 어떻게 달라졌는가를 말씀드리자 선생님께서는,

"그것은 공부한 효과를 얘기한 거지."

하고 말씀하셨다. 두 친구는 멍해져서 올바른 대답은 어떤 것인가를 여쭈었다.

선생님께서 말씀하셨다.

"우리들이 오늘날 공부하고 있는 것은 다만 선을 행하는 마음을 참되고 절실하게 만들려는 것이다. 자기 마음이 참되고 절실하여 선한 것을 보면 바로 그렇게 되고 잘못이 있으면 곧 고치도록 되어야만 비로소 참되고 절실한 공부라고 할 수 있는 것이다. 그렇게 되면 사람의 욕망은 날로 없어지고 천리는 날로 밝아지는 것이다.

만약 오직 학문하는 모양을 추구하기만 하거나 그 효과를 얘기하기만 하게 되면 오히려 마음을 밖으로 달리게 하는 폐단을 조장하게 될 것이다. 그것은 공부라고 할 수 없다."

原文 先生問在坐之友, 比來工夫何似? 一友擧虛明意思.

先生曰, 此是說光景. 一友敍今昔異同.

先生曰, 此是說效驗. 二友惘然, 請是.

先生曰, 吾輩今日用功, 只是要爲善之心眞切. 此心眞切, 見善卽遷, 有過卽改. 方是眞切工夫. 如此則人欲日消, 天理日明.

若只管求光景, 說效驗, 卻是助長外馳病痛, 不是工夫.

註解 ㅇ比來(비래)－근래. 요새. ㅇ虛明(허명)－마음이 텅 비고 밝아진 것. ㅇ惘然(망연)－자기를 잃고 멍해진 모양. ㅇ遷(천)－옮아가다. 선해지다.

解說 왕양명의 마음을 바탕으로 하는 공부는 처음 학문하는 사람들

에게 종잡을 수 없는 어려운 것이다. 그의 학문은 상당한 경지에 이르지 않으면 참된 공부가 무엇인지 파악하기 어렵다. 여기서도 공부를 하려면 '참되고 절실한 마음'을 가져야 하고 '선을 보면 그렇게 되고 잘못이 있으면 곧 고친다'고 상식적인 얘기로 학문을 설명하고 있으나 실제로 그의 가르침을 행하기는 쉽지 않다.

99. 친구들 중에는 책을 읽음에 있어 주자의 설을 끄집어내어 비판하는 사람들이 많았다. 그래서 선생님께서 말씀하셨다.

"그것은 특이함을 추구하려는 마음이 있는 것이어서 옳지 않은 일이다. 나의 학설 중에는 주자와 가끔 같지 않은 것도 있다. 그래서 처음 입문하여 공부를 시작할 적에는 작은 것도 천리의 차이가 생기게 될 것이니 잘 분별하지 않으면 안된다. 그러나 나의 마음과 주자의 마음은 처음부터 다른 게 없다. 그 나머지 주자가 해설한 문장의 뜻 같은 것으로 말할 때, 분명히 옳게 풀이한 부분들이야 한 글자인들 어떻게 움직일 수가 있겠느냐?"

原文 朋友觀書, 多有摘議晦庵者.

先生曰, 是有心求異, 卽不是. 吾說與晦庵, 時有不同者. 爲入門下手處, 有毫釐千里之分, 不得不辯. 然吾之心與晦庵之心, 未嘗異也. 若其餘文義, 解得明當處, 如何動得一字?

註解 ㅇ摘議(적의)-잘못된 듯한 점을 꼬집어내어 비판하는 것. ㅇ毫釐千里(호리천리)-터럭만한 조그만 것도 결국은 천리의 차이가 난다는 뜻.

解說 왕양명은 주자학에 대한 반발로 '마음이 곧 이'라는 주장을 내세웠지만 학문하는 근본 입장은 같다는 것이다. 그리고 학문의 업적에 대하여는 속으로 존경을 아끼지 않았던 것 같다. 그래서 자기 제자들

에게 함부로 주자의 학문을 비판하는 행동을 경계하였던 것이다.

100-1. 희연(希淵)이 여쭈었다.

"성인은 배우면 누구나 될 수 있다고 합니다. 그러나 백이(伯夷)와 이윤(伊尹)을 공자와 견주어 보면 재질이나 역량이 모두 같지 않습니다. 그분들을 성인이라 부르는 이유는 어디에 있습니까?"

선생님께서 말씀하셨다.

"성인을 성인이라 부르는 까닭은 오직 그분들의 마음이 천리에 순수하고 사람의 욕망이 섞이어 있지 않기 때문이다. 마치 순금을 순수하다고 하는 까닭은 다만 그것이 지닌 색깔이 완전하여 구리나 납이 섞여 있지 않기 때문인 것과 같다.

사람은 천리에 순수하게 되어야만 비로소 성인이 되고, 금은 색깔이 완전하게 되어야만 비로소 순금이 된다. 그러나 성인의 재질과 역량에는 또한 크고작은 차이가 있는 것이다. 그것은 마치 금의 무게가 가볍고 무거운 게 있는 거와 같다.

요(堯)임금이나 순(舜)임금이 만일(萬鎰)의 무게와 같다면, 문왕(文王)과 공자는 9천일의 무게와 같고, 우(禹)임금·탕(湯)임금·무왕(武王)은 7, 8천일의 무게와 같을 것이며, 백이와 이윤은 4, 5천일 정도의 무게일 것이다.

재질과 역량은 같지 않지만 천리에 순수한 점에 있어서는 같으니 모두 성인이라 부를 수가 있는 것이다. 비록 무게는 같지 않지만 색깔이 완전한 점에 있어서는 같아서 모두 순금이라 부를 수 있는 거와 같다.

5천일의 순금을 만일의 순금 가운데 집어넣어도 그 색깔이 완전하다는 점에 있어서는 같다. 백이와 이윤을 요임금이나 공자 사이에 섞는다 하더라도 그분들이 천리에 순수하다는 점에 있어서는 같은 것이다.

순금이 될 수 있는 요인은 색깔이 완전한 데 있는 것이며 결코 그 무게에 달려 있는 것은 아니다. 성인이 될 수 있는 요인은 천리에 순수한 데 있는 것이며 결코 재질과 역량에 달려 있는 것이 아니다.

그러므로 비록 평범한 사람이라 하더라도 공부하려고만 하면 그의 마음을 천리에 순수하게 할 수 있으니, 역시 성인이 될 수가 있다는 것이다. 마치 한 양(兩)의 금을 만일의 금에 견줄 때 무게에 있어서는 비록 큰 차이가 있지만 그것들의 색깔이 완전하다는 점에 있어서는 부끄러울 것이 없는 것이다. 그러므로 사람이면 누구나가 요임금이나 순임금처럼 될 수 있다는 것은 이 때문이다."

原文 希淵問, 聖人可學而至. 然伯夷伊尹於孔子, 才力終不同. 其同謂之聖者, 安在?

先生曰, 聖人之所以爲聖, 只是其心純乎天理, 而無人欲之雜. 猶精金之所以爲精, 但以其成色足, 而無銅鉛之雜也.

人到純乎天理, 方是聖. 金到足色, 方是精. 然聖人之才力, 亦有大小不同, 猶金之分兩有輕重.

堯舜猶萬鎰, 文王孔子猶九千鎰, 禹湯武王猶七八千鎰, 伯夷伊尹猶四五千鎰.

才力不同, 而純乎天理則同, 皆可謂之聖人. 猶分兩雖不同, 而足色則同, 皆可謂之精金. 以五千鎰者, 而入於萬鎰之中, 其足色同也. 以伊尹, 而厠之堯孔之間, 其純乎天理同也.

蓋所以爲精金者, 在足色而不在分兩. 所以爲聖者, 在純乎天理, 而不在才力也.

故雖凡人, 而肯爲學, 使此心純乎天理, 則亦可爲聖人. 猶一兩之金, 比之萬鎰, 分兩雖懸絶, 而其到足色處, 可以無愧. 故

曰, 人皆可以爲堯舜者, 以此.

註解 ㅇ希淵(희연)－성은 채(蔡), 이름은 종연(宗兗), 호는 아재(我齋), 희연은 그의 자로서 왕양명의 제자임. ㅇ伯夷伊尹於孔子(백이이윤어공자)－《맹자》 공손추상(公孫丑上)편에 백이, 이윤과 공자를 비교한 글이 보인다. 백이는 아우 숙제(叔齊)와 함께 무왕이 은(殷)나라 주(紂)왕을 친 것을 부끄럽게 여기고 수양산(首陽山)에 숨어살다 죽은 사람이다. 이윤은 탕(湯)임금을 도와 하(夏)나라 걸(桀)왕을 쳐부수고 천하를 통일케 한 정치가이다. 맹자는 백이를 '성인으로서 맑은 분', 이윤을 '성인으로서 일을 잘 처리한 분', 공자를 '성인으로서 때를 잘 맞춘 분'이라 평하고 있다. ㅇ精金(정금)－순금(純金). ㅇ成色(성색)－지닌 빛깔. ㅇ分兩(분량)－무게. 금의 무게는 보통 푼[分]과 양(兩)으로 말한다. ㅇ鎰(일)－금의 무게를 재는 단위. 24냥(兩)이 1일이다. ㅇ懸絶(현절)－크게 차이가 나다. 현격히 차이가 나다.

解說 성인이란 '천리에 순수한' 마음을 지닌 데서 결정되는 것이며 그의 재질이나 역량과는 아무런 관계도 없다는 것이다.

100-2. "학문하는 사람이 성인에게 배운다는 것은 다만 사람의 욕망을 버리고 천리를 보존한다는 점뿐이다. 마치 연금(鍊金)을 할 때 그 색깔의 완전함을 구하는 거와 같다. 금이 지닌 색깔에 잡된 것이 많지 않으면 곧 단련(鍛鍊)하는 노력은 줄어들고 효과를 거두기가 쉬워진다. 지닌 색깔이 나쁠수록 단련도 더욱 어려워진다.

사람의 기질에도 맑고 흐리고 순수하고 잡된 게 있어서 보통사람 이상의 사람과 보통사람 이하의 사람이 있다. 그들이 도를 행하는 데 있어서도 '나면서 알아 편안히 행하는 이'가 있고, '배워서 알아 이로워서 행하는 이'가 있다. 그 중 하급 사람은 반드시 남이 하나의 노력을 하면 자기는 백의 노력을 하고 남이 열의 노력을 하면 자기는 천의 노력을 해야만 하는데, 그렇게 하여 이루는 결과에 있어서는 같다.

후세에는 성인이 되는 근본이 천리에 순수해짐에 있다는 것은 모르고서 오로지 지식과 재능에 있어서만 성인이 될 것을 추구하게 되었다. 그들은 성인이라면 알지 못하는 게 없고 하지 못하는 게 없다고 생각하는 것이다. 자기도 반드시 성인의 여러 가지 지식과 재능을 하나하나 모두 이해해야만 된다고 생각한다. 그래서 천리에 대하여 공부하는 데 힘쓰지 않고 공연히 정력을 낭비하고 힘을 다하여 책에 대해서만 연구를 하고 명칭과 기물(器物)에 대해서만 고증을 하고 형식적인 것들만 흉내내려 한다. 지식이 넓어질수록 사람의 욕망은 더욱 불어나고 재질과 능력이 많을수록 천리에는 더욱 어둡게 되는 것이다.

그것은 마치 남이 만일(萬鎰)의 순금을 가지고 있는 것을 보고는, 금을 단련하여 그가 가진 순수함에 부끄러움 없는 색깔을 지니게 하는 데 힘쓰지 않고 그 무게만을 공연히 탐내어 그가 가진 만일과 같게 되기만을 힘써 주석이나 납이나 구리나 쇠를 함부로 마구 집어넣는 거와 같다. 무게가 늘수록 지닌 색깔은 더욱 형편없어져서 나중에 가서는 금의 색깔은 찾을래야 찾을 수 없게 되어 버린다."

이때 서애(徐愛)가 곁에 있다가 말했다.

"선생님의 이 비유는 세상 선비들이 미혹된 것을 깨치기에 족하니 후배 학자들에게 크게 도움이 될 것입니다."

선생님께서 다시 말씀하셨다.

"우리가 공부를 한다는 것은 오직 날로 줄어들게 하려는 것이지 날로 늘어나게 하려는 게 아니다. 한푼[分]의 사람의 욕망이 줄어들면 곧 한푼만큼의 천리가 되돌아오게 된다. 얼마나 가볍고 깨끗하며 얼마나 간단하고 쉬운 공부 방법이냐?"

原文 學者學聖人, 不過是去人欲, 而存天理耳. 猶鍊金而求其足色. 金之成色, 所爭不多, 則煅鍊之工省而功易成. 成色愈下, 則煅鍊愈難.

人之氣質, 淸濁粹駁, 有中人以上, 中人以下. 其於道, 有生知安行, 學知利行. 其下者, 必須人一己百, 人十己千, 及其成功則一.

後世不知作聖之本, 是純乎天理, 卻專去知識才能上求聖人. 以爲, 聖人無所不知, 無所不能. 我須是將聖人許多知識才能, 逐一理會始得. 故不務去天理上着工夫, 徒弊精竭力, 從冊子上鑽硏, 名物上考索, 形迹上比擬. 知識愈廣, 而人欲愈滋, 才力愈多, 而天理愈蔽.

正如見人有萬鎰精金, 不務煅鍊成色, 求無愧於彼之精純, 而乃妄希分兩, 務同彼之萬鎰, 錫鉛銅鐵雜然而投. 分兩愈增, 而成色愈下, 旣其梢末, 無復有金矣.

時曰仁在傍, 曰, 先生此喩, 足以破世儒支離之惑, 大有功於後學.

先生又曰, 吾輩用功, 只求日減. 不求日增. 減得一分人欲, 便是復得一分天理. 何等輕快脫洒, 何等簡易?

註解 ㅇ所爭(소쟁)－다툼이 되는 것. 잡된 것. ㅇ煅鍊(단련)－단련(鍛鍊), 금속을 달구어 바라는 강도와 순도의 쇠로 만드는 것. ㅇ粹駁(수박)－순수함과 잡된 것. ㅇ中人以上(중인이상)－《논어》 옹야(雍也)편에 보이는 말. ㅇ生知安行(생지안행)－이 구절은 《중용》에 보이는 말. 앞 6조목 등에 보였음. ㅇ人一己百(인일기백)－이 말도 역시 《중용》에 보임. ㅇ比擬(비의)－견주다. 본뜨다. ㅇ梢末(소말)－종말. 끝. ㅇ支離(지리)－이리저리 흩어지는 것. ㅇ脫洒(탈쇄)－깨끗해지는 것.

解說 성인은 천리를 보존한 마음에 의하여 결정되는 것이며 그 재

질이나 능력과는 관계가 없는 것이다. 그럼에도 사람들은 성인의 마음을 배우려들지는 않고 성인의 재질과 능력만을 배우려드니 잘못된 경향이라는 것이다.

101. 양익(楊翼)이 여쭈었다.

" '격물(格物)'에 대한 해설은 선생님께서 가르친 것을 따르면 분명하고도 간단하고 쉬워서 사람이면 누구나 알 수가 있습니다. 주자는 총명하기 세상에 다시없을 정도인데 이 점에 있어서 오히려 상세하지 못하였으니 어째서일까요?"

선생님께서 말씀하셨다.

"주자는 정신과 기백이 위대하다. 그래서 그는 젊은 나이에 이미 유학의 전통을 계승하여 후세 학자들에게 그것을 전해 주려 했다. 그러므로 줄곧 오직 저술에 대한 연구에만 힘썼던 것이다. 만약 먼저 스스로를 닦는 일에 자신이 철저하였더라면 자연히 그런 것에 손댈 틈도 없었을 것이다. 그의 덕이 커진 다음에 세상에 도가 밝지 않음을 걱정하여, 공자가 은퇴하여 여섯 가지 경서를 편찬한 것처럼 번잡한 것은 깎아내어 간단하게 만듦으로써 후세 학자들에게 요점을 보여주었더라면 대체로 그처럼 연구에 노력을 기울이지 않아도 되었을 것이다.

주자는 젊은 나이에 이미 많은 책들을 저술하였는데 만년이 되어서야 그것을 뉘우쳤다. 그것은 거꾸로 일한 것이었다."

양익이 여쭈었다.

"만년의 뉘우침이라면 '그 전에 표준으로 정한 책의 잘못'이라 말한 것이나 또 '비록 책을 읽는다고 하지만 내 일에 무슨 도움이 있는가?'고 말한 것, 또 '내 학문은 서적을 읽는 것과 이론에 얽매이는 것과는 전혀 아무런 관계도 없다'고 말한 것입니다. 이것은 그가 만년에 이르러서야 비로소 옛날 공부의 잘못을 뉘우치고 자기에게 철저히 스스로 닦는 일을 하기 시작한 것을 뜻하는 것입니까?"

"그렇다. 이 점이 바로 다른 사람으로서는 주자에 미칠 수 없는 점이다. 그는 역량이 위대하여 뉘우치자마자 바로 돌아섰던 것이다. 아깝게도 얼마 못가서 곧 돌아가셨기 때문에 평소의 여러 가지 잘못되었던 점을 모두 바로 고칠 겨를은 없었던 것이다."

原文 士德問曰, 格物之說, 如先生所教, 明白簡易, 人人見得. 文公聰明絶世, 於此反有未審, 何也?

先生曰, 文公, 精神氣魄大. 是他早年合下便要繼往開來. 故一向只就考索著述上用功. 若先切己自修, 自然不暇及此. 到得德盛後, 果憂道之不明, 如孔子退修六籍, 删繁就簡, 開示來學, 亦大段不費甚考索.

文公早歲, 便著許多書, 晩年方悔. 是倒做了.

士德曰, 晩年之悔, 如謂向來定本之誤, 又謂雖讀得書, 何益於吾事, 又謂此與守書籍, 泥言語, 全無交涉. 是他到此, 方悔從前用功之錯, 方去切己自修矣.

曰, 然. 此是文公不可及處. 他力量大, 一悔便轉. 可惜, 不久卽去世, 平日許多錯處, 皆不及改正.

註解 ㅇ士德(사덕)—성은 양(楊), 이름은 익(翼), 자가 사덕. 처음엔 잠약수(湛若水)에게 배우다 후에 왕양명의 문하로 들어왔다. ㅇ文公(문공)—주자의 시호(諡號). ㅇ精神氣魄(정신기백)—정신은 머리, 기백은 기력과 끈기 같은 것을 뜻한다. ㅇ合下(합하)—바로. 처음부터. ㅇ繼往開來(계왕개래)—옛 성인의 학문 전통을 계승하여 후세 학자들에게 전해 주는 것. ㅇ六籍(육적)—육경(六經), 여섯 가지 경전. ㅇ大段(대단)—대략, 대체. ㅇ費(비)—정력을 소비하는 것. ㅇ定本之誤(정본지오)—표준이 되도록 정해 놓

은 책의 잘못. 이 구절은 주자가 황직경(黃直卿)에게 답한 글에 보임. ㅇ雖讀得書(수독득서)－이 말은 주자가 만년에 여자약(呂子約)에게 답한 글에 보임. ㅇ此與守書籍(차여수서적)－'차'는 자기의 학문 또는 마음의 수양을 가리키며, 이 말은 주자가 하숙경(何叔京)에게 답한 글에 보임.

解說 주자가 만년에 자기 학문을 후회했다는 것은 왕양명의 추측이다. 왕양명은 《주자문집(朱子文集)》에서 자기에게 편리한 글들을 뽑아 《주자만년정론(朱子晩年定論)》이란 글을 엮었다. 왕양명은 자기의 학문을 드러내기 위하여 그러한 주장을 하였지만 확실한 증거가 있는 것이 아니어서 지금에 와서는 이러한 그의 태도는 오히려 자신에게 불리한 평가가 내려지는 경우가 많다.

102-1. 내가 화초들 사이의 풀을 뽑고 있다가 여쭈었다.

"이 세상에서는 어찌하여 선은 북돋아주기 어렵고 악은 제거해 버리기 어려운 것일까요?"

선생님께서 말씀하셨다.

"그것은 북돋지도 않고 제거해 버리지도 않았기 때문이지."

그리고 조금 있다가 말씀을 이으셨다.

"이런 것을 선악이라 보는 것은 모두 자기 신체로부터 생각이 일어나기 때문이며, 그래서 잘못을 저지르게 되는 것이다."

내가 뜻을 잘 모르겠다고 하자 다시 말씀하셨다.

"하늘과 땅이 만물을 자라게 하는 뜻은 화초에게나 풀에게나 같은 것이다. 어찌 그것들에게 선하고 악한 구분이 있겠느냐? 그대는 꽃을 보려고 하기 때문에 곧 화초는 선한 것이라 생각하고 풀은 악한 것이라 생각하는 것이다. 만약 풀을 쓰려고 할 적에는 다시 풀을 선한 것으로 생각하게 될 것이다. 이러한 선과 악은 모두 그대 마음이 좋아하고 싫어하는 것으로부터 생겨나는 것이다. 그러므로 그것이 잘못임을 알 수 있다."

"그렇다면 선한 것도 없고 악한 것도 없는 것입니까?"

"선한 것도 없고 악한 것도 없다는 것은 이(理)가 고요한 때이고, 선한 것이 있고 악한 것이 있다는 것은 기(氣)가 움직이는 때이다. 기에 의하여 움직여지지 않으면 곧 선한 것도 없고 악한 것도 없게 된다. 이것을 '지극한 선'이라 말하는 것이다."

"불교에서도 역시 선한 것도 없고 악한 것도 없다고 하는데 이것과 어떻게 다릅니까?"

"불교에서는 선한 것도 없고 악한 것도 없다는 입장에 들어붙어, 세상의 모든 일을 상관하지 않겠다는 것이니 천하를 다스릴 수 없는 것이다. 성인에 선한 것도 없고 악한 것도 없다는 것은 다만 '좋아하는 감정의 작용도 없고 싫어하는 작용도 없어서' 기에 의하여 움직여지지 않는 것이다. 그러나 '왕자로서의 도를 따라서 그 법도에 합치하는 것'이다. 곧 스스로 한결같이 천리를 좇아서 바로 '하늘의 도를 이룩케 하고 보조하게' 되는 것이다."

"풀이 악하지 않다면 곧 풀은 뽑아 버려서는 안될 것 아닙니까?"

"그것이 바로 불가나 도가의 생각이다. 풀이 만약 방해가 된다면 곧 뽑아 버린들 무슨 상관이 있겠느냐?"

"그렇게 되면 또 좋아하는 작용과 싫어하는 작용이 있게 될 것입니다."

"좋아하는 작용이나 싫어하는 작용을 드러내지 않는다는 것은 전혀 좋아하고 싫어하는 게 없다는 것은 아니다. 지각이 없는 사람이 될 것이다. 작용을 드러내지 않는다고 하는 것은 오직 좋아하고 싫어하는 것을 한결같이 이를 따라 하며 조그만 자기의 뜻도 붙이지 않는다는 것이다. 그렇게 되면 바로 좋아하고 싫어한 일이 없었던 것과 같이 된다."

原文 侃去花間章, 因曰, 天地間, 何善難培, 惡難去?

先生曰, 未培未去耳.

少間曰, 此等看善惡, 皆從軀殼起念, 便會錯.

侃未達. 曰, 天地生意, 花草一般. 何曾有善惡之分? 子欲觀花, 則以花爲善, 以草爲惡. 如欲用草時, 復以草爲善矣. 此等善惡, 皆由汝心好惡所生. 故知是錯.

曰, 然則無善無惡乎?

曰, 無善無惡者, 理之靜, 有善有惡者, 氣之動. 不動於氣, 卽無善無惡, 是謂至善.

曰, 佛氏亦無善無惡, 何以異?

曰, 佛氏着在無善無惡上, 便一切都不管, 不可以治天下. 聖人無善無惡, 只是無有作好, 無有作惡, 不動於氣. 然遵王之道, 會其有極. 便自一循天理, 便有箇裁成輔相.

曰, 草旣非惡, 卽草不宜去矣.

曰, 如此卻是佛老意見. 草若有碍, 何妨卽去?

曰, 如此, 又是作好作惡.

曰, 不作好作惡, 非是全無好惡. 卻是無知覺的人. 謂之不作者, 只是好惡一循於理, 不去又着一分意思. 如此, 卽是不曾好惡一般.

註解 ㅇ軀殼(구각)―형식적인 육체. 몸뚱이. ㅇ氣(기)―이(理)가 보편적·정신적·형이상학적인 것인 데 비하여, 기는 육체를 형성하는 요소, 곧 형이하학적인 것으로 본 것이다. 그런데 사람의 욕망은 기에 의하여 이루어진 것이라 본 것이다. ㅇ無有作好(무유작호)―이하는 《서경》 홍범(洪範)편의 말을 인용한 것이다. 곧 '좋아하는 작위도 없이 임금의 도만을 따르며, 싫어하는 작위도 없이 임금의 길만을 따라서, 치우치지도 않고 편벽되지도 않게 임금의 도는 널따라며, 편벽되지도 않고 치우치지도 않게 임금의 길은 평평하며, 어긋나지도 않고 기울어지지도 않게 임금의

도는 바르고 곧아서, 그것은 법도에 합치되고 법도로 귀착된다'고 한 말을 인용한 것이다. ㅇ裁成輔相(재성보상)－《역경》 태(泰)괘 상전(象傳)에 '천지의 도를 이룩케 하고〔財成〕 천지의 합당함을 보조케 하여〔輔相〕 백성들을 다스린다'고 한 데서 인용한 말. '재(裁)'는 '재(財)'와 뜻이 통한다.

解說 설간(薛侃)이 화초를 선, 잡초를 악이라 생각한 데 대하여, 왕양명은 선악의 그러한 구분을 부정하고 있다. 이 이론은 뒤에 더 계속된다.

102-2. "풀을 뽑는 것이 어찌하여 한결같이 자기 뜻을 가하지 않고 천리를 따르는 게 됩니까?"

"풀이 방해가 된다면 이치에 있어서도 역시 뽑아내야 한다. 그대로 그것을 뽑아낼 따름인 것이다. 우연히 그것을 뽑아내지 못한다 하더라도 역시 마음에 거리낄 것은 없는 것이다. 만약 거기에 조금이라도 개인의 뜻이 가하여진다면 곧 마음의 본체에 누를 끼치게 되어, 여러 가지 기(氣)를 움직이게 되는 일이 생기는 것이다."

"그렇다면 선과 악은 전혀 물건에 달린 게 아닙니다."

"오직 네 마음에 달려 있는 것이지. 마음으로 이를 따르면 곧 선이 되고 기를 움직이게 하면 곧 악이 되는 것이다."

"결국 물건에는 선과 악이 없다는 말씀이시군요."

"마음에 있어서 그러하다면 물건에 있어서도 역시 그러한 것이다. 세상 선비들은 오직 이것을 알지 못한다. 그래서 마음을 버리고 물건을 뒤좇아 '격물(格物)'의 학문을 잘못 알고서 하루종일 밖을 좇아다니면서 추구하는 것이다. 그래서 오직 '작은 의로움을 행하고 그를 좇아서 큰 결과를 바라는' 학문을 하게 되고, '평생토록 행해도 뚜렷해지지 않고 배워도 알지 못하게 되는 것'이다."

" '좋은 빛깔을 좋아하듯 하고 나쁜 냄새를 싫어하듯 한다'는 《대학》의 말은 어떻게 됩니까?"

"그것은 바로 한결같이 천리를 따르는 것이다. 그것은 천리가 바로 그런 것이니 본시 아무런 사사로운 뜻으로 좋아하려는 작위나 싫어하려는 작위가 가해진 게 아니다."

"'좋은 빛깔을 좋아하듯 하고 나쁜 냄새를 싫어하듯 한다'는 게 어찌하여 개인의 뜻이 아닐 수가 있습니까?"

"오히려 그것은 정성된 뜻이지 사사로운 뜻이 아니다. 정성된 뜻이란 바로 천리를 따르는 것이다. 비록 천리를 따른다 하더라도 역시 조그만 자기의 뜻도 가해서는 안되는 것이다. 그러므로 '성이 나거나 좋아하는 게 있으면 마음의 올바름이 얻어지지 않는다'고 한 것이다. 반드시 널따랗고 크게 공정해야만 비로소 마음의 본체에 이르는 것이다. 이것을 알면 곧 '감정이 드러나기 전의 중(中)'을 알게 될 것이다."

맹원(孟源)이 말했다.

"선생님께서 말씀하시기를 '풀이 방해가 되면 이치로 보더라도 역시 뽑아 버려야 한다'고 하셨습니다. 그런데 어찌하여 또 그것이 '몸뚱이에서 일어나는 생각'이 됩니까?"

"이것은 반드시 너의 마음이 스스로 체득해야만 한다. 네가 풀을 뽑아 버리려는 것은 어떠한 마음이며, 주돈이(周敦頤)가 '창 밖의 풀을 뽑지 않는다'고 한 것은 어떠한 마음이었겠느냐?"

原文 曰, 去草, 如何是一循於理, 不着意思?

曰, 草有妨礙, 理亦宜去, 去之而已. 偶未卽去, 亦不累心. 若着了一分意思, 卽心體便有貽累, 便有許多動氣處.

曰, 然則善惡全不在物.

曰, 只在汝心. 循理, 便是善, 動氣, 便是惡.

曰, 畢竟物無善惡.

曰, 在心如此, 在物亦然. 世儒惟不知此, 舍心逐物, 將格物之學錯看了, 終日馳求於外, 只做得箇義襲而取, 終身行不著, 習不察.

曰, 如好好色, 如惡惡臭, 則如何?

曰, 此正是一循於理. 是天理合如此, 本無私意作好作惡.

曰, 如好好色, 如惡惡臭, 安得非意?

曰, 卻是誠意, 不是私意. 誠意只是循天理. 雖是循天理, 亦着不得一分意. 故有所忿懥好樂, 則不得其正. 須是廓然大公, 方是心之本體. 知此, 卽知未發之中.

伯生曰, 先生云, 草有妨礙, 理亦宜去. 緣何又是軀殼起念?

曰, 此須汝心自體當. 汝要去草, 是甚麽心, 周茂叔窓前草不除, 是甚麽心?

註解 ㅇ貽累(이루)—누를 끼치다. ㅇ義襲而取(의습이취)—《맹자》 공손추상(公孫丑上)편에 보이는 말로 '조그만 옳은 일을 행하고 그것을 따라 큰 결과를 바라는 것'. ㅇ終身行不著(종신행부저)—평생을 행하여도 드러나지 않는다. 이 대목은 《맹자》 진심상(盡心上)편에 '그것을 행하여도 드러나지 않고 배워도 알지를 못하며, 평생 그것을 따라도 길조차 알지 못하는 자가 많다'고 한 말에서 인용한 것임. ㅇ好好色(호호색)—《대학》에 보이는 말. 곧 '이른바 그의 뜻을 정성되이 한다는 것은 스스로를 속임이 없다는 것이다. 나쁜 냄새를 싫어하듯 하고, 좋은 빛깔을 좋아하듯 하는 것이다'고 한 데서 인용한 말임. ㅇ忿懥好樂(분치호락)—《대학》에서 '성나는 것[忿懥]이 있으면 곧 그 올바름을 얻을 수 없고, 두려워하는 것이 있으면 그 올바름을 얻을 수 없고, 좋아하는 것[好樂]이 있으면 그 올바름을 얻을 수 없다'고 '마음을 바로잡는 일[正心]'을 설명한 대목에서 따온 말임. ㅇ伯生(백생)—맹원(孟源)의 자. 왕양명의 제자임. ㅇ周茂叔(주무숙)—이름은 돈이(敦頤), 무숙은 그의 자, 호는 염계(濂溪). 송(宋)대 성리학의 선구자 중의 한 사람. 《근사록》 관성현(觀聖賢)편에 정명도(程

明道) 선생의 말로써 '주무숙은 집 창 밖의 풀을 뽑지 않고 있었다. 그에 관해 여쭈니 자기 뜻과 같은 것이라 하였다'는 글이 있다.

解說 결국 왕양명은 세상의 선악은 사람들이 싫어하고 좋아하는 작위에 의하여 결정되는 게 아니라, 천리에 따르느냐 사사로운 욕망에 따르느냐에 의하여 결정된다는 것이다. 이것이 사람의 마음 또는 감정이나 욕망에 대한 왕양명의 근본적인 생각이었다.

103. 선생님께서 공부하는 사람들에게 말씀하셨다.

"학문을 하는 데 있어서는 반드시 요점을 알고 있어야만 공부가 제대로 낙착이 되는 것이다. 비록 끊어지는 사이도 없을 수는 없지만 배에 키가 있는 것처럼 한 번 잡으면 곧 깨어나게 될 것이다.

그렇지 않으면 비록 학문에 종사한다 하더라도 오직 '조그만 옳은 일을 하고 그것을 따라 곧 결과를 취하려는 것'이 되어, 다만 '행해도 드러나지 않고, 배워도 알지 못하는' 결과가 되고 만다. 그것은 학문의 위대한 근본이나 올바른 도가 아니기 때문이다."

또 말씀하셨다.

"요점을 알게 되면 횡설수설하더라도 모두가 옳게 된다. 만약 여기서는 통하고 저기서는 통하지 않는다면 이것은 요점을 아직 알지 못한 것이다."

原文 先生謂學者曰, 爲學, 須得箇頭腦, 工夫方有着落. 縱未能無間, 如舟之有舵, 一提便醒.

不然, 雖從事於學, 只做箇義襲而取, 只是行不著, 習不察. 非大本達道也.

又曰, 見得時, 橫說竪說, 皆是. 若於此處通, 彼處不通, 只是未見得.

註解 ㅇ頭腦(두뇌)－요점. 중점. ㅇ無間(무간)－끊어지는 사이가 없는 것. ㅇ舵(타)－배의 키. ㅇ提(제)－잡다. 제기(提起)하다. ㅇ見得(견득)－학문의 요점을 아는 것. ㅇ橫說竪說(횡설수설)－아무렇게나 이것저것에 대하여 논하는 것.

解說 학문의 요점을 알아야 한다는 것은 앞에서도 이미 말한 바 있다. 요점이란 '격물'의 학문이다. 한 번 올바른 요점을 따라 공부하게만 되면 그의 공부는 모두가 제대로 올바로 된다는 것이다.

104. 어떤 이가 여쭈었다.

"학문을 하는 데 있어서 부모들 때문에 과거 볼 준비를 해야 한다는 번거로움을 면할 수가 없습니다."

선생님께서 말씀하셨다.

"부모들 때문에 과거 볼 준비를 하느라고 학문에 방해가 된다면 농사를 지어 그의 부모를 부양하는 사람도 역시 학문에 방해가 될 것이 아니겠느냐? 선현께서 말씀하시기를 '오직 자기 뜻을 빼앗기는 게 걱정이다'고 하셨다. 오직 학문을 하려는 뜻이 참되고 절실하지 않음만을 걱정하면 되는 것이다."

原文 或問, 爲學, 以親故, 不免業擧之累.

先生曰, 以親之故而業擧, 爲累於學, 則治田以養其親者, 亦有累於學乎? 先正云, 惟患奪志. 但恐爲學之志不眞切耳.

註解 ㅇ業擧(업거)－과거 볼 준비를 하는 것. ㅇ先正(선정)－선현(先賢), 여기서는 정명도(程明道)를 가리킴. 이 말은 《근사록》 출처(出處)편에 '명도(明道)께서 말씀하시기를 과거 보는 일이 학문에 방해가 됨은 걱정하지 않고, 오직 뜻을 거기에 빼앗길까 걱정이 된다고 하셨다'고 한 데

서 따온 것임.

解說 학문을 할 뜻만 서있다면 어떤 생활을 하는 사람이건 모두가 학문을 할 수 있다. 자기의 생업 때문에 학문의 방해를 받는다는 것은 이유가 되지 않는다는 것이다.

105. 구양덕(歐陽德)이 여쭈었다.

"보통 제 마음은 너무나 바쁩니다. 일이 있으면 당연히 바쁘겠지만 일이 없는데도 바쁜 것은 어찌된 일입니까?"

선생님께서 말씀하셨다.

"천지간의 기운의 기능은 원래 잠시도 멎는 일이 없다. 그리고 주재자가 있기 때문에 앞서지도 않고 뒤지지도 않으며 급하게 움직이지도 않고 더디게 움직이지도 않는다. 비록 천 가지로 변하고 만 가지로 바뀌지만 주재자는 언제나 일정하다.

사람도 이것에 의하여 생존하고 있다. 만약 그에게 주재자가 안정되어 있을 적에는 하늘의 기운의 운행처럼 쉬지를 않을 것이며, 비록 만 가지 변화를 겪게 된다 하더라도 언제나 조용하고 자재(自在)로울 것이다. 이른바 '하늘의 임금 같은 마음이 태연하면 온몸은 그 명령을 따르게 된다'는 것이다. 만약 주재자가 없다면 곧 그의 기운만이 멋대로 움직일 텐데 어떻게 바쁘지 않을 수가 있겠느냐?"

原文 崇一問, 尋常意思多忙. 有事固忙, 無事亦忙, 何也?

先生曰, 天地氣機, 元無一息之停. 然有箇主宰, 故不先不後, 不急不緩, 雖千變萬化, 而主宰常定.

人得此而生. 若主宰定時, 與天運一般不息. 雖酬酢萬變, 常是從容自在. 所謂天君泰然, 百體從令. 若無主宰, 便只是這氣奔放, 如何不忙?

註解 ㅇ崇一(숭일)-성은 구양(歐陽), 이름은 덕(德), 호는 남야(南野), 숭일은 그의 자. 왕양명의 제자 중의 한 사람. ㅇ氣機(기기)-기운의 기능. 기운의 활동. ㅇ酬酢(수작)-본시는 술잔을 주고받는 것, 여기서는 외부의 사물을 응대하는 것. ㅇ天君(천군)-하늘의 임금. 마음에 비유한 말. 여기의 이른바 뒤의 말은 《맹자》 고자상(告子上)편의 주자의 주에서 범준(范浚)의 말이라면서 인용한 말.

解說 마음이 언제나 바쁘다는 것은 마음이 안정되어 있지 않기 때문이다.

사람의 기운이 완전히 마음에 의하여 지배당하도록 수양이 잘되면 외부에 아무런 변화가 많아도 마음이 절대로 바쁘지 않을 거라는 것이다.

106. 선생님께서 말씀하셨다.

"학문을 하는 데 있어서 큰 병폐는 명성을 좋아하는 데 있다."

내가 여쭈었다.

"전년부터는 스스로 생각하기를 그러한 병폐는 이미 가벼워졌다고 여겨왔었습니다. 요즘 와서 자세히 살펴보니 비로소 전혀 그렇지 못함을 알게 되었습니다. 그것은 어찌 반드시 밖으로 사람들에게 칭찬을 받으려 힘쓰는 것뿐이겠습니까? 칭찬을 들으면 속으로 기뻐하고 비난하는 말을 들으면 속으로 번민하는 것은 바로 그 병폐의 발동인 것 같습니다."

"그렇고말고. 명성과 사실은 대립이 되는 것이어서 사실에 힘쓰려는 마음이 1분(分) 정도 무거워지면 곧 명성을 위하여 힘쓰려는 마음은 1분 정도 가벼워지는 것이다. 전혀 사실에만 힘쓰려는 마음뿐이라면 곧 명성을 위하여 힘쓰려는 마음은 완전히 없게 되는 것이다. 만약 사실에 힘쓰려는 마음이 굶주린 사람이 먹을 것을 구하고 목마른 사람이 마실 것을 구하는 것 같다면 어찌 다시 명성을 좋아할 틈이 있겠느냐?"

또 말씀하셨다.

"《논어》에서 '세상을 떠난 뒤에 자기 이름이 칭(稱)하여지지 않음을 싫어한다'고 한 '칭'자는 거성(去聲)으로 읽어 '명성과 사실이 일치한다'는 뜻으로 해석해야 한다. 또한 《맹자》의 '명성이 진실보다 지나치면 군자들은 그것을 부끄러이 여긴다'는 뜻인 것이다. 사실이 명성과 일치되지 않을 때, 살아있다면 그대로 보완할 수가 있지만 죽어 버리면 어쩌는 수도 없는 것이다. '40, 50이 되어도 들리지 않으면'하고 말한 것도 '도를 듣지 않았으면'의 뜻이지 '명성이 들리지 않는다면'의 뜻이 아닌 것이다. 공자께서도 '명성이 들린다는 것은 통달한 것은 아니다'고 하셨다. 어찌 명성을 사람들에게 바랐었겠느냐?"

原文 先生曰, 爲學大病, 在好名.

侃曰, 從前歲, 自謂此病已輕. 比來精察, 乃知全未. 豈必務外爲人? 只聞譽而喜, 聞毁而悶, 卽是此病發來.

曰, 最是. 名與實對. 務實之心重一分, 則務名之心輕一分. 全是務實之心, 卽全無務名之心. 若務實之心, 若饑之求食, 渴之求飮, 安得更有工夫好名?

又曰, 疾沒世而名不稱, 稱字去聲讀. 亦聲聞過情, 君子恥之之意. 實不稱名, 生猶可補, 沒則無及矣. 四十五十而無聞, 是不聞道, 非無聲聞也. 孔子云, 是聞也, 非達也. 安肯以此望人?

註解 ㅇ比來(비래)－근래. 요새. ㅇ疾沒世(질몰세)－《논어》 위령공(衛靈公)편의 말. ㅇ稱(칭)－보통은 평성(平聲)으로 읽어 '일컬어진다' '칭찬받다'의 뜻으로 해석한다. 그러나 거성(去聲)으로 읽으면 '균형이 잡힌다' '어울린다' '일치한다'의 뜻이 된다. ㅇ聲聞過情(성문과정)－정(情)은 진실,

참됨의 뜻. 이 말은 《맹자》 이루하(離婁下)편에 보인다. ㅇ四十五十(사십오십)-《논어》 자한(子罕)편에 '40, 50세가 되도록 들리지 않으면, 그것은 두려워할 게 없다'고 한 데서 따온 말. ㅇ孔子云(공자운)-《논어》 안연(顔淵)편에 보이는 말. 《논어》에서 자장(子張)이, 선비는 어떠하면 통달했다고 말할 수 있습니까하고 여쭈었다. 공자가 그대가 말하는 통달했다는 것은 무슨 뜻인가하니 자장이 나라에 있어도 명성이 반드시 들리고 집에 있어도 명성이 반드시 들리는 것이라고 하자 공자는 그런 들리는 것은 통달한 게 아니다고 말한 끝머리에서 따온 것이다.

解說 명성을 좋아하는 심리가 학문에 방해가 된다는 것은 이미 앞에서도 말한 바 있다. 학문과 명성은 아무런 관계가 없는 것이기 때문이다. 다만 《논어》의 구절들은 왕양명이 자기 생각에 맞추어 해석한 것에 지나지 않으며 공자의 참뜻이 그러했다고 단정할 수는 없는 일이다.

107. 나는 후회를 많이 했다. 선생님께서 말씀하셨다.

"뉘우쳐 깨닫는다는 것은 병폐를 없애는 약이 된다. 그러나 그것을 고치는 일이 귀중한 것이다. 만약 뉘우침 가운데 머물러 있기만 한다면 다시 약 때문에 병이 날 것이다."

原文 **侃多悔. 先生曰, 悔悟是去病之藥. 然以改之爲貴. 若留滯於中, 則又因藥發病.**

註解 ㅇ留滯於中(유체어중)-뉘우침 가운데 그대로 머물러 있다. 뉘우치고만 있다.

解說 잘못은 곧 뉘우치고 고쳐야 한다는 상식적인 교훈이다.

108. 유덕장(劉德章)이 말했다.

"듣건대 선생님께서는 순금에다 성인을 비유하시면서, 그 무게로서는 성인의 크기를 비유하시고, 그것의 단련으로는 학자들의 공부를 비유하셨다는데 매우 절실한 가르침으로 압니다. 다만 요임금·순임금은 만일(萬鎰)의 무게라면 공자는 9천일 정도의 무게라 하신 것은 타당치 않은 것이 아닌가 의심스럽습니다."

선생님께서 말씀하셨다.

"이것은 또 육체의 감정에서 생각하기 때문이다. 그래서 성인들을 놓고 무게를 다투게 되는 것이다. 만약 육체적인 감정에서 생각한 것이 아니라면 요임금과 순임금을 만일 정도라 한 것도 많지 않을 것이고, 공자는 9천일 정도라 한 것도 적지 않을 것이다. 요임금과 순임금의 만일은 공자의 것이 될 수도 있고, 공자의 9천일은 요임금과 순임금의 것이 될 수도 있는 것이어서 본시 내것 네것이 없는 것이다. 그래서 그분들을 성인이라 부르는 것이다.

오직 정순하고 순일한 것이 문제이지 많고 적은 게 문제가 되는 것은 아니다. 오직 그의 마음이 천리에 순수한 점만이 같다면 곧 다같이 성인이라 할 수가 있는 것이다. 그분들의 역량이나 기백 같은 것이야 어떻게 모두가 같을 수가 있겠는가?

후세의 선비들은 오직 무게를 가지고서 크기를 비교하려고만 든다. 그래서 공리적인 생각으로 흘러들게 되는 것이다. 만약 무게를 비교하려는 마음을 제거해 버리기만 하면 모든 사람들이 자기의 역량과 정신을 다하여 오직 그의 마음을 천리에 순수하게 만드는 노력만을 하여 곧 사람마다 자연히 모두가 원숙해질 것이다. 그러면 곧 크게 되기를 원하는 사람은 크게 되고, 작게 되기를 원하는 사람은 작게 되며, 밖에다 바랄 필요가 없이 모든 게 갖추어질 것이다.

이것이 바로 착실하고 참되게 선(善)을 밝히고 자신을 정성되이 하는 일이 된다. 후세의 선비들은 성인의 학문을 잘 알지 못하여 자기 마음의 진실한 지혜[良知]와 진실한 능력[良能]을 체득하여 확충시켜 나갈 줄을 모르고, 오히려 그가 알지 못하는 것이나 알려고 하고, 그가 하지 못하는 것이나 하려고 든다. 그들은 줄곧 높은 것만을 바라고 큰 것만을 생각하면서, 자기는 걸(桀)왕이나 주(紂)왕 같은 마음임을 알지 못하고 걸핏하면 요임금이나 순임금 같은 업적을 올리려 든다. 어떻게 그것이 될 수가 있겠느냐? 평생토록 평범히 지내다가 늙어 죽게 되면서도 끝내 무엇을 이루어 놓았는지 알지도 못하게 될 것이다. 가련하기 짝이 없지."

原文 德章曰, 聞先生, 以精金喩聖, 以分兩喩聖人之分量, 以鍛鍊喩學者之工夫, 最爲深切. 惟謂堯舜爲萬鎰, 孔子爲九千鎰, 疑未安.

先生曰, 此又是軀殼上起念. 故替聖人爭分兩. 若不從軀殼上起念, 卽堯舜萬鎰不爲多, 孔子九千鎰不爲少. 堯舜萬鎰只是孔子的, 孔子九千鎰只是堯舜的, 原無彼我. 所以謂之聖.

只論精一, 不論多寡. 只要此心純乎天理處同, 便同謂之聖. 若是力量氣魄, 如何盡同得?

後儒只在分兩上較量, 所以流入功利. 若除去了比較分兩的心, 各人儘著自己力量精神, 只在此心純天理上用功, 卽人人自有箇箇圓成. 便能大以成大, 小以成小, 不假外慕, 無不具足.

此便是實實落落, 明善誠身的事. 後儒不明聖學, 不知就自己心地良知良能上, 體認擴充, 卻去求知其所不知, 求能其所不能, 一味只是希高慕大, 不知自己是桀紂心地, 動輒要做堯舜事業. 如何做得? 終年碌碌至於老死, 竟不知成就了箇甚麼. 可哀也已.

註解 ㅇ德章(덕장)-성은 유(劉), 왕양명의 제자라는 것 이외엔 더이상

알 수 없다. ㅇ精金喩聖(정금유성)－성인을 순금에 비유하다. 앞 100조목을 참조하기 바람. ㅇ軀殼(구각)－신체, 육체적인 감정. 마음이나 정신의 대가 되는 것. 앞 102조목을 참조하기 바람. ㅇ實實落落(실실락락)－착실하고 참된 모양. ㅇ良知良能(양지양능)－진실한 지혜와 진실한 능력. 《맹자》 진심상(盡心上)편에 '사람이 배우지 않고도 할 수 있는 것이 그의 양능(良能)이다. 생각하지 않고도 아는 것이 그의 양지(良知)이다'고 한 데서 나온 말. 왕양명은 뒤에 이 '양지'와 '양능'을 그의 학설의 중심으로 삼았다. ㅇ一味(일미)－줄곧, 곧장. ㅇ碌碌(녹록)－작은 돌이 모여 있는 모양, 평범한 모양.

解說 왜 요순과 공자를 비교할 때 요순에게 더 많은 비중을 두었는가 하는 유덕장의 물음에 대한 대답이나 왕양명의 해명은 아무래도 자기가 이미 견주었던 사실을 명쾌하게 변명하지 못하고 있는 것 같다. 본시 요순이나 공자 같은 성인을 놓고 볼 때 누가 더 위대하냐의 비교는 안되는 것이다.

109. 내가 여쭈었다.

"이전의 선비들이 마음의 고요한 상태를 본체〔體〕라 하고 마음이 움직이는 상태를 작용〔用〕이라 하였는데, 이 설은 어떻습니까?"

선생님께서 말씀하셨다.

"마음은 움직이고 고요한 상태로써 본체와 작용으로 구분할 수는 없는 것이다. 움직이고 고요한 것은 시간적인 문제이다. 곧 마음이란 본체에 대하여 말할 것 같으면 작용이 본체 안에 있게 되고, 작용에 대하여 말할 것 같으면 본체가 작용 안에 있게 된다. 그래서 본체와 작용의 근원은 같다고 말하는 것이다.

만약 고요한 상태에서 그 본체를 볼 수 있고, 움직이는 상태에서 그 작용을 볼 수 있다고 말할 것 같으면 상관없는 일이다."

原文 侃問, 先儒以心之靜爲體, 心之動爲用, 如何?

先生曰, 心不可以動靜體用. 動靜, 時也. 卽體而言, 用在體. 卽用而言, 體在用. 是謂體用一源.

若說靜可以見其體, 動可以見其用, 卻不妨.

註解 ㅇ先儒(선유)－정자나 주자학파를 가리킨 것인데, 어디서 나온 말인지 분명치 않다. ㅇ體用一源(체용일원)－정이천(程伊川)의 〈역전서(易傳序)〉에 보이는 말. 앞 46조목을 참조하기 바람.

解說 마음을 본체와 작용으로 나눈다면 마음의 본성이 본체이고, 감정은 작용이라 할 것이다. 마음의 움직임과 고요함은 때에 따른 마음의 상태여서 본체와 작용으로 해석할 수는 없다는 것이다. 그것은 본체와 작용의 근원은 한 가지이며, 움직임과 고요함도 같은 마음의 상태라 본 것이다. 설간은 자기의 생각을 '옛 선비의 말'이라 하며 선생에게 질문을 했는지도 모른다.

110. 내가 여쭈었다.

"상급의 지혜있는 사람과 하급의 어리석은 사람은 어찌하여 바뀌어질 수가 없다는 것입니까?"

선생님께서 말씀하셨다.

"바뀌어질 수 없는 것이 아니라 바꾸려들지 않는 것을 뜻하는 것이다."

原文 問, 上智下愚, 如何不可移?

先生曰, 不是不可移, 只是不肯移.

註解 ㅇ上智下愚(상지하우)－《논어》 양화(陽貨)편에 '오직 상급의 지

혜[上智]와 하급의 어리석음[下愚]은 옮겨지지 않는 것이다'고 한 말을 가리킨다. ㅇ移(이)-옮겨지다, 바뀌어지다.

解說 공자의 말은 탄식한 것이며 공부의 효과를 부정한 것은 아니다. 하급의 어리석은 자라도 애써 공부하기만 하면 상급의 지혜를 갖출 수 있지만, 다만 어리석음으로 인하여 그러한 노력을 하려들지 않는다는 것이다.

111. 《논어》의 자하(子夏)의 문인이 자장(子張)에게 사람들과 사귀는 방법을 물은 대목에 대하여 여쭈니, 선생님께서 말씀하셨다.

"자하가 '좋은 사람과는 사귀어도 좋지만 좋지 않은 사람은 거절하라'고 말한 것은 아이들의 사귐을 두고 말한 것이고, 자장이 '군자는 현명한 사람을 존경하고 대중을 받아들이며, 착한 사람을 좋아하고 무능한 사람을 가엾게 여긴다'고 한 것은 어른들의 사귐을 두고 말한 것이다. 만약 이 말들을 잘 활용하기만 하면 모두가 옳은 것이다."

原文 **問子夏門人問交章, 先生曰, 子夏是言小子之交, 子張是言成人之交, 若善用之, 亦俱是.**

註解 ㅇ問交章(문교장)-《논어》 자장(子張)편을 보면 다음과 같은 기록이 있다. '자하(子夏)의 문인이 자장에게 사람들의 사귐에 대하여 물었다. 자장이 자하는 무엇이라 말씀하셨느냐고 되물으니, 문인이 대답하였다. "자하께서는 말씀하시기를 좋은 사람과는 더불어 사귀고 좋지 않은 사람은 사귐을 거절하라고 하셨습니다." 자장이 말하였다. "내가 들은 것은 그것과 다르다. 군자는 현명한 사람을 존중하면서 대중들을 받아들이며, 선한 사람은 좋아하고 무능한 사람은 가엾이 여긴다. 내가 크게

현명하다면 사람들에게 어찌 받아들여지지 않겠는가? 내가 현명하지 못하다면 사람들이 나를 거절할 게 아닌가? 어떻게 남을 거절할 수가 있겠는가?"'

解說 자하와 자장의 모순된 얘기를 왕양명은 잘 조화시키고 있다. 이것은 왕양명의 경전에 대한 독특한 해석방법이라고도 할 수 있다.

112. 난혜(欒惠)가 물었다.

"《논어》 첫머리의 '배우고 때때로 그것을 익힌다면 또한 기쁘지 않은가!'라는 글에 대하여, 주자는 '배운다[學]'는 것을 '선각자들이 한 행동을 본뜬다[效]'는 뜻으로 해석하고 있는데 어떻습니까?"

선생님께서 말씀하셨다.

"배운다는 것은 사람의 욕망을 버리고 천리를 보존하는 것을 배우는 것이다. 사람의 욕망을 버리고 천리를 보존하는 일에 종사하기 위해서는 곧 스스로 선각자들을 참고로 바로잡거나 옛 가르침에 대하여 연구하면서, 스스로 자세히 묻고 분명히 분별하고 신중히 생각하고 연구하고 마음을 기르고 자신을 살피고 자기를 이겨내고 마음을 다스리는 공부를 해야만 할 것이다. 그러나 이것은 오직 자기 마음의 개인의 욕망을 버리고 나의 마음의 천리를 보존하려는 것에 불과한 일이다.

만약 '선각자들이 한 행동을 본뜬다'고 할 것 같으면 곧 그것은 배움 가운데의 한 가지 일만을 말한 것이 되며, 또한 오로지 밖에 대해서만 추구하는 것 같다. '때때로 익히는 것'을 '시동(尸童)과 같이 앉는 것'이라고도 설명했지만, 그것은 오로지 앉는 방법만을 익히는 것이 아니라 앉아 있을 적에 자기의 마음을 익히는 것을 뜻한다. 또 그것을 '재계하듯이 서있는 것'이라고도 설명했지만, 그것은 오로지 서있는 방법만을 익히는 것이 아니라 서있을 적에 자기의 마음을 익히는 것을 뜻한다.

'기쁘다[說]'는 것은 《맹자》의 '이의(理義)가 내 마음을 기쁘게 한다'는 '기쁨'과 같은 것이다. 사람의 마음은 본시 스스로가 이의를 기뻐한다. 예를 들면 눈은 본시 색깔을 기뻐하고, 귀는 본시 소리를 기뻐한다. 오직 사람의 욕망에 가려지고 방해를 당하여서 비로소 기쁘지 않음이 있는 것이다. 지금 사람의 욕망을 매일 없애 간다면 곧 이의가 매일 두루 차게 될 것인데 어찌 기쁘지 않을 수가 있겠는가?"

原文 子仁問, 學而時習之, 不亦說乎. 先儒以學爲效先覺之所爲, 如何?

先生曰, 學是學去人欲, 存天理. 從事於去人欲, 存天理, 則自正諸先覺, 考諸古訓, 自下許多問辨思索存省克治工夫. 然不過欲去此心之人欲, 存吾心之天理耳.

若曰, 效先覺之所爲, 則只說得學中一件事, 亦似專求諸外了. 時習者, 坐如尸, 非專習坐也, 坐時習此心也. 立如齋, 非專習立也, 立時習此心也.

說是理義之說我心之說. 人心本自說理義, 如目本說色, 耳本說聲. 惟爲人欲所蔽所累, 始有不說. 今人欲日去, 則理義日洽浹, 安得不說?

註解 ㅇ子仁(자인)—성은 난(欒), 이름은 혜(惠), 자인은 그의 자이며 왕양명의 제자. ㅇ先儒(선유)—주자를 가리킨다. 주자는 《논어집주(論語集註)》에서 《논어》의 첫머리 '학(學)'자를 해설하여 '배운다는 것은 본받는다[效]는 뜻이다. 사람의 본성은 모두 선하지만 깨달음[覺]에는 선후가 있으니, 후각자는 반드시 선각자의 행위를 본받아야만 곧 선을 밝히어 그 처음의 형태로 되돌아갈 수 있는 것이다'고 설명하고 있다. ㅇ問辨(문변)—《중용》의 '자세히 묻고[審問], 밝게 분별함[明辨]'을 가리킴. ㅇ思

索(사색)-신중히 생각하고[愼思], 연구하는 것[考索]. ㅇ存省(존성)-마음을 보존하여 기르고[存養], 자기 자신을 살피는 것[省察]. ㅇ克治(극치)-자기를 극복하고 자기 마음을 다스리는 것. ㅇ坐如尸(좌여시)-주희는 사상채(謝上蔡)의 말을 인용하여 '때때로 익힌다[時習]는 것은 무시로 복습하여, 시동(尸童)과 같이 앉아 있음으로써 앉아 있을 때에 익히고, 재계를 하듯이 서있음으로써 서있을 때에 익힌다는 것이다'고 설명하고 있다. '시(尸)'는 제사지낼 때 신주(神主)의 역할을 하는 시동(尸童). ㅇ理義之說我心(이의지열아심)-《맹자》 고자상(告子上)편의 말. '이의'란 '도리' 또는 '올바른 이치'와 비슷한 뜻이나 왕양명은 '천리'와 가까운 뜻으로 받아들이고 있다. ㅇ洽浹(흡협)-두루 퍼지는 것.

解說 《논어》의 첫구절을 왕양명은 자기 학설에 입각하여 풀이하고 있다. '학(學)'자를 '사람의 마음을 버리고 천리를 보존하는 것', '열(說)'자를 '이의(理義)가 마음에 두루 참을 기뻐하는 것'으로 해석하는 것은 본뜻과 오히려 거리가 먼 것인지도 모른다. 다만 한 가지 자기 학설을 모든 경전의 해설에까지 적용시키는 왕양명의 태도는 높이 사야 할 것이다.

113. 진국영(陳國英)이 여쭈었다.

"증자(曾子)의 세 가지 반성은 비록 절실한 것이기는 하지만 아마도 공자님의 '일관되는 도'에 관해 듣지 않았을 적의 공부겠지요?"

선생님께서 말씀하셨다.

"'일관되는 도'의 가르침은 공자께서 증자가 아직 공부하는 요점을 알지 못하고 있음을 보고서 얘기해 준 것이다. 학문하는 사람들이 정말로 '충(忠)과 서(恕)'에 대하여 공부할 수만 있다면 어찌 바로 '일관되는 도'가 되지 않겠느냐?

'일(一)'이란 나무의 뿌리와 같은 것이고 '관(貫)'이란 나무의 가지와 잎새 같은 것이다. 뿌리가 박혀 있지 않다면 어찌 가지와 잎새가 자랄 수가 있겠느냐?

본체〔體〕와 작용〔用〕은 한 가지 근원이다. 본체가 서있지 않다면 작용이 어디에서 생겨나겠느냐? 주자가 '증자는 그 작용에 대하여는 이미 어떤 일에나 정통하여 알고 있어서 힘써 행하고 있었으나 다만 그 본체가 일(一)임을 아직 알지 못하고 있었다'고 한 말은 아마도 잘못된 설명일 것이다."

原文 國英問, 曾子三省雖切, 恐是未聞一貫時工夫.

先生曰, 一貫是夫子見曾子未得用功之要, 故告之. 學者果能忠恕上用功, 豈不是一貫?

一如樹之根本, 貫如樹之枝葉. 未種根, 何枝葉之可得?

體用一源. 體未立, 用安從生? 謂曾子於其用處, 蓋已隨事精察, 而力行之, 但未知其體之一, 此恐未盡.

註解 ㅇ國英(국영)-성이 진(陳)이라는 것만을 알 수 있을 뿐이다. ㅇ三省(삼성)-세 가지에 대하여 반성하다, 세 번으로 풀이하기도 한다. 《논어》 학이(學而)편에 '증자가 말하기를 나는 매일 나 자신 세 가지에 대하여 반성한다. 사람들과 일을 꾀함에 충실하였는가? 친구들과 사귐에 신용이 있었는가? 선생님의 가르침을 잘 익혔는가?하는 것이다'라고 했다. ㅇ一貫(일관)-하나로 관통되다. 《논어》 이인(里仁)편에 '선생님께서 증삼(曾參)아, 나의 도는 하나로써 관통된다고 하셨다. 증자는 그렇습니까? 하고 대답했다. 선생님께서 나가시자 제자들이 그에게 무슨 뜻이냐고 물었다. 증자는, 선생님의 도는 충(忠)과 서(恕)일 따름이다고 대답하였다' 하였다. ㅇ忠恕(충서)-'충'은 '충실한 것', '서'는 '자기의 입장으로 미루어 남을 생각하는 것'. ㅇ曾子於其用(증자어기용)-주자의 《논어》 주에 보이는 말.

解說 《논어》의 '일관되는 도'에 대해서는 송대 이후로 깊은 뜻이 있

는 말이라고 크게 토론이 되었다. 모든 공자의 가르침이 '충과 서' 하나로 귀결됨이 분명히 선언되어 있기 때문이다. 왕양명도 송대 학자들과 이 점에 있어서는 견해가 다르지 않았다. 다만 증자가 도의 작용〔用〕만을 알고 본체〔體〕를 잘 몰랐다는 해설에 대하여 반대한다. 본체와 작용은 한 가지 근원이어서 어느 한편만 알고 어느 한편은 모를 수가 없는 것이기 때문이다.

114. 황종명(黃宗明)이 《논어》에서 공자가 자공(子貢)에게 '너와 안회(顔回)는 누가 더 훌륭한가?'고 물은 대목에 대하여 여쭈었다.

선생님께서 말씀하셨다.

"자공은 많이 배워서 알고 있지만 보고 듣는 데 대해서만 공부를 하였다. 안회는 그의 마음에 대하여 공부를 하였다. 그래서 성인께서는 질문으로써 그를 깨우쳐 주었던 것이다.

그러나 자공의 대답은 또 오직 지식과 듣고 보는 것에 관한 것이었다. 그래서 성인께서는 탄식하며 애석해하셨던 것이지 그에게 동의한 것은 아니다."

原文 黃誠甫問, 汝與回也孰愈章.

先生曰, 子貢多學而識, 在聞見上用功. 顔子在心地上用功. 故聖人問以啓之.

而子貢所對, 又只在知見上. 故聖人嘆惜之, 非許之也.

註解 ㅇ黃誠甫(황성보)-이름은 종명(宗明), 호는 치재(致齋), 성보는 그의 자이며 왕양명의 제자. ㅇ汝與回也孰愈(여여회야숙유)-《논어》 공야장(公冶長)편에 '선생님께서 자공에게 물으셨다. 너와 안회는 누가 더 훌륭한가? 자공이 대답하였다. 제가 어찌 감히 안회를 따르기 바라겠습니까? 안회는 한 가지를 들으면 열 가지를 알지만 저는 한 가지를 들으면

두 가지를 아는 정도입니다. 공자께서 말씀하셨다. 그렇다. 나나 너나 모두 그만 못하지'라고 실려 있다. ㅇ多學而識(다학이식)－《논어》 위령공(衛靈公)편에 보이는 말. ㅇ啓(계)－열어 주다. 깨우치다.

解說 여기에 공자와 자공의 문답도 왕양명의 해설이 꼭 옳다고 보기는 어렵다. 공자가 반드시 안회가 자기 마음에 대하여 공부한 것을 자공에게 깨우쳐 주려고 물은 질문이란 증거는 없다. 다만 이 대목도 왕양명이 모든 경전을 자기 학설에 맞추어 해석하려는 노력을 보여 주는 것으로 이해하면 그만일 것이다.

115. "안회(顔回)는 '노여움을 남에게 옮기지 아니하고 거듭 같은 잘못을 저지르지 않는다' 하였는데, 이것은 역시 '감정이 드러나기 전의 중(中)을' 지니고 있어야만 비로소 가능한 일이다."

原文 顔子不遷怒, 不貳過, 亦是有未發之中, 始能.

註解 ㅇ不遷怒(불천노)－자기의 노여운 기분을 남이나 또는 다른 일에까지 옮기지 않는다. 이 말은 《논어》 옹야(雍也)편에 공자가 안회를 칭찬하는 말에 보인다.

解說 안회가 자기의 노여운 기분을 남에게까지 옮기지 않고, 거듭 같은 잘못을 저지르지 않았다는 것은 고도의 수양을 쌓았기 때문이라는 것이다.

116. "나무를 심는 사람은 반드시 그 뿌리에 흙을 북돋아 주어야 하고, 덕을 심는 사람은 반드시 그의 마음을 길러야만 한다. 나무를

곧게 기르려면 반드시 처음 생장할 때 번잡한 가지들을 잘라 주어야만 한다. 덕이 성대하게 하려면 반드시 처음 배우기 시작할 때 외부에 대한 흥미를 버려야만 한다. 만약 외부에 대한 흥미로써 시나 글을 짓는다면 곧 그의 정신이 나날이 그의 몸으로부터 새어나가 시와 글로 옮겨가게 될 것이다. 모든 갖가지 외부에 대한 흥미가 모두 그러하다."

또 말씀하셨다.

"내가 여기에서 학문을 논하는 것은 무(無) 가운데에 유(有)를 생기게 하는 공부이다. 여러분은 반드시 그것을 믿고서 그렇게 되려고 해야만 한다.

오직 뜻이 서있어야 한다. 학문하는 사람이 한마음으로 선을 행하려는 뜻은 마치 나무를 심는 것과 같다. 자라는 것을 돕지도 말 것이며 잊지도 말 것이며, 오직 북돋아 자라도록 하기만 하면 자연히 밤낮으로 자라나서 생기도 나날이 완전해지고 가지와 잎새도 나날이 무성해질 것이다.

나무가 처음 생장할 적에 번잡한 가지들이 나오면 반드시 잘라 줘야만 한다. 그래야만 뿌리와 줄기가 크게 자랄 수 있는 것이다. 처음 학문을 시작할 적에도 역시 그러하다. 그러므로 뜻을 세우는 데 있어서는 한 가지 일로 통일하는 게 소중한 일이다."

原文 種樹者, 必培其根, 種德者, 必養其心. 欲樹之長, 必於始生時, 刪其繁枝. 欲德之盛, 必於始學時, 去夫外好. 如外好詩文, 則精神日漸漏泄, 在詩文上去. 凡百外好, 皆然.

又曰, 我此論學, 是無中生有的工夫. 諸公須要信得及.

只是立志. 學者一念爲善之志, 如樹之種. 但勿助勿忘, 只管培植將去, 自然日夜滋長, 生氣日完, 枝葉日茂.

樹初生時, 便抽繁枝, 亦須刊落, 然後根榦能大. 初學時亦

然. 故立志貴專一.

註解 ㅇ種德(종덕)－덕을 심다. 덕을 기르다. ㅇ刪(산)－잘라내다. ㅇ外好(외호)－외부에 대한 기호. 외부에 대한 흥미. ㅇ勿助勿忘(물조물망)－돕지도 말고 잊지도 말라. 《맹자》 공손추상(公孫丑上)편에 있는 말. ㅇ抽(추)－솟아나다, 자라나다. ㅇ刊落(간락)－잘라내다, 잘라 버리다.

解說 공부하는 것을 나무 기르는 일에 비유하면서 너무 취미에 치우치는 경향을 경계한 말이다.

117. 어떤 얘기 끝에 선생님의 문하에서는 모인(某人)은 마음을 기르는 공부를 하였고, 모인은 지식과 견문을 얻는 공부를 하였다고 논하였다. 이때 선생님께서 말씀하셨다.

"오로지 마음만을 기르는 사람은 나날이 자기의 부족함을 알게 되지만, 오로지 지식과 견문만을 추구하는 사람은 나날이 자기가 늘어가고 있음을 알게 된다. 그러나 나날이 부족함을 아는 사람이 나날이 늘어나는 것이고, 나날이 늘어감을 아는 사람이 나날이 부족해지는 사람인 것이다."

原文 **因論, 先生之門, 某人在涵養上用功, 某人在識見上用功.**

先生曰, 專涵養者, 日見其不足, 專識見者, 日見其有餘. 日不足者, 日有餘矣. 日有餘者, 日不足矣.

註解 ㅇ因論(인론)－어떤 일로 말미암아 ……을 논하였다. ㅇ涵養(함양)－마음을 기르다. 마음에 천리를 기르다. ㅇ識見(식견)－지식과 견문.

解說 이미 앞에서도 여러번 말한 바 있지만 왕양명은 '마음이 곧 이(理)'라는 전제 아래 학문이란 지식의 추구보다도 마음을 기르는 일

에 더욱 노력해야 한다는 것이다. 여기에서는 마음을 기르는 일과 지식을 추구하는 일을 재미있게 대비시켰다.

118. 양작(梁焯)이 여쭈었다.

"정주학(程朱學)에서 말하는 '공경히 지낸다[居敬]'는 것과 '이치를 추구한다[窮理]'는 것은 두 가지 일인데도 선생님께서는 한 가지 일로 보시는데 어째서 그렇습니까?"

선생님께서 말씀하셨다.

"하늘과 땅 사이에는 오직 그 한 가지 일이 있을 따름이니, 어찌 두 가지 일이 있겠느냐? 만약 만 가지 다른 것을 논할 것 같으면 '예의에는 3백 가지, 위의(威儀)에는 3천 가지'가 있다고 하였으니 또 어찌 두 가지에 그치겠느냐?

'공경히 지낸다'는 것은 어떤 것이고 '이치를 추구한다'는 것은 어떤 것이라 생각하고 있는지 자네가 말해 보게."

"'공경히 지낸다'는 것은 마음을 보존하고 기르는 공부이고, '이치를 추구한다'는 것은 사물의 이치를 연구하는 것입니다."

"마음을 보존하고 기른다는 것은 무엇을 뜻하느냐?"

"그것은 자기 마음의 천리를 보존하고 기르는 것입니다."

"그렇다면 역시 '이치를 추구하는 것'이 되어 버렸어."

다시 말씀하셨다.

"어떻든 어떻게 사물의 이치를 연구하는 것인가 말해 보게나."

"예를 들면 부모를 섬기자면 곧 효도의 이치를 연구해야 하며, 임금을 섬기자면 곧 충성의 이치를 연구해야 합니다."

"충성과 효도의 이치는 임금이나 부모의 몸에 달려 있느냐, 자기 마음에 달려 있느냐? 만약 자기 마음에 달려 있는 것이라면 역시 그것도 자기 마음의 이치를 추구하는 것이 된다.

그리고 어떤 것을 '공경하는 것'이라 생각하는지 말해 보아라."

"그것은 오직 마음을 하나로 집중하는 것[主一]입니다."

"마음을 하나로 집중한다는 것은 어떻게 하는 것인가?"

"만약 책을 읽는다면 곧 온 마음을 책 읽는 데 두고, 일을 할 적에는 곧 온 마음을 일하는 데 두는 것입니다."

"그렇게 되면 술을 마실 적에는 곧 온 마음을 술 마시는 데 두고, 여색(女色)을 좋아한다면 곧 온 마음을 여색에 두는 게 된다. 그런 것은 외물(外物)을 좇는 것인데 어떻게 '공경히 지내는' 공부가 되겠는가?"

양작이 거기에 대하여 가르침을 요청하니 선생님께서 말씀하셨다.

"'하나'란 천리인 것이다. '하나로 집중하는 것'은 온 마음을 천리에 두는 것이다. 만약 오직 '하나로 집중하는 것'만을 알고서 '하나'가 곧 '이(理)'임을 알지 못한다면 실제로 일이 있게 되면 곧 외물을 좇게 되고, 일이 없을 적에는 곧 공허한 게 되고 만다. 오직 일이 있건 일이 없건 간에 온 마음을 언제나 천리에 두도록 공부해야 한다. 그래서 '공경히 지내는 것'이 바로 '이치를 추구하는 것'이 되는 것이다.

'이치를 추구하는 것'은 한 곳에 오로지 집중하는 것을 두고서 바로 '공경히 지내는 것'이라 말하는 것이다. '공경히 지내는 것'의 정밀한 점을 두고서 바로 '이치를 추구하는 것'이라 말하는 것이다. 그러니 '공경히 지내면서' 달리 또 '이치를 추구하는' 마음이 있는 것도 아니며, '이치를 추구할' 적에 달리 또 '공경히 지내는' 마음이 있는 것도 아니다. 명칭은 비록 같지 않지만 공부하는 데 있어서는 한가지 일인 것이다.

예를 들면 《역경》에 있는 '공경함으로써 속마음을 곧게 하고, 의로움으로써 밖의 일을 반듯하게 한다'는 말에서, '공경함'이 바로 일 없는 적의 '의로움'이며, '의로움'이 바로 일 있을 적의 '공경함'인 거나 같다. 두 구절이 모두 한 가지 얘기를 하고 있는 것이다.

공자께서 '자기를 닦음에 있어서 공경함으로 한다'고 말씀하신 것은 곧 '의로움'을 얘기할 필요가 없었기 때문이다. 《맹자》에서 '의로움을 모은다[集義]'고 한 것은 '공경함'을 얘기할 필요가 없었기 때문이다. 이것을 알았다면 이렇게 말하거나 저렇게 말하거나 공부는 언제나 같은 것이 될 것이다.

만약 문자에 얽매이거나 글귀만을 좇기만 하고 근본 요령은 알지 못한다면 곧 지리멸렬이 되어 공부는 귀착점이 전혀 없게 될 것이다."

"또 '이치를 추구하는 것'이 어찌하여 바로 '본성을 다하는 것'이 됩니까?"

"마음의 본체[體]가 본성이고, 본성이 바로 이이다. 어짊[仁]의 이치를 추구하려면 정말로 어질어야만 하고 어짊을 다해야만 한다. 의로움[義]의 이치를 추구하려면 정말로 의로워야 하고 의로움을 다해야만 한다. 어짊과 의로움이 바로 우리의 본성이다. 그러므로 '이치를 추구하는 것'이 바로 '본성을 다하는 것'이 되는 것이다.

맹자가 말씀하신 것처럼 '남을 측은히 여기는 마음'을 확충시켜 나아가면 어짊은 이루 다 쓸 수도 없을만큼 크게 될 것이다. 이것이 바로 '이치를 추구하는' 공부인 것이다."

양작이 말했다.

"옛날 정이천(程伊川)이 말하기를 '한 포기 풀, 한 그루 나무에도 모두 이가 있으니 잘 살피지 않으면 안된다'고 하였습니다. 그것은 어떻습니까?"

선생님께서 말씀하셨다.

"나는 그럴 틈이 없다. 자네도 먼저 자기의 본성과 감정을 이해하도록 해야만 할 것이다. 반드시 사람의 본성을 다할 수 있어야만 다시 사물의 본성을 다할 수 있게 되는 법이다."

양작은 송구스러운 듯한 태도로 깨달음이 있었다.

原文 梁日孚問, 居敬窮理是兩事. 先生以爲一事, 如何?

先生曰, 天地間, 只有此一事, 安有兩事? 若論萬殊, 禮儀三百, 威儀三千, 又何止兩?

公且道, 居敬是如何, 窮理是如何.

曰, 居敬是存養工夫, 窮理是窮事物之理.

曰, 存養箇甚?

曰, 是存養此心之天理.

曰, 如此, 亦只是窮理矣.

曰 且道, 如何窮事物之理.

曰, 如事親, 便要窮孝之理, 事君, 便要窮忠之理.

曰, 忠與孝之理, 在君親身上, 在自己心上? 若在自己心上, 亦只是窮此心之理矣.

且道, 如何是敬.

曰, 只是主一.

曰, 如何是主一?

曰, 如讀書, 便一心在讀書上, 接事, 便一心在接事上.

曰, 如此, 則飮酒, 便一心在飮酒上, 好色, 便一心在好色上. 卻是逐物, 成甚居敬工夫?

日孚請問. 曰, 一者, 天理. 主一是一心在天理上. 若只知主一, 不知一卽是理, 有事時便是逐物, 無事時便是着空. 惟其有事無事, 一心皆在天理上用功. 所以居敬亦卽是窮理.

就窮理專一處說, 便謂之居敬. 就居敬精密處說, 便謂之窮理. 卻不是居敬了, 別有箇心窮理, 窮理時, 別有箇心居敬. 名雖不同, 功夫只是一事.

就如易言, 敬以直內, 義以方外, 敬卽是無事時義, 義卽是有事時敬. 兩句合說一件.

如孔子言, 修己以敬. 卽不須言義. 孟子言, 集義, 卽不須言敬. 會得時, 橫說竪說, 工夫總是一般.

若泥文逐句, 不識本領, 卽支離決裂, 工夫都無下落.

問, 窮理, 何以卽是盡性?

曰, 心之體, 性也. 性卽理也. 窮仁之理, 眞要仁極仁, 窮義之理, 眞要義極義. 仁義只是吾性, 故窮理卽是盡性.

如孟子說, 充其惻隱之心, 至仁不可勝用, 這便是窮理工夫.

日孚曰, 先儒謂, 一草一木, 亦皆有理, 不可不察. 如何?

先生曰, 夫我則不暇. 公且先去理會自己性情. 須能盡人之性, 然後能盡物之性.

日孚悚然有悟.

註解 ㅇ梁日孚(양일부)－이름은 작(焯), 일부는 그의 자이며 왕양명의 제자. ㅇ居敬窮理(거경궁리)－'공경히 지내는 것[居敬]'은 《논어》 옹야(雍也)편에서, '이치를 추구하는 것[窮理]'은 《역경》 설괘전(說卦傳)에서 나온 말인데, 정자(程子)의 제자인 사상채(謝上蔡)에 의하여 학문 방법으로 강조되었다. 그리고 주자도 이 두 가지를 크게 강조하여, 이후 학자들의 중요한 수행조목이 되었다. ㅇ禮儀三百威儀三千(예의삼백위의삼천)－《중용》에서 예의의 강목이 많음을 강조한 것임. ㅇ主一(주일)－하나를 위주로 하다. 하나에 집중하다. 정이천(程伊川)이 '이른바 공경함[敬]이란 하나에 집중하는 것[主一]을 공경이라 한 것이고, 이른바 하나[一]란 딴 곳으로 분산됨이 없음을 하나라 한 것이다'고 한 말에서 나온 것으로서 '공경함'을 뜻한 것이다. ㅇ逐物(축물)－외부의 물건을 좇는 것, 외물에 마음을 빼앗기는 것. ㅇ着空(착공)－텅 비게 되다, 공허하게 되다. ㅇ易言(역언)－《역경》 곤(坤)괘 문언전(文言傳)에 보이는 말. ㅇ孔子言(공자언)－《논어》 헌문(憲問)편에 보이는 말. ㅇ孟子說(맹자설)－《맹자》 공손추상(公孫丑上)편에 보이는 말. ㅇ先儒謂(선유위)－정이천(程伊川)의 말. 주자의 《대학혹문(大學或問)》에도 인용되어 있음. ㅇ我則不暇(아즉불하)－《논어》 헌문(憲問)편에 보이는 말. ㅇ盡人之性(진인지성)－《중용》에 보이

는 구절.

解說 '공경히 지내고' '이치를 추구하는 것'은 정주학(程朱學)에서 중요시한 학문 방법이다. 다만 그들은 하나는 '자기 마음속의 이치를 보존하고 기르는 것' 다른 하나는 '밖의 사물의 이치를 추구하는 것'의 두 가지로 보았었다. 그러나 왕양명은 '격물치지'나 마찬가지로 '자기 마음의 천리를 보존하는' 한 가지 일로 보았다. 이 두 가지 말은 같은 한 가지 일을 하나는 '하나로 집중된 면' 다른 하나는 그 '정밀한 면'에서 표현을 달리했을 따름이라는 것이다. 이처럼 왕양명은 모든 학설을 자기 주장 한 가지로 통일하여 풀이하고 있다.

119. 기원형(冀元亨)이 여쭈었다.

"앎이 어떻게 해서 마음의 본체가 된다는 것입니까?"

선생님께서 말씀하셨다.

"앎이란 이(理)의 영묘한 곳이다. 그 주재자의 위치를 두고 말할 적에는 곧 그것을 마음이라 하고, 하늘로부터 타고난 것을 두고 말할 적에는 곧 그것을 본성이라 말한다. 맹자께서 '어린아이라 할지라도 그의 부모를 사랑할 줄 모르는 사람은 없고 그의 형을 공경할 줄 모르는 사람은 없다'고 말한 것과 같다. 오직 이 마음의 영묘한 능력이 사사로운 욕망에 의하여 막혀 버리지 않고 제대로 다 확충된다면 곧 완전히 그 본체가 되어 바로 하늘과 땅의 덕과 합치되는 것이다. 성인 이하의 사람들이라면 사사로운 욕망에 사로잡히지 않을 수가 없다. 그러므로 반드시 '사물을 올바로 함〔格物〕'으로써 '그의 앎을 완전하게 함〔致知〕에 이르러야 한다."

原文 惟乾問, 知如何是心之本體?

先生曰, 知是理之靈處. 就其主宰處說, 便謂之心, 就其稟賦處說, 便謂之性. 孩提之童, 無不知愛其親, 無不知敬其兄, 只是這箇靈能, 不爲私欲遮隔, 充拓得盡, 便完完是他本體, 便與天地合德. 自聖人以下, 不能無蔽. 故須格物以致其知.

註解 ㅇ惟乾(유건)－성은 기(冀), 이름은 원형(元亨), 호는 암재(闇齋), 유건은 그의 자. 왕양명의 제자로서 강의(剛毅)한 선비로 알려졌다. ㅇ孩提之童(해제지동)－이 구절은 《맹자》 진심상(盡心上)편에 보인다. 맹자는 '양지(良知)'를 설명하기 위하여 이런 말을 하고 있다. ㅇ充拓(충척)－확충하고 개척하는 것. ㅇ與天地合德(여천지합덕)－《역경》 건(乾)괘 문언전(文言傳)에 보이는 말.

解說 왕양명의 '격물치지' 해설은 뒤에는 《맹자》의 '진실한 앎[良知]을 완전히 하는 것'으로 발전한다. 그것은 '앎'이 아무런 사사로운 욕망에 사로잡히지만 않으면 '마음의 본체'가 된다는 생각을 근거로 삼은 것이다.

120. 수형(守衡)이 여쭈었다.

"《대학》의 공부는 한마디로 '뜻을 정성되이 하는 것[誠意]'이라 할 수 있습니다. '뜻을 정성되이 하는' 공부는 다시 한마디로 '사물을 올바르게 하는 것[格物]'에 불과합니다. '몸을 닦고[修身]', '집안을 정제히 하고[齊家]', '나라를 다스리고[治國]', '온 세상을 평화롭게 한다[平天下]'는 것도 오직 '뜻을 정성되이 하는 것'에 다 포함되는 것입니다. 그리고 '마음을 바르게 하는[正心]' 공부도 있는데 '성을 내든가 즐기는 것이 있으면 그 올바름이 얻어지지 않는다'고 한 것은 어째서입니까?"

선생님께서 말씀하셨다.

"그것은 스스로 생각함으로써 터득해야만 한다. 그것을 알게 되면 곧 '감정이 드러나기 전의 중(中)'도 알게 될 것이다."

수형이 거듭 가르침을 요청하자 선생님께서 말씀하셨다.

"학문을 하는 노력에는 얕고 깊은 차이가 있다. 처음 시작할 때부터 만약 착실히 뜻을 지니어 선은 좋아하고 악을 싫어하지 않는다면 어떻게 선을 행하고 악을 배척할 수가 있겠느냐? 이 착실히 뜻을 지니는 것이 바로 '뜻을 정성되이 하는 것'이 된다.

그러나 마음의 본체는 본시 아무런 물건도 아니라는 것을 알지 못하고 계속 뜻을 지니어 선을 좋아하고 악을 싫어하기만 한다면 곧 그러한 의식만이 많아져서 널따랗고 크고 공정하게[大公] 되지 않는다. 《서경》에서 말한 '좋아하는 작위(作爲)도 없고 싫어하는 작위도 없게' 되어야만 비로소 본체에 이르게 된다. 그래서 '성내고 즐기는 것이 있으면 곧 마음의 올바름을 얻지 못한다'고 말하는 것이다.

'마음을 바르게 하는 것'은 오직 '뜻을 정성되이 하는 것'의 내면을 뜻하는 것이니, 자기 자신의 마음의 본체를 올바로 체득하여 언제나 맑은 거울이나 균형잡힌 저울 같은 상태에 있도록 하여야만 한다. 이것이 바로 '감정이 드러나기 전의 중'인 것이다."

原文 守衡問, 大學工夫, 只是誠意. 誠意工夫, 只是格物. 修齊治平, 只誠意盡矣. 又有正心之功, 有所忿懥好樂, 則不得其正, 何也?

先生曰, 此要自思得之. 知此, 則知未發之中矣.

守衡再三請, 曰, 爲學工夫, 有淺深. 初時, 若不着實用意去好善惡惡, 如何能爲善去惡? 這着實用意, 便是誠意.

然不知心之本體, 原無一物, 一向着意去好善惡惡, 便又多了這分意思. 便不是廓然大公. 書所謂無有作好作惡, 方是本體.

正心, 只是誠意工夫裏面, 體當自家心體, 常要鑑空衡平, 這便是未發之中.

註解 ㅇ守衡(수형)－왕양명의 제자임에는 틀림없겠으나 그의 성명조차 도 알 수 없다. ㅇ書所謂(서소위)－《서경》 홍범(洪範)편에 있는 말. ㅇ鑑空(감공)－깨끗한 거울에 아무것도 비취지 않고 맑은 것. ㅇ衡平(형평)－저울대가 균형을 유지하고 있는 것.

解說 여기의 수형(守衡)은 왕양명의 제자 중에서도 입문자였던 것 같다. 그는 《대학》의 본문을 이론으로 이해하려 하다 왕양명에게 대답을 거부당한다. 재삼 가르침을 요청하자, 그가 근본적인 것으로 본 '뜻을 정성되이 하는 것'보다도 내면적인 공부가 마음을 바르게 하는 것임을 설명한다.

121. 황홍강(黃弘綱)이 여쭈었다.

"'군자는 남이 보지 않는 곳에서 경계〔戒〕하고 남이 듣지 않는 곳에서 두려워한다'고 한 것은 자기도 의식하지 않을 때의 공부이고, '홀로 있을 적을 삼간다'고 한 것은 자기만이 홀로 의식하고 있을 적의 공부인 것 같습니다. 이 생각은 어떻습니까?"

선생님께서 말씀하셨다.

"그것은 한 가지 공부이다. 아무 일도 없을 적에는 본시부터 자기 홀로 의식하고 있겠지만, 일이 있을 적이라 하더라도 역시 자기 홀로 의식하고 있는 것이다. 사람들이 만약 이러한 홀로 의식하고 있는 데 대하여 공부하는 것에 힘쓸 줄 모른다면, 오직 사람들 모두가 아는 것에만 힘쓰게 될 것이니 곧 위선이 될 것이다. 곧 '군자를 만난 뒤에도 감추려들게 될 것'이다.

이 홀로만 의식하고 있는 것이 바로 '정성됨'의 싹인 것이다. 이곳에선 착한 생각이나 악한 생각은 말할 것도 없이 아무런 헛된 거짓이 없을 것이니, 한 가지가 옳으면 백 가지가 옳고 한 가지가 잘못되면 백 가지가 잘못되어 있을 것이다. 바로 왕도(王道)와 패도(覇道), 의로움과 이익, 정성됨과 거짓됨, 선과 악의 분계점인 것이다. 여기에서 한 번 굳건히 바로 서기만 하면 곧 근본을 바로잡고 근원을 맑게 하는 게 되며, 바로 '정성됨'을 세우는 게 되는 것이다.

옛사람들이 행한 허다한 '자신을 정성되이 하는' 공부의 정신과 명맥의 전체가 바로 이곳에 있었던 것이다. 정말로 '그보다 더 드러나는 게 없고 그보다 더 뚜렷한 게 없는 것'이 바로 이것이다. 따라서 언제나 어느 곳에서나 끝도 없고 시작도 없이 오직 여기에 대한 공부를 해야만 하는 것이다.

지금 만약 '경계하고 두려워하는 것'을 따로 떼어 자기도 의식하지 않을 때의 공부라 한다면 곧 그의 공부는 지리멸렬이 되고 또 중단이 생기게 될 것이다. 이미 '경계하고 두려워한다' 했으니 그것은 의식하고 있는 것이다. 자기가 만약 의식하지 못하고 있다면 누가 '경계하고 두려워한다'는 말인가? 그러한 견해는 곧 불교의 '씨와 본성을 끊어 없애고 좌선(坐禪)에 안정되는 것'과 같은 방향으로 흘러가게 될 것이다."

"선한 생각이나 악한 생각을 논할 것 없이 아무런 헛된 거짓도 없는 것은 곧 홀로만이 의식하고 있는 경지가 되겠습니다. 그러나 그 이상 아무런 생각도 없을 적은 없다는 말씀이십니까?"

"'경계하고 두려워한다'는 것도 역시 생각하는 것이다. '경계하고 두려워하는 생각'은 언제건 멈춰서는 안된다. 만약 '경계하고 두려워하는 마음'이 약간이라도 존재하지 않고 있다면 곧 멍청하지 않으면 악한 생각에 이미 빠져 있을 때일 것이다. 아침부터 저녁에 이르기까지 젊은이나 늙은이나 만약 아무런 생각도 없게 되려면, 곧 자기 의식조차도 없게 되려면 그것은 잠을 잘 때가 아니면 안될 것이고, 마른 나무나 불꺼진 재가 되지 않으면 안될 것이다."

原文 正之問, 戒懼是己所不知時工夫, 愼獨是己所獨知時工夫. 此說如何?

先生曰, 只是一箇工夫. 無事時, 固是獨知. 有事時, 亦是獨知. 人若不知於此獨知之地用力, 只在人所共知處用功, 便是作僞. 便是見君子而後厭然.

此獨知處, 便是誠的萌芽. 此處不論善念惡念, 更無虛假. 一是, 百是. 一錯, 百錯. 正是王覇, 義利, 誠僞, 善惡界頭. 於此一立立定, 便是端本澄源, 便是立誠.

古人許多誠身的工夫, 精神命脉全體, 只在此處. 眞是莫見莫顯. 無時無處, 無終無始, 只是此箇工夫.

今若又分戒懼爲己竹不知, 卽工夫便支離, 亦有間斷. 旣戒懼, 卽是知. 己若不知, 是誰戒懼? 如此見解, 便要流入斷滅禪定.

曰, 不論善念惡念, 更無虛假, 則獨知之地, 更無無念時邪?

曰, 戒懼亦是念. 戒懼之念, 無時可息. 若戒懼之心, 稍有不存, 不是昏瞶, 便已流入惡念. 自朝至暮, 自少至老, 若要無念, 卽是己不知, 此除是昏睡, 除是槁木死灰.

註解 ㅇ正之(정지)－성은 황(黃), 이름은 홍강(弘綱), 호는 낙촌(洛村), 정지는 그의 자이며 왕양명의 제자. ㅇ戒懼(계구)－《중용》에서 '군자는 남이 보지 않는 곳에서 경계[戒]하고 남이 듣지 않는 곳에서 두려워한다[懼]'고 한 말을 가리킨다. ㅇ愼獨(신독)－《중용》에서 '군자는 그가 홀로 있을 때를 삼간다'고 한 말을 가리킴. ㅇ厭然(염연)－감추어 없애려는 모양. 이 구절은 《대학》에서 '소인은 한가히 지내게 되면 좋지 않은 짓을 하여 하지 않는 짓이 없게 된다. 그러나 군자를 보고 난 뒤에는 염연(厭然)히 그의 좋지 않음을 감추려 든다'고 한 구절을 인용한 것이다. ㅇ王覇(왕패)－왕도(王道)와 패도(覇道). 덕으로 다스리는 정치와 힘이나 술책으로 다스리는 정치. ㅇ界頭(계두)－분계점. 분기점. ㅇ莫見莫顯(막현

막현)－'은밀한 것보다 더 드러나는 것〔見〕은 없고, 미세한 것보다 더 뚜렷한 것〔顯〕은 없다'는 《중용》의 말을 가리킨다. ㅇ斷滅禪定(단멸선정)－'종성(種性)을 단멸하고 좌선입정(坐禪入定)한다'는 불가의 말을 가리킨다. ㅇ昏瞶(혼궤)－눈이 안보이는 것. 흐리멍덩한 것. ㅇ昏睡(혼수)－잠자는 것. 정신을 잃는 것.

解說 황홍강이 '경계하고 두려워하는 것'을 무의식 상태에서의 공부라고 본 것은 주자가 '홀로 있을 적'이란 '남은 알지 못하고 자기 홀로만이 아는 곳'이라 해석한 것을 근거로 한 생각인 듯하다. 그러나 무의식 상태에서 '경계하고 두려워할' 수 없는 것임은 왕양명이 지적한 것처럼 틀림없는 일일 것 같다. 왕양명은 더욱이 자기 학설의 입장에서 '경계하고 두려워하는 것'이나 '홀로 있을 때를 삼가는 것'이나 같은 공부라 보고 있다.

122. 지도(志道)가 여쭈었다.

"순자(荀子)가 말하기를 '마음을 기르는 데 있어서는 정성됨〔誠〕보다 좋은 것은 없다'고 하였는데, 정자(程子)는 그것을 옳지 않다고 하였으니 어째서일까요?"

선생님께서 말씀하셨다.

"그것을 바로 옳지 않다고 해서도 안되는 것이다. '정성〔誠〕'이란 글자를 공부하는 것으로 해설하는 이도 있다. '정성'이란 마음의 본체이다. 그 본체로 되돌아갈 것을 추구한다는 것은 바로 '정성됨을 생각하는' 공부인 것이다. 정명도(程明道)는 '정성됨과 공경함을 갖고 어짊〔仁〕의 이(理)를 보존한다' 하였는데, 역시 이와 같은 뜻이다. 《대학》에서도 '그 마음을 올바로 하고자 한다면 먼저 그의 뜻을 정성되이 해야 한다'고 하였다.

순자의 말에는 본시 병폐가 많기는 하다. 그러나 일괄하여 결점을 찾느라 애써서는 안된다. 대체로 사람들의 이론을 들을 때 먼저 선입관이 있다면 곧 지나친 견해를 갖게 되는 것이다. 《맹자》의 '부하게 되는 것은 어질지 않다'는 말도 맹자가 양호(陽虎)에게서 취한 말인 것이다. 이것으로서도 곧 성현들의 크게 공정한 마음을 알 수 있을 것이다."

原文 志道問, 荀子云, 養心莫善於誠. 先儒非之, 何也?

先生曰, 此亦未可便以爲非. 誠字, 有以工夫説者. 誠是心之本體. 求復其本體, 便是思誠的工夫. 明道説以誠敬存之, 亦是此意. 大學, 欲正其心, 先誠其意.

荀子之言, 固多病. 然不可一例吹毛求疵. 大凡看人言語, 若先有箇意見, 便有過當處. 爲富不仁之言, 孟子有取於陽虎. 此便見聖賢大公之心.

註解 ○志道(지도)－어떤 사람인지 분명하지 않다. ○荀子(순자)－이 구절은 《순자》 불구(不苟)편에 보인다. ○先儒(선유)－정자(程子)를 가리킨다. 그는 '순자는 마음을 기름에 있어서는 정성됨보다 좋은 것은 없다고 하였다. 이미 정성되다면 무엇을 기를 게 있겠는가?'고 말했다. ○思誠(사성)－《맹자》 이루상(離婁上)편에 '정성됨은 하늘의 도요, 정성됨을 생각하는 것[思誠]은 사람의 도이다'고 말했다. ○明道說(명도설)－식인편(識仁篇)의 정명도의 말. ○一例(일례)－일괄하다. 한 가지 예로써 모든 것을 미루는 것. ○吹毛求疵(취모구자)－짐승 몸의 털을 불어 헤치면서 그 속의 흠을 찾아내는 것(《漢書》 武帝本紀의 말). ○爲富不仁(위부불인)－《맹자》 등문공상(滕文公上)편에 '양호(陽虎)가 말하기를 부하게 되자면 어질지 않고, 어짊을 행하자면 부해지지 않는다 하였다'는 말이 보인다. ○陽虎(양호)－춘추시대 노(魯)나라 사람, 자는 화(貨). 계씨(季氏)의 가신(家臣)으로 있다가 권세를 쥐고자 반란을 일으켰다. 모습이 공자와 비슷해서 유명하며 《논어》에는 양화(陽貨)편이 있다.

解說 '정성됨'을 마음의 본체로 본다면 순자의 말은 옳지 않지만 '뜻을 정성되이 하다'는 '정성됨'으로 말하면 순자의 말이 옳다. 따라서 여기에서는 순자의 이론이 옳고 그른 것보다도 남의 의견을 올바로 이해할 줄 아는 태도를 강조한 왕양명의 가르침을 중시해야 할 것이다.

123. 소혜(蕭惠)가 여쭈었다.

"제 자신을 이겨내기가 어려운데 어떻게 하면 됩니까?"

선생님께서 말씀하셨다.

"너의 자신이란 것을 가져와 보거라. 네 대신 이겨내 줄 테니."

"……."

"사람은 반드시 자신을 위하는 마음이 있어야만 비로소 자기 자신을 이겨낼 수가 있는 것이다. 자신을 이겨낼 수가 있어야만 비로소 자기를 이룩할 수가 있는 것이다."

소혜가 여쭈었다.

"저도 퍽 자신을 위하는 마음은 갖고 있습니다. 그런데도 어째서 자기는 이겨낼 수가 없는지 알지를 못하겠습니다."

선생님께서 말씀하셨다.

"그러면 네가 자기를 위하는 마음을 어떻게 지니고 있는가를 말하여 보거라."

소혜는 한참만에야 여쭈었다.

"저는 온 마음으로 좋은 사람이 되려 하고 있습니다. 곧 그것을 퍽 자기를 위하는 마음을 갖고 있다고 말한 것입니다. 지금 다시 생각해 보니 역시 그것은 육체적인 자기를 위한 것이었지 진정한 자기를 위한 것은 아니었던 것 같습니다."

선생님께서 말씀하셨다.

"진정한 자기가 어찌 육체를 떠날 수가 있겠느냐? 아마 너는 그 육체적인 자기까지도 위한 일이 없었던 것 같구나. 어떻든 네가 말하는 육체적인 자기란 어쩌면 귀와 눈과 입과 코와 사지를 가리키는 것이 아니었는가 말해 보아라."

소혜가 아뢰었다.

"바로 그렇습니다. 이 눈을 위해서는 바로 색깔이 필요하고, 귀를 위해서는 바로 소리가 필요하고, 입을 위해서는 바로 맛이 필요하고, 사지를 위해서는 안락함이 필요했습니다. 그래서 자기를 이겨낼 수 없었던 것입니다."

선생님께서 말씀하셨다.

"노자(老子)의 말처럼 '아름다운 색깔은 사람의 눈을 멀게 하고, 아름다운 소리는 사람의 귀를 먹게 하고, 아름다운 맛은 사람의 입맛을 버리게 하고, 말달리고 사냥하는 것은 사람의 마음을 발광케 한다'. 이것들은 모두가 너의 귀와 눈과 입과 코와 사지를 해치는 것이다. 어찌 이것들이 너의 귀와 눈과 코와 사지를 위할 수가 있겠느냐?

만약 귀와 눈과 입과 코와 사지를 위하려 할 것 같으면 곧 반드시 귀는 어떻게 들어야 하고, 눈은 어떻게 보아야 하고, 입은 어떻게 말해야 하고, 사지는 어떻게 움직여야 하는가를 생각해야만 한다. 반드시 예가 아닐 적에는 보지도 듣지도 말하지도 움직이지도 말아야만 비로소 올바른 코와 사지가 이룩되는 것이다. 이것이 바로 귀와 눈과 입과 코와 사지를 위하는 것이다.

네가 지금 하루종일 밖으로 쏘다니면서 구하는 것은 명성을 위한 것이거나 이익을 위한 것일 게다. 이것들은 모두가 육체, 즉 외면의 사물을 위하는 것이다. 네가 만약 귀와 눈과 입과 코와 사지를 위한다면 그것은 예가 아닐 적에는 보지도 듣지도 말하지도 움직이지도 않을 것이다. 그러나 어찌 너의 귀와 눈과 입과 코와 사지가 스스로 보지도 듣지도 말하지도 움직이지도 않을 수야 있겠느냐? 그것은 반드시 너의 마음을 통해서 해야만 되는 것이다.

이 보고 듣고 말하고 움직이는 것은 모두 너의 마음이 보려는 것이 눈을 통하여 보이는 것이고, 너의 마음이 들으려는 것이 귀를 통하여 들리는 것이고, 너의 마음이 말하려는 것이 입을 통하여 말하게 되는 것이고, 너의 마음이 움직이려는 것이 사지를 통하여 움직이는 것이다. 만약 너의 마음이 없다면 곧 너의 귀와 눈과 입과 코도 없는 거나 같게 될 것이다.

이른바 너의 마음이란 또한 한 덩어리의 피와 살로만 되어 있는 것은 아니다. 만약 그것이 한 덩어리의 피와 살뿐이라면, 지금 이미 죽어 있는 사람이라 하더라도 그 한 덩어리의 피와 살은 그대로 있는데 어찌하여 그는 보지도 듣지도 말하지도 움직이지도 못하겠는가?

이른바 너의 마음을 그처럼 보고 듣고 말하고 움직이게 하는 것은 바로 본성[性]이며 그것은 바로 원리인 것이다. 이 본성이 있어야만 비로소 이 본성의 생리(生理)가 생겨날 수 있는 것이다. 바로 그것은 어짊[仁]이라고 한다.

이 본성의 생리가 눈에 발휘되게 되면 곧 볼 수 있는 것이고, 귀에 발휘되게 되면 곧 들을 수 있는 것이고, 입에 발휘되게 되면 곧 말할 수 있는 것이고, 사지에 발휘되게 되면 곧 움직일 수 있는 것이다. 이것은 모두가 천리의 발생에 불과한 것이다. 그것이 한 몸을 주재(主宰)하고 있으므로, 그것을 마음이라 부르는 것이다.

이 마음의 본체는 원래가 오직 천리에 지나지 않는 것이어서 원래부터 예가 아닌 것은 없는 것이다. 이것이 바로 너의 진정한 자기인 것이다. 이 진정한 자기야말로 육체의 주재자이다. 만약 진정한 자기가 없다면 곧 육체도 없게 되는 것이다. 정말로 그것이 있으면 곧 살게 되고 그것이 없다면 곧 죽게 되는 것이다. 네가 만약 정말로 그 육체적인 자기를 위하려 한다면 반드시 이 진정한 자기를 사용해야 한다. 반드시 언제나 이 진정한 자기의 본체를 보존하고 지키어, 남이 보지 않을 적에도 경계하고 조심하며, 남이 듣지 않을 적에도 두려워하며, 오직 그 일부분이라도 파손될까 두려워해야만 한다. 그래야만 예가 아닌 것이 터럭끝만큼이라도 싹터서 움직이면 곧 칼로 베인 듯 침으로 찔린 듯하여 참고 견디지를 못하고 반드시 칼을 물리치고 침을 뽑아내 버릴 것이다. 이것이야말로 자기를 위하는 마음을 지닌 것이며 그래야만 자기를 이겨낼 수 있게 되는 것이다. 그때는 짐 도적을 자식처럼 알고 있는 거나 마찬가지인데, 어떻게 자기를 위하는 마음을 가지고 있는데도 자기를 이겨내지 못한다고 말할 수가 있겠는가?"

原文 蕭惠問, 己私難克, 奈何?

先生曰, 將汝己私來, 替汝克.

先生曰, 人須有爲己之心, 方能克己. 能克己, 方能成己.

蕭惠曰, 惠亦頗有爲己之心. 不知緣何不能克己.

先生曰, 且說, 汝有爲己之心是如何?

惠良久曰, 惠亦一心要做好人. 便自謂, 頗有爲己之心. 今思之看來, 亦只是爲得箇軀殼的己, 不曾爲箇眞己.

先生曰, 眞己何曾離着軀殼? 恐汝連邦軀殼的己也不曾爲. 且道, 卽汝所謂軀殼的己, 豈不是耳目口鼻四肢?

惠曰, 正是. 爲此目便要色, 耳便要聲, 口便要味, 四肢便要逸樂, 所以不能克.

先生曰, 美色令人目盲, 美聲令人耳聾, 美味令人口爽, 馳聘田獵令人發狂. 這都是害汝耳目口鼻四肢的. 豈得是爲汝耳目口鼻四肢?

若爲着耳目口鼻四肢時, 便須思量耳如何聽, 目如何視, 口如何言, 四肢如何動? 必須非禮勿視聽言動, 方才成得箇耳目口鼻四肢. 這箇才是爲着耳目口鼻四肢.

汝今終日向外馳求, 爲名爲利. 這都是爲着軀殼外面的物事.

汝若爲着耳目口鼻四肢，要非禮勿視聽言動時，豈是汝之耳目口鼻四肢，自能勿視聽言動? 須由汝心.

這視聽言動，皆是汝心. 汝心之視，發竅於目，汝心之聽，發竅於耳，汝心之言，發竅於口，汝心之動，發竅於四肢. 若無汝心，便無耳目口鼻.

所謂汝心，亦不專是那一塊血肉. 若是那一塊血肉，如今已死的人，那一團血肉還在，緣何不能視聽言動?

所謂汝心，卻是那能視聽言動的，這箇便是性，便是天理. 有這箇性，才能生這性之生理. 便謂之仁.

這性之生理，發生目便會視，發在耳便會聽，發在口便會言，發在四肢便會動. 都只是那天理發生. 以其主宰一身，故謂之心.

這心之本體，原只是箇天理，原無非禮. 這箇便是汝之眞己. 這箇眞己是軀殼的主宰. 若無眞己. 便無軀殼. 眞是，有之卽生，無之卽死. 汝若眞爲那箇軀殼的己，必須用着這箇眞己，便須常常保守着這箇眞己的本體，戒愼不覩，恐懼不聞，惟恐虧損了他一些. 才有一毫非禮萌動，便如刀割，如針刺，忍耐不過，必須去了刀，拔了針. 這才是有爲己之心，方能克己. 汝今正是認賊作子. 緣何卻說有爲己之心，不能克己?

註解 ㅇ蕭惠(소혜)－왕양명의 제자일 것이나 그에 관해 알려진 바가 없다. ㅇ將汝己私來(장여기사래)－너의 개인적인 자기를 가져와 보거라. 선가(禪家)의 상용어로써 달마(達磨)와 이조(二祖)인 혜가(慧可)와의 문답에서 시작되었다. ㅇ爲己(위기)－《논어》 헌문(憲問)편의 '옛날 학자는 자기를 위하였고[爲己], 지금의 학자는 남을 위하였다[爲人]'는 말에서 나왔음. 곧 '위기'란 자기를 훌륭하고 올바르게 만들기 위하여 노력하는 것이고, '위인'이란 남의 이목이나 남에게 알려지기 위하여 노력하는 것임. ㅇ連(연)－……까지도. ……조차도. ㅇ美色令人目盲(미색영인목맹)－뒤의

'영인발광(令人發狂)'까지 《노자》에 보이는 말. 다만 《노자》에선 '미(美)'자가 '오(五)'자로 씌어 있고, 끝의 '영인(令人)' 아래 '심(心)'자가 한 자 더 들어 있다. ㅇ非禮勿視聽言動(비례물시청언동)-《논어》 안연(顔淵)편에 '예가 아니거든 보지도 말고〔勿視〕, 예가 아니거든 듣지도 말고〔勿聽〕, 예가 아니거든 말하지 말고〔勿言〕, 예가 아니거든 움직이지 말라〔勿動〕'고 한 말을 줄인 것임. ㅇ發竅(발규)-구멍을 통하여 작용이 발휘되는 것. 의서(醫書)인 《소문(素問)》 금궤직언(金櫃直言)편에 보이는 말. ㅇ生理(생리)-생명의 원리. ㅇ軀殼(구각)-육체, 몸.

解說 자기를 이겨내려면 진실한 자기를 위할 줄 알아야 한다. 진실한 자기란 바로 천리이며 천리는 예에 어긋나지 않는 것이다. 따라서 예에 합당하게 보고 듣고 말하고 행동하는 것이 참된 자기를 완성시키는 것이며 정말로 자기를 위하는 게 된다. 그런데도 사람들은 자기 욕망을 충족시키는 것이 자기를 위하는 것이라 잘못 생각하고 있다. 예에 조금도 어긋나지 않게 자신을 다스리는 것이야말로 자기를 위하는 것이며, 그러면 쉽사리 자기를 이겨낼 수 있게 된다는 것이다.

124. 어떤 제자가 눈병이 나서 끙끙거리면서 매우 걱정을 하고 있었다. 선생님께서 말씀하셨다.

"그대는 자기의 눈은 귀중히 여기면서 마음은 천하게 여기고 있군."

原文 **有一學者, 病目, 戚戚甚憂. 先生曰, 爾乃貴目賤心.**

解說 자기 몸 아픈 데만 너무 신경을 쓰고 있는 제자에 대한 충고이다.

125. 소혜는 도교와 불교를 좋아하였는데 선생님께서 그에게 경고하셨다.

"나도 역시 어려서부터 그 두 가지 종교에 매우 열심이었다. 나 자신도 이미 꽤 터득한 게 있다고 생각하고 유학이란 공부할 만한 게 못된다고 여겼었다. 그 뒤로 오랑캐 땅에 3년 있으면서 성인의 학문이 그처럼 간결하고도 광대한 것임을 알게 되어 비로소 30년 동안 정력을 잘못 사용해 온 것을 스스로 한탄하며 후회했다.

대체로 도교와 불교의 학문도 오묘한 점에 있어서는 성인과 오직 약간의 차이가 있을 따름인 것이다. 그대가 지금 배우고 있는 것은 그 흙먼지에 지나지 않는다. 그것을 자신이 그토록 믿고 좋아하는 것은 진실로 올빼미가 썩은 쥐를 훔치는 것과 같은 일이다."

소혜가 도가와 불가의 오묘한 점을 여쭈니 선생님께서 말씀하셨다.

"그대에게 성인의 학문이 간결하고도 광대함을 얘기하였는데 그대는 내가 깨달은 것에 대해서는 묻지 않고 오직 내가 뉘우친 것에 대해서만 묻는구먼."

소혜는 부끄러이 여기고 사과드린 다음 성인의 학문에 대하여 가르침을 요청하였다. 선생님께서 말씀하셨다.

"그대는 이제야 겨우 인사를 차리며 질문할 줄 알게 되었군. 그대가 정말로 성인이 되고자 하는 마음을 분별하게 된 뒤에야 그대에게 말하기로 하지."

소혜가 새삼 가르침을 청하자 선생님께서 말씀하셨다.

"이미 그대에게 한마디로 다 말해 주었는데도 그대가 아직도 스스로 깨닫지 못하고 있는 것이다."

原文 蕭惠好仙釋. 先生警之曰, 吾亦自幼篤志二氏. 自謂, 旣有所得, 謂儒者爲不足學. 其後居夷三載, 見得聖人之學. 若是其簡易廣大, 始自嘆悔錯用了三十年氣力.

大抵二氏之學, 其妙與聖人只有毫釐之間. 汝今所學, 乃其土苴. 自信自好如此, 眞鴟鴞竊腐鼠耳.

惠請問二氏之妙. 先生曰, 何汝說聖人之學簡易廣大, 汝卻不問我悟的, 只問我悔的.

惠慚謝, 請問聖人之學. 先生曰, 汝今只是了人事問. 待汝辦箇眞要求爲聖人之心來, 與汝說.

惠再三請. 先生曰, 已與汝一句道盡. 汝常自不會.

註解 ㅇ自幼篤志二氏(자유독지이씨)－왕양명은 17세부터 30여 세에 이르기까지 도교와 불교사상에 심취하였었다. ㅇ居夷(거이)－귀주(貴州)에서 귀양살이했던 것을 가리킨다. ㅇ土苴(토자)－흙과 두엄. ㅇ鴟鴞竊腐鼠(치효절부서)－올빼미가 썩은 쥐를 훔치다. 《장자(莊子)》 추수(秋水)편에 나오는 얘기. 올빼미가 썩은 쥐를 한 마리 물고 있다가 하늘을 나는 붕(鵬)새가 그 썩은 쥐를 뺏어갈까 겁을 낸다. 붕새는 썩은 쥐는커녕 산 쥐도 거들떠보지 않는 위대한 새이다. ㅇ了(요)－이해한다, 알다. ㅇ人事問(인사문)－인사를 갖춘 질문.

解說 도교와 불교를 좋아하는 제자에게 올바른 공부를 하도록 충고하는 말이다. 여기에서 왕양명이 도교와 불교에 대한 비판이나 유학의 위대한 점을 설명하지 않는 것은 상대가 초학자이기 때문일 것이다. 초학자에게는 복잡한 이론보다도 간결한 학문방법이 더 소중한 것이다.

126. 유관시(劉觀時)가 여쭈었다.

"'감정이 드러나기 전의 중(中)'이란 어떤 것입니까?"

선생님께서 말씀하셨다.

"당신이 오직 남이 보지 않을 적을 경계하고 삼가고 남이 듣지 않을 적을 두려워함으로써 자기의 마음이 순수한 천리가 되도록 기르기만 한다면 곧 자연히 알게 될 것이오."

유관시가 어떤 모양으로 마음을 길러야 하는가 대강 알려주기를 요청하니 선생님께서 말씀하셨다.

"벙어리는 쓴 외를 먹었다 하더라도 당신에게 그 맛을 얘기할 수가 없소. 당신이 그 쓴맛을 알려 한다면 반드시 당신 스스로 먹어 보아야만 할 것이오."

이때 서애(徐愛)가 곁에 있다가 말했다.

"그러한 것이야말로 참된 앎[知]이요, 바로 행하는 것[行]일 것입니다."

단번에 자리에 있던 여러 친구들이 모두 깨달음이 있었다.

原文 劉觀時問, 未發之中是如何?

先生曰, 汝但戒愼不覩, 恐懼不聞, 養得此心, 純是天理, 便自然見.

觀時請略示氣象. 先生曰, 啞子吃苦瓜, 與你說不得. 你要知此苦, 還須你自喫.

時曰仁在傍曰, 如此, 才是眞知, 卽是行矣.

一時, 在座諸友, 皆有省.

註解 ㅇ劉觀時(유관시)－왕양명과 동향인 여요(余姚) 사람. ㅇ氣象(기상)－모양. 형상. ㅇ啞子(아자)－벙어리. '벙어리가 쓴 외를 먹는다'는 말은 선가(禪家)에서 말로 설명할 수 없는 일을 나타내는 상용어로 쓴다. ㅇ曰仁(왈인)－서애(徐愛)의 자.

解說 《중용》에 보이는 '감정이 드러나기 전의 중'이란 말로 설명하기 어려운 것이다. 실제로 마음에 천리를 의존하게 되면 자연히 그것을 알게 될 것이니 그렇게 하라는 것이다. 여기에서 그의 고제자인 서애는 이것이야말로 '지행합일'임을 깨닫는다.

127. 소혜(蕭惠)가 죽고 사는 원리에 대하여 여쭈었다. 선생님께서 말씀하셨다.

"낮과 밤을 안다면 죽음과 삶도 알 수 있을 것이다."

다시 낮과 밤의 원리에 대하여 여쭈니 선생님께서 말씀하셨다.

"낮을 안다면 밤도 알 터인데."

"낮에 대해서도 알지 못하는 게 있습니까?"

선생님께서 말씀하셨다.

"그대는 낮에 대하여 알고 있는가? 멍청히 일어났다가 우물우물 밥이나 먹고, 행동은 분명하지 않고, 배우는 건 똑똑하지 않고 하루종일 흐릿하게 지내는 것은 낮을 꿈꾸고 있는 데 불과한 것이다.

오직 '숨쉬는 사이에도 마음을 기르고 눈 깜빡하는 사이에도 마음을 보존함'으로써 자기의 마음이 또렷하고 분명하여 천리가 잠시도 중단되는 일이 없어야만 비로소 낮을 잘 안다고 할 것이다.

이것이 바로 천덕(天德)이라는 것이다. 그래야만 '낮과 밤의 원리에 통달하여 알게 되는 것'이다. 그밖에 다른 죽음과 삶의 원리가 있겠느냐?"

原文 蕭惠問死生之道.

先生曰, 知晝夜, 卽知死生.

問晝夜之道.

曰, 知晝則知夜.

曰, 晝亦有所不知乎?

先生曰, 汝能知晝? 懵懵而興, 蠢蠢而食, 行不著, 習不察, 終日昏昏, 只是夢晝.

惟息有養, 瞬有存, 此心惺惺明明, 天理無一息間斷, 才是能知晝.

這便是天德. 便是通乎晝夜之道而知. 更有甚麼死生?

註解 ㅇ死生之道(사생지도)－《논어》 선진편(先進篇)에 계로(季路)가 공자에게 죽음에 대하여 물은 대목의 주자(朱子)의 주에 정자(程子)의 말을 인용하여 '낮과 밤은 죽음과 삶의 원리[道]이다'고 말하고 있다. ㅇ懵懵(몽몽)－멍청한 것. 흐리멍덩한 것. 뒤의 혼혼(昏昏)과 비슷한 말. ㅇ蠢蠢(준준)－벌레가 움직이는 모양. ㅇ行不著習不察(행부저습불찰)－《맹자》 진심(盡心) 상편의 말. ㅇ息有養瞬有存(식유양순유존)－송대 장재(張載)의 《정몽(正蒙)》에 보이는 말. ㅇ惺惺(성성)－또렷한 것. 정신이 바싹 들어 있는 것. ㅇ通乎晝夜之道而知(통호주야지도이지)－《역경》 계사상전(繫辭上傳)에 보이는 말.

解說 사람의 삶과 죽음을 낮과 밤에 비유한 것은 이미 송대 학자에서 비롯되었다. 그러나 한순간도 천리를 잃지 않고 자기 마음에 올바로 보존해야만 참된 낮에 대하여 알게 된다고 한 것은 왕양명의 적극적인 학풍을 말해 준다. 그처럼 삶에 있어서도 언제나 마음에 순수한 천리를 보존할 수 있어야만 올바른 원리를 알게 된다고 생각했을 것이다. 인생을 성실히 살 것을 주장하는 왕양명의 태도에 머리가 숙여진다.

128. 마자신(馬子莘)이 여쭈었다.

"《중용》의 '도를 닦는 것을 가르침이라 한다'는 구절에 대하여 주자의 해설을 보면 '성인께서 우리의 고유한 본성을 정리하고 바로잡아서 천하의 법도로 삼은 것으로는 예의·음악·형벌·정치 같은 것이 그것이다'고 하였는데 그 의견은 어떻습니까?"

선생님께서 말씀하셨다.

"도란 바로 본성이며 바로 운명이다. 본시부터 아주 완전한 것이어서 늘일 수도 줄일 수도 없는 것이며, 수식을 가할 필요도 없는 것이다. 어찌 성인께서 정리하고 바로잡을 필요가 있겠는가?

그럴 필요가 있다면 불완전한 물건이 되고 만다. 예의·음악·형벌 · 정치는 천하를 다스리는 법이므로 본시가 가르침이라고도 말할 수가 있는 것이다. 그러나 자사(子思)의 본뜻은 아닐 것이다.

만약 주자의 설과 같다면 그 아래 가르침을 통하여 도로 들어가는 데 있어서 어찌하여 성인의 예의 · 음악 · 형벌 · 정치의 가르침은 버리고 달리 '경계하고 삼가고' '두려워하라'는 공부를 한 대목 얘기하고 있겠는가? 그렇다면 성인의 도는 헛되이 마련해 놓은 게 된다."

마자신이 거기에 대한 가르침을 요청하자 선생님께서 말씀하셨다.

"자사는 본성과 도와 가르침에 대하여 모두 근본적인 면에서 얘기한 것이다. 하늘이 사람에게 명하여 주었다면 곧 명하여 준 것을 본성이라 말하는 것이다. 그 본성을 따라서 행동한다면 곧 본성을 도라고 말하는 것이다. 도를 닦음으로써 공부를 한다면 곧 도를 가르침이라 말하는 것이다.

본성을 따른다는 것은 '정성된 것〔誠者〕'에 관한 일이어서, 이른바 '정성되므로 말미암아 밝아지는 것을 본성이라 말한다'는 것과 같은 것이다. 도를 닦는다는 것은 '정성되게 하는 것〔誠之者〕'에 관한 일이어서, 이른바 '밝음으로 말미암아 정성되게 되는 것을 가르침이라 말한다'는 것과 같은 것이다.

성인은 본성을 따라서 행동하므로 곧 그것이 도가 된다. 성인 이하의 사람들은 본성을 따를 수가 없으므로 도에 대하여 지나치거나 미치지 못하는 일을 면치 못하게 된다. 그러므로 반드시 도를 닦아야만 하는 것이다. 도를 닦는다면 곧 현명하고 지혜있는 사람도 지나치지 않게 되고, 어리석고 못난 사람도 미치지 못하는 일이 없게 된다. 모두가 이 도를 따르게 될 것이니 바로 이 도가 가르침이 되는 것이다.

이 가르친다는 '교(教)'자는 하늘의 도는 지극한 가르침이어서 바람과 비와 서리와 이슬이 모두 가르침이 아닌 게 없다는 '가르침〔教〕'과 같은 뜻이 된다. 도를 닦는다는 '수도(修道)'란 글자는 '도를 닦음에 어짊〔仁〕으로 한다'는 말과 같은 뜻이 된다.

사람은 도를 닦고 난 뒤에야 도를 어기지 않음으로써 그의 본성의 본체로 되돌아가게 되는데 바로 이것이 성인은 본성을 따른다는 도인 것이다.

아래쪽 '경계하고 삼가며' '두려워한다'는 것은 바로 도를 닦는 공부인 것이다. '중(中)'과 '화(和)'는 바로 그 본성의 본체로 되돌아간 상태인 것이다. 《역경》에서 말한 '이치를 추구하고 본성을 다하여 천명에 이르게 된다'는 것과 같은 상태이다. '중과 화를 이룩하여 하늘과 땅이 자리를 잡고 만물이 제대로 자라게 한다'고 한 것이 바로 본성을 다하여 천명에 이르게 되는 것이다."

原文 馬子莘問, 修道之教, 舊說謂, 聖人品節吾性之固有, 以爲法於天下, 若禮樂刑政之屬. 此意如何?

先生曰, 道卽性, 卽命. 本是完完全全, 增減不得, 不假修飾的. 何修要聖人品節?

卻是不完全的物件. 禮樂刑政, 是治天下之法, 固亦可謂之教. 但不是子思本旨.

若如先儒之說, 下面由教入道的, 緣下舍了聖人禮樂刑政之教, 別說出一段戒愼恐懼工夫? 卻是聖人之道爲虛設矣.

子莘請問, 先生曰, 子思性道教, 皆從本原上說. 天命於人, 則命便謂之性. 率性而行, 則性便謂之道. 修道而學, 則道便謂之教.

率性是誠者事, 所謂自誠明, 謂之性也. 修道是誠之者事, 所謂自明誠, 謂之教也.

聖人率性而行, 卽是道. 聖人以下, 未能率性, 於道未免有過不及. 故須修道. 修道, 則賢知者不得而過, 愚不肖者不得而不及. 都要循着這箇道, 則道便是箇教.

此敎字, 與天道至敎, 風雨霜露, 無非敎也之敎同. 修道字, 與修道以仁同.

人能修道, 然後能不違於道, 以復其性之本體, 則亦是聖人率性之道矣.

下面戒愼恐懼, 便是修道的工夫. 中和, 便是復其性之本體. 如易所謂窮理盡性, 以至於命. 中和位育, 便是盡性至命.

註解 ㅇ馬子莘(마자신)—그에 관한 사적이 알려지지 않는다. ㅇ修道之敎(수도지교)—《중용》의 첫머리에 '하늘이 명하여 준 것을 본성〔性〕이라 하고, 본성에 따름을 도(道)라 하고, 도를 닦는 것을 가르침〔敎〕이라 한다'고 한 끝 구를 가리킨다. ㅇ舊說(구설)—주자의 《중용장구(中庸章句)》의 '수도(修道)'를 해설한 부분을 가리킨다. 곧 '닦는다〔修〕는 것은 그것을 정리하고 바로잡는 것〔品節〕이다. 본성과 도는 비록 같지만 타고난 기질에 간혹 차이가 있어서 지나치고 미치지 못하는 차이가 없을 수가 없는 것이다. 성인께서는 사람과 물건이 마땅히 행해야 할 것을 정리하고 바로잡아서 천하의 법도를 삼았으니 곧 그것을 가르침〔敎〕이라 말하는 것이다. 예의·음악·형벌·정치 같은 것들이 그것이다'고 한 말을 뜻한다. ㅇ子思(자사)—《중용》은 공자의 손자인 자사가 지었다 한다. 자사는 이름이 급(伋)이고 증자(曾子)의 제자였다. ㅇ由敎入道(유교입도)—《중용》의 앞 첫대목에 이어 '도라는 것은 잠시도 떨어질 수가 없는 것이다. 떨어질 수 있다면 도가 아니다. 그러므로 군자는 남이 보지 않는 데서 경계하고 삼가고〔戒愼〕 남이 듣지 않는 데서 두려워하는 것〔恐懼〕이다'고 한 대목을 가리킨다. ㅇ誠者(성자)—《중용》에서 '정성된 것〔誠者〕은 하늘의 도요, 정성되게 하는 것〔誠之者〕은 사람의 도이다'고 하였다. ㅇ自誠明(자성명)—《중용》에서 '정성됨으로부터 밝아지는 것을 본성이라 말하고, 밝음으로부터 정성되는 것을 가르침이라 말한다'고 한 말에서 인용한 것임. ㅇ賢知者(현지자)—이 대목은 《중용》에서 '공자가 말씀하셨다. 도가 행해지지 않음을 나는 알고 있다. 지혜있는 자는 도에 지나치고 어리석은 자는 도에 미치지 못한다. 도가 밝혀지지 않음을 나는 알고 있다. 현명한

자는 도에 지나치고 못난 자들은 도에 미치지 못하는 것이다'고 한 말에 근거를 둔 것이다. ㅇ天道至教(천도지교)－이 대목은 《예기》 공자한거(孔子閒居)편에 '하늘에는 사철이 있으니 봄·여름·가을·겨울과 바람·비·서리·이슬이 있는데 가르침이 아닌 게 없다'고 한 말에 근거를 두고 있다. ㅇ修道以仁(수도이인)－《중용》의 '몸을 닦는 것은 도로써 하고, 도를 닦는 것은 어짊으로 한다'는 구절에서 인용한 말. ㅇ易所謂(역소위)－《역경》 설괘전(說卦傳)의 말. ㅇ中和位育(중화위육)－《중용》에서 '중과 화를 이룩하여 하늘과 땅이 자리잡게 하고 만물이 자라도록 한다'고 한 말을 가리킨다.

解說 《중용》의 본성[性]과 도(道)와 가르침[教]에 대한 해설은 옛부터 학자들에 따라 설명이 구구하다. 주자는 '가르침'을 상식적인 뜻으로 받아들여 예의·음악·형벌·정치 같은 것으로 보았기 때문에 '닦는다'는 것을 '도'를 바로잡고 정리하는 것으로 해석한 것이다. 그러나 왕양명은 '명(命)'과 '본성'과 '도'는 모두 동일한 것으로 보았다. 이것은 모두가 근본적인 것이어서 오직 성인에게만 발휘되는 것으로 여겼다. 따라서 '닦는다'는 말을 주자와는 달리 성인 이하의 사람들이 닦는다는 뜻으로 해석하였다.

그러나 도란 그 자체가 가르침이 될 수는 없는 것이다. 가르침의 표준은 될 수 있으나 그 자체가 가르치는 작용이 될 수는 없다. 주자의 해석도 그렇지만 왕양명의 해석도 명석하다고 보기는 어렵다. 다만 여기서도 한 가지 원리에 의하여 모든 것을 설명하려는 왕양명의 노력이 귀중하게 여겨진다.

129. 황종명(黃宗明)이 여쭈었다.

"공자가 안연(顏淵)이 나라를 다스리는 방법에 대하여 질문한 것에 대하여 대답한 것을 주자는 '만세토록 언제나 행해야 할 도를 세운 것이다'고 해설하였는데, 어떻습니까?"

선생님께서 말씀하셨다.

"안연은 성인의 본체를 갖추고 있던 분이어서, 나라를 다스리는 큰 근본과 큰 근원은 모두 이미 완비하고 있었다. 공자께서는 평소에 그에 관하여 이미 깊이 알고 계셨기 때문에 그때엔 전혀 말할 필요도 없었던 것이다. 그래서 오직 제도와 문교정책에 대해서만 말씀하셨던 것이다. 그러한 것들에 대해서도 역시 소홀히 해서는 안되는 것이며, 반드시 말씀하신 것처럼 해야만 비로소 최선을 다할 수가 있는 것이다.

또 자기의 본령인 마음이 올바르다고 해서 금령(禁令)이나 법칙(法則) 같은 것에 소홀해서는 안되는 것이다. 반드시 정(鄭)나라 노래 같은 것은 내치고 간사한 사람들은 멀리해야만 한다.

안연은 대체로 자기를 이겨내어 내면적인 수양과 덕에 대하여 마음을 쓰는 사람이었다. 공자께서는 그가 외면의 말단적인 제도에 대하여 간혹 소홀한 일이 있지 않을까 두려워하셨던 것이다. 그래서 그의 부족한 점에 대하여 보충해서 말씀하였던 것이다. 만약 다른 사람이었다면 반드시 '정치를 행하는 것은 사람에게 달린 것이니, 사람을 등용함에 있어서는 자신을 닦음으로써 본을 보여야 하고, 자신을 닦음에 있어서는 올바른 도로써 해야 하고, 도를 닦음에 있어서는 어짊〔仁〕으로써 해야 한다'든가 '통달하는 도리〔達道〕'나 '아홉 가지 원리〔九經〕' 또는 '자신을 정성되이 함〔誠身〕' 같은 여러 가지 공부들을 얘기했을 것이다. 그것이야말로 비로소 '만세에 영원히 행해져야 할 도'라고 할 수 있게 될 것이다.

그렇지 않고서 오직 하(夏)나라 시대의 역법(曆法)을 사용하고, 은(殷)나라 시대의 수레를 타고, 주(周)나라 시대의 관을 쓰고, 순(舜) 임금의 소무(韶舞)를 춘다고 해서 천하가 곧 다스려지겠는가? 후세 사람들은 안연이 공자 문하에서 첫째가던 사람이라는 것과 또 그가 나라를 다스리는 방법을 물었다는 사실만을 보고서 곧 그것을 천하의 큰일로 알았던 것이다."

原文 黄誠甫問, 先儒以孔子告顔淵, 爲邦之問, 是立萬世常行之道. 如何?

先生曰, 顔子具體聖人, 其於爲邦的大本大原, 都已完備. 夫子平日知之已深. 到此都不必言, 只就制度文爲上説. 此等處亦不可忽略, 須要是如此, 方盡善.

又不可因自己本領是當了, 便於防範上疏潤. 須是要放鄭聲, 遠佞人.

蓋顔子是箇克己向裏, 德上用心的人. 孔子恐其外面末節, 或有疏略. 故就他不足處, 幇補説. 若在他人, 須告以爲政在人, 取人以身, 修身以道, 修道以仁, 達道, 九經, 及誠身, 許多工夫. 方始做得, 這箇方是萬世常行之道.

不然, 只去行了夏時, 乘了殷輅, 服了周冕, 作了韶舞, 天下便治得? 後人但見, 顔子是孔門第一人, 又問箇爲邦, 便把做天下大事看了.

註解 ○黄誠甫(황성보)－이름이 종명(宗明), 왕양명의 제자로 앞에 이미 보였음. ○顔淵爲邦之問(안연위방지문)－《논어》 위령공(衛靈公)편에 '안연이 나라를 다스리는 방법에 대하여 여쭙자 공자께서 말씀하셨다. 하(夏)나라의 역법을 사용하고, 은(殷)나라의 수레를 타고, 주(周)나라의 관을 쓰며, 음악은 순(舜)임금의 소무(韶舞)를 사용하고 정(鄭)나라의 노래를 내치며 간사한 자들을 멀리한다. 정나라 노래는 음란하고 간사한 자들은 위태롭다'고 말한 대목을 가리킨다. ○萬世常行之道(만세상행지도)－《논어》 위령공편의 앞글의 주자 주(註)에 '삼대(三代)의 제도는 모두 시대를 따라 변화하여, 그것이 오래되자 폐단이 없을 수가 없게 되었다. 주(周)나라가 쇠퇴하자 성인이 나오지 않았다. 그래서 공자는 선왕의 가르침을 참작하여 만세토록 영원히 행해지는 도를 세웠다'고 한 것을 가리킨다. ○具體聖人(구체성인)－안연이 '공자 같은 성인의 본체를 다 갖추고 있다'는 뜻. ○文爲(문위)－문교정책. 문화시설. ○忽略(홀략)－소홀히 하다.

ㅇ本領(본령)－마음에 지니고 있는 근본. ㅇ防範(방범)－행동을 방지하는 금령(禁令)과 규범이 되는 법칙. ㅇ鄭聲(정성)－정(鄭)나라의 노래. 《시경》 국풍(國風)의 정풍(鄭風)을 보아도 음란한 시가 가장 많아, 옛부터 정나라의 노래는 음란한 시의 대명사처럼 쓰였다. ㅇ佞人(영인)－간사한 사람. ㅇ向裏(향리)－자기 내면의 마음의 수양에 힘쓰는 것. ㅇ幇補(방보)－돕고 보충해 주다. ㅇ爲政在人(위정재인)－아래 '성신(誠身)'까지 모두 《중용》에 보이는 말임. ㅇ達道(달도)－천하에 통달하는 도리. 임금과 신하·아버지와 자식·부부·형제·친구들 사이의 올바른 도리를 가리킨다(《중용》). ㅇ九經(구경)－아홉 가지 원칙, 즉 몸을 닦고, 어진이를 존경하고, 부모를 친근히 모시고, 대신을 공경하고, 여러 신하들을 체찰(體察)하고, 서민들을 사랑하고, 백공(百工)들을 모여들게 하고, 먼곳 사람들을 달래고, 제후들을 따르게 하는 것(《중용》). ㅇ輅(로)－천자가 타는 수레. ㅇ冕(면)－면류관.

解說 안연의 질문에 대답한 공자의 말이 정치의 원리가 아님은 분명한 일이다. 주자가 말한 것처럼 '만세토록 영원히 행해져야만 할 도'가 아님은 더 말할 나위도 없다. 그런 점에서 대화하는 사람의 성격과 시대성을 고려하며 해설한 왕양명의 견해가 빛난다.

130. 채종연(蔡宗兗)이 여쭈었다.

"주자가 《대학》을 새로 만든 판본은 '격물치지(格物致知)'장을 앞으로 내놓고 '성의(誠意)'장을 뒤로 하고 있습니다. 이것은 첫장의 차례와 들어맞는 공부 순서인 것 같습니다. 만약 선생님처럼 옛날 책의 설을 따를 것 같으면 곧 '성의'장이 도리어 '격물치지'장 앞에 오게 됩니다. 이 점에 대해서는 아직도 석연치가 않습니다."

선생님께서 말씀하셨다.

"《대학》의 공부도 바로 '밝은 덕을 밝힘[明明德]'에 있다. '밝은 덕을 밝힌다'는 것은 바로 '뜻을 정성되이 함[誠意]'이며, '뜻을 정성되이 한다'는 공부는 바로 '격물치지'가 되는 것이다.

만약 '뜻을 정성되이 함'을 주목적으로 하고서 '격물치지'의 공부를 한다면 공부가 비로소 올바로 낙착되게 될 것이다. 곧 선을 행하고 악을 버리는 것 어느 것이고 '뜻을 정성되이 함'의 일이 아닌 것이 없다.

주자의 신본처럼 먼저 사물의 이치를 올바로 추구하려든다면 곧 멍멍하고 망망하여 전혀 종잡을 곳이 없게 될 것이다. 그래서 반드시 '공경〔敬〕'이란 한 자를 더 보태야 되는 것이며, 그래야만 끌어다가 자기 몸과 마음으로 가져오게 할 수가 있는 것이다. 그러나 끝내 '공경'을 끌어들일 근거가 없는 것이다.

만약 반드시 '공경'이란 한 자를 보태야만 할 것 같으면 어찌하여 공자 문하에서는 오히려 가장 요긴한 글자를 빠뜨려 천여 년 뒤에 다른 사람이 나와 보충하게끔 하였겠느냐? 바로 '뜻을 정성되이 함'을 위주로 한다면 곧 '공경'이란 글자를 보탤 필요가 없게 되는 것이다. 그래서 '뜻을 정성되이 함'을 앞으로 끌어내어 얘기하고 있는 것이다. 이것이야말로 학문의 요점이 되는 것이다.

이것을 잘 살피지 않는다면 바로 조그만 출발의 차이가 결과적으로는 천리의 차이를 낳게 하는 결과가 될 것이다. 대체로 《중용》의 공부도 오직 '자신을 정성되이 함〔誠身〕'에 있다. '자신을 정성되이 함'이 극점에 이르면 바로 '지극한 정성〔至誠〕'이 되는 것이다. 《대학》의 공부는 오직 '뜻을 정성되이 함'에 있다. '뜻을 정성되이 함'이 극점에 다다르면 바로 '지극한 선〔至善〕'이 되는 것이다.

공부는 모두가 같은 것이다. 지금 이곳에는 '공경'자를 보충해 놓고 저곳에는 '정성'자를 보충해 놓고 하면서 해설하는 것은 뱀을 그림에 있어 다리를 더 공연히 그려 넣는 것과 같은 일이다."

原文 蔡希淵問, 文公大學新本, 先格致而後誠意, 工夫似與首章次第相合. 若如先生從舊本之說, 卽誠意反在格致之前. 於此尙未釋然.

先生曰, 大學工夫, 卽是明明德. 明明德, 只是箇誠意. 誠意的工夫, 只是格物致知.

若以誠意爲主, 去用格物致知的工夫, 卽工夫始有下落. 卽爲善去惡, 無非是誠意的事.

如新本, 先去窮格事物之理, 卽茫茫蕩蕩, 都無着落處. 須用添箇敬字, 方才牽扯得向身心上來. 然終是沒根源.

若須用添箇敬字, 緣何孔門倒將一箇最緊要的字落了, 直待千餘年後, 要人來補出? 正謂, 以誠意爲主, 卽不須添箇敬字. 所以提出箇誠意來說. 正是學問的大頭腦處.

於此不察, 直所謂毫釐之差, 千里之繆. 大抵中庸工夫, 只是誠身. 誠身之極, 便是至誠. 大學工夫, 只是誠意. 誠意之極, 便是至善.

工夫總是一般. 今說這裏補箇敬字, 那裏補箇誠字, 未免畫蛇添足.

註解 ㅇ文公大學新本(문공대학신본)-지금의 '사서(四書)'에 들어 있는 《대학》을 가리킨다. 주자는 《예기》로부터 《대학》 한 편을 빼내어 독립시킨 다음, 그것을 '경(經)'과 '전(傳)'으로 나누고 '전'의 순서를 경에 맞추어 바꾸기도 하고 보충해 놓기도 했다. ㅇ茫茫蕩蕩(망망탕탕)-넓고 끝이 없어 종잡을 수 없는 모양. ㅇ牽扯(견지)-끌어당기는 것. ㅇ敬字(경자)-주자는 《대학혹문(大學或問)》에서 '공경[敬]이란 글자는 성인의 학문의 처음도 되고 끝도 되는 근거이다', 또 《대학》의 정심수신(正心修身)장의 주에서 '마음이 보존되어 있지 않으면 그의 몸은 단속할 수 없다. 그래서 군자는 반드시 이를 잘 살피어 공경[敬]으로써 마음을 곧게 해야 한다'고 '공경'을 끌어다 수신(修身)하는 방법의 설명을 보충하고 있다. ㅇ畫蛇

添足(화사첨족)-뱀을 그림에 다리를 더 붙인다. '사족(蛇足)'을 붙인다고 도 말한다. 쓸데없는 것을 하는 것을 비유로 나타낸 말(《戰國策》).

解說 앞에서도 이미 왕양명의 '격물치지'에 대한 해설이 여러번 보였고 주자가 새로 편찬한 《대학》을 반대하고 《예기》의 본래의 《대학》이 바른 것임을 주장하는 입장도 밝혔다. 주자는 《대학》은 '격물치지'를 중심으로 삼는 것이라 이해했으나, 왕양명은 그 목표가 '밝은 덕을 밝힘'에 있고 '뜻을 정성되이 함'이 가장 중요한 일이라 본 것이다. 그는 《대학》뿐만 아니라 《중용》까지도 '뜻을 정성되이 함'을 주로 해설한 것이라 보았다. 그는 마음을 정성되이 함으로써 마음에 순수한 천리를 보존해야 한다는 주장으로 일관하고 있는 것이다.

이 뒤에 〈집재본(執齋本)〉에는 '이상은 상겸(尙謙)이 기록한 것으로 모두 33조목이다'라는 글이 있으나 〈전서본(全書本)〉에는 없다.

전습록 권중(卷中)

전관(錢寬)의 서문(錢德洪序)

전관(錢寬)이 말하겠다.

옛날에 남대길(南大吉)이 《전습록》을 절강(浙江)에서 간행한 일이 있는데, 그것은 2책으로 되어 있었다. 그리고 그 하책(下冊)은 양명 선생님의 편지 8편을 뽑아 실은 것이었다.

그 중에서 서성지(徐成之)에게 답한 두 통의 편지에 대하여는 선생님 스스로 이렇게 말씀하셨다.

"천하에서는 주희(朱熹)가 옳고 육상산(陸象山)이 잘못되었다는 평가가 이미 오랫동안 받아들여져 하루아침에 그것을 뒤엎는다는 것은 어려운 일이다. 두 통의 편지에서는 잠시 양편이 다 통한다는 이론으로 조정을 하면서 사람들로 하여금 스스로 생각하여 올바른 판단을 하도록 하였다."

그러니 남대길이 이것들을 하책의 앞머리에 수록한 것은 그의 뜻도 이러하였기 때문인 듯하다. 지금 와서는 주희와 육상산에 대한 분별이 세상에 명백해진 지 오래되었다. 내가 양명 선생님의 문집을 간행하면서 그 두 통의 편지를 《외서(外書)》에 넣은 것도 이론이 완전하지 못함을 보이려는 것이다. 그러므로 지금은 그것을 다시 수록하지 않는다.

그 나머지 편지들로 지행(知行)의 본체를 지적한 면에 있어서는 사람들에게 학문을 논하는 내용의 답장을 보낸 것과 주도통(周道通)·육청백(陸淸伯)·구양숭일(歐陽崇一)에게 답한 네 통의 편지보다 더 상세한 것은 없다. 그리고 격물(格物)이야말로 공부하는 사람들의 노력이 날로 드러나게 되는 곳임을 말한 면에 있어서는 나정암(羅整菴)에게 답한 한 통의 편지보다 더 상세한 것은 없다.

선생님께서는 평생을 천하 사람들의 비난과 박해로 만사일생(萬死一生)의 위험을 무릅쓰면서도 바쁜 듯이 강학(講學)하는 일을 잊지 않으시고, 오직 우리가 올바른 도에 대하여 듣지 못함으로써, 공명과 이익을 추구하며 기지로만 살아가려는 방향으로 흘러 날로 오랑캐나 새 짐승 같은 경지로 떨어지면서도 그것을 깨닫지 못할까 두려워하셨다. 선생님은 만물을 일체로 보시는 마음으로 평생을 두고 큰소리로 주장을 하시다가 돌아가신 다음에야 그러기를 그쳤던 것이다. 이것은 공자와 맹자 이래로 성현들께서 모두 고심하셨던 일이며, 비록 문인들이나 자제들이라 하더라도 그러한 실정을 위로해 드리기엔 힘이 모자랐다. 이러한 실정은 섭문울(聶文蔚)에게 보낸 첫번째 편지보다 더 상세한 것은 없다.

이것들은 모두 남대길이 수록한 옛날 체제를 그대로 따른 것이다. 그러나 '반드시 올바른 일에 힘쓴다'는 것이 '양지'를 이룩하는 공부가 됨을 명백하고 간단하며 절실하게 드러내어 사람들로 하여금 말이 떨어지자마자 곧 그 일에 착수할 수 있도록 하는 것으로는 또한 섭문울에게 답한 두 번째 편지보다 더 상세한 것은 없다. 그러므로 그것을 더 수록하게 된 것이다.

남대길은 당시에 비난의 소리가 시끄러운 중에도 몸소 올바른 학문을 밝히는 일에 자신을 바쳤으나, 마침내는 간사한 자들에게 배척을 받게 되었다. 그러나 의젓하게 오직 자기 생애에 올바른 학문에 관하여 들을 수 있었던 것만을 경하할 일이라 여기며, 터럭끝만큼도 분개하고 우울히 여기며 불평하는 기색이 전혀 없었다. 이 문집의 간행에 대하여 사람들은 동지들에게 공로가 매우 크다는 것은 알면서도, 그가 처했던 시국이 매우 어려운 때였음은 알지 못하고 있다. 지금 글을 보태고 빼고 하면서 시대적인 뜻에 비추어 보면 그러하다는 것이나, 거기에 더 보태고 빼고 한 일은 차마 하기 어려운 일이었다.

原文 德洪曰：昔南元善刻傳習錄於越，凡二冊．下冊摘錄先師手書，凡八篇．

其答徐成之二書，吾師自謂，天下是朱非陸．論定旣久，一旦反之爲難．二書姑爲調停兩可之說，使人自思得之．

故元善錄爲下冊之首者，意亦以是歟？今朱陸之辨，明於天下久矣．洪刻先師文錄，置二書於外集者，示未全也．故今不復錄．

其餘指知行之本體，莫詳於答人論學，與答周道通，陸淸伯，歐陽崇一四書．而謂格物爲學者用力日可見之地，莫詳於答羅整菴一書．

平生冒天下之非詆推陷，萬死一生，遑遑然不忘講學，惟恐吾人不聞斯道，流於功利機智，以日墮於夷狄禽獸而不覺．其一體同物之心，譊譊終身，至於斃而後已．此孔孟以來，賢聖苦心，雖門人子弟，未足以慰其情也．是情也，莫見於答聶文蔚之第一書．

此皆仍元善所錄之舊．而揭必有事焉，卽致良知功夫，明白簡切，使人言下卽得入手，此又莫詳於答文蔚之第二書．故增錄之．

元善當時洶洶，乃能以身明斯道，卒至遭奸被斥，油油然惟以此生得聞斯學爲慶, 而絶無有纖芥憤鬱不平之氣. 斯錄之刻, 人見其有功於同志甚大, 而不知其處時之甚艱也. 今所去取, 裁之時義則然. 非忍有所加損於其間也.

註解 ㅇ德洪(덕홍)－전관(錢寬), 그의 자가 덕홍임. 뒤에는 자를 홍보(洪甫), 호를 서산(緖山)이라 하였다. 왕양명의 제자. ㅇ南元善(남원선)－이름은 대길(大吉), '원선'은 그의 자임. 호는 서천(瑞泉). 왕양명의 제자. ㅇ越(월)－지금의 절강성(浙江省). 가정(嘉靖) 3년(1524), 남대길이 절강성 소흥(紹興)에서 이전에 간행된 《전습록》에 하(下)권이란 형식으로 지금의 중(中)권을 간행하였다. ㅇ是朱非陸(시주비륙)－주희(朱熹)를 옳다 하고, 육상산(陸象山)이 잘못되었다고 하다. 주희가 '성즉리(性卽理)'라 한 데 대하여, 육상산은 '심즉리(心卽理)'라 주장하며 주희와 논쟁을 벌였다. 세상에선 주자학(朱子學)이 우세하였으나, 왕양명은 육상산의 심학(心學)을 계승한 것이다. ㅇ洪(홍)－덕홍(德洪), 전관이 자신을 가리킴. ㅇ非詆(비저)－비난. ㅇ推陷(추함)－밀어 떨어뜨리다, 곧 박해(迫害). ㅇ萬死一生(만사일생)－만 번 죽을 뻔하다가 한 번 살아남, 극히 생명이 위험한 처지를 형용한 말. ㅇ遑遑然(황황연)－매우 바쁜 모양, 황급한 모양. ㅇ譊譊(요요)－시끄럽게 소리치는 모양, 자기 주장을 크게 내세우는 모양. ㅇ仍(잉)－그대로 따르다. ㅇ必有事焉(필유사언)－반드시 올바른 일에 힘써야 한다. 《맹자》 공손추(公孫丑) 상편에 보이는 말. ㅇ簡切(간절)－간단하면서도 절실한 것. ㅇ洶洶(흉흉)－시끄러운 모양, 비난의 소리가 많은 모양. ㅇ油油然(유유연)－구름이 뭉게뭉게 피어오르는 모양, 의젓한 모양. ㅇ纖芥(섬개)－가는 지푸라기.

Ⅰ. 고동교에게 답한 편지(答顧東橋書)

이 편지는 매우 길어서, 상대방의 질문을 12조목으로 구분하고, 한 조목 한 조목마다 자세한 해답을 하고 있다. 왕양명은 자신의 신념을 바탕으로 자기 주장을 내세우며 주자학의 잘못을 지적하고 있다. 내용상으로 상권의 문답과 겹치는 것들이 있으나, 그래도 알기 쉽도록 정리되어 있다. 특히 맨 끝머리의 이른바 발본색원론(拔本塞源論)은 왕양명 나름대로 학문의 본원과 그 발전을 논한 소중한 자료로 알려져 있다.

1. 보내온 편지 : "근래에 학자들은 외부의 지식을 얻는 데 힘쓰고 내면을 닦는 일은 소홀히 하여, 박학하면서도 요령이 없습니다. 그러므로 선생님께서는 특히 '뜻을 정성스럽게 한다'는 한 가지 뜻을 제창하시어 병의 뿌리에다 침을 놓으셨으니, 진실로 큰 혜택이라 하겠습니다."

군은 시대적인 폐해를 이처럼 꿰뚫어보고 있소. 그러면 장차 어떻게 이것을 구제하겠는가? 그런데 내 마음은 군이 진실로 이미 한마디로 다 말해 버린 셈이오. 더 무슨 말을 하랴? 더 무슨 말을 하랴? '뜻을 정성스럽게 한다'는 이론 같은 것은 본시 성인의 문하에서 사람들을 가르치고 공부를 하는 첫째 뜻이었소. 그러나 근세의 학자들은 그것을 두 번째 가는 뜻으로 받아들이고 있소. 그러므로 긴요한 점을 약간 드러내어 보였을 뿐 내가 특별히 제창한 것은 아니오.

原文 來書云 : 近時學者務外遺內, 博而寡要. 故先生特倡誠意一義, 鍼砭膏肓, 誠大惠也.

吾子洞見時弊如此矣. 亦將何以救之乎? 然則鄙人之心, 吾子固已一句道盡, 復何言哉? 復何言哉? 若誠意之說, 自是聖門教人用功第一義. 但近世學者, 乃作第二義看. 故稍與提掇緊要出來, 非鄙人所能特倡也.

註解 ㅇ倡(창)－제창(提唱)하다. ㅇ鍼砭(침폄)－침과 돌침을 놓다. ㅇ膏肓(고황)－심장과 횡경막 사이. 그곳에 병의 뿌리가 박히면 고칠 수가 없다고 한다. ㅇ洞見(통견)－꿰뚫어보다. ㅇ提掇(제철)－드러내다.

解說 왕양명의 학문적인 공로를 칭송한 편지에 대한 답장이라 별로 적극적인 이론의 전개는 보이지 않는다. 그러나 올바른 학문을 알아보지 못하는 세상에 대한 침을 준비하고 있음을 느끼게 된다.

2. 보내온 편지 : "다만 선생님의 이론은 너무나 높은데 그에 관한 공부는 너무나 빠르게 이루어지니, 후생들이 스승의 가르침을 전해 받을 적에 그림자와 울림을 진짜라고 잘못 알아, 불교의 명심(明心)·견성(見性)·정혜(定慧)·돈오(頓悟)의 기틀에 빠지는 것을 면하지 못할까 두렵습니다. 선생님의 이론을 들은 사람들이 의심을 하게 되는 것도 이상할 게 없습니다."

나의 격물(格物)·치지(致知)·성의(誠意)·정심(正心) 등의 여러 가지 이론은 공부하는 사람의 본심과 일상적인 일 가운데의 문제를 놓고 직접 연구하고 실천하면서 실지로 공부해야 하는 것이오. 거기에는 일정한 순서가 있고 일정한 노력을 쌓아가야 하기 때문에, 공허하게 갑자기 깨닫게 된다는 이론과는 정반대가 되는 것이오. 내 이론을 들은 사람들이 본시부터 성인이 되기를 추구할 뜻이 없고 또 그 상세한 내용을 연구해본 일도 없다면, 마침내 의심을 하게 되는 것도 이상할 게 없는 일이오. 군처럼 총명한 사람이라면 스스로 한마디 말만 듣고도 곧 분명히 이해하게 될 것이오. 그런데도 이론이 너무 높고 그에 관한 공부는 너무나 빠르게 이루어진다는 것은 어째서인가요?

原文 來書云：但恐立說太高，用功太捷，後生師傳，影響謬誤，未免墜於佛氏明心，見性，定慧，頓悟之機．無怪聞者見疑．

區區格致誠正之說，是就學者本心，日用事爲間，體究踐履，實地用功．是多少次第，多少積累在，正與空虛頓悟之說相反．聞者本無求爲聖人之志，又未嘗講究其詳，遂以見疑，亦無足怪．若吾子之高明，自當一語之下，便瞭然矣．乃亦謂立說太高，用功太捷，何耶？

註解 ㅇ立說(입설)－세워놓은 이론, 이론을 전개하는 것. ㅇ太捷(태첩)－너무나 빠르게 이루어지다. ㅇ影響(영향)－그림자와 울림. 모두 실물이 아닌데, 실물로 잘못 알게 됨을 말한다. ㅇ明心見性(명심견성)－불교 선종(禪宗)에서는 불립문자(不立文字)·직지인심(直指人心)·견성성불(見性成佛)을 내세운다. 마음을 밝게 하면 성(性)이 보이어 부처가 된다는 것이다. ㅇ定慧頓悟(정혜돈오)－선종의 용어. 선정(禪定)을 하면 지혜가 밝아져, 갑자기 깨달음이 있게 된다는 뜻. ㅇ機(기)－기틀. ㅇ區區(구구)－잡다란 여러 가지. ㅇ體究(체구)－체험하고 연구하다, 직접 연구하다. ㅇ踐履(천리)－실천하다. ㅇ瞭然(요연)－분명히 이해하는 것.

解說 왕양명의 양지설은 그 방법이 선(禪)에 가깝다. 왕양명과 그의 제자들도 그 점을 의식하고 이런 말을 주고받고 있는 것이다.

3. 보내온 편지："앎과 행동은 함께 나아가는 것이어서 앞뒤의 분별이 있어서는 안된다는 선생님의 가르침은 《중용》의 '덕성을 높이고 묻고 배우는 길을 간다'는 공부와 같은 것이어서, 안과 밖 및 근본과 말단이 하나로 관통되고 있는 도를 서로 길러주고 서로 밝혀주는 것입니다. 그러나 공부를 하는 순서에는 앞에 하고 뒤에 하는 차별이

없을 수가 없습니다. 예를 들면 음식을 안 다음에야 그것을 먹게 되고, 국을 안 다음에야 그것을 마시게 되고, 옷을 안 다음에야 그것을 입게 되고, 길을 안 다음에야 그곳을 가게 되는 것과 같습니다. 그러한 물건을 보지도 못하였는데 먼저 그것에 관한 일이 있을 수는 없습니다. 이것은 또한 매우 작은 공간과 짧은 순간의 일이어서, 여기에 있는 단계가 오늘 그것을 알고 내일 그것에 관한 일을 한다고 말하는 것은 아닙니다."

이미 '안과 밖 및 근본과 말단이 하나로 관통되고 있는 도를 서로 길러주고 서로 밝혀준다'고 하였으니, 앎과 행동이 함께 나아간다는 이론에 대하여는 더이상 의심이 없을 것이오. 또 "공부하는 순서에는 앞에 하고 뒤에 하는 차별이 없을 수가 없다."고 하였으니, 스스로가 서로 모순되고 있는 게 아닌가요?

음식을 알고 난 다음에야 먹게 된다는 등의 말은 더욱 분명하고 알기가 쉽소. 그러나 군은 근래에 장애가 되는 이론을 들어서 스스로 잘 살피지 못하는 것 같소. 사람이란 반드시 먹고자 하는 마음이 있은 다음에야 먹을 줄을 알지요. 먹고자 하는 마음은 바로 뜻이며, 바로 행동의 시작인 것이오. 음식맛의 좋고 나쁨은 반드시 음식이 입으로 들어간 다음에야 알게 되오. 어찌 음식이 입안에 들어가기도 전에 이미 먼저 음식맛의 좋고 나쁨을 아는 사람이 있겠소? 반드시 가고자 하는 마음이 있은 다음에야 길을 알게 되지요. 가고자 하는 마음이 바로 뜻이며, 바로 행동의 시작인 것이오. 길의 험하고 평탄한 것은 반드시 몸소 친히 그 길을 가본 뒤에야 알게 되는 거지요. 어찌 몸소 친히 가보지도 않았는데 먼저 길의 험하고 평탄함을 아는 사람이 있겠소?

국임을 알고 그것을 마시게 되고, 옷임을 알고 그것을 입게 되며, 이러한 보기를 따르면 모두 의심할 것도 없소. 만약 군이 알고 있는 것과 같다면, 그것은 곧 이른바 그런 물건을 보지도 못했는데 먼저 그에 관한 일이 있다는 것이 되오. 군은 또 말하기를 이것들은 작은 공간과 짧은 순간의 일이므로, 분명한 단계가 있어서 오늘 그것에 대하여 알고서 내일 그에 관한 일을 행한다고 말하는 것은 아니라고 하였소. 그것은 살피는 것이 아직도 정세하지 않은 탓이오. 그러나 군의 이론을 받아들인다 하더라도 곧 앎과 행동은 하나로 합치되어 함께 나아간다는 것은 역시 스스로 의심없이 판단하게 될 것이오.

原文 來書云：所喩知行並進，不宜分別前後，卽中庸尊德性而道問學之功，交養互發，內外本末，一以貫之之道．然功夫次第，不能無先後之差．如知食乃食，知湯乃飮，知衣乃服，知路乃行，未有不見是物，先有是事．此亦毫釐倏忽之間，非謂有等今日知之而明日乃行也．

旣云交養互發，內外本末，一以貫之，則知行並進之說，無復可疑矣．又云工夫次第，不能無先後之差，無乃自相矛盾已乎？

知食乃食等語，此尤明白易見．但吾子爲近聞障蔽，自不察耳．夫人必有欲食之心，然後知食．欲食之心卽是意，卽是行之始矣．食味之美惡，必待入口而後知．豈有不待入口，而已先知食味之美惡者邪？必有欲行之心，然後知路．欲行之心卽是意，卽是行之始矣．路岐之險夷，必待身親履歷而後知．豈有不待身親履歷，而已先知路岐之險夷者邪？

知湯乃飮，知衣乃服，以此例之，皆無可疑．若如吾子之喩，是乃所謂不見是物，而先有是事者矣．吾子又謂，此亦毫釐倏忽之間，非謂截然有等，今日知之，而明日乃行也．是亦察之，尙有未精．然就如吾子之說，則知行之爲合一並進，亦自斷無可疑矣．

註解 ㅇ所喩(소유)-깨우쳐 준 것, 가르쳐 준 것. ㅇ交養互發(교양호발)-서로 길러주고 서로 밝혀주다. ㅇ毫釐(호리)-터럭끝, 매우 가늘고 짧은 것. ㅇ倏忽(숙홀)-매우 짧은 순간. ㅇ有等(유등)-단계가 있는 것. ㅇ障蔽(장폐)-장애를 받다, 가리어지다. ㅇ路岐(노기)-길. '기'는 갈래진 길. ㅇ履歷(이력)-경험하다, 가보다. ㅇ截然(절연)-단연(斷然), 깨끗이, 분명히.

解說 지행합일의 이론을 증명하려는 대목이다. 그러나 안다는 것과 행한다는 것을 너무 시간적인 차이를 놓고 논하고 있는 듯하다. 왕양명 본래의 지행합일은, 앎과 행동의 시간적인 합일이 아닐 것이라 여겨진다.

4. 보내온 편지 : "참된 앎은 바로 행하는 근거이니, 행하지 않는다면 그것을 앎이라 할 수 없다고 하셨는데, 이는 공부하는 사람들의 요긴한 가르침으로 내세우셔서 몸소 행하도록 힘쓰게 하는 점에서는 좋습니다. 만약 행하는 것이 바로 앎이라고 정말로 말한다면, 그것은 오로지 본심만을 추구하고 마침내는 사물의 이치는 잃어버려 반드시 어둡고 통달되지 못하는 곳이 있게 되리라 걱정이 됩니다. 어찌 그것이 성인 문하의 앎과 행동을 함께 나아가도록 하려는 정설(定說)이겠습니까?"

앎이 참되고 절실하며 독실해야 할 곳이 바로 행하는 것이오. 행하는 것이 밝게 깨닫고 정세하게 살펴야 할 곳이 바로 앎이오. 앎과 행하는 것에 대한 공부는 본시 분리시킬 수가 없는 것이오. 다만 후세의 학자들이 그것을 두 동강으로 나누어 공부를 함으로써 앎과 행하는 것의 본체(本體)를 잃게 되었던 것이오. 그러므로 하나로 합치어 함께 나아간다는 이론이 있게 된 것이오.

참된 앎은 바로 행하는 근거이니, 행하지 않는다면 그것을 앎이라 말할 수가 없는 것이오. 곧 보내온 편지에서 '음식을 알고서야 그것을 먹게 된다'고 말한 이론에 대하여 알 수 있었듯이, 전에 이미 대략 얘기한 셈이오. 그것은 비록 긴요한 폐해를 없애려는 데서 나왔던 것이지만, 앎과 행하는 것의 본체가 본래 그러한 것이오. 자기의 의견으로 거기에 대하여 억누르고 들어내고 하며 잠시 그러한 이론을 폄으로써 일시적인 효과를 구차히 노린 것은 아니오. 오로지 본심만을 추구하여 마침내 사물의 이치는 잃어버린다면 그것은 대체로 그의 본심을 잃은 것이 되오. 사물의 이치는 나의 마음 밖에 있는 것이 아니오. 내 마음 밖에서 사물의 이치를 추구해 보았자, 사물의 이치는 없을 것이오. 사물의 이치는 잃어버리고 나의 마음을 추구한다면, 내 마음은 또 무슨 물건이겠소?

마음의 본체는 성(性)이며, '성'은 곧 이인 것이오. 그러므로 어버이에게 효도를 하려는 마음이 있어야만 곧 효도의 이치가 있게 되고, 어버이에게 효도를 하려는 마음이 없다면 곧 효도의 이치도 없는 것이오. 임금에게 충성하려는 마음이 있어야만 곧 충성의 이치가 있게 되고, 임금에게 충성하려는 마음이 없다면 곧 충성의 이치도 없는 것이오. 이치가 어찌 내 마음 밖으로 벗어나 있겠소? 주희는 이렇게 말하였소. "사람들이 학문을 하는 근거는 마음과 이일 따름이다. 마음은 비록 한 몸의 주인이지만 실은 천하의 '이'를 관할하고 있다. '이'는 비록 만 가지 사물에 흩어져 있지만, 한 사람의 마음으로부터 벗어나는 것은 아니다." 이 이론은 마음과 '이'를 나누었다가 합쳤다가 하는 사이에 이미 공부하는 사람들이 마음과 '이'를 둘로 나누는 폐해를 열어주었다고 할 수 있소. 여기에서 후세에 오로지 본심만을 추구하여 마침내는 사물의 이치는 잃어버리는 병폐의 근원이 생기는데, 바로 이것은 마음이 곧 '이'임을 알지 못하기 때문이오.

마음 밖에서 사물의 이치를 추구하기 때문에, 그래서 어두워 통달되지 못하는 곳이 있게 되는 것이오. 이것은 고자(告子)가 '의(義)는 밖에 있는 것'이라고 한 이론에 대하여, 맹자가 '의에 대하여 알지 못하는 자'라고 말한 까닭과 통하는 것이오. 마음은 하나일 따름이오. 그 전체적인 측은히 여기는 것으로 말할 때에는 인(仁)을 뜻하게 되고, 그것이 합당하게 여기는 것으로 말할 적에는 의(義)를 뜻하게 되며, 그것이 조리가 있다고 여기는 것으로 말할 적에는 이를 뜻하게 되는 것이오. 마음 밖에서 인을 추구해도 안되고, 마음 밖에서 의를 추구해도 안되는데, 오직 마음 밖에서 이는 추구해도 된다고 할 수가 있겠소? 마음 밖에서 이를 추구한다면 그것이 앎과 행하는 것을 둘로 나누는 근거가 되는 것이오. 내 마음에서 이치를 추구하는 것, 이것이 성인의 학문에서 앎과 행하는 것이 하나로 합치됨을 가르치는 것이오. 군은 다시 무엇을 의심하오?

原文 來書云：眞知卽所以爲行，不行不足謂之知．此爲學者喫緊立敎，俾務躬行則可．若眞謂行卽是知，恐其專求本心，遂遺物理，必有闇而不達之處．抑豈聖門知行並進之成法哉？

知之眞切篤實處，旣是行．行之明覺精察處，卽是知．知行工夫，本不可離．只爲後世學者，分作兩截用功，失卻知行本體，故有合一並進之說．

眞知卽所以爲行，不行不足謂之知，卽如來書所云，知食乃食等說可見，前已略言之矣．此雖喫緊救弊而發，然知行之體，本來如是．非以己見抑揚其間，姑爲是說，以苟一時之效者也．專求本心遂遺物理，此蓋失其本心者也．夫物理不外於吾心．外吾心而求物理，無物理矣．遺物理而求吾心，吾心又何物邪？

心之體，性也，性卽理也．故有孝親之心，卽有孝之理．無孝親之心，卽無孝之理矣．有忠君之心，卽有忠之理．無忠君之心, 卽無忠之理矣. 理豈外於吾心邪? 晦菴謂, 人之所以爲學者, 心與理而已. 心雖主乎一身, 而實管乎天下之理. 理雖散在萬事, 而不外乎一人之心. 是其一分一合之間, 而未免已啓學者心理爲二之弊. 此後世所以有專求本心, 遂遺物理之患, 正由不知心卽理耳.

夫外心以求物理, 是以有闇而不達之處. 此告子義外之說, 孟子所以謂之不知義也. 心一而已. 以其全體惻怛而言, 謂之仁. 以其得宜而言, 謂之義. 以其條理而言, 謂之理. 不可外心以求仁, 不可外心以求義, 獨可外心以求理乎? 外心以求理, 此知行之所以二也. 求理於吾心, 此聖門知行合一之敎. 吾子又何疑乎?

註解 ㅇ喫緊(끽긴)－요긴한, 절박한. ㅇ俾(비)－하게 하다, 시키다. ㅇ闇(암)－어두운 것. ㅇ成法(성법)－이루어져 있는 법칙, 정설(定說). ㅇ兩截(양절)－두 동강을 내는 것. ㅇ抑揚(억양)－억누르고 들어내고 하다. ㅇ晦菴(회암)－주희(朱熹)의 호. 여기의 인용은 그의《대학혹문(大學或問)》에 보이는 말임. ㅇ告子(고자)－유가와 묵가의 사상을 겸하여 공부한 학자. 그는 '인내의외(仁內義外)'의 주장을 하였으며, 이 대목은《맹자》고자 상편 및 공손추(公孫丑) 상편에 보이는 글을 근거로 한 것임. ㅇ惻怛(측달)－측은(惻隱)히 여기는 마음. 이 구절은《맹자》공손추 상편에서 '측은히 여기는 마음은 인의 단서이다[惻隱之心, 仁之端也]'고 한 말을 근거로 한 것이다.

解說 앞 상권에서 지행합일을 강조하고 있는 대목과 같은 맥락의 말이다. 마음이 곧 이라고 하는 이론은 비교적 이해하기 쉽지만, 앎이 바로 행하는 것이라는 이론은 간단히 이해하기 힘들다. 그리고《맹자》에 보이는 고자(告子)의 의외설(義外說)의 배격을 인용하여, 이가 내 마음속에 있음을 강조하고 있지만, 맹자의 '이'의 개념이 왕양명

의 '이'의 개념과 같은 것인가는 별개의 문제로 보아야 할 것이다.

5-1. 보내온 편지 : "선생님께서 주석하신 《대학고본(大學古本)》에서 '마음의 본체의 지(知)를 이르게 하는 것'이라 말씀하신 것은 본시 맹자께서 '마음을 다한다'고 하신 진심(盡心)의 뜻일 것입니다. 주자(朱子)도 역시 허령(虛靈) 지각(知覺)을 마음의 성격이라 하고 있습니다. 그러나 '마음을 다하는 것'은 '성(性)을 아는 것'으로 말미암는 것이고, '지(知)를 이르게 하는 것'은 '격물(格物)'에 달려있습니다."

'마음을 다하는 것'은 '성을 아는 것'으로 말미암는 것이고, '지를 이르게 하는 것'은 '격물'에 달려있는 것이오. 그 말은 옳소. 그러나 군의 뜻을 근본적으로 추구해 보면, 곧 군이 이 말을 하게 된 까닭은 아직도 분명치 못한 곳이 있기 때문인 것 같소. 주자는 '마음을 다함으로써 성을 알고 하늘을 아는 것'을 '만물에 대하여 연구를 하여[物格]' '앎에 이르게 하는 것[知致]'이라 하고, '마음을 보존[存心]하고' '성을 기르고[養性]' '하늘을 섬기는 것[事天]'을 '뜻을 정성스럽게 하고[誠意]' '마음을 바르게 하며[正心]' '몸을 수양하는 것[修身]'이라 하며, '일찍 죽는 것과 오래 사는 것은 다른 것이 아니니, 몸을 닦으며 죽음을 기다린다'는 것을 '앎을 이르게 하고 인(仁)을 다하는 성인의 일'이라 하였소.

내 소견으로는 바로 주자와는 정반대가 된다고 생각하오. '마음을 다하고' '성을 알고' '하늘을 아는 것'은 '나면서 알고 편안히 행하는' 성인의 일이오. '마음을 보존하고' '성을 기르고' '하늘을 섬기는 것'은 '배워서 알고 이로워서 행하는' 현인의 일이오. '일찍 죽는 것과 오래 사는 것은 다른 것이 아니니, 몸을 닦으며 죽음을 기다린다'는 것은 '곤경을 겪어 알게 되고 힘써 행하는' 공부하는 사람의 일이오. 어찌 오로지 '마음을 다하는 것'과 '성을 아는 것'을 앎이라 하고, '마음을 보존하고' '성을 기르는 것'을 행위라 할 수가 있겠소?

군은 이 말을 갑자기 듣고는 반드시 또 크게 놀랄 일이라 여길 것이오. 그러나 거기에는 실로 의심스러운 것이란 없소. 모두 군을 위하여 말하는 것이오.

마음의 본체가 '성'인 것이오. 성의 근원은 하늘이오. 그의 마음을 다할 수 있다면 그의 성을 다할 수가 있는 것이오. 《중용》에 말하기를 '오직 천하의 지극히 정성스런 사람만이 그의 성을 다할 수가 있다'고 하고, 또 말하기를 '하늘과 땅의 화육(化育)에 대하여 알고' '귀신에게 물어보아도 의심이 없는 것은 하늘을 아는 것이다'고 하였는데, 그것은 오직 성인이어야만 그러할 수가 있는 것이오. 그러므로 이 '나면서 알고 편안히 행하는 것'은 성인의 일이라 말하였던 것이오.

'그 마음을 보존한다'는 것은 '그의 마음을 다하지 못한 것'이오. 그러므로 반드시 마음을 보존하는 노력을 하여야만 하는 것이오. 반드시 마음을 오래 보존하여 보존할 것이 없게 된다면 자연히 보존되지 않는 경우란 없게 될 것이오. 그렇게 된 뒤에야 더 나아가 다한다는 말을 할 수가 있게 될 것이오.

대체로 '하늘을 안다'고 할 때의 '지'는 지주(知州)·지현(知縣)이라 할 때의 '지'와 같소. 곧 '지주'라 한다면 한 주의 일은 모두 자기의 일이 되는 것이오. '지현'이라 한다면 곧 한 현의 일은 모두 자기의 일이 되오. 하늘을 안다는 것은 하늘과 하나가 되는 것이오. '하늘을 섬긴다'고 한다면 곧 자식이 아비를 섬기고 신하가 임금을 섬기는 것과 같아서 하늘과는 다른 존재인 것이오.

原文 來書云：所釋大學古本謂, 致其本體之知, 此固孟子盡心之旨. 朱子亦以虛靈知覺, 爲此心之量. 然盡心由於知性, 致知在於格物.

盡心由於知性, 致知在於格物. 此語然矣. 然而推本吾子之意, 則其所以爲是語者, 尙有未明也. 朱子以盡心, 知性知天, 爲物格知致. 以存心, 養性事天, 爲誠意正心脩身. 以殀壽不貳, 修身以俟, 爲知至仁盡, 聖人之事.

若鄙人之見, 則與朱子正相反矣. 夫盡心知性知天者, 生知安行, 聖人之事也. 存心養性事天者, 學知利行, 賢人之事也. 殀壽不貳, 脩身以俟者, 困知勉行, 學者之事也. 豈可專以盡心知性爲知, 存心養性爲行乎?

吾子驟聞此言, 必又以爲大駭矣. 然其間實無可疑者. 一爲吾子言之.

夫心之體, 性也. 性之原, 天也. 能盡其心, 是能盡其性矣. 中庸云 : 惟天下至誠, 爲能盡其性. 又云 : 知天地之化育. 質諸鬼神而無疑, 知天也. 此惟聖人而後能然. 故曰 : 此生知安行, 聖人之事也.

存其心者, 未能盡其心者也. 故須加存之之功. 必存之旣久, 不待於存, 而自無不存. 然後可以進而言盡.

蓋知天之知, 如知州知縣之知. 知州, 則一州之事, 皆己事也. 知縣, 則一縣之事, 皆己事也. 是與天爲一者也. 事天, 則如子之事父, 臣之事君, 猶與天爲二也.

註解 ㅇ所釋大學古本(소석대학고본)－왕양명이 지은 《대학고본방석(大學古本傍釋)》을 가리킴. ㅇ孟子盡心(맹자진심)－《맹자》 진심(盡心) 상편을 가리킴. ㅇ虛靈知覺(허령지각)－주희의 《중용장구》 서문에 보이는 말. 주희는 “마음의 허령과 지각은 하나일 뿐이다.”고 말하고 있다. ‘허령’은 텅빈 듯이 형체가 없으면서도 영묘(靈妙)한 작용을 발휘하는 것, ‘지각’은

사물에 대하여 아는 작용. ㅇ此心之量(차심지량)－주희가 《맹자장구(孟子章句》 진심 상 첫 구절의 주에서 쓴 말. 여기에선 이해하기 쉽도록 '양'을 '성격'으로 번역하였다. ㅇ殀壽不貳(앙수불이)－'앙'은 요(殀)·요(夭)와 통함. 일찍 죽고 오래 사는 것이 같은 것이라는 뜻. ㅇ修身以俟(수신이사)－몸을 닦고 죽음을 기다리는 것. ㅇ鄙人(비인)－자기를 낮추어 부르는 말. ㅇ生知安行(생지안행)－《중용》에 '어떤 이는 나면서부터 그것을 알며, 어떤 이는 배워서 그것을 알며, 어떤 이는 노력을 통하여 그것을 알게 되나, 그들이 그것을 앎에 이르게 되는 것은 한가지이다. 어떤 이는 편하게 그것을 행하며, 어떤 이는 이로워서 그것을 행하며, 어떤 이는 애써서 그것을 행하나, 그들이 공을 이룸에 이르는 것은 한가지이다[或生而知之, 或學而知之, 或困而知之, 及其知之一也. 或安而行之, 或利而行之, 或勉强而行之, 及其成功一也]'라 하였다. ㅇ驟(취)－갑자기. ㅇ質(질)－묻다, 질문하다.

5-2. 하늘이 우리에게 내려준 것은 마음과 본성이오. 우리는 다만 그것을 잘 보존하여 감히 잃어서는 안되며, 그것을 기르되 감히 해쳐서는 안되오. 마치 부모님께서 완전히 낳아주신 몸을 자식은 완전히 보존하다가 그것을 되돌려 드려야 하는 거나 같소. 그러므로 이것을 '배워서 알고 이로워서 행하는 것으로 현인의 일이다'고 말했던 것이오.

'일찍 죽는 것과 오래 사는 것이 다를 것이 없다'는 문제는 그의 마음을 보존하는 것과는 또 차이가 있소. 그의 마음을 보존하려는 사람은 비록 그의 마음을 다하지는 못한다 하더라도 본시부터 이미 선을 행하려는 한마음을 갖고 있기 때문에, 때로는 보존치 못하는 경우가 있다 하더라도 곧 마음을 보존케 될 따름인 것이오. 지금 그로 하여금 '일찍 죽는 것과 오래 사는 것이 다를 것이 없다'고 하게 한다면, 그것은 오히려 일찍 죽는 것과 오래 사는 것으로 그의 마음을 둘로 갈라놓게 되는 것이오. 오히려 일찍 죽는 것과 오래 사는 것이 그의 마음을 둘로 갈라놓게 된다면, 그 선을 행하려는 마음도 하나가 될 수 없을 것이오. 마음을 보존하는 일도 잘 되지 않을 것이어늘 어찌 마음을 다하는 것을 말할 수가 있겠소?

지금 그로 하여금 일찍 죽는 것과 오래 사는 것으로 그의 선을 행하려는 마음을 둘로 갈라놓지 않아, 죽고 사는 것과 일찍 죽고 오래 사는 것은 모두 정해진 운명이 있는 것이니 나는 다만 선을 행하는 일에만 한마음을 쏟으며 나의 마음을 닦고 천명을 기다릴 따름이라고 한다면, 그는 평소에 아직도 천명이 있는 것을 알지 못하고 있는 것이오.

하늘을 섬기는 것은 비록 하늘과 그가 둘로 갈라지지만, 이미 천명이 있음을 정말로 알고 오직 하늘을 공경하고 받들어 모실 따름인 것이오. '죽음을 기다린다'고 말하는 사람 같은 경우에는 곧 아직도 천명이 있음을 정말로 알지를 못하여 그대로 기다리는 바가 있는 것이오. 그러므로 그것은 '명을 바로 세우는 길'이라고 말씀하신 것이오. '바로 세운다'는 '입(立)'은 창립이라고 할 때의 '입'의 뜻이며, 덕을 세운다[立德], 이론을 세운다[立言], 공을 세운다[立功], 명성을 세운다[立名]고 하는 종류의 '입'의 뜻이오. 이들 '입'이란 말의 뜻은 모두 옛날에는 없었던 것을 처음으로 건립한다는 것이오. 공자님의 이른바 '천명을 알지 못하면 군자라 할 수 없다'는 것이지요. 그러므로 '곤경을 겪고서 알고 힘써서 행하는 것은 공부하는 사람의 일이다'고 말했던 것이오.

지금 '마음을 다하고' '성을 알고' '하늘을 아는 것'을 격물치지라 한다면, 처음 공부를 시작한 선비로 아직도 그의 마음을 둘로 나누지 않을 수가 없는 자들을 두고 갑자기 성인의 '나면서부터 알고 편안히 행하는' 일로 그를 책하게 되어, 마치 바람을 잡고 그림자를 잡으려는 듯이 망연하여 그의 마음을 둘 곳을 알지 못하게 될 것이오. 어찌하여 '온 천하 사람들을 몰고 길 위를 분주히 뛰게 하는 지경'에 이르지 않겠소?

지금 주자와 같은 '치지격물'의 폐해는 분명히 알 수가 있는 것이오. 군이 말한 '외면적인 것에 힘쓰면서 내면적인 것은 빠트리고, 널리 알면서도 요점은 없다'는 것도 바로 이러한 잘못 때문이 아니겠소? 이것은 학문상의 가장 긴요한 곳이니, 여기에서 잘못되면 어디를 가도 잘못되지 않을 곳이 없게 될 것이오.

이것이 내가 천하의 비난과 비웃음을 무릅쓰고 내 몸이 죄와 형벌에 빠지는 것도 잊고 할 말을 강조하면서 그들을 받아들이지 않는 까닭이오.

原文 天之所以命於我者, 心也, 性也. 吾但存之而不敢失, 養之而不敢害, 如父母全而生之, 子全而歸之者也. 故曰 : 此學知利行, 賢人之事也.

至於殀壽不貳, 則與存其心者, 又有間矣. 存其心者, 雖未能盡其心, 固已一心於爲善, 時有不存, 則存之而已. 今使之殀壽不貳, 是猶以殀壽貳其心者也. 猶以殀壽貳其心, 是其爲善之心, 猶未能一也. 存之尚有所未可, 而何盡之可云乎?

今且使之不以殀壽貳其爲善之心, 若曰死生殀壽, 皆有定命, 吾但一心於爲善, 修吾之身, 以俟天命而已, 是其平日尚未知有天命也.

事天雖與天爲二, 然已眞知天命之所在, 但惟恭敬奉承之而已耳. 若俟之云者, 則尚未能眞知天命之所在, 猶有所俟者也. 故曰 : 所以立命. 立者, 創立之立. 如立德, 立言, 立功, 立名之類. 凡言立者, 皆是昔未嘗有, 而本始建立之謂. 孔子所謂, 不知命, 無以爲君子者也. 故曰 : 此困知勉行, 學者之事也.

今以盡心, 知性, 知天, 爲格物致知, 使初學之士, 尚未能不貳其心者, 而遽責之以聖人生知安行之事, 如捕風捉影, 茫然莫知所措其心. 幾何而不至於率天下而路也?

今世致知格物之弊, 亦居然可見矣. 吾子所謂務外遺內, 博而寡要者, 無乃亦是過歟? 此學問最緊要處, 於此而差, 將無往而不差矣.

此鄙人之所以冒天下之非笑, 忘其身之陷於罪戮, 呶呶其言, 其不容已者也.

註解 父母全而生之(부모전이생지)－부모님이 완전하게 낳아주셨다. 이 대목은 《예기(禮記)》 제의(祭儀)편에 보이는 말임. ㅇ奉承(봉승)－받들어 모시는 것. ㅇ所以立命(소이립명)－천명을 바로 세우는 방법. 《맹자》 진심(盡心) 상편에 '요수불이(殀壽不貳), 수신이사지(修身以俟之)'라고 한 뒤에 보이는 말임. ㅇ孔子所謂(공자소위)－《논어》 요왈(堯曰)편에 보이는 말. ㅇ捕風捉影(포풍착영)－바람을 잡고 그림자를 잡다. 근거가 없는 일을 하는 것을 비유하는 말. ㅇ幾何(기하)－여하(如何), 어떻게. ㅇ率天下而路(솔천하이로)－천하 사람들을 이끌고 길을 마구 달리다. 《맹자》 등문공(滕文公) 상편에 보이는 말. ㅇ居然(거연)－의젓한 모양, 있는 그대로. ㅇ冒(모)－무릅쓰다. ㅇ罪戮(죄륙)－죄와 형벌. ㅇ呶呶(노노)－시끄럽게 떠드는 모양.

解說 질문에 비하여 대답이 매우 길다. 주자의 격물치지에 관한 해석에 대한 공격이기에 왕양명도 더욱 열을 올린 듯하다. 격물치지를 주자와 같이 해석하면 왕양명의 학문은 발붙일 여지도 없기 때문이다.

6. 보내온 편지 : "듣건대 선생님께서는 공부하는 사람들에게 말씀하시기를, 주자의 '사물에 대하여 궁리를 하여야 한다'는 이론을 역시 완물상지(玩物喪志)라 하시고, 또 그의 '번잡함을 버리고 간략함으로

나아가고' '본원을 함양한다'는 등의 몇 가지 이론을 취하여 공부하는 사람들에게 내보이시며, 그것을 주자 만년의 정론이라 하셨다는데, 그것도 그릇된 것이 아니겠습니까?"

주자의 이른바 '격물'이라 말하는 것은 사물에 대하여 그 이치를 연구한다는 것이오. 사물에 대하여 그 이치를 연구한다는 것은 곧 여러 가지 일과 물건들 하나하나에서 그 이른바 정리(定理)라는 것을 구하는 것이오. 그러니 내 마음을 가지고 여러 가지 일과 물건들 중에서 이치를 구하는 것이니, 마음과 이치를 나누어 둘로 만들고 있는 것이오. 여러 가지 일과 물건들에서 이치를 구한다는 것은 마치 효의 원리를 그의 부모에게서 구한다고 하는 거나 같소. 효의 원리를 그의 부모에게서 구한다면, 곧 그 효의 원리는 과연 내 마음에 있는 것일까, 그렇지 않으면 부모님 몸에 있는 것일까? 만약 그것이 부모의 몸에 있다면 곧 부모님께서 돌아가신 뒤에는 내 마음에는 마침내 효의 원리가 없게 되는 것일까?

어린아이가 우물에 빠지는 것을 보면 반드시 측은히 여기는 이치가 생겨나오. 이 측은히 여기는 이치는 과연 어린아이의 몸에 있는 것일까, 그렇지 않으면 나의 마음의 양지에 있는 것일까? 그때 우물 안으로 따라 들어가 구해주면 안되는가, 그렇지 않으면 손으로 잡아 구해주어야 하는가? 이런 문제들이 모두 이른바 이치인 것이오. 그것이 과연 어린아이의 몸에 있는 것이겠소, 그렇지 않으면 내 마음의 '양지'로부터 나오는 것이겠소? 이렇게 예를 들어보면 만사와 만물의 이치는 모두 그렇지 않은 것이라고는 없소. 이로써 마음과 이치를 나누어 둘로 생각하는 그릇됨을 알 수가 있소.

마음과 이치를 나누어 둘로 만드는 것은 바로 고자(告子)가 의(義)를 외적인 것이라 주장한 이론이나 같아서, 맹자께서 깊이 배척하셨던 것이오. '외면적인 것에 힘쓰고 내면적인 것은 빠트리며, 널리 알면서도 요점은 없는 것'의 잘못에 대하여 군은 이미 알고 있소. 그것은 과연 무엇을 두고 그렇게 말하는 것이겠소? 그런 것을 두고 '완물상지'라 한다면 아직도 그럴 수 없다고 하겠소?

내가 말하는 이른바 '치지격물'이라는 것은 내 마음의 '양지'를 모든 일과 모든 물건에 이르도록 하는 것이오. 내 마음의 '양지'라는 것은 바로 이른바 천리라는 것이오. 내 마음의 '양지'인 '천리'를 모든 일과 모든 물건에 이르게 하면 곧 모든 일과 모든 물건에 대하여 모두 그 이치를 얻게 되는 것이오. 내 마음의 '양지'를 이르게 하는 것이 치지(致知)인 것이오. 모든 일과 모든 물건에 대하여 모두 그 이치를 얻는 것이 격물(格物)인 것이오. 이것은 마음과 이치를 합쳐서 하나로 하고 있는 것이오. 마음과 이치를 합쳐서 하나로 한다면 곧 여러 가지 구구히 앞에서 말한 것들과 주자 만년의 이론 같은 것들은 모두 말하지 않아도 알 수 있게 될 것이오.

原文 來書云：聞語學者, 乃謂卽物窮理之說, 亦是玩物喪志, 又取其厭繁就約, 涵養本原數說, 標示學者, 指爲晩年定論. 此亦恐非.

朱子所謂格物云者, 在卽物而窮其理也. 卽物窮理, 是就事事物物上, 求其所謂定理者也. 是以吾心, 而求理於事事物物之中, 析心與理而爲二矣. 夫求理於事事物物者, 如求孝之理於其親之謂也. 求孝之理於其親, 則孝之理其果在於吾之心邪? 抑果在於親之身邪? 假而果在於親之身, 則親沒之後, 吾心遂無孝之理歟?

見孺子之入井, 必有惻隱之理. 是惻隱之理, 果在於孺子之身歟? 抑在於吾心之良知歟? 其或不可以從之於井歟? 其或可以手而援之歟? 是皆所謂理也. 是果在於孺子之身歟? 抑果出於吾心之良知歟? 以是例之, 萬事萬物之理, 莫不皆然. 是可以知析心與理爲二之非矣.

夫析心與理而爲二, 此告子義外之說, 孟子之所深闢也. 務外遺內, 博而寡要, 吾子旣已知之矣. 是果何謂而然哉? 謂之玩物喪志, 尙猶以爲不可歟?

若鄙人所謂致知格物者, 致吾心之良知於事事物物也. 吾心之良知, 卽所謂天理也. 致吾心良知之天理於事事物物, 則事事物物皆得其理矣. 致吾心之良知者, 致知也. 事事物物皆得其理者, 格物也. 是合心與理而爲一者也. 合心與理而爲一, 則凡區區前之所云, 與朱子晩年之論, 皆可以不言而喩矣.

註解 ㅇ卽物窮理(즉물궁리)－주희의 《대학보전(大學補傳)》에 보이는 말. 모든 사물에 대하여 하나하나 이치를 연구하는 것. ㅇ玩物喪志(완물상지)－물건을 애완(愛玩)하면 뜻을 잃게 된다. 《서경》 여오(旅獒)편에 보이는 말. 정호(程顥)는 기송박식(記誦博識)을, 정이(程頤)는 시문(詩文)을 모두 '완물상지'가 된다고 배척하였다(《近思錄》 권2). ㅇ就事事物物上(취사사물물상)－이 구절은 주자의 《대학혹문(大學或問)》에서 따온 말임. ㅇ抑(억)－그렇지 않으면. ㅇ孺子之入井(유자지입정)－어린 아이가 샘에 빠지는 것. 《맹자》 공손추(公孫丑) 상편의 글을 인용한 것이다. ㅇ從之於井(종지어정)－《논어》 옹야(雍也)편에 보이는 표현. '이수이원지(以手而援之)'는 《맹자》 이루(離婁) 상편에 보이는 표현. 모두 샘물에 빠지는 어린아이와 다른 경우에 쓰인 말이나, 그 표현을 인용하였다. ㅇ告子(고자)－《맹자》 고자(告子) 상편에 보이는 내용을 근거로 한 말임. ㅇ深闢(심벽)－깊이 물리치다, 철저히 배척하다.

解說 주자의 즉물궁리(卽物窮理)의 개념을 비판한 내용이다. 이는 '격물치지'론과 관계가 밀접하므로 왕양명으로서는 매우 중요한 문제이다.

7-1. 보내온 편지 : "사람의 마음의 본체는 본시 분명치 않은 것이란 없습니다. 그러나 기(氣)에 구속되고 사물에 가리어져 어두워지지 않은 경우가 드뭅니다. 배우고 묻고 생각하고 분별함으로써 천하의 이치를 밝히지 않는다면 곧 선하고 악한 기틀과 참되고 망령된 분별을 스스로 깨닫지 못하여 감정에 따라 멋대로 행동하게 되어 그 해는 이루 다 말할 수가 없게 될 것입니다."

이 대목은 대략 옳은 것 같지만 잘못되었소. 대체로 주자의 옛 이론의 폐단을 그대로 따른 것이라 분별을 해주지 않을 수가 없소. 배우고 묻고 생각하고 분별하고 행하는 것은 모두가 공부를 하는 방법이며, 공부를 하면서 행하지 않는다는 일은 있을 수가 없소. 예를 들어 효를 공부한다고 한다면 반드시 일하고 수고하며 봉양을 하고 몸소 효도를 행한 뒤에야 비로소 그것을 공부라 말할 수가 있소. 어찌 부질없이 입과 귀로써 공중에 대고 강설하는 것만으로 마침내 그것이 효도를 공부한 것이라 말할 수가 있겠소? 활쏘기를 배운다면 곧 활줄을 당기고 화살을 매어 활시위를 잔뜩 당긴 다음 표적을 맞추어야만 하오. 글씨 쓰기를 배운다면 반드시 종이를 펴고 붓을 잡은 다음 종이 위에 글씨를 써야만 하는 것이오. 모든 천하의 공부는 행하지는 않으면서 공부한다고 말할 수 있는 것이란 없는 것이오. 그러니 공부의 시작은 본시 바로 행하는 데서 이루어지는 것이오.

돈독(敦篤)하다는 것은 착실하고 돈후하다는 뜻으로, 이미 행하였을 뿐만이 아니라 그 행하는 것을 독실히 하여 그의 노력을 중단하지 않음을 말하는 것이오. 대체로 공부를 하는 데 있어서는 의심이 없을 수가 없으므로 질문이 있게 되는 것이오. 묻는다는 것은 바로 공부하는 것이요, 바로 행하는 것이오. 그리고도 의심스런 것이 없을 수가 없으므로 곧 분별하는 일이 있게 되는 것이오. 분별하는 것은 바로 공부하는 것이요, 바로 행하는 것이오. 분별하는 것이 분명해지고, 생각하는 것이 신중해지고, 묻는 것을 자세히 알게 되고, 공부하는 것을 할 줄 알게 되고, 또 따라서 그의 노력을 중단하지 않는다면 그것을 두고 돈독한 행실이라 하는 것이오. 공부하고 묻고 생각하고 분별한 뒤에야 비로소 그것을 행동으로 옮긴다는 말이 아니오.

그러므로 그 일을 할 수 있도록 추구하는 것을 말할 적에 그것을 공부한다고 하고, 그의 미혹을 풀려고 추구하는 것을 말할 적에 그것을 묻는다고 하며, 그 이론이 통하도록 추구하는 것을 말할 적에 그것을 생각한다고 하고, 그 살핀 것이 정세해지도록 추구하는 것을 말할 적에 그것을 분별한다고 하며, 그 실질적인 것을 실천하기를 추구하는 것을 말할 적에 그것을 행한다고 하는 것이오. 대체로 그러한 노력을 분석하여 말하면 곧 다섯 가지가 있게 되고, 그 일을 합쳐서 말할 것 같으면 곧 한 가지뿐이 되는 것이오.

이러한 것들이 마음과 이치가 하나로 합쳐지는 본체이며, 앎과 행동을 아울러 나아가도록 하는 공부인 것이오. 후세 주자학파의 이론과 다른 근거가 바로 여기에 있는 것이오. 지금 군이 특히 배우고 묻고 생각하고 분별하는 것을 들어 천하의 이치를 추구하며 독실히 행하는 일에는 언급도 하지 않는 것은, 바로 오로지 배우고 묻고 생각하고 분별하는 것들을 가지고 앎이라 하여, 궁리를 하는 데에는 행함이란 없다고 하는 것이오. 천하에 어찌 행하지 않으면서 공부를 하는 사람이 있겠소? 어찌 행하지 않으면서 마침내 그것을 궁리라 할 수가 있겠소?

原文 來書云：人之心體，本無不明．而氣拘物蔽，鮮有不昏．非學問思辨，以明天下之理，則善惡之機，眞妄之辨，不能自覺，任情恣意，其害有不可勝言者矣．

此段大略，似是而非．蓋承沿舊說之弊，不可以不辨也．夫學問思辨行, 皆所以爲學, 未有學而不行者也. 如言學孝, 則必服勞奉養, 躬行孝道, 然後謂之學. 豈徒懸空口耳講說, 而遂可以謂之學孝乎? 學射, 則必張弓挾矢, 引滿中的. 學書, 則必伸紙執筆, 操觚染翰. 盡天下之學, 無有不行而可以言學者. 則學之始, 固已卽是行矣.

篤者, 敦實篤厚之意, 已行矣, 而敦篤其行, 不息其功之謂爾. 蓋學之, 不能以無疑, 則有問. 問卽學也, 卽行也. 又不能無疑, 則有思. 思卽學也, 卽行也. 又不能無疑, 則有辨. 辨卽學也, 卽行也. 辨旣明矣, 思旣愼矣, 問卽審矣, 學旣能矣, 又從而不息其功焉. 斯之謂篤行. 非謂學問思辨之後, 而始措之於行也.

是故以求能其事而言, 謂之學. 以求解其惑而言, 謂之問. 以求通其說而言, 謂之思. 以求精其察而言, 謂之辨. 以求履其實而言, 謂之行. 蓋析其功而言, 則有五. 合其事而言, 則一而已.

此區區心理合一之體, 知行並進之功, 所以異於後世之說者, 正在於是. 今吾子特擧學問思辨以窮天下之理, 而不及篤行. 是專以學問思辨爲知, 而謂窮理爲無行也已. 天下豈有不行而學者邪? 豈有不行而遂可謂之窮理者邪?

註解 ㅇ氣拘(기구)－기에 구속되다, 기질로 인하여 구애를 받다. ㅇ學問思辨(학문사변)－《중용》의 '널리 배우고, 자세히 물으며, 신중히 생각하고, 밝게 분별하며, 독실히 행한다〔博學之, 審問之, 愼思之, 明辨之, 篤行之〕'고 한 말에서 인용한 말. ㅇ機(기)－기틀. ㅇ任情(임정)－감정에 맡기다, 자기 감정대로 따르다. ㅇ恣意(자의)－자기 뜻대로 행동하다. ㅇ舊說(구설)－옛 이론, 주자의 학설을 가리킴. ㅇ懸空(현공)－공중에 매달리다, 공중에 띄우다. ㅇ操觚(조고)－나무쪽을 잡는 것. 옛날에는 나무쪽에 글을 썼다. 따라서 글씨 쓰는 것을 말한다. ㅇ染翰(염한)－'한'은 새깃

으로, 붓을 뜻한다. 따라서 붓에 먹물을 묻히어 글씨를 쓰는 행위를 뜻한다. ㅇ篤(독)-독실(篤實), 돈독(敦篤), 성실(誠實)함. ㅇ區區(구구)-여러 가지 일, 여러 가지 말. ㅇ後世(후세)-후세의 주자학파(朱子學派)를 가리킴.

7-2. 정호(程顥)는 말하기를 "오직 궁리만 하면 곧 본성을 다하고 천명에도 이르게 된다."고 하였소. 본시 반드시 인(仁)에 있어서는 인을 극도로 추구해야만 인의 이치를 잘 연구하였다고 말할 수 있고, 의(義)에 있어서는 의를 극도로 추구해야만 의의 이치를 잘 연구하였다고 말할 수가 있소. 인에 있어서 인을 극도로 추구하면 곧 인의 본성을 다하게 될 것이오. 의에 있어서 의를 극도로 추구하면 곧 의의 본성을 다하게 될 것이오. 공부는 궁리에 있어서 지극한 경지에 도달한 것이오. 그런데 아직도 행동으로 옮겨지지 않았다는 일이 천하에 어찌 있을 수가 있겠소? 그러므로 그것을 행하지 않으면 그것을 배웠다고 할 수가 없음을 알 수가 있고, 따라서 그것을 행하지 않으면 그것을 궁리한 것이 될 수가 없음을 알게 되는 것이오. 그것을 행하지 않으면 그것을 궁리한 것이 될 수가 없음을 알았으므로, 곧 앎과 행하는 것은 하나로 합쳐져 함께 나아가는 것이어서 두 단계의 일로 나눌 수가 없는 것임도 알게 되었소.

만사와 만물의 이치는 우리 마음으로부터 벗어나는 것이 아니오. 그런데도 반드시 천하의 이치를 궁리하겠다고 한다면, 그것은 아마도 나의 마음의 '양지'에 부족함이 있어서 반드시 밖으로 넓은 천하에서 구함으로써 보충하고 더 보태주어야 한다고 여기기 때문일 것이오. 그것은 아직도 마음과 이치를 둘로 나누고 있는 것이오.

배우고 묻고 생각하고 분별하고 독실히 행하는 노력을, 비록 평범한 사람이라 하더라도 남이 하나를 하면 자기는 백을 하겠다는 태도로 지극히 하여 스스로를 확충시킨 끝에 본성을 다하고 천명을 아는 지경에 이르렀다 해도, 그것도 다만 내 마음속의 '양지'를 이르게 한 것일 따름인 것이오. '양지' 이외에 어찌 또 터럭끝만큼이라도 더 보탤 것이 있겠소? 지금 꼭 천하의 이치를 연구하겠다고 하면서 돌이키어 그의 마음에서 그것을 구할 줄 모른다면, 이른바 선하고 악한 기틀과 참되고 망령된 분별을 내 마음의 '양지'를 버리고 또 어디에서 그에 대한 체찰(體察)을 이르게 하겠다는 것인가?

군의 이른바 '기에 구속되고 사물에 가리어진다'는 것은 이 '양지'가 구속되고 '양지'가 가리어지는 것일 따름이오. 지금 이 가리어지는 것을 제거하려 하면서 여기에 힘을 들여야 함은 알지 못하고 밖에서 그것을 구하려 하는 것은, 마치 눈이 밝지 못한 사람이 약을 먹고 조리하여 그 눈을 치료하는 데에 힘쓰지 아니하고 부질없이 멍청히 그 밖에서 밝음을 구하는 것이나 같소. 밝게 보는 것이 어찌 밖에서 얻어질 수가 있겠소? '감정에 맡기어 멋대로 행동하는' 해도 역시 이 마음의 '양지'에서 천리를 자세히 살피지 못하는 데서 말미암을 따름이오. 이야말로 터럭만한 착오가 천리의 크기로 벌어지는 것이니 분별하지 않고는 그대로 있을 수가 없는 것이오. 군은 이 이론이 너무나 각박하다고 말하지 마시오.

原文 明道云：只窮理，便盡性至命．故必仁極仁，而後謂之能窮仁之理．義極義，而後謂之能窮義之理．仁極仁，則盡仁之性矣．義極義，則盡義之性矣．學至於窮理至矣．而尚未措之於行，天下寧有是邪？是故知不行之不可以爲學，則知不行之不可以爲窮理矣．知不行之不可以爲窮理，則知知行之合一並進，而不可以分爲兩節事矣．

夫萬事萬物之理，不外於吾心．而必曰窮天下之理，是殆以吾心之良知爲未足，而必外求於天下之廣，以裨補增益之．是猶析心與理而爲二也．

夫學問思辨篤行之功，雖其困勉，至於人一己百，而擴充之極，至於盡性知天，亦不過致吾心之良知而已．良知之外，豈復有加於毫末乎？今必曰窮天下之理，而不知反求諸其心，則凡所謂善惡之機，眞妄之辨者，舍吾心之良知，亦將何所致其體察乎？

吾子所謂氣拘物蔽者，拘此蔽此而已．今欲去此之蔽，不知致力於此，而欲以外求．是猶目之不明者，不務服藥調理以治其目，而徒倀倀然求明於其外．明豈可以自外而得哉？任情恣意之害，亦以不能精察天理於此心之良知而已．此誠毫釐千里之謬者，不容於不辨．吾子毋謂其論之太刻也．

註解 ㅇ明道(명도)－정호(程顥)의 호. 이 말은《정씨유서(程氏遺書)》낙양의론(洛陽議論)에 보이는 정호의 말이다.《역경》설괘전(說卦傳)에 보이는 말을 인용한 것이다. ㅇ極(극)－극도로 추구하다. ㅇ寗(녕)－어찌. ㅇ兩節(양절)－두 마디, 두 단계. ㅇ裨補(비보)－보충하다. ㅇ困勉(곤면)－《중용》의 '곤이지(困而知)'와 '면강이행(勉强而行)' 두 종류의 사람. 곤경에 처한 다음에야 알게 되고, 힘써야만 행하게 되는 평범한 사람들을 가리킨다. ㅇ人一己百(인일기백)－남이 하나를 하면 자기는 백을 하는 것, 남의 백 배의 노력을 기울이는 것.《중용》에 보이는 말임. ㅇ調理(조리)－잘 조정하고 다스리는 것, 몸을 치료하는 것. ㅇ倀倀然(창창연)－어디로 가는지도 모르고 가는 모양, 목적을 모르고 움직이는 모양. ㅇ毫釐千里(호리천리)－가는 터럭 같은 것이 천리의 길이가 되는 것, 작은 것이 큰 결과로 발전하는 것. ㅇ太刻(태각)－너무 각박한 것, 너무 가혹한 것.

解說 궁리를 강조하는 주자의 학문방법을 반대하고, 학행병진(學行並進) 또는 지행합일(知行合一)의 자기 이론을 강조하고 있다. 그리고 그 이론의 근거는 누구나 마음속에 갖고 있는 '양지'에 있음을 주의해야 한다.

8-1. 보내온 편지 : "선생님께서는 사람들에게 '양지를 이르게 하여 덕을 밝힐 것'을 가르치며, '사물에 대하여 궁리를 하는 것'을 경계하셨습니다. 그러나 아무것도 모르는 사람을 깊은 방에 단정히 앉아있게 하고 아무런 가르침도 듣지 못하게 하더라도 마침내는 앎에 이르게 되고 덕이 밝아질 수 있다는 것입니까? 비록 고요히 있음으로써 깨달음이 있어 본성을 약간 깨닫게 된다 하더라도 곧 그것은 선정(禪定)으로 깨우친 지혜 같은 쓸데없는 견해입니다. 과연 그가 고금의 일을 알고 일의 변화에 통달하여 천하나 국가의 실질적인 일에 쓰임이 될 수가 있겠습니까? 선생님께서는 말씀하시기를 '앎이라는 것은 뜻의 본체이고 사물이라는 것은 뜻의 쓰임이라' 하시고, '격물(格物)은 임금의 마음이 그릇된 것을 바로잡아 준다[格]고 할 적의 격의 뜻이라'고 하셨는데, 말씀은 비록 깨달음이 뛰어나고 독특하며 옛분들의 견해를 따른 것이 아니지만, 그러나 아마도 도에는 합치되지 못하는 듯합니다."

내가 여러 가지로 '격물치지'에 대하여 논하고 있는 것은 바로 궁리를 하는 방법 때문이지 전혀 사람들에게 궁리를 하는 것을 경계하거나 사람들에게 깊은 골방에 단정히 앉아 아무 일도 하지 말라고 한 일은 없소. 만약 '사물에 대하여 궁리를 한다'고 말한다면 곧 앞에서 말한 바와 같이 '외면적인 것에만 힘을 쓰며 내면적인 것은 버리는 것'이어서 안될 일이라 한 것이오. 아무것도 모르는 사람이라 하더라도 정말로 일과 물건에 따라 자기 마음의 천리(天理)를 정세히 살피어 그의 본연의 '양지'를 이르게만 한다면, 곧 비록 어리석은 사람이라 하더라도 반드시 총명해지고, 부드러운 사람이라 하더라도 반드시 강해지며, 《중용》에서 말한 위대한 근본이 서서 모든 일에 통달되는 도가 행해져 천하를 다스리는 구경(九經) 같은 것도 남김없이 하나로 관통되게 될 것이오. 그런데 어찌 그것이 쓰여지는 실질적인 효용이 없음을 걱정하겠소?

선가(禪家)의 공허함과 고요함을 내세우는 무리들이야말로 일과 물건을 따라서 이 마음의 천리를 정세히 살피어 그 본연의 '양지'를 이르게 하지 못하고, 윤리를 버리고 적멸(寂滅)과 허무(虛無)를 법도로 삼고 있소. 그래서 그들은 요컨대 국가와 천하를 다스릴 수가 없는데, 누가 성인의 궁리를 하고 본성을 다하는 학문에도 그러한 폐해가 있다고 하는 것이오?

마음이라는 것은 몸의 주인이오. 그리고 마음의 텅 비어있으면서도 영묘(靈妙)하고 밝게 깨닫게 되는 것이 곧 이른바 본연의 '양지'인 것이오. 그 텅 비어있으면서도 영묘하고 밝게 깨닫게 되는 '양지'가 느껴지는 것에 따라서 움직이는 것을 뜻이라 하는 것이오. 앎이 있은 뒤에야 뜻이 있게 되는 것이니, 앎이 없으면 뜻도 없는 것이오. 앎이란 뜻의 본체가 아니겠소?

뜻의 쓰임에는 반드시 거기에 물(物)이 있어야 하오. '물'이란 곧 '사(事)'도 뜻하는 것이오. 만약 뜻을 부모를 섬기는 데 쓴다면 곧 부모를 섬기는 일이 한 가지 '물'이 되는 것이오. 뜻을 백성들 다스리는 데 쓴다면 곧 백성들 다스리는 일이 한 가지 '물'이 되는 것이오. 뜻을 책을 읽는 데 쓴다면 곧 책을 읽는 일이 한 가지 '물'이 되는 것이오. 뜻을 송사를 판결하는 데 쓴다면 곧 송사를 판결하는 일이 한 가지 '물'이 되는 것이오. 모든 뜻의 쓰임에는 '물'이 없는 경우란 없는 것이오. 여기에 뜻이 있다면 곧 여기에 '물'이 있게 되는 것이오. 여기에 뜻이 없다면 여기에는 '물'도 없는 것이오. '물'이란 뜻의 쓰임이 아니겠소?

原文 來書云：敎人以致知明德，而戒其卽物窮理，誠使昏闇之士，深居端坐，不聞敎告，遂能至於知致而德明乎？縱令靜而有覺，稍悟本性，則亦定慧無用之見．果能知古今，達事變而致用於天下國家之實否乎? 其曰 : 知者意之體, 物者意之用, 格物如格君心之非之格, 語雖超悟獨得, 不踵陳見. 抑恐於道未相脗合.

區區論致知格物, 正所以窮理, 未嘗戒人窮理, 使之深居端坐, 而一無所事也. 若謂卽物窮理, 如前所云務外而遺内者, 則有所不可耳. 昏闇之士, 果能隨事隨物, 精察此心之天理, 以致其本然之良知, 則雖愚必明, 雖柔必强, 大本立而達道行, 九經之屬, 可一以貫之而無遺矣. 尙何患其無致用之實乎?

彼頑空虛靜之徒, 正惟不能隨事隨物, 精察此心之天理, 以致其本然之良知, 而遺棄倫理, 寂滅虛無以爲常. 是以要之不可以治家國天下. 孰謂聖人窮理盡性之學, 而亦有是弊哉!

心者, 身之主也. 而心之虛靈明覺, 卽所謂本然之良知也. 其虛靈明覺之良知, 應感而動者, 謂之意. 有知而後有意. 無知則無意矣. 知非意之體乎?

意之所用, 必有其物. 物卽事也. 如意用於事親, 卽事親爲一物. 意用於治民, 卽治民爲一物. 意用於讀書, 卽讀書爲一物. 意用於聽訟, 卽聽訟爲一物. 凡意之所用, 無有無物者. 有是意, 卽有是物. 無是意, 卽無是物矣. 物非意之用乎?

註解 ㅇ教人(교인)－왕양명이 사람들을 가르친 것, 곧 왕양명의 주장을 뜻함. ㅇ昏闇(혼암)－사리에 어두운 것, 몽매한 것. ㅇ深居端坐(심거단좌)－깊숙한 곳에 단정히 앉아 있는 것, 좌선하는 것을 말함. ㅇ縱(종)－비록, 설사. ㅇ定慧(정혜)－선정(禪定)으로 얻어진 지혜. ㅇ超悟(초오)－뛰어난 깨달음. ㅇ獨得(독득)－독특한 견해. ㅇ陳見(진견)－진부한 견해, 이전의 견해. ㅇ脗合(문합)－들어맞다, 합치되다. ㅇ大本(대본)－위대한 근본. 뒤의 '달도(達道)'와 함께, 《중용》의 "중이라는 것은 천하의 '위대한

근본'이고, 화라는 것은 '천하에 통달되는 도'이다[中也者, 天下之大本也. 和也者, 天下之達道也]."라고 한 말에서 인용한 것이다. ㅇ九經(구경)-《중용》에 보이는 '천하와 국가를 다스리는 아홉 가지 대원칙'. 수신(修身)·존현(尊賢)·친친(親親)·경대신(敬大臣)·체군신(體羣臣)·자서민(子庶民)·내백공(來百工)·유원인(柔遠人)·회제후(懷諸侯)의 아홉 가지임. ㅇ一以貫之(일이관지)-《논어》 이인(里仁)편에서 공자가 자신의 도를 '일이관지'하고 있다고 말한 것을 인용한 것이다. ㅇ頑空(완공)-흐릿하고 비어있는 것, 공허한 것.

8-2. '격'자의 뜻을 '이르다[至]'로 풀이하는 사람이 있는데, '조상의 종묘에 이르다' '묘족들이 내복(來服)하다'와 같이도 쓰이므로 그래서 '이르다'는 뜻으로 풀이한 것이오. 그러나 '조상의 종묘에 이르려' 한다면 반드시 순수한 효도로 정성과 공경을 다하여 저승과 이승 사이에 하나도 이치가 제대로 통하지 않는 것이 없게 된 연후에야 '이르다'고 말하게 되는 것이오. 묘족들은 어리석었으나 실로 문덕(文德)을 크게 편 다음에야 내복(來服)하게 되었던 것이오. 그러니 그 사이에는 역시 '바로잡다[正]'는 뜻도 겸하고 있는 것이오. 오로지 '이르다'는 뜻으로 그것을 다 풀이해서는 안되오. 예를 들면 '그의 그릇된 마음을 바로잡는다' '대신이 그의 임금의 마음이 그릇된 것을 바로잡아 준다'는 것들과 같이, 이것은 곧 한결같이 모두 그 바르지 않은 것을 바로잡아 주어 올바름으로 돌아가게 한다는 뜻이오. 그러니 '이르다'는 뜻으로 풀이해서는 안되는 것이오.

《대학》의 '격물'의 풀이가 또 어찌 '바로잡다'는 뜻으로 풀이하면 안되고 반드시 '이르다'는 뜻으로 풀이해야만 함을 어찌 아는가? '이르다'는 뜻으로 풀이하는 경우에는 반드시 '궁구(窮究)하여 사물의 이치에 이르다'고 말한 연후에야 그 이론이 비로소 통하오. 그러니 그 공부의 요점은 완전히 '궁구한다'는 데 있게 되며, 힘을 쓰는 곳은 완전히 '이치'에 있게 되는 것이오. 만약 위에서 '궁구한다'는 말을 빼버리고, 아래서 '이치'라는 말을 빼버리고, 곧장 '앎에 이르는 것[致知]은 사물에 이르는 것에 달려있다'고 한다면 그것이 통할 수가 있겠소?

'궁리를 하여 본성을 다한다'는 것은 성인께서 이룩하여 놓으신 교훈으로 《역경》 계사전(繫辭傳)에 보이는 말이오. 정말로 '격물'의 해설이 과연 '궁리'의 뜻이라면, 성인께서 어찌하여 곧장 '앎에 이르는 것은 궁리에 달려있다'고 말씀하시지 아니하고 꼭 이처럼 빙 돌리어 불완전한 표현을 써서, 후세 주자의 이론과 같은 폐해를 낳게 하였겠소?

《대학》의 '격물'의 이론은 본시 《역경》 계사전의 '궁리'와 대의는 같은 것이지만 약간 다른 점이 있소. '궁리'라는 것은 격물·치지·성의·정심을 아우르는 공부인 것이오. 그러므로 '궁리'라 하면 격물·치지·성의·정심의 공부가 모두 그 속에 포함되는 것이오. '격물'이라 한다면 치지·성의·정심을 모두 아울러 들어야만 비로소 그 공부가 완비되고 면밀하게 되는 것이오. 지금 '격물'만을 들고서 마침내 그것을 궁리라고 한다면, 그것은 오로지 궁리를 앎에 소속시키는 이론이며 '격물'에는 행함이란 전혀 있지 않는다는 것이 되오. 그것은 '격물'의 뜻을 파악하지 못한 것뿐만이 아니라, '궁리'의 뜻까지도 잘못 알고 있는 것이오.

이것이 후세 주자학파에서 '앎'과 '행함'을 앞뒤 두 단계의 것으로 나누게 되는 까닭이며, 학문이 날로 지리멸렬해져서 성인의 학문이 무너지고 알 수 없게 되는 발단도 실은 여기에서 시작되는 것이오. 군도 역시 주자학의 옛 습성을 따르는 것을 면하지 못하여 곧 내 이론이 도에 합치되지 못하는 것이라 여기는 것이니, 군의 잘못을 탓하지는 않겠소.

原文 格字之義, 有以至字訓者. 如格于文祖, 有苗來格, 是以至訓者也. 然格于文祖, 必純孝誠敬, 幽明之間, 無一不得其理, 而後謂之格. 有苗之頑, 實以文德誕敷, 而後格, 則亦兼有正字之義在其間. 未可專以至字盡之也. 如格其非心, 大臣格君心之非之類, 是則一皆正其不正, 以歸於正之義, 而不可以至字爲訓矣.

且大學格物之訓, 又安知其不以正字爲訓, 而必以至字爲義乎? 如以至字爲義者, 必曰窮至事物之理, 而後其說始通. 是其用功之要, 全在一窮字, 用力之地, 全在一理字也. 若上去一窮字, 下去一理字, 而直曰致知在至物, 其可通乎?

夫窮理盡性, 聖人之成訓, 見於繫辭者也. 苟格物之說, 而果卽窮理之義, 則聖人何不直曰致知在窮理, 而必爲此轉折不完之語, 以啓後世之弊邪?

蓋大學格物之說, 自與繫辭窮理, 大旨雖同, 而微有分辨. 窮理者, 兼格致誠正而爲功也. 故言窮理, 則格致誠正之功, 皆在其中. 言格物, 則必兼擧致知誠意正心, 而後其功始備而密. 今偏擧格物, 而遂謂之窮理, 此所以專以窮理屬知, 而謂格物未嘗有行, 非惟不得格物之旨, 幷窮理之義而失之矣.

此後世之學, 所以析知行爲先後兩截, 日以支離決裂, 而聖學益以殘晦者, 其端實始於此. 吾子蓋亦未免承沿積習, 則見以爲於道未相脗合, 不爲過矣.

註解 ㅇ至字訓(지자훈)－'지'자로 풀이하다. 주자는 〈대학장구(大學章句)〉에서 '격물'에 대하여 "격은 지의 뜻이요, 물은 사와 같다〔格, 至也. 物, 猶事也〕."라 하고 있다. ㅇ格于文祖(격우문조)－조상 종묘에 이르다. 《서경》 순전(舜典)에 보이는 말. ㅇ有苗來格(유묘래격)－묘족이 내복(來服)하다. 《서경》 대우모(大禹謨)에 보이는 구절. ㅇ幽明(유명)－저승과 이

승. ㅇ頑(완)－둔한 것, 어리석은 것. ㅇ文德誕敷(문덕탄부)－문화적인 덕을 크게 펴다. 《서경》 대우모편에 보이는 말. 완악(頑惡)한 묘(苗)족을 순(舜)은 우(禹)를 시켜 무력으로 제압하려 했으나 잘 되지 않자 다시 '문덕을 크게 펴' 그들을 교화하여 70일만에 그들이 스스로 와서 굴복케 하였다. ㅇ窮(궁)－궁구(窮究)하다. ㅇ轉折不完(전절불완)－돌려지고 꺾여지고 하여 완전치 않은 것. ㅇ分辨(분변)－차이, 나뉘어짐. ㅇ兩截(양절)－두 동강, 두 동강을 내는 것. ㅇ殘晦(잔회)－손상되고 어두워지는 것.

解說 왕양명은 '격물'의 뜻을 풀이하면서 그것은 주자처럼 '사물에 대하여 궁리하는 것'이 아니라, '뜻이 있어 앎이 움직이고 있는 일[事]들에 대하여 올바로 뜻이 작용토록 하는 것'이어서, '양지'를 이르게 하는 공부이며 또 행동도 함께하게 되는 것이라 하고 있다. 계속 '양지론'과 '지행합일론'을 굳게 견지하고 있다.

그리고 앞 대목에서 선리(禪理)를 비판하며 정자(程子)나 주자가 불교에서 빌려온 체용론(體用論)을 동원하고 있는 것이 재미있다.

9. 보내온 편지 : "앎에 이르게 하는[致知] 공부는 어떻게 부모님을 따스하고 시원하게 모시고 어떻게 부모님을 받들어 모시고 부양해 드리느냐고 하는 것이어서, 그것이 바로 뜻을 정성스럽게 하는 것[誠意]이니 달리 이른바 격물이 있는 것이 아니라고 말씀하셨습니다. 이 말씀은 혹시 잘못된 것이 아닐까요?"

이것은 곧 군 스스로가 자기 뜻으로 내 견해를 헤아려서 이런 이론을 전개한 것으로, 내가 군에게 말해준 내용이 아니오. 만약 정말로 군의 말과 같다면 어찌 뜻이 제대로 통할 리가 있겠소?

대체로 나의 견해는 곧 부모님을 따스하고 시원하게 해드리려는 뜻을 갖고 있고, 부모님을 받들어 모시고 부양해 드리려는 뜻을 갖고 있는 것은, 이른바 '뜻'이라는 것이지 그것을 '뜻을 정성스럽게 하는 것[誠意]'이라 말할 수는 없소. 반드시 그 부모님을 따스하고 시원하게 해드리고 받들어 모시고 부양해 드리려는 뜻을 실행하여 스스로 흡족히 여길 정도가 되도록 힘씀으로써 스스로를 속이는 일이 없게 된 연후에야 그것을 '성의'라고 말하는 것이오. 어떻게 부모님을 따스하고 시원하게 해드려야 하는가 그 절도를 알고, 어떻게 부모님을 받들어 모시고 부양해 드려야 하는가 그 적절함을 아는 것이 이른바 '앎[知]'이지만, 그것을 '앎에 이르렀다[致知]'고 말할 수는 없소. 반드시 어떻게 하여 부모님을 따스하고 시원하게 해드려야 하는가 그 절도를 알게 되는 앎을 이르게 하여, 실지로 그 앎을 따라 따스하고 시원하게 해드리고, 어떻게 하여 부모님을 받들어 모시고 부양해 드려야 하는가 그 적절함을 알게 되는 앎을 이르게 하여 실지로 그 앎을 따라 받들어 모시고 부양해 드린 연후에야 그것을 '치지'라고 말하는 것이오.

부모님을 따스하게 해드리고 시원하게 해드리는 일과 부모님을 받들어 모시고 부양하는 일이 이른바 '물(物)'이라는 것이지만, 그것을 '격물'이라 말할 수는 없소. 반드시 부모님을 따스하고 시원하게 해드리는 일에 대하여 한결같이 그의 '양지'가 마땅히 어떻게 따스하고 시원하게 해드려야 하는가 그 절도를 알고 있는대로 실천을 터럭끝만치도 다하지 못하는 일이 없고, 부모님을 받들어 모시고 부양하는 일에 대하여 그의 '양지'가 마땅히 어떻게 받들어 모시고 부양해 드려야 하는가 그 적절함을 알고 있는대로 실천을 터럭끝만치도 다하지 못하는 일이 없게 된 연후에야 그것을 '격물'이라 말하는 것이오.

부모님을 따뜻하게 해드리고 시원하게 해드리는 '물'이 올바로 된 연후에야 따스하게 해드리고 시원하게 해드리는 '양지'가 비로소 이르게 됨을 알 것이오. 부모님을 받들어 모시고 부양하는 '물'이 올바로 된 연후에야 받들어 모시고 부양하는 '양지'가 비로소 이르게 됨을 알 것이오. 그러므로 '물이 올바로 된 뒤에야 앎이 이른다'고 한 것이오. 그가 부모님을 따스하게 해드리고 시원하게 해드릴 줄을 알게 되는 '양지'가 이르게 된 뒤에야 따스하게 해드리고 시원하게 해드리는 뜻이 비로소 정성스럽게 되는 것이오. 부모님을 받들어 모시고 부양해드릴 줄을 알게 되는 '양지'가 이르게 된 뒤에야 받들어 모시고 부양하는 뜻이 비로소 정성스럽게 되는 것이오. 그러므로 '앎에 이른 뒤에야 뜻이 정성스럽게 된다'고 한 것이오. 이 여러 가지 성의·치지·격물에 관한 이론은 대체로 이런 것이오. 군이 다시 그에 대하여 깊이 생각해보면 또한 의심스런 것들이 없게 될 것이오.

原文 來書云：謂致知之功，將如何爲溫凊，如何爲奉養，卽是誠意，非別有所謂格物. 此亦恐非.

此乃吾子自以己意揣度鄙見，而爲是說，非鄙人之所以告吾子者矣. 若果如吾子之言，寧復有可通乎?

蓋鄙人之見，則謂意欲溫凊，意欲奉養者，所謂意也. 而未可謂之誠意. 必實行其溫凊奉養之意，務求自慊而無自欺，然後謂之誠意. 知如何而爲溫凊之節，知如何而爲奉養之宜者，所謂知也. 而未可謂之致知. 必致其知如何爲溫凊之節者之知，而實以之溫凊，致其知如何爲奉養之宜者之知，而實以之奉養，然後謂之致知.

溫凊之事，奉養之事，所謂物也. 而未可謂之格物. 必其於溫凊之事也，一如其良知之所知當如何爲溫凊之節者，而爲之，無一毫之不盡，於奉養之事也，一如其良知之所知當如何爲奉養之宜者，而爲之，無一毫之不盡，然後謂之格物.

溫凊之物格，然後知溫凊之良知始致. 奉養之物格，然後知奉養之良知始致. 故曰：物格而後知至. 致其知溫凊之良知，而後溫凊之意始誠. 致其知奉養之良知, 而後奉養之意始誠. 故曰 : 知至而後意誠. 此區區誠意致知格物之說, 蓋如此. 吾子更熟思之, 將亦無可疑者矣.

註解 ㅇ溫凊(온청)－부모님을 따스하게 해드리고 시원하게 해드리는 것. 뒤의 '봉양(奉養)'과 함께 효자의 행실로 《예기》 곡례(曲禮) 상편에 보이는 말임. ㅇ揣度(췌탁)－미루어 헤아리는 것. ㅇ自慊(자겸)－스스로 흡족히 여기는 것. 《대학》에 보이는 말임. ㅇ節(절)－절도, 절차. ㅇ宜(의)－적절함, 합당함. ㅇ一毫(일호)－한 개의 가는 터럭. ㅇ故曰(고왈)－이 아래 붙은 구절은 두 곳 모두 《대학》의 글임.

解說 제자의 '치지'와 '성의'와 '격물'에 대한 뜻이 분명하지 못함을 보고, 왕양명은 뜻과 '성의'와 앎과 '치지'와 '물'과 '격물'의 의의를 지행합일의 이론과 '양지'의 이론을 바탕으로 상세히 설명하고 있다.

10-1. 보내온 편지 : "도의 위대한 근본은 명백히 하기가 쉽습니다. 이른바 '양지'와 '양능'이라는 것은 어리석은 남자나 여자라 하더라도 지닐 수가 있는 것입니다. 그러나 일의 절목(節目)과 때와 변화에 대처하는 상세한 방법과 터럭만한 차질이 천리의 잘못으로 발전하는 일에 있어서는 반드시 공부를 한 뒤에야 알게 되는 것입니다. 지금 효도를 얘기함에 있어서 부모님을 따스하고 시원하게 해드리며 아침저녁으로 문안드려야 한다는 일을 그 누가 알지 못하겠습니까? 그러나 순(舜)임금이 부모님께 아뢰지도 않고 장가를 들고, 주(周) 무왕(武王)이 아버지 장례를 치르지도 않고 군사를 일으키고, 부모를 부양할 적에 뜻을 부양해 드려야 하는가 입을 부양해 드려야 하는가, 부모의 작은 매는 맞되 큰 매는 피해야 한다든가, 넓적다리 살을 베어 부모님께 드리고 부모님 무덤 옆에 움막을 짓는다든가 하는 일들에 있어

서는, 보통 때와 특별한 일이 생겼을 경우에 대처하는 방법이나 지나치고 부족하고 하는 정도에 있어서, 반드시 옳고 그름을 토론하여 그 일들을 제어하는 근본으로 삼아야 할 것입니다. 그렇게 한 뒤에야 마음과 몸이 가리어지는 것이 없게 되어, 일을 처리함에 있어서 실수가 없게 될 것입니다."

도의 위대한 근본은 명백히 하기 쉽다고 하였는데, 그것은 정말 옳은 말이오. 그런데 후세의 공부하는 사람들은 그 명백히 하기 쉬운 것은 소홀히 여기어 추구하지 아니하고, 명백히 하기 어려운 것을 추구하는 것이 학문이라 여기고 있소. 이것이 '도는 가까운 데 있는데도 먼 곳에서 그것을 구하고, 일은 쉬운 것인데도 어려운 방법으로 그것을 하려 하고 있다'고 한 까닭이오. 맹자께서 말씀하시기를 '도란 한 길 같은 것이다. 어찌 알아보기 어려운 것이겠는가? 사람들의 병폐는 그 길을 가지 않는 것이다'고 하셨소.

'양지'와 '양능'에 있어서는 어리석은 남자와 여자도 성인이나 같소. 다만 성인께서는 그의 '양지'를 잘 이르도록 하지만, 어리석은 남자와 여자는 그것을 이르게 하지 못하는 것이오. 이것이 성인과 어리석은 자로 갈라지게 되는 연유요. 일의 절목과 때와 변화에 대하여 성인이 어찌 알지 못하시겠소? 다만 오로지 그것으로 학문을 삼지 않는 것이지요. 그리고 그분들의 이른바 학문이란 것은 바로 그분의 '양지'를 이르게 하여 이 마음의 천리를 정세히 살피는 것이니, 후세의 학문이라는 것과는 같지 않소.

군은 '양지'를 이르게 할 겨를이 없어 다급히 이를 돌아보며 걱정하고 있소. 이것이 바로 명백히 하기가 어려운 것을 추구하면서 그것을 학문이라 여기는 폐단이오. '양지'와 일의 절목 및 때와 변화의 관계는 마치 굽은자·그림쇠·자와 네모·동그라미·길고 짧은 것의 관계와 같은 것이오. 일의 절목과 때와 변화를 미리 예측할 수가 없는 것은 마치 네모·동그라미·길고 짧은 것을 이루 다 추구하여 미리 정할 수가 없는 것과 같소. 그러므로 굽은자와 그림쇠가 진실로 잘 준비되어 있어야 네모꼴과 둥근 모양을 속일 수가 없게 되고, 천하의 네모꼴과 동그라미를 제대로 쓰지 못하는 일이 없게 되는 것이오. 자가 잘 펼쳐져 있으면 길고 짧은 것을 속일 수가 없게 되어, 천하의 길고 짧은 것들을 제대로 쓰지 못하는 일이 없게 될 것이오. '양지'를 진실로 이르게 하였다면 일의 절목과 때와 변화를 속일 수가 없게 되어, 천하의 일의 절목과 때와 변화에 제대로 호응하지 못하는 일이 없게 될 것이오.

原文 來書云：道之大端，易於明白. 所謂良知良能，愚夫愚婦可與及者. 至於節目時變之詳，毫釐千里之繆，必待學而後知. 今語孝於溫凊定省，孰不知之? 至於舜之不告而娶，武之不葬而興師，養志養口，小杖大杖，割股廬墓等事，處常處變，過與不及之間，必須討論是非，以爲制事之本. 然後心體無蔽，臨事無失.

道之大端易於明白，此語誠然. 顧後之學者，忽其易於明白者而弗由，而求其難於明白者以爲學. 此其所以道在邇而求諸遠，事在易而求諸難也. 孟子云：夫道若大路然. 豈難知哉? 人病不由耳.

良知良能，愚夫愚婦與聖人同. 但惟聖人能致其良知，而愚夫愚婦不能致. 此聖愚之所由分也. 節目時變，聖人夫豈不知? 但不專以此爲學. 而其所謂學者，正惟致其良知，以精察此心之天理，而與後世之學不同耳.

吾子未暇良知之致，而汲汲焉顧是之憂. 此正求其難於明白者以爲學之弊也. 夫良知之於節目時變，猶規矩尺度之於方圓

長短也：節目時變之不可預定，猶方圓長短之不可勝窮也．故規矩誠立，則不可欺以方圓，而天下之方圓不可勝用矣：尺度誠陳，則不可欺以長短，而天下之長短，不可勝用矣：良知誠致，則不可欺以節目時變，而天下之節目時變，不可勝應矣．

註解 ㅇ大端(대단)－위대한 근본. ㅇ可與及(가여급)－거기에 미칠 수가 있다, 그것을 지닐 수가 있다. ㅇ節目(절목)－일의 자세한 절차. ㅇ時變(시변)－때와 변화. ㅇ繆(류)－잘못, 오류(誤謬). ㅇ定省(정성)－혼정신성(昏定晨省), 저녁에는 부모님의 잠자리를 살펴드리고, 아침에는 문안을 드리는 것.《예기》곡례(曲禮)에 자식된 도리로 부모님께는 '겨울엔 따스하게 해드리고, 여름엔 시원하게 해드리며, 저녁에는 잠자리를 살펴드리고, 아침에는 문안을 드린다[冬溫而夏淸, 昏定而晨省]'고 하였다. ㅇ不告而娶(불고이취)－순(舜)임금은 부모가 어리석어 결혼을 반대하므로 후손이 끊길 것을 걱정하여 부모에게 알리지 않고 장가를 들었다(《孟子》萬章 上). ㅇ武之不葬(무지부장)－주(周)나라 무왕(武王)은 아버지 문왕(文王)의 장례를 완전히 끝내기도 전에 군사를 일으키어 은(殷)나라 주(紂)를 쳤다(《史記》伯夷列傳). ㅇ養志養口(양지양구)－부모님을 봉양함에 부모님 뜻을 잘 받들고도 좋은 음식을 올려 드리는 것.《맹자》이루(離婁) 상편에서, 증자(曾子)가 그의 아버지 증석(曾晳)을 잘 모신 것을 그렇게 표현하고 있다. ㅇ小杖大杖(소장대장)－부모님이 자식에게 성이 나서 매를 들 때, 작은 매는 그대로 맞지만 큰 매는 피해야 한다는 것이다. 큰 매로 때리어 몸에 상처가 나면 뒤에 부모님 마음이 아파질 것이기 때문이라는 것이다(《孔子家語》六本편). ㅇ割股(할고)－부모님 병환을 치료하기 위하여 자식이 자기 넓적다리 살을 베어내어 약으로 부모님께 올렸다는 것이다(《魏書》孝子傳). ㅇ廬墓(여묘)－부모님 무덤 옆에 움막을 지어 놓고 거기에서 3년상을 치르는 것. 공자의 무덤 옆에 자공(子貢)이 움막을 짓고 3년 복상(服喪)을 하였다(《孟子》滕文公 上). ㅇ制事(제사)－일을 제어(制御)하다, 일을 적절히 처리하다. ㅇ道在邇(도재이)－이 대목은《맹자》이루(離婁) 상편의 글을 인용한 것이다. ㅇ孟子云(맹자운)－《맹자》

고자(告子) 하편의 글임. ㅇ未暇(미가)–겨를이 없는 것. ㅇ汲汲(급급)–다급한 모양, 서두르는 모양. ㅇ規矩尺度(규구척도)–'규'는 목수들이 네모꼴을 가늠하는 데 쓰는 굽은자, '구'는 원을 그리는 데 쓰는 그림쇠, '척도'는 물건의 길이를 재는 데 쓰는 자. ㅇ不可勝窮(불가승궁)–이루 다 추궁하여 미리 다 알 수가 없는 것. ㅇ不可勝用(불가승용)–여유가 많아서 이루 다 쓰지 못할 정도인 것.

10-2. 터럭만한 차질이 천리의 잘못으로 발전한다는 문제도, 나의 마음속의 '양지'의 한 가지 미세한 생각에 대하여 살피지 아니한다면 또 그 배운 것을 어디에 쓰겠소? 그것은 굽은자나 그림쇠로 천하의 네모꼴과 동그라미를 정하려 하지 않고, 자로 천하의 길고 짧은 것을 가늠하려 하지 않는 것이니, 내가 보기에 그것은 어긋나고 잘못되어 매일 수고만 하고 이루는 것은 없게 될 것이오.

군은 말하기를 "부모님을 따스하게 해드리고 시원하게 해드리며 저녁에는 잠자리를 보살펴 드리고 아침에는 문안드리는 일로 효도를 말한다면 그것을 누가 모르겠는가?"고 하였소. 그렇지만 거기에 그의 앎을 이르게 하는 사람은 드문 것이오. 만약 부모님을 따스하게 해드리고 시원하게 해드리며 저녁에는 잠자리를 돌보아 드리고 아침에는 문안을 드리는 예절에 대하여 대강 안다고 해서 마침내 그의 앎을 이르게 하였다고 말한다면, 곧 임금은 마땅히 어질어야 한다는 것을 아는 사람은 모두 그의 어짊에 대한 앎을 이르게 하였다고 말할 수가 있을 것이고, 신하는 마땅히 충성스러워야 한다는 것을 아는 사람은 모두 그의 충성에 대한 앎을 이르게 하였다고 말할 수가 있을 것이오. 그러면 그 누가 앎을 이르게 하지 못한 자가 되겠소? 이로써 말할 것 같으면 앎을 이르게 한다는 것은 반드시 행하는 데 달렸음을 알 수가 있으니, 그것을 행하지 않았다면 앎을 이르게 하였다고 할 수가 없음이 분명하오. '지행합일'의 본체가 더욱 확실해지지 않았소?

순임금이 부모에게 아뢰지도 않고 장가를 들었는데, 어찌 순임금 이전에 이미 부모에게 아뢰지도 않고 장가를 든 사람이 있어 따를 준칙이라도 되었던가요? 그러니 순임금은 무슨 책으로 그 일을 고증했겠으며, 어떤 사람에게 물어서 그런 일을 하였겠소? 그렇지 않고 그의 마음속의 한 생각인 '양지'로 그 일을 추구하고 가볍고 무거운 타당성을 저울질한 결과 부득이하여 그런 일을 하였던 건가요?

무왕이 아버지 장례를 마치지도 않고 군사를 일으켰는데, 어찌 무왕 이전에 이미 아버지 장례를 마치지도 않고 군사를 일으킨 사람이 있어 따를 준칙이라도 되었던가요? 그러니 무왕은 무슨 책으로 그 일을 고증했겠으며, 어떤 사람에게 물어서 그런 일을 하였겠소? 그렇지 않고 그의 마음속의 한 생각인 '양지'로 그 일을 추구하고 가볍고 무거운 타당성을 저울질한 결과 부득이하여 그런 일을 하였던 건가요?

만약 순임금의 마음이 자손이 없게 될 일에 정성스럽지 아니하고, 무왕의 마음이 백성을 구하는 일에 정성스럽지 않았다면, 곧 그분들이 부모님께 아뢰지도 않고 장가를 들고 아버지 장례를 마치지도 않고 군사를 일으킨 것은 바로 큰 불효와 불충이 될 것이오. 그런데 후세 사람들은 그의 '양지'를 이르게 하여 이 마음이 일에 감응을 하고 여러 가지로 대응할 적의 의리를 자세히 살피는 일에는 힘쓰지 아니하고, 도리어 이러한 변화하는 일과 일상적인 일에 대하여 공연한 토론을 하고, 그것을 근거로 일을 처리하는 근본으로 삼아 일에 대처하는 데 있어서 잘못이 없기를 추구하려 하는데, 그것 또한 우원(迂遠)한 짓이오. 그 나머지 여러 문제들은 모두 유추할 수가 있을 것이니, 곧 옛날분들의 앎을 이르게 하는 공부도 따라서 알 수가 있을 것이오.

原文 毫釐千里之繆, 不於吾心良知一念之微而察之, 亦將何所用其學乎? 是不以規矩而欲定天下之方圓, 不以尺度而欲盡天下之長短. 吾見其乖張謬戾, 日勞而無成也已.

吾子謂, 語孝於溫凊定省, 孰不知之? 然而能致其知者鮮矣. 若謂粗知溫凊定省之儀節, 而遂謂之能致其知, 則凡知君之當仁者, 皆可謂之能致其仁之知, 知臣之當忠者, 皆可謂之能致其忠之知. 則天下孰非致知者邪? 以是而言, 可以知致知之必在於行, 而不行之不可以爲致知也, 明矣. 知行合一之體, 不益較然矣乎?

夫舜之不告而娶, 豈舜之前已有不告而娶者, 爲之準則? 故舜得以考之何典, 問諸何人, 而爲此邪? 抑亦求諸其心一念之良知, 權輕重之宜, 不得已而爲此邪?

武之不葬而興師, 豈武之前已有不葬而興師者, 爲之準則? 故武得以考之何典, 問諸何人, 而爲此邪? 抑亦求諸其心一念之良知, 權輕重之宜, 不得已而爲此邪?

使舜之心而非誠於爲無後, 武之心而非誠於爲救民, 則其不告而娶, 與不葬而興師, 乃不孝不忠之大者. 而後之人不務致其良知, 以精察義理於此心感應酬酢之間, 顧欲懸空討論此等變常之事, 執之以爲制事之本, 以求臨事之無失, 其亦遠矣. 其餘數端, 皆可類推, 則古人致知之學, 從可知矣.

註解 ㅇ乖張謬戾(괴장류려)－어긋나고 잘못되는 것. ㅇ粗知(조지)－대강 알다, 대충 알다. ㅇ較然(교연)－밝게, 뚜렷하게. ㅇ典(전)－책, 전거(典據). ㅇ權(권)－저울질하다. ㅇ感應(감응)－일에 대하여 느끼고 호응하는 것. ㅇ酬酢(수작)－여러 가지로 일에 대응하는 것. ㅇ執之(집지)－그것을 근거로 하다, 그것을 잡다.

解說 앎은 행동을 수반하여야 함을 강조하면서, '양지'를 모든 일에 이르게 하는 일의 어려움을 해설하고 있다. '양지'는 사람들 마음속에 있는 것이고, 사람이란 누구나 마음을 갖고 있기 때문에, '양지'를 이

르게 하는 일을 안이하게 생각할까 경계한 것이다. 곧 '양지'나 '양능'은 사람이면 누구나 갖고 있으나, 그것을 매사에 이르게 하는 일이란 매우 어려운 것임을 강조한 것이다.

11-1. 보내온 편지 : "선생님께서 《대학》의 '격물'의 이론은 오로지 본 마음으로 추구해야 한다고 말씀하신 것은, 그래도 끌어다 맞출 수가 있을 것 같습니다. 그러나 육경(六經)과 사서(四書)에 실려있는 '많이 듣고 많이 본다' '옛분들의 말과 옛분들의 행동을 본뜬다' '옛것을 좋아하여 부지런히 그것을 추구한다' '널리 배우고 자세히 묻는다' '옛것을 익히어 새로운 것을 안다' '널리 배우고 상세히 논한다' '묻기 좋아하고 살피기 좋아한다'는 등의 일은 모두 분명히 일을 할 적에 추구하는 문제이거나 논설을 전개할 적에 쓰여지는 것이기 때문에, 공부하는 자세한 절차를 본시 혼란시킬 수가 없는 것입니다."

'격물'의 뜻에 대하여는 앞에서 이미 자세히 얘기했소. '끌어다 맞추어야 한다'는 의심에 대하여는 생각건대 이제는 다시 해설하지 않아도 될 것이오. 《논어》에서 '많이 듣고 많이 본다'고 한 방법은, 바로 공자께서 자장(子張)이 외부적인 것에 힘쓰고 고상한 것을 좋아하므로 부질없이 '많이 듣고 많이 보는 것'으로 공부를 하려 하고 그의 마음에서 문제를 추구하지 못하여 의심스럽고 위태로운 것을 버릴 수가 없어서 한 말씀이오. 이것은 자장의 말과 행동이 허물과 후회를 면하지 못하게 할 것이므로 이른바 듣고 본 것은 바로 그가 외부적인 것에 힘쓰고 고상한 것을 좋아하는 데 도움이 될 따름이었소. 대체로 자장의 '많이 듣고 많이 보는' 병을 고쳐주려는 것이었지, 그 말로 공부하는 방법을 가르친 것이 아니오.

공자께서는 일찍이 말씀하시기를 "대체로 알지도 못하면서 만들어내는 사람이 있으나, 나는 그런 일이 없었다."고 하셨다. 이 말씀은 마치 맹자의 '옳고 그름을 판단하는 마음은 사람들 모두가 갖고 있다'고 한 말의 뜻과 같소. 이것은 바로 덕성을 밝히는 근거가 되는 '양지'는 듣고 보는 것으로 말미암는 것이 아님을 말한 것이오. 만약 '많이 듣고 그 중 선한 것을 골라 그것을 따르며, 많이 듣고 그것을 외워 둔다'고 말한다면, 그것은 오로지 보고 듣는 말단적인 것만을 추구하여 이미 이차적인 뜻으로 떨어져 버린 것이오. 그러므로 공자께서는 '앎의 차등(次等)의 것'이라 말씀하신 것이오.

보고 듣는 데서 얻는 앎을 차등의 것이라 한다면, 곧 이른바 앎의 상등(上等)의 것은 과연 무엇을 가리키겠소? 여기에서 성인의 문하에서 '앎을 이르게 하는 데' 힘을 쓰고 있는 근거를 엿볼 수가 있소. 공자께서 자공(子貢)에게 말씀하셨소. "사야! 너는 내가 많이 배워서 그것들을 모두 외고 있는 사람이라 생각하느냐? 그렇지 않다. 나는 하나로 모든 것을 관통하고 있다." 만약 진실로 '많이 배워서 그것들을 외우는 데' 공부의 목표가 있다면, 공자께서 어떻게 그릇된 이러한 이론을 펴 자공을 속이겠소? '하나로 모든 것을 관통하고 있다'는 것은 그의 '양지'를 이르게 하는 것이 아니고 또 무엇이겠소?

原文 來書云：謂大學格物之說，專求本心，猶可牽合. 至於六經四書所載，多聞多見，前言往行，好古敏求，博學審問，溫故知新，博學詳說，好問好察，是皆明白求於事爲之際，資於論說之間者，用功節目，固不容紊矣.

格物之義，前已詳悉，牽合之疑，想已不俟復解矣. 至於多聞多見，乃孔子因子張之務外好高，徒欲以多聞多見爲學，而不能求諸其心，以闕疑殆. 此其言行所以不免於尤悔，而所謂見聞者，適以資其務外好高而已. 蓋所以救子張多聞多見之病，而非以是教之爲學也.

夫子嘗曰 : 蓋有不知而作之者, 我無是也. 是猶孟子是非之心, 人皆有之之義也. 此言正所以明德性之良知, 非由於聞見耳. 若曰多聞擇其善者而從之, 多見而識之, 則是專求諸見聞之末, 而已落在第二義矣. 故曰 : 知之次也.

夫以見聞之知爲次, 則所謂知之上者, 果安所指乎? 是可以窺聖門致知用力之地矣. 夫子謂子貢曰 : 賜也! 汝以予爲多學而識之者歟? 非也. 予一以貫之. 使誠在於多學而識, 則夫子胡乃謬爲是說, 以欺子貢者邪? 一以貫之, 非致其良知而何?

註解 ㅇ牽合(견합)－끌어다 맞추다, 그런대로 맞는다고 인정하는 것. ㅇ多聞多見(다문다견)－많이 듣고 많이 보다. 《논어》 위정(爲政)·술이(述而) 두 편에 보임. ㅇ前言往行(전언왕행)－옛분들의 말과 행동. 《역경》 대축괘(大畜卦) 상전(象傳)에 보이는 말. ㅇ好古敏求(호고민구)－옛것을 좋아하여 부지런히 그것을 추구하는 것. 《논어》 술이(述而)편에 보이는 말. ㅇ博學審問(박학심문)－널리 배우고 자세히 묻다, 《중용》에 보이는 말. ㅇ溫故知新(온고지신)－옛것을 익히어 새로운 것을 알다, 《논어》 위정 및 《중용》에 보이는 말. ㅇ博學詳說(박학상설)－널리 배우고 상세히 논한다. 《맹자》 이루(離婁) 하편에 보이는 말. ㅇ好問好察(호문호찰)－묻기 좋아하고 살피기 좋아하다. 《중용》에 순임금에 대하여 논하는 말 중에 보임. ㅇ事爲(사위)－일하고 행동하는 것. ㅇ紊(문)－어지러운 것. ㅇ子張之務外好高(자장지무외호고)－자장이 외부의 것에 힘쓰고 고상한 것을 좋아하다. 《논어》 위정편을 보면, 공자는 제자 자장이 벼슬하는 공부를 하고자 할 때 충고로 '다문다견(多聞多見)'의 올바른 방법을 설명해 주고 있다. ㅇ闕疑殆(궐의태)－의심스러운 것과 위태로운 것을 젖혀놓다. 《논어》 위정편의 공자의 말에서 빌어 만든 말임. ㅇ尤悔(우회)－허물과 뉘우침. ㅇ夫子嘗曰(부자상왈)－《논어》 술이(述而)편의 말. ㅇ孟子是非之心(맹지시비지심)－《맹자》 고자(告子) 상편 참조. ㅇ若曰(약왈)－이하의 말은

'부자상왈'하고 《논어》 술이편에 보인 말 다음에 이어지는 말임. ○用力之地(용력지지)－힘을 쓰는 근거. ○夫子謂子貢(부자위자공)－《논어》 위령공(衛靈公)편에 보이는 말임.

11-2. 《역경》에 말하기를 "군자는 옛분들의 말과 옛분들의 행동을 많이 알아 자기의 덕을 축적해 가야 한다." 하였소. 자신의 덕을 축적하는 데에 마음을 쓰고 있다면 곧 모든 '옛분들의 말과 옛분들의 행동을 많이 아는 것'이 어느 것인들 덕을 축적하는 일이 되지 않겠소? 이것이 바로 '지행합일'의 공부인 것이오.

'옛것을 좋아하여 부지런히 그것을 추구한다'는 것은 옛분들의 학문을 좋아하여 부지런히 자기의 마음의 이치를 추구한다는 것이오. 마음이 곧 이인 것이오. 배운다는 것은 이 마음을 배우는 것이오. 추구한다는 것은 이 마음을 추구하는 것이오. 맹자께서 말씀하셨소. "학문의 도란 다름이 아니라, 그의 놓여난 마음을 찾는 데 있을 따름이다." 후세 사람들이 옛분들의 말을 널리 기억하고 많이 외는 것을 옛것을 좋아하는 것이라고 하면서 서둘러 오직 외부에서 공명과 이익을 얻는 방법만을 추구하는 것과는 다르오.

'널리 배우고 자세히 묻는다'는 데 대하여는 앞에서 말을 이미 다한 셈이오. '옛것을 익히어 새로운 것을 안다'는 데 있어서는 주자도 '옛것을 익히는 것'은 덕성을 존중하는 일에 속하는 것이라 하였는데, 덕성을 어찌 밖에서 구할 수가 있겠소? 오직 '새로운 것을 아는 것'은 반드시 '옛것을 익히는 일'로 말미암아야 되는 것이오. 그러니 '옛것을 익히는 것'은 바로 '새로운 것을 아는' 근거가 되는 것이오. 그러니 역시 이 사실로도 앎과 행동이 두 가지 일이 아님을 증험할 수가 있을 것이오.

맹자가 '널리 배우고 상세히 논한다'고 한 것은 그럼으로써 '바탕으로 되돌아가 요점을 해설하려는 것'이오. 만약 '바탕으로 되돌아가 요점을 해설한다'는 말을 뒤에 붙이지 않았다면 곧 '널리 배우고 상세히 논한다'는 것이 과연 어떤 일이 되겠소? 순(舜)임금이 '묻기 좋아하고 살피기 좋아한 것'은 오직 중정(中正)함을 씀으로서 도를 지키려는 마음에 그의 정성과 통일을 이르게 하려는 것이었소. '도를 지키려는 마음'이란 것은 바로 '양지'를 말하는 것이오.

군자의 학문이란 일과 행동으로부터 떨어진 일도 없고 논설을 폐기한 일도 없소. 다만 일에 종사하거나 논설을 펴는 사람은 요컨대 모두 '지행합일'의 노력을 해야 되는 것이니, 바로 그것이 본심의 '양지'를 이르게 하는 방법이기 때문이오. 그러니 세상의 부질없이 입과 귀로 떠들고 말하는 짓만 하는 것을 앎이라 하면서, 앎과 행동을 두 가지 일로 나누는 것과는 같지 않은 것이오. 그런데도 과연 공부하는 자세한 절차의 선후 같은 것을 말할 만한 것이 있겠소?

原文 易曰：君子多識前言往行, 以畜其德. 夫以畜其德爲心, 則凡多識前言往行者, 孰非畜德之事. 此正知行合一之功矣.

好古敏求者, 好古人之學, 而敏求此心之理耳. 心卽理也. 學者, 學此心也. 求者, 求此心也. 孟子云：學問之道無他. 求其放心而已矣. 非若後世廣記博誦古人之言詞, 以爲好古, 而汲汲然惟以求功名利達之具於其外者也.

博學審問, 前言已盡. 溫故知新, 朱子亦以溫故屬之尊德性矣. 德性豈可以外求哉? 惟夫知新必由於溫故. 而溫故乃所以知新, 則亦可以驗知行之非兩節矣.

博學而詳說之者, 將以反說約也. 若無反約之云, 則博學詳說者, 果何事邪? 舜之好問好察, 惟以用中而致其精一於道心耳. 道心者, 良知之謂也.

君子之學, 何嘗離去事爲, 而廢論說? 但其從事於事爲論說者, 要皆知行合一之功, 正所以致其本心之良知. 而非若世之徒事口耳談說以爲知者, 分知行爲兩事, 而果有節目先後之可言也.

註解 ㅇ易曰(역왈)－《역경》 대축괘(大畜卦) 상전(象傳)에 보이는 말. ㅇ孟子云(맹자운)－《맹자》 고자(告子) 상편의 말. ㅇ汲汲然(급급연)－쉬지 않고 서두르는 모양. ㅇ功名利達之具(공명이달지구)－공명과 이익을 얻는 수단. ㅇ尊德性(존덕성)－역시 《중용》에 보이는 말. ㅇ反說約(반설약)－《맹자》 이루(離婁) 하편에서 '박학상설'을 말한 데 이어 한 말. 곧 "널리 배워서 상세히 그것을 설명하는 것은 '그 바탕으로 되돌아가 요점을 해설하려는 것'이다."고 말하고 있다. ㅇ用中(용중)－중정(中正)함을 쓰다. 이하의 말은 《서경》 대우모(大禹謨)편에 '사람의 마음은 위태롭기만 하고, 도를 지키려는 마음은 극히 희미한 것이니, 오직 정성을 다하고 오직 마음을 통일하여, 진실로 그 중정함을 지켜야 한다〔人心惟危, 道心惟微. 惟精惟一, 允執厥中〕'고 한 표현을 응용한 것이다.

解說 격물에 대하여 자기 나름대로의 해석을 강조하면서, '치양지'와 '지행합일'을 거듭 강조하고 있다. 여기에서 왕양명은 '심즉리(心卽理)'라 하였는데, 그것은 주자의 '성즉리(性卽理)'의 이론과 대조를 이루는 것이다.

12-1. 보내온 편지 : "양주(楊朱)와 묵적(墨翟)이 인의(仁義)를 위한다 하고, 한 고을에서 겉으로만 올바른 듯이 행세하는 자가 충실함과 신의를 어지럽히며, 요순(堯舜)과 자지(子之)의 선양(禪讓)에 차이가 있고, 탕(湯)임금·무왕(武王)과 초(楚) 항왕(項王)의 임금을 친 성격이 다르며, 주공(周公)과 왕망(王莽)·조조(曹操)의 임금을 보좌한 성격이 다른 것 같은 일들은 엉성하게 확실한 증거를 가지고 밝히

지 않는다면, 또 어떤 것을 따라야 하겠습니까? 또한 옛부터 지금에 이르기까지의 일과 그 변화 및 예의와 음악제도 및 여러 가지 기물 같은 것에 대하여도 일찍이 제대로 연구하여 알지를 못하고 있습니다. 만약 나라에서 명당(明堂)을 일으키고 벽옹(辟雍)을 세우며, 역법(曆法)과 악률(樂律)을 제정하고 봉선(封禪)의 제사를 시작하려고 한다면 또 그 시행의 근거를 어디에 두어야 하겠습니까? 그러므로 '《논어》에서 나면서부터 안다고 한 것은 도리에 관한 것뿐이고, 예의와 음악제도 및 여러 가지 기물과 옛부터 지금에 이르기까지의 일과 그 변화 같은 것은 역시 공부를 한 뒤에야 그러한 것들이 행하여진 구체적인 사실들을 증험할 수가 있다'고 말하는 것입니다. 이것은 바로 정론이라고 말할 수가 있을 것입니다."

군이 든 양주·묵적·고을에서 겉으로만 올바른 듯이 행세하는 자·요임금·순임금·자지·탕임금·무왕·초 항왕·주공·왕망·조조 같은 사람들에 관한 분별은 앞의 순임금과 무왕에 관한 이론을 더 널리 미루어 대략 알 수 있을 것이오. 옛부터 지금에 이르기까지의 일과 그 변화에 대한 의문은 앞의 '양지'에 관한 설명을 하면서 이미 굽은자·그림쇠·자의 비유를 들었으니, 마땅히 더 쓸데없는 많은 말을 하지 않아도 알 수 있을 것이오.

그러나 명당과 벽옹에 관한 여러 가지 일들은 더 말을 하지 않으면 안될 것만 같소. 그러나 그에 관한 이론은 매우 길어서, 잠시 군의 말만을 근거로 하여 바로잡아 보려 하오. 그러면 군의 의혹이 어느 정도 풀리게 되리라 믿소. 명당과 벽옹의 제도는《여씨춘추(呂氏春秋)》월령(月令)편과 한대 학자들의 주석 속에 처음으로 보이고, 육경과 사서 속에는 상세한 언급이 보이지 않소. 어찌 여씨(呂氏)와 한유(漢儒)는 지혜가 있고, 하(夏)·은(殷)·주(周) 삼대의 성현들보다도 현명하기 때문이겠소?

제(齊)나라 선왕(宣王) 때에도 명당이 아직 무너지지 않았었으니, 주(周)나라 유왕(幽王)·여왕(厲王)의 시대에도 주나라의 명당은 모두 건재하였소. 요임금·순임금 때에는 궁전 지붕을 띠풀로 이었고 흙으로 섬돌을 쌓았으니, 명당의 제도는 반드시 갖추어지지 않았을 것이오. 그러나 그분들이 나라를 다스리는 데에는 아무런 문제도 없었소. 유왕·여왕의 명당은 진실로 문왕·무왕·성왕(成王)·강왕(康王)의 옛것이었소. 그런데도 그들이 나라를 어지럽히는 것을 바로잡아 주지 못하였으니, 어째서이겠소? 어찌 남의 불행을 차마 그대로 보고 있지 못하는 마음을 가지고 남의 불행을 차마 그대로 보고 있지 못하는 정치를 행할 수만 있다면, 곧 띠풀로 궁전 지붕을 잇고 흙으로 섬돌을 쌓았다 하더라도 진실로 그곳이 명당이 되고, 유왕과 여왕 같은 마음을 가지고 유왕과 여왕 같은 정치를 행한다면 곧 비록 명당의 시설이 있다 하더라도 그곳은 포악한 정치가 나오게 되는 곳이 되는 게 아니겠소? 무제는 한나라에서 명당의 건설을 처음으로 강구하였고, 측천무후(則天武后)는 당나라에 명당을 성대히 건설하였지만 그들의 정치는 어떠하였소?

原文 來書云：楊墨之爲仁義，鄕愿之亂忠信，堯舜子之之禪讓，湯武楚項之放伐，周公莽操之攝輔，謾無印正，又焉適從？且於古今事變，禮樂名物，未嘗考識．使國家欲興明堂，建辟雍，制麻律，草封禪，又將何所致其用乎？故論語曰：生而知之者，義理耳．若夫禮樂名物，古今事變，亦必待學而後有以驗其行事之實．此則可謂定論矣！

所喩楊墨鄕愿，堯舜子之，湯武楚項，周公莽操之辨，與前舜武之論，大略可以類推．古今事變之疑，前於良知之說，已有規矩尺度之喩．當亦無俟多贅矣．

至於明堂辟雍諸事, 似尙未容於無言者. 然其說甚長, 姑就吾子之言而取正焉. 則吾子之惑, 將亦可以少釋矣. 夫明堂辟雍之制, 始見於呂氏之月令, 漢儒之訓疏, 六經四書之中, 未嘗詳及也. 豈呂氏漢儒之知, 乃賢於三代之賢聖乎?

齊宣之時, 明堂尙有未毁, 則幽厲之世, 周之明堂皆無恙也. 堯舜茅茨土階, 明堂之制未必備, 而不害其爲治. 幽厲之明堂, 固猶文武成康之舊, 而無救於其亂何邪? 豈能以不忍人之心, 而行不忍人之政, 則雖茅茨土階, 固亦明堂也, 以幽厲之心, 而行幽厲之政, 則雖明堂, 亦暴政所自出之地邪? 武帝肇講於漢, 而武后盛作於唐, 其治亂何如邪?

註解 ㅇ楊墨(양묵)-극단적인 위아주의(爲我主義)를 내세웠던 양주(楊朱)와 겸애주의(兼愛主義)를 내세웠던 묵적(墨翟). 양주의 자기만을 위하려는 태도는 의(義)와 혼동되기 쉽고, 묵자의 모든 사람을 똑같이 사랑하고 이롭게 해주어야 한다는 주장은 인(仁)과 혼동되기 쉽다고 흔히 비판하여 왔다(朱熹《孟子集註》滕文公 下 引程子語). ㅇ鄕愿(향원)-위선(僞善)으로 착한 체하여 한 고을에서 올바른 사람이란 평판을 받는 사람. 《논어》 양화(陽貨)편에서 공자가 '향원은 덕의 적이다[鄕愿德之賊也]'라 하였다. ㅇ子之(자지)-전국(戰國)시대 연왕(燕王) 쾌(噲)의 재상. 연왕은 요(堯)임금이 나라를 순(舜)에게 물려주었던 흉내를 내어, 연나라를 자지에게 물려주었으나, 연나라는 곧 어지러워져 망하였다(《孟子》梁惠王 下 및 公孫丑 下). ㅇ楚項(초항)-초(楚) 패왕(覇王) 항우(項羽). 그는 진(秦)나라를 쳐부수고 의제(義帝)를 임금으로 세웠다가 죽여버렸다. ㅇ周公莽操之攝輔(주공망조지섭보)-주공과 왕망(王莽)·조조(曹操)가 임금을 보좌한 것. 주공은 어린 성왕(成王)을 보좌하였고, 왕망은 서한(西漢) 평제(平帝)를 보좌하다가 자신이 임금자리를 빼앗아 신(新)나라를 세웠고, 조조는 동한(東漢) 헌제(獻帝)를 보좌하였는데, 아들 조비(曹丕)가 임금자리를 빼앗고 말았다. ㅇ謾(만)-엉성한 모양, 더딘 모양. ㅇ印正(인

정)－확실한 증거를 내세워 정당한 사실을 밝히는 것. ○名物(명물)－명칭과 기물, 여러 가지 기물. ○明堂(명당)－임금이 정치와 교화를 행하는 곳. ○辟雍(벽옹)－천자가 세운 학교, 나라의 대학(大學). ○厤律(역률)－역법(曆法)과 악률(樂律). ○草(초)－처음으로 만드는 것. ○封禪(봉선)－천자가 하늘에 지내는 제사, 태산(泰山)에서 지냈다. ○論語曰(논어왈)－이하는 주희가 《논어집주(論語集註)》 술이(述而)편 주에서 '윤씨왈(尹氏曰)'하고 인용한 말임. ○贅(췌)－혹, 쓸데없는 말. ○取正(취정)－바로잡아 주다. ○呂氏之月令(여씨지월령)－진(秦)나라 여불위(呂不韋)가 편찬했다는 《여씨춘추(呂氏春秋)》 월령(月令)편. ○漢儒之訓疏(한유지훈소)－한나라 학자들의 주석, 실제로는 《예기》 명당위(明堂位) 및 《대대례(大戴禮)》 명당편 등을 가리킨다. ○齊宣(제선)－제나라 선공(宣公). 《맹자》 양혜왕(梁惠王) 하편에 제나라 선왕 때 명당(明堂)이 아직 있었음을 알리는 기록이 보인다. ○幽厲(유려)－서주(西周)를 망하게 한 끝머리 임금인 여왕(11대)과 유왕(13대). ○無恙(무양)－별고가 없다, 안전한 것. ○茅茨(모자)－띠풀로 궁전 지붕을 이은 것(《史記》). ○土階(토계)－궁전의 섬돌을 흙을 쌓아서 만든 것(《史記》). ○文武成康(문무성강)－주(周)나라 초기의 네 임금들. ○不忍人之心(불인인지심)－남의 불행을 차마 그대로 보고 있지를 못하는 마음(《孟子》 公孫丑 上). ○武帝(무제)－한(漢) 무제. 무제의 건원(建元) 원년(기원전 140)에 명당을 세우는 일을 의논하였다(《通鑑綱目》). ○武后(무후)－당(唐)나라 측천무후(則天武后). 사성(嗣聖) 5년(688)에 건원전(乾元殿)을 허물고 명당을 세웠다(《通鑑綱目》).

解說 이 대목은 편지에 대한 대답이 매우 길고 또 여러 가지 문제를 논하고 있어 여러 단으로 나누어 번역하였다. 이 첫 단에서는 임금이 정치를 하던 명당(明堂)과 임금의 대학인 벽옹(辟雍)의 제도를 논한 것이다. 왕양명은 형식적인 제도보다도 중요한 것은 위정자의 마음가짐임을 강조하고 있다.

12-2. 천자의 학교를 '벽옹'이라 하고, 제후들의 학교는 '반궁'이라

하오. 모두 지형의 형상을 따라서 그 이름을 붙인 것이오. 그러나 '하(夏) · 은(殷) · 주(周) 삼대의 학교는 그 주요 목적이 모두 인륜을 밝히는 터전이 되게 하려는 데 있었지', 강물이 벽옥(璧玉)처럼 둘러싸고 있는가 아닌가 또는 반 정도는 강물과 통하고 있는가 그렇지 않은가 하는 지형을 중시했던 것은 아니오. 공자께서 말씀하시기를 "사람이라 하더라도 인(仁)하지 않다면 예를 무엇에 쓰겠는가? 사람이라 하더라도 인하지 않다면 음악을 무엇에 쓰겠는가?"고 하셨소. 예를 제정하고 음악을 작곡함에 있어서는 반드시 중화(中和)의 덕을 갖추어, 그에게서 나오는 소리가 악률이 되고 그의 몸이 법도가 될 수 있은 연후라야 이 문제를 얘기할 수가 있는 것이오.

예악에 쓰이는 기물의 수 같은 자잘한 것들은 악공(樂工)들의 일이며 축관(祝官)과 사관(史官)들의 소임이오. 그러므로 증자(曾子)께서 말씀하시기를 "군자가 소중히 여길 도가 세 가지 있는데, 제기(祭器)를 다루는 일 같은 것은 그걸 주관하는 사람이 따로 있다."고 하셨소. 요임금은 '희씨(羲氏)와 화씨(和氏)에게 명하시어, 넓은 하늘을 받들어 따르게 하시고, 해와 달과 별들의 운행을 두루 관찰하도록 하셨는데' 그 중시하신 것은 '사람들에게 때를 삼가 알려주는 것'이었소. 순임금은 '옥으로 만든 혼천의(渾天儀)를 살피시었는데' 그 중시하신 것은 '천체의 운행을 바로 아는 것'이었소. 이처럼 모두 쉬지 않고 백성들을 어질게 대하는 마음으로 백성들을 길러주는 정치를 행하였던 것이오.

역법(曆法)을 다스리는 것은 때를 밝히는 근본이어서 본시 목적이 백성들을 위하는 데 있었던 것이오. 희씨와 화씨의 역법에 관한 공부는 고요(皐陶)나 설(契)도 반드시 잘하지는 못하였을 것이며, 우(禹)나 후직(后稷)도 반드시 잘하지 못하였을 것이오. 요임금과 순임금의 지혜도 모든 사물에 두루 미치지는 못하였으니, 비록 요임금과 순임금이라 할지라도 반드시 그 일을 잘하지 못하였을 것이오. 그러나 지금에 이르러서도 희씨와 화씨의 법도를 따라 대대로 역법을 손질하여, 비록 적은 지식과 작은 지혜를 지닌 사람이거나 천체에 관한 지식이 얕고 보잘것없는 사람이라 하더라도 천체의 운행을 헤아리고 때의 변화를 미리 아는 데에 어긋남이 없을 수가 있게 되었소. 그렇다고 후세의 천체에 관한 지식이 얕고 보잘것없는 사람이 오히려 우나 후직이나 요임금 · 순임금보다도 현명한 것이겠소?

봉선(封禪)의 이론은 특히 도리에 어긋나는 것이오. 그것은 곧 후세의 간사하고 아첨하는 자들이 그의 임금에게 잘 보이는 방법으로 지나치고 사치스런 일을 제창하여 임금의 마음을 어지럽히고 나라의 경비를 낭비하게 했던 것이오. 하늘을 속이고 사람들을 속인 매우 염치없는 일이어서 군자라면 말하지도 않는 일이고, 한나라 사마상여(司馬相如)가 후세에까지도 온 천하의 비난을 받고 있는 것도 그가 무제(武帝)에게 봉선을 권했기 때문이오. 군이 이런 것을 가지고 유학자들이 마땅히 배울 것이라고 여기고 있다면 아마도 거기에 대하여 잘 생각해보지 않았기 때문일 것이오.

原文 天子之學曰辟雍, 諸侯之學曰泮宮. 皆象地形而爲之名耳. 然三代之學, 其要皆所以明人倫, 非以辟不辟, 泮不泮爲重輕也. 孔子云 : 人而不仁, 如禮何? 人而不仁, 如樂何? 制禮作樂, 必具中和之德, 聲爲律, 而身爲度者, 然後可以語此.

若夫器數之末, 樂工之事, 祝史之守. 故曾子曰 : 君子所貴乎道者三. 籩豆之事, 則有司存也. 堯命羲和, 欽若昊天, 厤象日月星辰. 其重在於敬授人時也. 舜在璿璣玉衡. 其重在於以齊七政也. 是皆汲汲然以仁民之心, 而行其養民之政.

治厤明時之本, 固在於此也. 羲和厤數之學, 皐契未必能之也. 禹稷未必能之也. 堯舜之知而不徧物, 雖堯舜亦未必能之也. 然至於今, 循義和之法而世修之, 雖曲知小慧之人, 星術淺陋之士, 亦能推步占候而無所忒. 則是後世曲知小慧之人, 反賢於禹稷堯舜者邪?

封禪之說, 尤爲不經. 是乃後世佞人諛士, 所以求媚於其上, 倡爲誇侈, 以蕩君心而靡國費. 蓋欺天罔人, 無恥之大者, 君子之所不道, 司馬相如之所以見譏於天下後世也. 吾子乃以是爲儒者所宜學, 殆亦未之思邪!

註解 ㅇ泮宮(반궁)—옛날 제후(諸侯)들이 세운 나라의 학교(《詩經》 魯頌 泮水 참조). ㅇ辟不辟(벽불벽)—'벽옹(辟雍)'이란 본시 '강물이 산언덕을 벽옥(璧玉)처럼 둘러싸고 있어서 벽옹(辟雍)이라 하였다(《詩經》 大雅 靈臺 毛傳)'는 뜻이라 하였다. 따라서 벽옹의 지형이 '벽옥처럼 둘러싸고 있느냐 아니냐'의 뜻이다. ㅇ泮不泮(반불반)—'반(泮)은 반(半)의 뜻이다. 반수(半水)란 것은 동서문(東西門) 이남은 강물이 통하고, 그 이북은 물이 없음을 뜻한다(《詩經》 魯頌 泮水 鄭玄 箋)'. 따라서 '반궁의 지형이 반쯤은 강물과 통하고 있는가 그렇지 못한가'의 뜻이다. ㅇ孔子云(공자운)—《논어》 팔일(八佾)편에 보이는 글임. ㅇ器數(기수)—예와 음악에 쓰이는 기물의 수. ㅇ祝史(축사)—제사지낼 때의 축관(祝官)과 정치에 관한 기록을 관장하던 사관(史官). ㅇ守(수)—직책, 임무. ㅇ曾子曰(증자왈)—《논어》 태백(泰伯)편에 보이는 글. 다만 중간의 군자가 소중히 여기는 '세 가지'에 대한 설명은 생략하였다. ㅇ籩豆(변두)—제기(祭器). '변'은 대나무로 엮어 만든 그릇, '두'는 나무를 깎아 만든 그릇임. ㅇ有司(유사)—일을 맡은 사람. ㅇ堯命(요명)—《서경》 요전(堯典)에 보이는 말을 근거로 하였음. ㅇ義和(희화)—실은 희중(羲仲)·희숙(羲叔)과 화중(和仲)·화숙(和叔)의 네 사람임. ㅇ欽若(흠약)—공경히 따르다. ㅇ厤象(역상)—두루 관찰하다. ㅇ舜在(순재)—《서경》 순전(舜典)에 보이는 말을 근거로 한 말임. ㅇ璿璣玉衡(선기옥형)—좋은 옥으로 만든 혼천의(渾天儀). ㅇ七政(칠정)—일(日)·월(月)·오성(五星), 천체(天體)의 운행을 가리킴. ㅇ治厤(치력)—역법(曆法)을 다스리다. ㅇ皐契(고설)—고요(皐陶)와 설(契), 우

(禹)·직(稷, 곧 后稷)과 함께 순임금의 훌륭한 신하들. ○曲知(곡지)－적은 지식, 적은 부분만을 아는 것. ○星術(성술)－천문지식. ○推步(추보)－천체의 운행을 관찰하여 때와 변화 등을 미루어 아는 것. ○占候(점후)－철이나 날씨의 변화를 미리 아는 것. ○忒(특)－어긋나다, 틀리다. ○佞人(영인)－간사하고 아첨 잘하는 자. ○諛士(유사)－아첨꾼. ○求媚(구미)－잘 보이려 하다, 환심을 사려 하다. ○蕩(탕)－혼란시키다, 미혹시키다. ○靡(미)－낭비케 하다, 무너뜨리다. ○司馬相如(사마상여)－한대의 부(賦) 작가. 무제(武帝)에게 봉선(封禪)을 권하는 〈봉선문(封禪文)〉을 지었다.

解說 정치나 학교제도는 물론 예의와 음악제도 및 역법과 악률 같은 것의 제정은 모두 각각 전문가에게 맡기면 되는 것이고, 위정자에게 가장 중요한 것은 백성을 위하는 인(仁)한 마음이라는 것이다. 잡다한 지식은 위정자에게는 없어도 되는 것이라 주장한다. 그리고 천자가 하늘을 제사지내는 봉선을 배격하고 있는 점도 눈길을 끈다.

12-3. 성인이 성자가 되는 까닭은 그가 나면서부터 모든 것을 알고 있기 때문이오. 그러나 군이 말한 《논어》의 주석자는 "성인이 나면서부터 아는 것은 의리뿐이다. 예의와 음악제도 및 여러 가지 기물과 옛부터 지금에 이르기까지의 일과 그 변화는 역시 반드시 공부를 한 연후에야 그것들이 행하여진 일과 사실을 증험할 수가 있을 것이다." 고 하였소.

예의와 음악제도 및 여러 가지 기물 같은 것들이 과연 성인이 되는 노력과 관계가 있고, 또 성인도 반드시 공부를 한 다음에야 알 수가 있는 것이라면, 곧 성인도 나면서부터 모든 것을 안다고 말할 수가 없을 것이오. 성인이 나면서부터 안다고 말하는 것은 오로지 의리만을 가리키는 말이지 예의와 음악제도 및 여러 가지 기물 같은 것은 포함되지 않는다는 것이오. 그렇다면 예의와 음악제도 및 기물의 변화 같은 것은 성인이 되는 노력과 관계가 없는 것이 되오. 성인이 나면서부터 안다고 말하는 까닭이 오로지 의리만을 가리키는 것이지 예의와 음악제도 및 여러 가지 기물 같은 것들은 포함되지 않는 것이라면, 곧 '배워서 알게 되는 사람'도 역시 오직 이 의리만을 배워서 알게 된다고 해야만 할 것이오. '곤경을 겪은 뒤에야 알게 되는 사람'도 역시 오직 이 의리만을 곤경을 겪음으로써 알게 된다고 해야만 할 것이오.

지금 학자들은 성인을 공부함에 있어서 성인이 알 수 있는 일에 대하여는 공부하여 그것에 대하여 알지를 못하고, 도리어 서둘러 성인도 알 수 없었던 일을 추구하면서 공부라 생각하고 있으니, 그것은 성인처럼 되려는 방법에 있어서 잘못을 저지르고 있는 것이 아니겠소? 대체로 이것은 모두 군이 미혹되어 있는 것들에 대하여 약간의 해설을 한 것일 뿐이지 발본색원하는 이론에는 미치지 못하고 있는 것이오.

발본색원하는 이론이 천하에 밝혀지지 않는다면 곧 천하의 성인을 공부하려는 사람들은 공부가 날로 번잡해지고 날로 어려워져서, 이 사람들은 새나 짐승 또는 오랑캐 같은 상태로 떨어지면서도 스스로 성인의 학문을 하고 있다고 여기게 될 것이오. 나의 이론도 비록 한 때는 잠시 밝혀질지 모르지만 끝내는 서쪽의 언 것이 녹으면 동쪽의 얼음이 굳게 얼고, 앞쪽의 안개가 걷히면 뒤쪽의 구름이 일어, 계속 떠들기만 하다가 위태로워지고 곤경에 빠져서 죽어버려 끝내 천하를 터럭만치도 구제하지 못하고 말 것이오.

原文 夫聖人之所以爲聖者, 以其生而知之也. 而釋論語者曰 : 生而知之者, 義理耳. 若夫禮樂名物, 古今事變, 亦必待學而後有以驗其行事之實.

夫禮樂名物之類, 果有關於作聖之功也, 而聖人亦必待學而後能知焉, 則是聖人亦不可以謂之生知矣. 謂聖人爲生知者, 專指義理而言, 而不以禮樂名物之類. 則是禮樂名物之類, 無關於作聖之功矣. 聖人之所以謂之生知者, 專指義理, 而不以禮樂名物之類, 則是學而知之者, 亦惟當學知此義理而已. 困而知之者, 亦惟當困知此義理而已.

今學者之學聖人, 於聖人之所能知者, 未能學而知之, 而顧汲汲焉求知聖人之所不能知者, 以爲學, 無乃失其所以希聖之方歟? 凡此皆就吾子之所惑者, 而稍爲之分釋, 未及乎拔本塞源之論也.

夫拔本塞源之論, 不明於天下, 則天下之學聖人者, 將日繁日難, 斯人淪於禽獸夷狄, 而猶自以爲聖人之學 : 吾之說雖或蹔明於一時, 終將凍解於西而冰堅於東, 霧釋於前而雲滃於後, 呶呶焉危困以死, 而卒無救於天下之分毫也已.

註解 ㅇ生而知之(생이지지)-《중용》에 '어떤 이는 나면서 알며, 어떤 이는 배워서 알며, 어떤 이는 곤경을 겪고 알게 된다[或生而知之, 或學而知之, 或困而知之]'라 하였다. ㅇ作聖(작성)-성인이 되는 것. ㅇ顧(고)-도리어. ㅇ希聖(희성)-성인이 되기를 바라는 것. ㅇ分釋(분석)-분석(分析)하고 설명하는 것. ㅇ拔本塞源(발본색원)-뿌리를 뽑아버리고 근원을 막아버리는 것. ㅇ淪(윤)-물에 빠지다, 떨어지다. ㅇ蹔(잠)-잠시. 잠(暫)과 같은 자. ㅇ凍解(동해)-얼음이 녹는 것. ㅇ滃(옹)-구름이 이는 것, 구름이 피어오르는 것. ㅇ呶呶焉(노노언)-쉬지 않고 말하는 모양, 계속 떠드는 것.

解說 성인이 '나면서부터 모든 것을 안다'는 문제에 있어서는 논리가 분명하지 않은 듯하다. 다만 발본색원론(拔本塞源論)을 펴기 위하

여, 성인의 학문은 잡다한 지식의 습득에 있지 않음을 강조하려 한 듯하다.

12-4. 성인의 마음은 천지의 만물을 일체라 보고 있소. 그분들은 천하의 사람들을 볼 적에 안팎의 사람이나 멀고 가까운 사람의 구별 없이 모든 혈기를 지닌 사람이면 모두가 자기의 형제나 어린아이 같은 친밀감을 가지고, 모든 사람들을 안전하게 해주며 가르치고 길러주어 그의 만물은 일체라는 생각을 실현하려 하였소.

천하 사람들의 마음도 처음에는 역시 성인과 다를 것이 없었소. 그러나 그들에게 나라는 사사로운 마음이 끼어들고 물욕에 가리어져 서로 거리가 생기어, 크던 마음도 작아지고 서로 통하던 마음도 막히게 되었소. 사람들은 제각기 다른 마음을 지니어 자기의 부자와 형제들이 마치 원수인 것처럼 여기게 되었던 것이오. 성인께서는 그 점을 걱정하시어, 그의 천지 만물을 일체로 보는 인(仁)의 마음을 미루어 나아감으로써 천하를 교화하여 그들로 하여금 모두가 그의 사사로운 마음을 극복하고 마음을 가린 것들을 떼어버리어 그들 마음의 본체의 동질성을 회복시켜 주려 하였던 것이오.

그 가르침의 근본은 곧 요·순·우가 서로 주고받으며 전수하였으니, 이른바 '도를 지키려는 마음은 극히 희미한 것이니, 오직 정성을 다하고 오직 마음을 통일하여 진실로 그 중정(中正)함을 지켜야만 한다'는 것이었소. 그러나 그 자세한 내용은 순임금이 설(契)에게 명하여 가르치도록 한 이른바 '아버지와 자식 사이에는 친애함이 있고, 임금과 신하 사이에는 의리가 있고, 남편과 아내 사이에는 분별이 있고, 어른과 아이들 사이에는 질서가 있고, 친구들 사이에는 신의가 있어야 한다'는 다섯 가지뿐이었소. 요·순과 하·은·주 삼대의 시대에는 가르치는 사람은 오직 이것으로 교육을 하였고, 배우는 사람도 오직 이것으로 학문이라 하였소.

그 옛날에는 사람들은 여기에 대하여 다른 의견이란 없었고, 모든 집안에 다른 풍습도 없어서, 여기에 편안히 지낸 사람을 성인이라 하고, 여기에 힘쓴 사람을 현인이라 하였소. 그리고 이것을 배반한 사람은 비록 총명하기가 단주(丹朱)와 같은 사람이라 하더라도 역시 못난 자라 불렀소. 아래로 시골 산간 마을이나 농군·공인·장사꾼 같은 천한 사람들이라 하더라도 모두 이 공부를 하지 않은 사람이란 없어서 오직 모두가 그의 덕행을 이룩하는 데에만 힘을 썼소. 어째서이겠소? 듣고 보는 잡된 것들과 외우는 번거로운 것들과 화사한 문장과 공리의 경쟁이 없었고, 다만 그들로 하여금 자기 부모에게 효도를 다하고 어른들을 잘 모시고 친구들에게 신의를 지키어 자기 마음의 본체의 동질성을 회복하도록 하였소. 이것은 사람의 본성과 분수에 본시부터 존재하는 것이지 밖으로부터 빌려온 것이 아니오. 그러니 사람이라면 그 누가 그것을 할 수가 없었겠는가?

原文 夫聖人之心, 以天地萬物爲一體. 其視天下之人, 無外內遠近, 凡有血氣, 皆其昆弟赤子之親, 莫不欲安全而教養之, 以遂其萬物一體之念.

天下之人心, 其始亦非有異於聖人也. 特其間於有我之私, 隔於物欲之蔽, 大者以小, 通者以塞, 人各有心, 至有視其父子兄弟如仇讐者. 聖人有憂之, 是以推其天地萬物一體之仁, 以教天下, 使之皆有以克其私, 去其蔽, 以復其心體之同然.

其教之大端, 則堯舜禹之相授受, 所謂道心惟微, 惟精惟一, 允執厥中, 而其節目, 則舜之命契, 所謂父子有親, 君臣有義, 夫婦有別, 長幼有序, 朋友有信, 五者而已. 唐虞三代之世, 教者惟以此爲教, 而學者惟以此爲學.

當是之時, 人無異見, 家無異習. 安此者謂之聖, 勉此者謂之賢. 而背此者, 雖其啓明如朱, 亦謂之不肖. 下至閭井田野, 農工商賈之賤, 莫不皆有是學, 而惟以成其德行爲務. 何者? 無有聞見之雜, 記誦之煩, 辭章之靡濫, 功利之馳逐, 而但使之孝其親, 弟其長, 信其朋友, 以復其心體之同然. 是蓋性分之所固有, 而非有假於外者, 則人亦孰不能之乎?

註解 ㅇ天地萬物爲一體(천지만물위일체)－정호(程顥)가 '인(仁)한 사람은 천지만물을 일체로 본다'고 하였다(《近思錄》 권1). ㅇ遂(수)－그러한 생각을 실현하는 것. ㅇ心體之同然(심체지동연)－마음의 본체의 동질성(同質性). ㅇ道心惟微(도심유미)－도를 지키려는 마음은 희미하다. 이하는《서경》 대우모(大禹謨)의 글. ㅇ舜之命契(순지명설)－순임금이 사도(司徒)였던 설(契)에게 아래에 보이는 것과 같은 오륜(五倫)을 백성들에게 가르치도록 명하였다(《書經》 舜典 및 《孟子》 滕文公 上 참조). ㅇ啓明(계명)－총명한 것. ㅇ朱(주)－요임금의 아들 단주(丹朱), 이 말은《서경》 요전(堯典)과 《맹자》 만장(萬章) 상편의 기록을 근거로 한 것임. ㅇ閭井(여정)－시골 마을. ㅇ靡濫(미람)－화려함이 지나친 것. ㅇ馳逐(치축)－달려 뒤쫓아가는 것, 경쟁하는 것. ㅇ弟(제)－어른을 잘 모시는 것, 제(悌). ㅇ性分(성분)－본성과 분수, 타고난 본성.

解說 여기서는 발본색원론의 일부로서, 정호(程顥)도 근거로 하였다고 여겨지는 《예기》 예운(禮運)편의 '성인은 천하를 한 집안으로 여기고, 온 중국의 사람들을 한 사람으로 여긴다[聖人耐以天下爲一家, 以中國爲一人]'는 말을 바탕으로 하여, '천지의 만물이 일체'라고 보는 것이 성인의 마음이라 주장하고 있다. 따라서 성인의 학문은 '사람들의 마음의 본체의 동질성'을 회복하는 것이라 주장한다.

12-5. 학교 안에서는 오직 사람의 덕을 이루는 것을 목표로 삼는

것이오. 따라서 재능의 차이 때문에 어떤 이는 예의와 음악 방면에 뛰어나고, 정치와 교화에 뛰어나기도 하며, 토지에 씨뿌리고 심는 일에 뛰어나기도 하는데, 각자가 이룩한 덕을 바탕으로 하여 학교 안에서는 그의 능력을 더욱 닦도록 하는 것이오. 그의 덕을 근거로 그를 벼슬자리에 임명하게 되면 곧 그로 하여금 평생동안 그 직책에 있으면서 직업을 바꾸지 않게 될 것이오. 그를 등용하는 사람은 오직 마음이 같고 덕이 한결같아서 함께 천하의 백성들을 편안히 해줄 수 있다는 것을 알고, 그의 재능이 직책에 적합한가 적합하지 않은가만을 보지 지위가 높고 낮은 것을 따져 그 사람을 가볍고 무겁게 판단하지 않으며, 맡은 일이 수고롭고 편한 것을 근거로 그 사람을 나쁘다 좋다 평가하지 않소. 쓰이는 사람도 역시 오직 마음이 같고 덕이 한결같아서 함께 천하의 백성들을 편안히 해줄 수 있다는 것을 알고, 진실로 그의 능력에 합당한 일이라면 곧 평생 동안 번거롭고 심하게 일을 하게 된다 하더라도 그것을 수고롭다고 여기지 않으며 낮은 지위와 번잡한 일일지라도 편안히 받아들여 천하다고 여기지 않소.

이러한 시대에는 천하 사람들이 즐겁고 만족스러워 모두가 서로를 한 집안의 친척처럼 여기었소. 그 중 재질이 낮은 사람들은 곧 농업·공업·상업 같은 직분으로 편안히 지내고, 각각 그들의 직업으로 부지런히 일하여 서로 함께 살고 서로 함께 부양해주며, 높은 지위를 바라고 밖의 다른 일을 흠모하는 마음을 갖지 않소. 그들 재능의 차이에 따라 고요(皐陶)·기(夔)·후직(后稷)·설(契) 같은 사람들처럼 나와서 각각 자기의 능력을 발휘하기를 한 집안의 일처럼 하게 되는 것이오. 어떤 이는 입는 것과 먹는 것을 마련하고, 어떤 이는 서로 갖은 것과 갖고 있지 않은 것을 서로 유통케 하고, 어떤 이는 기구들을 마련케 하여, 의견을 모으고 힘을 합쳐 우러러는 윗분들을 섬기고 아래로는 자녀들을 양육하는 바람을 이룩할 수 있도록 하였소. 그리고는 오직 그 일들을 맡은 사람들이 혹 게으름을 피우거나 자기만을 중시하는 폐단이 생길까 두려워했던 것이오.

그러므로 후직(后稷)은 그가 맡은 농사짓는 일에만 부지런하고, 그가 가르치는 것은 알지 못함을 부끄러워하지 않았으며, 설(契)이 사람들을 잘 가르치는 것을 보고는 바로 자기가 잘 가르치는 것처럼 여겼소. 기(夔)는 그가 맡은 음악을 관장하면서 예에 밝지 못함을 부끄러워하지 않았으며, 백이(伯夷)가 예에 통달한 것을 보고는 마치 자기가 예에 통달한 것처럼 여겼소.

그들의 마음과 공부가 순수하고 밝아서 만물을 일체로 보는 인(仁)함을 완전히 지니었기 때문에 그들의 정신은 서로 교류되고 관통되며 뜻과 기운이 서로 통달하여, 남과 자기의 구분이 없었고 만물과 자기의 차별이 없었소. 비유를 들면 한 사람의 몸이 눈은 보고, 귀는 듣고, 손은 물건을 들고, 발은 길을 가고 하여 한 몸의 작용을 완전히 하는 것과 같소. 눈은 그가 들을 능력이 없음을 부끄러이 여기지 아니하고 귀가 필요한 것에 대하여는 눈이 반드시 자기의 역할로 이루어 주오. 발은 그가 물건을 들 능력이 없음을 부끄러이 여기지 아니하고 손이 잡고자 하는 것이 떨어져 있을 때 발은 반드시 앞으로 나가주오. 그 한 몸에 원기가 충실하고 두루 돌며 혈맥이 잘 순환하고 있기 때문이오. 그러므로 가려움이나 아픔 및 숨을 내쉬고 들이쉬는 것들이 느껴지고 접촉됨에 따라 신속히 감응하여, 말하지 않아도 서로 깨닫는 미묘함이 있는 것이오.

이래서 성인의 학문은 지극히 쉽고 지극히 간단해서 알기 쉽고 따르기 쉽다는 까닭이오. 학문이 배우기 쉽고 재능을 이룩하기 쉽다는 것은 바로 그 근본이 오직 마음의 본체의 동질성을 회복하는 데 있기 때문이니, 지식이나 기능 같은 것은 함께 논할 것이 못되는 것이오.

原文 學校之中, 惟以成德爲事, 而才能之異, 或有長於禮樂, 長於政敎, 長於水土播植者, 則就其成德, 而因使益精其能於學校之中. 迨夫擧德而任, 則使之終身居其職而不易. 用之者惟知同心一德, 以共安天下之民, 視才之稱否, 而不以崇卑爲輕重, 勞逸爲美惡. 效用者, 亦惟知同心一德, 以共安天下之民, 苟當其能, 則終身處於煩劇, 而不以爲勞, 安於卑瑣, 而不以爲賤.

當是之時, 天下之人, 熙熙皡皡, 皆相視如一家之親. 其才質之下者, 則安其農工商賈之分, 各勤其業, 以相生相養, 而無有乎希高慕外之心. 其才能之異, 若皐夔稷契者, 則出而各效其能, 若一家之務. 或營其衣食, 或通其有無, 或備其器用, 集謀幷力, 以求遂其仰事俯育之願, 惟恐當其事者之或怠, 而重己之累也.

故稷勤其稼, 而不恥其不知敎, 視契之善敎, 卽己之善敎也. 夔司其樂, 而不恥於不明禮, 視夷之通禮, 卽己之通禮也.

蓋其心學純明, 而有以全其萬物一體之仁, 故其精神流貫, 志氣通達, 而無有乎人己之分, 物我之間. 譬之一人之身, 目視, 耳聽, 手持, 足行, 以濟一身之用. 目不恥其無聰, 而耳之所涉, 目必營焉. 足不恥其無執, 而手之所探, 足必前焉. 蓋其元氣充周, 血脈條暢. 是以痒疴呼吸, 感觸神應, 有不言而喩之妙.

此聖人之學, 所以至易至簡, 易知易從, 學易能而才易成者, 正以大端惟在復心體之同然, 而知識技能非所與論也.

註解 ㅇ水土(수토)−토지, 논과 밭. ㅇ播植(파식)−곡식을 씨뿌리고 심고 하는 것. ㅇ迨(태)−미치다, 이르다. ㅇ崇卑(숭비)−지위가 높고 낮은 것. ㅇ勞逸(노일)−일을 수고롭게 하는 것과 편안히 하는 것. ㅇ效用者(효용자)−쓰이는 사람, 일을 맡아서 하는 사람. ㅇ煩劇(번극)−번거롭고

과격한 것. ㅇ熙熙(희희)－즐거운 모양. ㅇ皞皞(호호)－만족스러운 모양. ㅇ希高(희고)－높은 지위나 고급의 것을 바라는 것. ㅇ皐夔稷契(고기직설)－순임금의 신하들. 법을 다루는 사(士)였던 고요(皐陶)와 전악(典樂)이었던 기와 농사일을 맡은 후직(后稷, 이름은 棄)과 민정을 다루는 사도(司徒)였던 설(《書經》 舜典). ㅇ仰事俯育(앙사부육)－우러러 부모님과 윗분들을 모시고, 아래로 자녀들을 양육하는 것. ㅇ夷(이)－백이(伯夷), 예를 관장하는 질종(秩宗)이었다(《書經》 舜典). ㅇ流貫(유관)－서로 교류되고 관통되는 것. ㅇ濟(제)－완수하는 것. ㅇ充周(충주)－충실하고 두루 유통되는 것. ㅇ條暢(조창)－막힘없이 잘 유통되는 것. ㅇ痒疴(양아)－가려움과 아픔.

解說 진정한 학문인 성인의 학문은 '마음의 본체의 동질성을 회복하는 데' 곧 '양지를 이르게 하는 데' 그 근본이 있으므로 지극히 쉽고 지극히 간단한 것임을 강조하고 있다. 세상에서 학문의 목표라 생각하는 지식의 획득이나 기능의 양성 같은 것은 참된 학문과는 관계가 없는 것이라는 주장이다.

12-6. 하(夏)·은(殷)·주(周)의 삼대가 쇠미해지면서 왕도(王道)는 쇠멸하고 패도(覇道)가 성하여졌소. 공자와 맹자께서 돌아가신 뒤로 성인의 학문이 어두워지고 비뚤어진 이론이 횡행하게 되었소. 가르치는 사람들은 다시는 올바른 것을 가르치지 않게 되고, 배우는 사람들은 다시는 올바른 것을 배우지 않게 된 것이오. 패자(覇者)의 무리들은 옛 임금들에게서 비슷한 것들만을 훔쳐내어 가지고 그들의 외면을 거짓으로 꾸미어 안으로 그들의 사사로운 욕망을 충족시키니, 온 천하가 한꺼번에 그들을 받들게 되었소. 성인의 도가 마침내 황폐해지고 막혀버린 거지요.

서로 본뜨고 서로 흉내내면서 매일 부해지고 강해질 근거가 되는 이론만으로, 남을 기울어뜨리고 속일 계획과 남의 나라를 공격하고 정벌할 계책으로 완전히 하늘을 속이고 사람들을 속이면서 구차히 일시적인 이익을 얻는 명성과 이익을 획득하는 술책을 추구하고 있소. 관중(管仲)·상앙(商鞅)·소진(蘇秦)·장의(張儀) 같은 무리들이 그 존재를 헤아릴 수가 없는 지경이 되었소. 그러한 현상이 오래되어 싸우고 다투고 겁탈하는 등 그 재난을 견딜 수가 없게 되었소. 그래서 사람들은 새와 짐승이나 오랑캐 같은 처지로 빠져버려, 패도의 술책조차도 잘 행하여지지 못하는 경우가 있게 되었소.

한대에 와서 세상의 유학자들은 매우 슬퍼하고 가슴아파하면서 옛 성왕(聖王)들의 전적과 법률 제도를 수집하고 전화(戰火)나 분서(焚書)에서 타고 남은 것들을 주워모아 보충을 하려 하고 있소. 그분들의 마음 쓰는 것은 진실로 선왕의 도를 만회하려는 것이나, 성인의 학문은 이미 멀어지고 패도의 술법이 전하여져 이미 깊숙이 그것이 쌓이고 적시어져, 비록 현명하고 지혜로운 사람이라 하더라도 모두 익히어지고 물들여짐을 면치 못하고 있소. 그들이 강설하고 꾸며대면서 세상에 성인의 빛을 다시 밝히려는 노력도 겨우 패자들의 울타리만을 늘리는 결과가 되었고, 성인의 학문의 문안은 마침내 다시는 엿볼 수도 없게 되었소.

이에 동한(東漢)에는 옛 글뜻이나 풀이하는 훈고(訓詁)의 학문이 생겨나서 그것을 전함으로써 명사가 되기도 하였고, 옛글을 읽고 외우는 학문이 생겨나서 그것을 논함으로써 박학하다는 사람이 되기도 하였으며, 육조(六朝)와 당(唐)대에 와서는 글을 짓는 사장(詞章)의 학문이 생겨나서 글을 아름답게 씀으로써 미문가(美文家)가 되기도 하였소. 이러한 자들은 잡다하게 많아서 천하에 무리를 지어 일어나 우뚝 서서 그들이 몇 학파나 되는지 알 수가 없소. 그들의 향방은 만 갈래 천 갈래나 되어 그들이 갈 곳을 알 수가 없는 지경이오. 세상의 학자들은 백희(百戲)의 놀이마당에 들어가듯 떠들고 농담이나 하며 들뛰면서 기이한 것을 내세우고 교묘한 것을 다투며, 웃음을 팔고 예쁘게 보이려 다투며 사방으로부터 다투며 나오고 있소. 앞을 바라보고 뒤를 돌아보며 응대하기에도 겨를이 없어서, 귀와 눈이 멍하고 흐릿해지고 정신도 까마득해지는데 밤낮으로 그런 속에 놀면서 머물러 있으니, 마치 미쳐서 마음을 잃은 사람이 그의 집안에서 하는 일이 무엇인지 스스로 알지 못하는 거와 같소.

이 시대의 세상 임금들도 모두 혼미해져서 그러한 이론에 정신이 뒤집히어, 평생을 두고 아무 소용도 없는 헛된 글을 짓고만 있어도 그들이 말하려는 것이 무엇인지 아는 수가 없었소. 간혹 그 글이 내용이 없고 그릇되고 허망하며 앞뒤로 연결이 안되고 걸리어 막혀져 있음을 깨달은 이들이 있어, 우뚝 스스로 분발하여 여러 가지 일을 행하는 실질적인 내용을 드러내려는 사람도 있었소. 그러나 그 결과를 추궁해보면 역시 부강과 공리를 위하는 오패(五覇)의 사업을 위하는 데 불과한 경지에 머물고 있소.

原文 三代之衰, 王道熄而覇術焻. 孔孟旣沒, 聖學晦而邪說橫. 敎者不復以此爲敎, 而學者不復以此爲學. 覇者之徒, 竊取先王之近似者, 假之於外, 以內濟其私己之欲, 天下靡然而宗之, 聖人之道, 遂以蕪塞.

相傚相效, 日求所以富强之說, 傾詐之謀, 攻伐之計, 一切欺天罔人, 苟一時之得, 以獵取聲利之術. 若管商蘇張之屬者, 至不可名數. 旣其久也, 鬪爭劫奪, 不勝其禍. 斯人淪於禽獸夷狄, 而覇術亦有所不能行矣.

世之儒者, 慨然悲傷, 蒐獵先聖王之典章法制, 而掇拾修補於煨燼之餘. 蓋其爲心, 良亦欲以挽回先王之道, 聖學旣遠, 覇術之傳, 積漬已深. 雖在賢知, 皆不免於習染. 其所以講明修飾, 以求宣暢光復於世者, 僅足以增覇者之藩籬, 而聖學之門牆, 遂不復可覩.

於是乎有訓詁之學, 而傳之以爲名, 有記誦之學, 而言之以爲博, 有詞章之學, 而侈之以爲麗. 若是者, 紛紛籍籍, 羣起角立於天下, 又不知其幾家. 萬徑千蹊, 莫知所適. 世之學者, 如入百戲之場, 讙謔跳踉, 騁奇鬬巧, 獻笑爭姸者, 四面而競出, 前瞻後盼, 應接不遑, 而耳目眩瞀, 精神恍惑, 日夜遨遊, 淹息其間, 如病狂喪心之人, 莫自知其家業之所歸.

時君世主亦皆昏迷, 顚倒於其說, 而終身從事於無用之虛文, 莫自知其所謂. 間有覺其空疏謬妄, 支離牽滯, 而卓然自奮, 欲以見諸行事之實者. 極其所抵, 亦不過爲富强功利, 五霸之事業而止.

註解 ㅇ王道(왕도)－덕으로 나라를 다스리는 것, 올바른 왕자(王者)로서의 도. ㅇ覇術(패술)－패도(覇道), 힘으로 나라를 다스리는 것, 앞의 왕도(王道)와 대가 되는 방법임. ㅇ娼(창)－성한 것, 창(昌). ㅇ假(가)－가장(假裝)하다. ㅇ濟(제)－이루다, 완수하다. ㅇ靡然(미연)－한꺼번에 한 곳으로 쏠리는 모양. ㅇ蕪塞(무색)－풀이 무성해지고 막히는 것. ㅇ倣(방)－본뜨다, 흉내내다. 효(效)와 같음. ㅇ傾詐(경사)－상대방을 기울어지게 하고, 또 속이는 것. ㅇ獵取(엽취)－강제로 빼앗는 것. ㅇ管商蘇張(관상소장)－관중(管仲)·상앙(商鞅)·소진(蘇秦)·장의(張儀). 모두 전국(戰國)시대에 술수(術數)로 한때 출세했던 인물들. 관중은 제(齊)나라 환공(桓公) 때의 재상, 부국강병책(富國强兵策)으로 제 환공을 패자(覇者)가 되게 하였다. 상앙은 형명법술(刑名法術)을 좋아하여, 진나라 효공(孝公)의 재상을 지냈다. 소진은 종횡가(縱橫家)의 이론을 배워 합종책(合從策)을 내세워 한 몸으로 여섯 나라의 재상이 되기도 했었다. 장의도 소진과 함께 종횡술(縱橫術)을 배워, 뒤에 진나라 혜왕(惠王)의 재상이 되어 연횡책(連橫策)으로 소진의 합종책을 깨트리어 진나라를 강성케 하였다. ㅇ慨然(개연)－탄식하는 모양. ㅇ蒐獵(수렵)－찾아 모아들이는 것. ㅇ煨燼(외

진)－전쟁 때 타고 분서(焚書) 정책으로 타버리는 것. ㅇ積漬(적지)－쌓이고 물에 잠기는 것. ㅇ藩籬(번리)－울타리. ㅇ門牆(문장)－문과 담, 집안을 가리킨다. ㅇ紛紛籍籍(분분적적)－복잡하고 많은 것. ㅇ角立(각립)－우뚝 서는 것. ㅇ蹊(혜)－지름길, 길. ㅇ讙謔(환학)－떠들고 농담을 하는 것. ㅇ跳踉(도랑)－들뛰는 것. ㅇ騁奇(빙기)－기이한 것을 추구하는 것. ㅇ獻笑爭姸(헌소쟁연)－웃음을 팔면서 예쁘게 보이려드는 것. ㅇ眩瞀(현무)－아찔하여 잘 보이지 않는 것. ㅇ支離牽滯(지리견체)－서로 흐트러지고 걸리고 막히는 것.

解說 삼대(三代) 이후 공자와 맹자가 돌아가신 뒤로 성인의 학문이 무너졌음을 역사적으로 증명하며 그러한 현실을 한탄하고 있다. 특히 공리와 부강에 끌리어 이상을 멀리하고 있는 사람들의 실태가 더욱 안타깝게 느껴지고 있는 것이다.

12-7. 성인의 학문은 날로 멀어지고 날로 어두워지고, 공로와 이익을 추구하는 습성은 갈수록 더욱 하급의 것이 되고 있소. 그 사이에 비록 불교와 도교에 눈이 멀거나 미혹당하기도 하였다지만 불교와 도교의 이론도 끝내 그 공로와 이익을 추구하려는 마음을 이길 수는 없었소. 비록 또 여러 학자들이 바로잡아 보려고 한 일도 있으나 여러 학자들의 이론도 끝내 그 공로와 이익을 추구하려는 견해를 깨트리지는 못하였소. 그리하여 지금에 이르러서는 공로와 이익을 추구하려는 해독이 사람들의 마음과 골수에까지도 두루 물들어, 그러한 습성이 본성처럼 되어 버린 지 수천 년이나 되었소. 그래서 서로 지혜롭다고 뽐내고 있고, 서로 권세를 가지고 다투고 있으며, 서로 이익을 놓고 다투고, 서로 기능을 높이 내세우며, 서로 명성과 영예를 얻으려 하고 있소.

그들이 나가서 벼슬을 하게 되면, 돈과 곡식을 관장하는 사람들은 군사(軍事)와 법형(法刑)까지도 겸하고자 하고, 예의와 음악의 업무를 담당하는 사람들은 또 관리의 전형(銓衡)과 요무(要務)를 맡으려

하며, 군현의 지방관 벼슬을 하게 되면 포정사(布政司)와 얼사(臬司)의 높은 지위를 생각하고, 대간(臺諫)의 직책에 있게 되면 재상이란 요직을 바라는 실정이오. 그런데 그가 맡은 일도 제대로 처리하지 못하니 그러한 벼슬은 겸할 수가 없는 것이고, 그의 벼슬에 관한 이론도 통달하지 못하고 있으니 그러한 영예는 바랄 수도 없는 일이오.

경전을 넓게 읽고 외워 마침 그의 오만함을 조장해 주고 있소. 지식이 많아서 마침 그가 악한 짓을 행하기 좋도록 해주고 있소. 듣고 본 것들이 많아서 마침 그의 분별을 멋대로 할 수 있도록 해주오. 글재주가 풍부해서 마침 그의 거짓됨을 꾸밀 수 있게 해주고 있소. 그래서 고요(皐陶)·기(夔)·후직(后稷)·설(契) 같은 분들도 겸하여 처리하지 못했던 일들에 대하여도, 지금의 공부를 시작한 자들이나 소생(小生)들은 모두 그런 일들에 관한 이론에 통달하고 그에 관한 술법을 추구하려 하고 있소. 그들이 명분으로 내세우고 거짓되이 일컫는 것으로는 '나는 천하의 업무를 함께 이룩하려 한다'고 말하지 않는 적이란 없소. 그러나 그들의 참 마음과 진실한 뜻은, 그렇게 하지 않으면 곧 그의 사사로운 뜻을 이루고 그의 욕심을 만족시킬 수가 없다고 생각하는 데에 있는 것이오.

아아! 이와 같은 습성이 쌓이고 물들고, 이와 같은 마음과 뜻을 지니고 있으며, 또 이와 같은 학술을 그들이 공부하고 있으니, 우리 성인의 가르침을 듣고서 그것을 혹처럼 여기거나 둥근 구멍에 네모진 쐐기를 박으려는 것처럼 보는 것이 당연하오. 그래서 양지를 가지고는 불충분하다 하고, 성인의 학문은 쓸 데가 없다고 말하는 것이니, 또한 그러한 형세는 반드시 오도록 되어있는 것이오. 아아! 선비가 이 세상에 태어났다면 그러면 어떻게 성인의 학문을 추구해야 할 것인가? 그러면 어떻게 성인의 학문을 논하여야 할 것인가? 선비가 이 세상에 태어나서 공부를 하고자 한다면 매우 수고스럽고 고생스러우며 번잡하고 어려운 일이 아니겠는가? 매우 걸리고 막히며 험난하고 힘든 일이 아니겠는가? 아아! 슬픈 일이로다!

다행인 것은, 사람들의 마음속에 있는 천리는 끝내 없어질 수가 없는 것이고, 양지의 밝음은 옛날부터 하루같이 변함이 없으니, 곧 그들이 내 발본색원의 이론에 대하여 듣는다면 반드시 시큰하고 슬퍼지고 뻐근하게 아픔을 느끼어 발분하여 일어서서 큰 강둑이 터져 물이 쏟아지는 것 같은 형세가 되어 막는 수가 없게 될 것이오. 저 호걸 같은 선비들이 기대하는 것도 없이 일어나 주지 않는다면, 나는 또 누구에게 희망을 걸겠소?

原文 聖人之學, 日遠日晦, 而功利之習, 愈趨愈下, 其間雖嘗瞽惑於佛老, 而佛老之說卒亦未能有以勝其功利之心. 雖又嘗折衷於群儒, 而群儒之論終亦未能有以破其功利之見. 蓋至於今, 功利之毒, 淪浹於人之心髓, 而習以成性也, 幾千年矣. 相矜以智, 相軋以勢, 相爭以利, 相高以技能, 相取以聲譽.

其出而仕也, 理錢穀者, 則欲兼夫兵刑, 典禮樂者, 又欲與於銓軸, 處郡縣, 則思藩臬之高, 居臺諫, 則望宰執之要. 故不能其事, 則不得以兼其官. 不通其說, 則不可以要其譽.

記誦之廣, 適以長其敖也. 知識之多, 適以行其惡也. 聞見之博, 適以肆其辨也. 辭章之富, 適以飾其僞也. 是以皐夔稷契所不能兼之事, 而今之初學小生, 皆欲通其說, 究其術. 其稱名僭號, 未嘗不曰, 吾欲以共成天下之務, 而其誠心實意之所在, 以爲不如是, 則無以濟其私而滿其欲也.

嗚呼! 以若是之積染, 以若是之心志, 而又講之以若是之學術, 宜其聞吾聖人之敎, 而視之以爲贅疣枘鑿. 則其以良知爲未足, 而謂聖人之學爲無所用, 亦其勢有所必至矣! 嗚呼! 士生斯世, 而尙何以求聖人之學乎? 尙何以論聖人之學乎? 士生斯世, 而欲以爲學者, 不亦勞苦而繁難乎? 不亦拘滯而險艱乎? 嗚呼! 可悲也已!

所幸, 天理之在人心, 終有所不可泯, 而良知之明, 萬古一日, 則其聞吾拔本塞源之論, 必有惻然而悲, 戚然而痛, 憤然而起, 沛然若決江河, 而有所不可禦者矣. 非夫豪傑之士, 無所待而興起者, 吾誰與望乎?

註解 ㅇ愈趨愈下(유추유하)－갈수록 더욱 하급이 되다. ㅇ瞽惑(고혹)－눈이 멀고 미혹당하는 것. ㅇ折衷(절충)－잘 조절하다, 바로잡다. ㅇ淪浹(윤협)－'윤'은 물에 빠지는 것, 물에 젖는 것. '협'은 두루 스미다, 널리 스며들다. ㅇ軋(알)－마찰을 일으키다, 다투다. ㅇ銓軸(전축)－'전'은 관리를 전형(銓衡)하는 일, '축'은 추요(樞要)한 일. ㅇ藩臬(번얼)－명청(明淸) 대의 번사(藩司)와 얼사(臬司). '번사'는 포정사(布政司)이며, '얼사'는 제형안찰사(提刑按察使)임. ㅇ臺諫(대간)－임금에게 바른 일을 간하는 직책. ㅇ宰執(재집)－재상(宰相). ㅇ適(적)－마침, 마침 ……하게 하다. ㅇ敖(오)－멋대로 놀다, 오만(傲慢). ㅇ稱名僭號(칭명참호)－명분으로 내세우고, 거짓되이 일컫다. ㅇ積染(적염)－습성이 쌓이고 거기에 물 드는 것. ㅇ贅疣(췌우)－혹. ㅇ枘鑿(예착)－둥근 구멍에 모가 진 쐐기를 박으려 하는 것(《초사》 九辯), 서로 맞지 않음을 뜻함. ㅇ拘滯(구체)－걸리고 막히는 것. ㅇ泯(민)－없애다. ㅇ惻然(측연)－슬퍼하는 모양. ㅇ戚然(척연)－아픈 모양. ㅇ憤然(분연)－분발하는 모양. ㅇ沛然(패연)－큰물이 한꺼번에 흐르는 모양.

解說 결론으로 성인의 학문이 세상에서는 어두워지고, 사람들은 공로와 이익만을 중시하게 된 세태를 신랄하게 비판하고 있다. 그러나 사람의 마음속에 있는 천리인 '양지'는 여전히 그대로 있고 작용도 분명하기 때문에, 자기의 발본색원론(拔本塞源論)을 바탕으로 성인의 학문은 세상을 다시 바로잡아 주게 될 것이라는 확신을 드러내 보이고 있다.

Ⅱ. 주도통에게 답한 글(答周道通書)

〔서문〕 오(吳)・증(曾) 두 사람이 와서 주도통(周道通)이 간절히 도를 추구하고 있다는 뜻을 자세히 얘기해 주어서 특히 그를 생각하던 마음에 위로를 받았다. 주도통 같은 사람은 진실로 두터운 믿음을 가지고 학문을 좋아하는 사람이라고 말할 수가 있을 것이다. 친상(親喪)중이라 그때는 두 사람과 자세히 논할 수가 없었다. 그러나 두 사람도 역시 스스로 뜻을 세워 공부를 하려는 사람들이어서 만날 적마다 늘 발전이 있음을 느껴왔다. 여러 가지 일에 있어서 진실로 두 사람이 멀리 찾아온 데 대하여 기대에 어긋나는 점이 없을 수가 없었다. 그러나 두 사람으로서는 아마도 그들이 멀리 찾아온 뜻에서 어긋나는 점이 없었던 듯하다.

이별을 할 적에 이 쪽지를 내놓고 주도통의 뜻을 전하면서 그에게 일러주는 몇 마디 말을 써달라고 하였으나 거칠고 어지러운 마음으로는 말해 줄만한 것이 없었다. 이에 주도통이 보내온 편지 중에서 질문한 몇 대목에 대하여 개략적인 답변을 적어 보내기로 한 것이다. 마음이 잡란(雜亂)하여 더욱 자세히 쓰지는 못하였다. 두 사람도 마땅히 구두로 자세한 사정을 전할 것이다.

原文 吳曾兩生至, 備道道通懇切爲道之意, 殊慰相念. 若道通眞可謂篤信好學者矣. 憂病中, 會不能與兩生細論. 然兩生亦自有志向, 肯用功者, 每見輒覺有進. 在區區, 誠不能無負於兩生之遠來. 在兩生, 則亦庶幾無負其遠來之意矣.

臨別, 以此冊致道通意, 請書數語. 荒憒無可言者. 輒以道通來書中所問數節, 略下轉語奉酬. 草草殊不詳細. 兩生當亦自能口悉也.

註解 ㅇ吳曾(오증)－두 사람의 성. 누구인지 알 수 없다. ㅇ道通(도통)－이름은 형(衡), '도통'은 그의 자. 호는 정암(靜庵). 왕양명과 잠감천(湛甘泉)에게 배웠다. ㅇ憂病(우병)－부친상(父親喪)을 가리킴. 가정(嘉靖) 원년(1522) 2월, 왕양명 나이 51세 때 아버지 왕화(王華)가 죽음. ㅇ區區(구구)－여러 가지 일들을 가리킴. ㅇ荒憒(황궤)－마음이 거칠고 어지러운 것. 상중임을 뜻한다. ㅇ轉語(전어)－회답하는 말. ㅇ草草(초초)－잡되고 어지러운 모양.

解說 여기에 실린 주도통에게 답하는 글 7조목을 쓰게 된 연유를 간단히 적은 '서문' 성격의 글이다. 본시 '서문'이란 표제는 없으나 편의를 위하여 여기에는 표제를 달았다.

1. 보내온 편지 : "일상적인 공부는 다만 뜻을 세우는 것일 따름입니다. 근래에 선생님께서 가르쳐 주신 말씀을 때때로 직접 체험해보니 더욱더 그것이 명백해집니다. 그러나 학우들과는 한때라도 서로 떨어져서는 안됩니다. 만약 학우들과 함께 강습을 한다면 곧 이 뜻은 비로소 건전하고 넓고 커지며 비로소 생기가 있게 됩니다. 만약 3일 또는 5일 학우들과 함께 강습을 하지 못하게 되면 곧 미약해지는 것을 느끼게 되어, 일을 당하게 되면 곧 어려움을 당하고 또 때로는 할 일을 잊게도 됩니다. 그런데 지금 학우와 함께 강습하는 날이 없어, 그대로 오직 고요히 앉아있거나 혹은 책을 보기도 하고 가까운 곳을 거닐며 놀기도 합니다. 그리고 모든 눈으로 보고 몸을 두는 것을 모두 이용하여 이 뜻을 배양하는 데에 목표를 두고 있으니 매우 뜻과 생각이 조화되고 쾌적케 됨을 느낍니다. 그러나 끝내 학우들과 모여 강습을 하는 것처럼 정신이 교류되며 움직이어 생기가 더욱 많아지는 것만은 못합니다. 무리로부터 떨어져 외롭게 지내는 사람은 마땅히 또 어떤 방법으로 학업에 대처해야 되겠습니까?"

이 대목으로 자네가 일상적인 공부를 통해서 터득한 것을 증험하기에 충분하네. 공부하는 방법의 대략은 역시 오직 그렇게만 하면 되네. 다만 중간에 끊기는 일이 없어야 하네. 아주 잘 익숙하게 된 뒤에는 뜻과 생각이 또 스스로 달라질 것일세.

대체로 우리가 학문을 하는 데 있어서 긴요한 큰 주요문제는 오직 뜻을 세우는 것일세. 자네가 말한 어려움을 당하고 할 일을 잊게 되는 병은 또 오로지 뜻에 참되고 절실함이 모자라기 때문일세. 예를 들어 지금 색깔을 좋아하는 사람이 전혀 어려움을 당하고 할 일을 잊지 않는 병에 걸리지 않는다면 오직 한 가지 거기에 관한 뜻이 참되고 절실하기 때문일세. 자기가 아프거나 가려운 것은 자기가 반드시 알 것이니, 자기가 반드시 긁거나 어루만지게 될 것일세. 자기가 아프고 가려운 것을 알았다면 자기가 반드시 그곳을 긁거나 어루만지지 않을 수가 없을 것일세. 이것이 불교에서 일에 적절히 대처한다는 뜻을 말하는 방편법문(方便法門)이라는 것이지. 반드시 자기가 적절히 조정하고 대처하여야지 다른 사람은 전혀 힘이 되기 어려울 뿐더러 또 쓸만한 다른 방법도 없다네.

原文 來書云 : 日用工夫, 只是立志. 近來於先生誨言, 時時體驗, 愈益明白. 然於朋友, 不能一時相離. 若得朋友講習, 則此志纔精健闊大, 纔有生意. 若三五日不得朋友相講, 便覺微弱, 遇事便會困, 亦時會忘. 乃今無朋友相講之日, 還只靜坐, 或看書, 或游衍經行, 凡寓目措身, 悉取以培養此志, 頗覺意思和適. 然終不如朋友講聚, 精神流動, 生意更多也. 離羣索居之人, 當更有何法以處之?

此段, 足驗道通日用工夫所得. 工夫大略, 亦只是如此用. 只要無間斷. 到得純熟後, 意思又自不同矣.

大抵吾人爲學, 緊要大頭腦, 只是立志. 所謂困忘之病, 亦只是志欠眞切. 今好色之人, 未嘗病於困忘, 只是一眞切耳. 自家痛痒, 自家須會知得, 自家須會搔摩得. 旣自知得痛痒, 自家須不能不搔摩得. 佛家謂之方便法門. 須是自家調停斟酌, 他人總難與力, 亦更無別法可設也.

註解 ㅇ誨言(회언)－가르쳐 준 말. ㅇ纔(재)－바로, 곧. ㅇ游衍(유연)－왔다갔다 노니는 것. ㅇ經行(경행)－불교에서 좌선을 하다가 일어서서 방안이나 가까운 곳을 거니는 것. ㅇ索居(색거)－외로이 지내는 것. ㅇ間斷(간단)－중간에 끊기는 것. ㅇ純熟(순숙)－아주 익숙해지는 것. ㅇ頭腦(두뇌)－매우 중요한 문제. ㅇ欠(흠)－모자라다, 결여되다. ㅇ痛痒(통양)－아프고 가려운 것. ㅇ搔摩(소마)－긁고 문지르는 것. ㅇ方便法門(방편법문)－'방편'은 편리한 방법, '법문'은 수행법(修行法).

解說 공부는 학우들과 함께 어울려 하여야만 서로 격려를 받아 잘할 수가 있다. 그러나 홀로 있을 적이라도 공부를 일시라도 중단해서는 안된다. 여기에서는 공부하는 방법으로 제자 스스로가 말한 '뜻을 세우는 것'을 더욱 강조해 주고 있다.

2. 보내온 편지 : "전에 사량좌(謝良佐)가 《역경》 계사전(繫辭傳)의 '천하에서 무엇을 생각하고 무엇을 걱정해야 하는가?'고 한 말에 대하여 질문하였을 적에, 정이(程頤)는 '그러한 이치가 있기는 하나 오직 질문하는 것이 너무 이르다'고 대답하고 있습니다. 공부를 하고 있는 사람이 기울여야 할 노력은 진실로 '반드시 올바른 일에 힘쓰고 그 목적을 잊지 않도록 한다'는 일입니다. 그러나 또 반드시 '무엇을 생각하고 무엇을 걱정해야 하는가'고 하는 기상(氣象)을 인식하고 이것들과 한꺼번에 이해하여야만 된다고 여겨집니다. 만약 이 기상에 대

한 인식이 없다면 곧 바로 '억지로 자라는 것을 돕는' 병폐가 생기게 될 것입니다. 만약 '무엇을 생각하고 무엇을 걱정해야 하는가'고 하는 데 대하여는 알면서도 '올바른 일에 힘쓴다'는 일에 노력할 것을 잊는다면 아마도 다시 '무(無)'의 경지로 떨어지게 될 것 같습니다. 반드시 '유(有)'에 얽매이지도 않고 '무'에 떨어지지도 않아야만 될 것입니다. 그렇습니까, 그렇지 않습니까?"

군의 이론은 크게 잘못된 점은 없다고 보네. 다만 올바른 깨달음이 충분치 못한 듯하네. 사량좌의 질문과 정이의 대답은 역시 다만 사량좌와 정이의 뜻일 뿐이네. 공자의 계사전의 본시의 뜻과는 약간 다른 점이 있네. 계사전에서 '무엇을 생각하고 무엇을 걱정해야 하는가'고 말한 것은 바로 생각하는 것이나 걱정하는 것이 오직 한 가지 천리라는 뜻일세. 그밖에 다른 생각이나 다른 걱정이란 없네. 생각도 없고 걱정도 없는 것을 말한 것이 아닐세.

그러므로 이어서 '같은 곳으로 귀착되면서도 가는 길은 다르고, 한 가지 뜻이지만 걱정은 백 가지이다'고 한 것일세. '천하에서 무엇을 생각하고 무엇을 걱정할 것인가'고 하면서, 말하기를 '가는 길이 다르고' 또 '걱정은 백 가지'라고 말하였으니, 곧 어찌 생각이 없고 걱정이 없다고 말하겠는가? 마음의 본체가 바로 천리일세. 천리는 오직 하나인데 다시 더 무엇을 생각하고 걱정할 것이 있겠느냐?

천리는 본시 고요하고 움직이지 않는 것이며, 본시 스스로 감응하여 마침내 모든 것에 통하게 되는 것일세. 공부하는 사람의 노력은 비록 천 가지 생각을 하고 만 가지 걱정을 한다 하더라도 오직 그가 지닌 본래의 본체와 작용을 되찾으려는 데 있을 따름일세. 사사로운 뜻으로 안배(按排)하고 생각해 내는 것이 아닐세. 그러므로 정호(程顥)도 말하기를 '군자의 학문은 막힌 데 없이 넓고 크게 공정하며, 사물에 따라서 순조로이 대응하는 것이어야만 한다'고 하였다네. 만약 사사로운 뜻으로 안배하고 생각해 낸다면, 바로 그것은 지혜를 써서 자기만을 위하려는 것이 되는데, 무엇을 생각하고 무엇을 걱정하겠느냐?

정말로 노력이란 성인의 분수 위에서 행하면 바로 자연스러운 것이 되고, 공부하는 사람의 분수 위에서 행하면 바로 힘쓰는 것이 된다네. 정이는 또한 그것을 효험이라 파악했기 때문에 '질문하는 것이 너무 이르다'는 이론이 이루어지게 된 것일세. 그리고 나서 말하기를 '공부를 잘해야만 한다'고 말하고 있으니, 곧 이미 그가 앞에서 한 말이 미진했음을 스스로 깨닫고 있던 것일세. 주돈이(周敦頤)의 '고요함을 위주로 한다'는 이론도 역시 그런 뜻일세. 지금 자네의 말에는 비록 상당한 견식이 없는 것은 아니지만, 그러나 아직 노력을 해야 한다는 것과 아무것도 생각하고 걱정할 것이 없다는 것을 두 가지 다른 일로 보는 잘못이 있네.

原文 來書云：上蔡嘗問，天下何思何慮? 伊川云；有此理. 只是發得太早. 在學者工夫，固是必有事焉而勿忘. 然亦須識得，何思何慮底氣象. 一併看爲是. 若不識得這氣象，便有正與助長之病. 若認得何思何慮，而忘必有事焉工夫，恐又墮於無也. 須是不滯於有，不墮於無. 然乎否也?

所論，亦相去不遠矣. 只是契悟未盡. 上蔡之問，與伊川之答，亦只是上蔡伊川之意，與孔子繫辭原旨，稍有不同. 繫言何思何慮，是言所思所慮，只是一箇天理，更無別思別慮耳. 非謂無思無慮也.

故曰：同歸而殊途，一致而百慮. 天下何思何慮? 云殊途，云百慮，則豈謂無思無慮邪? 心之本體，卽是天理. 天理只是一箇，更有何可思慮得?

天理原是寂然不動, 原自感而遂通. 學者用功, 雖千思萬慮, 只是要復他本來體用而已. 不是以私意去安排思索出來. 故明道云：君子之學, 莫若廓然而大公, 物來而順應. 若以私意去安排思索, 便是用智自私矣. 何思何慮?

正是工夫, 在聖人分上, 便是自然的. 在學者分上, 便是勉然的. 伊川卻是把作效驗看了. 所以有發得太早之說. 旣而云：卻好用功, 則已自覺其前言之有未盡矣. 濂溪主靜之論, 亦是此意. 今道通之言, 雖已不爲無見, 然亦未免尙有兩事也.

註解 ㅇ上蔡(상채)－사량좌(謝良佐), 자는 현도(顯道), 상채(上蔡) 사람이라 상채선생(上蔡先生)이라고 사람들이 부른 정자(程子)의 문인임. 여기의 말은《근사록》권2 논학(論學)에 보이는 대목을 근거로 하고 있다. ㅇ必有事焉而勿忘(필유사언이물망)－반드시 올바른 일에 힘쓰고, 목적을 잊지 말아야 한다.《맹자》공손추(公孫丑) 상편에서 인용한 말임. ㅇ助長(조장)－알묘조장(揠苗助長), 곡식 싹을 빨리 자라게 해주려고 싹을 뽑아 올려주어 곡식 싹을 죽게 하는 것.《맹자》공손추 상편 앞에 인용한 글 바로 뒤에 보인다. ㅇ契悟(계오)－진실에 합당함을 깨닫는 것. ㅇ寂然不動(적연부동)－이 대목은《역경》계사(繫辭) 상편에 보이는 글임. ㅇ明道云(명도운)－정호의《정성서(定性書)》에 보이는 말. ㅇ濂溪(염계)－주돈이(周敦頤)의 자. 주정(主靜)은 그의《태극도설(太極圖說)》에 보이는 말임.

解說 《역경》계사전에 보이는 "무엇을 생각하고 무엇을 걱정해야 하는가?"라는 말에 대한 이해가, 왕양명은 정이나 사량좌와 다르다. 그는 아무것도 생각하지 않는 것이 아니라 천리만을 추구하는 뜻으로 보고, 그것은《맹자》가 말한 "반드시 올바른 일에 힘쓰고 그 목적을 잊지 말라."고 한 공부방법과 다를 것이 없다고 보는 것이다. 모든 공부를 '양지를 이르게 하는 것'으로 집중시켜 풀이하고 있다.

3. 보내온 편지 : "모든 공부하는 사람들은 공부하는 방법을 알고 나면 곧 성인의 기상에 대하여 알아야만 합니다. 성인의 기상에 대하여 알아야만 공부를 정확하게 하게 되어 곧 실제의 사물에 대하여 공부를 하게 되어 비로소 어긋남이 없게 되고 비로소 성인이 되는 공부가 되는 것이라 여깁니다. 이것이 옳은지 그른지 알지 못하겠습니다."

'먼저 성인의 기상에 대하여 알아야 한다'는 말은 옛사람이 일찍이 한 일이 있네. 그러나 역시 요점이 결여되어 있네. 성인의 기상이란 자연히 성인의 것일세. 우리는 어디에서 그것에 대하여 안단 말인가? 만약 자기의 양지를 바탕으로 하여 참되고 절실하게 체득하고 인식하지 않는다면, 마치 눈금이 없는 저울로 물건의 무게를 달거나 열지 않은 거울로 모습이 예쁜지 추한지 비추어 보려는 거나 같은 짓일세. 진실로 이른바 소인의 배를 가지고 군자의 마음을 헤아리려는 격이지.

성인의 기상은 어떤 방법으로 알 수가 있는가? 자기의 양지는 본시 성인과 같은 것일세. 만약 자기의 양지를 분명히 체득하고 인식한다면 곧 성인의 기상은 성인에게 있지 아니하고 나에게 있게 되는 것이네.

정자(程子)는 일찍이 말하기를 "요(堯)임금을 바라보고 그가 한 일을 본뜨려 한다 해도 그에게 충분한 총명함과 지혜가 없다면 어떻게 그분처럼 움직임과 용모와 모든 행동이 예에 들어맞을 수가 있겠는가?"고 하고, 또 말하기를 "마음이 도에 통하여야만 비로소 옳고 그름을 가릴 수 있게 된다."고도 하였네. 지금 말하기를 "도에 통한다."고 하였는데 어디에서 통한단 말인가? '총명함과 지혜'는 어디에서 나오는 것이겠는가?

原文 來書云 : 凡學者纔曉得做工夫, 便要識認得聖人氣象. 蓋認得聖人氣象, 把做準的, 乃就實地做工夫去, 纔不會差.

纔是作聖工夫. 未知是否.

先認聖人氣象, 昔人嘗有是言矣. 然亦欠有頭腦. 聖人氣象自是聖人的. 我從何處識認? 若不就自己良知上, 眞切體認, 如以無星之稱而權輕重, 未開之鏡而照姸媸. 眞所謂以小人之腹而度君子之心矣.

聖人氣象, 何由認得? 自己良知, 原與聖人一般. 若體認得自己良知明白, 卽聖人氣象不在聖人, 而在我矣.

程子嘗云 ; 覰著堯, 學他行事, 無他許多聰明睿智, 安能如彼之動容周旋中禮? 又云 : 心通於道, 然後能辨是非. 今且說通於道, 在何處? 聰明睿智, 從何處出來?

註解 ㅇ纔(재)－……하자마자, ……해야만. ㅇ做準(주준)－정확하게 공부하다, 확실하게 하다. ㅇ昔人(석인)－옛날 사람, 여기서는 정이(程頤)를 가리킨다. 그런 말이 《근사록(近思錄)》 권3 치지(致知)편에 보인다. ㅇ頭腦(두뇌)－요점, 중요한 것. ㅇ無星(무성)－눈금이 없는 것. ㅇ稱(칭)－저울. ㅇ姸媸(연치)－예쁜 것과 추한 것, 미추(美醜). ㅇ程子嘗云(정자상운)－《근사록》 권3 치지편에 보이는 정이의 말임. ㅇ覰(처)－바라보다. ㅇ動容周旋(동용주선)－움직임과 용모와 여러 가지 행동. 《맹자》 진심(盡心) 하편에 보이는 말.

解說 왕양명의 제자는 공부하는 사람은 정이(程頤)와 같이 총명함과 예지가 있어야만 성인을 배울 수가 있다고 생각하고 있으나, 왕양명은 총명과 예지는 물론 성인의 기상도 모두 사람들 누구나 지니고 있는 양지 속에 있음을 강조하고 있다. 곧 '양지를 이르게 하는 것'이 곧 공부이며 성인이 되는 길이라 주장하는 것이다.

4. 보내온 편지 : "사물을 바탕으로 수양하고 연마하라. 하루 동안

에 일이 있건 일이 없건 간에 오직 한 뜻으로 근본적인 것을 배양해야 한다고 하셨습니다. 만약 어떤 일이 생겨서 거기에 대하여 느끼게 되거나 혹은 자기에게 느끼는 것이 있게 된다면, 마음에 이미 깨닫는 것이 있는 것인데 어찌 일이 없다고 할 수가 있겠습니까? 그러나 일을 근거로 하여 마음을 하나로 응결시키면 사리는 마땅히 이러해야 한다는 것을 대체적으로 깨닫게 됩니다. 오직 아무 일이 없는 것처럼 처신하되 내 마음을 다할 따름입니다. 그런데도 여전히 처신에 있어서 잘하는 경우와 잘하지 못하는 경우가 있게 되는 것은 어째서입니까? 또 간혹 일이 많이 생기면 반드시 순서에 따라 그것들을 처리해야 하는데, 언제나 재주와 능력이 모자라 그때마다 곤경에 빠지게 됩니다. 비록 힘을 다하여 다시 일어서려 하여도 정신이 이미 쇠약해져 있는 상태입니다. 이러한 경우를 당하면 충분히 물러나 쉬지 않을 수가 없습니다. 차라리 일을 잘 끝내지 못하게 될지언정 자신의 능력을 좀 더 배양하지 않을 수가 없습니다. 이 생각이 어떻습니까?"

자네가 말하는 공부는 군의 분수를 따른다면 오직 그렇게 하는 수밖에 없을 것일세. 그러나 약간 어긋나는 점이 있는 것은 면할 수가 없네. 모든 사람이 공부를 한다는 것은 평생 오직 이 한 가지 일만을 하는 것일세. 젊은 사람으로부터 늙은 사람에 이르기까지, 아침부터 저녁까지, 일이 있건 일이 없건 따질 것 없이, 오직 이 한 가지 일만을 하는 것일세. 그것은 이른바 '반드시 올바른 일에 힘써야만 하는 것'일세.

만약 '차라리 일을 잘 끝내지 못하게 될지언정 자신의 능력을 좀 더 배양하지 않을 수가 없다'고 한다면 또한 그것은 다시 두 가지 일이 되네. '반드시 올바른 일에 힘써야 하고, 그 목적을 잊어서는 안되고, 억지로 도우려 해도 안되며', 사물을 대하게 되면 오직 나의 마음속의 양지를 다함으로써 거기에 대응하는 것일세. 이른바 '충실함과 남을 배려하는 마음은 도로부터 멀리 벗어나지 않는다'는 것일세.

'처신을 하는 데 있어서 잘하는 경우가 있고 잘하지 못하는 경우가 있다'는 것과 '차례를 잃어 곤경에 빠지는 걱정이 있다'는 것은 모두가 비난과 칭찬 및 이득과 손실에 끌리어 그의 양지를 착실히 이르게 하지 못하기 때문일세. 만약 착실히 그의 양지를 이르게 할 수가 있다면, 그 다음에는 평소에 이른바 잘한다고 생각한 것이 반드시 잘하는 것이 못되며, 잘하지 못하는 것이라 생각한 것이 오히려 올바를지도 모른다는 것을 알게 될 것이다. 이것은 비난과 칭찬 및 이득과 손실에 이끌리어 스스로 그의 양지를 손상시키는 경우일세.

原文 來書云：事上磨煉. 一日之内, 不管有事無事, 只一意培養本原. 若遇事來感, 或自己有感, 心上旣有覺, 安可謂無事? 但因事凝心一, 會大段覺得事理當如此. 只如無事處之, 盡吾心而已. 然乃有處得善與未善, 何也? 又或事來得多, 須要次第與處, 每因才力不足, 輒爲所困, 雖極力扶起, 而精神已覺衰弱. 遇此, 未免要十分退省. 寧不了事, 不可不加培養. 如何?

所説工夫, 就道通分上, 也只是如此用. 然未免有出入在. 凡人爲學, 終身只爲這一事. 自少至老, 自朝至暮, 不論有事無事, 只是做得這一件. 所謂必有事焉者也.

若說寧不了事, 不可不加培養, 卻是尚爲兩事也. 必有事焉, 而勿忘, 勿助, 事物之來, 但盡吾心之良知以應之, 所謂忠恕違道不遠矣.

凡處得有善有未善, 及有困頓失次之患者, 皆是牽於毁譽得喪, 不能實致其良知耳. 若能實致其良知, 然後見得平日所謂善者, 未必是善, 所謂未善者, 卻恐正. 是牽於毁譽得喪, 自賊其良知者也.

註解 ㅇ磨煉(마련)－연마(鍊磨). '일을 하면서 수양을 하고 공부를 한다'는 사상마련(事上磨煉)은 왕양명의 독특한 공부방법이다. ㅇ本原(본원)－근본적인 것. ㅇ凝心一(응심일)－마음을 하나로 응결(凝結)시키다. ㅇ扶起(부기)－부축하여 일으켜 세우는 것. ㅇ退省(퇴성)－물러나 쉬다. ㅇ出入(출입)－그릇된 것, 잘못. ㅇ必有事焉(필유사언)－반드시 올바른 일에 힘써야 한다. 《맹자》 공손추(公孫丑) 상편에 보이는 말. ㅇ勿助(물조)－물조장(勿助長), 억지로 잘 자라도록 도우려 하지 마라. 역시 《맹자》 공손추 상편의 말을 이용한 표현임. ㅇ忠恕(충서)－자기의 성의를 다하는 충실함과 남을 자기처럼 생각하는 마음. 이 구절은 《중용》에서 인용한 것이다. ㅇ困頓(곤돈)－곤경, 어려움.

解說 여기에서도 왕양명은 공부를 한다는 것과 일하는 능력을 기르는 것을 서로 다른 일이라 생각하는 제자의 그릇된 생각을 바로잡아 주고 있다. 왕양명은 계속 공부하는 사람은 오직 양지를 이르게 하기만 하면 됨을 강조하고 있다. 사람들은 남의 칭찬이나 비난 또는 이익이나 손해 같은 이해관계에 끌리어 자신의 양지를 해치고 있다고도 강조하고 있다.

5. 보내온 편지 : "양지를 이르게 한다는 치지(致知)의 이론은 지난 봄에 다시 가르침을 받들어, 이제는 힘써야 할 곳에 대하여 잘 알게 되어 이전에 비하면 특히 간단하다는 것을 깨닫고 있습니다. 다만 어리석은 제 마음으로는, 처음 공부를 시작하는 사람들에게 그 문제를 말할 적에는 반드시 사물을 바르게 파악한다는 격물(格物)의 뜻도 아울러서 일러주어 그들로 하여금 착수할 곳을 알도록 해주어야 할 것이라 생각하고 있습니다. 본시 '치지'와 '격물'은 한꺼번에 공부해야

하는데, 다만 처음 공부를 시작하는 사람들은 공부를 착수할 곳을 알지 못하고 있습니다. 오히려 '격물'에 대하여 해설해 주어야만 비로소 '치지'에 대하여도 알게 될 것 같습니다. 운운."

사물을 올바로 파악한다는 '격물'은 양지를 이르게 한다는 '치지'의 공부이네. '치지'에 대하여 안다면 곧 '격물'에 대하여는 이미 알고 있는 것일세. 만약 '격물'에 대하여 알지 못한다면 곧 '치지'의 공부에 대하여도 전혀 알지 못하는 것일세. 근래에 친구에게 편지를 한 장 보내어 이 문제를 매우 자세히 논한 일이 있기에, 지금 다시 한 통을 베끼어 보내니 그것을 자세히 읽어보면 당연히 스스로 깨우치게 될 것일세.

原文 來書云：致知之說，春間再承誨益，已頗知用力，覺得比舊尤爲簡易．但鄙心則謂，與初學言之，還須帶格物意思，使之知下手處．本來致知格物一併下，但在初學，未知下手用功．還說與格物，方曉得致知．云云．

格物是致知工夫．知得致知，便已知得格物．若是未知格物，則是致知工夫亦未嘗知也．近有一書與友人，論此頗悉，今往一通，細觀之，當自見矣．

註解 ㅇ誨益(회익)－가르침. ㅇ鄙心(비심)－비루한 마음, 자기의 마음을 가리키는 말. ㅇ下手處(하수처)－착수할 곳. ㅇ一倂下(일병하)－한꺼번에 공부하다, 한꺼번에 처리하다.

解說 왕양명이 '양지를 이르게 한다'는 치지의 문제만을 늘 너무 강조하여, 제자는 '격물'에 대하여도 함께 설명해 주어야만 초학자들이 쉽게 이해할 수 있을 것이 아닌가 하고 질문한 것이다. 왕양명은 격물

은 치지에 이르는 공부여서 이 두 가지는 떼어놓고 이해할 수가 없는 것임을 설명하고 있다.

6. 보내온 편지 : "지금도 주희(朱熹)와 육상산(陸象山)의 학설의 우열을 논하는 풍조가 아직도 끊이지 않고 있습니다. 늘 저는 학우들에게 이렇게 말하고 있습니다. '올바른 학문이 세상에 밝혀지지 않은 지 오래되었으나, 그래도 반드시 마음과 정력을 부질없이 낭비하면서 주희와 육상산의 학설을 놓고 시비를 다투지 말고, 오직 선생님의 뜻을 세우라는 입지(立志)의 두 글자를 의지하여 사람들을 교화하여야 한다. 만약 그 사람이 결과적으로 그의 뜻에 대하여 잘 분별할 수가 있게 되어 이 학문을 추구하려고 결심을 하게 된다면, 이미 대략은 분명히 알게 된 것이고, 주희와 육상산의 학설은 비록 분별하지 못한다 하더라도 그는 스스로 깨달을 수가 있게 될 것이다.'

또 일찍이 학우들 중에서 선생님의 이론을 두고 논의하는 사람을 보면 바로 성을 내는 사람을 보았습니다. 옛날에 주희와 육상산 두 분 선생님이 후세에 어지러이 논의할 근거를 남겨놓았다는 것은 역시 두 선생님의 공부가 순수하게 잘 익지 못했음을 드러내는 것이며, 분명히 역시 서로 성을 내는 병폐가 있었을 것입니다. 정호(程顥) 같은 분은 그런 폐단이 없습니다. 그분이 오섭례(吳涉禮)와 왕안석(王安石)의 학문을 논한 경우를 보더라도, 그분은 말하기를 '나를 위하여 이 말을 모두 왕안석에게 전해주기 바라오. 그에게 유익한 일이 되지 않으면 반드시 나에게 유익한 일이 될 것이오'라고 했습니다. 그의 기상이 얼마나 여유가 있습니까? 일찍이 선생님께서도 어떤 분에게 보내는 편지 중에 역시 이 말을 인용하신 것을 본 일이 있습니다. 학우들도 모두 그렇게 되기를 바라는데, 어떻겠습니까?"

이 대목의 논의는 매우 옳네, 매우 옳아! 바라건대 군이 두루 동지들에게 알려주기 바라네. 각자가 또한 자신들의 옳고 그름이나 논할 일이지, 주희와 육상산의 학설이 옳고 그름은 논하지 말도록 하세. 말로 남을 비방하는 것은 그 비방이 천박한 것이지만, 만약 자기가 몸으로 실천하지는 못하면서 부질없이 귀로 듣고 입으로 떠들면서 시끄럽게 나날을 보낸다면 그것은 몸으로 비방하는 것이어서 그 비방은 심각해진다네.

모든 지금 천하의 내 학설을 논의하는 사람들 이론 중에 진실로 취하여 내 이론을 좋게 할 수 있는 것들이 있다면, 모두 이것은 나를 갈고 닦아주는 것이 되니, 나로서는 경계하고 두려워하며 수양하고 반성하여 덕을 발전시키는 바탕이 될 것일세. 옛사람이 말하기를 "나의 단점을 공격하는 사람은 바로 나의 스승이다."고 하였네. 스승이라면 또 어찌 미워하겠는가?

原文 來書云：今之爲朱陸之辨者, 尙未已. 每對朋友言, 正學不明已久. 且不須枉費心力, 爲朱陸爭是非, 只依先生立志二字, 點化人. 若其人果能辨得此志來, 決意要知此學, 已是大段明白了. 朱陸雖不辨, 彼自能覺得.

又嘗見, 朋友中, 見有人議先生之言者, 輒爲動氣. 昔在朱陸二先生, 所以遺後世紛紛之議者, 亦見二先生工夫有未純熟, 分明亦有動氣之病. 若明道則無此矣. 觀其與吳涉禮論介甫之學, 云：爲我盡達諸介甫. 不有益於他, 必有益於我也. 氣象何等從容? 嘗見先生與人書中, 亦引此言. 願朋友皆如此, 如何?

此節議論得極是, 極是! 願道通遍以告於同志, 各自且論自己是非, 莫論朱陸是非也. 以言語謗人, 其謗淺. 若自己不能身體實踐, 而徒入耳出口, 呶呶度日, 是以身謗也. 其謗深矣.

凡今天下之論議我者, 苟能取以爲善, 皆是砥礪切磋我也, 則在我無非警惕修省進德之地矣. 昔人謂, 攻吾之短者是吾師. 師又可惡乎?

註解 ㅇ朱陸之辨(주륙지변)－주희(朱熹, 1130~1200)와 육상산(陸象山, 1139~1192)의 학설의 우열론(優劣論). 주희가 '성즉리(性卽理)'라고 하며 성리학을 집대성한 데 대하여, 육상산은 '심즉리(心卽理)'라고 하며 천리는 밖에 있는 것이 아니라 본시부터 우리 마음속에 갖추어져 있는 것임을 주장하였다. 이들은 1175년에 만나 유명한 '아호지회(鵝湖之會)'에서 토론을 벌이기도 하였다. 왕양명은 심학(心學)이란 면에서 육상산 계열로 분류할 수 있다. ㅇ枉費(왕비)－공연히 허비하다, 낭비하다. ㅇ點化(점화)－교화(敎化). ㅇ動氣(동기)－성을 내다, 분개하다. ㅇ明道(명도)－정이(程頤, 1032~1085)의 호. ㅇ吳涉禮(오섭례)－'섭'은 사(師)의 잘못인 듯. '오사례'는 정자의 문인임. ㅇ介甫(개보)－왕안석(王安石)의 자. 그는 신종(神宗) 때 재상으로 신법(新法)을 추진했다. ㅇ從容(종용)－점잖은 모습, 여유가 있는 것. ㅇ先生與人書(선생여인서)－왕석담(汪石潭)에게 보낸 편지(《文錄》 제1 소재). ㅇ謗(방)－비방하다, 헐뜯다. ㅇ砥礪切磋(지려절차)－'지려'는 숫돌에 가는 것. '절'은 칼로 깎아 다듬는 것. '차'는 갈아 다듬는 것. 절차탁마(切磋琢磨). ㅇ警惕修省(경척수성)－경계하고 두려워하고, 수양하고, 반성하는 것.

解說 남에 대한 비판보다도 자신의 공부에 충실해야 한다는 제자의 의견에 왕양명이 전적으로 찬동하고 있다. 특히 널리 남의 의견을 취하여 자신을 발전시키고 자기 수양에 힘쓰라는 훈계가 눈길을 끈다.

7. 보내온 편지 : "어떤 이가 인용한 글이 있습니다. '정자(程子)가 사람은 나면서 고요한데, 그 이상은 논의를 용납지 않는다. 본성을 말하자마자 곧 이미 그것은 본성이 아니다'고 하였습니다. 어째서 논의

가 용납되지 않습니까? 어째서 곧 본성이 아니라는 것입니까?' 주자는 대답하기를 '논의가 용납되지 않는다는 것은 얘기를 할만한 본성이 아직 없기 때문이다. 곧 본성이 아니라는 것은 이미 기질(氣質)이 섞이지 않을 수가 없는 것이기 때문이다'고 하였답니다. 두 선생의 말은 모두 이해할 수가 없습니다. 늘 책을 읽다가 이 문제에 부딪치면 그때마다 한 번씩 미혹을 느끼게 됩니다. 가르침을 빕니다."

생겨나는 것을 바로 본성이라 하네. 생(生)이란 글자는 바로 기(氣)자나 같은 것일세. 그러니 기가 곧 본성이라 말할 수가 있네. 기가 바로 본성이기 때문에 '사람은 나면서 고요한데, 그 이상은 논의가 용납되지 않는다'는 것일세. 기가 바로 본성이라고 말하자마자 곧 이미 한 편으로만 떨어져서 본성의 본원이 아닌 것이 되네.

맹자의 성선(性善)은 바로 본원에서 말하고 있는 것일세. 그러나 '성선'의 단서(端緖)는 반드시 '기'를 통해서 비로소 볼 수가 있는 것이네. 만약 '기'가 없다면 그것들은 볼 수가 없는 것일세. 남의 불행을 동정하는 측은(惻隱)함, 부끄러워하고 미워하는 것, 사양하는 것, 옳고 그른 것은 바로 '기'일세. 정자는 말하기를 "본성을 논하면서 기를 논하지 않으면 불완전한 것이고, 기를 논하면서 본성을 논하지 않는다면 분명하지 않은 것이 된다."고 하였네. 역시 공부를 하는 사람들이 각자 어느 한 편만을 알기 때문에 이처럼 말할 수밖에 없게 되는 것일세. 만약 자기의 본성을 분명히 알게 된다면, 기가 바로 본성이고 본성이 바로 기여서 본시 본성과 기는 나눌 수가 없는 것이라는 것도 알게 될 것일세.

原文 來書云：有引. 程子, 人生而靜, 以上不容說. 才說性, 便已不是性. 何故不容說? 何故不是性? 晦庵答云：不容說者, 未有性之可言. 不是性者, 已不能無氣質之雜矣. 二先生之言,皆未能曉. 每看書至此, 輒爲一惑. 請問.

生之謂性. 生字卽是氣字. 猶言氣卽是性也. 氣卽是性, 人生而靜, 以上不容說. 才說氣卽是性, 卽已落在一邊, 不是性之本原矣.

孟子性善, 是從本原上說. 然性善之端, 須在氣上始見得. 若無氣, 亦無可見矣. 惻隱羞惡, 辭讓是非, 卽是氣. 程子謂, 論性不論氣, 不備. 論氣不論性, 不明. 亦是爲學者各認一邊, 只得如此說. 若見得自性明白時, 氣卽是性, 性卽是氣, 原無性氣之可分也.

註解 ㅇ有引(유인)—인용한 사람이 있다. 누가 어디에 이런 말을 인용하고 있는지 알 수 없다. ㅇ程子(정자)—이 말은 《근사록》 권1 도체(道體)편에 보이는 정호(程顥)의 말을 인용한 것임. ㅇ才(재)—……하자마자. 재(纔). ㅇ晦庵(회암)—주희의 호. 주희의 어느 제자가 정자의 말을 인용하며 주희에게 질문했던 것이다. ㅇ惻隱(측은)—이하 모두 《맹자》 공손추(公孫丑) 상편에 보이는 말. 맹자는 '측은히 여기는 마음은 인(仁)의 단서(端緖)이고, 부끄러워하고 미워하는[羞惡] 마음은 의(義)의 단서이며, 사양(辭讓)하는 마음은 예(禮)의 단서이고, 옳고 그름을 가리는[是非] 마음은 지(智)의 단서이다'고 하였다. ㅇ程子謂(정자위)—《근사록》 권1 도체편에 보이는 말.

解說 여기에서는 '성'이 바로 '기'라고 주장하며, '성'과 '기'를 구분하며 논의를 전개한 송대 학자들의 잘못을 지적하고 있다. 그러나 이러한 관념론적인 문제의 논의는 옳고 그름을 분별하기 매우 어렵다.

Ⅲ. 육원정에게 답하는 글(答陸原靜書)

육원정은 이름이 징(澄)이며 '원정'은 그의 자이고 왕양명의 제자이다. 여기에 실린 편지는 왕양명이 53세인 해(嘉靖 3년, 1524) 월(越, 浙江省)에서 쓴 것이다. 육원정은 병이 많아 정좌(靜坐)를 좋아하고, 불교와 도교를 가까이한 사람이어서, 그러한 취향이 여기의 질문에도 어느 정도 드러나고 있다. 다른 제자들은 육원정이 아니면 이런 질문을 할 수가 없다고 할 정도로 사상적으로 심각하고, 따라서 거기에 대한 대답도 열의를 다하여 매우 절실한 감이 있다. 편지는 두 통이나, 앞의 한 통은 4대목으로 이루어진 짧은 것이고, 뒤의 것은 13대목이나 되는 긴 내용이다. 전체적으로 지행(知行)의 본체를 밝힌 내용인데, 끝머리에는 왕양명의 평어(評語)가 실린 후서(後序)가 붙어있다.

1. 보내온 편지 : "공부에 착수를 하면 제 마음은 편안하고 고요한 때가 없음을 느낍니다. 망령된 마음은 본시 움직이는 것이라지만, 관조(觀照)하는 마음도 역시 움직이고 있습니다. 마음이 언제나 움직이고 있기 때문에 한시도 잠시 멈춰있는 적이 없습니다."

그것은 편안하고 고요함을 추구하려는 뜻이 있기 때문에 그래서 더욱 편안하고 고요하지 못한 것일세. 망령된 마음은 움직이는 것이지만, 관조하는 마음은 움직이지 않는 것일세. 언제나 관조를 하고 있다면 곧 언제나 움직이다가 언제나 고요해질 것일세. 이것이 하늘과 땅이 영원하고 끝이 없는 까닭일세.

관조하는 마음은 진실로 사물을 관조하게 하지만 망령된 마음도 사물을 관조하네. '그 물건으로서의 성질이 서로 다른 두 가지가 아니라면, 곧 그것은 만물을 생성함에 쉬는 일이 없을 것일세.' 한시라도 잠시 멈춰있게 된다면 곧 쉬게 되는 것이니, '지극한 정성은 쉬는 일이 없다'는 학문은 아닐세.

原文 來書云 ; 下手工夫, 覺此心無時寧靜. 妄心, 固動也, 照心, 亦動也. 心旣恆動, 則無刻暫停也.

是有意於求寧靜, 是以愈不寧靜耳. 夫妄心則動也, 照心非動也. 恆照則恆動恆靜. 天地之所以恆久而不已也.

照心, 固照也, 妄心, 亦照也. 其爲物不貳, 則其生物不息. 有刻暫停, 則息矣, 非至誠無息之學矣.

註解 ㅇ妄心(망심)-망령된 마음, 잡된 생각을 일으키는 마음. ㅇ照心(조심)-관조(觀照)하는 마음, 사물을 참되게 비추어보는 성실한 마음. ㅇ無刻暫停(무각잠정)-일각도 잠시 멈추지 않다, 잠시도 멈춰있지 않는 것. ㅇ天地之所以(천지지소이)-이 구절은 《역경》 항괘(恒卦) 단전(彖傳)의 '하늘과 땅의 도는 언제나 오래가고 끊이지 않는다[天地之道, 恒久而不已也]'고 한 말을 인용한 것임. ㅇ其爲物不貳(기위물불이)-그 물건으로서의 성질이 두 가지가 아니다. 이 말은 《중용》에서 정성과 천지의 관계를 설명하면서 '그 물건으로서의 성질이 두 가지가 아니니, 곧 그것이 만물을 생성하는 것은 헤아릴 수도 없다[其爲物不貳, 則其生物不測]'고 한 말을 빌린 것이다. 다만 여기의 '불측(不測)'을 '불식(不息)'으로 바꾸었다. ㅇ至誠無息(지성무식)-역시 《중용》의 말임.

解說 왕양명은 '관조하는 마음'을 《중용》의 '성(誠)'의 사상을 이용하여 '정성을 다하는 마음'으로 풀이하고 있다. 육원정은 마음의 '움직임'에 대하여 질문하였으나, 왕양명은 '움직임'에 대하여는 분명한 대

답을 하지 않고 언제나 '지극한 정성'을 다할 것을 강조하고 있다.

2. 보내온 편지 : "양지도 생겨날 때가 있습니다. 운운."

이 문제는 아마도 내 말을 잘 듣지 못한 때문인 것 같네. 양지라는 것은 마음의 본체여서 바로 앞에서 말한 이른바 언제나 관조하는 것일세. 마음의 본체란 생겨나는 일도 없고 생겨나지 않는 일도 없는 것일세. 비록 망령된 생각이 일어나고 있는 때라 하더라도 양지는 존재하지 않는 일이란 없는 것이네. 다만 사람들은 그것을 보존할 줄을 몰라 때로는 간혹 그것을 방치하는 것일세. 비록 극도로 혼미하고 막혀있는 사람이라 하더라도 양지는 언제나 밝지 않는 일이란 없는 것이네. 다만 사람들은 잘 살필 줄을 몰라 때로는 그것이 간혹 가리어지기도 하는 것일세.

비록 때로는 간혹 방치한다 하더라도 그 본체는 실상 존재하지 않는 적이란 없는 것일세. 그것을 보존하기만 하면 그뿐일세. 비록 때로는 간혹 가리어진다 하더라도 그 본체는 실상 밝지 않은 적이란 없는 것일세. 그것을 잘 살피기만 하면 그뿐일세. 만약 양지도 생겨날 때가 있다면 곧 그것은 때로는 존재하지 않는 것이 되니, 그것이 사람의 본체임을 뜻하는 것이 아니게 되네.

原文 來書云 : 良知亦有起處. 云云.

此或聽之未審. 良知者, 心之本體, 卽前所謂恆照者也. 心之本體, 無起, 無不起. 雖妄念之發, 而良知未嘗不在. 但人不知存, 則有時而或放耳. 雖昏塞之極, 而良知未嘗不明. 但人不知察, 則有時而或蔽耳.

雖有時而或放，其體實未嘗不在也．存之而已耳．雖有時而或蔽，其體實未嘗不明也．察之而已耳．若謂良知亦有起處，則是有時而不在也，非其本體之謂矣．

註解 ㅇ起處(기처)－생겨나는 곳, 생겨나는 때. ㅇ放(방)－방치하다. ㅇ昏塞之極(혼색지극)－극도로 혼미하고 막혀있는 사람.

解說 왕양명이 주장하는 '양지'는 누구나 타고나서 언제나 지니고 있는 것임을 강조한 대목이다. 육원정도 그러한 '양지'의 성격을 분명히 이해하지 못하고 있었던 것이다.

3. 보내온 편지 : "전날 말씀하신 정일(精一)의 이론은 곧 성인이 되는 공부가 아닙니까?"

'정일'의 '정'은 이(理)로써 말한 것이고, '정신'의 기(氣)로써 말한 것일세. '이'라는 것은 '기'의 조리이고, '기'라는 것은 '이'의 운용일세. '조리'가 없다면 곧 '운용'이 될 수가 없는 것이지. '운용'이 없다면 또한 이른바 그 '조리'라는 것을 알아볼 수가 없는 것이라네.

'정'은 곧 정성스럽게 하네. '정'은 곧 밝게 해주네. '정'은 곧 하나가 되게 하네. '정'은 곧 정신을 차리게 하네. '정'은 곧 정성을 다하게 하네. '일'은 곧 정성스럽게 하네. '일'은 곧 밝게 해주네. '일'은 곧 정신을 차리게 하네. '일'은 곧 정성을 다하게 하네. 원래 두 가지 일이 아닌 것일세.

그러나 후세 유학자들의 이론과 양생가(養生家)의 이론은 모두 한 편으로 치우쳐 막혀있는 것이네. 그래서 이것들이 서로 작용을 안하는 것으로 여겨진 것일세. 전날의 '정일'의 이론은 비록 자네가 정신을 아끼고 보양(保養)할 수 있도록 하기 위하여 말하였던 것이나, 성인이 되는 공부도 실로 여기에서 벗어나는 것이 아닐세.

原文 來書云 : 前日精一之論, 卽作聖之功否?

精一之精, 以理言, 精神之精, 以氣言. 理者, 氣之條理, 氣者, 理之運用. 無條理, 則不能運用. 無運用, 則亦無以見其所謂條理者矣.

精則精. 精則明. 精則一. 精則神. 精則誠. 一則精. 一則明. 一則神. 一則誠. 原非有二事也.

但後世儒者之說, 與養生之說, 各滯於一偏. 是以不相爲用. 前日精一之論, 雖原靜爲愛養精神而發, 然而作聖之功, 實亦不外是矣.

註解 ㅇ精一(정일)－《서경》 대우모(大禹謨)에서 '사람의 마음은 위태롭기만 하고, 도를 지키려는 마음은 매우 희미한 것이니, 오직 정성을 다하고 오직 마음을 통일하여 진실로 그 중정(中正)함을 지켜야 한다[人心惟危, 道心惟微, 惟精惟一, 允執厥中]'고 한 말에서 따온 두 글자임. ㅇ養生之說(양생지설)－양생가(養生家)의 이론. 도교에서는 불로장생(不老長生)을 추구하며 원기(元氣)를 기를 것을 주장하고 있다.

解說 육원정은 몸이 좋지 못하여 양생설(養生說)을 믿고 있었다. 그래서 '정일'의 이론에 대한 질문에, 자신이 말하는 '정일'의 정(精)과 양생가들이 중시하는 '정신'의 정(精)의 차이에 중점을 두고, 성인이 되는 공부와의 관련은 분명한 언급을 하지 않고 있다.

4. 보내온 편지 : "원신(元神) · 원기(元氣) · 원정(元精)은 반드시

각각 존재하는 곳과 발생하는 곳이 있습니다. 또 진음(眞陰)의 정(精)과 진양(眞陽)의 기(氣)가 있습니다. 운운."

사람의 양지는 하나일 뿐이네. 그 묘한 작용을 말할 적엔 그것을 신(神)이라 하고, 그것이 흘러다니는 것을 말할 적엔 그것을 기(氣)라 하고, 그것이 모여 엉기는 것을 말할 적엔 그것을 정(精)이라 하네. 어찌 모양이 이루어지는 것과 있는 곳을 추구할 수가 있겠느냐?

'진음'의 정(精)은 곧 '진양'의 기(氣)의 어머니이고, '진양'의 기(氣)는 곧 '진음'의 정(精)의 아버지일세. '음'은 '양'에 뿌리를 두고, '양'은 '음'에 뿌리를 두고 있네. 역시 두 가지가 있는 것이 아니네. 진실로 내 양지의 설명을 따른다면 곧 모든 이런 종류의 것들은 모두 말하지 않아도 깨달을 수가 있는 것일세. 그렇지 않다면 곧 보내온 편지에서 말한 삼관(三關)·칠반(七返)·구환(九還) 같은 것들에 대하여도 아직 끝없이 의심스러운 점이 있을 것일세.

原文 來書云：元神，元氣，元精，必各有寄藏發生之處．又有眞陰之精，眞陽之氣．云云．

夫良知一也．以其妙用而言，謂之神，以其流行而言，謂之氣，以其凝聚而言，謂之精．安可以形象方所求哉?

眞陰之精，卽眞陽之氣之母．眞陽之氣，卽眞陰之精之父．陰根陽，陽根陰．亦非有二也．苟吾良知之說明，則凡若此類，皆可以不言而喩．不然，則如來書所云，三關七返九還之屬，尙有無窮可疑者也．

註解 ○元神(원신)－도가의 용어로, 원기(元氣)·원정(元精)과 함께 사람이 지니고 있는 삼요소(三要素)인 삼원(三元)이라는 것이다. 원성(元

性)과 원정(元情)을 보태어 오원(五元)이라고도 한다. 신(神)·기(氣)·정(精)은 사람에게 갖추어져 있는 요소로, 그 뜻은 정신·기운·정성 같은 것이다. ㅇ寄藏(기장)－저장되어 있는 곳, 존재하는 곳. ㅇ形象方所(형상방소)－'형상'은 모양이 이루어지는 것으로, 육원정의 편지에서 '발생(發生)'이라 한 말을 가리킴. '방소'는 있는 곳으로, 육원정의 편지에서 '기장(寄藏)'이라 한 말을 가리킴. ㅇ三關(삼관)－칠반(七返)·구환(九還)과 함께 도가의 용어. '삼관'은 《황정경(黃庭經)》에 의하면 사람의 중요기관인 입과 손발. '칠반'과 '구환'은 도사들이 연단(鍊丹)을 하는 과정을 뜻하는 말.

解說 육원정이 도교의 용어인 원신·원기·원정과 진음·진양에 대하여 질문하였는데, 왕양명은 그 속의 진실은 모두 '양지' 하나로 통한다는 것을 강조하고 있다.

Ⅳ. 다시 보낸 글(又)

1. 보내온 편지 : "양지는 마음의 본체여서, 곧 이른바 선한 본성이며, 밖으로 드러나지 않은 '중'이며, 고요히 움직이지 않는 본체이며, 거칠 것 없이 크게 공정한 것입니다. 어찌하여 보통사람들은 모두 그렇게 되지를 못하고 반드시 공부를 해야만 됩니까?

'중'이라는 것과 고요한 것과 공정한 것이 마음의 본체에 속하는 것이라면 곧 그것이 양지일 것입니다. 지금 마음에서 그런 것들을 찾아본다면, 앎[知]에는 훌륭하지[良] 않은 것이 없는데도 중과 고요함과 크게 공정한 것은 실로 있지 않습니다. 어찌 양지는 다시 마음의 본체와 작용의 밖에 초연히 있다는 것입니까?"

사람의 본성은 선하지 않은 것이 없기 때문에, 앎[知]에도 훌륭하지〔良〕 않은 것이란 없는 것일세. 양지는 바로 밖으로 드러나지 않은 '중'이며, 바로 거칠 것 없이 크게 공정한 것이며, 고요히 움직이지 않는 본체여서, 사람마다 다 같이 지니고 있는 것일세. 다만 사람들은 물욕으로 어두워지고 가리어지지 않을 수가 없는 것일세. 그러므로 반드시 공부를 하여 그 어두워지고 가리어진 것을 제거해야만 하는 것이네. 그러나 양지의 본체에 대하여는 처음부터 터럭끝만큼이라도 더 보태거나 손상시킬 수가 없는 것일세.

앎에는 훌륭하지 않은 경우가 없는데 '중'과 고요함과 크게 공정함을 온전히 지닐 수가 없는 것은 바로 어두워지고 가리어진 것들이 다 제거되지 못하여 마음의 보존이 순수하지 못하기 때문일세. 본체란 곧 양지의 본체이며, 작용이란 곧 양지의 작용인데, 어찌 다시 본체와 작용 밖에 초연히 있을 수가 있겠느냐?

原文 來書云：良知, 心之本體, 卽所謂性善也, 未發之中也, 寂然不動之體也, 廓然大公也. 何常人皆不能, 而必待於學邪?

中也, 寂也, 公也, 旣以屬心之體, 則良知是矣. 今驗之於心, 知無不良, 而中寂大公, 實未有也. 豈良知復超然於體用之外乎?

性無不善, 故知無不良. 良知卽是未發之中, 卽是廓然大公, 寂然不動之本體, 人人之所同具者也. 但不能不昏蔽於物欲. 故須學以去其昏蔽. 然於良知之本體, 初不能有加損於毫末也.

知無不良, 而中寂大公未能全者, 是昏蔽之未盡去, 而存之未純耳. 體卽良知之體, 用卽良知之用, 寗復有超然於體用之外者乎?

註解 ㅇ性善(성선)―본성이 선한 것. 《맹자》 등문공(滕文公) 상편 등

에 보임. ㅇ未發之中(미발지중)－밖으로 드러나지 않은 '중'. 《중용》에 보이는 말. 따라서 '중'은 중용의 '중'임. ㅇ寂然不動(적연부동)－《역경》 계사(繫辭) 상편에 보이는 말. ㅇ廓然大公(곽연대공)－정호(程顥)의 《정성서(定性書)》에 보이는 말. 이상은 모두 마음의 본체 또는 양지를 형용하는 말로 인용된 것이다. ㅇ昏蔽(혼폐)－어둡게 되고 가리어진 것.

解說 왕양명의 중심사상인 '양지'의 본질에 대하여 질의응답한 대목이다. 육원정은 '양지'가 어떤 것인가 말로 형용할 줄은 알지만, 그 본질에 대하여는 철저히 터득하지 못하고 있었다.

2. 보내온 편지 : "주돈이(周敦頤)는 말하기를 '고요함[靜]을 위주로 해야 한다' 하였고, 정호(程顥)는 말하기를 '움직일 적에도 안정되어야 하고, 고요히 있을 적에도 안정되어야 한다' 하였으며, 선생님께서는 말씀하시기를 '안정이라는 것은 마음의 본체이다'고 하셨습니다. 이 고요함과 안정은 결코 보지도 않고 듣지도 않으며 생각도 없고 하는 일도 없는 것을 말하는 것은 아닙니다. 반드시 이(理)를 언제나 알고 언제나 보존하고 언제나 위주로 함을 말할 것입니다. 이 이를 언제나 알고 언제나 보존하고 언제나 위주로 한다는 것은 분명히 움직이는 것이며 이미 밖으로 드러나는 것입니다. 어떻게 그것을 고요함이라 말할 수가 있습니까? 어떻게 그것을 본체라 말할 수가 있습니까? 어찌 이 고요함과 안정이 마음의 동정을 관통하여 존재한다는 것입니까?"

'이'에는 움직임이라는 것이 없네. '이'를 언제나 알고 언제나 보존하고 언제나 위주로 한다는 것은 곧 보지도 않고 듣지도 않으며 생각도 없고 하는 일도 없음을 말하는 것일세. 보지도 않고 듣지도 않고 생각도 없고 하는 일도 없다는 것은 말라죽은 나무나 식은 재를 두고 말하는 것이 아니네. 보고 듣고 생각하고 일하는 것이 한결같이 '이'

에 관한 것이라면, 전혀 보고 듣고 생각하고 한 일이 없는 것일세. 곧 그것은 움직임이면서도 움직인 일이 없는 것일세. 이른바 움직임도 안정되어 있고 고요함도 안정되어 있는 것이니, 본체와 작용이 한 근원의 것들이네.

原文 來書云：周子曰：主靜. 程子曰：動亦定, 靜亦定. 先生曰：定者心之本體. 是靜定也, 決非不覩不聞, 無思無爲之謂. 必常知常存常主於理之謂也. 夫常知常存常主於理, 明是動也, 已發也. 何以謂之靜? 何以謂之本體? 豈是靜定也, 又有以貫乎心之動靜者耶?

理無動者也. 常知常存常主於理, 卽不覩不聞, 無思無爲之謂也. 不覩不聞, 無思無爲, 非槁木死灰之謂也. 覩聞思爲一於理, 而未嘗有所覩聞思爲. 卽是動而未嘗動也. 所謂動亦定, 靜亦定, 體用一原者也.

註解 ㅇ周子(주자)－북송(北宋) 학자 주돈이(周敦頤), 호는 염계(濂溪). 주정(主靜)은 《태극도설(太極圖說)》에 보이는 말. ㅇ程子(정자)－정호(程顥), 그의 《정성서(定性書)》에 보이는 말. ㅇ先生曰(선생왈)－이 책 상권 42에 보이는 말. ㅇ覩(도)－보는 것. 부도불문(不覩不聞)은 《중용》의 말임. ㅇ無思無爲(무사무위)－《역경》 계사(繫辭) 상편에 보이는 구절임. ㅇ槁木死灰(고목사회)－말라죽은 나무와 식은 재. 《장자(莊子)》 제물론(齊物論)에 보이는 말. ㅇ體用一原(체용일원)－정이(程頤)의 《역전(易傳)》 서(序)에 보이는 말. 이 책 상권 46에도 이미 보임.

解說 동(動)·정(靜)과 정(定)의 마음의 본체와의 관계를 분명히 하고, 체용일원(體用一原)의 이론을 정리한 대목이다.

3-1. **보내온 편지** : "이 마음의 밖으로 드러나지 않은 본체는 그것이 이미 밖으로 드러나기 전부터 존재하는 것입니까? 그것들이 이미 밖으로 드러난 가운데 존재한다면 그것들의 주체가 되는 것입니까? 그것은 앞뒤나 안팎이 없이 혼연히 일체로 있는 것입니까? 지금 마음의 움직임과 고요함을 말하는 것은 그것들이 일을 하는 것의 주체도 되고 일이 없는 것의 주체도 되는 것을 말하는 것입니까? 또는 그것들이 조용히 움직이지 않는 주체도 되고 느끼어 통하는 주체도 되는 것을 말하는 것입니까? 또는 그것들이 '이'를 따르는 주체도 되고 욕심을 좇는 주체도 되는 것을 말하는 것입니까?

만약 '이를 따르는 것'을 고요함이라 하고 '욕심을 좇는 것'을 움직임이라 한다면, 곧 이른바 '움직임 가운데 고요함이 있고 고요함 가운데 움직임이 있으며, 움직임이 극도에 이르면 고요함이 되고 고요함이 극도에 이르면 움직임이 된다'는 이론은 통할 수가 없게 됩니다. 만약 '일을 하고 느끼어 통하는 것'을 움직임이라 하고 '일이 없고 조용히 움직이지 않는 것'을 고요함이라 한다면 곧 이른바 '움직이면서도 움직임이 없고 고요하면서도 고요함이 없다'는 이론은 통할 수가 없게 됩니다. 만약 '밖으로 드러나지 않은 것이 이미 밖으로 드러난 것에 앞서서 존재하였고, 고요하면서도 움직임을 발생케 한다'면, '지극한 정성에 쉬는 일이 있게' 되고, 성인이 다시 세상에 나온다 하더라도 잘 되지 않을 것입니다. 만약 '밖으로 드러나지 않은 것이 이미 드러난 것들 가운데 존재한다'고 한다면 곧 '밖으로 드러나지 않은 것과 이미 밖으로 드러난 것'은 모두가 고요함의 주체가 되는 것인지 알지 못하겠는데요? 그렇지 않으면 '밖으로 드러나지 않은 것'은 고요한 것이 되고, 이미 밖으로 드러난 것은 움직이는 것이 되는 것인지요? 그렇지 않다면 '밖으로 드러나지 않은 것'과 '이미 밖으로 드러난 것'이 다같이 움직임도 없고 고요함도 없는 것입니까? 다 같이 움직임도 있고 고요함도 있는 것입니까? 가르침을 바랍니다."

마음이 '아직 밖으로 드러나지 않아 중(中)인 것'이 바로 양지일세. 앞뒤와 안팎도 없고 혼연히 일체가 되어있는 것일세. '일을 하는 것과 일이 없는 것'에 있어서는 움직임과 고요함을 말할 수가 있으나, 양지에는 '일을 하는 것과 일이 없는 것'의 분별이 없네. '조용히 움직이지 않는 것과 느끼어 통하는 것'에 있어서는 움직임과 고요함을 말할 수가 있으나, 양지에는 '조용히 움직이지 않는 것과 느끼어 통하는 것'의 분별이 없네.

움직임과 고요함이란 그때그때의 때에 달린 것이지, 마음의 본체에는 본시 움직임과 고요함의 분별이란 없는 것이라네. '이'는 움직임이란 없는 것일세. 움직이면 곧 욕심이 되는 것일세. '이'를 따른다면 비록 주고받는 행동이 수없이 변한다 하더라도 전혀 움직임이란 없는 것이네. 욕심을 좇는다면 비록 한 가지 생각으로 마음을 굳힌다 하더라도 전혀 고요함이란 없는 것이네. 움직임 가운데 고요함이 있고 고요함 가운데 움직임이 있다는 것을 또 어찌 의심하는가?

'일을 함으로써 느끼어 통하는 것'에 있어서는 본시 움직임을 얘기할 수가 있는 것이나 '조용히 움직임이 없는 것'은 전혀 늘어나는 것이 없다네. '일이 없어서 조용히 움직이지 않는 것'에 있어서는 본시 고요함을 얘기할 수가 있는 것이나 '느끼어 통하는 것'은 전혀 줄어드는 것이 없다네. 움직이면서도 움직임이 없고 고요하면서도 고요함이 없다는 것을 또 어찌 의심하는가?

양지가 앞뒤와 안팎도 없고 혼연일체의 것이라면 곧 '지극한 정성에 쉬는 일이 있을 것'이라는 의심은 바로 풀릴 것이네. '밖으로 드러나지 않은 것'은 '이미 밖으로 드러난 것' 가운데 존재하지만, '밖으로 드러난 것' 가운데에 따로 '아직 밖으로 드러나지 않은 것'이 존재하는 것은 전혀 아닐세. '이미 밖으로 드러난 것'은 '아직 밖으로 드러나지 않은 것' 가운데 존재하지만, '아직 밖으로 드러나지 않은 것' 가운데에 따로 '이미 밖으로 드러난 것'이 존재하는 것도 전혀 아닐세. 거기에는 움직임과 고요함이 전혀 없는 것은 아니지만 거기에서 움직임과 고요함을 분별할 수는 없는 것이네.

原文 來書云；此心未發之體，其在已發之前乎？其在已發之中，而爲之主乎？其無前後內外，而渾然之體者乎？今謂心之動靜者，其主有事無事而言乎？其主寂然感通而言乎？其主循理從欲而言乎？

若以循理爲靜，從欲爲動，則於所謂動中有靜，靜中有動，動極而靜，靜極而動者，不可通矣．若以有事而感通爲動，無事而寂然爲靜，則於所謂動而無動，靜而無靜者，不可通矣．若謂未發在已發之先，靜而生動，是至誠有息也．聖人有復也，又不可矣．若謂未發在已發之中，則不知未發已發，俱當主靜乎？抑未發爲靜，而已發爲動乎？抑未發已發俱無動無靜乎？俱有動有靜乎？幸教．

未發之中，卽良知也．無前後內外，而渾然一體者也．有事無事，可以言動靜．而良知無分於有事無事也．寂然感通，可以言動靜，而良知無分於寂然感通也．

動靜者，所遇之時，心之本體，固無分於動靜也．理無動者也．動卽爲欲．循理則雖酬酢萬變，而未嘗動也．從欲則雖槁心一念，而未嘗靜也．動中有靜，靜中有動．又何疑乎？

有事而感通，固可以言動，然而寂然者未嘗有增也．無事而寂然，固可以言靜，然而感通者未嘗有減也．動而無動，靜而無靜，又何疑乎？

無前後內外而渾然一體，則至誠有息之疑，不待解矣．未發在已發之中，而已發之中未嘗別有未發者在．已發在未發之中．

而未發之中未嘗別有已發者存. 是未嘗無動靜, 而不可以動靜分者也.

註解 ㅇ未發(미발)－'이발(已發)'과 함께, 《중용》의 '기쁨·노여움·슬픔·즐거움의 감정이 드러나지 않은 것을 '중'이라 하고, 드러나서 모두 절도에 맞는 것을 '화'라 한다[喜怒哀樂之未發, 謂之中, 發而皆中節, 謂之和]'라 한 데서 따온 말. ㅇ渾然(혼연)－모두가 한데 어울린 모양. ㅇ寂然感通(적연감통)－조용히 움직이지 않고 느끼어 통하다. 《역경》 계사(繫辭) 상에서 '조용히 움직이지 않고 있으면서 느끼어 마침내는 천하의 연고에 통한다[寂然不動, 感而遂通天下之故]'에서 따온 말. ㅇ動中有靜(동중유정)－정중유동(靜中有動)과 함께, 주돈이(周敦頤)의 《통서(通書)》 주희(朱熹)의 주에 보이는 말. ㅇ動極而靜(동극이정)…… －주돈이의 《태극도설(太極圖說)》에 보이는 말. ㅇ至誠有息(지성유식)－《중용》의 '지성무식(至誠無息), 곧 지극한 정성은 쉬는 일이 없다'는 말을 반대로 표현한 것. ㅇ聖人有復(성인유복)－성인이 다시 세상에 나타나는 것. ㅇ抑(억)－그렇지 않다면. ㅇ酬酢(수작)－술잔을 주고받는 것, 사람들과 어울리어 응대(應對)하는 것. ㅇ槁心(고심)－마음을 굳히는 것.

解說 육원정은 마음의 미발(未發)·이발(已發)과 동(動)·정(靜)의 문제를 시간 및 장소와 연결시키며 여러 가지로 의문을 제기하고 있다. 왕양명은 '미발지중(未發之中)'이 곧 양지라는 기본 입장을 바탕으로 이 모든 문제를 정리하고 있다. 그에 의하면 시간이나 장소의 차이로 말미암아 마음의 본체인 양지에 어떤 변화가 일어날 수는 없는 것이라는 것이다.

3-2. 옛사람들의 말을 적은 글을 읽을 때, 내 뜻을 가지고 말하는 뜻을 받아들여 그 주지를 터득해야만 하네. 만약 꼭 글뜻에 얽매인다면 《시경》에서 '살아남은 자가 없다'고 한 구절은 바로 주(周)나라에

정말로 살아남은 백성이 없는 것이 되네. 주돈이(周敦頤)의 '고요함이 극도에 다다르면 움직인다'는 이론도 진실로 잘 보지 않으면 병폐가 있는 것을 면치 못하게 되네. 대체로 그의 뜻은 '태극(太極)이 움직이어 양(陽)을 낳고 고요하면 음(陰)을 낳게 된다'는 이론으로부터 나온 것일세. 태극이 끊임없이 생성하는 이치는 그 묘한 작용이 쉬는 적이 없고 일정한 본체는 바뀌어지지 않는 것이네.

태극의 끊임없는 생성작용은 곧 음양의 끊임없는 생성작용일세. 그 끊임없이 생성하는 중에서 그 묘한 작용에 쉬는 적이 없는 것을 가리켜, 그것을 움직임이라 하고 그것을 양의 생성이라 하네. 움직인 이후에야 양이 생성된다는 뜻이 아닐세. 그 끊임없이 생성하는 중에서 그 일정한 본체가 바뀌어지는 적이 없는 것을 가리켜, 그것을 고요함이라 하고 그것을 음의 생성이라 하네. 고요해진 이후에야 음이 생성된다는 뜻이 아닐세. 만약 정말로 고요해진 이후에야 음이 생성되고 움직인 이후에야 양이 생성된다면, 곧 음과 양과 움직임과 고요함은 분명하게 각자 다른 한 물건이 될 것일세.

음과 양은 한 가지 기(氣)이네. 한 가지 기가 굽었다 펴졌다 하면서 음도 되고 양도 되는 것이지. 움직임과 고요함은 한 가지 이(理)이네. 한 가지 이가 숨었다 드러났다 하면서 움직임도 되고 고요함도 되는 것이지. 봄과 여름은 양도 될 수 있고 움직임도 될 수 있으나, 전혀 음과 고요함이 없는 적이 없네. 가을과 겨울은 음도 될 수 있고 고요함도 될 수 있으나, 전혀 양과 움직임이 없는 적이 없네. 봄과 여름도 쉬지 않고 움직이고 가을과 겨울도 쉬지 않고 움직이니, 모두 그것을 양이라 하고 움직임이라 할 수가 있네. 봄과 여름도 일정한 본체이고 가을과 겨울도 일정한 본체이니, 모두 그것을 음이라 하고 고요함이라 할 수가 있네.

원(元)·회(會)·운(運)·세(世)·세(歲)·월(月)·일(日)·시(時)로부터 각(刻)·초(秒)·홀(忽)·미(微)에 이르기까지 모두 그렇지 않은 것이란 없다네. 이른바 '움직임과 고요함에는 발단이 없고, 음과 양에는 시작이 없다'는 것일세. 도에 대하여 알고 있는 사람이라면 그것은 묵묵히 있으면서도 알게 되는 것일세. 말로 추궁할 수 있는 문제가 아닐세. 만약 글귀에 끌리고 얽매이어 비슷하게 상상이나 하게 된다면, 곧 이른바 '마음이 법화경(法華經)을 좇아서 구르게 도는 것'이지 법화경을 마음으로 굴리는 것이 아닐세.

原文 凡觀古人言語, 在以意逆志, 而得其大旨. 若必拘滯於文義, 則靡有孑遺者, 是周果無遺民也. 周子靜極而動之說, 苟不善觀, 亦未免有病. 蓋其意, 從太極動而生陽, 靜而生陰說來. 太極生生之理, 妙用無息, 而常體不易.

太極之生生, 卽陰陽之生生. 就其生生之中, 指其妙用無息者, 而謂之動, 謂之陽之生. 非謂動而後生陽也. 就其生生之中, 指其常體不易者, 而謂之靜, 謂之陰之生. 非謂靜而後生陰也. 若果靜而後生陰, 動而後生陽, 則是陰陽動靜, 截然各自爲一物矣.

陰陽一氣也. 一氣屈伸而爲陰陽. 動靜一理也. 一理隱顯而爲動靜. 春夏可以爲陽爲動, 而未嘗無陰與靜也. 秋冬可以爲陰爲靜, 而未嘗無陽與動也. 春夏此不息, 秋冬此不息, 皆可謂之陽, 謂之動也. 春夏此常體, 秋冬此常體, 皆可謂之陰, 謂之靜也.

自元會運世, 歲月日時, 以至刻秒忽微, 莫不皆然. 所謂動靜無端, 陰陽無始. 在知道者, 默而識之, 非可以言語窮也. 若只牽文泥句, 比擬倣像, 則所謂心從法華轉, 非是轉法華矣.

註解 ㅇ以意逆志(이의역지)—자기 뜻으로 글을 쓴 이의 뜻을 맞아들이

어, 올바른 뜻을 파악하는 것. 《맹자》 만장(萬章) 상편의 말임. ㅇ拘滯(구체)-얽매이다. ㅇ靡有孑遺(미유혈유)-살아남은 자가 없다. 《시경》 대아(大雅) 운한(雲漢) 시에서 주(周)나라의 실상을 형용한 말. ㅇ周子(주자)-주돈이(周敦頤). 여기의 말은 그의 《태극도설(太極圖說)》의 글귀임. ㅇ生生(생생)-끊임없이 만물을 생성(生成)하는 것. ㅇ常體(상체)-일정한 본체. ㅇ截然(절연)-깨끗이 구별되는 모양. ㅇ元會運世(원회운세)…… -송대 소옹(邵雍)의 《황극경세서(皇極經世書)》에 보이는 우주 운행의 사이클. 12시(時)가 1일(日), 30일이 1월(月), 12월이 1세(歲), 30세가 1세(世), 12세가 1운(運), 30운이 1회(會), 12회가 1원(元, 곧 129,600년). 1원이 1사이클이며, 소옹은 '원의 원의 원의 원(28,211조 990만 7,456억년)'까지 계산하고 있다. ㅇ刻秒忽微(각초홀미)-옛날엔 100각이 1일, 나머지는 더 짧은 시각의 단위이다. ㅇ默而識之(묵이식지)-《논어》 술이(述而)편에 '묵이지지(默而識之)'라고 보인다. 여기서는 '식'의 뜻으로 풀어야 한다. ㅇ牽文泥句(견문니구)-글귀에 끌리어 얽매이는 것. ㅇ比擬倣像(비의방상)-비슷이 견주어보고 적당히 상상하는 것. ㅇ心從法華轉(심종법화전)-《육조단경(六祖壇經)》에 보이는 말. 자기가 주체가 되어 책을 읽지 못하고 반대로 자신이 책에 끌려감을 뜻한다.

解說 여기서는 마음의 본체의 움직임과 고요함은 실상 일체임을 강조하고 있다. 양지나 일정한 본체의 이해를 위하여는 그것을 설명한 말을 자기 뜻으로 잘 이해하여야만 한다는 점도 강조하고 있다. 표면적인 글뜻에 끌려가다 보면 참뜻은 놓치고 만다는 것이다.

4. 보내온 편지 : "일찍이 마음에 대하여 시험해 보니, 기쁨·노여움·걱정·두려움의 감정이 드러날 때 비록 '기'의 움직임이 극도에 달했다 하더라도 나의 마음의 양지를 한 번 깨닫기만 하면 곧 까마득히 사라져 버립니다. 다만 혹은 초기에 막아지기도 하고, 혹은 중간에 제어되기도 하고, 혹은 뒤에 가서 후회를 하게 되기도 합니다. 그러니

양지는 언제나 한가하고 아무 일도 없는 자리에 있으면서 그런 것들을 주관하고 있어서, 기쁨·노여움·걱정·두려움과는 관계가 없는 듯하니, 어째서입니까?"

이것에 대하여 안다면 곧 '감정이 밖으로 드러나지 않은 중(中)'과 '조용히 움직이지 않는 본체'와 '감정이 밖으로 드러나 절도에 들어맞는 화(和)'와 '느끼어서 마침내 통하게 되는 오묘함'을 알 것이네. 그러나 '양지가 언제나 한가하고 아무 일도 없는 자리에 있는 것 같다'고 한다면 그 말에는 아직도 병폐가 있는 것일세. 양지라는 것은 기쁨·노여움·걱정·두려움에 방해를 받지도 않는 것이지만, 기쁨·노여움·걱정·두려움이 양지로부터 벗어나는 것도 아닐세.

原文 來書云 : 嘗試於心, 喜怒憂懼之感發也, 雖動氣之極, 而吾心良知一覺, 卽罔然消阻. 或遏於初, 或制於中, 或悔於後. 然則良知常若居優閒無事之地而爲之主, 於喜怒憂懼, 若不與焉者, 何歟?

知此, 則知未發之中, 寂然不動之體, 而有發而中節之和, 感而遂通之妙矣. 然謂良知常若居於優閒無事之地, 語尙有病. 蓋良知雖不滯於喜怒憂懼, 而喜怒憂懼亦不外於良知也.

註解 ㅇ罔然(망연)—사라지는 모양, 까마득해지는 것. ㅇ消阻(소조)—없어지고 쇠하는 것. ㅇ遏(알)—막히다, 저지하다. ㅇ優閒(우한)—여유가 있고 한가한 것. ㅇ未發(미발)—이하의 글은 앞 대목(3—1) 참조 바람.

解說 여기서는 기쁨·노여움·걱정·두려움 등의 감정과 양지의 관계를 논하고 있다. 사람의 감정은 양지를 방해하거나 막을 수는 없지만, 그렇다고 사람들의 감정이 양지로부터 벗어나 존재하는 것은 아니

라는 것이다.

5. 보내온 편지 : "선생님께서 전날 양지는 관조하는 마음이라 하셨습니다. 제 생각으로는, 양지는 마음의 본체입니다. 그러나 관조하는 마음은 사람들이 공부해야 할 것이니, 바로 삼가 경계하고 두려워하는 마음이어서 생각하는 것과도 같은 것입니다. 그런데 마침내는 삼가 경계하고 두려워하는 것이 곧 양지라고 하셨으니, 어째서입니까?"

삼가 경계를 하고 두려워할 수가 있게 하는 것 그것이 양지일세.

原文 來書云 : 夫子昨以良知爲照心. 竊謂, 良知心之本體也. 照心, 人所用功, 乃戒愼恐懼之心也, 猶思也. 而遂以戒愼恐懼爲良知, 何歟?

能戒愼恐懼者, 是良知也.

註解 ㅇ昨(작)-전날. ㅇ照心(조심)-앞의 육원정의 첫 번째 편지에 대한 대답을 참조할 것.

解說 육원정은 '관조하는 마음'인 삼가 경계하고 두려워하는 마음은 양지가 아니라고 생각하는 데 대하여, 왕양명은 '삼가 두려워하는 마음'을 갖게 하는 것이 양지이기 때문에, 이것들은 같은 것이라 볼 수 있다는 것이다.

6. 보내온 편지 : "선생님께서 또 말씀하시기를 관조하는 마음은 움

직이는 것이 아니다고 하셨습니다. 어찌 그것이 '이'를 따르기 때문에 그것은 고요하다고 말씀하시는 것입니까? '망령된 마음도 관조를 한다' 하셨습니다. 어찌 그의 양지가 전혀 그 안에 존재하지 아니하고 전혀 그 안에서 밝지도 않은데, 그가 보고 듣고 말하고 움직이는 것이 법칙에서 벗어나지 않는 것이 모두 천리라는 것입니까?

또한 이미 망령된 마음이라 해놓고, 망령된 마음에 있어서도 관조를 한다고 말할 수가 있다면, 관조하는 마음에 있어서도 망령되다고 말할 수가 있을 것입니다. 망령됨과 '지극한 정성에 쉬는 일이 있다'는 것이 어찌 다릅니까? 지금 망령됨 속의 관조하는 것을 빌리어 가지고, '지극한 정성에는 쉬는 일이 없다'는 것에 연속시키시는데, 저로서는 잘 모르겠습니다. 다시 가르침이 있으시면 다행이겠습니다."

관조하는 마음이 움직이지 않는다는 것은 그 마음의 본체가 분명히 깨닫는 자연스러움에서 나오기 때문에 움직이는 일이 전혀 없다는 것일세. 움직이는 일이 있다면 그것은 곧 망령된 것이네. 망령된 마음도 관조를 한다는 것은 그 마음의 본체가 분명히 깨닫는 자연스러움이 그 속에 존재하지 않은 적이란 없기 때문인데, 다만 거기엔 움직임이 있네. 움직이는 일이 없다면 곧 그것은 관조하는 것일세.

'망령됨도 없고 관조하는 것도 없다'고 한 것은 망령됨을 관조하는 것이라 하고 관조하는 것을 망령됨이라 한 것이 아닐세. 관조하는 마음을 관조하는 것이라고만 하고 망령된 마음을 망령된 것이라고만 한다면, 이제는 망령된 것이 있고 관조하는 것이 있게 되네. 망령된 것이 있고 관조하는 것이 있다면 곧 마음이 두 가지가 있는 것일세. 마음이 두 가지가 있다면 곧 '지극한 정성에 쉬는 일이 있는 것'이 되네. '망령됨도 없고 관조하는 것도 없으면' 곧 마음은 두 가지가 아니며, 마음이 두 가지가 아니라면 '지극한 정성에는 쉬는 일이 없게' 되는 것일세.

原文 來書云：先生又曰：照心非動也. 豈以其循理而謂之靜歟? 妄心亦照也. 豈以其良知未嘗不在於其中, 未嘗不明於其中, 而視聽言動之不過則者, 皆天理歟?

且旣曰妄心, 則在妄心可謂之照, 而在照心則謂之妄矣. 妄與息, 何異? 今假妄之照, 以續至誠之無息, 竊所未明. 幸再啓蒙.

照心非動者, 以其發於本體明覺之自然, 而未嘗有所動也. 有所動卽妄矣. 妄心亦照者, 以其本體明覺之自然者, 未嘗不在於其中, 但有所動耳. 無所動卽照矣.

無妄無照, 非以妄爲照, 以照爲妄也. 照心爲照, 妄心爲妄, 是猶有妄有照也. 有妄有照, 則猶貳也. 貳則息矣. 無妄無照, 則不貳, 不貳則不息矣.

註解 ㅇ過則(과칙)—법칙을 어기는 것. ㅇ息(식)—'지성무식(至誠無息)'(《中庸》)의 '식'. '지극한 정성'은 천리(天理)이며, 천리는 쉬지 않고 만물을 생성 유지한다. ㅇ假(가)—빌리다. ㅇ竊(절)—자기 속으로, 내 생각으로는.

解說 '망령된 마음'과 '관조하는 마음'의 차이를 동정을 바탕으로 추구하고 있다. 그러나 논의가 너무나 관념론적이라 제대로 이해하기 쉽지 않다.

7. **보내온 편지** : "양생(養生)은 마음을 맑게 하고 욕심을 적게 갖는 것이 요령입니다. 마음을 맑게 하고 욕심을 적게 갖는다면 성인이 되는 공부는 다한 셈입니다. 그런데 욕심이 적으면 곧 마음은 자연히 맑아집니다. 마음을 맑게 한다는 것은 세상의 일을 버리고 홀로 살면

서 고요함을 추구하는 것을 뜻하는 것이 아닙니다. 대체로 자기 마음을 천리를 따라 순수하게 함으로써 한 개의 터럭만큼의 사사로운 사람으로서의 욕심도 없도록 하려는 것입니다. 지금 이러한 공부를 하려 하면서 사람으로서의 욕심이 생기는 데 따라 그것을 극복하고 보면, 곧 병폐의 뿌리는 언제나 그대로 있어서 동쪽의 것을 없애버리면 서쪽에 생겨남을 면하는 수가 없습니다. 만약 여러 가지 욕심이 싹트기에 앞서서 그것을 깎아내고 씻어내려고 한다면 곧 그의 힘을 쓸 곳이 없어서 공연히 이 마음을 맑지 않게 할 따름입니다. 또한 싹트기 전에 욕심을 찾아 도려냄으로써 그것을 떼어버리려 하면, 그것은 마치 개를 끌고 대청마루로 올라가 다시 쫓아내는 꼴이 됩니다. 더욱더 안되는 것이지요."

반드시 자기의 마음을 천리를 따라 순수하게 함으로써 한 개의 터럭만큼의 사사로운 사람으로서의 욕심이 없게 하고자 한다면, 그것은 성인이 되는 공부일세. 반드시 자기의 마음을 천리를 따라 순수하게 함으로써 한 개의 터럭만큼의 사사로운 사람으로서의 욕심이 없게 하고자 한다면, 욕심이 싹트기에 앞서서 막고 막 싹이 트려 할 적에 극복하지 않으면 안되는 것일세. 욕심이 싹트기에 앞서서 막고 막 싹이 트려 할 적에 극복한다면 그것은 바로 《중용》의 '삼가 경계를 하고 두려워하는 것'이 되며, 《대학》의 '사물을 올바르게 파악하여 양지를 이르게 하는' 공부가 되네. 이것 이외에는 별다른 공부란 없는 것일세.

'동쪽의 것을 없애면 서쪽에 생겨난다'고 하고 '개를 끌고 대청마루로 올라가 다시 쫓아내는 것 같다'고 한 것은 바로 자신의 사사로운 뜻으로 자기의 이익을 위하여 사물을 주고받고 함에 꼭 뜻대로 하겠다는 마음이 누가 되는 것이지 욕심을 극복하여 다스리고 씻어내려는 것이 환난이 되는 것이 아닐세. 지금 말하기를 '양생은 마음을 맑게 하고 욕심을 적게 갖는 것이 요령이라' 하였네. 다만 '양생'이란 두 글자는 바로 자신의 사사로운 뜻으로 자기의 이익을 위하여 사물을 주고받고 함에 꼭 뜻대로 하겠다는 뿌리라네. 이러한 병폐의 뿌리가 가운데 잠복하고 있으니, 마땅히 동쪽의 것을 없애면 서쪽에 생겨나고 개를 끌고 대청마루로 올라가 다시 몰아내는 것 같은 환난이 생길 것일세.

原文 來書云：養生，以淸心寡欲爲要. 夫淸心寡欲，作聖之功畢矣. 然寡欲則心自淸. 淸心，非舍棄人事，而獨居求靜之謂也. 蓋欲使此心純乎天理，而無一毫人欲之私耳. 今欲爲此之功，而隨人欲生而克之，則病根常在，未免滅於東而生於西. 若欲刊剝洗蕩於衆欲未萌之先，則又無所用其力，徒使此心之不淸. 且欲未萌，而搜剔以求去之，是猶引犬上堂而逐之也. 愈不可矣.

必欲此心純乎天理，而無一毫人欲之私，此作聖之功也. 必欲此心純乎天理，而無一毫人欲之私，非防於未萌之先，而克於方萌之際，不能也. 防於未萌之先，而克於方萌之際，此正中庸戒愼恐懼，大學致知格物之功. 舍此之外，無別功矣.

夫謂滅於東而生於西，引犬上堂而逐之者，是自私自利，將迎意必之爲累，而非克治洗蕩之爲患也. 今曰，養生，以淸心寡欲爲要. 只養生二字，便是自私自利，將迎意必之根. 有此病根潛伏於中，宜其有滅於東而生於西，引犬上堂而逐之之患也.

註解 ○養生(양생)－특히 도교의 양생법(養生法)을 말함. ○刊剝(간박)－깎아내는 것. ○搜剔(수척)－찾아서 도려내는 것. ○將迎(장영)－보내고 마중하다, 주고받다. ○意必(의필)－자기 뜻하는 대로 꼭 하겠다는 마음.

解說 재미있는 논의이다. 양생을 위하여 도사들이 '마음을 깨끗이 하고 욕심을 적게 갖도록 한다'는 것은 성인이 되는 공부이다. 그러나 '양생' 자체가 이미 자기 자신과 자기의 이익을 위한 것이어서 공부가 잘못되지 않을 수가 없는 것이라는 것이다.

8. 보내온 편지 : "불교에서는 '선한 것도 생각하지 않고 악한 것도 생각하지 않을 적에 자기 본래의 면목을 인식하게 된다'고 합니다. 우리 유가에서 '사물에 따라서 하나하나 올바로 잡아가야 한다'는 공부와 같지 않습니다. 우리가 만약 선한 것도 생각하지 않고 악한 것도 생각하지 않을 적에 '양지를 이르게 하는' 공부를 한다면 곧 이미 선한 것을 생각하는 것이 됩니다. 선과 악을 생각하지 않고 마음의 양지가 맑고 고요하고 자유롭도록 하려면 오직 잠을 자다가 막 깨어났을 때만이 가능합니다. 이것은 바로 맹자의 '밤의 맑은 기운'의 이론입니다. 그러나 이러한 맑고 고요한 상태는 오래 가지 못하여 잠간 동안에 다른 생각이 떠오르게 됩니다. 공부를 오랫동안 한 사람은 늘 자다가 막 깨어났을 때처럼 생각이 아직 일어나지 않은 때와 같은 상태일 수가 있는 것인가요? 지금 저는 편안하고 안정됨을 추구하려 하면 더욱 편안하고 안정되지 않게 되고, 잡된 생각이 일어나지 않도록 하려 하면 곧 잡된 생각이 더 일어납니다. 어떻게 하면 제 마음이 이전에 지녔던 생각은 쉽사리 없어지고 그 뒤로는 생각이 일어나지 않으며 양지만이 드러나 조물주와 함께 노닐 수가 있게 되겠습니까?"

'선한 것도 생각하지 않고 악한 것도 생각하지 않을 때 자기 본래의 면목을 인식하게 된다'는 것은 바로 불교에서 본래의 면목이라는 것을 알지 못하기 때문에 그런 방편을 마련한 것일세. 본래의 면목이란 바로 우리 성인의 학문에서 말하는 양지일세. 이제 양지에 대하여 분명히 인식하고 있다면 이미 그런 말을 할 필요도 없을 것일세.

'사물에 따라서 올바로 잡는다'는 것은 바로 '양지를 이르게 하는' 공부이고 바로 불교에서 말하는 '언제나 밝게 깨어있는 것'이어서 역시 '늘 그의 본래의 면목을 보존하는 것'이 되네. 그 체재와 형식 및 공부 방법은 대략 서로 비슷한 것일세. 다만 불교에는 자기의 사사로운 뜻으로 자기만을 이롭게 하려는 마음이 있네. 그래서 곧 같지 않게 되는 것이지. 지금 선하고 악한 것을 생각하지 않음으로써 마음속의 양지가 맑고 고요하고 자유롭도록 하려 해도, 여기에 자기의 사사로운 뜻으로 자기만을 이롭게 하려 하며, 남과 주고받고 함에 있어서 반드시 자기 뜻대로 이루려는 마음이 있게 된다네. 그 때문에 선한 것도 생각하지 아니하고 악한 것도 생각하지 아니할 적에 '양지를 이르게 하는 공부'를 한다 해도 곧 이미 선을 생각하는 걱정을 지니게 되는 것이라네.

맹자가 '밤의 맑은 기운'을 논한 것도 다만 그의 양심을 잃은 사람들을 위하여 양심이 싹트는 곳을 지적해 줌으로써 그로 하여금 그곳을 좇아 마음을 배양하도록 하려는 것이었네. 지금 이미 양지에 대하여 분명히 알고 언제나 '양지를 이르게 하는' 공부를 하고 있다면 더 이상 '밤의 맑은 기운'을 논할 필요가 없는 것일세. 바로 그것은 토끼를 잡은 뒤에도 그 토끼를 지킬 줄은 모르고 다시 가서 나무그루터기를 지키는 꼴이어서, 토끼는 다시 잃게 될 것이네.

'편안하고 안정됨을 추구하려 하고 생각이 일어나지 않도록 하려는 것'이 바로 자기의 사사로운 뜻으로 자기만을 이롭게 하며 남과 주고받고 함에 있어서 반드시 자기 뜻대로 하려는 병폐라네. 그래서 생각이 일어날수록 더욱 편안하고 안정되지 못하게 되는 것이네. 양지란 오직 한 개의 양지이며, 선과 악을 스스로 분별하는 것이네. 또 무슨 선과 무슨 악을 더 생각할 것이 있겠는가? 양지의 본체는 본시부터 편안하고 안정된 것인데, 지금 다시 한 개의 편안하고 안정됨의 추구를 더 보태는 것일세. 양지는 본시가 스스로 '생겨나게 하고 또 생겨나게 하는 것'인데, 지금 다시 한 개의 '일어나지 않도록 하려는 것'을 더 보태는 것일세. 성인의 학문에 있어서의 '양지를 이르게 하는 공부'만이 그렇지 않을 뿐만이 아니라 불교의 학문에 있어서도 그처럼 '남과 주고받음에 있어 반드시 자기 뜻대로 되도록' 하지는 않는다네.

오직 한 가지 생각인 양지만은 철두철미하고 시작도 없고 끝도 없는 것이라네. 곧 그것은 전의 생각도 없어지지 않게 하고 뒤의 생각도 일어나지 않게 하네. 지금 오히려 '전의 생각은 쉽게 없어지고 뒤의 생각은 일어나지 않도록 하려는 것'은 바로 불교에서 말하는 '사람의 올바른 심성을 끊어 없애는 것'이며 말라죽은 나무나 식은 재와 같은 상태로 들어가는 것일세.

原文 來書云：佛氏於不思善不思惡時，認本來面目．於吾儒隨物而格之功不同．吾若於不思善不思惡時，用致知之功，則已涉於思善矣．欲善惡不思，而心之良知淸靜自在，惟有寐而方醒之時耳．斯正孟子夜氣之說．但於斯光景，不能久．倏忽之際，思慮已生．不知，用功久者，其常寐初醒，而思未起之時否乎？今澄欲求寧靜，愈不寧靜，欲念無生，則念愈生．如之何而能使此心，前念易滅，後念不生，良知獨顯，而與造物者遊乎？

不思善不思惡時，認本來面目．此佛氏爲未識本來面目者，設此方便．本來面目，卽吾聖門所謂良知．今旣認得良知明白，卽已不消如此說矣．

隨物而格，是致知之功，卽佛氏之常惺惺，亦是常存他本來面目耳．體段工夫，大略相似．但佛氏有箇自私自利之心，所以便有不同耳．今欲善惡不思，而心之良知淸靜自在，此便有自私自利, 將迎意必之心. 所以有不思善不思惡時, 用致知之功, 則已涉於思善之患.

孟子說夜氣, 亦只是爲失其良心之人, 指出箇良心萌動處, 使他從此培養將去. 今已知得良知明白, 常用致知之功, 卽已不消說夜氣. 卻是得兎後不知守兎, 而仍去守株, 兎將復失之矣.

欲求寧靜, 欲念無生, 此正是自私自利, 將迎意必之病. 是以念愈生而愈不寧靜. 良知只是一箇良知, 而善惡自辨. 更有何善, 何惡可思? 良知之體, 本是寧靜, 今卻又添一箇求寧靜. 本自生生, 今卻又添一箇欲無生. 非獨聖門致知之功不如此, 雖佛氏之學, 亦未如此將迎意必也.

只是一念良知, 徹頭徹尾, 無始無終. 卽是前念不滅, 後念不生. 今卻欲前念易滅, 而後念不生, 是佛氏所謂斷滅種性, 入於槁木死灰之謂矣.

註解 ㅇ不思善不思惡(불사선불사악) — 선종(禪宗)의 육조(六祖) 혜능선사(慧能禪師)의 《법단경(法壇經)》에 보이는 말. ㅇ本來面目(본래면목) — 인간 본래의 모습, 인간의 본성 또는 정체. ㅇ夜氣(야기) — 밤에 생물을 생장시키는 맑은 기운. 《맹자》 고자(告子) 상편에 보임. ㅇ倏忽(숙홀) — 짧은 순간, 잠간 동안. ㅇ澄(징) — 육원정의 이름, 자기를 가리키는 말. ㅇ方便(방편) — 불교 용어. 그때그때 쉽고 편리하게 이용하는 수단. ㅇ常惺惺(상성성) — 불교 용어. 언제나 마음이 밝게 깨어있는 것. ㅇ體段(체단) — 체제와 형식. ㅇ得兎(득토) — 《한비자(韓非子)》 오두(五蠹)편에 보이는 '수주대토(守株待兎)'의 고사를 응용한 말. 한 농부가 밭을 갈다가 토끼가 한 마리 뛰어가다 나무그루터기에 걸려 넘어지는 것을 보고는 그것을 잡았다. 그 뒤로 그는 아무 일도 않고 그 나무그루터기만 지키며 토끼가 걸려 넘어지기만을 기다렸다는 것이다. ㅇ斷滅種性(단멸종성) — 불교 《유식론(唯識論)》의 말. '성문승(聲聞乘)'이라고도 하며, 말뜻에 잡히어 '사람의 진실한 마음과 본성을 끊어 없애버리는 것'.

解說 불교의 마음의 수양방법과 자신의 마음을 다스리는 법의 차이를 논한 것이다. 불교에서처럼 '선한 것도 생각하지 않고 악한 것도 생각하지 않는 것' 등의 번잡한 수행보다도, 오직 한가지 양지만을 잘 보존하면 그만이라는 것이다.

9. 보내온 편지 : "불교에는 또 '언제나 마음의 생각을 긴장시키고 있어야 한다'는 이론이 있습니다. 그것은 맹자의 이른바 '반드시 올바른 일에 힘써야 한다'는 말씀과 공자의 이른바 '양지를 이르게 해야 한다'는 말씀과 같지 않습니까? 그것은 곧 '언제나 마음이 깨어있어야 한다'는 것이어서, 언제나 기억하고 있고 언제나 알고 있고 언제나 보존하고 있어야만 하는 것입니까? 이 '마음의 생각을 긴장시키고 있을 적'에는 일이나 물건을 대하게 되면 거기에 대응하는 데에 반드시 올바른 도가 있게 될 것입니다. 다만 두려운 것은 이 '마음의 생각을 긴장시키고 있는' 때는 적고 마음을 놓고 있는 때가 많아서 그런 노력이 중단되는 것입니다. 또한 '마음의 생각'을 놓아 잃게 되는 것은 대부분이 사사로운 욕심이나 객쩍은 혈기의 움직임으로 말미암아 시작되는 것이고, 갑자기 정신차리고 깨어난 뒤에야 긴장을 하게 됩니다. 마음을 놓고 긴장을 하지 않고 있는 동안에는 자기 마음이 어둡고 잡된 것을 대부분 자각하지 못합니다. 지금 마음을 매일 정밀하고 매일 밝게 지님으로써 언제나 긴장하고 놓지 않으려면 어떤 방법이 있습니까? 오직 이 '마음을 언제나 긴장시키고 놓지 않는 것'이 바로 공부의 전체가 되는 것입니까? 그렇지 않으면 '언제나 마음을 긴장하고 놓지 않는' 가운데 다시 자신을 반성하고 이겨내는 공부를 더 보태야만 하는 것입니까? 비록 '언제나 마음을 긴장시키고 놓지 않는다' 하더라도 '경계하고 두려워하며 자기를 이겨내고 다스리는' 공부를 더하지 않는다면 아무래도 사사로운 욕심이 제거되지 않을 것 같습니다. 만약 '경계하고 두려워하며 자기를 이겨내고 다스리는' 공부를 더 한다 하더

라도 또 '선한 것을 생각하는 마음' 때문에 본래의 면목에는 이르지 못할 일정한 거리가 있을 것입니다. 그것을 어찌하면 좋겠습니까?"

'경계하고 두려워하며 자기를 이겨내고 다스리는 것'은 바로 '언제나 마음을 긴장시키고 놓지 않는 공부'이네. 곧 '반드시 올바른 일에 힘쓴다'는 것이지. 어찌 그것이 다른 일이겠는가? 이 대목의 질문 중 앞의 일단은 이미 스스로 말하고 있는 내용으로 잘 알고 있다 하겠고, 뒤쪽의 질문은 또한 스스로 미혹을 일으키어 말한 것이 어지럽게 된 것일세. '본래의 면목에 이르지 못할 일정한 거리가 있다'고 한 의문 같은 것은 모두가 '자기만을 생각하고 자기의 이익만을 추구하며 남과 주고 받음에 꼭 자기 뜻대로 하겠다'는 생각이 병폐가 되기 때문이네. 이 병폐만 제거해 버린다면 스스로 그런 의문은 없어질 것일세.

原文 來書云：佛氏又有常提念頭之說. 其猶孟子所謂必有事, 夫子所謂致良知之說乎? 其卽常惺惺, 常記得, 常知得, 常存得者乎? 於此念頭提在之時, 而事至物來, 應之必有其道. 但恐此念頭提起時少, 放下時多, 則工夫間斷耳. 且念頭放失, 多因私欲客氣之動而始, 忽然驚惺而後提. 其放而未提之間, 心之昏雜多不自覺. 今欲日精日明, 常提不放, 以何道乎? 只此常提不放, 卽全功乎? 抑於常提不放之中, 更宜加省克之功乎? 雖曰常提不放, 而不加戒懼克治之功, 恐私欲不去. 若加戒懼克治之功焉, 又爲思善之事, 而於本來面目, 又未達一間也. 如之何則可?

戒懼克治, 卽是常提不放之功. 卽是必有事焉, 豈有兩事邪? 此節所問, 前一段, 已自說得分曉, 末後卻是自生迷惑, 說得支離. 及有本來面目未達一間之疑, 都是自私自利, 將迎意必之爲病. 去此病, 自無此疑矣.

註解 ㅇ常提念頭(상제념두)-불교 용어. 언제나 생각을 들고 있다, 곧 언제나 마음을 긴장시키고 올바른 생각을 하는 것. ㅇ必有事(필유사)-반드시 올바른 일에만 힘써야 한다.《맹자》공손추(公孫丑) 상편의 말. ㅇ客氣(객기)-객쩍은 혈기, 쓸데없는 기분. ㅇ全功(전공)-전체 공부. ㅇ省克(성극)-자기를 반성하고 이겨내는 것, 성찰(省察)과 극치(克治). ㅇ一間(일간)-한 칸, 일정한 거리. ㅇ分曉(분효)-잘 알다. ㅇ支離(지리)-이리저리 갈라지는 것, 어지러워지는 것.

解說 불교의 수행방법인 '언제나 마음의 생각을 긴장시킨다'는 주장을 들어, 올바른 공부방법은 어떤 것인가 추구하고 있다. 왕양명은 양지를 이르게 하는 데 있어서 거듭 자기만을 생각하고 자기 이익만을 추구하는 폐해를 강조하고 있다.

10. 보내온 편지 : "소질이 훌륭한 사람은 밝히는 일을 완전히 하면 찌꺼기까지도 곧 깨끗하게 된다 하였습니다. 어떻게 하는 것이 '밝히는 일을 완전히 하는 것'입니까? 어떻게 하면 곧 '정화'가 될 수가 있습니까?"

양지란 본시 스스로가 밝은 것이네. 타고난 기질이 훌륭하지 못한 사람에게는 찌꺼기가 많고 가리어진 것도 두터워서 열어 밝히기가 쉽지 않은 걸세. 소질이 훌륭한 사람은 찌꺼기가 본래 적고 가리어진 것도 별로 많지 않아서, 양지를 이르게 하는 공부를 약간만 가하면 그의 양지는 곧 스스로 밝게 빛나 약간 있던 찌꺼기도 끓는 물 가운데 떠있는 눈처럼 사라져 버리네. 어찌 가리어짐이 있을 수가 있겠는가?

이 문제는 본시 별로 이해하기 어려운 문제가 아닐세. 자네가 여기에 의문을 지니게 된 까닭은 내 생각으로는 한 개의 '명(明)'자를 잘 알지 못하기 때문인 것 같네. 역시 약간의 서두르는 마음이 있기 때문일세. 전에 직접 '선을 밝힌다'는 뜻을 논한 적이 있네. 마음을 '밝히면' 정성스럽게 되는 것일세. 후세의 유학자가 말하듯이 '선을 밝힌다'는 것은 천박한 뜻이 아닐세.

原文 來書云 : 質美者, 明得盡, 渣滓便渾化. 如何謂明得盡? 如何而能便渾化?

良知本來自明. 氣質不美者, 渣滓多, 障蔽厚, 不易開明. 質美者, 渣滓原少, 無多障蔽. 略加致知之功, 此良知便自瑩徹, 些少渣滓, 如湯中浮雪. 如何能作障蔽?

此本不甚難曉. 原靜所以致疑於此, 想是因一明字不明白. 亦是稍有欲速之心. 向曾面論明善之義. 明則誠矣, 非若後儒所謂明善之淺也.

註解 ㅇ質美者(질미자)-이 말은 《근사록》 위학(爲學)편에 보이는 정호(程顥)의 말임. ㅇ渣滓(사재)-찌꺼기. ㅇ渾化(혼화)-정화(淨化)되다. ㅇ障蔽(장폐)-가리고 덮은 것. ㅇ瑩徹(영철)-밝게 빛나는 것. ㅇ欲速(욕속)-서두르는 것, 빨리 이루려는 것. ㅇ後儒(후유)-후세의 유학자, 주희(朱熹)를 가리킴.

解說 《중용》의 '정성스러우면 곧 밝아지고, 밝으면 곧 정성스러워진다〔誠則明矣, 明則誠矣〕'는 말에 대한 이해를 바탕으로 왕양명은 자신의 주장을 해설하고 있다. 주희는 '밝힌다'는 것을 궁리와 같은 지적인 공부로 이해한 데 비하여, 왕양명은 자기의 '양지를 밝히는 것'으로 풀이하고 있는 것이다.

11. 보내온 편지 : "성인의 총명과 예지는 과연 소질일까요? 인·의·예·지는 과연 본성일까요? 기쁨·노여움·슬픔·즐거움은 과연 정일까요? 사사로운 욕심과 객쩍은 혈기는 과연 한 가지 물건인가요? 두 가지 물건인가요? 옛날의 영재(英才)인 장량(張良)·동중서(董仲舒)·황헌(黃憲)·제갈량(諸葛亮)·왕통(王通)·한유(韓愈)·범중엄(范仲淹) 같은 사람들은 덕망과 업적이 분명히 드러나 있는데, 모두가 양지 가운데에서 이루어진 것입니다. 그런데도 '도에 관하여 들어 아는 사람'이라 말할 수 없는 이유는 과연 어디에 있는 것인가요? 진실로 이분들은 특히 타고난 바탕이 훌륭하기 때문이라 한다면 곧 '나면서부터 알고 편안히 행하는 사람'이 '배워서 알고, 노력을 하고 애쓰는 사람'보다 나은 것이 아닙니까? 어리석은 제 뜻으로는 이분들이 도에 대하여 보고 안 것이 치우쳐져 있다고 한다면 괜찮지만, 전혀 도에 대하여 들어 아는 것이 없다고 한다면 아마도 후세 유학자들이 글을 읽고 외고 뜻을 풀이하는 것을 숭상하는 학문방법의 잘못이라고 여겨집니다. 그렇습니까, 그렇지 않습니까?"

본성이란 하나일 뿐이네. 인·의·예·지는 본성의 본성이네. 총명과 예지는 본성의 바탕이네. 기쁨·노여움·슬픔·즐거움은 본성의 정일세. 사사로운 욕심과 객쩍은 혈기는 본성을 가리는 것이네. 바탕에는 맑은 것과 탁한 것이 있으므로 정에는 지나치는 것과 미치지 못하는 것이 있고 가리는 것에는 얇은 것과 두꺼운 것이 있게 되네. 사사로운 욕심과 객쩍은 혈기는 한 가지 병이 두 가지로 아픈 경우이니 두 가지 다른 물건이 아닐세.

장량·황헌·제갈량과 한유·범중엄 같은 사람들은 모두 타고난 바탕이 훌륭하여 스스로 도의 오묘함과 많이 모르는 사이에도 합치되는 것이네. 비록 그분들이 학문에 대하여 충분히 알았다고 말하고 도에 대하여 충분히 들어 알았다고 말할 수는 없지만 그러나 그분들은 스스로 학문을 추구하였고 도로부터 멀리 벗어나지는 않았다고 해야 할 것일세. 그분들이 학문을 제대로 알고 도에 대하여 올바로 알았다면 곧 이윤(伊尹)이나 부열(傅說)·주공(周公)·소공(召公)처럼 되었을 것이네. 문중자(文中子) 왕통 같은 사람은 또 학문에 대하여 알지 못한 사람이라 말할 수가 없으니, 그의 책이 비록 대부분 그의 문인들의 손에 의해 이루어졌다고 하고 또 옳지 못한 곳도 많지만 그러나 그의 사상의 대략은 의젓이 드러나고 있네. 다만 지금 와서는 세월이 오래 되어 확실한 증거가 없으니 그분들의 업적을 함부로 단정할 수가 없는 것일세.

양지란 바로 도인데, 양지가 사람들의 마음에 자리잡고 있는 것은 성현들뿐만이 아니라 일반 사람들도 그렇지 않은 사람이란 없다네. 만약 사물과 욕심에 끌리거나 가리어지지 않고 오직 양지만을 따라서 나아가고 일하고 행동한다면 곧 도가 아닌 것이란 없게 될 것일세. 다만 일반 사람들은 흔히 사물과 욕심에 끌리고 가리어져 양지를 따를 수가 없게 되는 것이네.

앞에 든 여러분들은 타고난 바탕이 스스로 맑고 밝은 위에 스스로 사물과 욕심에 끌리고 가리어지는 일이 적어서, 곧 그의 양지로 나아가고 일하고 행동하게 되는 경우가 자연히 많아져 자연히 도로부터 멀리 떨어지지 않게 되는 것일세. 공부하는 사람은 이 양지를 따르는 것을 배우기만 하면 그뿐이네. 학문에 대하여 안다고 하는 것은 다만 오로지 양지를 따르는 법을 배우는 것을 아는 것일세. 앞의 여러분들은 비록 오로지 양지에 대하여 공부할 줄은 몰랐기 때문에 간혹 다른 길로도 흘러가 그림자와 울림에 미혹되었기 때문에 혹은 떨어지기도 하고 혹은 합쳐지기도 하여 순수하지가 못하였던 것이네. 만약 양지를 알았다면 곧 성인이 되었을 것일세.

후세의 유학자 중에는 일찍이 이분들이 오히려 모두 타고난 기질로 일을 하였기 때문에 행실이 드러나지 않고 잘 살피지 않는 습성이 있었다고 한 일이 있네. 이것도 그릇된 이론이 아닐 수가 없네. 다만 후세 유학자가 말한 '드러내고' '살피는 것'은 또한 듣고 보는 것이 좁은 데 버릇이 되고 잘못된 습성에 가리어져 그림자와 울림과 형상과 흔적 같은 것을 따르고 흉내내는 것이지 성인의 학문에서 말하는 '드러내고' '살피는 것'이 아니네. 그러니 어찌 어둑어둑한 자신이 남의 밝음을 추궁할 수가 있겠는가?

이른바 '나면서 알고 편안히 행한다'고 하는 앎과 행한다는 지행(知行)의 두 글자는 역시 공부에 대하여 말하고 있는 것일세. 만약 앎과 행동의 본체로 말할 것 같으면 바로 그것은 양지와 양능이니, 비록 '노력하고 애써야 하는' 사람이라 하더라도 역시 모두가 '나면서 알고 편안히 행하는 사람'이라 할 수가 있네. 앎과 행동이란 두 단어에 대하여는 더욱 정세하게 살펴야만 할걸세.

原文 來書云：聰明睿知，果質乎？仁義禮智，果性乎？喜怒哀樂，果情乎？私欲客氣，果一物乎？二物乎？古之英才，若子房仲舒，叔度孔明，文中韓范諸公，德業表著，皆良知中所發也．而不得謂之聞道者，果何在乎？苟曰此特生質之美耳，則生知安行者，不愈於學知困勉者乎？愚意竊云，謂諸公見道偏則可，謂全無聞，則恐後儒崇尚記誦訓詁之過也．然乎？否乎？

性一而已．仁義禮知，性之性也．聰明睿知，性之質也．喜怒哀樂，性之情也．私欲客氣，性之蔽也．質有淸濁，故情有過不及，而蔽有淺深也．私欲客氣，一病兩痛，非二物也．

張黃諸葛，及韓范諸公，皆天質之美，自多暗合道妙．雖未可盡謂之知學，盡謂之聞道，然亦自其有學，違道不遠者也．使其聞學知道，卽伊傅周召矣．若文中子，則又不可謂之不知學者．其書雖多出於其徒，亦多有未是處．然其大略，則亦居然可見．但今相去遼遠，無有的然憑證，不可懸斷其所至矣．

夫良知卽是道. 良知之在人心, 不但聖賢, 雖常人亦無不如此. 若無有物欲牽蔽, 但循著良知, 發用流行將去, 卽無不是道. 但在常人, 多爲物欲牽蔽, 不能循得良知.

如數公者, 天質旣自清明, 自少物欲爲之牽蔽, 則其良知之發用流行處, 自然是多, 自然違道不遠. 學者, 學循此良知而已. 謂之知學, 只是知得專在學循良知. 數公雖未知專在良知上用功, 而或泛濫於多岐, 疑迷於影響, 是以或離或合而未純. 若知得時, 便是聖人矣.

後儒嘗以數子者, 尙皆是氣質用事, 未免於行不著, 習不察. 此亦未爲過論. 但後儒之所謂著察者, 亦是狃於聞見之狹, 蔽於沿習之非, 而依擬倣象於影響形迹之間, 尙非聖門之所謂著察者也. 則亦安得以己之昏昏, 而求人之昭昭也乎?

所謂生知安行, 知行二字, 亦是就用功上說. 若是知行本體, 卽是良知良能, 雖在困勉之人, 亦皆可謂之生知安行矣. 知行二字, 更宜精察.

註解 ㅇ聰明睿知(총명예지)－《중용》에서 성인의 조건으로 내세운 말. 주희가 '나면서 아는' 바탕[質]이라 하였다. ㅇ子房(자방)－한(漢) 고조(高祖)를 보좌하여 천하를 통일케 한 장량(張良), 자방은 그의 자. ㅇ仲舒(중서)－한 무제(武帝) 때의 학자 동중서(董仲舒), 저서로 《춘추번로(春秋繁露)》가 있다. ㅇ叔度(숙도)－동한(東漢)의 명사인 황헌(黃憲), 그의 자가 숙도임. ㅇ孔明(공명)－촉한(蜀漢)의 승상(丞相) 제갈량(諸葛亮), 공명은 그의 자. ㅇ文中(문중)－수(隋)나라의 학자 왕통(王通), 그의 호가 문중자(文中子)임. ㅇ韓范(한범)－당나라 문인 한유(韓愈)와 송나라 정치가 범중엄(范仲淹). ㅇ生知安行(생지안행)－성인에 대하여 말한《중용》의 말. ㅇ學知困勉(학지곤면)－《중용》의 '학지리행(學知利行)'과 '곤지면행(困知勉行)'을 줄인 말로, 현인이나 보통사람들의 일을 말한 것임.

o竊(절)－속으로, 남몰래. o伊傅周召(이부주소)－상(商)나라 탕(湯)임금을 보좌한 이윤(伊尹)과 상나라 무정(武丁) 임금을 보좌한 부열(傅說)과 주(周)나라 성왕(成王)을 보좌한 주공(周公) 단(旦)과 주공과 함께 주나라 무왕(武王)·성왕(成王)을 보좌한 소공(召公) 석(奭). o居然(거연)－편안한 모양, 의젓한 모양. o懸斷(현단)－근거없는 판단을 하는 것. o牽蔽(견폐)－끌리고 가리어지고 하는 것. o泛濫(범람)－이리저리 떠다니는 것. o狃(뉴)－친해지다, 버릇이 되다. o依擬(의의)－의지하고 본뜨다, 따르다. o倣象(방상)－흉내내다, 그대로 하려 하다.

解說 육원정은 학문이 지(知)·행(行)과 정(情)·욕(欲) 등과 관계되는 문제를 질문하고 있다. 왕양명은 역시 양지를 내세우며, 특히 학문을 함에 있어서는 지·행에 더욱 유념해야 한다고 가르치고 있다. 그렇다고 해서 송대 학자들의 주지주의(主知主義)에 찬동하는 것은 아니다.

12. 보내온 편지 : "옛날에 주돈이(周敦頤)는 언제나 정호(程顥)로 하여금 공자와 안회(顔回)가 즐기던 경지를 찾도록 하였습니다. 감히 여쭙건대, 이 즐거움은 보통의 칠정(七情)의 즐거움과 같은 것입니까? 같지 않은 것입니까? 만약 같은 것이라면 곧 보통사람이 바라던 것을 한 번 이루는 것도 모두 즐거움이 될 수가 있습니다. 어찌 반드시 성현들만의 즐거움이겠습니까? 만약 참된 즐거움이 따로 있다면 곧 성현들이 큰 걱정·큰 노여움·큰 놀라움·큰 두려움의 일을 만난다 하더라도 이 즐거움은 있는 것입니까? 없는 것입니까? 또한 군자의 마음이란 언제나 경계하고 두려워함을 지니고 있습니다. 이것은 대체로 평생의 걱정이 됩니다. 어찌 즐거움이 있겠습니까? 저는 평생동안 고민이 많아서 참된 즐거움의 맛을 맛본 일이 없습니다. 지금 즐거움을 찾아보려고 절실히 바라고 있습니다."

즐거움이란 마음의 본체일세. 비록 보통 칠정의 즐거움과 같지 않다고 하지만 그러나 보통 칠정의 즐거움으로부터 벗어나는 것도 아니네. 비록 성현에게는 따로 참된 즐거움이 있다고 하지만, 또 그것은 보통사람들도 다 같이 갖고 있는 것일세. 다만 보통사람들은 그것을 갖고 있으면서도 스스로는 알지 못하고 도리어 스스로 여러 가지 걱정과 괴로움을 추구하여 스스로 미혹되어 즐거움을 버리는 짓을 계속한다네. 비록 걱정과 괴로움 및 미혹되고 버리는 짓을 하는 중에 있다 하더라도 이 즐거움은 또한 존재하지 않는 적이란 없다네. 다만 한 가지 그의 생각이 열리고 밝아져서 자신을 돌이켜보며 정성스러워지기만 하면, 곧 바로 이 즐거움이 존재하게 되네. 언제나 자네와 논할 적에는 이런 뜻을 얘기하지 않은 적이 없네. 그런데도 자네는 아직 어떤 방법으로 그것을 얻을 수가 있느냐는 질문을 하고 있네. 그것은 마치 나귀를 타고 있으면서 나귀를 찾고 있는 폐단과 다름이 없는 것이네.

原文 來書云：昔周茂叔每令伯淳尋仲尼顔子樂處. 敢問, 是樂也, 與七情之樂同乎? 否乎? 若同, 則常人之一遂所欲, 皆能樂矣. 何必聖賢? 若別有眞樂, 則聖賢之遇大憂大怒, 大驚大懼之事, 此樂亦在否乎? 且君子之心, 常存戒懼. 是蓋終身之憂也. 惡得樂? 澄平生多悶, 未嘗見眞樂之趣. 今切願尋之!

樂是心之本體. 雖不同於七情之樂, 而亦不外於七情之樂. 雖則聖賢別有眞樂, 而亦常人之所同有. 但常人有之而不自知, 反自求許多憂苦, 自加迷棄. 雖在憂苦迷棄之中, 而此樂又未嘗不存. 但一念開明, 反身而誠, 則卽此而在矣. 每與原靜論, 無非此意. 而原靜尙有何道可得之問. 是猶未免於騎驢覓驢之蔽也.

註解 ㅇ周茂叔(주무숙)－주돈이(周敦頤), 무숙은 그의 자. ㅇ伯淳(백순)－정호(程顥), 백순은 그의 자. 여기의 말은 《근사록》 위학(爲學)편의 기록을 근거로 한 것이다. ㅇ七情(칠정)－기쁨・노여움・슬픔・두려움・사랑・미움・욕망의 일곱 가지 감정(《禮記》 禮運편 의거). ㅇ迷棄(미기)－미혹되고 버리는 것. ㅇ驢(려)－나귀, 당나귀.

解說 참된 즐거움의 문제를 논한 대목이다. 누구에게나 참된 즐거움은 있으나, 보통사람들은 자신에게 있는 그것을 깨닫지 못하여 없는 것으로 알게 된다는 것이다. 본시 참된 즐거움이란 성현에게만 있는 것은 아니다.

13. 보내온 편지 : "《대학》에서 사람의 마음은 '좋아하고 즐기는 것'과 '노하고 성내는 것'과 '근심하고 걱정하는 것'과 '무서워하고 두려워하는 것'이 있으면 바르게 될 수가 없다고 하였습니다. 그리고 정호(程顥)도 말하기를 '성인의 정은 만사에 순응하면서도 무정하다'고 하였습니다. 이른바 정이 '있는 것'에 대하여는 《전습록》 초편에서 학질을 앓는 것으로 그것을 비유하였는데, 매우 적절하다 여깁니다. 만약 정호의 말을 따른다면 곧 성인의 정은 마음에서 나오지 아니하고 물건에서 생기는 것이 됩니다. 무슨 말이 됩니까? 또한 사물이 마음에 느껴져서 정이 거기에 호응하는 것이라면 곧 옳은 것은 옳다고 하고 그른 것은 그르다고 하게 되어 올바르게 나아갈 수가 있습니다. 사물이 마음에 아직 느껴지지 않을 때라면 정이 있다고 하더라도 그것이 이루어지지는 않은 것입니다. 정이 없다고 한다면 곧 병의 뿌리가 있게 됩니다. 정이 있고 없는 중간 처지에서는 어떻게 나의 양지를 이르게 하여야 합니까? 정이 없도록 하는 공부에 힘쓴다면 부담은 비록 가벼워진다 하더라도 유가를 벗어나 불교로 들어가게 됩니다. 그래도 될까요?"

성인의 양지를 이르게 하는 공부는 지극히 정성을 다하면서도 쉬는 일이 없는 것이네. 그 양지의 본체는 깨끗하기 밝은 거울과 같아서 가려진 가는 먼지도 전혀 없네. 아름다운 것이나 추한 것이 다가오면 그 물건을 따라 형체를 드러내 보이지만 밝은 거울에는 전혀 물들거나 묻는 것이 없네. 이른바 '정이 만사에 순응하면서도 무정한 것'일세. '집착하는 사물이 없으면서도 그의 마음은 움직이고 생겨나는 것'이네. 불교에 이런 말이 있지만 그릇된 것이 아닐세.

밝은 거울의 물건에 대한 대응은, 아름다운 것은 아름답게, 추한 것은 추하게, 모든 비치는 것들이 모두가 진실하네. 곧 여기가 '그 마음이 움직이고 생겨나는 곳'일세. 아름다운 것은 아름답고 추한 것은 추하게 드러내지만 한 번 지나가면 남는 것이 없네. 곧 이것이 '사물에 집착하는 곳이 없는 것'일세.

'학질을 앓는 비유'에 대하여 이미 그 적절함을 알았으니 이 대목의 질문은 풀려있을 것으로 아네. 학질에 걸린 사람이 비록 열이 나지 않는다 하더라도 그 병의 뿌리는 그대로 있거늘 또 어찌 그 열이 나지 않는다고 해서 마침내 약을 먹고 병을 다스리는 노력을 잊을 수가 있겠는가? 만약 반드시 학질의 열이 난 뒤에야 약을 먹고 병을 다스린다면 그것은 이미 늦은 일이 될 걸세. 양지를 이르게 하는 공부도 일이 있고 일이 없는 차별이 없이 하는 것이네. 그런데 어찌 병의 열이 이미 나고 안나고 하는 것을 논해야 하겠는가?

대체로 자네의 질문은 앞뒤의 것이 비록 같지 않은 듯하지만, 모두가 자기의 사사로운 뜻으로 자기의 이익만을 추구하며 남과 주고받는 데 있어서 반드시 자기 뜻대로 하려는 마음이 화근이 되어 생긴 것일세. 이 병의 뿌리를 뽑아버리기만 하면 곧 앞뒤의 질문이 스스로 얼음이 녹고 안개가 풀리듯 녹고 풀리어, 질문하고 분별하고 할 필요가 없게 될 것일세.

原文 來書云：大學以心有好樂忿懥，憂患恐懼，爲不得其正．而程子亦謂，聖人情順萬事而無情．所謂有者，傳習錄中以病瘧譬之，極精切矣．若程子之言，則是聖人之情，不生於心，而生於物也．何謂耶？且事感而情應，則是是非非，可以就格．事或未感時，謂之有，則未形也．謂之無，則病根在．有無之間，何以致吾知乎？學務無情，累雖輕，而出儒入佛矣．可乎？

聖人致知之功，至誠無息．其良知之體，皦如明鏡，略無纖翳．妍媸之來，隨物見形，而明鏡曾無留染．所謂情順萬事而無情也．無所住而生其心．佛氏曾有是言，未爲非也．

明鏡之應物，妍者妍，媸者媸．一照而皆眞．卽是生其心處．妍者妍，媸者媸，一過而不留．卽是無所住處．

病瘧之喩，旣已見其精切，則此節所問，可以釋然．病瘧之人，瘧雖未發，而病根自在，則亦安可以其瘧之未發，而遂忘其服藥調理之功乎？若必待瘧發，而後服藥調理，則旣晩矣．致知之功，無間於有事無事．而豈論於病之已發未發邪？

大抵原靜所疑，前後雖若不一，然皆起於自私自利，將迎意必之爲祟．此根一去，則前後所疑，自將冰消霧釋，有不待於問辨者矣．

註解 ㅇ大學(대학)－《대학》에서는 정심(正心)을 풀이하여 '자신에게 노여워하고 성내는 것이 있으면 곧 마음이 바르게 될 수가 없고, 무서워하고 두려워하는 것이 있으면 곧 마음이 바르게 될 수가 없으며, 좋아하고 즐기는 것이 있으면 곧 마음이 바르게 될 수가 없고, 근심하고 걱정하는 것이 있으면 마음이 바르게 될 수가 없다[身有所忿懥, 則不得其正; 有所恐懼, 則不得其正; 有所好樂, 則不得其正; 有所憂患, 則不得其正]' 하였다. ㅇ程子(정자)－《근사록》 위학(爲學)편에 보이는 정호(程顥)의 말.

ㅇ傳習錄(전습록)－본시 《전습록》은 지금의 상편뿐이었다. 여기의 말은 상권 77에 보인다. ㅇ瘧(학)－학질, 말라리아. ㅇ就格(취격)－올바름으로 나아가다. ㅇ皦(교)－희다, 밝다, 깨끗하다. ㅇ纖翳(섬예)－가려진 가는 먼지. ㅇ姸媸(연치)－아름다운 것과 추한 것. ㅇ所住(소주)－살고 있는 곳, 집착하는 곳. ㅇ祟(수)－빌미, 화근.

解說 양지를 이르게 하는 공부에 있어서 사람의 정의 문제를 논하고 있다. 성리학자들은 인정이란 천리에 반하는 것이라 여긴 데 비하여, 왕양명은 오히려 사람의 정을 긍정하면서 양지를 내세우고 있는 듯하다. 정은 양지를 방해하거나 더럽힐 수가 없는 것이라 믿은 것이다.

전덕홍의 발문(錢德洪跋)

육원정에게 답하는 편지가 나오자 독자들은 모두가 육원정은 질문을 잘하였고 선생님은 거기에 대답을 잘하셔서, 모두가 이제껏 듣지 못했던 것들을 들었다고 기뻐하였다.

선생님께서 말씀하셨다.

"육원정군의 질문은 오직 지식과 이해 위에서 행하여졌기 때문에, 부득이 그에게 편지를 한 절 한 절씩 나누어 해설해 주었다. 만약 진실로 양지를 터득하였다면 오직 양지에 대하여만 공부를 한다면, 비록 천만 가지 경전(經典)이라 하더라도 딱 들어맞지 않는 것이 없을 것이며, 이단의 그릇된 학문은 한 번 조사하기만 하면 모두 깨어질 것이다. 어찌 그처럼 한 절 한 절씩 나누어 해설할 필요가 있겠는가?

불교에는 '사람을 때리고 흙덩이를 뒤쫓는 비유'가 있다. 던져진 흙덩이를 보고 그걸 던진 사람을 잡아 때린다면 곧 사람을 옳게 잡은 것이다. 던져진 흙덩이를 보고 흙덩이를 뒤쫓는다면 흙덩이에서 무엇을 얻게 되겠는가?"

그 자리에 있던 여러 친구들은 그 말을 듣고 송구스런 모습으로, 모두가 깨달음이 있는 듯하였다. 그래서 학문은 자기를 돌이켜보며 추구하는 것이 소중하다. 거기에는 지식과 이해는 들어갈 여지도 없는 것이다.

原文 答原靜書出, 讀者皆喜澄善問, 師善答, 皆得聞所未聞.

師曰 : 原靜所問, 只是知解上轉. 不得已與之逐節分疏. 若信得良知, 只在良知上用功, 雖千經萬典, 無不脗合, 異端曲學, 一勘盡破矣. 何必如此節節分解?

佛家有撲人逐塊之喩. 見塊撲人, 則得人矣. 見塊逐塊, 於塊奚得哉?

在座諸友, 聞之惕然, 皆有惺悟. 此學貴反求. 非知解可入也.

註解 ㅇ分疏(분소)—나누어 해설하다. ㅇ脗合(문합)—딱 들어맞는 것. ㅇ一勘(일감)—한 번 조사하다. ㅇ撲人逐塊(복인축괴)—사람을 때리고, 흙덩이를 뒤쫓다. 불교의 《열반경(涅槃經)》에 '모든 일반 사람들은 과(果)만 보고 인연(因緣)은 보지 않는다. 흙덩이를 던지면 개는 흙덩이만 뒤쫓고 사람을 뒤쫓지는 않는 거와 같다'는 말이 있다. 흙덩이로 개를 때리려고 던질 때 개는 흙덩이를 뒤쫓고 흙덩이를 던진 사람을 뒤쫓지 않는다는 것이다. ㅇ惕然(척연)—두려워하고 죄송하게 생각하는 모양, 송구스런 모양.

解說 이 글은 중권을 편찬한 전덕홍이 썼을 거라고 추측되는 것이다. 왕양명이 자신의 학설을 해설하기 위하여 얼마나 애를 썼는가 엿보게 한다.

V. 구양숭일에게 답함(答歐陽崇一)

구양숭일(1496~1554)은 이름이 덕(德)이며, '숭일'은 그의 자이다. 왕양명의 제자 중에서는 나이가 적은 편이나, 스승의 가르침을 따라 학문에 힘쓴 성실한 수재이다. 이 편지는 왕양명이 55세인 가정(嘉靖) 5년(1526)에 쓴 것이며, 내용은 학문의 근본문제를 중심으로 논한 것이다. 왕양명의 편지는 네 대목으로 나누어져 있다.

1. 구양덕이 보낸 편지 : "선생님께서 말씀하시기를 '사람의 덕성인 양지는 듣고 보는 것을 통해서 얻어지는 것이 아니다. 만약 많은 것을 듣고 그 중에서 훌륭한 것을 골라 따르고 많은 것을 보고서 그것을 기억하려 한다면, 곧 그것은 오로지 보고 듣는 말단적인 것을 추구하는 것이어서 이미 그것은 학문의 제이의(第二義)로 떨어져 버린 것이다'고 하셨습니다. 제 뜻으로는 양지란 비록 보고 듣는 것으로 말미암아 있게 되는 것은 아니라 하더라도 학자의 앎이란 보고 듣는 것을 통해서 계발(啓發)되지 않을 수가 없습니다. 진실로 보고 듣는 것에 사로잡혀도 안되겠지만 보고 듣는 것이 양지의 작용이 되기도 합니다. 지금 '학문의 제이의로 떨어져 버린다'고 말씀하신 것은 아마도 오로지 보고 듣는 것을 공부라 여기는 사람들을 위한 말씀일 것이라 생각합니다. 만약 그의 양지를 이르게 하면서 또 그것을 보고 듣는 것으로 추구하려 한다면 역시 지행합일의 공부와 비슷한 것 같습니다. 어떻습니까?"

양지란 보고 듣는 것으로 말미암아 존재하게 되는 것은 아니나 보고 듣는 것이 양지의 작용임에는 틀림이 없네. 그러므로 양지란 보고 듣는 것에 사로잡혀도 안되지만 또한 보고 듣는 것으로부터 떨어져 있는 것도 아니네. 공자께서 말씀하시기를 '내가 아는 것이 있는가? 아는 것은 없다'고 하셨네. 양지 이외에는 다른 아는 것이란 없는 것이네. 그러므로 양지를 이르게 하는 것이 바로 학문의 근본이며, 바로 성인께서 사람들에게 가르치신 첫째 뜻일세. 지금 오로지 보고 듣는 말단적인 것으로 학문을 추구한다고 하는데, 그러면 바로 근본을 잃어버리게 되어 이미 학문의 제이의(第二義)로 떨어지게 되는 것이네.

근래에 와서 동지들 중에는 대체로 양지를 이르게 한다는 이론을 알지 못하는 사람이 없는 듯하네. 그러나 그들이 공부를 하는 데 있어서는 아직도 멍청한 자들이 많은데, 그것은 바로 이 문제를 모르기 때문이네. 대체로 학문의 노력은 오직 근본에 합당하도록 뜻을 지니기만 하면 되네. 만약 근본적인 것에 뜻을 지니어 오로지 양지를 이르게 하는 일에만 힘쓴다면 곧 모든 많이 듣고 많이 보는 것들이 모두가 양지를 이르게 하는 공부가 될 것일세. 일상생활 중에서 보고 듣고 사람들과 어울리는 것이 비록 천 가지 만 가지 형식이라 하더라도 양지의 발동과 작용이 아닌 것이 없네. 보고 듣고 사람들과 어울리는 것이 아니라면 역시 양지를 이르게 할 수 있는 것도 없는 것일세. 그러므로 이것들은 오직 한 가지 일인 것이네.

만약 그의 양지를 이르게 하겠다고 하면서 그것을 보고 듣는 일로써 추구한다면, 그 말뜻 속에는 그것들을 두 가지 다른 것으로 드러내는 것이 되고 마네. 이것은 오로지 보고 듣는 말단적인 것을 학문으로 알고 추구하는 것과 비록 약간은 다르다고 하지만 그것들이 마음으로 '정성을 다하고 통일을 한다'는 뜻을 터득하지 못한 점에 있어서는 곧 한 가지일 따름인 것일세.

'많은 것을 듣고서 그 중의 훌륭한 것을 골라 따르고 많은 것을 보고서 그것들을 기억한다'고 하였는데, '고른다'고 말하고 또 '기억한다'

고 말하였으니, 그의 양지도 그 속에 작용을 하지 않은 적이란 없는 것이네. 다만 그의 마음가짐이 오로지 많이 듣고 많이 보는 데에만 기울어져 '고르고' '기억하고' 하는 일에만 두어진다면 곧 이미 근본을 잃어버린 것일세.

자네는 이러한 문제들에 대하여 터득하여 이미 알고 있을 것일세. 오늘의 이 질문은 바로 학문의 본질을 밝히기 위한 것이었네. 동지들 사이에도 극히 유익하였을 것이네. 다만 말뜻이 분명하지 않으면 작은 것도 큰 잘못으로 발전되는 것이니 자세히 살피지 않으면 안되는 것이네.

原文 崇一來書云；師云：德性之良知，非由於聞見．若曰多聞擇其善者而從之，多見而識之，則是專求之見聞之末，而已落在第二義．竊意，良知雖不由見聞而有，然學者之知，未嘗不由見聞而發．滯於見聞固非，而見聞亦良知之用也．今曰落在第二義，恐爲專以見聞爲學者而言．若致其良知，而求之見聞，似亦知行合一之功矣．如何？

良知不由見聞而有，而見聞莫非良知之用．故良知不滯於見聞，而亦不離於見聞．孔子云：吾有知乎哉？無知也．良知之外，別無知矣．故致良知，是學問大頭腦，是聖人教人第一義．今云專求之見聞之末，則是失卻頭腦，而已落在第二義矣．

近時，同志中，蓋已莫不知有致良知之說．然其功夫尙多鶻突者，正是欠此一問．大抵學問功夫，只要主意頭腦是當．若主意頭腦專以致良知爲事，則凡多聞多見，莫非致良知之功．蓋日用之間，見聞酬酢，雖千頭萬緖，莫非良知之發用流行，除卻見聞酬酢，亦無良知可致矣．故只是一事．

若曰致其良知，而求之見聞，則語意之間，未免爲二．此與專求之見聞之末者, 雖稍不同, 其爲未得精一之旨, 則一而已.

多聞擇其善者而從之, 多見而識之, 旣云擇, 又云識, 其良知亦未嘗不行於其間. 但其用意, 乃專在多聞多見上去擇識, 則已失卻頭腦矣.

崇一於此等處, 見得當已分曉. 今日之問, 正爲發明此學. 於同志中極有益. 但語意未瑩, 則毫釐千里, 亦不容不精察之也.

註解 ㅇ多聞(다문)－'다견(多見)'과 함께 《논어》 위정(爲政)편에 보이는 말. ㅇ滯(체)－막히다, 사로잡히다. ㅇ孔子云(공자운)－《논어》 자한(子罕)편에 보이는 말. ㅇ大頭腦(대두뇌)－위대한 머리 같은 것, 근본이 되는 것. ㅇ鶻突(골돌)－멍청한 것, 잘 모르는 모양. ㅇ酬酢(수작)－술잔을 주고받는 것, 남과 어울리는 것. ㅇ千頭萬緖(천두만서)－방법이나 형식이 천만 가지인 것. ㅇ瑩(영)－밝은 것, 분명한 것. ㅇ毫釐千里(호리천리)－시작할 때는 극히 작은 것도 끝에 가서는 매우 큰 결과로 발전한다는 뜻.

解說 양지와 사람이 보고 듣는 것과의 관계를 논한 대목이다. '양지를 이르게 한다'는 올바른 학문을 추구하여야만 보고 듣는 것도 양지에 따른 올바른 공부가 된다는 것이다. 그러나 양지보다도 보고 들어 얻어지는 지식을 가볍게 여기고 있음은 사실이다.

2. 보내온 편지 : "선생님께서 말씀하시기를 '《역경》 계사전에서 무엇을 생각하고 무엇을 걱정하겠는가고 말한 것은, 바로 생각하고 걱정하는 것이 오직 천리여서 그밖에 다른 생각이나 다른 걱정은 없다는 것이다. 단순히 생각도 없고 걱정도 없는 것을 뜻하는 것이 아니다'고 하셨습니다.

마음의 본체가 바로 천리입니다. 무엇을 또 생각하고 걱정할 것이 있겠습니까? 공부하는 사람의 노력은 비록 천 가지 생각 만 가지 걱정이 있다 하더라도 오직 그의 본체를 되찾으려는 데 기울여야 합니다. 그것은 사사로운 뜻으로 계획을 하여 생각해 낼 수가 있는 문제가 아닙니다. 만약 계획을 하고 생각을 한다면 바로 그것은 자신의 사사로운 뜻으로 지혜를 쓰는 것이 됩니다. 학자들의 폐해는 대부분이 자신을 공허한 경지에 두고 고요함을 지키지 않으며 곧 스스로 계획하고 생각하는 데 있습니다. 저는 신사(辛巳)년(1521)과 임오(壬午)년(1522)에는 앞의 병폐가 생겼고, 근래에는 또 뒤의 병폐가 생겼습니다. 그러나 생각하는 것도 역시 양지의 발동이니, 그것과 사사로운 뜻으로 계획하는 것은 어떻게 구별이 됩니까? 도적놈을 자식으로 알게 될까 두렵습니다. 미혹되어 알지를 못하겠습니다."

'생각하는 것은 슬기로워야 하고' '슬기로우면 성인이 된다' 하였고, '마음이란 기관은 생각을 하고, 생각을 하면 터득하게 된다'고도 하였는데, 생각이 없을 수야 있겠는가? '자신을 공허한 경지에 두고 고요함을 지키는 것'과 '계획하고 생각하는 것'은 바로 자기의 사사로움으로 지혜를 쓰는 것이니, 그래가지고는 양지를 잃게 된다는 점에 있어서는 같은 것일세.

양지란 천리의 이치를 밝히고 올바름을 깨닫게 하는 곳일세. 그러므로 양지가 바로 천리라고도 할 수 있네. 생각이란 양지의 발동일세. 만약 양지가 발동하는 생각이라면 곧 그 생각은 천리가 아닌 것이 없을 것일세. 양지가 발동하는 생각은 자연스럽고 분명하고 간결하여, 양지도 스스로 그것을 알 수가 있는 것이네.

만약 사사로운 뜻으로 계획한 생각이라면 자연히 그것은 어지럽고 수고로워, 양지는 역시 스스로 분별할 수가 있을 것이네. 대체로 그가 생각하는 옳고 그른 것과 바르고 비뚤어진 것을 양지는 스스로 알지 못하는 것이 없는 것일세. 그러니 '도적놈을 자식으로 알게 되는' 까닭은 바로 양지를 이르게 하는 학문을 잘 알지 못하여 양지를 통해서 앎을 체득하고 인식할 줄을 모르기 때문일세.

原文 來書云 : 師云 : 繫言何思何慮, 是言所思所慮, 只是天理, 更無別思別慮耳. 非謂無思無慮也.

心之本體, 卽是天理. 有何可思慮得? 學者用功, 雖千思萬慮, 只是要復他本體. 不是以私意去安排思索出來. 若安排思索, 便是自私用智矣. 學者之蔽, 大率非沈空守寂, 則安排思索. 德辛壬之歲, 著前一病, 近又著後一病. 但思索亦是良知發用, 其與私意安排者, 何所取別? 恐認賊作子, 惑而不知也.

思曰睿, 睿作聖. 心之官則思, 思則得之. 思其可少乎? 沈空守寂, 與安排思索, 正是自私用智, 其爲喪失良知一也.

良知是天理之昭明靈覺處. 故良知卽是天理, 思是良知之發用. 若是良知發用之思, 則所思莫非天理矣. 良知發用之思, 自然明白簡易, 良知亦自能知得.

若是私意安排之思, 自是紛紜勞擾, 良知亦是會分別得. 蓋思之是非邪正, 良知無有不自知者. 所以認賊作子, 正爲致知之學不明, 不知在良知上體認之耳.

註解 ㅇ繫言(계언)－《역경》 계사전(繫辭傳)에 말하기를. ㅇ安排(안배)－방법을 마련하다, 계획하다. ㅇ沈空守寂(침공수적)－불교 용어. 좌선(坐禪)을 할 때 자신을 텅빈 경지에 가라앉혀 모든 일을 잊고 고요함을 지키는 것. ㅇ德(덕)－구양숭일의 이름, 자신을 낮추어 부른 것임. ㅇ辛壬(신임)－신사(辛巳)년(正德 16년, 1521)과 임오(壬午)년(嘉靖 원년, 1522). ㅇ認賊作子(인적작자)－도적을 자기 자식으로 아는 것. ㅇ思曰睿(사왈예)－《서경》 홍범(洪範)편에 보이는 글. ㅇ心之官(심지관)－《맹자》 고자(告子) 상편의 글. ㅇ昭明靈覺(소명영각)－이치를 밝히고 올바름을 깨닫

게 하는 것. ㅇ紛紜(분운)—어지러운 것, 혼란.

解說 마음의 생각하고 걱정하는 기능과 양지의 관계를 논한 대목이다. 사람의 마음의 움직임은 양지를 바탕으로 하느냐 못하느냐에 따라 천리(天理)와 사지(私智)로 갈라진다.

3. 보내온 편지 : "선생님께서 말씀하시기를 '공부를 한다는 것은 한평생 오직 한 가지 일뿐이니, 일이 있을 때나 일이 없을 때를 막론하고 오직 이 한 가지 양지만을 추구해야 한다. 만약 차라리 일을 잘 끝내지 못할지언정 양지를 더욱 배양하지 않으면 안된다고 한다면 도리어 그것은 두 가지 다른 일로 나누는 것이 된다' 하셨습니다.

제 생각으로는 정력이 쇠약하여 일을 잘 끝낼 수가 없다는 것을 깨닫는 것은 양지입니다. 차라리 일을 잘 끝내지 못할지언정 잠시 휴양을 함으로써 양지를 이르게 하여야 합니다. 어찌하여 도리어 그것이 두 가지 다른 일이 된다는 것입니까? 만약 일에 변화가 생겨서 일의 형세가 그것을 끝내지 않으면 안될 사정이 될 수도 있습니다. 그러면 정력이 비록 쇠약하다 하더라도 어느 정도 힘을 내도록 고무하면 지탱을 할 수가 있고 뜻을 가지고 기운을 거느릴 수도 있게 됩니다. 그러나 말과 행동에 끝내 기력이 없다면 일을 마치고 나면 지치고 피로함이 너무 심하여 얼마 못 가서 그의 기운은 손상되어 소진되고 말 것 아닙니까? 이럴 적의 가벼이 처리하고 중히 처리할 것과 서서히 처리하고 다급히 처리할 것 등을 양지는 본시 알지 못하는 것이 없을 것입니다. 그러나 간혹 일의 형세에 몰리게 된다면 어찌 정력을 돌볼 수가 있겠습니까? 간혹 정력이 매우 지쳐 있다면 어찌 일의 형세를 돌볼 수가 있겠습니까? 그런 경우 어떻게 하면 좋습니까?"

'차라리 일을 잘 끝내지 못할지언정 양지를 더욱 배양하지 않으면 안된다'는 것은 또한 공부를 시작하는 사람들에게 그렇게 말해준다면 또한 유익하지 않다고 할 수가 없을 것이나, 다만 그것을 두 가지 다른 일로 본다면 곧 병폐가 생기게 되는 것일세. 맹자께서 '반드시 올바른 일에 힘써야 한다'고 하신 것은, 곧 군자의 학문은 평생토록 오직 의로움을 모은다는 한 가지 일뿐이라는 뜻이네. 의로움[義]이라는 것은 합당하다[宜]는 뜻이네. 마음에 일의 합당함을 터득한 것이 의로움이라는 것일세. 양지를 이르게 할 수 있다면 곧 마음은 일에 대하여 합당함을 터득하게 되는 것일세. 그러므로 '의로움을 모은다'는 것도 역시 오직 양지를 이르게 하는 것일세.

군자가 남들과 어울림에 있어서는 변화가 무척 많은 것이니, 마땅히 행하여야 할 경우에는 행하고, 마땅히 멈추어야 할 경우에는 멈추며, 마땅히 살아야 할 경우에는 살고, 마땅히 죽어야 할 경우에는 죽으며, 적절히 따져서 조절하는 것이네. 언제나 그것은 그의 양지를 이르게 함으로써 자신이 흡족하기를 추구하는 것일 따름이네. 그러므로 '군자는 지금의 그의 자리에 따라서 행하고' '생각은 그의 자리를 벗어나지 않는다'고 하는 것일세.

그의 능력이 미치지 못할 일을 꾀하고, 그의 지혜로 할 수 없는 일을 억지로 하는 자들은 모두 그의 양지를 이르게 할 수가 없는 것이네. 그러나 '그의 육체를 고달프게 하고, 그의 몸을 굶주리며, 그 자신을 궁핍케 하고, 그의 하는 일이 그가 하려는 일과 어긋나게 하여, 마음을 격동시키고 그의 성격을 참을성있도록 하여, 그가 할 수 없었던 일도 더 많이 할 수 있도록 하는 것'은 모두가 그의 양지를 이르게 하는 방법이 되네.

만약 '차라리 일을 잘 끝내지 못할지언정 양지를 더 배양하지 않으면 안된다'고 말하면서 역시 그에 앞서 공명(功名)과 이익을 따지는 마음이 있었다면 성공과 실패, 또는 이롭고 이롭지 못한 것을 따져서 그 사이에 좋아하고 미워하며 버리고 취하는 것들이 있게 될걸세. 그래서 '일을 끝내려고 하는 것'도 스스로 한 가지 일이 되고 '양지를 배양하려는 것'도 또다른 한 가지 일이 된다네. 여기에 바로 안쪽은 옳고 바깥쪽은 그르다고 하는 뜻이 생기게 되네. 바로 이것이 자기의 사사로운 뜻으로 지혜를 쓰는 것일세. 이것이 바로 의로움을 밖으로 밀어내는 것일세. 그래서 '마음으로 터득할 수 없는 것을 기운으로 추구하지 말아야 한다'고 하는 병폐가 생기는 것일세. 바로 이것은 양지를 이르게 하여 스스로 흡족함을 추구하는 공부가 아닐세.

자네가 말하기를 '힘내도록 고무하여 지탱하다가, 일을 마치면 지치고 피로함이 매우 심해진다'고 했고, 또 말하기를 '일의 형세에 몰리어 정력이 지치게 된다' 하였는데, 모두 그것들을 두 가지 다른 일로 간주하고 있는 것일세. 그래서 그런 말을 한 것이지. 모든 학문의 노력은 하나로 기울이면 정성스럽게 되고, 둘로 나누어 기울이면 거짓이 되는 것일세. 이것은 모두 양지를 이르게 하려는 뜻에 하나를 추구하는 정성스러움과 참되고 절실함이 없기 때문일세.

《대학》에 말하기를 '그의 뜻을 정성스럽게 하는 것을 나쁜 냄새를 싫어하는 것같이, 좋은 색깔을 좋아하는 것같이 하는데, 이것을 스스로 흡족히 여기는 것이라 말하는 것'이라 하였네. 일찍이 '나쁜 냄새를 싫어하고 좋은 색깔을 좋아하는 것'을 반드시 힘내라고 고무하여 지탱하도록 하는 것을 본 일이 있는가? 일찍이 일을 잘 마쳤는데 지치고 피곤함이 매우 심한 것을 본 일이 있는가? 일찍이 일의 형세에 몰리어 정력이 지치게 되는 일이 있었던가? 이것으로 그에게 병폐가 생기게 되는 근원을 알 수가 있을 것이네.

原文 來書又云：師云：爲學終身只是一事, 不論有事無事, 只是這一件. 若說寗不了事, 不可不加培養, 卻是分爲兩事也.

竊意, 覺精力衰弱, 不足以終事者, 良知也. 寗不了事, 且加休養, 致知也. 如何卻爲兩事? 若事變之來, 有事勢不容不了.

而精力雖衰，稍鼓舞亦能支持，則持志以帥氣可矣．然言動終無氣力，畢事則困憊已甚，不幾於暴其氣已乎？此其輕重緩急，良知固未嘗不知．然或迫於事勢，安能顧精力？或困於精力，安能顧事勢？如之何則可？

寗不了事，不可不加培養之意，且與初學如此說，亦不爲無益．但作兩事看了，便有病痛在．孟子言必有事焉，則君子之學，終身只是集義一事．義者，宜也．心得其宜之謂義．能致良知，則心得其宜矣．故集義亦只是致良知．

君子之酬酢萬變，當行則行，當止則止，當生則生，當死則死．斟酌調停，無非是致其良知，以求自慊而已．故君子素其位而行，思不出其位．

凡謀其力之所不及，而强其知之所不能者，皆不得爲致良知．而凡勞其筋骨，餓其體膚，空乏其身，行拂亂其所爲，動心忍性，以增益其所不能者，皆所以致其良知也．

若云寗不了事，不可不加培養者，亦是先有功利之心，較計成敗利鈍，而愛憎取舍於其間．是以將了事自作一事，而培養又別作一事．此便有是內非外之意．便是自私用智．便是義外．便有不得於心，勿求於氣之病．便不是致良知以求自慊之功矣．

所云鼓舞支持，畢事則困憊已甚，又云，迫於事勢，困於精力，皆是把作兩事做了．所以有此．凡學問之功，一則誠，二則僞．凡此皆是致良知之意，欠誠一眞切之故．

大學言，誠其意者，如惡惡臭，如好好色．此之謂自慊．曾見有惡惡臭，好好色，而須鼓舞支持者乎？曾見畢事則困憊已甚者乎？曾有迫於事勢，困於精力者乎？此可以知其受病之所從來矣．

註解 ㅇ師云(사운)－앞의 〈주도통(周道通)에게 답하는 편지〉에 보이는 말임. ㅇ寗(녕)－차라리. ㅇ稍(초)－조금, 약간. ㅇ鼓舞(고무)－힘내도록 격려하는 것. ㅇ支持(지지)－지탱하다, 상태를 유지하는 것. ㅇ持志以帥氣(지지이솔기)－《맹자》 공손추(公孫丑) 상편에 '뜻이란 기의 통솔자이고, 기는 몸에 가득 차 있는 것이다. 뜻이 가면 기가 그 다음으로 따르게 된다. 그러므로 그의 뜻을 잘 유지하여 기를 손상시키지 말아야 한다[夫志, 氣之帥也. 氣, 體之充也. 夫志至焉, 氣次焉. 故曰 : 持其志, 無暴其氣]'라 하였다. ㅇ困憊(곤비)－지치고 피로하다, 지치고 고달프다. ㅇ暴(폭)－손상시키어 어지럽히는 것. ㅇ孟子言(맹자언)－《맹자》 공손추(公孫丑) 상편의 말. ㅇ義者宜也(의자의야)－《중용》의 말. ㅇ斟酌(짐작)－적절히 따지는 것. ㅇ自慊(자겸)－스스로 흡족히 여기는 것. ㅇ君子素其位而行(군자소기위이행)－《중용》의 말. '소'는 현재를 뜻함. ㅇ思不出其位(사불출기위)－《논어》 헌문(憲問)편, 《역경》 간괘(艮卦)의 상전(象傳)에 보이는 말. ㅇ謀其力之(모기력지)…… －구양수(歐陽修)의 〈추성부(秋聲賦)〉에 보이는 말. ㅇ勞其筋骨(노기근골)…… －《맹자》 고자(告子) 하편에 보이는 글. ㅇ較計(교계)－비교하고 헤아리다, 여러 가지로 따져보는 것. ㅇ利鈍(이둔)－이익과 불이익. ㅇ不得於心(부득어심)…… －《맹자》 공손추(公孫丑) 상편의 말.

解說 여기서는 공부를 열심히 하다가 쉬는 문제를 논한 것이다. 공부는 양지를 이르게 하는 한 가지 일만을 하여야 하지만, 지치고 피로할 적과 사세가 여의치 못할 적에는 어떻게 해야 하는가가 문제이다. 왕양명은 이해관계나 어떤 조건을 따지지 말고 언제나 오로지 정성을 다하여 양지를 이르게 할 것을 강조하고 있다.

4. 보내온 편지 : "사람들의 정으로 말하면 음모와 속임수가 여러 가지로 행해지고 있습니다. 이들을 대처함에 있어서 아무런 의심도 갖지 않는다면 가끔 속임을 당하게 됩니다. 남의 속셈을 미리 깨달으

려면 스스로 미리 짐작하고 미리 억측을 해야만 합니다. 속임수를 미리 짐작하는 것도 바로 속임수입니다. 믿지 않는다고 억측을 하는 것도 바로 믿지 않는 것입니다. 남에게 속임을 당한다면 또 미리 깨닫는 것이 아닙니다. 미리 짐작하지 않고 미리 억측하지 않으면서 늘 미리 깨달으려면 오직 양지가 매우 밝은 이만이 가능한 것이지요? 그러나 나갔다 들어왔다 할 적의 작은 일이나 짧은 순간에 있어서는 깨달음에 위배되고 속임수에 들어맞게 되는 일이 많을 것입니다."

'남이 속일 거라고 미리 짐작하지 않고 남이 믿지 않는다고 미리 억측하지 않으며, 그런 것들을 미리 깨달아야 한다'는 말은 공자께서 그 당시의 사람들이 오로지 남이 속일 거라고 미리 짐작하고 남이 믿지 않는다고 미리 억측하는 마음을 갖고 있어서 스스로 속임수와 남을 믿지 않는 처지로 빠져들고 있고, 또 미리 짐작하지 않고 미리 억측하지 않는 사람들이 있다 해도 양지를 이르게 하는 공부를 할 줄을 몰라서 흔히 또 남에게 속임을 당하는 경우가 있기 때문에 그러한 말씀을 하셨던 것일세. 사람들에게 그러한 마음을 지니어 오로지 남들의 속임수와 믿지 않는 것을 먼저 깨닫도록 가르치려는 것이 아니네.

그러한 마음을 지닌다는 것은 바로 후세에 남을 시기하는 음험하고 각박한 자들의 일이 되니, 그러한 생각만을 지녔다면 이미 요·순임금의 도에 들어갈 수가 없게 된 것일세. 미리 짐작하지 않고 미리 억측하지 않으면서 남에게 속임을 당하는 사람은 그래도 선한 행실을 잃은 것은 아니네. 그러나 그의 양지를 잘 이르게 하여 자연히 그런 일들을 미리 깨닫게 되는 뛰어나게 현명한 사람만은 못한 것이네.

자네가 말하기를 '오직 양지가 매우 밝은 사람만이 그럴 수 있다' 하였으니, 이미 그런 뜻을 터득하고 있는 것일세. 그러나 자네 재능에 의한 깨달음이 거기에까지 미친 것이지 아마도 실지로 체험을 한 것은 아닌 듯싶네. 대체로 사람들 마음속에 있는 양지는 오랜 세월에 걸쳐 우주에 가득 차 있는 것이지만 같지 않은 경우란 없다네. 생각하지 않아도 알게 되므로 언제나 쉽사리 험난함을 알게 되네. 배우지 않아도 할 수 있게 되므로 언제나 간단히 막힘을 알게 되는 것이네. '하늘보다 앞서면서도 하늘에 어긋나지 않으며, 하늘에도 어긋나지 않거늘 하물며 사람에 어긋나겠는가? 하물며 귀신에 어긋나겠는가?'

'깨달음에 위배되고 속임수에 들어맞게 되는 수가 있다'고 말한 것은 그가 비록 남의 행위를 미리 짐작하지 않는다 하더라도 간혹 스스로를 속이는 일이 없을 수가 없기 때문이네. 비록 남의 생각을 미리 억측하지 않는다 하더라도 간혹 스스로를 결과적으로 믿지 못하는 수가 있기 때문이네. 그래서 혹시 늘 남의 행위와 생각을 미리 깨달을 것을 추구하는 마음을 갖고 있다 하더라도 늘 스스로 그것을 미리 깨닫지 못하게 되는 것이네. 언제나 남의 행위와 생각을 미리 깨달을 것을 추구하는 마음을 지니고 있다면 곧 이미 미리 짐작하고 미리 억측하는 데로 흘러서 스스로 그의 양지를 가리게 되기에 충분한 일일세. 이것이 '깨달음에 위배되고 속임수에 들어맞게 됨'을 면치 못하게 되는 까닭일세.

군자는 공부를 자기 충실을 위하여 하네. 전혀 남이 자기를 속일까 걱정하는 일이 없네. 언제나 스스로 자신의 양지를 속이지 않을 따름일세. 전혀 남이 자기를 믿지 않을까 걱정하는 일이 없네. 언제나 스스로 자신의 양지를 믿을 따름일세. 전혀 남의 속임수나 남이 믿어주지 않는 것을 먼저 깨달으려고 하지 않네. 언제나 그의 양지를 스스로 깨닫기에 힘쓸 따름이네.

그러므로 스스로 속이지 않으면 곧 그의 양지는 거짓됨이 없이 정성스러워지네. 정성스러우면 밝아지네. 스스로 믿는다면 곧 그의 양지는 미혹됨이 없이 밝게 되네. 밝게 되면 정성스러워지네. 밝음과 정성스러움은 서로를 생성하네. 그러므로 양지는 언제나 깨닫고 언제나 비취고 있네. 언제나 깨닫고 언제나 비취고 있는 것이 마치 밝은 거울을 달아놓은 것 같네. 다가오는 물건이 있다면 자연히 그 아름답고 추한 모습을 감출 수가 없게 되네.

어째서 그러한가? 스스로 속이지 않고 정성스럽다면 곧 그의 속임수는 받아들여질 곳이 없게 되어, 진실로 속임수가 있다면 미리 깨닫게 되는 것이네. 스스로 믿고 밝다면 곧 그의 믿지 않는 것은 받아들여질 곳이 없게 되어, 진실로 믿지 않는다면 미리 깨닫게 되는 것이네. 이것을 두고 '쉽사리 험난함을 알고, 간단히 막힘을 안다'고 말하는 것이네. 자사(子思)께서 말씀하신 '지극한 정성은 신(神)과 같아서, 일을 미리 알 수 있다'는 것도 같은 뜻이네.

그러나 자사께서는 '신과 같다' 하셨고 '일을 미리 안다' 하셨으니, 정성스러운 것을 둘로 구별하여 말씀하신 것이네. 그것은 정성스러울 것을 생각하는 사람의 결과를 미루어 말한 것이니, 그것은 오히려 미리 깨달을 수가 없는 사람들을 위하여 말한 것이 되네. 만약 지극한 정성에 대하여 말한다면 곧 지극한 정성의 오묘한 작용은 바로 '신'이라고 말해야지 '신과 같다'고 말할 필요가 없네. 지극히 정성스러운 사람은 알려 하는 것이 없으면서도 알지 못하는 것도 없다네. '일을 미리 알 수 있다'고 말할 필요도 없는 것이네.

原文 來書又有云：人情機詐百出. 御之以不疑, 往往爲所欺. 覺則自入於逆億. 夫逆詐, 卽詐也. 億不信, 卽非信也. 爲人欺, 又非覺也. 不逆不億, 而常先覺, 其惟良知瑩徹乎? 然而出入毫忽之間, 背覺合詐者多矣.

不逆不億而先覺, 此孔子因當時人, 專以逆詐億不信爲心, 而自陷於詐與不信, 又有不逆不億者, 然不知致良知之功, 而往往又爲人所欺詐, 故有是言. 非敎人以是存心, 而專欲先覺人之詐與不信也.

以是存心, 卽是後世猜忌險薄者之事, 而只此一念, 已不可與入堯舜之道矣. 不逆不億, 而爲人所欺者, 尚亦不失爲善. 但不如能致其良知, 而自然先覺者之尤爲賢耳.

崇一謂, 其惟良知瑩徹者, 蓋已得其旨矣. 然亦穎悟所及, 恐未實際也. 蓋良知之在人心, 亘萬古, 塞宇宙而無不同. 不慮而知, 恆易以知險. 不學而能, 恆簡以知阻. 先天而天不違, 天且不違, 而況於人乎? 況於鬼神乎?

夫謂背覺合詐者, 是雖不逆人, 而或未能無自欺也. 雖不億人, 而或未能果自信也. 是或常有求先覺之心, 而未能常自覺也. 常有求先覺之心, 卽已流於逆億, 而足以自蔽其良知矣. 此背覺合詐之所以未免也.

君子學以爲己. 未嘗虞人之欺己也. 恆不自欺其良知而已. 未嘗虞人之不信己也. 恆自信其良知而已. 未嘗求先覺人之詐與不信也. 恆務自覺其良知而已.

是故不欺, 則良知無所僞而誠. 誠則明矣. 自信則良知無所惑而明. 明則誠矣. 明誠相生. 是故良知常覺常照. 常覺常照, 則如明鏡之懸, 而物之來者, 自不能遁其姸媸矣.

何者? 不欺而誠, 則無所容其欺, 苟有欺焉而覺矣. 自信而明, 則無所容其不信, 苟不信焉而覺矣. 是謂易以知險, 簡以知阻. 子思所謂至誠如神, 可以前知者也.

然子思謂如神, 謂可以前知, 猶二而言之. 是蓋推言思誠者之功效, 是猶爲不能先覺者說也. 若就至誠而言, 則至誠之妙用, 卽謂之神, 不必言如神. 至誠則無知而無不知. 不必言可以前知矣.

註解 ㅇ機詐(기사)-음모를 꾸미고, 속임수를 쓰는 것. ㅇ御(어)-마중

하다, 대처하다. ㅇ覺(각)－남의 속셈을 미리 깨닫는 것. ㅇ逆億(역억)－남의 행실을 미리 짐작하고, 남의 마음을 미리 억측하는 것. 《논어》 헌문(憲問)편에 '남이 속일 것이라고 미리 짐작하지 말고, 남이 믿지 않을 것이라고 미리 억측하지 말아야 한다. 그런 것을 미리 깨닫는 사람이라면, 현명한 사람이다[不逆詐, 不億不信. 抑亦先覺者, 是賢乎]'고 하였다. ㅇ瑩徹(영철)－매우 밝은 것. ㅇ毫忽(호홀)－가는 터럭 같은 작은 것과 극히 짧은 순간. ㅇ猜忌(시기)－남을 새암하고 미워하는 것. ㅇ險薄(험박)－음험(陰險)하고 각박(刻薄)한 것. ㅇ穎悟(영오)－뛰어난 재능으로 깨닫는 것. ㅇ不慮而知(불려이지)－'불학이능(不學而能)'과 함께 《맹자》 진심(盡心) 상편의 말. ㅇ恆易以知險(항이이지험)－'항간이지조(恆簡以知阻)'와 함께, 《역경》 계사전(繫辭傳) 하에 보이는 글. ㅇ先天而(선천이)…… －《역경》 건괘(乾卦) 문언(文言)에 보이는 글. ㅇ君子學以爲己(군자학이위기)－《논어》 헌문(憲問)편에 보이는 글. ㅇ虞(우)－걱정하다, 염려하다. ㅇ子思(자사)－공자의 손자 공급(孔伋), 자가 자사. 주희는 《중용》은 자사가 지은 것이라 단정하였다. 여기의 자사의 말은 모두 《중용》의 글임.

解說 구양숭일은 《논어》에 보이는 남의 속셈을 '미리 짐작하고 미리 억측하는 것'과 그런 남의 속셈을 미리 '깨닫는 사람'의 문제를 질문하고 있다. 그러나 왕양명은 '지극히 정성스러운 것'을 바로 양지라고 하면서, 남을 불신하지 말고 오직 양지만을 따를 것을 강조하고 있다.

VI. 나정암소재에게 답한 글(答羅整庵少宰書)

나정암(1465~1547)은 이름이 흠순(欽順), 자는 윤승(允升)이며 호가 '정암', '소재'는 그의 벼슬이다. 그는 당시의 유명한 주자학자(朱子學者)로 이 편지는 그가 왕양명에게 가한 준엄한 비판에 대하여 답한 것이다. 그는 왕양명보다 7세 위였으며, 그의 편지는 그가 저술한《곤지기(困知記)》에 실려있다. 왕양명의 이 편지는 그가 49세 되던 해(正德 15년, 1520)에 쓴 것이며, 선배에게 보낸 답장이라 말이 매우 정중하다. 그러나 이 글 속에는 자신의 학설에 대한 신념과 이를 밝히려는 열의가 드러난다. 전편이 본시 1장이나 너무 길어 7절로 나누어 역해하였다.

1. 머리 조아리며 아뢰옵니다. 어제는《대학》에 관한 가르침이 실린 편지를 받았는데, 배를 서둘러 출발시키느라 답장을 올리지 못하였습니다. 새벽이 되자 강물 여행에 어느 정도 틈이 생겨 다시 주신 편지를 읽어보았습니다. 강서(江西)에 도착한 뒤에는 세상일로 다시 분주해질까 두려워, 먼저 대략을 적어 가르침을 요청하는 바입니다.

보내주신 편지에 말씀하시기를 "도를 알아보는 것도 힘들고 어려운 일이지만 도를 체득하기란 더욱 어렵다. 도는 진실로 밝히기 어려운 것이지만, 학문은 진실로 연구하지 않으면 안되는 것이다. 아마도 자기 견해에 안주하여 마침내 절대적인 법도라고 보는 것은 안될 일이라 생각한다."고 하셨습니다. 매우 고맙습니다, 매우 고맙습니다!

무엇 때문에 이런 말씀을 듣게 되었을까요? 어찌 감히 스스로의 생각을 절대적인 법도라 하고 안주하겠습니까? 바로 천하의 올바른 도가 있는 곳으로 나아가 연구하여 밝힐 것을 생각하고 있습니다. 그러나 여러 해 내려오면서 저의 이론을 듣고는 비난하고 비웃는 사람들이 있습니다. 욕하고 꾸짖는 사람도 있습니다. 버려둔 채로 따지고 헤아리거나 분별하고 논의할 것이 못된다고 하는 사람도 있습니다. 끝내 저를 가르치고자 하는 사람이야 어디 있었습니까? 슬프게도 끝내 저를 가르치고자 하여 거듭 깨우쳐준다 해도 올바르게 이끌어 줄 수가 없음을 두려워하기 때문인가요?

그러니 천하의 저를 사랑해주는 사람들 가운데에도 진실로 선생님처럼 마음이 깊고 또 지극한 사람은 없을 것입니다. 이런 감격 어찌 해야만 되겠습니까? '덕을 닦지 못하는 것과 배움을 익히지 못하는 것'을 공자께서는 걱정이라 하셨습니다. 그런데 세상의 공부한다는 사람들은 경전을 익히고 그 뜻풀이를 약간 배우기만 하면 곧 모두 스스로 학문에 대하여 안다고 여깁니다. 더이상 이른바 '배움을 익히려는' 노력을 하지 않습니다. 슬픈 일입니다.

도란 반드시 체험한 뒤에야 알게 되는 것입니다. 이미 도에 대하여 알고 난 뒤에 도를 체험하려는 노력을 더하는 것이 아닙니다. 도는 반드시 공부를 한 뒤에야 분명해집니다. '배움을 익히는 것' 이외에 또 이른바 도를 밝히는 일이 따로 있는 것이 아닙니다. 그런데 세상의 '배움을 익히는' 사람들은 두 종류가 있습니다. 배움을 몸과 마음으로 익히는 사람이 있고, 배움을 입과 귀로만 익히는 사람이 있습니다. 배움을 입과 귀로만 익힌다는 것은 상상을 하고 속으로 헤아리면서 도를 그림자와 울림에서 구하려는 사람들입니다. 배움을 몸과 마음으로 익힌다는 것은 행동을 통하여 도를 드러내고 그것을 익힘으로써 잘 살피어 실로 그것이 자신에게 있게 되는 사람들입니다. 이것을 알면 곧 공자님 문하의 학문을 안다고 하겠습니다.

原文 某頓首啓：昨承教及大學，發舟匆匆，未能奉答．曉來江行稍暇，復取手教而讀之．恐至贛後，人事復紛沓，先具其略以請．

來教云；見道固難，而體道尤難．道誠未易明，而學誠不可不講．恐未可安於所見，而遂以爲極則也．幸甚幸甚！

何以得聞斯言乎？其敢自以爲極則而安之乎？正思就天下之有道以講明之耳．而數年以來，聞其說而非笑之者有矣．詬訾之者有矣．置之不足較量辨議之者有矣．其肯遂以教我乎？其肯遂以教我，而反覆曉諭，惻然惟恐不及救正之乎？

然則天下之愛我者, 固莫有如執事之心深且至矣. 感激當何如哉? 夫德之不修, 學之不講, 孔子以爲憂. 而世之學者, 稍能傳習訓詁, 卽皆自以爲知學, 不復有所謂講學之求, 可悲矣!

夫道必體而後見. 非已見道而後加體道之功也. 道必學而後明. 非外講學而復有所謂明道之事也. 然世之講學者有二. 有講之以身心者. 有講之以口耳者. 講之以口耳, 揣摸測度, 求之影響者也. 講之以身心, 行著習察, 實有諸己者也. 知此, 則知孔門之學矣.

註解 ㅇ某(모)－자신을 낮추어 부른 말. ㅇ頓首(돈수)－머리를 조아리다. ㅇ匆匆(총총)－바쁜 모양, 서두르는 모양. ㅇ贛(감)－강서성(江西省)의 별명. ㅇ紛沓(분답)－복잡한 것, 어지러운 것. ㅇ極則(극칙)－절대적인 법도. ㅇ非笑(비소)－비난하고 비웃는 것. ㅇ詬訾(후자)－욕하고 헐뜯는 것. ㅇ惻然(측연)－슬퍼하는 모양, 동정하는 모양. ㅇ執事(집사)－상대방을 높여 부르는 말. ㅇ德之不修(덕지불수)…… －《논어》 술이(述而)편에 보이는 말. ㅇ揣摸(췌모)－상상으로 짐작하는 것. ㅇ行著習察(행저습찰)－《맹자》 진심(盡心) 상편에 보이는 말.

解說 여기서는 나흠순의 편지에 감사하는 뜻을 표하면서, 자신의 기본적인 학문방법에 대한 오해를 푸는 데 주력하고 있다.

2. 보내주신 편지에 말씀하시기를 "제가 《대학》의 고본(古本)을 복구하면서 사람들의 학문은 다만 그것을 자기 내부에서 추구해야만 하는데, 정자(程子)와 주자(朱子)의 '격물(格物)'에 관한 이론은 그 뜻을 외부에서 추구하고 있음을 면치 못하고 있다고 하면서 마침내는 주자가 여러 장으로 나눈 것을 무시하고 그가 보충한 전을 삭제해 버렸다."고 하셨습니다. 그러나 감히 그렇게 한 것은 아닙니다. 학문에

어찌 내부와 외부가 따로 있겠습니까? 《대학》의 고본이란 바로 공자님 문하에 오래 전하여져 온 오래된 판본입니다. 주자께서는 거기에 빠진 부분과 착오가 있는 것이 아닌가 의심을 하고 그것을 개정하고 보충하여 다시 편집한 것입니다. 저는 그 고본에는 빠진 것이나 착오가 없다고 생각합니다. 모두 그 옛 모습대로 따랐을 따름입니다. 제 잘못이 공자님을 너무 믿었다는 데 있다면 몰라도 일부러 주자가 여러 장으로 나누어 놓은 형식을 무시하고 그가 만든 전을 잘라내어 버린 것이 아닙니다.

배움이란 것은 마음으로 터득하는 것이 소중합니다. 자기 마음으로 추구하여 잘못된 것이라면 비록 그 말이 공자님에게서 나온 것이라 하더라도 감히 옳은 것이라 할 수 없습니다. 그런데 하물며 공자님께 미칠 수도 없는 분의 말이라면 어찌하겠습니까? 자기 마음으로 추구하여 옳은 것이라면 비록 그 말이 보통사람에게서 나온 것이라 하더라도 감히 잘못된 것이라 할 수가 없습니다. 그런데 하물며 그것이 공자님에게서 나온 것이라면 어찌하겠습니까?

또한 옛 판본이 전해져 온 것은 수천 년이나 된 일입니다. 지금 그 글을 읽어보아도 뜻이 분명하고 잘 통합니다. 거기에 대한 공부로 말하면 또 쉽고 간단하게 들어갈 수가 있습니다. 또한 어디에 근거를 두고 이 대목은 반드시 저기에 있어야 하고 저 대목은 반드시 여기에 있어야 하는 거라 하고, 여기에는 어떤 까닭으로 빠진 것이고 저기에는 어떤 까닭으로 착오가 있는 것이라고 단정하고 마침내는 그것을 개정하고 보충하여 편찬한 것입니까? 주자를 배반한 것은 중대한 일이라 하고 공자님을 배반한 것은 가벼운 일이라 하는 것이 아닙니까?

原文 來敎謂, 某大學古本之復, 以人之爲學但當求之於內, 而程朱格物之說, 不免求之於外, 遂去朱子之分章, 而削其所補之傳. 非敢然也. 學豈有內外乎? 大學古本, 乃孔門相傳舊本耳. 朱子疑其有所脫誤, 而改正補緝之. 在某則謂, 其本無脫誤, 悉從其舊而已矣. 失在於過信孔子則有之, 非故去朱子之分章而削其傳也.

夫學貴得之心, 求之於心而非也, 雖其言之出於孔子, 不敢以爲是也. 而況其未及孔子者乎? 求之於心而是也, 雖其言之出於庸常, 不敢以爲非也. 而況其出於孔子者乎?

且舊本之傳, 數千載矣. 今讀其文詞, 旣明白而可通. 論其工夫, 又易簡而可入. 亦何所按據, 而斷其此段之必在於彼, 彼段之必在於此, 與此之如何而缺, 彼之如何而誤, 而遂改正補緝之? 無乃重於背朱, 而輕於叛孔已乎?

註解 ㅇ大學古本(대학고본)－주희는 《예기》의 한 편인 〈대학〉을 독립시켜 《대학장구(大學章句)》를 짓고 사서의 하나로 격상시키면서, 〈대학〉에는 빠져 없어진 글과 착오가 있다고 단정하고, 그 내용을 경(經)과 그것을 해설한 전(傳)으로 나누고, 전을 여러 장으로 나눈 위에 그 일부는 없어졌다 하고 보충하였다. 왕양명은 그런 주희의 방법에 반대하고 《예기》의 〈대학〉에는 전혀 잘못된 부분이 없다고 주장하였다.

解說 《대학》의 판본문제를 논하면서, 주희의 《대학》에는 빠져 달아난 곳이 있고 착오도 있다고 하면서 마음대로 분장(分章)을 하고 수정 보충한 태도를 비판하고 있다. 특히 '자기 마음에 물어보아 잘못된 것이라면, 비록 그 말이 공자에게서 나온 것이라 하더라도 감히 옳다고 할 수가 없는 것이다'고 선언하는 기백이 대단하다.

3. 보내주신 편지에 말씀하시기를 "만약 반드시 공부는 밖의 것을 추구하는 것을 바탕으로 하지 않고 다만 돌이켜보고 안으로 반성하는 일에 힘써야만 한다면 곧 마음을 바르게 하고 뜻을 정성스럽게 갖는

다는 '정심성의(正心誠意)'의 네 글자는 또 무엇을 다하지 못하는 것이 있다는 것인가요? 어찌 반드시 공부를 시작할 때에 바로 사물을 올바르게 한다는 '격물(格物)'이란 공부로써 어려움을 겪어야만 하나요?"라 하셨습니다. 진실로 그러합니다, 진실로 그러합니다!

만약 그 요점을 말한다면 곧 몸을 닦는다는 '수신(修身)' 두 글자로도 충분합니다. 어찌 반드시 또 '정심'을 말해야 합니까? '정심' 두 글자로도 충분합니다. 어찌 반드시 또 '성의'를 말해야 합니까? '성의' 두 글자로도 충분합니다. 어찌 반드시 또 양지를 이르게 한다는 '치지(致知)'를 말하고 또 '격물'을 말해야 합니까? 오직 공부 방법을 자세히 얘기하고는 있지만 그것들을 요약하면 오직 한 가지 일만이 남습니다. 이것이 '마음으로 정성을 다하고 통일을 하는' 학문의 방법이므로, 이것에 대하여는 잘 생각하지 않으면 안되는 것입니다.

이에는 안팎이 없습니다. 성에도 안팎이 없습니다. 그러므로 공부에도 안팎이 없습니다. 공부를 익히고 토론을 하는 것도 전혀 내부적인 것이 아닌 게 아닙니다. 되돌아보고 반성을 하는 일도 전혀 외부적인 것이 없는 것이 아닙니다. 공부는 반드시 외부에 대하여 추구하는 것을 바탕으로 해야 한다고 말하기 때문에 그래서 자기 본성에 외부가 있게 되고, 의(義)가 외부의 것이 되며, 지혜를 쓰는 것이 됩니다. 되돌아보고 안으로 반성하는 것을 내부적으로 추구하는 공부라고 말하기 때문에 그래서 자기 본성에 내부가 있게 되고, '나'가 있게 되며, '사사로움'이 있게 됩니다. 이것은 모두 '성'에는 안팎이 없다는 것을 모르기 때문입니다.

그러므로 《역경》 계사전에 '의로움에 정성을 다하여 신통함으로 들어가는 것은 쓰임을 이루게 하려는 것이고, 쓰임을 이롭게 하여 몸을 편안케 하는 것은 덕을 높이려는 것이다'고 하였습니다. 《중용》에서는 '정성스러움'이란 '본성의 덕이니 안팎을 합치게 하는 도이다'고 하였습니다. 이것으로 '격물'의 학문에 대하여 알 수가 있습니다.

'격물'이란 《대학》의 학문에 있어서 실질적인 착수를 하는 곳이며, 처음부터 끝까지, 그리고 공부를 시작하는 사람으로부터 성인에 이르기까지 오직 이 공부만 하면 됩니다. 공부를 시작할 적에만 이 단계를 거쳐야 하는 것이 아닙니다.

정심 · 성의 · 치지 · 격물은 모두 수신을 하는 방법인데, 특히 '격물'이란 것은 그가 노력하는 정도가 나날이 드러나는 근거입니다. 그러므로 '격물'이란 '그의 마음속의 사물들을 바르게 하는 것'이고, '그의 뜻 안의 사물들을 바르게 하는 것'이며, '그의 앎 속의 사물을 바르게 하는 것'입니다. '정심'이란 '그 사물에 대한 마음을 바르게 하는 것'입니다. '성의'란 '그 사물에 대한 뜻을 정성스럽게 하는 것'입니다. '치지'란 '그 사물에 대한 양지를 이르게 하는 것'입니다. 여기에 어찌 안팎과 이것저것의 나눔이 있겠습니까?

이는 하나일 따름입니다. 이 '이'가 모여 엉기어 있는 것을 말할 적에는 그것을 '성'이라 하고, 그것이 모여 엉기게 하는 주재자를 말할 적에는 그것을 '마음'이라 하며, 그 주재자가 발동시킨 것을 말할 적에는 그것을 '뜻'이라 하고, 그 발동한 것이 밝게 깨닫는 것을 말할 적에는 그것을 '앎'이라 하며, 그 밝게 깨달은 것에 감응하는 것을 말할 적에는 그것을 '사물'이라 합니다.

그러므로 사물에 대하여 말할 적에는 '바르게 한다[格]'고 하고, 앎에 대하여 말할 적에는 '이르게 한다[致]'고 말하며, 뜻에 대하여 말할 적에는 '정성스럽다[誠]'고 말하고, 마음에 대하여 말할 적에는 '바로잡는다[正]'고 말합니다. '바로잡는다'는 것은 그것을 바로잡는다는 것입니다. '정성스럽다'는 것은 그것이 정성스럽다는 것입니다. '이르게 한다'는 것은 그것을 이르게 한다는 것입니다. '바르게 한다'는 것은 그것을 바르게 한다는 것입니다. 모두 이른바 '이를 추궁하고 본성을 다한다'는 것입니다.

천하에는 본성 밖에 이가 있는 것이 아니고, 본성 밖에 사물이 있는 것이 아닙니다. 학문이 밝혀지지 않고 있는 것은 모두 세상의 학자들이 '이'가 그 밖의 것이라 여기고 '사물'이 그 밖의 것이라 여기어, 고자(告子)가 '의로움은 외부적인 것'이라 한 이론을 맹자가 일찍이 배척하였음을 알지 못하고, 그 이론 안으로 빠져들어가면서도 깨닫지를 못하기 때문입니다. 어찌 옳은 듯하기 때문에 그것을 분명히 하기가 어려운 점이 있는 것이 아니겠습니까? 잘 살피지 않으면 안되겠습니다.

原文 來教謂：如必以學不資於外求， 但當反觀內省以爲務，則正心誠意四字，亦何不盡之有？何必於入門之際，便困以格物一段工夫也？誠然，誠然！

若語其要，則脩身二字亦足矣！何必又言正心？正心二字亦足矣！何必又言誠意？誠意二字亦足矣！何必又言致知，又言格物？惟其工夫之詳密，而要之只是一事．此所以爲精一之學，此正不可不思者也．

夫理無內外，性無內外．故學無內外．講習討論，未嘗非內也．反觀內省，未嘗遺外也．夫謂學必資於外求，是以己性爲有外也．是義外也．用智者也．謂反觀內省，爲求之於內，是以己性爲有內也．是有我也．自私者也．是皆不知性之無內外也．

故曰：精義入神，以致用也．利用安身，以崇德也．性之德也．合內外之道也．此可以知格物之學矣．格物者，大學之實下手處，徹首徹尾，自始學至聖人，只此工夫而已．非但入門之際，有此一段也．

夫正心誠意，致知格物，皆所以脩身，而格物者，其所用力日可見之地．故格物者，格其心之物也．格其意之物也．格其知之物也．正心者，正其物之心也．誠意者，誠其物之意也．致知者, 致其物之知也. 此豈有內外彼此之分哉?

理一而已. 以其理之凝聚而言, 則謂之性. 以其凝聚之主宰而言, 則謂之心. 以其主宰之發動而言, 則謂之意. 以其發動之明覺而言, 則謂之知. 以其明覺之感應而言, 則謂之物.

故就物而言, 謂之格. 就知而言, 謂之致. 就意而言, 謂之誠. 就心而言, 謂之正. 正者, 正此也. 誠者, 誠此也. 致者, 致此也. 格者, 格此也. 皆所謂窮理以盡性也.

天下無性外之理, 無性外之物. 學之不明, 皆由世之儒者, 認理爲外, 認物爲外, 而不知義外之說, 孟子蓋嘗闢之. 乃至襲陷其內而不覺. 豈非亦有似是而難明者歟? 不可以不察也.

註解 ㅇ資(자)－바탕으로 하다, 근거로 하다. ㅇ反觀(반관)－자신에 대하여 돌이켜보다. ㅇ正心誠意(정심성의)－《대학》의 이른바 팔조목(八條目)에서 두 가지만을 따온 것임. ㅇ精一(정일)－《서경》 대우모(大禹謨)에서 사람의 마음에 대하여 '오직 정성을 다하고 통일을 해야 한다〔惟精惟一〕'고 한 말에서 인용한 표현임. ㅇ理無內外(이무내외)…… －정호(程顥)의 《정성서(定性書)》에 보이는 말. ㅇ徹首徹尾(철수철미)－철두철미(徹頭徹尾), 처음부터 끝까지 모두. ㅇ窮理盡性(궁리진성)－《역경》 설괘전(說卦傳)의 말. ㅇ孟子(맹자)－《맹자》 고자(告子) 상편 참조 바람. ㅇ襲陷(습함)－남을 따라서 빠지는 것.

解說 나흠순은 양명학의 너무나 내향적인 경향을 비판하였다. 그러나 주자학을 포함하여 이른바 신유학의 한 가지 특징이 지나치게 내향적인 것이라 할 수 있다. 왕양명은 그의 말에 대하여 '이'나 '성'에는 안팎의 구별이 있을 수가 없으니 학문에도 안팎의 구별이 있을 수가 없다고 하면서, 학문의 기본방법을 제시하고 있다고 여기는 《대학》의 이른바 팔조목(八條目)에서 '수신'에 이르는 격물·치지·정심·성의에 대한 자기 나름대로의 해설을 하고 있다.

4. 선생님께서 '격물'의 이론에 대하여 의심을 지니게 된 것은 반드시 제가 내부의 것은 옳고 외부의 것은 글렀다고 한다고 여기셨기 때문일 것입니다. 반드시 제가 오로지 돌이켜 살펴보고 안으로 반성하는 일에만 종사하고 경전을 익히고 토론하는 노력은 버리고 하지 않는다고 여기셨기 때문일 것입니다. 반드시 제가 한결같이 학문의 기본 원칙이 되고 근본이 되는 중요한 것에만 뜻을 두고 세부적인 항목 같은 상세한 것들은 생략하고 있다고 여기셨기 때문일 것입니다. 반드시 제가 말라죽은 것을 숭상하는 도가나, 텅 비고 적막함을 숭상하는 불교의 편벽됨에 빠져서 사물의 이치나 사람들 일의 변화에는 마음을 다하지 않고 있다고 여기셨기 때문일 것입니다.

진실로 그러하다면 어찌 성인의 학문에만 죄를 짓는 것이 되겠습니까? 주자에게도 죄를 짓는 것이지요. 그것은 사악한 이론으로 백성들을 속이고, 도를 배반하고 정의를 어지럽힌 것이니, 사람들이 잡아서 처벌해야만 할 일입니다. 그런데 하물며 선생님 같은 바르고 곧은 분이야 그대로 두시겠습니까? 진실로 그러하다면 세상의 약간이라도 경전의 뜻을 알고 옛 훌륭한 분들의 기본 이론이라도 들은 사람이라면 모두 그것이 잘못되었음을 알 것입니다. 그런데 하물며 선생님 같은 고명하신 분이야 모르시겠습니까?

저의 이른바 '격물'에 관한 해석은 주자가 《대학혹문》에서 말한 정자(程子)의 '아홉 조목'의 이론까지도 모두 그 속에 한꺼번에 포함되어 있습니다. 다만 이론을 전개함에 다른 요점이 있고, 이론의 전개에 같지 않은 곳이 있습니다. 정말로 이른바 터럭과도 같은 작은 차이입니다. 그러나 터럭과 같은 작은 차이가 천리 거리로 어긋나게 된 것인데, 실은 여기에서 시작이 된 것입니다. 분명히 하지 않으면 안될 일입니다.

原文 凡執事所以致疑於格物之說者, 必謂其是內而非外也.

必謂其專事於反觀內省之爲, 而遺棄其講習討論之功也. 必謂其一意於綱領本原之約, 而脫略於支條節目之詳也. 必謂其沈溺於枯槁虛寂之偏, 而不盡於物理人事之變也.

審如是, 豈但獲罪於聖門, 獲罪於朱子. 是邪說誣民, 叛道亂正, 人得而誅之也. 而況於執事之正直哉? 審如是, 世之稍明訓詁, 聞先哲之緖論者, 皆知其非也. 而況執事之高明哉?

凡某之所謂格物, 其於朱子九條之說, 皆包羅統括於其中. 但爲之有要, 作用不同. 正所謂毫釐之差耳. 然毫釐之差, 而千里之繆, 實起於此. 不可不辨.

註解　○綱領(강령)－학문의 기본 원칙. ○約(약)－중요한 것, 중심이 되는 것. ○支條(지조)－옆으로 뻗은 가지, 가는 가지. ○枯槁(고고)－죽은 마른 나무. 도가에서 무위자연(無爲自然)의 상징으로 여긴다. ○虛寂(허적)－공허(空虛)함과 적멸(寂滅), 불교사상을 가리킨다. ○邪說誣民(사설무민)－《맹자》 등문공(滕文公) 하편에서, 양주(楊朱)와 묵적(墨翟)을 비판하는 데 쓴 말. ○朱子九條之說(주자구조지설)－주희가 《대학혹문(大學或問)》에 인용한 정자(程子)가 '격물치지'의 방법에 대하여 해설하면서 든 아홉 조목의 말. 주희는 이 아홉 조목이 모두 '격물치지'의 힘을 써야 할 곳과 그것을 실행하는 차례를 말한 것이라 하였다. ○毫釐(호리)－털끝만한 극히 작은 것. ○繆(류)－잘못, 과오.

解說　나흠순이 왕양명의 '격물'에 대한 이론이 너무 내향적이고 요점만을 논하고 있다고 비판한 데 대한 변명이다. 그런데 그의 학설이 주자의 이론과 크게 어긋나는 것이 아님을 주장하고 있는 점이 눈길을 끈다. 자기의 학설이 잘못되었다면 성인의 학문뿐만이 아니라 '주자에게도 죄를 짓는 것이 된다'는 생각까지 갖고 있었던 것이다.

5. 맹자는 양주(楊朱)와 묵적(墨翟)을 내치면서 심지어 '아비도 없

고 임금도 없는 자들'이라 하고 있습니다. 그러나 그들 두 사람도 그 당시의 현명한 사람이었습니다. 만약 그들이 맹자와 같은 세상에 살았다면 맹자도 그들을 현명한 사람들이라 하지 않았을 것이라고 할 수는 없습니다. 묵자는 '겸애(兼愛)'를 주장하였으니 인(仁)의 실천이 지나쳤습니다. 양자는 '위아(爲我)'를 주장하였으니 의(義)의 실천이 지나쳤습니다. 이들의 이론이 어찌 심하게 이치를 어기고 법도를 어지럽힌 것이라 하겠으며, 천하 사람들을 현혹시키기에 충분한 것이라 하겠습니까? 그런데도 그러한 흐름의 폐해를 맹자는 심지어 새나 짐승과 오랑캐들에게 비기고 있습니다. 이른바 학술로 천하의 후세 사람들을 죽인다고 여겼기 때문입니다.

현대의 학술의 폐해는, 그들이 '인'을 배우는 일을 지나치게 한다고 해야 할까요? 그들이 '의'를 배우는 일을 지나치게 한다고 해야 할까요? 그렇지 않으면 그들이 '불인'과 '불의'를 배우는 일을 지나치게 한다고 해야 할까요? 저는 그들의 폐해를 장마 물이나 맹수들에 비길 때 어떠할지 알지를 못하겠습니다. 맹자께서도 말씀하시기를 "내가 어찌 따지기를 좋아해서 이러겠는가? 나는 부득이해서 이러는 것이다."고 하셨습니다.

양주와 묵적의 도가 온 천하에 가득 차있어서, 맹자의 시대에 천하 사람들이 양주와 묵적을 존경하고 믿는 정도는 오늘날 주자의 학설을 숭상하는 것보다 못하지 않았을 것입니다. 그런데도 맹자 홀로 한 사람만이 세상에서 시끄럽게 그들을 비판했습니다. 아아, 슬퍼해야 할 일입니다!

한유(韓愈)는 말하였습니다. "불교와 도교의 폐해는 양주와 묵적보다도 더 심합니다. 저의 현명함은 맹자에 미치지 못합니다. 맹자께서 학문이 다 무너지기 전에 구하지 못하였는데, 저는 학문이 이미 다 무너진 뒤에 그것들을 온전히 하려 하고 있습니다. 그것은 또한 자기의 역량을 헤아리지 못한 짓이니, 그의 몸이 위태로운 것을 보면서도 죽음으로부터 벗어나지 못하고 있는 것입니다."

아아! 저 같은 사람은 더욱 자기의 역량은 헤아리지 못하고 결국 그의 몸이 위태로운 것을 보면서도 죽음으로부터 벗어나지 못하고 있는 것입니다. 여러 사람들은 지금 하하 웃고 있는 중인데 홀로 눈물을 흘리고 한숨을 내쉬고 있습니다. 온 세상이 편안히 나아가고 있는데 홀로 머리가 아파서 이마를 찡그리고 걱정을 하고 있습니다. 이것은 그가 미쳐서 본 마음을 잃었거나 아마도 반드시 그의 마음속에 큰 괴로움이 숨기어져 있는 때문일 것입니다. 그러니 천하의 지극히 인자한 사람이 아니라면 그 누가 이것을 살펴주겠습니까?

原文 孟子闢楊墨, 至於無父無君. 二子亦當時之賢者. 使與孟子並世而生, 未必不以之爲賢. 墨子兼愛, 行仁而過耳. 楊子爲我, 行義而過耳. 此其爲說, 亦豈滅理亂常之甚, 而足以眩天下哉? 而其流之弊, 孟子至比於禽獸夷狄. 所謂以學術殺天下後世也.

今世學術之弊, 其謂之學仁而過者乎? 謂之學義而過者乎? 抑謂之學不仁不義而過者乎? 吾不知其於洪水猛獸何如也. 孟子云 : 予豈好辨哉? 予不得已也.

楊墨之道塞天下, 孟子之時, 天下之尊信楊墨, 當不下於今日之崇尚朱說. 而孟子獨以一人呶呶於其閒. 噫, 可哀矣!

韓氏云 : 佛老之害, 甚於楊墨. 韓愈之賢, 不及孟子. 孟子不能救之於未壞之先, 而韓愈乃欲全之於已壞之後. 其亦不量其力, 且見其身之危, 莫之救以死也.

嗚呼! 若某者, 其尤不量其力, 果見其身之危, 莫之救以死也矣! 夫衆方嘻嘻之中, 而獨出涕嗟若. 擧世恬然以趨, 而獨疾首蹙額以爲憂. 此其非病狂喪心, 殆必誠有大苦者隱於其中.

而非天下之至仁, 其孰能察之?

註解 ㅇ孟子闢楊墨(맹자벽양묵)－맹자가 양주(楊朱)와 묵적(墨翟)을 내치다. 《맹자》 등문공(滕文公) 하편의 기록을 근거로 한 말. ㅇ兼愛(겸애)－모든 사람들이 똑같이 서로 사랑하고 서로 이롭게 해주어야 한다는 주장. 《묵자(墨子)》에는 겸애편이 있음. ㅇ爲我(위아)－내 몸의 터럭 한 개를 빼면 온 세상을 이롭게 할 수 있다 해도 자신은 조금도 다치거나 손해를 보아서는 안된다는 주장. 양주의 저술은 전하는 것이 없고, 다만 《열자(列子)》 속에 양주편이 있을 뿐임. ㅇ洪水猛獸(홍수맹수)－앞의 무부무군(無父無君), 금수이적(禽獸夷狄)과 함께 여기에 인용된 맹자의 말은 모두 《맹자》 등문공 하편에 보이는 말. ㅇ呶呶(노노)－시끄럽게 떠드는 것. ㅇ韓氏云(한씨운)－당대 한유(韓愈)의 〈여맹상서서(與孟尚書書)〉에 보이는 글. ㅇ嘻嘻(희희)－소리내어 웃는 모양. ㅇ涕嗟(체차)－눈물과 한탄. ㅇ恬然(염연)－편안한 모양. ㅇ疾首(질수)－머리가 아픈 것. ㅇ蹙頞(축액)－이맛살을 찌푸리는 것. ㅇ殆(태)－거의, 아마도.

解說 옛날의 맹자가 배척한 양주(楊朱)와 묵적(墨翟) 및 한유(韓愈)가 배척한 불교와 도교를 논하면서, 왕양명은 은근히 주희를 이들 이단에 견주고 있다.

6. 제가 주자의 편지를 모아 〈주자만년정론〉을 편찬한 것은 전혀 부득이하여 그렇게 한 것입니다. 그 중의 연대가 빠르고 늦은 점에 대하여는 진실로 고증을 못한 곳도 있습니다. 비록 반드시 모두가 만년에 쓴 것은 아니라 하더라도, 진실로 대부분이 만년에 나온 것들입니다. 그러나 편찬의 기본 동기는 학설을 완곡히 조정하여 올바른 학문을 밝히는 데 주요 목표를 두었습니다. 제 평생 주자의 학설에 대하여는 점쟁이가 점가치나 점 거북을 신령스럽게 여기듯하였습니다. 하루아침에 주자의 학설과 서로 어긋나게 되었지만 마음으로는 진실

로 차마 그렇게 할 수는 없다고 하는 생각입니다. 그러므로 부득이해서 이 책을 편찬하였다는 것입니다.

'나를 이해하는 사람들은 내 마음속에 걱정이 있을 것이라 말하고, 나를 이해하지 못하는 사람들은 내게 무엇을 추구하는가 하고 말합니다' 차마 주자와는 맞부딪치지 않으려는 것이 저의 본심이었습니다. 부득이하여 주자와 부딪치게 된 것은, 도가 본시 그러한 것이어서 곧지 않으면 도는 드러나지 않는 것이기 때문입니다. 선생님께서 말씀하신 확연히 주자와 다른 점이 있기는 하지만 제가 감히 제 마음을 스스로 속이고 그런 주장을 하겠습니까?

도란 것은 천하의 공적인 도입니다. 학문이라는 것은 천하의 공적인 학문입니다. 주자가 사사로이 차지할 수 있는 것이 아닙니다. 공자가 사사로이 차지할 수가 있는 것이 아닙니다. 천하의 공적인 것은 오직 공적으로 그것을 말해야만 합니다.

그러므로 그것을 말할 때 옳은 것이라면 비록 자기 견해와 다르다 해도 바로 자기에게 유익한 것입니다. 그것을 말할 때 그릇된 것이라면 비록 자기 견해와 같다 해도 바로 자기에게 손해가 되는 것입니다. 자기에게 유익한 것이라면 자기도 반드시 그것을 기뻐할 것입니다. 자기에게 손해가 되는 것이라면 자기도 반드시 그것을 싫어할 것입니다. 그러니 저의 현재의 이론은 비록 간혹 주자와 다르다 하더라도 반드시 그분이 기뻐할 것이 아니라고 할 수는 없을 것입니다.

'군자의 잘못은 일식이나 월식 같아서, 그것을 고치면 사람들이 모두 우러러보게 된다. 그러나 소인은 잘못을 저지르면 반드시 분식(粉飾)을 하려든다' 하였습니다. 제가 비록 못났지만 진실로 감히 소인의 마음을 가지고 주자를 섬기지는 않을 것입니다.

原文 其爲朱子晩年定論, 蓋亦不得已而然. 中間年歲早晩, 誠有所未考. 雖不必盡出於晩年, 固多出於晩年者矣. 然大意在委曲調停, 以明此學爲重. 平生於朱子之說, 如神明蓍龜. 一旦與之背馳, 心誠有所未忍. 故不得已而爲此.

知我者謂我心憂, 不知我者謂我何求. 蓋不忍牴牾朱子者, 其本心也. 不得已而與之牴牾者, 道固如是, 不直則道不見也. 執事所謂決與朱子異者, 僕敢自欺其心哉?

夫道, 天下之公道也. 學, 天下之公學也. 非朱子可得而私也. 非孔子可得而私也. 天下之公也, 公言之而已矣.

故言之而是, 雖異於己, 乃益於己也. 言之而非, 雖同於己, 適損於己也. 益於己者, 己必喜之. 損於己者, 己必惡之. 然則某今日之論, 雖或與朱子異, 未必非其所喜也.

君子之過, 如日月之食, 其更也, 人皆仰之. 而小人之過也必文. 某雖不肖, 固不敢以小人之心事朱子也.

註解 ㅇ朱子晩年定論(주자만년정론)－왕양명이 주자의 편지 중에서 자기의 이론에 가까운 논설을 편 것들을 골라 모은 책. '만년'이라 하면서도 '장년' 시절의 글도 들어있음을 나흠순이 지적하여 왕양명은 이런 변명을 하고 있다. ㅇ蓍龜(시귀)－시초로 만든 점가치와 점을 치려고 말려놓은 거북껍질. 중국에서는 옛날에 《역경》과 거북껍질로 점을 쳤다. 역점을 칠 적에는 시초(蓍草)라는 풀대로 만든 점가치를 벌이어 여러 가지 괘(卦)에 해당시켜 길흉을 판단하였다. 거북점은 말린 거북껍질을 불로 지져 그것이 터지는 균열을 보고 길흉을 판단하였다. ㅇ知我者(지아자)…… －《시경》 왕풍(王風) 서리(黍離)편에 보이는 구절. ㅇ牴牾(저오)－맞부딪치는 것. ㅇ不直則(부직즉)…… －《맹자》 등문공(滕文公) 상편의 구절. ㅇ君子之過(군자지과)…… －《논어》 자장(子張)편에 보이는 글을 응용한 말.

解說 왕양명이 자신은 학자로서 주희를 존경하지만 학설이 주자와 다르게 된 것은 공도(公道)를 따른 것이라 말하고 있다.

7. 선생님께서 가르쳐주신 내용이 수백언(數百言)에 이르도록 자상하신데, 모두 저의 '격물'에 대한 이론을 잘 이해하지 못하신 탓입니다. 만약 저의 이론을 이해하시기만 한다면 이 수백언에 이르는 말씀에 대하여 모두 해명하지 않아도 막히는 데 없이 확 풀리게 될 것입니다. 그러므로 지금은 감히 일일이 말씀드려 자질구레한 번거로움을 불리지 않기로 하겠습니다. 그러나 저의 이론은 직접 뵙고 말씀드리지 않고는 결코 종이 위에 붓으로 분명히 드러낼 수가 없습니다.

아아! 선생님께서 저에게 베풀어주신 인도와 깨우치심은 간절하고도 자상하심을 말할 수가 없을 정도입니다. 남들이 저를 사랑해 줌에 있어서 어찌 선생님만한 분이 또 있겠습니까? 제가 비록 매우 어리석다고는 하나 어찌 그 후의를 가슴속에 깊이 새기어 지닐 줄을 모르겠습니까? 그러나 마음속으로 진실로 그러하다고 여기는 것을 바로 버리고 말씀을 그대로 받아들이겠다고 감히 말씀드리지 못하는 것은, 바로 선생님의 깊은 사랑을 감히 배신하지 않고 거기에 보답하도록 하겠다는 생각이 있기 때문입니다.

가을이 끝날 즈음 동쪽으로 돌아갈 것이니, 반드시 한 번 찾아뵙고 가르침을 받을 작정입니다. 제발 가르치심을 부탁드립니다.

原文 執事所以教, 反覆數百言, 皆以未悉鄙人格物之說. 若鄙說一明, 則此數百言, 皆可以不待辨說, 而釋然無滯. 故今不敢縷縷, 以滋瑣屑之瀆. 然鄙說非面陳口析, 斷亦未能了了於紙筆閒也.

嗟乎! 執事所以開導啓迪於我者, 可謂懇到詳切矣. 人之愛我, 寧有如執事者乎? 僕雖甚愚下, 寧不知所感刻佩服? 然而不敢遽舍其中心之誠然, 而姑以聽受云者, 正不敢有負於深愛, 亦思有以報之耳.

秋盡東還, 必求一面, 以卒所請. 千萬終敎!

註解 ㅇ鄙人(비인)－자기를 낮추어 부르는 말, 비천한 사람. ㅇ釋然(석연)－확 풀리는 모양. ㅇ縷縷(루루)－하나하나 자세히 말하는 것. ㅇ瑣屑之瀆(쇄설지독)－자질구레한 번거로운 것. ㅇ口析(구석)－입으로 설명하는 것. ㅇ了了(료료)－분명한 것, 분명히 드러내는 것. ㅇ啓迪(계적)－인도하고 깨우쳐주다. ㅇ懇到(간도)－매우 간절한 것. ㅇ感刻佩服(감각패복)－마음에 깊이 새겨두고 잊지 않는 것. ㅇ遽舍(거사)－갑자기 버리다, 바로 버리다.

解說 끝으로 나흠순의 편지에 대하여 깊은 감사의 뜻을 나타내면서, 자신의 학설을 고집하는 이유를 간곡히 말하고 있다.

Ⅶ. 섭문울에게 답함(答聶文蔚)

섭문울(1487~1563)은 이름이 표(豹), 호는 쌍강(雙江)이며, '문울'은 그의 자이다. 그는 본시 불교신자였으나, 왕양명을 만년에 만나 학문에 대하여 묻고 편지를 주고받았으나, 스승과 제자의 관계는 아니었다. 왕양명이 죽은 뒤에야 왕양명을 스승으로 모셨다 한다. 여기에는 두 통의 편지가 실려있는데, 앞의 것은 가정(嘉靖) 5년(1526) 봄, 뒤의 것은 가정 7년(1528) 10월에 쓴 것이며, 왕양명은 가정 7년 11월에 죽었다. 상대가 불교신자이기 때문에 자기 주장에 대한 해설이 자상하고 문장도 평이하다. 편의를 위하여 첫째 편지는 7절, 둘째 편지는 10절로 나누어 역해하였다.

1-1. 이 봄에는 먼 길을 수고롭게도 오셔서 찾아주어 성실하게 묻고 가르침을 받을 수 있었습니다. 이런 정을 어찌 감당할 수가 있겠

습니까? 전에 두세 명의 동지들과 약속하여 다른 조용한 곳을 찾아 10여일 동안 머물면서 저의 의견을 약간 얘기함으로써 서로 갈고 닦는 유익함을 추구하려 했었습니다. 그러나 공무에 매이고 세상일에 얽히어 그렇게 할 수 없는 형세였습니다.

선생과 이별한 뒤로는 매우 마음이 언짢아 무엇인가 잃은 것이 있는 것 같았습니다. 문득 보내주신 편지 받아보니, 자상한 천여언(千餘言)의 글을 읽으니 매우 마음이 깨끗해지고 위로가 되지 않을 수가 있겠습니까? 그 속의 칭찬은 너무 지나치신 듯합니다. 모두 저를 밀어주려는 따사로운 마음으로 참되고 절실하게 올바로 노력하도록 함으로써 나를 성현들의 영역으로 들여놓으려고 생각하신 때문일 것입니다. 또 구양덕(歐陽德)편으로 선생의 은근하고 간절한 마음을 전해주셨는데, 이것은 깊은 사귐과 두터운 사랑이 아니라면 어찌 그럴 수가 있겠습니까? 감격하고 송구스러울 따름이며, 그 뜻을 감당할 수 없을까 두렵기만 합니다.

그러나 내가 어찌 감히 스스로를 채찍질하지는 않고 부질없이 감격하고 송구스럽게만 느끼어 책임을 사양하겠습니까? 선생은 자사(子思)와 맹자와 주돈이(周敦頤)와 이정자(二程子)가 생각도 않았는데 천년의 시대를 두고 같은 학문을 하는 사람으로 만났으니, 자기 이론을 천하 사람들 모두가 믿어주는 것보다는 오히려 한 사람에게 진실로 믿음을 받는 편이 좋은 게 분명합니다. 도란 본시 스스로 존재하고, 학문도 스스로 존재하는 것입니다. 온 천하가 그를 믿는다 해도 많은 것이 되지 않고, 한 사람이 믿는다 해도 적은 것이 되지 않는 것은, 진실로 '군자는 옳다고 여겨주지 않아도 번민이 없다'는 마음 때문이니, 어찌 얕고 잗다란 소인의 지식으로서야 미칠 수가 있는 일이겠습니까? 그러니 나의 참된 마음은 곧 저의 학설에 있어서 크게 달리 어찌할 수가 없었기 때문이지, 사람들이 믿고 믿지 않는 것을 헤아렸던 것은 아닙니다.

原文 春間遠勞迂途枉顧, 問證惓惓. 此情何可當也? 已期二三同志, 更處靜地, 扳留旬日, 少效其鄙見, 以求切劘之益. 而公羈俗絆, 勢有不能.

別去極怏怏, 如有所失. 忽承箋惠. 反覆千餘言, 讀之無甚浣慰? 中間推許太過, 蓋亦獎掖之盛心, 而規礪眞切, 思欲納之於賢聖之域. 又託諸崇一, 以致其勤勤懇懇之懷. 此非深交篤愛, 何以及是? 知感知媿, 且懼其無以堪之也.

雖然, 僕亦何敢不自鞭勉, 而徒以感媿辭讓爲乎哉? 其謂思孟周程, 無意相遭於千載之下, 與其盡信於天下, 不若眞信於一人. 道固自在, 學亦自在. 天下信之不爲多, 一人信之不爲少者, 斯固君子不見是而無悶之心. 豈世之譾譾屑屑者知, 足以及之乎? 乃僕之情, 則有大不得已者, 存乎其間, 而非以計人之信與不信也.

註解 ㅇ迂途(우도)－먼 길. ㅇ枉顧(왕고)－윗사람이 찾아와 준 것을 정중히 표현한 말. ㅇ問證(문증)－묻기도 하고 증거를 제시하기도 하는 것, 묻고 가르침을 받다. ㅇ惓惓(권권)－성심을 다하는 모양. ㅇ扳留(판류)－묵다. ㅇ切劘(절마)－깎고 다듬다, 절차탁마(切磋琢磨). ㅇ羈(기)－굴레, 얽매이다. ㅇ絆(반)－얽매이다. ㅇ怏怏(앙앙)－불만족스런 것, 유쾌하지 않은 것. ㅇ箋惠(전혜)－보내준 편지를 정중하게 표현한 말. ㅇ浣慰(완위)－마음이 깨끗이 씻겨지고 위로를 받다. ㅇ推許(추허)－높이 추겨세우다, 칭찬하다. ㅇ獎掖(장액)－장려하고 부축해 주다. ㅇ規礪(규려)－올바르게 되도록 힘쓰게 하는 것. ㅇ崇一(숭일)－왕양명의 제자 구양덕(歐陽德), 자가 숭일임. ㅇ勤勤懇懇(근근간간)－마음이 은근하고 간절한 모양. ㅇ鞭勉(편면)－채찍질하고 힘쓰는 것. ㅇ思孟周程(사맹주정)－자사(子思)와 맹자와 주돈이(周敦頤)와 이정자(二程子). ㅇ不見是而無悶(불견시이무민)－옳다고 여겨주지 않아도 번민하지 않다. 《역경》 건괘(乾卦) 문언(文言)에 보이는 말. ㅇ譾譾屑屑(전전설설)－앎이 얕고 잗단 것.

解說 왕양명은 섭문울이 방문해준 것과 다시 편지를 보내준 것에 감사하면서, 자신이 독특한 학설을 내세우고 있는 입장을 간곡히 설명하고 있다. 특히 그가 편지에서 "온 천하 사람들이 믿어주는 것보다 차라리 한 사람이 진실로 믿어주는 것이 낫다."고 한 말에 대하여 감사하고 있다.

1-2. 사람이란 하늘과 땅의 마음이니, 하늘땅과 만물은 본시 나와 한몸이 되고 있는 것입니다. 일반 사람들의 고난과 해독 중에서 내 몸이 겪는 것보다 그 고통이 절실한 것이 어디 있겠습니까? 나의 몸의 고통을 모른다면 옳고 그름을 가리는 마음이 없는 것입니다. 옳고 그름을 가리는 마음은 생각하지 않아도 알게 하고 배우지 않아도 할 수 있게 하는 것입니다. 이른바 양지라는 것이지요.

양지는 사람들의 마음에 있는데, 성인과 어리석은 자의 차이가 없고 온 천하에 옛날부터 지금에 이르기까지 같은 것입니다. 세상의 군자들은 오직 그의 양지를 이르게 하는 데에만 힘을 쓴다면 곧 스스로 옳고 그른 판단을 공정히 할 수 있고, 좋아하고 싫어하는 것을 함께 할 수 있으며, 남을 자기처럼 여기고 나라를 자기 집안처럼 여기어, 천지와 만물이 일체가 될 수 있게 합니다. 천하를 다스려지지 않도록 하려 한다 하더라도 될 수가 없는 일이 되지요.

옛날 사람들은 선한 것을 보면 그것이 자기에게서 나온 것이라 여길 뿐만이 아니었고, 악한 것을 보면 그 안으로 자기가 들어간 듯이 여길 뿐만이 아니었으며, 백성들이 굶주리고 물에 빠진 것을 보면 마치 자기가 굶주리고 물에 빠져 있는 듯이 행동하고, 한 남자가 뜻을 이루지 못하면 마치 자기가 밀리어 도랑 속에 떨어진 듯이 행동했습니다. 일부러 그렇게 했던 것이 아니라 온 천하사람들이 자기를 믿어주기 바랐던 때문입니다. 그의 양지를 이르게 하는 데 힘써 스스로 흡족하게 되기를 추구할 따름이었습니다.

요임금·순임금과 하·은·주 삼대의 성왕들은 말을 하기만 하면 백성들 모두가 믿었던 것은 그의 양지를 이르게 하고서 말을 하였기 때문입니다. 행동을 하기만 하면 백성들 모두가 기뻐하였던 것은 그의 양지를 이르게 하고서 행동하였기 때문입니다. 그래서 그 백성들은 즐겁고 크게 여유가 있게 되어, 그들을 죽인다 해도 원망하지 않고 그들에게 이롭게 해주어도 고마운 줄을 모르며, 그들의 시책은 오랑캐들에게까지도 미치게 되어, 모든 혈기가 있는 사람들이라면 그분을 존경하고 친하여지지 않는 사람이 없게 되는데, 오직 그들의 양지가 같기 때문입니다. 아아! 성인은 천하를 다스리는 것이 얼마나 간단하고도 쉽습니까?

原文 夫人者, 天地之心, 天地萬物本吾一體者也. 生民之困苦荼毒, 孰非疾痛之切於吾身者乎? 不知吾身之疾痛, 無是非之心者也. 是非之心, 不慮而知, 不學而能. 所謂良知也.

良知之在人心, 無間於聖愚, 天下古今之所同也. 世之君子, 惟務致其良知, 則自能公是非, 同好惡, 視人猶己, 視國猶家, 而以天地萬物爲一體. 求天下無治, 不可得矣.

古之人所以能見善不啻若己出, 見惡不啻若己入, 視民之飢溺猶己之飢溺, 而一夫不獲, 若己推而納諸溝中者, 非故爲是, 而以蘄天下之信己也. 務致其良知, 求自慊而已矣.

堯舜三王之聖, 言而民莫不信者, 致其良知而言之也. 行而民莫不說者, 致其良知而行之也. 是以其民熙熙皞皞, 殺之不怨, 利之不庸, 施及蠻貊, 而凡有血氣者, 莫不尊親, 爲其良知之同也. 嗚呼! 聖人之治天下, 何其簡且易哉?

註解 ㅇ荼毒(도독)－해독. ㅇ不啻(불시)－……하는 데 그치지 않다.

ㅇ蘄(기)-구하다, 바라다. ㅇ自慊(자겸)-스스로 흡족히 여기다. ㅇ三王(삼왕)-하(夏)나라 우(禹)임금 · 상(商)나라 탕(湯)임금 · 주(周)나라 문왕(文王)과 무왕(武王). ㅇ熙熙(희희)-화락(和樂)한 모양, 즐거운 모양. ㅇ皞皞(호호)-크게 자득(自得)한 모양, 매우 여유가 있는 모양. ㅇ殺之不怨(살지불원)…… -《맹자》 진심(盡心) 상편에 보이는 말. ㅇ庸(용)-반응이 거의 없는 것, 고마운 줄 모르는 것. ㅇ莫不尊親(막부존친)-언이민막불신(言而民莫不信)부터 띄엄띄엄 5구가 《중용》의 말을 인용한 것임.

解說 자신의 양지론을 만물일체론과 결부시켜 설명하고 있다. 양지를 이르게만 하면 천지의 만물이 일체가 되어 세상은 저절로 다스려지게 된다는 것이다.

1-3. 후세에 이르러는 양지의 학문에 밝지 못하여, 천하사람들은 그의 사사로운 지혜를 쓰면서 서로 다투게 되었습니다. 그래서 사람들은 제각기 다른 마음을 지니고서 비뚤어지고 번잡한 편벽되고 천박한 의견으로 간사하고 거짓되고 음험하고 사악한 술법을 쓰는 것을 이루 다 말할 수도 없는 지경이 되었습니다.

겉으로는 인의의 명분을 빌리어 안으로는 그의 개인을 위하고 자신의 이익의 열매만을 추구하는 자가 있습니다. 헛된 말로 세속에 아첨하면서 거짓된 행동으로 명예를 추구하는 자도 있습니다. 남의 좋은 점을 덮어두고 그것을 가져다가 자기의 잘한 일처럼 내세우기도 하고, 남의 사사로운 일을 들춰내어 슬며시 자기가 곧은 것처럼 행세하기도 합니다. 화가 나서 남을 공격하면서도 의로움을 따르는 것이라 말하기도 하고, 음험한 방법으로 남을 해치면서도 악을 미워하는 것이라 말하기도 합니다. 현명한 사람을 질투하고 능력 있는 사람을 꺼리면서도 자신은 공정하게 옳고 그름을 가리는 것이라 하고, 자기 감정대로 욕심을 멋대로 부리면서도 자신은 여러 사람들과 좋아하고 싫어하는 것을 함께한다고 하기도 합니다.

서로 짓밟고 서로 해치어, 그의 한 집안 한 핏줄인 식구들에 있어서도 이미 너와 나를 가르고 싸워 이기려는 뜻을 갖고 있으면서, 피차가 울타리인 듯한 모양만을 유지하고 있습니다. 그런데 하물며 크고 넓은 천하와 수많은 사람과 물건들에 대하여 또 어찌 모두가 한 몸이라는 견해를 지닐 수가 있겠습니까? 그러니 세상이 몹시 어지러운 것이 이상할 것이 없으며, 그래서 재난과 혼란이 끝없이 찾아오고 있는 것입니다.

原文 後世良知之學不明, 天下之人用其私智, 以相比軋. 是以人各有心, 而偏瑣僻陋之見, 狡僞陰邪之術, 至於不可勝說.

外假仁義之名, 而內以行其自私自利之實. 詭辭以阿俗, 矯行以干譽, 揜人之善, 而襲以爲己長. 訐人之私, 而竊以爲己直. 忿以相勝, 而猶謂之徇義. 險以相傾, 而猶謂之疾惡. 妬賢忌能, 而猶自以爲公是非. 恣情縱欲, 而猶自以爲同好惡.

相陵相賊, 自其一家骨肉之親, 已不能無爾我勝負之意, 彼此藩籬之形. 而況於天下之大, 民物之衆, 又何能一體而視之? 則亦無怪於紛紛籍籍, 而禍亂相尋於無窮矣.

註解 ㅇ比軋(비알)－서로 다투는 것. ㅇ偏瑣僻陋(편쇄벽루)－비뚤어지고 번잡하며 편벽되고 천박한 것. ㅇ狡僞陰邪(교위음사)－간사하고 거짓되고 음험하고 사악한 것. ㅇ假(가)－빌리다. ㅇ詭辭(궤사)－속이는 말, 헛된 말. ㅇ矯行(교행)－거짓된 행동. ㅇ干譽(간예)－명예를 추구하다. ㅇ揜(엄)－가리다. ㅇ訐(알)－들추어내다. ㅇ徇義(순의)－의로움을 따르다, 정의를 좇다. ㅇ相傾(상경)－상대방을 공격하다, 서로 해치다. ㅇ相陵(상릉)－서로 짓밟다. ㅇ藩籬(번리)－울타리. ㅇ紛紛籍籍(분분적적)－어지러운 모양, 혼란한 것.

解說 세상 사람들이 양지에 대하여 알지 못하므로 만물이 우리와 한몸임을 알지 못하고 서로 다투는 혼란이 이어짐을 강조하고 있다.

1-4. 나는 진실로 하늘의 신령 덕분에 우연히 양지의 공부에 대하여 눈뜨게 되었습니다. 반드시 이 공부를 통하여야만 천하는 제대로 다스려질 수가 있다고 믿게 된 거지요. 그래서 세상 사람들이 물에 빠져있는 듯한 상태라는 것을 생각할 적마다 곧 그 때문에 쩌릿하게 마음이 아파져서 내 자신이 못난 것도 잊고 이들을 구해주려고 생각하게 되었습니다. 역시 자신의 역량을 알지 못하는 짓이지요.

천하의 사람들은 제가 그렇게 행동하는 것을 보고서 마침내 서로 비난하고 비웃으며 공격하고 배척하면서, 미쳐서 마음을 잃은 사람이라 여기게 되었습니다. 아아! 그것이야 어찌 걱정할 것이 있겠습니까? 나는 지금 마음의 아픔이 몸에 절실한데, 남들이 비난하고 비웃는 것을 헤아릴 틈이 있겠습니까? 사람이 진실로 그의 아버지나 아들 또는 형제가 깊은 연못에 떨어져 빠지는 것을 보았다면, 울부짖으며 기어가 옷을 벗고 벌거숭이가 되어 허겁지겁하면서, 절벽이라도 부여잡고 매달리어 내려가 그를 구해줄 것입니다. 그것을 본 선비가 그 곁에서 서로 인사하고 얘기하며 웃으면서, 저자는 예절도 내팽개치고 옷과 모자도 벗어던지고서 저처럼 울부짖고 허겁지겁하고 있으니, 필시 미쳐서 마음을 잃은 자라고 하는 거나 같습니다.

그러므로 물에 빠진 사람 곁에서 서로 인사하고 얘기하며 웃으면서 구해줄 줄 모르는 사람은, 바로 길을 가던 사람들 중에서도 일가에 대한 골육의 정도 없는 사람만이 그럴 수가 있습니다. 그러나 이미 그러한 남의 불행을 동정할 줄 모르는 사람은 사람도 아니라 하였습니다. 만약 아버지나 아들 또는 형제 사이의 사랑이 있는 사람이라면, 진실로 마음이 아프고 머리가 띵해져서 미친 듯이 달려가 기운을 다하여 기어가서라도 그를 구해주지 않는 사람이 없을 것입니다. 그들이 남이 물에 빠져있는 불행도 거들떠보지 않으면서, 하물며 미쳐서 마음을 잃은 것을 욕한단 말입니까? 그리고 또 하물며 사람들이 믿어주고 믿어주지 않는 것을 추구한단 말입니까?

아아! 지금 사람들이 비록 나를 미친 병이 들어 마음을 잃은 사람이라 한다고 해도 잘못이라 할 수 없는 일입니다. 천하 사람들의 마음은 모두 나의 마음이기도 합니다. 천하 사람들 중에는 미친 병이 든 사람들이 있는데 내 어찌 미친 병이 들지 않았다고 할 수가 있겠습니까? 마음을 잃고 있는 사람들도 있는데 내 어찌 마음을 잃지 않았다고 할 수가 있겠습니까?

原文 僕誠賴天之靈, 偶有見於良知之學. 以爲必由此, 而後天下可得而治. 是以每念斯民之陷溺, 則爲之戚然痛心, 忘其身之不肖, 而思以此救之. 亦不自知其量者.

天下之人, 見其若是, 遂相與非笑而詆斥之, 以爲是病狂喪心之人耳. 嗚呼! 是奚足恤哉? 吾方疾痛之切體, 而暇計人之非笑乎? 人固有見其父子兄弟之墜溺於深淵者, 呼號匍匐, 裸跣顚頓, 扳懸崖壁而下拯之. 士之見者, 方相與揖讓談笑於其傍, 以爲是棄其禮貌衣冠, 而呼號顚頓若此, 是病狂喪心者也.

故夫揖讓談笑於溺人之傍, 而不知救, 此惟行路之人, 無親戚骨肉之情者能之. 然已謂之無惻隱之心, 非人矣. 若夫在父子兄弟之愛者, 則固未有不痛心疾首, 狂奔盡氣, 匍匐而拯之. 彼將陷溺之禍有不顧. 而況於病狂喪心之譏乎? 而又況於蘄人之信與不信乎?

嗚呼! 今之人, 雖謂僕爲病狂喪心之人, 亦無不可矣. 天下之人心, 皆吾之心也. 天下之人猶有病狂者矣, 吾安得而非病狂乎? 猶有喪心者矣, 吾安得而非喪心乎?

註解 ㅇ陷溺(함닉)-물에 빠진 것, 곤경에 처해 있는 것. ㅇ戚然(척연)-슬픈 모양. ㅇ非笑(비소)-비난하고 비웃다. ㅇ恤(휼)-근심하다. ㅇ呼號(호호)-울부짖다. ㅇ匍匐(포복)-기어가는 것. ㅇ裸跣(나선)-옷을 홀랑 벗다, 벌거숭이가 되다. ㅇ顚頓(전돈)-허겁지겁하다, 허둥지둥하다. ㅇ扳懸(반현)-부여잡고 매달리다, 부여잡고 올라가다. ㅇ崖壁(애벽)-절벽. ㅇ拯(증)-구조하다. ㅇ揖讓(읍양)-인사하고 예를 차리는 것. ㅇ惻隱之心(측은지심)-《맹자》 공손추(公孫丑) 상편에 보이는 말. 남의 불행을 동정하는 마음임. ㅇ譏(기)-비난. ㅇ蘄(기)-추구하다.

解說 왕양명 자신이 양지설을 주장하는 것을 보고 세상 사람들은 흔히 미친 사람이라고 비난을 한다. 그러나 자신은 곤경에 빠져있는 인류를 구제하는 데 목표가 있으므로 그런 비난쯤은 상관도 않는다는 신념을 드러내 보이고 있다. 당시 양명학에 대한 공격은 매우 심했던 것 같다.

1-5. 옛날 공자님이 살아 계실 적에는, 그분이 아첨한다고 얘기한 자들이 있었고, 그분이 말재주나 판다고 비난한 자가 있었고, 그분이 현명하지 않다고 욕한 자도 있었으며, 그분이 예도 알지 못한다고 흉을 보기도 하였으며, 그분을 동편 이웃의 구(丘)라고 업신여긴 자도 있었습니다. 질투가 나서 방해를 한 자도 있었고, 미워서 죽이려던 자도 있었습니다. 문지기와 삼태기를 짊어진 자 같은 무리들은 모두 그 당시의 현명한 사람들이었는데도 말하기를 '바로 저 안되는 것을 알면서도 그걸 하고 계시는 분이다'고 하였고, '비루하다, 땡땡거리는 고집스런 소리는! 아무도 자기를 알아주지 않으면 그것으로 그만두어야지!'하고 말했었습니다.

비록 자로는 '당(堂)에는 올라있다'는 대열의 제자였지만, 그가 그분의 행동을 본 일에 대하여 의심을 버리지 못하였고, 그분이 가시려 하는 것에 대하여 기뻐하지 않았으며, 또한 그분이 사정에 어둡다고 하였습니다. 그러니 그 당시에 공자님을 믿지 않던 자들이 어찌 10분의 2, 3 정도에 그치었겠습니까?

그러나 공자님께서는 쉴새없이 바쁘게 길에서 잃어버린 아들을 찾는 것처럼 앉았던 자리가 따스해질 겨를도 없었지만, 어찌 사람들이 자신을 알아주고 자신을 믿어주기만을 바라서 그런 것이겠습니까? 그분의 천지 만물과 한몸이 되는 인(仁)이 마음을 아프고 절박하게 하여 비록 그만두고자 하여도 스스로 그것이 받아들여지지 않았던 것입니다. 그러므로 그분께서 말씀하시기를 '내가 이 세상 사람들의 무리와 어울리지 않는다면 누구와 더불어 어울릴까?'하고 그 자신만을 깨끗이 하며 위대한 윤리를 어지럽히는 일은 '과감하지만 그건 어려울 게 없는 일이다!'고 하셨습니다.

아아! 이것은 진실로 천지 만물을 한몸이라 여기는 사람이 아니라면 그 누가 또 공자님의 마음을 이해할 수가 있겠습니까? 세상으로부터 숨어살아도 고민하지 않으며 하늘을 즐기고 운명을 아는 사람 같은 분이라면, 진실로 어느 곳을 들어가도 만족스럽지 않은 경우란 없을 것이며 도와 나란히 행동하며 어긋나는 일이 없을 것입니다.

原文 昔者孔子之在當時, 有議其爲諂者, 有譏其爲佞者, 有毁其未賢, 詆其爲不知禮, 而侮之以爲東家丘者. 有嫉而沮之者, 有惡而欲殺之者. 晨門荷蕢之徒, 皆當時之賢士, 且曰 : 是知其不可而爲之者歟? 鄙哉, 硜硜乎! 莫己知也, 斯已而已矣.

雖子路在升堂之列, 尚不能無疑於其所見, 不悅於其所欲往, 而且以之爲迂. 則當時之不信夫子者, 豈特十之二三而已乎?

然而夫子汲汲遑遑, 若求亡子於道路, 而不暇於煖席者. 寗以靳人之知我信我而已哉? 蓋其天地萬物一體之仁, 疾痛迫切, 雖欲已之, 而自有所不容已. 故其言曰 : 吾非斯人之徒與而誰與? 欲潔其身而亂大倫. 果哉, 末之難矣!

嗚呼! 此非誠以天地萬物爲一體者, 孰能以知夫子之心乎? 若其遯世無悶, 樂天知命者, 則固無入而不自得, 道並行而不相悖也.

註解 ㅇ議其爲諂(의기위첨)—그가 아첨한다고 말하다. 《논어》 팔일(八佾)편에 보이는 말. ㅇ譏其爲佞(기기위녕)—그가 말재주나 판다고 비난하다. 《논어》 헌문(憲問)편에서 미생무(微生畝)가 공자를 평한 말. ㅇ毁其未賢(훼기미현)—그가 현명하지 못하다고 욕하다. 《논어》 자장(子張)편에 보이는 숙손무숙(叔孫武叔)과 진자금(陳子禽)의 말. ㅇ詆其爲不知禮(저기위부지례)—그가 예를 알지 못한다고 비판하다. 《논어》 팔일편에 보이는 혹인(或人)의 말. ㅇ侮之以爲東家丘(모지이위동가구)—동편 이웃집의 구라고 업신여기다. 《공자가어(孔子家語)》에 보이는 고사. ㅇ嫉而沮之(질이저지)—질투가 나서 그를 막다, 질투로 그를 방해하다. 《사기》 공자세가(孔子世家)에 보이는 제(齊)나라 안영(晏嬰)의 고사. ㅇ惡而欲殺之(오이욕살지)—미워서 그를 죽이려 하다. 《공자세가》와 《논어》 술이(述而)편에 보이는 송(宋)나라 사마(司馬) 환퇴(桓魋)의 고사. ㅇ晨門荷蕢(신문하궤)—문지기와 삼태기를 진 사람. 모두 《논어》 헌문(憲問)편에 보임. ㅇ是知其不可(시지기불가)…… —《논어》 헌문편에서 석문(石門)의 문지기가 공자를 평한 말. ㅇ鄙哉(비재)…… —《논어》 헌문편에 보이는 삼태기를 짊어진 사람이 공자가 경(磬)을 연주하는 소리를 듣고 평한 말. ㅇ子路在升堂(자로재승당)—《논어》 선진(先進)편에서, 공자가 자로를 평하여 '유의 학문은 당에 올라서 있으나, 방에 들어가지는 못했다[由也升堂矣, 未入於室也]'고 말하고 있다. ㅇ疑於其所見(의어기소견)—《논어》 옹야(雍也)편을 보면, 위(衛)나라에 가서 공자가 남자(南子)라는 여자를 만났을 적에 자로가 항의하고 있다. ㅇ不悅於其所欲往(불열어기소욕왕)—《논어》 양화(陽貨)편을 보면, 공산불요(公山弗擾)가 반란을 일으키고 공

자를 초청하자 공자는 가려 하였는데, 자로가 가는 것을 반대하고 있다. ㅇ以之爲迂(이지위우)－그가 사정에 어둡다고 하다.《논어》자로(子路)편에 보임. ㅇ汲汲(급급)－쉬지 않고 서두르는 것. ㅇ遑遑(황황)－바쁘게 움직이는 모양. ㅇ吾非斯人(오비사인)…… －《논어》미자(微子)편에 보이는 말. ㅇ亂大倫(난대륜)－큰 윤리를 어지럽히다. 임금 섬기는 일을 버리고 숨는 것을 가리킴. ㅇ果哉(과재)…… －《논어》헌문편의 말. ㅇ遯世無悶(둔세무민)－세상을 숨어살면서 고민이 없는 것.《역경》건괘(乾卦) 문언(文言)의 말. ㅇ樂天知命(낙천지명)－하늘을 즐기고 운명을 알다.《역경》계사(繫辭) 상편의 말. ㅇ無入而不自得(무입이부자득)－《중용》의 말.

解說 공자도 당시에는 세상사람들 대부분이 그를 비판하였고, 심지어는 가까운 제자들조차도 스승의 뜻을 잘 이해하지 못하였다. 그럼에도 만물 일체의 인(仁)으로 올바른 도를 추구하였다. 자신도 공자처럼 많은 사람들로부터 공격을 받고 있지만 양지의 학문을 끝까지 추구하겠다는 것이다.

1-6. 나같이 못난 사람이 어찌 감히 공자님의 도를 잇는 것을 자기 임무라 하겠습니까? 마음을 돌이켜보아 역시 내 자신에게 병폐가 있다는 것을 이미 어느 정도 알게 되었기 때문에, 왔다갔다하면서 사방을 둘러보며 나에게 도움을 줄 사람을 구하여 함께 그 병폐를 떼어버릴 것을 강구하게 되었습니다.

지금 진실로 호걸 같은 동지의 선비들을 만나 부축해주고 올바로 도와주게 되어, 함께 천하에 양지의 학문을 밝힘으로써 온 천하 사람들로 하여금 모두가 스스로 그의 양지를 이르게 할 줄 알게 되어, 서로가 편안히 해주고 서로가 부양해주며 그들 자신만의 생각과 자신만의 이익을 추구하는 폐단을 없앰으로써, 남을 모함하고 투기하고 이기려 하고 성을 내는 습성을 깨끗이 씻어버리어 대동(大同)의 세계를 이루게 된다면, 곧 나의 미친 병도 틀림없이 깨끗이 낫게 되어 마침내는 마음을 잃는 걱정도 면하게 될 것입니다. 어찌 상쾌한 일이 아니겠습니까?

아아! 지금 진실로 천하의 호걸 같은 동지의 선비를 구하려 하고 있는데, 선생님 같은 분을 빼어놓고 또 어떤 사람을 바라겠습니까? 선생님과 같은 재능과 뜻이 있다면 진실로 천하의 물에 빠진 사람들을 건져주기에 충분할 것입니다. 지금 또 천하 사람들을 건져줄 기구가 나에게 있음을 알았으니, 이젠 밖으로 그것을 구할 필요가 없습니다. 이렇게 해나가면 마치 터진 강물이 바다로 흘러드는 듯할 것인데, 그 누가 막을 수가 있겠습니까? 선생님이야말로 이른바 '한 사람이 믿어준다 해도 적은 일이 아닌' 분인데, 그 일을 사양하고 또 어떤 사람에게 미룰 수가 있겠습니까?

原文 僕之不肖, 何敢以夫子之道爲己任? 顧其心, 亦已稍知疾痛之在身. 是以徬徨四顧, 將求其有助於我者, 相與講去其病耳.

今誠得豪傑同志之士, 扶持匡翼, 共明良知之學於天下, 使天下之人皆知自致其良知, 以相安相養, 去其自私自利之蔽, 一洗讒妒勝忿之習, 以濟於大同, 則僕之狂病固將脫然以愈, 而終免於喪心之患矣. 豈不快哉?

嗟乎! 今誠欲求豪傑同志之士於天下, 非如吾文蔚者, 而誰望之乎? 如吾文蔚之才與志, 誠足以援天下之溺者. 今又旣知其具之在我, 而無假於外求矣. 循是而往, 若決河注海, 孰得而禦哉? 文蔚所謂一人信之不爲少, 其又能遜以委之何人乎?

註解 ㅇ徬徨(방황)－왔다갔다하는 것. ㅇ講去(강거)－버리는 일을 강구하다. ㅇ匡翼(광익)－올바로 도와주다, 바로잡아 주고 도와주다. ㅇ讒妒勝

忿(참투승분)-남을 모함하고 질투하고 이기려 하고 성을 내는 것. ㅇ大同(대동)-《예기(禮記)》 예운(禮運)편에 보이는, 공자의 평등평화의 이상이 이루어진 세계. ㅇ脫然(탈연)-깨끗이 없어지는 모양. ㅇ文蔚(문울)-편지를 보내준 섭표(聶豹)의 자. ㅇ遜(손)-사양하다.

解說 왕양명은 편지의 상대방인 섭표야말로 자기와 함께 협력하여 물에 빠진 세상사람들을 구해줄 인물임을 강조하고 있다. 양지의 학문에 구원군이 절실히 필요했던 듯하다.

1-7. 회계란 고장은 본시 산수가 빼어난 곳으로 알려져 있습니다. 깊은 숲과 긴 골짜기, 발걸음 닿는 대로 걸어보아도 어디나 그러합니다. 추운 때 더운 때, 낮이나 밤이나 좋지 않은 때가 없습니다. 편안히 지내며 배불리 먹고 있으니, 먼지며 시끄러운 소리며 번거로운 것이란 없습니다. 좋은 벗들이 사방으로부터 모여들어 도의는 나날이 새로워지고 있습니다. 평안하고 즐거운지고! 이 천지간에 어찌 이곳보다 더 즐거운 곳이 또 있겠습니까?

공자께서 말씀하시기를 "하늘을 원망하지 않고 사람들을 탓하지도 않는다. 낮은 것을 배워서 위의 것에까지 통달했다." 하셨습니다. 나와 여러 동지들은 지금 이 말씀을 실천하려 하고 있습니다. 어찌 밖을 흠모할 겨를이 있겠습니까? 다만 그 살을 에이는 듯한 아픔 때문에 아직도 근심을 없애지 못하고 있어서, 거듭하여 말씀드리는 것입니다.

해소병과 더위를 먹은 때문에 답장을 쓰지 못하고 게으름을 피웠습니다. 심부름꾼이 멀리 와서 한 달이 넘도록 오래 머물다가, 떠나게 되어서야 붓을 잡았으나 나도 모르는 사이에 여러 장이 되었습니다. 아마도 우리의 교유가 깊어서 비록 이토록 길게 썼지만 아직도 다하지 못한 말이 있는 듯합니다.

原文 會稽素號山水之區. 深林長谷, 信步皆是. 寒暑晦明, 無時不宜. 安居飽食, 塵囂無擾, 良朋四集, 道義日新. 優哉, 游哉! 天地之間, 寗復有樂於是者?

孔子云 : 不怨天, 不尤人, 下學而上達. 僕與二三同志, 方將請事斯語, 奚暇外慕? 獨其切膚之痛, 乃有未能恝然者, 輒復云云爾.

咳疾暑毒, 書札絶懶. 盛使遠來, 遲留經月. 臨歧執筆, 又不覺累紙. 蓋於相知之深, 雖已縷縷至此, 殊覺有所未能盡也.

註解 ㅇ會稽(회계)-절강성(浙江省)의 지명. 그때 왕양명은 그곳에 양명서원(陽明書院)을 세우고 있었다. ㅇ信步(신보)-발걸음 가는 대로 맡기는 것. ㅇ晦明(회명)-밤과 낮. ㅇ塵囂(진효)-먼지 같은 더러운 것과 시끄러운 소리. ㅇ優哉游哉(우재유재)-편안하고 즐거운 것. ㅇ孔子云(공자운)-《논어》 헌문(憲問)편에 보이는 말. ㅇ恝然(개연)-근심이 없는 모양. ㅇ咳疾(해질)-해소병(咳嗽病). ㅇ臨歧(임기)-헤어질 무렵, 떠나려 할 때. ㅇ累紙(루지)-여러 장의 종이, 긴 편지를 뜻함. ㅇ縷縷(누루)-편지를 길게 쓴 모양.

解說 왕양명은 회계의 양명서원에서의 생활 근황을 얘기하며 편지를 끝맺고 있다. 그는 앞에서 '공자의 도의 계승자'로 자처할 수는 없다고 말하고서도, 뒤에 가서는 공자의 말을 인용하면서 스스로 공자의 정신과 학문을 계승할 것을 다짐하고 있다. 그리고 왕양명은 여기서 말한 해소병으로 결국 죽게 된다.

2-1. 편지를 받고 보니 근래에 학문이 갑자기 발전된 것을 알게 되어 기쁜 마음 말로 다할 수가 없습니다. 몇번 거듭 자세히 읽어보니, 그 중에는 비록 아직 한두 가지 분명치 못한 곳이 있었는데, 그것은

양지를 이르게 하는 공부가 아직도 완전히 익숙하여지지 않았기 때문입니다. 완전히 익숙하여지면 자연히 그런 것도 없어질 것입니다.

수레를 모는 일에 비유를 하면 이미 사방으로 통하는 한길에 나섰는데도 혹 옆으로 기울어지거나 굽어 돌아가게 되는 경우가 있는데, 그것은 말의 성질을 잘 조련하지 못하였거나 재갈과 굴레가 가지런하지 못하기 때문입니다. 그러나 이미 사방으로 통하는 한길 가운데 나와 있기 때문에 절대로 사잇길이나 굽은 길로 잘못 끌려들어가지는 않을 것입니다. 근래 나라 안의 동지들 중에 이런 경지에 이른 사람은 많이 본 일이 없습니다. 기쁜 마음 이루 다 말할 수가 없습니다. 학문의 도에 있어서의 행운입니다.

이 천한 몸은 오래 전부터 해소병과 더위를 먹고 앓아왔습니다. 근래에 더운 고장으로 들어가자 바로 다시 크게 병이 도졌습니다. 임금님께서는 밝게 일을 살피시고 내게 매우 무거운 책무를 맡기셨으니 감히 바로 사퇴하지도 못하였습니다. 맡은 지방의 군사 일은 지극히 번잡하여 병을 앓으면서 수레를 타고 다니며 일을 보았습니다. 지금 와서는 다행히 모두 평정되어 이미 상소문을 올리어 돌아가 병을 치료하게 해줄 것을 요청하였습니다. 숲 사이에서 어느 정도 시원하게 지낼 수만 있다면 병이 나을지도 모르겠습니다. 심부름꾼이 돌아간다기에 베개 위에 엎드리어 서둘러 글을 쓰느라 마음속의 생각을 제대로 표현하지 못하였습니다. 이밖에 유준(惟濬)에게 보내는 편지도 한 통 있으니 그에게 전해주면 고맙겠습니다.

原文 得書, 見近來所學之驟進, 喜慰不可言. 諦視數過, 其間雖亦有一二未瑩徹處, 卻是致良知之功, 尚未純熟. 到純熟時, 自無此矣.

譬之驅車, 旣已由於康莊大道之中, 或時橫斜迂曲者, 乃馬性未調, 銜勒不齊之故. 然已只在康莊大道中, 決不賺入傍蹊曲徑矣. 近時海內同志, 到此地位者, 曾未多見, 喜慰不可言. 斯道之幸也!

賤軀舊有咳嗽畏熱之病. 近入炎方, 輒復大作. 主上聖明洞察, 責付甚重, 不敢遽辭. 地方軍務冗沓, 皆輿疾從事. 今卻幸已平定, 已具本, 乞回養病. 得在林下, 稍就清涼, 或可瘳耳. 人還, 伏枕草草, 不盡傾企. 外惟濬一簡, 幸達致之.

註解 ㅇ驟進(취진)－갑자기 진보하다, 급속히 발전하다. ㅇ諦視(체시)－자세히 보다. ㅇ瑩徹(영철)－밝은 것, 환하게 밝다. ㅇ康莊(강장)－사방으로 통하는 한길. 오달(五達)의 길을 '강'이라 하고, 육달(六達)의 길을 '장'이라 한다(《爾雅》). ㅇ橫斜(횡사)－수레가 옆으로 기울어지는 것. ㅇ迂曲(우곡)－수레가 돌아가는 것. ㅇ銜勒(함륵)－말의 재갈과 굴레. ㅇ不賺入(부잠입)－잘못 끌려가지 않다. ㅇ傍蹊(방혜)－좁은 사잇길. ㅇ咳嗽(해수)－해소병. ㅇ責付(책부)－책무를 맡기는 것. ㅇ冗沓(용답)－번잡한 것. ㅇ輿疾(여질)－병을 앓으면서 수레를 타고 다니는 것. ㅇ具本(구본)－보고 서류를 갖추다, 상소문을 쓰다. ㅇ瘳(추)－병이 낫는 것. ㅇ草草(초초)－서둘러 글을 쓰는 것. ㅇ傾企(경기)－사모하는 마음, 생각하는 마음. 경도기망(傾倒企望). ㅇ惟濬(유준)－왕양명의 제자 진구천(陳九川). 유준은 그의 자임.

解說 이 편지는 왕양명이 죽기 1개월 전에 병상에서 쓴 것이다. 왕양명의 절필에 가까운 것이어서 중하게 여기고 뒤에 전덕홍(錢德洪)이 증록(增錄)한 것이다. 여기에서는 인사를 하며 근황을 얘기하고 있다.

2-2. 보내준 편지에 질문하신 것에 대하여 서둘러 한두 가지 대답드리겠습니다. 근년에 산속의 서원에서 공부하는 사람들이 자주 맹자께서 말씀하신 '잊어서도 안되고 조장(助長)해도 안된다'는 공부가

매우 어렵다고 여러 사람들이 말합니다. 그들에게 까닭을 물어보니 곧 말하기를 '뜻을 두자마자 곧 조장하는 것이 되고, 뜻을 버리자마자 곧 잊어버리는 것이 되어, 그래서 매우 어렵다'는 것이었습니다. 나는 그래서 물어보았지요. '잊는다는 것은 무엇을 잊는 것이며, 조장한다는 것은 무엇을 조장한다는 것이냐?' 그 사람들은 대답도 없이 말도 하지 않고 있다가, 겨우 거기에 대하여 가르침을 청하는 것이었습니다.

나는 그래서 말해주었지요. 나는 여기에서 공부를 시키면서 '반드시 올바른 일에만 힘써야 한다'고만 말하였지 '잊어서도 안되고 조장해도 안된다'는 말은 하지 않았네. '반드시 올바른 일에만 힘쓴다면' 오직 때때로 의로움만이 모여들게 될 것일세. 만약 때때로 '반드시 옳은 일에만 힘쓰는 공부'를 하다가 혹시 중단할 때가 있게 된다면, 이것이 곧 '잊는 것'이 될 것이니 곧 '잊어서는 안되는 것'이지. 때때로 '반드시 옳은 일에만 힘쓰는 공부'를 하다가, 간혹 효과를 빨리 보고자 서두르는 경우가 있다면, 이것이 곧 '조장하는 것'이니 곧 '조장해서는 안되는' 것이지. 공부는 전적으로 '반드시 올바른 일에만 힘쓴다'는 일에만 힘써야 하네. '잊지도 말고 조장하지도 말라'는 것은 그러는 일에 정신을 차리도록 깨우쳐주는 것일 따름일세.

만약 공부를 본시 중단하지 않는다면 곧 다시 '잊지 말라'는 말을 할 필요도 없는 것이지요. 본시 효과를 속히 보려고 서두르지 않는다면 곧 다시 '조장하지 말라'고 말할 필요도 없는 것입니다. 이러한 공부 방법은 얼마나 분명하고도 간단합니까? 얼마나 산뜻하고 하기 쉽습니까? 지금 그러나 '반드시 올바른 일에만 힘쓴다'는 공부는 하지 않고 근거 없이 한 가지 '잊어서도 안되고 조장해서도 안된다'는 일만을 지킨다면, 그것은 마치 불을 때어 냄비로 밥을 지으려 하면서, 냄비 안에 물을 붓고 쌀을 넣지는 않고 오로지 장작을 지피고 불을 때는 거나 같습니다. 결국은 어떤 물건이 익혀져 나오겠습니까? 내 생각으로는 아마도 불길이 제대로 타오르기도 전에 냄비가 먼저 열기에 깨어질 것 같습니다.

근일에 오로지 한 가지 '잊어서도 안되고 조장해서도 안된다'는 공부만 하려는 사람은 그 병폐가 바로 그러한 것입니다. 하루종일 근거도 없이 '잊지 않으려는' 공부만 하고, 또 근거도 없이 '조장하지 않으려는' 공부만 한다면 쉴새없이 애쓰기만 했지 전혀 실제로는 손댄 곳도 없는 처지여서, 결과적으로 공부는 오직 선(禪)을 하듯 공적(空寂)만을 추구하게 될 것입니다. 공부는 그를 한 멍청이로 만들어, 어떤 일을 만나기만 하면 곧 일에 끌리고 막히어 어지러워져 잘 처리하여 정리하지 못하게 됩니다. 이들은 모두 뜻있는 선비들인데도 곧 그들을 괴롭히고 속박하여 일생을 그르치게 하는 것입니다. 모두 학술이 사람들을 잘못되게 한 까닭입니다. 매우 가련한 일이지요.

原文 來書所詢, 草草奉復一二. 近歲來, 山中講學者, 往往多說勿忘勿助工夫甚難. 問之則云, 才著意便是助. 才不著意便是忘, 所以甚難. 區區因問之云 : 忘是忘箇甚麼? 助是助箇甚麼? 其人默然無對, 始請問.

區區因與說. 我此間講學, 卻只說箇必有事焉, 不說勿忘勿助. 必有事焉者, 只是時時去集義. 若時時去用必有事的工夫, 而或有時間斷, 此便是忘了, 卽須勿忘. 時時去用必有事的工夫, 而或有時欲速求效, 此便是助了, 卽須勿助. 其工夫全在必有事焉上用. 勿忘勿助, 只就其間提撕警覺而已.

若是工夫原不間斷, 卽不須更說勿忘. 原不欲速求效, 卽不須更說勿助. 此其工夫, 何等明白簡易? 何等灑脫自在? 今卻不去必有事上用工, 而乃懸空守著一箇勿忘勿助, 此正如燒鍋煮飯, 鍋內不曾漬水下米, 而乃專去添柴放火. 不知畢竟煮出箇甚麼物來! 吾恐火候未及調停, 而鍋已先破裂矣.

近日一種專在勿忘勿助上用工者, 其病正是如此. 終日懸空去做箇勿忘, 又懸空去做箇勿助, 漭漭蕩蕩, 全無實落下手處, 究竟工夫, 只做得箇沈空守寂, 學成一箇痴騃漢. 才遇著些子事來, 卽便牽滯紛擾, 不復能經綸宰制. 此皆有志之士, 而乃使之勞苦纏縛, 擔閣一生, 皆由學術誤人之故. 甚可憫矣!

註解 ㅇ詢(순)－묻다, 질문하다. ㅇ山中(산중)－그 당시에는 남진(南鎭)·우혈(禹穴)·양명동(陽明洞) 등의 산속에 학사(學舍)가 있었으므로, 이렇게 말하고 있는 것이다. ㅇ勿忘勿助(물망물조)－필유사언(必有事焉)과 함께《맹자》공손추(公孫丑) 상편에 보이는 말. 일의 목적을 잊지 말고 속히 일을 이루려고 조장(助長)하지 말라는 뜻. ㅇ才著意(재착의)－어떤 일에 '뜻을 두자마자'. ㅇ區區(구구)－작은, 또는 적은 모양. 여기서는 자신을 겸손히 일컫는 말. ㅇ提撕(제시)－정신을 차리게 해주는 것. ㅇ灑脫(쇄탈)－산뜻하고 깨끗한 것. ㅇ懸空(현공)－공중에 매달리다, 근거가 없는 것. ㅇ燒鍋(소과)－냄비에 불을 때는 것. ㅇ煮飯(자반)－밥을 짓는 것. ㅇ火候(화후)－불길. ㅇ漭漭蕩蕩(분분탕탕)－물이 격렬히 움직이며 흐르는 모양, 쉬지 못하고 애쓰는 모양을 형용한 말. ㅇ沈空守寂(침공수적)－선가(禪家)처럼 텅 비고 고요한 공적(空寂) 속으로 빠져서 그런 상태만을 지키는 것. ㅇ痴騃漢(치애한)－멍청이, 멍청한 사람. ㅇ經綸宰制(경륜재제)－일을 잘 정리하여 올바로 처리하는 것. ㅇ纏縛(전박)－줄로 묶고 얽어매는 것, 속박을 받는 것. ㅇ擔閣(담각)－지체시키다, 그르치다.

解說 《맹자》공손추 상편에서 "반드시 올바른 일에만 힘써야 한다. ……목적을 잊어서도 안되고 속히 일을 이루려고 조장해서도 안된다."고 한 말을 바탕으로 학문의 방법을 논한 대목이다. 왕양명은 양지를 이르게 하는 학문의 방법을 맹자가 말한 '반드시 올바른 일에만 힘쓰는 것'으로 풀이하고 있는 것이다.

2-3. '반드시 올바른 일에만 힘쓴다는 것'은 오직 '의로움을 모으는 것'일 뿐이며, '의로움을 모으는 것'은 오직 '양지를 이르게 하는 것'일 뿐입니다. '의로움을 모은다'고 말하면 일시에 그 근본을 알지 못하는 수도 있지만, '양지를 이르게 한다'고 말하면 곧바로 실제적인 공부를 할 수 있게 됩니다. 그러므로 나는 오로지 '양지를 이르게 하는 것'만을 말하고 있는 것입니다.

수시로 자기 일에 대하여 그의 양지를 이르게 한다면 바로 그것이 '격물(格物)'이 되고, 성실히 양지를 이르게 해나간다면 바로 그것이 '성의(誠意)'가 됩니다. 성실히 그의 양지를 이르게 하면서 한 개의 터럭만큼도 자기 뜻대로 하려는 일과 기필코 하려는 일과 고집과 나만을 생각하는 일이 없다면 바로 그것이 '정심(正心)'이 됩니다. 성실히 양지를 이르게 하면 곧 자연히 '잊어버리는 병폐'가 없게 됩니다. 한 개의 터럭만큼도 자의와 기필코 하려는 것과 고집과 나만을 생각하는 것이 없다면 곧 자연히 '조장하는 병폐'가 없게 됩니다. 그러므로 격물(格物)·치지(致知)·성의(誠意)·정심(正心)을 논하면 곧 다시 '잊지 말고' '조장하지 말라'는 것을 논할 필요가 없는 것입니다.

맹자가 '잊지 말 것'과 '조장하지 말 것'을 논한 것은 역시 고자(告子)의 병폐가 있는 곳에 대하여 처방을 내린 것입니다. 고자는 사람들의 마음을 강제하기 때문에 그것은 '조장하는 병폐'가 되는 것입니다. 그래서 맹자는 오로지 조장하는 해에 대하여 논했던 것입니다. 고자가 '조장을 한 것'은 또한 그가 의로움을 밖에 있는 것이라 여기고, 그의 마음에 의로움을 모으며 반드시 올바른 일에만 힘쓰는 공부를 할 줄 몰랐기 때문에 그와 같은 모양이 되었던 것입니다.

만약 시시각각으로 스스로의 마음에 의로움을 모으기만 한다면 곧 양지의 본체는 훤하게 분명해져서 자연히 옳은 것은 옳고 그른 것은 그르게 드러나 터럭끝만한 것도 감추어질 수가 없게 될 것입니다. 또 어찌 고자처럼 '남의 말을 알아들을 수 없을 때 자기 마음으로 뜻을 추구하지 말고, 자기 마음으로 이해할 수 없는 것을 기(氣)로써 추구하지 말라'고 하는 폐단이 있게 되겠습니까? 맹자의 '의로움을 모으고' '기를 기른다'는 이론은 진실로 후학들에게 큰 효과가 있는 것입니다.

그러나 역시 병폐를 따라서 처방을 내린 것이기 때문에 대체적인 것만을 논한 것이어서, 《대학》의 격물·치지·성의·정심의 공부가 더욱 정순하게 통일되고 간단하고 평이한 경지에 이르러 위아래가 완전무결하며 만세토록 폐단이 없는 것만은 못합니다.

原文 夫必有事焉, 只是集義, 集義只是致良知. 說集義, 則一時未見頭腦, 說致良知, 卽當下便有實地步可用工. 故區區專說致良知.

隨時就事上致其良知, 便是格物. 著實去致良知, 便是誠意. 著實致其良知, 而無一毫意必固我, 便是正心. 著實致良知, 則自無忘之病. 無一毫意必固我, 則自無助之病. 故說格致誠正, 則不必更說箇忘助.

孟子說忘助, 亦就告子得病處立方. 告子强制其心, 是助的病痛. 故孟子專說助長之害. 告子助長, 亦是他以義爲外, 不知就是心上集義, 在必有事焉上用功, 是以如此.

若時時刻刻, 就自心上集義, 則良知之體, 洞然明白, 自然是是非非, 纖毫莫遁. 又焉有不得於言, 勿求於心, 不得於心, 勿求於氣之弊乎? 孟子集義養氣之說, 固大有功於後學.

然亦是因病立方, 說得大段, 不若大學格致誠正之功, 尤極精一簡易, 爲徹上徹下, 萬世無弊者也.

註解 ㅇ集義(집의)-의로움을 모으는 것. 역시 《맹자》 공손추 상편에

보이는 말. ㅇ頭腦(두뇌)－근본적인 것, 요체(要諦). ㅇ實地步(실지보)－실질적으로, 실제로. ㅇ意必固我(의필고아)－'절사(絶四)'라 하여 《논어》 자한(子罕)편에 보이는 말. '자의(恣意)가 없고[毋意], 기필코 하려는 게 없고[毋必], 고집이 없고[毋固], 나만을 생각하는 일이 없다[毋我]'는 네 가지이다. ㅇ立方(입방)－처방을 내리다. ㅇ以義爲外(이의위외)－의로움을 외재적(外在的)인 것이라 하다. 《맹자》 공손추 상편에 보임. ㅇ洞然(통연)－훤한 모양. ㅇ不得於言(부득어언)…… －역시 《맹자》 공손추 상편에 보이는 말. ㅇ大段(대단)－대체, 대강. ㅇ徹上徹下(철상철하)－위아래로 철저한 것, 위아래로 완전무결한 것.

解說 여기서는 '양지를 이르게 하는' 학문방법을 맹자가 말한 '반드시 올바른 일에만 힘쓰라'는 말 이외에, 《논어》에 보이는 '무의(毋意)·무필(毋必)·무고(毋固)·무아(毋我)'와 함께 《대학》의 '격물·치지·성의·정심'과도 연결시켜 해설하고 있다.

2-4. 성현들의 학문에 대한 논의는 대부분이 때에 따라, 그리고 경우에 따라 행해졌기 때문에 비록 그분들의 말은 사람에 따라 다른 듯하지만 그러나 그분들의 공부에 대한 근본을 따져보면 틀림없이 서로 딱 들어맞고 있습니다. 하늘과 땅 사이에 따라야만 할 것은 원래 오직 이 성(性)이 있을 따름이며, 오직 이 이(理)가 있을 따름이며, 오직 이 양지가 있을 따름이며, 오직 이 한 가지 일이 있을 따름인 것입니다. 그러므로 옛사람들이 학문을 논한 것을 근거로 공부 얘기를 할 적에 여러 가지를 끌어다가 합쳐놓고 말할 필요가 없으니, 자연히 서로 들어맞고 서로 관통되는 일이 없을 것이기 때문입니다. 반드시 여러 가지를 끌어다가 합쳐놓고 말한다면 곧 자기의 공부는 밝고 철저하지 못하게 될 것입니다.

근래에 어떤 이가 의로움을 모으는 공부는 반드시 양지를 이르게 하는 일을 끌어다가 합쳐놓은 뒤에야 완비된다고 말하였는데, 그렇다면 의로움을 모으는 공부는 아직도 철저할 수가 없을 것입니다. 의로움을 모으는 공부가 아직도 철저하지 못하다면 바로 그것은 양지를 이르게 하는 데에 방해가 될 따름일 것입니다. 양지를 이르게 하는 공부는 반드시 '잊지도 말고 조장하지도 말라'는 일을 끌어다가 합쳐놓은 뒤에야 분명해진다고 말한다면, 곧 양지를 이르게 하는 공부는 아직도 철저할 수가 없을 것입니다. 양지를 이르게 하는 공부가 아직도 철저하지 못하다면 바로 그것은 '잊지도 말고 조장하지도 말라'는 데에 방해가 될 따름일 것입니다.

이런 사람들은 모두 글뜻만 가지고 억지로 끌어다가 붙이며 해석을 하면서 잘 융합되어 한 곳으로 모이기를 추구하기만 하고, 전혀 자신의 실제 공부를 통하여 체험하지는 않은 사람들입니다. 그래서 논의가 더욱 정세해질수록 실지로부터 더욱 멀리 떨어지게 되는 것입니다.

선생의 이론은 위대한 근본이 되는 도에 있어서는 이미 막힌 데 없이 의심할 곳도 없으나, '앎을 이르게 하고 이치를 궁리하는 것'과 '잊고 조장하고 하는' 등의 이론에 있어서는 가끔 아직도 여러 가지를 끌어다가 합쳐놓는 경우가 있습니다. 또한 이것이 내가 말한 수레를 몰고 갈 때 넓은 한길 가운데서 간혹 옆으로도 기울어지고 돌아가기도 하는 것입니다. 공부가 무르익게 되면 자연히 그런 일은 없어지게 될 것입니다.

原文 聖賢論學, 多是隨時就事. 雖言若人殊, 而要其工夫頭腦, 若合符節. 緣天地之間, 原只有此性, 只有此理, 只有此良知, 只有此一件事耳. 故凡就古人論學處說工夫, 更不必攙和兼搭而說, 自然無不脗合貫通者. 才須攙和兼搭而說, 卽是自己工夫未明徹也.

近時有謂集義之功, 必須兼搭箇致良知而後備者. 則是集義之功, 尚未了徹也. 集義之功尚未了徹, 適足以爲致良知之累而已矣. 謂致良知之功, 必須兼搭一箇勿忘勿助而後明者, 則是致良知之功, 尚未了徹也. 致良知之功尚未了徹, 適足以爲勿忘勿助之累而已矣.

若此者, 皆是就文義上解釋牽附, 以求混融湊泊, 而不曾就自己實工夫上體驗. 是以論之愈精, 而去之愈遠.

文蔚之論, 其於大本達道, 旣已沛然無疑, 至於致知窮理及忘助等說, 時亦有攙和兼搭處. 卻是區區所謂康莊大道之中, 或時橫斜迂曲者. 到得工夫熟後, 自將釋然矣.

註解 ㅇ合符節(합부절)－부절이 들어맞다. '부절'은 부신(符信). 무엇을 증명하기 위하여 대쪽에 글을 쓰고 그것을 쪼개어 양편에서 제각기 보관하고 있다가, 뒤에 사실을 증명하기 위하여 그것을 맞추어 보는 것. ㅇ一件事(일건사)－양지를 이르게 하는 한 가지 일을 뜻한다. ㅇ攙和兼搭(참화겸탑)－여러 개를 억지로 끌어다가 합치고 한데 섞는 것. ㅇ徹(철)－철저한 것. ㅇ累(루)－방해. ㅇ牽附(견부)－억지로 끌어다 맞추는 것. ㅇ混融(혼융)－잘 융합되는 것. ㅇ湊泊(주박)－한곳으로 모으는 것. ㅇ大本達道(대본달도)－위대한 근본이 되고 온 천하에 통달되는 도. ㅇ沛然(패연)－물이 막힘없이 흐르는 모양.

解說 성현의 말이라도 모두가 서로 통하는 이론이라 보고 여러 가지를 다 모아 합쳐놓고 이해하려들면 안된다는 것이다. 그것은 성현들이 때와 경우에 따라 거기에 알맞도록 얘기한 것이기 때문에, 때와 경우가 달라지면 통용되지 않는 말이 되기 때문이다. 이를 바탕으로 '양지를 이르게 하는 공부'와 '의로움을 모으는 공부' 및 '잊지도 않고 조장하지도 않는 공부'에 대하여 논하고 있다.

2-5. 선생께서 말씀하신 '앎을 이르게 하는 이론을 부모를 섬기고 형을 따르는 일에서 추구한다면, 곧 따를 만한 근거가 있는 것같이 느껴진다'는 이 대목은 근래에 참되고 절실하고 착실하게 공부한 성과를 가장 잘 드러내 보여주고 있습니다. 그러나 이런 이론을 가지고 스스로 힘을 얻을만한 근거라고 생각하는 것은 상관이 없지만, 이것을 마침내는 정설이라 여기고 사람들을 가르치기까지 한다면 도리어 약으로 말미암아 병이 생기는 것과 같은 걱정을 면할 수가 없을 것입니다. 그러니 이에 대하여 한 번 설명하지 않으면 안될 것 같습니다.

대체로 양지라는 것은 오직 한 가지 천리를 자연스럽게 밝게 깨닫고 발견하는 것이며, 다만 한 가지 참된 정성과 남을 동정하는 마음이 바로 그 본체인 것입니다. 그러므로 이 양지를 이르게 하는 참된 정성과 남을 동정하는 마음을 가지고 부모를 섬기면 바로 효도가 됩니다. 이 양지를 이르게 하는 참된 정성과 남을 동정하는 마음을 가지고 형을 따른다면 바로 아우 노릇이 됩니다. 이 양지를 이르게 하는 참된 정성과 남을 동정하는 마음을 가지고 임금을 섬기면 바로 충성이 됩니다. 오직 한 가지 양지면 되고 한 가지 참된 정성과 남을 동정하는 마음이면 됩니다.

만약에 형을 따르는 양지가 그 참된 정성과 남을 동정하는 마음을 이르게 하지 못한다면, 곧 부모를 섬기는 양지도 그 참된 정성과 남을 동정하는 마음을 이르게 하지 못합니다. 임금을 섬기는 양지가 그 참된 정성과 남을 동정하는 마음을 이르게 하지 못한다면, 곧 형을 따르는 양지도 그 참된 정성과 남을 동정하는 마음을 이르게 하지 못합니다.

그러므로 임금을 섬기는 양지를 이르게 하여야만 곧 형을 따르는 양지도 이르게 할 수가 있습니다. 형을 따르는 양지를 이르게 하여야만 곧 부모를 섬기는 양지도 이르게 할 수가 있습니다. 그러나 임금을 섬기는 양지를 이르게 할 수가 없을 때에 반드시 부모를 섬기는 양지로부터 그것을 확충시켜 가야만 한다는 것은 아닙니다.

그와 같은 것은 또한 공부의 근원으로부터 떨어져 곁가지 끝마디 같은 것에 붙어서 추구하는 짓입니다. 양지란 오직 하나가 있을 따름이며, 그것이 드러나 움직이는 대로 따라가기만 하면 바로 모두가 충분한 것입니다. 달리 다른 곳으로 가서 추구하거나 다른 것을 빌릴 필요가 없습니다. 그러나 그것이 드러나 움직이는 곳에 있어서는 또한 가벼움과 무거움 및 두터움과 얇음을 가는 터럭만큼 더하고 덜하는 것도 받아들여지지 않습니다. 그것은 이른바 천연의 스스로 그것을 가운데에 지니고 있는 것이기 때문입니다.

비록 가벼움과 무거움 및 두터움과 얇음을 가는 터럭만큼도 더하고 덜하는 것도 받아들여지지 않지만 그것은 또 원래 오직 한 개일 뿐입니다. 비록 오직 한 개일 뿐이나 거기에는 가벼움과 무거움 및 두터움과 얇음을 또 가는 터럭만큼도 더하거나 덜하는 것이 받아들여지지 않습니다. 만약 거기에 더하거나 덜할 수가 있고 또 다른 것을 빌려야만 한다면 곧 그것은 이미 참된 정성과 남을 동정하는 마음의 본체가 아닌 것입니다. 이것이 양지의 오묘한 작용이며, 크기와 모양도 없고 끝과 다하는 곳도 없어서, 그 크기로 말하면 천하에는 그것을 실을 수 있는 것이란 없고, 그 작기로 말하면 천하엔 그것을 다시 쪼갤 수 있는 물건이란 없는 까닭입니다.

原文 文蔚謂致知之說, 求之事親從兄之間, 便覺有所持循者, 此段最見近來眞切篤實之功. 但以此自爲, 不妨自有得力處. 以此遂爲定說敎人, 卻未免又有因藥發病之患. 亦不可不一講也.

蓋良知只是一箇天理自然明覺發見處, 只是一箇眞誠惻怛, 便是他本體. 故致此良知之眞誠惻怛以事親, 便是孝. 致此良知之眞誠惻怛以從兄, 便是弟. 致此良知之眞誠惻怛以事君, 便是忠. 只是一箇良知, 一箇眞誠惻怛.

若是從兄的良知, 不能致其眞誠惻怛, 卽是事親的良知, 不能致其眞誠惻怛矣. 事君的良知, 不能致其眞誠惻怛, 卽是從兄的良知, 不能致其眞誠惻怛矣.

故致得事君的良知, 便是致卻從兄的良知. 致得從兄的良知, 便是致卻事親的良知. 不是事君的良知, 不能致卻, 須又從事親的良知上去擴充將來.

如此又是脫卻本原, 著在支節上求了. 良知只是一箇, 隨他發見流行處, 當下具足. 更無去求, 不須假借. 然其發見流行處, 卻是有輕重厚薄, 毫髮不容增減者, 所謂天然自有之中也.

雖則輕重厚薄, 毫髮不容增減, 而原又只是一箇. 雖則只是一箇, 而其間輕重厚薄, 又毫髮不容增減. 若可得增減, 若須假借, 卽已非其眞誠惻怛之本體矣. 此良知之妙用, 所以無方體, 無窮盡, 語大天下莫能載, 語小天下莫能破者也.

註解 ㅇ持循(지순)－잡고 따라가다. ㅇ因藥發病(인약발병)－약으로 말미암아 병이 나다, 약을 잘못 써서 도리어 병을 얻는 것. ㅇ惻怛(측달)－남의 불행을 동정하는 마음. ㅇ致卻(치각)－이르게 되다. ㅇ脫卻(탈각)－떨어져 나가다, 벗어나다. ㅇ支節(지절)－잔가지와 끝마디. ㅇ當下具足(당하구족)－바로 모두가 충분하다, 당장 모두 만족하다. ㅇ方體(방체)－크기와 모양. ㅇ語大天下(어대천하)…… －《중용》에 보이는 말.

解說 '양지를 이르게 하는 공부'란 책을 많이 읽고 올바른 행실을 배우고 하는 것보다도, '참된 정성'과 '남의 불행을 동정하는 마음'을 늘 발휘해야만 한다는 도덕적인 방향에서 해설되고 있다. 곧 양지란 도나 이와 같은 것으로 이해되고 있었던 듯하다.

2-6. 맹자께서 "요·순의 도는 효도와 아우 노릇을 잘하는 것일 따

름이다."고 하신 것은, 바로 사람의 양지가 가장 참되고 절실하고 두텁게 드러나 가리어지고 애매한 것이 용납되지 않는 경지에서 사람들을 깨우쳐주기 위한 것이었습니다. 사람들로 하여금 임금을 섬기고 벗들과 함께하고 백성을 사랑하며 만물을 아끼는 등의 모든 움직이고 조용히 있고 말하고 침묵하는 데 있어서 모두가 오직 부모를 섬기고 형을 따르는 참된 정성과 남을 동정하는 마음이란 한 가지 생각에서 양지를 이르게 하도록 하려는 것이었습니다. 그것은 곧 자연히 도가 아닌 경우가 없는 것입니다.

천하의 일들은 비록 천 가지 만 가지로 변하고 있어서 다 추궁할 수가 없는 지경이지만, 다만 오직 이 부모를 섬기고 형을 따르는 참된 정성과 남을 동정하는 마음이란 한 가지 생각으로 양지를 이르게 하여 거기에 대응한다면, 더이상 빠트리거나 흘리는 것이 없게 될 것입니다. 그것은 오직 이 한 개의 양지가 있기 때문이라서 그런 말씀을 하셨던 것입니다. 부모를 섬기고 형을 따르는 한 가지 생각의 양지 이외에 또 다른 이르게 할만한 양지가 있는 것이 아닙니다. 그러므로 "요·순의 도는 효도와 아우노릇을 잘하는 것일 따름이다."고 말씀하셨던 것입니다. 이것이 이른바 '오직 정성스럽게 하고 오직 통일하는' 학문의 근거이며, 그것은 세상 어디를 가도 기준이 되고 후세에 행하여지게 한다 해도 멎어지는 일이 없는 것입니다.

선생은 말하기를 "부모를 섬기고 형을 따르는 행위를 통하여 이른바 양지의 학문을 추구하고자 한다."고 하였습니다. 자기가 노력하는 데 있어 힘을 얻고자 하여 그렇게 말한다면 안될 것이 없습니다. 만약 '그의 양지를 이르게 하는 참된 정성과 남을 동정하는 마음으로 부모를 섬기고 형을 따르는 도리를 다하고자 한다'고 말한다 해도 역시 안될 것이 없습니다. 정호(程顥)는 말하기를 "인을 행하는 일은 효도와 아우노릇으로부터 시작된다. 효도와 아우노릇은 인에 속하는 한 가지 일이다. 그것을 인을 행하는 근본이라 말하는 것은 괜찮지만,

그것이 인의 근본이라고 하면 안되는 것이다."고 하였는데, 그분의 말이 옳습니다.

原文 孟氏, 堯舜之道, 孝弟而已矣者, 是就人之良知發見得最眞切篤厚, 不容蔽昧處, 提省人. 使人於事君處友, 仁民愛物, 與凡動靜語默閒, 皆只是致他那一念事親從兄, 眞誠惻怛的良知. 卽自然無不是道.

蓋天下之事, 雖千變萬化, 至於不可窮詰, 而但惟致此事親從兄一念眞誠惻怛之良知以應之, 則更無有遺缺滲漏者. 正謂, 其只有此一箇良知故也. 事親從兄一念良知之外, 更無有良知可致得者. 故曰 : 堯舜之道, 孝弟而已矣. 此所以爲惟精惟一之學, 放之四海而皆準, 施諸後世而無朝夕者也.

文蔚云 : 欲於事親從兄之閒, 而求所謂良知之學. 就自己用工得力處, 如此說亦無不可. 若曰致其良知之眞誠惻怛, 以求盡夫事親從兄之道焉, 亦無不可也. 明道云 : 行仁自孝弟始. 孝弟是仁之一事. 謂之行仁之本則可, 謂是仁之本則不可. 其說是矣.

註解 ㅇ孟氏(맹씨)－맹자. 여기의 인용은《맹자》고자(告子) 하편에 보이는 말. ㅇ蔽昧(폐매)－가리어지고 애매한 것. ㅇ提省(제성)－깨우쳐주는 것. ㅇ仁民愛物(인민애물)－《맹자》진심(盡心) 상편에 보이는 말. ㅇ窮詰(궁힐)－추궁하고 따지다. ㅇ遺缺(유결)－빠트리다, 결함을 남겨두다. ㅇ滲漏(삼루)－새나오다, 새어 흐르다. ㅇ放(방)－이르다, 놓다. 이 구절은《예기》제의(祭儀)편의 말을 근거로 한 것임. ㅇ無朝夕(무조석)－멈추는 일이 없음을 뜻하는 말임. ㅇ明道(명도)－정호(程顥)의 호. 그러나 여기에 인용된 말은《이정전서(二程全書)》에 보이는 정이(程頤)의 말이다.

解說 섭표가 맹자의 말을 인용하여 "요순의 도는 효도와 아우노릇

을 잘하는 것이다."고 하면서, 다시 "부모를 섬기고 형을 따르는 행위를 바탕으로 양지의 학문을 추구하면 된다."고 한 말에 대하여 보충설명을 하고 있다. 정이가 "효도와 아우노릇은 인을 행하는 근본이 되지만 인의 근본이라 하면 안된다."고 한 말을 인용하면서, 효도와 아우노릇은 양지를 이르게 하는 방법이기는 하지만 양지의 근본이 될 수가 없음을 강조하고 있다.

2-7. '미리 생각하고 미리 짐작하는 것과 먼저 깨닫는 것'에 대한 이론에 있어서, 선생은 '정성스러우면 그것이 널리 행해지건 좁은 곳에 가려지건 모두가 양지의 작용이다'고 말하였습니다. 매우 좋습니다, 매우 좋습니다! 간혹 여러 가지를 끌어다가 합쳐놓은 곳이 있는데, 거기에 대하여는 앞에서 이미 말하였습니다.

인용한 진구천(陳九川)의 말도 옳지 않다고 할 수는 없습니다. 선생 편에서는 반드시 진구천의 말을 잘 참고하여야만 완전하게 되고, 진구천 편에서도 또 반드시 선생의 말을 잘 참고하여야만 분명해질 것입니다. 그렇지 않으면 역시 각각 한 편으로 치우쳐지는 병폐를 면치 못할 것입니다.

순임금은 비근한 말도 살피시고 풀과 나무를 베는 사람에게도 물었는데, 비근한 말을 마땅히 살펴야 하고 풀과 나무를 베는 사람에게 마땅히 물어보아야만 한다고 하여 그렇게 하셨던 것이 아닙니다. 바로 양지가 드러나 움직이는 것이 밝게 빛나고 분명하고 원만해서 더 이상 가로막고 떨어지게 하는 것이 없기 때문에 그렇게 하신 것입니다. 이것이 그분을 대지(大知)라고 말하는 까닭인 것입니다. 일에 대한 집착이나 꼭 그렇게 하겠다는 뜻을 갖게 되자마자 그의 지(知)는 곧 작아집니다. 공부하는 중에 스스로 버리고 취할 것에 대한 분별이 생길 것입니다. 그러나 마음에 대하여 착실하게 공부를 해 나가자면 반드시 그와 같이 하여야만 됩니다. 그런 것을 먼저 깨닫는 사람이라면, 현명한 사람입니다.

原文 億逆先覺之說, 文蔚謂, 誠則傍行曲防, 皆良知之用. 甚善, 甚善! 間有攙搭處, 則前已言之矣.

惟濬之言, 亦未爲不是. 在文蔚, 須有取於惟濬之言而後盡, 在惟濬, 又須有取於文蔚之言而後明. 不然, 則亦未免各有倚著之病也.

舜察邇言而詢芻蕘, 非是以邇言當察, 芻蕘當詢, 而後如此. 乃良知之發見流行, 光明圓瑩, 更無罣礙遮隔處. 此所以謂之大知. 才有執著意必, 其知便小矣. 講學中, 自有去取分辨. 然就心地上著實用工夫, 卻須如此方是.

註解 ㅇ億逆先覺(억역선각)-《논어》 헌문(憲問)편에서 공자가 '남이 속일 것이라고 미리 짐작하지 말고, 남이 믿지 않을 것이라고 미리 생각하지 말아야 한다. 그러나 그런 것을 먼저 깨닫는 사람이라면, 현명한 사람이다[不逆詐, 不億不信. 抑亦先覺者, 是賢乎]'고 말한 데서 인용한 말임. ㅇ旁行曲防(방행곡방)-'방행'은 널리 행해지는 것, '곡방'은 좁은 곳에 막히는 것. ㅇ攙搭(참탑)-앞에 보인 참화겸탑(攙和兼搭). 여러 가지를 끌어다가 합쳐 놓는 것. ㅇ惟濬(유준)-진구천(陳九川)의 자, 왕양명의 제자. ㅇ倚著(의착)-한편으로 치우쳐지는 것. ㅇ邇言(이언)-비근(卑近)한 말. 순임금에 관한 이 말은 《중용》에 보임. ㅇ詢芻蕘(순추요)-꼴 베는 사람과 나무꾼에게 묻다. 《시경》 대아(大雅) 판(板)시에 보이는 구절임. ㅇ圓瑩(원영)-원만하고 분명한 것. ㅇ罣礙(괘애)-걸리고 막히는 것. ㅇ遮隔(차격)-막히고 떨어지는 것.

解說 섭표가 진구천의 말을 인용하여 편지에 논한 '미리 생각하고 미리 짐작하는 것과 먼저 깨닫는 것'에 대한 문제를 바탕으로, 양지를

이르게 하는 공부 방법을 논한 대목이다.

2-8. 《맹자》 진심편에 대한 선생의 해석 세 대목에 관하여는, 내가 일찍이 나면서 아는 것〔生知〕, 배워서 아는 것〔學知〕, 어려움을 겪고서 아는 것〔困知〕에 대하여 해설한 일이 있습니다. 이미 잘 알아 의심스러운 점도 없을 것으로 압니다. 대체로 마음을 다하고〔盡心〕, 본성을 알고〔知性〕, 하늘을 아는〔知天〕 사람들에게는 반드시 마음을 보존하는 것〔存心〕, 본성을 기르는 것〔養性〕, 하늘을 섬기는 것〔事天〕을 해설할 필요가 없고, 반드시 일찍 죽고〔殀〕 오래 사는〔壽〕 두 가지 일에 마음을 쓰지 않고, 자신을 수양하며 천명을 기다리는 일을 해설할 필요도 없습니다. 그것은 마음을 보존하고 본성을 기르는 것과 자신을 수양하여 천명을 기다리는 공부는 이미 그 가운데 행해지고 있기 때문인 것입니다.

마음을 보존하고 본성을 기르고 하늘을 섬기는 사람은 비록 마음을 다하고 하늘을 아는 지위에 이르지는 못하였다 하더라도, 이미 그곳에서 마음을 다하고 하늘을 아는 공부를 추구하고 있는 것입니다. 일찍 죽고 오래 사는 두 가지 일에 마음을 쓰지 않고, 자신을 수양하며 천명을 기다리는 일은 더 말할 필요조차도 없습니다. 그것은 일찍 죽고 오래 사는 두 가지 일에 마음을 쓰지 않고, 자신을 수양하며 천명을 기다리는 공부는 이미 그 가운데 행해지고 있기 때문인 것입니다.

길을 가는 것으로 비유를 들면, 마음을 다하고 하늘을 아는 사람은 나이가 한창이고 몸이 튼튼한 사람이 쉽사리 수천 수백 리의 거리를 빨리 달려서 갔다올 수 있는 것과 같습니다. 마음을 보존하고 하늘을 섬기는 사람은 어린 나이의 사람이어서 마당의 섬돌 사이에서 그에게 걸어다니는 법을 가르쳐주고 있는 경우와 같습니다. 일찍 죽고 오래 사는 일에 마음을 쓰지 않고, 자신을 수양하며 천명을 기다리는 사람은 포대기에 싸인 어린 아기여서 조금씩 그에게 담을 의지하고 벽에 기대어 겨우 일어서서 발걸음 떼어놓는 법을 배우게 하는 사람과 같습니다.

이미 수천 수백 리의 거리를 빨리 달리어 갔다올 수 있는 사람이라면, 곧 다시 그에게 마당 섬돌 사이에서 걸어다니는 것을 배우게 할 필요가 없으니, 마당 섬돌 사이를 걸어다니는 일쯤은 할 수 없을 리가 없기 때문입니다. 이미 마당 섬돌 사이를 걸어다닐 수가 있다면 곧 다시 담을 의지하고 벽에 기대어 일어서서 발걸음을 떼어놓는 법을 배우게 할 필요가 없으니, 일어서서 발걸음을 떼어놓는 일쯤은 할 수 없을 리가 없기 때문입니다. 그러나 일어서서 발걸음을 떼어놓는 법을 배우는 것은 바로 마당 섬돌 사이를 걸어다니는 법을 배우는 시작이 되며, 마당 섬돌 사이를 걸어다니는 법을 배우는 것은 바로 수천 수백 리를 빨리 뛰어서 갔다오는 법을 배우는 기초가 되는 것이니, 이것들은 진실로 서로 다른 두 가지 일이 아닙니다. 다만 그 공부가 쉽고 어려운 점에 있어서 거리가 멀리 떨어져 있을 뿐입니다.

마음이나 본성이나 하늘은 한 가지인 것입니다. 그러므로 그것들에 대하여 앎으로써 성과를 이룩하는 데 있어서는 한 가지인 것입니다. 그러나 이 세 가지 것에 대하여는 인품과 역량에 따라 자연스런 단계가 있어서 그 등급을 넘어서 알 수는 없는 것입니다. 선생의 이론을 자세히 살펴보면, 그 뜻이 아마도 마음을 다하고 하늘을 아는 사람이 마음을 보존하고 자신을 수양하는 공부를 게을리하면 도리어 마음을 다하고 하늘을 아는 데에 병폐가 된다고 여기고 있는 것 같습니다. 이것은 곧 성인이 공부를 혹시 중단하지는 않을까 걱정을 하면서도 자기의 공부가 아직도 참되고 절실하지 못함을 걱정할 줄은 모르는 거나 같습니다.

우리들이 노력하여야만 할 것은 반드시 마음을 오로지 하고 뜻을 세워 일찍 죽고 오래 사는 두 가지 일에 마음을 쓰지 않고, 자신을 수양하여 천명을 기다리는 일에 대한 것입니다. 오직 이것만이 바로 마음을 다하고 하늘을 아는 공부의 시작이 되는 것입니다. 마치 일어서서 발걸음을 옮기는 법을 배우는 것이 바로 천리를 달리는 법을 배우는 시작이 되는 거나 같습니다. 내가 지금 스스로 일어서서 걸음을 옮기지 못할까 걱정하고 있는데, 어찌 갑자기 또 천리를 달리지 못함을 걱정하겠습니까? 더군다나 천리를 달릴 수 있는 사람이 그가 혹시 일어서서 걸음을 옮기는 습관을 잊어버렸을까 걱정하게 되겠습니까?

선생의 식견은 본시 매우 뛰어난데, 이러한 이론을 펴고 있는 것은 역시 옛날의 글뜻을 해설하던 습성을 벗어버리지 못하였기 때문입니다. 그래서 이러한 세 대목의 글을 두고 분석 해설 비교 통합을 하면서 그 뜻이 종합 관통되기를 추구하였으나, 스스로 보탠 여러 가지 의견에 휘말리어 오히려 그 공부가 통일되지 못하게 된 것입니다. 근래에는 근거도 없이 '잊지도 말고 조장하지도 말라'는 공부를 하여, 그들 의견에 바로 이와 같은 병폐가 있게 되는데, 매우 사람들을 그르치게 하는 일입니다. 이런 습성은 씻어버리지 않으면 안됩니다.

原文 盡心三節, 區區曾有生知學知困知之說. 頗已明白, 無可疑者. 蓋盡心知性知天者, 不必說存心養性事天, 不必說殀壽不貳, 修身以俟. 而存心養性, 與修身以俟之功, 已在其中矣.

存心養性事天者, 雖未到得盡心知天的地位, 然已是在那裡, 做箇求到盡心知天的工夫. 更不必說殀壽不貳, 修身以俟. 而殀壽不貳, 修身以俟之功, 已在其中矣.

譬之行路, 盡心知天者, 如年力壯健之人, 旣能奔走往來於數千百里之間者也. 存心事天者, 如童穉之年, 使之學習步趨於庭除之間者也. 殀壽不貳, 修身以俟者, 如襁褓之孩, 方使之扶牆傍壁, 而漸學起立移步者也.

旣已能奔走往來於數千里之間者, 則不必更使之於庭除之間而學步趨, 而步趨於庭除之間, 自無弗能矣. 旣已能步趨於庭除之間, 則不必更使之扶牆傍壁, 而學起立移步, 而起立移步, 自無弗能矣. 然學起立移步, 便是學步趨庭除之始. 學步趨庭除, 便是學奔走往來於數千里之基, 固非有二事, 但其工夫之難易, 則相去懸絶矣.

心也, 性也, 天也, 一也. 故及其知之成功則一. 然而三者人品力量, 自有階級, 不可躐等而能也. 細觀文蔚之論, 其意以, 恐盡心知天者, 廢卻存心修身之功, 而反爲盡心知天之病. 是蓋爲聖人憂工夫之或間斷, 而不知爲自己憂工夫之未眞切也.

吾儕用工, 卻須專心致志, 在殀壽不貳, 修身以俟上做. 只此便是做盡心知天工夫之始. 正如學起立移步, 便是學奔走千里之始. 吾方自慮其不能起立移步. 而豈遽慮其不能奔走千里? 又況爲奔走千里者, 而慮其或遺忘於起立移步之習哉?

文蔚識見本自超絶邁往, 而所論云然者, 亦是未能脫去舊時解說文義之習. 是爲此三段書, 分疏比合, 以求融會貫通, 而自添許多意見纏繞, 反使用工不專一也. 近時懸空去, 做勿忘勿助者, 其意見正有此病, 最能擔誤人, 不可不滌除耳.

註解 ㅇ盡心三節(진심삼절)－《맹자》 진심 상편의 첫 대목인 '그의 마음을 다하는 사람은 그의 본성을 아는 것이다. 그의 본성을 알면 곧 하늘에 대하여도 알게 된다. 그의 마음을 보존하고 그의 본성을 기르는 것이 하늘을 섬기는 방법이 된다. 일찍 죽고 오래 사는 것에는 마음을 쓰지 않고 자신을 수양하며 천명을 기다리는 것이 천명을 받드는 길인 것이다[盡其心者, 知其性也. 知其性, 則知天矣. 存其心, 養其性, 所以事天也. 殀壽不貳, 脩身以俟之, 所以立命也]'라는 글을 세 대목으로 나누어 섭표가 편지로 질문을 하였던 것이다. ㅇ庭除(정제)－집 마당의 섬돌과 대문 사

이. ㅇ躐(렵)－뛰어넘다. ㅇ擔誤(담오)－그르치다.

解說 섭표의 《맹자》 진심 상편의 글에 대한 잘못된 인식을 바로잡아 주면서 올바른 공부 방법을 일러주고 있다.

2-9. 이른바 '덕성을 높이고 묻고 배우는 길을 간다'는 한 구절은 지극히 당연하고 한 뜻으로 귀착되어 아무런 의심스러운 것이 없습니다. 이것은 바로 선생이 착실히 공부를 해왔기 때문에 이런 말을 할 수가 있는 것입니다. 이것은 본시부터 험난하고 까다로워 알기 어려운 도리가 아닙니다. 사람들 중에는 간혹 의견이 같지 않은 사람들이 있으나, 그것은 양지가 아직도 가리어지고 숨기어져 있는 데가 있기 때문입니다. 만약 이 가리어지고 숨기어진 것만 제거된다면 곧 자연히 모두가 환하게 될 것입니다.

原文 所謂尊德性而道問學一節, 至當歸一, 更無可疑. 此便是文蔚曾著實用工, 然後能爲此言. 此本不是險僻難見的道理. 人或意見不同者, 還是良知尙有纖翳潛伏. 若除去此纖翳, 卽自無不洞然矣.

註解 ㅇ尊德性(존덕성)……－《중용》에 보이는 말임. ㅇ纖翳(섬예)－잘 보이지 않게 가리어져 있는 것. ㅇ洞然(통연)－환한 것, 밝은 모양.

解說 공부에 약간이라도 문제가 있는 것은 모두 양지가 아직도 가리어져 있기 때문이라는 것이다. 양지를 이르게 하는 공부를 더욱 격려하는 말이다.

2-10. 편지를 쓰고 난 뒤에 병상을 처마끝으로 옮기고 누워있었는데, 마침 할 일이 없어 다시 이 답장을 쓰게 된 것입니다. 선생의 학문은 이미 근본적인 큰 것들을 터득하고 계십니다. 여기에서 질문한 문제들은 오래 가면 당연히 확 스스로 풀릴 것입니다. 본시 자질구레하게 이처럼 여러 가지로 설명할 필요도 없었습니다. 다만 선생의 두터운 우애를 받게 되고 천리 길에 사람을 보내어 멀리서 간절히 물으셨는데, 결국은 물어오신 뜻을 헛되게 하고 만 듯합니다. 그러나 스스로 말을 하지 않을 수도 없었습니다. 그러나 우직하여 매우 번거롭게만 해드렸습니다. 믿음과 사랑으로 너무 탓하지 마시기 바랍니다. 진구천(陳九川)과 추수익(鄒守益) 및 구양덕(歐陽德)에게도 이 편지를 각각 한 통씩 베끼어 보내주어 보게 한다면, 더욱 동지로서 일체가 된 기쁨을 느끼리라고 믿습니다.

原文 **已作書後, 移臥簷間, 偶遇無事, 遂復答此. 文蔚之學, 旣已得其大者. 此等處, 久當釋然自解, 本不必屑屑如此分疏. 但承相愛之厚, 千里差人, 遠及諄諄下問, 而竟虛來意. 又自不能已於言也. 然直戇煩縷已甚. 恃在信愛, 當不爲罪. 惟濬處, 及謙之崇一處, 各得轉錄一通寄視之, 尤承一體之好也.**

註解 ㅇ簷間(첨간)－지붕 처마끝. 바람이 잘 들어오는 곳이다. ㅇ屑屑(설설)－자질구레한 모양. ㅇ分疏(분소)－나누어 설명하다. ㅇ諄諄(순순)－간절한 모양, 공손한 모양. ㅇ直戇(직당)－마음이 곧고 어리석은 것, 우직(愚直)한 것. ㅇ惟濬(유준)－왕양명의 제자인 진구천(陳九川)의 자. ㅇ謙之(겸지)－왕양명의 제자인 추수익(鄒守益)의 자. ㅇ崇一(숭일)－왕양명의 제자인 구양덕(歐陽德)의 자.

解說 이 답장을 쓰게 된 연유를 말하며 편지를 끝맺은 대목이다.

이상 남대길이 수록함(右南大吉錄)

Ⅷ. 초등교육의 대의를 써서 훈장인 유백송 등에게 줌 (訓蒙大意示教讀劉伯頌等)

이 글은 왕양명이 47세 때 쓴 것이다. 왕양명은 남감(南贛, 江西省 남부)의 반적(叛賊)을 평정한 뒤, 그곳의 거칠고 낮은 민속을 깨치고 문맹을 타파하여 백성을 교화하고자 하여, 그곳 각지에 사학(社學)이라는 초등교육기관을 설치하였다. 그리고 그곳의 훈장(訓長)인 유백송(劉伯頌) 등에게 교육의 목표를 알리기 위하여 지은 글이 이것이다. 따라서 여기에는 왕양명의 초등교육에 대한 근본적인 목표와 교육방법 등이 쓰여져 있다. 짧은 글이지만 왕양명의 교육관을 이해하는 데에 필요한 중요한 자료이다. 읽는 이의 편의를 위하여 세 대목으로 나누어 역해하였다.

1. 옛날의 가르치는 사람들은 인륜을 가르치었다. 후세에 글을 외우고 읽고 글을 짓는 풍습이 생겨나자 선왕들의 교육은 없어져 버렸다. 지금 아이들을 가르치려면 오직 효제(孝悌)와 충신(忠信)과 예의(禮儀)와 염치(廉恥)에 오로지 힘써야만 할 것이다. 그들을 지도 육성하는 방법으로는 마땅히 노래와 시로 그들을 이끌어주어 그들이 뜻을 펴내도록 해야 할 것이며, 예를 익히는 것으로 인도하여 그들의 몸가짐과 행동을 바르게 하여야 할 것이며, 책을 읽게 함으로써 깨우치어 그들의 지각을 개발해 주어야 할 것이다. 지금 사람들은 흔히 노래와 시 및 예를 익히는 것은 세상일 중에서 절실하지 않은 것이라 한다. 그것은 모두 타락한 습속에서 나온 용렬한 견해이니, 어찌 옛분들이 세운 교육정신을 알 수가 있겠는가?

原文 古之教者, 教以人倫. 後世記誦詞章之習起, 而先王之教亡. 今教童子, 惟當以孝弟忠信禮義廉恥爲專務. 其栽培涵養之方, 則宜誘之歌詩, 以發其志意, 導之習禮, 以肅其威儀, 諷之讀書, 以開其知覺. 今人往往以歌詩習禮爲不切時務. 此皆末俗庸鄙之見, 烏足以知古人立教之意哉?

註解 ㅇ訓蒙(훈몽)—몽매(蒙昧)함을 훈도(訓導)하는 것. ㅇ教讀(교독)—훈장(訓長), 교사. ㅇ栽培(재배)—북돋아주고 길러주는 것. ㅇ涵養(함양)—육성하는 것. ㅇ肅(숙)—바르게 하는 것. ㅇ末俗(말속)—말단의 타락한 습속. ㅇ庸鄙(용비)—용렬(庸劣)한 것. ㅇ烏(오)—어찌.

解說 옛날의 교육은 도덕성을 기르는 데 주목적이 있었으나 후세에 와서는 지식을 추구하여 출세하는 데 목적을 두게 되었다. 다시 옛날과 같은 교육목표로 돌아가야만 한다는 것이다.

2. 대체로 아이들의 감정은 놀기는 좋아하지만 구속받는 것은 싫어한다. 마치 풀이나 나무가 처음 싹이 돋아날 때, 자유롭게 펴주면 쑥쑥 자라나고 굽히고 꺾고 하면 쇠하여 시드는 거나 같다. 지금 아이들을 가르치려면 반드시 그들이 나아가려는 방향을 따라 격려해주어 마음속으로 기뻐하도록 해주어야 그들은 스스로도 멈출 수가 없을 정도로 발전할 것이다. 비유를 들면 철에 맞는 비와 봄바람이 풀과 나무에 내리고 불고 하면 싹이 터서 생기가 발동하지 않는 것이 없게 될 것이며, 자연히 하루하루가 다르게 자라날 것이다. 만약 얼음이 얼고 서리가 내리면 생기는 없어지고 나날이 마르게 될 것이다.

그러므로 노래와 시로 그들을 이끌어줌에 있어서는 그들의 뜻을 펴도록 해줄 뿐만이 아니라, 또한 그들이 뛰어 놀며 소리치고 부르짖는 것을 노래하고 읊는 것을 통하여 발설함으로써 그들의 속으로 억눌리고 맺혀있는 것을 음절을 통하여 펴내는 방법이 되어야 한다. 예를 익히는 것으로 인도함에 있어서는 그들의 몸가짐과 행동을 바르게 해줄 뿐만이 아니라, 또한 예의를 따라 나아가고 물러나고 응대함으로써 그의 혈액의 순환을 좋게 하고 절하고 일어나고 몸을 굽히고 펴고 함으로써 그의 근육과 뼈를 단련시키는 방법이 되어야 한다. 책을 읽어 깨우치게 함에 있어서는 그들의 지각을 개발해줄 따름일 뿐만이 아니라 또한 마음을 가라앉히고 되풀이하게 함으로써 그의 마음을 존양(存養)케 하고 억양을 넣어 읊고 외우게 함으로써 그의 뜻을 펴내는 방법이 되어야 한다.

이것들은 모두가 그들의 뜻을 순조롭게 인도하여 그들의 성정(性情)을 조절하여 다스려주고 그들의 용렬함을 없애주며 그들의 거칠고 어리석음을 말없이 변화시켜주어, 날로 그들로 하여금 예의에 젖어들면서도 그 어려움을 괴롭게 생각치 아니하고 중화(中和)의 경지로 들어가면서도 그 까닭도 모르게 하는 방법인 것이다. 이것이 선왕들이 세워놓은 교육에 관한 미묘한 정신인 것이다.

原文 大抵童子之情, 樂嬉遊而憚拘檢. 如草木之始萌芽, 舒暢之則條達, 摧撓之則衰痿. 今教童子, 必使其趨向鼓舞, 中心喜悅, 則其進自不能已. 譬之時雨春風, 霑被卉木, 莫不萌動發越, 自然日長月化. 若冰霜剝落, 則生意蕭索, 日就枯槁矣.

故凡誘之歌詩者, 非但發其志意而已, 亦所以洩其跳號呼嘯於詠歌, 宣其幽抑結滯於音節也. 導之習禮者, 非但肅其威儀而已, 亦所以周旋揖讓而動蕩其血脈, 拜起屈伸而固束其筋骸也. 諷之讀書者, 非但開其知覺而已, 亦所以沈潛反覆而存其心, 抑揚諷誦以宣其志也.

凡此皆所以順導其志意, 調理其性情, 潛消其鄙吝, 默化其麤頑, 日使之漸於禮義而不苦其難, 入於中和而不知其故. 是蓋先王立教之微意也.

註解 ㅇ憚(탄)－꺼리다. ㅇ拘檢(구검)－구속을 받는 것. ㅇ舒暢(서창)－자유롭게 펴주다. ㅇ摧撓(최요)－꺾고 굽히는 것. ㅇ趨向(추향)－나아가는 방향, 움직이는 경향. ㅇ發越(발월)－생기가 발동하는 것. ㅇ蕭索(소색)－쇠하여 없어지는 것. ㅇ跳號呼嘯(도호호소)－들뛰고 소리치고 떠드는 것. ㅇ幽抑結滯(유억결체)－속에 억눌리고 맺혀있는 것. ㅇ周旋揖讓(주선읍양)－예의에 맞게 나아가고 물러나고 응대를 하는 것. ㅇ動蕩(동탕)－움직임이 활발해지는 것, 흐름이 좋아지는 것. ㅇ沈潛(침잠)－마음을 차분히 가라앉히는 것. ㅇ鄙吝(비린)－용렬함, 못난 것. ㅇ麤頑(추완)－거칠고 어리석은 것.

解說 노래와 시·예의 학습·책읽기 등을 통한 교육의 효과를 역설한 것이다. 이러한 교육은 억지로 할 것이 아니라 아이들의 버릇에 맞추어 자연스럽게 진행하여야 효과가 잘 드러난다는 것이다.

3. 근세의 아이들을 가르치는 사람들은 매일 오직 글귀를 읽고 과거 시험 답안 쓰는 연습만을 시키고 있다. 그들에게 몸가짐은 잘할 것을 요구하면서도 예로써 인도해 줄 줄은 모른다. 그들에게 총명할 것은 추구하면서도 선한 길을 가르쳐 줄 줄은 모른다. 줄로 몸을 묶고 매질을 하여 잡힌 죄수 대하듯 하니, 그들은 학교를 보기를 감옥처럼 보고 들어가려 하지 않는다. 훈장을 보기를 원수처럼 보고 만나려 하지 않는다. 기회를 엿보고 피하여 숨어서 자기들의 즐기는 놀이를 한다. 속임수를 쓰고 거짓으로 꾸미어 그들의 어리석고 용렬한 짓을 멋대로 한다. 경박함과 용렬함이 나날이 하류로 흘러간다. 이것은 대체로 그들을 악한 곳으로 몰면서 선해지기를 바라는 짓이다. 어찌

그렇게 될 수가 있겠는가?

나의 교육 방법은 그 뜻이 실로 여기에 있는 것이다. 시속에서 잘 살피지 아니하고 어리석은 짓이라고 볼까 두렵다. 또한 나도 장차 여기를 떠날 것이기에 특히 정중히 고하는 것이다. 그대들 여러 훈장은 내 뜻을 체득하기에 힘써 그것을 영영토록 훈계로 삼아야 한다. 언제건 시속의 여론을 따라서 그 법도를 고치어 폐지하는 일이 없어야 한다. '몽매한 자들을 올바르게 교양하는' 성과를 이루기를 바란다. 유념하고 유념하게!

原文 若近世之訓蒙稺者, 日惟督以句讀課倣, 責其檢束, 而不知導之以禮. 求其聰明, 而不知養之以善. 鞭撻繩縛, 若待拘囚. 彼視學舍, 如囹獄, 而不肯入. 視師長如寇仇, 而不欲見. 窺避掩覆, 以遂其嬉遊. 設詐飾詭, 以肆其頑鄙. 偸薄庸劣, 日趨下流. 是蓋驅之於惡, 而求其爲善也. 何可得乎?

凡吾所以教, 其意實在於此. 恐時俗不察, 視以爲迂. 且吾亦將去, 故特叮嚀以告. 爾諸教讀, 其務體吾意, 永以爲訓. 毋輒因時俗之言, 改廢其繩墨. 庶成蒙以養正之功矣. 念之, 念之!

註解 ○課倣(과방)－과거(科擧) 시험공부를 위한 글짓기 연습을 하는 것. ○檢束(검속)－몸가짐을 챙기는 것. ○繩縛(승박)－사람을 끈으로 묶는 것. ○拘囚(구수)－잡혀있는 죄수. ○掩覆(엄복)－못된 짓을 하면서 숨는 것. ○叮嚀(정녕)－정중한 모양, 간곡한 모양. ○繩墨(승묵)－목수들이 쓰던 먹줄. 기본 원칙, 법칙을 뜻한다. ○蒙以養正(몽이양정)－몽매한 자들을 올바르게 가르치는 것. 《역경》 몽괘(蒙卦) 단전(彖傳)에 보이는 말.

解說 왕양명은 그 시대의 교육이 형식적이고 공리적인 방향으로 흐르고 있음을 비판하며, 올바른 정신교육에 힘써야 할 것을 강조하고

있다. 특히 정신을 소홀히 하는 교육이 공부하는 아이들에게 얼마나 큰 폐해를 가져오는가 상세히 논하고 있다.

IX. 교육규칙(敎約)

'교약'이란 학교에 있어서의 수업원칙 및 지도요령·일과규정 등을 정한 것이다. 앞에서 밝힌 교육방침을 실제로 시행하는 방법이다. 가르치는 내용이 도덕교육과 정신교육에 치중되고 있는 것은 그의 교육방침의 방향과 일치하는 것이지만, 실용적인 교육과목이 하나도 없다는 것은 아무래도 지나치게 이상에만 집착한 것이 아닐까 하는 의구심을 갖게 한다.

1. 매일 이른 아침 여러 학생들이 다 모여 인사가 끝난 다음, 훈장은 차례대로 전 학생들에게 다음과 같은 것을 묻는다. 집에서 부모를 사랑하고 어른을 공경하는 마음이 나태해지거나 느슨해져 진실하고 절실하지 않게 되지는 않았는가? 따스함과 시원함을 보살펴드리고 아침저녁으로 문안드리는 일을 잘못하거나 빼먹고 제대로 실천하지 못한 일은 없는가? 길거리를 왕래하고 걸어다니는 예절에 있어서 멋대로 행하여 근엄하게 하지 못한 일은 없었는가? 모든 말과 행동과 마음가짐에 있어서 거짓으로 속이거나 그릇되고 편벽되어 충실함과 신의와 독실함과 공경스러운 몸가짐을 지키지 못한 일은 없었는가?

여러 아이들은 사실대로 대답하도록 힘써야 한다. 그런 일이 있다면 고치고 없다면 더욱 힘쓰게 하여야 한다. 훈장은 또 수시로 일이 있을 적마다 간곡히 가르치고 깨우쳐 그들을 계발하여야 한다. 그러한 뒤에야 각자 물러나 자리에 앉아 공부를 하는 것이다.

原文 每日淸晨, 諸生參揖畢, 敎讀以次徧詢諸生 : 在家所以愛親敬長之心, 得無懈忽未能眞切否? 溫凊定省之儀, 得無虧缺未能實踐否? 往來街衢, 步趨禮節, 得無放蕩未能謹飭否? 一應言行心術, 得無欺妄非僻未能忠信篤敬否?

諸童子務要各以實對, 有則改之, 無則加勉. 敎讀復隨時就事, 曲加誨諭開發, 然後各退, 就席肄業.

註解 o參揖(참읍)—모여서 인사를 하는 것, 조회(朝會)에 해당한다. o徧詢(편순)—두루 질문하다. o懈忽(해홀)—게을리하고 느슨히 하는 것. o溫凊定省(온청정성)—《예기》 곡례(曲禮) 상편에 '자식된 사람의 예로는, 부모를 겨울에는 따스하게 해드리고〔溫〕 여름에는 시원하게 해드리며〔凊〕, 저녁에는 잠자리를 보살펴 드리고〔定〕 아침에는 문안을 드린다〔省〕'고 하였다. o街衢(가구)—길거리. o謹飭(근칙)—삼가다, 근엄히 하다. o一應(일응)—모든. o非僻(비벽)—그릇되고 편벽된 것. o曲(곡)—자세히, 빈틈없이, 간곡히. o肄業(이업)—공부를 하다.

解說 왕양명의 교육은 글공부보다도 올바른 사람이 되는 공부에 힘이 주어지고 있다. 매일 훈장이 학생들에게 하는 질문 내용이 마치 일종의 종교수련 모임의 경우인 듯하다.

2. 시를 노래함에 있어서는 반드시 모습을 반듯이 하고 기운을 안정시킨 다음 목소리를 맑고 밝게 하되 절박을 고르고 정확하게 해야 한다. 조급하여 서두르지 말아야 하고, 함부로 시끄럽게 하지 말아야 하며, 굶주린 듯 맥없이 하지 말아야 한다. 오래 가면 정신이 밝게 펴질 것이며, 마음과 기운이 화평하게 될 것이다.

학사마다 학생들의 많고 적음을 헤아리어 그들을 네 반으로 나눈 다음 매일 돌아가며 한 반은 시를 노래하게 한다. 그 나머지 반들은 모두 자리에 앉아 몸가짐을 반듯이 하고 조용히 듣는다. 5일마다 네 반 전체가 학사에 모여 번갈아 노래를 하도록 하며, 매달 초하루와 보름에는 각 학사의 학생들을 모두 모아 서원에서 함께 시를 노래하도록 한다.

原文 凡歌詩, 須要整容定氣, 清朗其聲音, 均審其節調. 毋躁而急, 毋蕩而囂, 毋餒而懾. 久則精神宣暢, 心氣和平矣.

每學量童生多寡, 分爲四班. 每日輪一班歌詩, 其餘皆就席, 歛容肅聽. 每五日則總四班遞歌於本學. 每朔望則集各學, 會歌於書院.

註解 ㅇ均審(균심)－절박(節拍)을 고르고 정확하게 맞추는 것. ㅇ蕩而囂(탕이효)－함부로 시끄럽게 하는 것. ㅇ懾(섭)－두려워하다, 맥없다. ㅇ遞歌(체가)－돌아가며 노래하다. ㅇ朔望(삭망)－매달 초하루와 보름.

解說 시를 노래하며 공부하는 법을 해설하고 있다. 정신교육을 강조하는 왕양명이 이처럼 시를 노래하는 것을 중시한다는 것은 매우 흥미로운 일이다.

3. 예의 공부는 반드시 마음을 맑게 하고 생각을 엄숙히 한 다음 그 예의 절도를 자세히 알아 몸가짐과 행동에 법도가 있어야만 한다. 아무렇게나 하고 게으름 피는 일이 없어야 하며, 두려워하고 부끄러워하는 일이 없어야 하며, 서두르고 야하게 행동하는 일이 없어야 한다. 점잖으면서도 더디고 우물쭈물하는 잘못이 없어야 하며, 근신은 하면서도 구속받듯 딱딱해지는 잘못이 없어야 한다. 이렇게 오래 가면 예의와 몸가짐에 익숙해지고 그의 덕성이 굳게 안정될 것이다.

학생들 반을 나누는 것은 시를 노래할 때와 같다. 하루 건너씩 한 반에게 돌려가며 예를 공부하게 한다. 나머지 학생들은 모두 자리에 앉아 몸가짐을 바르게 하고 엄숙히 구경을 하게 한다. 예를 공부하는 날에는 그들에게 과거시험 글짓기 공부를 면제시킨다. 열흘마다 네 반 전체가 학사에 모여 번갈아가며 예를 공부하게 하며, 매달 초하루와 보름에는 각 학사의 학생을 모두 모아 서원에 모여 함께 예를 공부하도록 한다.

原文 凡習禮, 須要澄心肅慮, 審其儀節, 度其容止. 毋忽而惰, 毋沮而怍, 毋徑而野. 從容而不失之迂緩, 脩謹而不失之拘局. 久則禮貌習熟, 德性堅定矣.

童生班次, 皆如歌詩. 每間一日, 則輪一班習禮, 其餘皆就席, 斂容肅觀. 習禮之日, 免其課倣. 每十日則總四班遞習於本學. 每朔望則集各學, 會習於書院.

註解 ㅇ肅慮(숙려)－생각을 엄숙히 갖는 것. ㅇ容止(용지)－몸가짐과 행동. ㅇ沮而怍(저이작)－두려워하고 부끄러워하다, 우물우물 부끄러워하다. ㅇ徑(경)－서두르다, 당황하다. ㅇ迂緩(우완)－더디고 우물쭈물하는 것, 더디고 느슨한 것. ㅇ拘局(구국)－구속받아 몸이 굳어지는 것. ㅇ課倣(과방)－과거시험 준비로 하는 글짓기 공부.

解說 예의 학습도 중요한 학교공부의 하나였다. 예를 교습하는 방법을 쓴 대목이다.

4. 책을 읽히는 데 있어서는 공연히 많이 읽힐 필요가 없다. 오직 정세하고 익숙하게 읽어야만 한다. 그의 타고난 자질을 헤아리어 200

자를 공부할 수 있는 사람이라면 오직 100자만 가르치는 것이 좋다. 늘 그들의 정신과 능력에 여유가 있도록 해주어 싫어하고 괴로워하게 될 걱정 없이 스스로 터득하게 되는 기쁨이 있어야만 한다.

글을 소리내어 읽을 적에는 마음을 오로지 하고 뜻을 한결같이 지니도록 해야 한다. 입으로는 글을 외우고 마음으로는 그것을 생각하여 한 글자 한 구절마다 그 뜻을 생각하고 되새기며 그 음절을 높이고 낮추고 하면서 그의 마음과 뜻을 넓게 지니도록 하여야 한다. 그렇게 오래 공부하면 책의 의리가 몸에 젖어들어 총명함이 날로 발전할 것이다.

原文 **凡授書, 不在徒多. 但貴精熟. 量其資禀, 能二百字者, 止可授以一百字. 常使精神力量有餘, 則無厭苦之患, 而有自得之美.**

諷誦之際, 務令專心一志, 口誦心惟, 字字句句, 紬繹反覆, 抑揚其音節, 寬虛其心意. 久則義禮浹洽, 聰明日開矣.

註解 ○資禀(자품)－타고난 자질. ○紬繹(주역)－실을 뽑아내어 잘 다스리는 것, 글뜻을 찾아내어 되새기는 것. ○義禮(의례)－의리(義理)의 잘못인 듯. ○浹洽(협흡)－젖어서 널리 퍼지다, 두루 미치다.

解說 학교에서 책을 이용하여 글을 가르치는 방법을 해설하고 있다. 곧 글공부 방법이다.

5. 매일 할 일로는 먼저 학생들의 덕행을 추구하는 것이고, 다음으로는 책을 뒤에 두고 글을 외우게 하는 것이며, 다음으로는 예를 공부하기도 하고 혹은 과거시험 준비로 글 짓는 연습을 시키는 것이고,

다음으로는 책을 암송하며 공부하게 하는 것이며, 그 다음으로 시를 노래하게 하는 것이다.

예를 익히고 시를 노래하는 이유는 모두 언제나 아이들의 마음을 잘 보전케 하여 그들로 하여금 공부를 즐기고 게을리하지 않도록 함으로써 사악한 방면으로 기울어질 겨를이 없도록 하는 데 목적이 있다. 가르치는 사람들은 이것을 알고 곧 행하여야 할 일을 알아야만 한다. 그렇지만 이것은 그 대략에 불과하다. 정신을 가다듬어 이에 대하여 밝게 행하는 방법은 바로 그 일을 맡은 사람에게 달려있는 일이다.

原文 每日工夫, 先考德, 次背書誦書, 次習禮, 或作課倣, 次復誦書講書, 次歌詩.

凡習禮歌詩之數, 皆所以常存童子之心, 使其樂習不倦, 而無暇及於邪僻. 教者知此, 則知所施矣. 雖然, 此其大略也. 神而明之, 則存乎其人.

註解 ㅇ數(수)－법도, 이유. ㅇ神而明之(신이명지)－《역경》 계사전(繫辭傳) 상에 보이는 구절. '신통함으로써 그것을 밝히다', 여기서는 '정신을 가다듬어 이에 대하여 밝게 행하다'.

解說 학사에서의 아이들 교육 내용과 그 방법을 총괄한 대목이다. 아이들을 자연스럽게 유도하여 절도가 있는 인간을 기르는 것이 왕양명의 교육목표였음을 알게 한다.

전습록 권하(卷下)

이 하권은 왕양명이 죽은 뒤 30년 가까이 지난 가정(嘉靖) 35년(1556)에 완성된 것이다. 이것은 왕양명이 죽자마자 계획된 유언편집에서 시작되어 결국은 《전습록》 하권으로 이룩된 것이다. 그 뒤로도 여러번 전덕홍(錢德洪)의 손으로 교정이 가해졌으며, 이 하권의 완성은 그의 힘이 가장 크다. 그 이외에도 기록자료는 진구천(陳九川)·황직(黃直)·황수이(黃修易)·황성증(黃省曾) 등이 있다.

이 하권은 주로 왕양명 만년의 문답이어서 그의 원숙한 사상을 보는 데 있어서는 가장 중요한 자료가 된다. 그래서 《전습록》은 하권부터 읽어야 한다는 얘기까지 있다.

1-1. 정덕(正德) 10년(1515) 나[陳九川]는 처음으로 선생님을 용강(龍江)에서 뵈었다. 선생님은 그때 잠약수(湛若水) 선생과 '격물(格物)'의 해설에 대하여 논하고 계셨다. 잠약수 선생은 주자의 설을 지지하고 계셨는데, 선생님께서 말씀하셨다.

"그것은 이를 밖에서 추구하는 것입니다."

잠약수 선생이 말했다.

"만약 물건의 이치에 이르는 것[格物理]을 밖에서 추구하는 것이라 한다면 그것은 스스로 사람의 마음을 작게 만드는 것입니다."

나는 주자의 설이 옳다는 말을 듣고 매우 기뻐했었다. 그러나 선생님께서는 《맹자》 진심편 제1장에 대하여 논하셨는데, 나는 그것을 들고서는 오히려 아무런 의심도 품지 않았었다.

뒤에 집으로 돌아와 지내게 되자, 다시 '격물'에 대하여 편지로 질문하였다. 선생님께서는 답장에 다음과 같이 말씀하셨다.

"다만 실지로 공부를 하기만 하면 오랜 뒤에는 스스로 풀리게 될 것이다."

나는 산속에서 스스로 《대학》의 구본을 베끼면서 읽었는데 그제서야 주자의 '격물'에 대한 해설이 옳지 않음을 깨달았다. 그러나 여전히 선생님께서 '뜻이 있는 곳이 물(物)이라'고 하신 데 대하여 의심은 품었으니, '물'자의 뜻이 분명하지 않았던 것이다.

原文 正德乙亥, 九川初見先生於龍江, 先生與甘泉先生論格物之說. 甘泉持舊說.

先生曰, 是求之於外了.

甘泉曰, 若以格物理爲外, 是自小其心也. 九川甚喜舊說之是.

先生又論盡心一章, 九川一聞, 卻遂無疑.

後宗居, 復以格物遺質. 先生答云, 但能實地用功, 久當自釋.

山間乃自錄大學舊本談之, 覺朱子格物之說非是. 然亦疑, 先生以意之所在爲物, 物字未明.

註解 ㅇ正德乙亥(정덕을해)－정덕은 무종(武宗)의 연호. 을해년은 1515년, 왕양명이 44세 되던 해임. ㅇ九川(구천)－진구천(陳九川). 자신의 이름. 자는 유준(惟濬), 호는 명수(明水)였다. ㅇ龍江(용강)－남경(南京)에 있는 땅이름. ㅇ甘泉先生(감천선생)－잠약수(湛若水), 자는 원명(原明), 감천은 그의 호임. 진백사(陳白沙)의 제자이며 왕양명과는 일생의 도우(道友)로 사귀었다. ㅇ舊說(구설)－주자의 설을 가리킴. ㅇ遺質(유질)－편지를 보내어 질문하는 것. ㅇ大學舊本(대학구본)－《예기》에 들어 있는 본래의 《대학》.

解說 여기에서는 이 하편의 기록자인 진구천이 주자학에서 양명학으로 옮겨간 경과를 얘기하고 있다.

1-2. 정덕(正德) 14년(1519) 나는 경사(京師)로부터 돌아와 선생님을 다시 남창(南昌)에서 뵈었다. 선생님은 군사에 분주하셨으나 틈을 내어 강의를 하고 계셨다. 맨 먼저 근래에 공부를 어떻게 하였는가를 물으셨다. 나는 선생님께 아뢰었다.

"근래에는 '밝은 덕을 밝히는' 공부란 바로 '뜻을 정성되이 함'이라는 것을 체험했습니다. '밝은 덕을 천하에 밝힌다'는 데로부터 한 발자국 한 발자국씩 근원으로 밀고 들어가 '뜻을 정성되이 함'에 이르고 보니 다시는 더 갈 수가 없었습니다. 그런데 어떻게 되어 그 앞에 또 '격물치지'의 공부가 있는가 생각했습니다.

뒤에 다시 체험을 통하여 뜻이 정성되고 그렇지 않고 한 것은 반드시 먼저 스스로 알고 깨달아야만 된다는 것을 깨닫게 되었습니다. '안회(顔回)는 선하지 않은 게 있으면 알지 못하는 일이 없었고, 그것을 알면 거듭 행하는 일이 없었다'는 말을 증거로 잡고 보니 탁 트이는 것같이 아무런 의심도 없게 되었습니다.

그런데 또 '치지'는 필요하지만 '격물'의 공부는 공연히 덧붙어 있는 것 같았습니다. 그래서 생각해 보니, 우리 마음의 영묘함으로써 어떻게 뜻의 선하고 악함을 알지 못하는 일이 있겠는가고 여기게 되었습니다. 다만 물욕에 가리워져 모르는 거지요. 반드시 물욕을 바로잡아 없애야만 비로소 안회처럼 '알지 못하는 일이 없게' 될 수가 있을 것입니다. 그러나 또 '격물'과 '성의'의 공부는 방향이 정반대여서 함께 어울리지 않는 것이 아닌가 스스로 의심하고 있습니다."

그리고 나서 희안(希顔)에게 이에 대하여 물으니 희안은 다음과 같이 말했다.

"선생님께서 '격물치지'가 바로 뜻을 '정성되이 하는 공부'라 말씀하셨는데 극히 좋은 대답이 될 것입니다."

내가 물었다.

"어떻게 해서 그것이 '뜻을 정성되이 하는' 공부가 됩니까?"

희안은 몇번이고 생각하며 체득하도록 해보라 하였으나 나는 끝내 깨닫지 못했다. 선생님께 가르침을 요청하자 선생님께서 말씀하셨다.

"애석하군. 이것은 한마디로 깨달을 수가 있는 것인데. 자네가 예로 든 안회의 일로도 바로 충분하다. 오직 몸과 마음과 뜻과 앎과 물건이 한가지 것이라는 것만을 알면 된다."

나는 의심이 나서 말씀드렸다.

"물건이란 밖에 있는 것입니다. 어떻게 되어서 몸과 마음과 뜻과 앎과 한가지 것이 될 수 있습니까?"

선생님께서 말씀하셨다.

"귀와 눈과 입과 코와 사지는 몸이다. 그러나 마음이 아니라면 어떻게 보고 듣고 말하고 행동할 수가 있겠느냐? 마음이 보고 듣고 말하고 행동하고 싶다 하더라도 귀와 눈과 입과 코와 사지가 없다면 역시 불가능한 일이다. 그러므로 마음이 없다면 곧 몸도 없고, 몸이 없다면 마음도 없는 것이다. 다만 그것이 공간을 차지하고 있는 것을 가리켜 말할 적에는 그것을 몸이라 하고, 그 몸을 주재(主宰)하고 있는 것을 가리켜 말할 적에는 그것을 마음이라 하고, 마음이 발동하는 점을 가리킬 적에는 그것을 뜻이라 말하고, 뜻이 영묘하고 밝은 점을 가리킬 적에는 그것을 앎이라 말하고, 뜻이 관계되는 점을 가리킬 적에는 그것을 물건이라 말하는 것이다. 그것들은 오직 한가지 것인 것이다.

뜻에는 허공에 매달려 있는 것이란 없다. 반드시 사물에 달라붙어 있는 것이다. 그러므로 '뜻을 정성되이' 하고자 한다면 곧 뜻이 있는 바로 그 일을 따라서 그것을 바로잡아야 한다. 그가 사람의 욕망을 버리고 천리로 돌아간다면 이 일에 관계되어 있는 '양지'를 가린 것 없이 발휘하게 될 것이다. 이것이 바로 '뜻을 정성되이 하는' 공부인 것이다."

나는 그제서야 석연히 수년 동안 지녀온 의심을 풀게 되었다.

原文 己卯歸自京師, 再見先生於洪都. 先生兵務倥傯, 乘隙講授. 首問, 近年用功何如?

九川曰, 近年體驗得明明德功夫, 只是誠意. 自明明德於天下, 步步推入根源, 到誠意上, 再去不得. 如何以前又有格致工夫?

後又體驗, 覺得意之誠僞, 必先知覺乃可. 以顏子有不善未嘗不知, 知之未嘗復行爲證, 豁然若無疑.

卻又多了格物功夫. 又思來, 吾心之靈, 何有不知意之善惡? 只是物欲蔽了. 須格去物欲, 始能如顏子未嘗不知耳. 又自疑功夫顚倒, 與誠意不成片段.

後問希顏, 希顏曰, 先生謂, 格物致知, 是誠意功夫, 極好.

九川曰, 如何是誠意功夫?

希顏令再思體看, 九川終不悟.

請問, 先生曰, 惜哉! 此可一言而悟. 惟濬所擧顏子事, 便是了. 只要知, 身心意知物是一件.

九川疑曰, 物在外, 如何與身心意知是一件?

先生曰, 耳目口鼻四肢, 身也. 非心, 安能視聽言動? 心欲視聽言動, 無耳目口鼻四肢, 亦不能. 故無心則無身, 無身則無心. 但指其充塞處言之, 謂之身. 指其主宰處言之, 謂之心. 指心之發動處, 謂之意. 指意之靈明處, 謂之知. 指意之涉着處, 謂之物. 只是一件.

意未有懸空的, 必着事物. 故欲誠意, 則隨意所在某事而格之. 去其人欲, 而歸於天理, 則良知之在此事者, 無蔽而得致矣. 此便是誠意的功夫. 九川乃釋然, 破數年之疑.

註解 ㅇ己卯(기묘)－왕양명이 48세 되던 해(1519). 이해 영왕(寧王) 신호(宸濠)의 반란을 토벌하기 위해 왕양명은 남창(南昌)에서 의병을 일으켰다. ㅇ洪都(홍도)－강서성(江西省) 남창의 다른 이름. ㅇ倥傯(공총)－바쁜 것. 분주한 것. ㅇ顏子有(안자유)－이 대목은 《역경》 계사하전(繫辭下傳)에 '안씨(顏氏)네 아들은 거의 도를 얻었으니, 선하지 않은 게 있으면 모르는 일이 없었고, 그것을 알면 다시 행하는 일이 없었다'고 한 말을 인용한 것. ㅇ片段(편단)－같은 조각이나 같은 뭉치. ㅇ希顏(희안)－어떤 사람인지 생평이 전하지 않는다. ㅇ涉着處(섭착처)－관계되고 붙어 있는 곳.

解說 왕양명 학파는 자기의 체험을 통한 학습을 존중한다. 진구천도 자기 체험을 통하여 '격물'과 '뜻을 정성되이 함'을 공부해 가다가는 마지막으로 선생님의 가르침을 통하여 완전히 모든 것을 이해하게 된다. 왕양명이 물건이란 밖에 있는 게 아니라 바로 뜻이 있는 것이어서 마음과 앎과 뜻과 물건은 모두 마찬가지란 가르침을 통하여, '격물'이 바로 '뜻을 정성되이 함'이며 바로 '밝은 덕을 밝히는 일'과 통하는 것임을 알게 된 것이다.

1-3. 내가 또 여쭈었다.

"잠약수(湛若水)는 요새는 선생님처럼 《대학》의 고본을 신용하고 있지만, '격물'에 대해서는 '도에 이르는 것[造道]'이라 해설하였습니다. 또 '궁리'란 '새나 짐승을 잡으려고 그 둥지나 쫓고 추궁한다는 궁(窮)의 뜻'이어서 자신이 곧 그에 이르는 것을 뜻한다. 그러므로 '격물'이란 것도 '다만 그때그때 자기 위치에서 천리를 체득하는 것이다'고도 말했습니다. 선생님의 설과 점점 같아지고 있는 듯한데 어떻습니까?"

선생님께서 말씀하셨다.

"잠약수는 공부를 하였기 때문에 달라지게 된 것이다. 전에는 그에게 '친민(親民)'의 '친'자도 '신(新)'자도 고칠 필요가 없다고 해도 그는 믿지 않았었다. 지금은 '격물'에 대한 이론조차도 나에게 가까워졌다. 다만 '물'을 '이(理)'자로 바꾸어 해석할 필요도 없는 것이니, 다만 '물'이란 한 자는 그대로 두는 게 옳은 것이다."

뒤에 어느 사람이 나에게 물었다.

"지금 선생은 어째서 '물'자에 대해서는 의문을 품지 않습니까?"

내가 대답했다.

"《중용》에 말하기를 '정성되지 않으면 물건도 없다' 하였고, 정자(程子)는 말하기를 '물건이 오면 마음은 그대로 순응한다' 하였고, 또 '물건은 각기 물건이 붙어 있는 대로 두어, 지혜를 쓰지 않는 게 정성됨이다' '가슴속에 아무런 물건도 두지 않는다'는 것 같은 말들처럼 '물'이란 모두 옛사람들도 언제나 쓰던 글자이기 때문입니다."

뒷날 선생님께서도 역시 그렇게 말씀하셨다.

原文 又問, 甘泉近亦信用大學古本, 謂, 格物猶言造道. 又謂窮理如窮其巢穴之窮, 以身至之也. 故格物亦只是隨處體認天理. 似與先生之說漸同.

先生曰, 甘泉用功, 所以轉得來. 當時與說親民字不須改, 他亦不信. 今論格物亦近. 但不須換物字, 作理字, 只還他一物字, 便是.

後有人, 問九川曰, 今何不疑物字?

曰, 中庸曰, 不誠無物. 程子曰, 物來順應. 又如物各付物,胸中無物之類, 皆古人常用字也.
他日, 先生亦云然.

註解 ㅇ造道(조도)－도에 이르다. ㅇ窮其巢穴(궁기소혈)－동물을 잡기 위해서 새의 둥우리나 짐승의 굴을 샅샅이 뒤지는 것. ㅇ物來順應(물래순응)－정명도의 말. 《정성서(定性書)》 및 《근사록》 위학(爲學)편에 보인다. ㅇ物各付物(물각부물)－정이천의 말. 《송원학안(宋元學案)》에 인용되어 있다. ㅇ胸中無物(흉중무물)－《이정전서(二程全書)》에 보이는 말.

解說 잠약수의 설이 주자학을 떠나 왕양명 쪽으로 기울었음을 얘기하면서, 왕양명은 그가 공부를 제대로 한 결과임을 기뻐하는 한편 아직도 그에게 남아 있는 주자학적인 견해들을 꼬집어내고 있다. 다만 끝으로 진구천의 '물'자는 옛사람들도 언제나 사용하는 글자이기 때문에 의문을 품지 않는다는 설명은 별로 석연치 못하다. 다만 그런 식으로 그는 '뜻이 있는 곳이 물(物)'임을 일단 체득했던 것 같다.

2. 내가 여쭈었다.

"근년에는 공연히 널리 지식을 추구하는 학문 방법에 싫증이 나서 언제나 고요히 앉아 잡된 생각들을 물리쳐 없애려들고 있습니다만, 그것이 불가능할 뿐만 아니라 오히려 더욱 생각이 혼란해지는 것을 느끼고 있습니다. 어떻게 하면 제대로 되겠습니까?"

선생님께서 말씀하셨다.

"생각을 어떻게 없앨 수가 있겠느냐? 오직 올바르게 생각하려 해야 한다."

"자연히 생각이 없을 때가 있을 것이 아닙니까?"

선생님께서 말씀하셨다.

"실로 생각이 없을 때만 없는 것이다."

"그렇다면 또 어떻게 고요함을 말합니까?"

"고요함이란 전혀 움직이지 않는 것이 아니며, 움직임이란 전혀 고요히 있지 않는 것이 아니다. 《중용》에 '남이 보지 않을 적을 경계하고 삼가고, 남이 듣지 않을 적을 두려워한다'는 것도 바로 생각이다. 어찌 움직이고 고요한 구분이 있겠느냐?"

"주돈이(周敦頤)는 어째서 '마음은 중정(中正)과 인의(仁義)로써 안정시키고 고요함을 위주로 해야 한다'고 말했습니까?"

"그는 '욕망이 없기 때문에 고요하다'고 했으니 그것은 정명도의 말처럼 '고요함에 있어서도 안정되고, 움직임에 있어서도 안정된다'는 '정(定)'자와 같은 뜻으로 마음의 본체를 위주로 한 것이다.

'경계하고 두려워한다'는 생각은 활발한 것이다. 이것은 하늘의 기틀이 쉬지 않고 움직이는 곳이며, 이른바 '하늘의 명은 끝없이 심원하다'는 것을 가리킨다. 한번 멈추기만 하면 곧 죽음인 것이다. 그것이 마음의 본체의 생각이 아니라면 곧 그것은 사사로운 개인의 생각이 되는 것이다."

原文 九川問, 近年因厭泛濫之學, 每要靜坐, 求屛息念慮. 非惟不能, 愈覺擾擾. 如何?

先生曰, 念如何可息? 只是要正.

曰, 當自有無念時否?

先生曰, 實無無念時.

曰, 如此, 卻如何言靜?

曰, 靜未嘗不動, 動未嘗不靜. 戒謹恐懼卽是念. 何分動靜?

曰, 周子何以言, 定之以中正仁義, 而主靜?

曰, 無欲, 故靜. 是靜亦定, 動亦定的定字, 主其本體也.

戒懼之念, 是活潑地. 此是天機不息處, 所謂維天之命, 於穆不已. 一息便是死. 非本體之念, 卽是私念.

註解 ㅇ泛濫之學(범람지학)－널리 함부로 배우는 공부. ㅇ屛息(병식)－물리쳐 없애는 것. ㅇ擾擾(요요)－생각이 어지러운 것. ㅇ戒謹(계근)－《중용》의 '계신(戒愼)'을 글자를 바꿔 쓴 것으로 뜻은 같다. ㅇ周子(주자)－주돈이(周敦頤). 그의 《태극도설(大極圖說)》에 이 말이 보인다. ㅇ無欲故靜(무욕고정)－《태극도설》의 자주(自注)에 보이는 말. ㅇ靜亦定(정역정)－이 대목은 《정성서(定性書)》에 보인다. ㅇ天機(천기)－하늘의 기틀. 자연의 기능. ㅇ維天之命(유천지명)－이 글귀는 《시경》 대아(大雅) 유천지명편에 보인다. ㅇ於穆(오목)－'오'는 조사, '목'은 심원한 모양.

解說 정좌하여 수양을 할 때 사람들은 모든 생각을 물리치려 애쓴다. 그러나 사람의 생각이란 죽지 않는 한 없을 수 없는 것이다. 따라서 왕양명은 적극적으로 생각을 없앨 것이 아니라 그것을 올바로 하기에 힘써야 한다고 생각했다. 불교의 선(禪)이나 도가의 허정(虛靜)에 대한 부정인 동시에 유가적인 적극적이고도 현실적인 입장을 밝힌 것이라 볼 수 있다.

3. 내가 또 여쭈었다.

"공부를 하여 마음을 거둬들이고 있을 적에도 어떤 소리나 빛깔이 앞에 있다면 보통 때처럼 듣고 보게 됩니다. 혹 마음을 하나로 오로지 하지 않았기 때문이 아닌가 걱정이 됩니다."

"어찌하여 듣지도 보지도 않기를 바라는가? 마른 나무나 죽은 재가 되지 않으면 안될 게고, 귀머거리나 장님이어야만 가능할 것이다. 다만 비록 듣고 본다 하더라도 거기에 따라 흘러가지 않으면 되는 것이다."

"옛날에 어떤 사람이 고요히 앉아 있었는데 그의 아들은 옆방에서 글을 읽고 있었지만, 그가 부지런히 읽는지 게으름을 피는지도 알지 못하였다 합니다. 정자(程子)는 그 사람이 매우 공경스럽다고 하였는데 어떻게 생각하십니까?"

"정이천(程伊川)도 아마 그를 비꼬아 말했을 것이다."

原文 又問, 用功收心時, 有聲色在前, 如常聞見. 恐不是專一.

曰, 如何欲不聞見? 除是槁木死灰, 耳聾目盲則可. 只是雖聞見, 而不流去便是.

曰, 昔有人靜坐, 其子隔壁讀書, 不知其勤惰. 程子稱其甚敬. 何如?

曰, 伊川恐亦是譏他.

註解 ㅇ流去(유거)-소리나 색깔을 따라 흘러가는 것. 곧 소리나 색깔에 마음을 빼앗기는 것. ㅇ昔有人(석유인)-이 얘기는 《이정유서(二程遺書)》에 보이는 허발(許渤)의 얘기이다. 구절에 약간 차이가 있으나 전체 줄거리는 같다. ㅇ隔壁(격벽)-옆방. ㅇ譏他(기타)-그를 비꼬다. 《이정유서》의 자주(自注)에 '어찌 이러한 성인이 있었겠느냐?'고 한 말에 근거를 두고 있다.

解說 앞대목과 비슷한 얘기이다. 다만 옆방에서 글을 읽는 아들에게로 마음을 빼앗기지 않고 정신통일하여 정좌한 사람을 정자가 비꼬는 뜻에서 칭찬하였다는 말은 잘못인지도 모른다.

4. 내가 또 여쭈었다.

"고요히 앉아 있는 공부는 제 마음을 거둬들이는 데 대단히 효과가 있다고 생각됩니다. 그러나 일을 당하면 또 중단되어 바로 다른 생각이 일어나 그 일에 대하여 생각하고 살피게 됩니다. 일이 다 끝나면 또 전의 공부로 되돌아갑니다. 그러니 마음에는 안팎이 있어서 하나로 뭉쳐지지 않는 것으로 생각됩니다."

선생님에서 말씀하셨다.

"그것은 '격물'의 설을 철저히 이해하지 못했기 때문이다. 마음에 어찌 안팎이 있겠느냐? 바로 자네가 지금 여기에서 토론을 하고 있을 때를 예로 들더라도, 또 어찌 다른 한 마음이 안에서 이치를 생각하고 일을 처리하고 있는가? 지금 내 강의를 듣고 있을 때 마음을 집중시킨다면 바로 그것이 고요히 앉아 있을 적의 마음인 것이다. 공부란 일관되는 것인데 어찌 반드시 다른 생각이 일어나겠는가?

사람이란 반드시 일에 대하여 연마를 하고 공부를 해야만 이익이 있게 되는 것이다. 만약 오직 고요히 있는 것만을 좋아한다면 일을 당하면 곧 마음이 어지러워져서 끝내 아무런 진보도 없을 것이며, 고요히 있을 적의 공부도 그릇되게 될 것이다. 그것은 마음을 거둬들이는 듯 보이지만 실은 제멋대로 놓아두어 타락시키는 것이다."

그 뒤 남창(南昌)에서 우중(于中), 국상(國裳)과 함께 다시 마음의 안팎에 대한 설을 토론한 일이 있었다. 그들은 모두 말했다.

"물건이란 스스로 안팎이 있는 것이니, 오직 안팎에 대하여 똑같이 공부를 해야지 차이가 나서는 안되는 것이다."

거기에 대하여 선생님께 질문하였더니 선생님께서 말씀하셨다.

"공부는 본체를 떠나서는 안되는 것이다. 본체란 원래가 안팎이 없는 것이다. 다만 뒤에 와서 공부하는 사람들이 안팎으로 나누는 바람에 그 본체를 잃게 된 것이다. 지금도 바로 공부의 본질을 구명해야만 한다. 거기에는 안팎이 있어서는 안되는 것이며, 그래야만 본체에 대한 공부가 되는 것이다."

이날 우리는 모두가 마음속으로 깨달았다.

原文 又問, 靜坐用功, 頗覺此心收斂, 遇事又斷了, 旋起箇念頭, 去事上省察. 事過, 又尋舊功. 還覺有內外, 打不作一片.

先生曰, 此格物之說未透. 心何嘗有內外? 卽如惟濬, 今在此講論, 又豈有一心在內照管? 這聽講說時專敬, 卽是那靜坐時心. 功夫一貫, 何須更起念頭?

人須在事上磨鍊, 做功夫, 乃有益. 若只好靜, 遇事便亂, 終無長進, 那靜時功夫亦差. 似收斂, 而實放溺也.

後在洪都, 復與于中國裳, 論內外之說. 渠皆云, 物自有內外. 但要內外竝着功夫, 不可有閒耳.

以質先生, 曰, 功夫不離本體. 本體原無內外. 只爲後來做功夫的, 分了內外, 失其本體了. 如今正要講明功夫. 不要有內外, 乃是本體功夫.

是日, 俱有省.

註解 ㅇ旋(선)－바로. 곧. ㅇ舊功(구공)－고요히 앉아 있는 공부를 가리킴. ㅇ照管(조관)－일의 이치를 생각하고 일을 처리하는 것. ㅇ放溺(방익)－멋대로 놓여나 빠지는 것. 놓여나서 타락하는 것. ㅇ于中(우중)－성이 왕(王)씨, 그밖의 사적은 모른다. ㅇ國裳(국상)－성은 서(舒), 이름은 분(芬). 모두 왕양명의 제자임. ㅇ渠(거)－그들.

解說 마음의 수양은 직접 사물을 통해서 해야 한다는 것이다. 고요히 앉아 마음을 가라앉히는 수양은 얼핏 보기에는 마음을 깨끗이 하는 가장 좋은 방법인 듯하지만 사실은 별 소용이 없는 것이다. 실제로 일을 올바로 할 수 있는 마음의 수양도 왕양명의 적극적인 성격에서 나온 것이다.

다만 끝에서 '모든 물건에는 안팎이 있다'는 상식적인 이론을 본체 하나만으로 간단히 부정해 버린 것은 논리상으로는 문제가 있는 듯하다.

5. 내가 또 여쭈었다.

"육상산(陸象山)의 학문은 어떻습니까?"

선생님께서 말씀하셨다.

"주염계(周濂溪)와 정명도(程明道)의 뒤로는 역시 육상산을 쳐야 할 것이다. 다만 약간 조잡한 데가 있다."

내가 여쭈었다.

"그가 학문을 논한 것을 보면 한편 한편 모두 진수를 얘기하고 있고 구절구절이 제자리에 침을 놓는 듯합니다. 그가 조잡하다는 말씀은 이해할 수가 없습니다."

선생님께서 말씀하셨다.

"그렇다. 그는 마음에 대하여 공부를 한 사람이다. 그래서 성인의 학문을 문장의 뜻을 좇아 추측하고 본뜨고 하는 것과는 자연히 같지 않다. 그러나 자세히 그의 학문을 따져 보면 조잡한 데가 있다. 더 오래 공부한 뒤에는 그것을 자연히 알게 될 것이다."

原文 又問, 陸子之學, 何如?

先生曰, 濂溪明道之後, 還是象山. 只是粗些.

九川曰, 看他論學, 篇篇説出骨髓, 句句似鍼膏肓. 卻不見他粗.

先生曰, 然. 他心上用過功夫. 與揣摹依倣求之文義, 自不同. 但細看有粗處, 用功久當見之.

註解 ㅇ陸子(육자)—이름은 구연(九淵), 자는 자정(子靜), 호가 상산(象山)임. 정명도의 학풍을 이은 주자와 같은 시대의 대학자. ㅇ膏肓(고황)—심장 아래 횡격막(橫隔膜) 위 깊숙한 자리. 약의 효과가 미치지 않는 자리여서 고칠 수 없는 병이 든 것을 '병이 고황에 들었다'고 말한다. ㅇ揣摹(췌모)—자기 생각대로 추측하는 것. ㅇ依倣(의방)—본뜨는 것.

解說 왕양명의 사상은 보통 육상산에서부터 나왔다고 한다. 그는 육상산의 불충분한 곳을 보충하여 자기 학설을 완성시켰기 때문에 '약간 조잡한 데가 있다'고 육상산을 평한 것은 당연한 일이라 할 것이다.

6. 경진(庚辰 : 正德 15년, 1520)에 나는 건주(虔州)로 가서 다시 선생님을 뵙고 여쭈었다.

"요즘 공부를 하는 데 있어서 비록 요점을 약간 알기는 하였습니다만 마음이 가라앉고 즐거워지는 경지는 여전히 찾기가 어렵습니다."

선생님께서 말씀하셨다.

"그대는 마음에 있어서 천리를 찾으려 하고 있는데, 이것이야말로 바로 이를 가로막는 것이 되는 것이다. 여기에 묘결(妙訣)이 있는 것이다."

"어떻게 하면 되는지 가르쳐 주십시오."

"다만 '앎에 이르게 하는 것'이다."

"어떻게 하는 것이 '앎에 이르게 하는 것'입니까?"

"그대가 지니고 있는 '양지'야말로 그대 자신의 준칙이 되는 것이다. 그대의 뜻이 생각하고 있는 일에 대하여 그것이 옳으면 곧 그것이 옳다고 알고 그것이 그르면 곧 그것이 그름을 앎으로써 그것은 조금도 속여넘길 수가 없는 것이다. 그대가 오직 그것을 속이려들지 말고 실제로 하나하나 그것을 따라서 행동을 한다면 선은 곧 보존되고 악은 곧 제거될 것이다. 이러한 경지가 되면 얼마나 마음이 가라앉고 또 즐거워지겠느냐? 이것이 바로 '격물'의 참된 묘결이며 '앎에 이르게 하는' 실제적인 효과인 것이다.

만약 이러한 참된 동기를 따르지 않는다면 어떻게 '격물'을 할 수가 있겠는가? 나도 역시 근년에야 이처럼 분명히 체득하게 되었다. 처음에는 오직 '양지'만을 의지해 가지고는 부족한 게 있을지도 모른다고 의심했었는데 자세히 살펴보니 거기에는 조그만 결함도 없다는 것을 알게 되었다."

原文 庚辰往虔州, 再見先生. 問, 近來功夫, 雖若稍知頭腦, 然難尋箇穩當快樂處.

先生曰, 爾卻去心上尋箇天理. 此正所謂理障. 此間有箇訣竅.

曰, 請問如何?

曰, 只是致知.

曰, 如何致?

曰, 爾那一點良知, 是爾自家底準則. 爾意念着處, 他是便知是, 非便知非, 更瞞他一些不得. 爾只不要欺他, 實實落落, 依着他做去, 善便存, 惡便去. 他這裏何等穩當快樂? 此便是格物的眞訣, 致知的實功.

若不靠着這些眞機, 如何去格物? 我亦近年體貼出來如此分明. 初猶疑只依他, 恐有不足, 精細看, 無些小欠闕.

註解 ㅇ虔州(건주)－강서성(江西省) 감현(贛縣). ㅇ穩當(온당)－마음이 가라앉는 것. 평온해지는 것. ㅇ理障(이장)－마음이 곧 이임을 알지 못하고 마음에서 이를 찾는 것은 오히려 '이를 가리는 것'이 된다는 뜻. 《원각경(圓覺經)》에서 나온 말임. ㅇ訣竅(결규)－묘결(妙訣). 비결. ㅇ眞機(진기)－참된 동기. '양지'를 가리킨다. ㅇ體貼(체첩)－체득하다, 체험으로 알아내다. ㅇ欠闕(흠궐)－결함. 결점.

解說 '마음이 곧 이'이므로 학문이란 '양지로 이르게 하는 것', 곧 '치지'로부터 시작하지 않으면 안된다. '양지'란 참된 사람의 지혜로써

공부하는 사람의 마음을 안정시키고 즐겁게 해줄 참된 기틀이 된다는 것이다. 이러한 '양지'에 대한 학설은 왕양명이 47, 8세가 되던 만년에 확정된 것으로 보인다.

7. 건주(虔州)에서 우중(于中)·겸지(謙之)와 함께 선생님을 모시고 있었는데 선생님께서 말씀하셨다.

"사람들의 가슴속에는 각기 모두 성인을 모시고 있다. 오직 스스로의 믿음이 부족하기 때문에 모두가 스스로 묻혀 버리고 마는 것이다."

그리고는 우중을 돌아보시면서 말씀하셨다.

"너의 가슴속도 원래는 성인이었다."

우중이 일어나 감히 그럴 수가 없다고 하자 선생님께서 말씀하셨다.

"그것은 네 자신이 갖고 있는 것이다. 어째서 그것을 거부하려 드는가?"

우중이 또 감히 그럴 수가 없다고 말하자 선생님께서 말씀하셨다.

"다른 사람들도 모두 가지고 있는데 하물며 자네가 갖고 있지 않겠는가? 그런데 어째서 그렇게 겸손해지느냐? 겸손한 것으로도 거부할 수가 없는 거다."

우중은 그제서야 웃으면서 받아들였다.

선생님이 또 논하셨다.

"'양지'란 사람에게 있어서는 그 사람이 어떤 사람이든 간에 없어질 수가 없는 것이다. 비록 도둑이라 하더라도 역시 도둑질을 해서는 안 된다는 것을 스스로 알고 있다. 그를 도둑이라 부르면 그는 그래도 부끄러워는 한다."

우중이 말했다.

"오직 물건에 대한 욕심에 가리워져 있기 때문입니다. 양심은 마음속에 있는 것이어서 자연히 잃을 수가 없는 것입니다. 마치 구름이 해를 가리고 있는 거나 같은 것이어서 해야 어느 때건 잃는 경우가 있습니까?"

선생님께서 말씀하셨다.

"우중은 이렇게 총명해. 딴 사람의 식견은 그를 따르지 못할 거야."

原文 在虔, 與于中謙之同侍. 先生曰. 人胸中各有聖人. 只自信不及, 都自埋倒了.

因顧于中曰, 爾胸中, 原是聖人.

于中起不敢當, 先生曰, 此是爾自家有的. 如何要推?

于中又曰, 不敢. 先生曰, 衆人皆有之, 況在于中? 卻何故謙起來? 謙亦不得.

于中乃笑受.

又論, 良知在人, 隨你如何, 不能泯滅. 雖盜賊, 亦自知不當爲盜. 喚他做賊, 他還忸怩.

于中曰, 只是物欲遮蔽, 良心在內, 自不會失. 如雲自蔽日, 日何嘗失了?

先生曰, 于中如此聰明, 他人見不及此.

註解 ㅇ于中(우중)－성은 왕(王), 왕양명의 제자일 것이나 그 이상의 생평은 알려지지 않는다. ㅇ謙之(겸지)－성은 추(鄒), 이름은 수익(守益), 호는 동곽(東廓), 왕양명의 제자. ㅇ不敢當(불감당)－중국 사람들이 자기에 대한 칭찬을 겸손히 사양하는 뜻으로 흔히 쓰는 말. ㅇ推(추)－밀다. 거절하다. ㅇ泯滅(민멸)－없애다. 지우다. ㅇ忸怩(육니)－부끄러워하는 것.

解說 사람의 가슴속에는 본시 누구에게나 '성인'이 있다는 것은 곧 누구나 '양지'를 가지고 있고 '천리'를 지니고 있음을 뜻할 것이다. 다만 사람들은 자기가 지닌 '양지'를 물욕으로 망치기 때문에 성인이 못된다는 것이다. 그러기에 왕양명은 학문이란 '사람의 욕망을 버리고

천리를 보존케 하는 것'이라 거듭 강조하고 있다.

8. 선생님께서 말씀하셨다.

"이들 '양지'를 철저히 이해한다면 그에게 멋대로 천 가지 얘기, 만 가지 이론을 내놓는다 하더라도 옳고 그름과 진실과 거짓이 그 앞에만 오면 곧 분명해질 것이다. 그의 '양지'에 들어맞는 것은 곧 옳은 것이고, 들어맞지 않는 것은 곧 그른 것이다. 그것은 불교에서 말하는 '심인(心印)'과 비슷한 것이다. 진실로 그것은 시금석과도 같고 지남철과도 같은 것이다."

原文 **先生曰, 這些子, 看得透徹, 隨他千言萬語, 是非誠僞, 到前便明. 合得的便是, 合不得的便非. 如佛家說心印相似. 眞是箇試金石, 指南針.**

註解 ㅇ這些子(저사자)－이것, 곧 '양지'를 가리킨다. ㅇ心印(심인)－심은 불심(佛心), 인은 인가(印可) 또는 인정(印定)의 뜻. 선종(禪宗)에서는 문자나 언어에 따르지 않고 오직 마음으로 인증(印證)하고 마음을 준칙으로 삼기 때문에 이런 말이 나온 것이다.

解說 여기서도 사람의 '양지'가 모든 일의 준칙이 됨을 강조하고 있다. 사람이 이러한 '양지'를 믿는다는 것은 다시 말하면 사람의 이성에 대한 신뢰라고도 할 수 있을 것이다.

9. 선생님께서 말씀하셨다.

"사람이 만약 이 '양지'의 묘결을 안다면, 그에게 어떠한 사악한 생각이나 그릇된 욕망이 일어난다 하더라도, 이것에 대하여 '양지'가 자각을 하기만 하면 모두가 스스로 녹아 없어질 것이다. 정말로 '신령스런 약 한 알을 쇠에다 넣기만 하면 금이 된다'는 격인 것이다.

原文 **先生曰, 人若知這良知訣竅, 隨他多少邪思枉念, 這裏一覺, 都自消融. 眞箇是靈丹一粒, 點鐵成金.**

註解 ㅇ枉念(왕념)—비뚤어진 생각. ㅇ靈丹(영단)—도교에서 쓰는 불로장생한다는 신약(神藥). ㅇ點鐵成金(점철성금)—도교에서는 후에 영약의 발명과 함께 연금술(鍊金術)도 크게 유행했다. 그러나 여기서 '쇠에 한 알을 떨어뜨려 금으로 만든다'고 한 것은 보통사람이 영약 한 알을 먹고 신선이 된다는 말로도 풀이된다.

解說 여기서도 '양지'가 얼마나 사람에게 귀중한 것이며, 또 그 작용이 얼마나 신묘한 것인가를 설명하고 있다.

10. 구양덕(歐陽德)이 말씀드렸다.

"선생님의 '치지(致知)'에 대한 해설은 학문의 정수와 오묘한 뜻을 다 드러내서 이것을 깨닫기만 하면 다시는 떠나갈 수 없을 것입니다."

선생님께서 말씀하셨다.

"말하기야 쉽지. 다시 공부를 반년 동안 계속하고 결과가 어떤가를 보고 또 1년 동안 공부를 하고 어떤가를 보아야 한다. 공부를 오래 할수록 더욱 내용이 다르다는 것을 깨닫게 될 것이다. 이것은 말로 설명하기 어려운 일이다."

原文 **崇一曰, 先生致知之旨, 發盡精蘊, 看來這裏, 再去不得.**

先生曰, 何言之易也? 再用功半年, 看如何, 又用功一年, 看如何. 功夫愈久, 愈覺不同. 此難上說.

註解 ㅇ崇一(숭일)－구양덕(歐陽德)의 자. ㅇ精蘊(정온)－학문의 정수(精髓)와 오묘한 뜻.

解說 '양지'에 이르게 한다는 '치지'는 말로는 쉽지만 실제로 행하기란 어려운 것임을 강조한 것이다. '말하기는 얼마나 쉬운가?'란 왕양명의 첫마디는 이론적·관념적으로 흐르기 쉬운 학문하는 사람들에게 언제나 깨우침이 될 수 있는 교훈인 것이다.

11. 선생님께서 나에게 물으셨다.

" '치지(致知)'의 설에 대한 자네의 체험은 어떤가?"

내가 여쭈었다.

"스스로 이전과는 달라졌다고 느끼고 있습니다. 옛날에는 '양지'를 지니는 데 있어서 언제나 적당한 자세를 유지하지 못하였는데 이제는 적당한 자세를 유지하게 된 것 같습니다."

선생님께서 말씀하셨다.

"그것으로서도 체득하는 것과 강의를 듣는 것이 다르다는 것을 알 수가 있을 것이다. 내가 처음에 자네에게 강의할 적에는 자네는 그저 가볍게 넘기기만 하고 참맛을 알지는 못하고 있음을 알고 있었다. 이 중요하고 오묘한 '양지'도 다시 체험을 깊은 곳으로 쌓아가면 날로 달라져서 무궁무진한 것임을 알게 될 것이다."

그리고 또 말씀하셨다.

"이 '치지'란 두 글자는 진실로 만고에 변치 않을 성인이 전한 비결이어서, 이것에 대하여 깨닫게만 되면 백세(百世) 뒤에 성인이 나온다 하더라도 자기의 길에 미혹되지 않게 될 것이다."

原文 先生問九川, 於致知之說, 體驗如何?

九川曰, 自覺不同. 往時操持, 常不得箇恰好處. 此乃是恰好處.

先生曰, 可知, 是體來與聽講不同. 我初與講時, 知爾只是忽易, 未有滋味. 只這箇要妙, 再體到深處, 日見不同, 是無窮盡的.

又曰, 此致知二字, 眞是箇千古聖傳之秘, 見到這裏, 百世以俟聖人而不惑.

註解 ㅇ操持(조지)－'양지'를 지니고 있는 것. ㅇ恰好處(흡호처)－꼭 알맞은 곳. 적당한 자세. ㅇ忽易(홀이)－가볍게 간단히 넘겨버리는 것. ㅇ百世以俟(백세이사)－이 구절은 《중용》에서 나온 말임.

解說 이론적으로 이해한다는 것과 체험을 통해서 체득한다는 것은 큰 차이가 있다. 이론적으로 이해하는 것보다는 직접 자신이 체득해야만 참된 학문의 맛을 알게 된다는 것이다. 왕양명이 주장한 '양지'는 '지식'에 관한 것이기보다는 '행동'에 관한 것이라 봄이 옳을 것이다. 끝으로 그가 《중용》의 말을 끌어 강조한 것을 보면 자신의 '양지'에 관한 학설에 대해서는 독창적인 자부심을 지니고 있었음을 알 것이다.

12. 내가 여쭈었다.

"정이천(程伊川)은 말하기를 '본체[體]와 작용[用]은 한가지 근원이며, 드러나는 현상[顯]과 감추어진 사실[微] 사이에는 간격이 없다'고 말했는데, 그의 문인들은 '하늘의 기밀을 누설한 것'이라 말했습니다. 선생님의 '치지'에 대한 학설도 역시 '하늘의 기밀을 매우 누설한 것'이 되지 않겠습니까?"

선생님께서 말씀하셨다.

"그것은 성인께서 이미 사람들에게 가르쳐 보여준 것이다. 다만 후세 사람들이 그것을 가리어 숨겨놓았던 것을 내가 드러내어 밝힌 것이다. 무슨 근거로 '하늘의 기밀을 누설했다'고 말하겠는가?

'양지'란 사람마다 스스로 가지고 있는 것이어서, 깨닫고 나서 보면 별로 대단한 것 같게 느껴지지도 않는 것이다. 그러나 실제로 공부를 하지 않은 사람들에게 말할 것 같으면 또한 매우 가벼이 이해하려고만 들어서 아깝게도 서로가 아무 이익이 없게 된다. 그러나 실제로 공부는 하지만 그 요점을 깨닫지 못하고 있는 사람에 대해서는 그들을 깨우쳐 주는 데 많은 힘을 발휘하게 될 것이다."

原文 九川問曰, 伊川説到體用一原, 顯微無間處, 門人已説是泄天機. 先生致知之説, 莫亦泄天機太甚否?

先生曰, 聖人已指以示人. 只爲後人揜匿, 我發明耳. 何故説泄?

此是人人自有的. 覺來甚不打緊一般. 然與不用實功人説, 亦甚輕忽. 可惜, 彼此無益. 與實用功, 而不得其要者, 提撕之, 甚沛然得力.

註解 ㅇ體用一原(체용일원)-정이천의 《역전(易傳)》 서문에 이 대목이 들어 있다. ㅇ天機(천기)-하늘의 기밀. 하늘의 묘리(妙理). ㅇ揜匿(엄닉)-가리어 감추는 것. ㅇ不打緊(불타긴)-별로 요긴하지 않은 것. 별로 중요치 않은 것. ㅇ提撕(제사)-'양지'에 대하여 '깨우쳐 주는 것'. ㅇ沛然(패연)-물이 세차게 흐르는 모양.

解說 진구천뿐만 아니라 왕양명의 제자들은 그들 스승의 '양지'에 관한 학설을 독창적인 진리를 드러낸 것이라 믿었을 것이다. 그러나 왕양명은 이미 성인들께서 말씀하셨던 것을 다시 밝힌 것이라 설명한

다. 표현이야 어떻든 '치지'에 대한 해설은 양명학파에서 자부심을 지녔던 대목이었다.

13. 선생님께서 또 말씀하셨다.

"도란 알고 나면 본시부터 알았다고 생각되지 않고, 깨닫고 나면 본시부터 깨닫지 않았다고 생각된다. 그러나 알지 못하면 그것은 곧 묻혀 자기와 관계없는 게 된다."

原文 **又曰, 知來本無知, 覺來本無覺. 然不知則遂淪埋.**

註解 ㅇ淪埋(윤매)—빠져 묻혀 버리는 것, 곧 자기와 관계없는 것이 되어 버리는 것.

解說 도란 알고 깨닫고 보면 자기와 일체가 되어 별로 그 존재를 의식하지 못하게 되는 것이다. 그러나 도를 모르면 올바로 살아나가지 못하게 된다. 따라서 도란 알고 깨달으면 되는 것이지 의식하고 있어서는 안된다는 것이다.

14. 선생님께서 말씀하셨다.

"대체로 친구란 반드시 충고하고 잘못을 지적하는 일은 적게 하고 좋은 길로 인도하고 좋은 점을 권장하는 일을 많이 하는 게 옳다."

그리고 뒷날 나에게 훈계하였다.

"친구들과 학문을 논할 적에는 반드시 완곡하게 표현하며 겸손해야 하고, 너그러운 태도로 행동해야만 한다."

原文 **先生曰, 大凡朋友, 須箴規指摘處少, 誘掖獎勸意多,**

方是.

後又戒九川云, 與朋友論學, 須委曲謙下, 寬以居之.

註解 ㅇ箴規(잠규)－잘못을 충고하는 것. ㅇ指摘(지적)－잘못을 지적해 주는 것. ㅇ誘掖(유액)－좋은 길로 인도해 주고 도와주는 것. ㅇ委曲(위곡)－몸가짐이나 말씨가 완곡한 것. ㅇ寬以居之(관이거지)－《역경》 건괘(乾卦) 문언전(文言傳)에 보이는 말.

解說 여기에서는 친구들과 어울리는 방법을 가르치고 있다. 친구란 남의 결점을 끄집어내거나 잘못을 충고하기보다는 서로 믿고 좋은 일을 하도록 권장하기에 힘써야 한다. 그리고 태도는 겸손하고 너그러워야만 한다는 것이다.

15. 내가 건주(虔州)에서 병이 들어 눕게 되었다. 선생님께서 말씀하셨다.

"병이란 물건도 올바로 잡기〔格〕가 어려운 것이다. 어떻게 생각하느냐?"

"공부하기 매우 어렵습니다."

선생님께서 말씀하셨다.

"언제나 쾌활한 기분을 갖는 것이 바로 공부다."

原文 九川臥病虔州. 先生云, 病物亦難格. 覺得如何?

對曰, 功夫甚難.

先生曰, 常快活, 便是功夫.

解說 여기서는 병을 통하여 '격물'을 가르치고 있다. '모든 사물을 바르게 하는 것'이 '격물'이라면 병에 있어서는 병으로 말미암아 뜻을

잃지 않음으로써 언제나 쾌활한 기분을 유지하는 게 '격물'이라는 것이다. 그때그때의 현실에 따라 적절히 가르치는 왕양명의 학문방법이 훌륭하다.

16. 내가 여쭈었다.

"스스로를 반성해 보면, 생각이 사악하고 허망한 일에 미치는 일도 있고 혹은 천하를 다스리는 일을 미리 예측해 보기도 하는데 그러한 궁극에까지 생각을 해보면 모든 것이 재미가 있어 마음에 서리어 들어 물리치기가 어렵게 됩니다. 일찍이 깨달으면 그래도 쉽지만 늦게 깨달으면 더욱 어렵습니다. 힘써 자기 생각을 이겨내고 다스리다 보면 더욱 반발이 강해짐을 느낍니다. 다만 다른 일을 약간 바꾸어 생각하다 보면 곧 둘 다 잊게 됩니다. 이렇게 마음을 깨끗이 하는 것도 해롭지 않은 것같이 여겨집니다."

선생님께서 말씀하셨다.

"그럴 필요가 어디 있겠느냐? 오직 '양지'에 대해서만 공부를 하면 된다."

내가 여쭈었다.

"바로 아까 말씀드린 그 경우에는 그것을 알지 못합니다."

선생님께서 말씀하셨다.

"나는 그것에 대하여 스스로 공부를 하고 있기 때문인지는 몰라도 어째서 그런 경우가 생기는가? 오직 자네가 공부를 중단하기 때문에 그 양지가 가려지는 것이다. 이미 중단이 되었다면 곧 계속해서 전에 하던 공부를 하도록 하면 될 것이다. 무엇 때문에 꼭 그래야만 하겠는가?"

내가 여쭈었다.

"바로 견디어 내기가 어려운 것입니다. 비록 알고는 있다 해도 그것을 버릴 수가 없습니다."

선생님께서 말씀하셨다.

"용기가 필요하다. 오래 공부하노라면 자연히 용기가 생기지. 그렇기 때문에 맹자도 '용기는 의로움을 모으는 데서 생기는 것'이라 한 것이다. 잡념을 이겨내기 쉽다면 그는 바로 위대한 현명한 사람인 것이다."

原文 九川問, 自省, 念慮或涉邪妄, 或預料理天下事, 思到極處, 井井有味, 便繾綣難屛. 覺得早則易, 覺得遲則難. 用力克治, 愈覺扞格. 惟稍遷念他事, 則隨而忘. 如此廓淸, 亦似無害.

先生曰, 何須如此? 只要在良知上着功夫.

九川曰, 正謂, 那一時不知.

先生曰, 我這裏自有功夫, 何緣得他來? 只爲爾功夫斷了, 便蔽其知. 旣斷了, 則繼續舊功便是. 何必如此?

九川曰, 直是難鏖. 雖知, 去他不去.

先生曰, 須是勇. 用功久, 自有勇. 故曰, 是集義所生者. 勝得容易, 便是大賢.

註解 ㅇ邪妄(사망)－사악하고 허망한 잡념. ㅇ井井(정정)－여러 갈래로 조리가 있는 모양, 계속되는 모양. ㅇ繾綣(견권)－감기는 것, 서리어 드는 것. ㅇ扞格(간격)－저항. 반발. ㅇ廓淸(곽청)－마음을 깨끗이 하는 것. ㅇ鏖(오)－오(熬)와 통하여 '견디어 내다', '이겨내다'. ㅇ集義所生(집의소생)－《맹자》 공손추(公孫丑) 상편을 보면, 위대한 용기인 호연지기(浩然之氣)는 '의로움을 모으는 것에 의해서 생긴다'고 하였다.

解說 사람의 머리에는 잡념이 많다. 억지로 생각을 돌려서 잡념을 없애려 들 것 없이 오직 마음에 '양지'를 보존하는 공부를 하면 잡념은 자연히 사라진다는 것이다. '양지'에는 그릇된 것이나 잡된 것이 끼

어들 여지가 없기 때문이다. 다만 그러기 위해서는 공부에 전념하는 용기가 필요하고, 그 용기는 오랜 공부를 통하여서만 길러지는 것이라는 것이다.

17. 내가 여쭈었다.

"이 '양지를 이르게 하는' 공부는 마음에 있어서는 체험을 통해서 잘 알고 있지만 글을 이해하는 데에는 통하지 않는 것 같습니다."

선생님께서 말씀하셨다.

"오직 마음을 이해하도록 해야 한다. 마음에 있어서 분명하다면 글도 자연히 풀리어 이해되게 될 것이다. 만약 마음에 있어서 통하지 않는다면 오직 글에 있어서 글뜻만은 통한다 하더라도 자연히 자기의 다른 의견이 생기게 될 것이다."

原文 **九川問, 此功夫, 卻於心上體驗明白, 只解書不通.**

先生曰, 只要解心. 心明白, 書自然融會. 若心上不通, 只要書上文義通, 卻自生意見.

註解 ㅇ此功夫(차공부)－'양지'를 이르게 하는〔致良知〕 공부를 가리킨다. ㅇ融會(융회)－잘 풀려서 이해되는 것.

解說 공부란 마음을 깨끗하고 밝게 하는 것, 다시 말하면 '양지'를 이르게 하는 것이 가장 중요하다. 보통사람들은 책을 통한 공부만을 중시하지만 그것은 올바른 공부가 되지 못한다. 마음에 먼저 '양지'가 이르러 있으면 책의 뜻은 자연히 올바로 이해하게 된다. 반대로 마음이 밝지 못하면 책을 읽어도 자기 나름대로 잘못 이해하는 경우가 많다는 것이다.

18. 어느 낮은 관리가 오랫동안 선생님의 학문 강의를 듣고서 말했다.

"이 학문은 매우 좋기는 합니다만 다만 장부정리와 송사(訟事)처리가 번잡하여 학문을 할 수가 없습니다."

선생님께서 그의 말을 듣고서 말씀하셨다.

"내가 언제 자네에게 장부정리와 송사처리를 집어치우고 터무니없이 학문을 하라고 하던가? 자네에게는 이미 관청의 맡은 일이 있으니 곧 관청에서 맡은 일에 대해서만 학문을 해야 한다. 그래야만 참된 '격물'이 될 것이다.

예로써 어떤 소송인을 심문할 때에 그의 대답이 형편없다고 하여 노여운 마음을 일으켜서도 안되며, 그의 말이 그럴싸하게 들어맞는다 하여 기쁜 마음을 일으켜서도 안된다. 그가 죄를 면하려고 청탁을 한 것을 미워하여 일부러 엄하게 다스려도 안되며, 그가 청탁을 했다고 해서 자기 뜻을 굽히고 그의 요구를 따라도 안되는 것이다. 자기의 사무가 번잡하다고 해서 멋대로 적당히 판결을 내려도 안되며, 옆사람이 그를 지나치게 욕하고 죄에 빠뜨리려 한다고 하더라도 그 사람의 뜻을 따라서 처단해서는 안된다.

이러한 여러 가지 생각은 모두가 사사로운 것이다. 오직 자기 자신이 알아차려서 반드시 자세히 생각하고 살핌으로써 자기 마음을 이겨내고 다스리어, 오직 자기 마음에 터럭끝만큼이라도 치우친 데가 있어 올바른 판단을 그르치지 않을까 조심해야만 한다. 이것이 바로 '격물치지'인 것이다. 장부정리나 송사처리 같은 일들도 실제의 학문이 아닌 게 없는 것이다. 만약 사물을 떠난 학문을 한다면 또한 헛된 것이 되고 말 것이다."

原文 **有一屬官, 因久聽講先生之學, 曰, 此學甚好. 只是簿書訟獄繁難, 不得爲學.**

先生聞之, 曰, 我何嘗敎爾離了簿書訟獄, 懸空去講學? 爾

旣有官司之事, 便從官司的事上爲學. 纔是眞格物.

如問一詞訟, 不可因其應對無狀, 起箇怒心! 不可因他言語圓轉, 生箇善心. 不可惡其囑托, 加意治之, 不可因其請求, 屈意從之. 不可因自己事務煩宂, 隨意苟且斷之, 不可因旁人譖毁羅織, 隨人意思處之.

這許多意思, 皆私. 只爾者知, 須精細省察克治, 惟恐此心有一毫偏倚, 枉人是非, 這便是格物致知. 簿書訟獄之間, 無非實學. 若離了事物爲學, 卻是著空.

註解 ㅇ屬官(속관)－하급관리. ㅇ簿書(부서)－관청의 장부와 서류. ㅇ訟獄(송옥)－소송(訴訟), 재판. ㅇ無狀(무장)－앞뒤가 맞지 않고 형편없는 것. ㅇ圓轉(원전)－번드르하게 말을 사실에 맞추어 잘 꾸며대는 것. ㅇ囑托(촉탁)－죄를 가볍게 하려고 남을 시켜 청탁을 하는 것. ㅇ煩宂(번용)－번잡하다, 번거롭다. ㅇ譖毁(참훼)－죄를 꾸며대어 모함하는 것. ㅇ羅織(나직)－죄에 빠뜨리는 것. ㅇ偏倚(편의)－한편으로 치우친 것. ㅇ著空(착공)－공허하게 되다, 헛된 것이 되다.

解說 왕양명의 학문은 일종의 '실학(實學)'인 것이다. 누구나가 자기에게 닥친 일이나 자기가 맡은 일을 올바로 처리하는 게 그가 주장하는 '격물치지'인 것이다. 그가 말하는 사물에는 등급의 높고 낮음이란 없는 것이다.

19. 나는 건주(虔州)로부터 돌아올 때에 다음과 같은 시를 지어 선생님께 작별인사로 드렸다.

" '양지'가 어찌 많이 아는 일과 관계있으리?

그것은 음양이 묘하게 합쳐져 사람으로 태어날 때 이미 뿌리박힌 것이네.

좋아하고 싫어함에 있어 그것을 따르는 게 성인의 학문이니,
사물에 끌리어 보내고 맞이하는 게 없는 것이 도의 근원이네."

선생님께서 말씀하셨다.

"만약 여기에 와서 이 학문을 공부하지 않았다면 '좋아하고 싫어함에 있어 그것을 따른다'는 것이 무엇을 따른다는 말인지 알지 못했을 것이다."

부영(敷英)이 그 자리에 있다가 말했다.

"정말 그렇습니다. 전에 선생님의 《대학고본》의 서문을 읽은 일이 있었는데, 논하시는 게 무엇인지 알지 못했었습니다. 여기에 와서 한동안 강의를 듣고 나서야 그 대의를 대충 알게 되었습니다."

原文 虔州將歸, 有時別先生, 云,

良知何事繫多聞? 妙合當時已種根.
好惡從之爲聖學, 將迎無處是乾元.

先生曰, 若未來講此學, 不知說好惡從之, 從箇甚麽.

敷英在座, 曰, 誠然. 嘗讀先生大學古本序, 不知所說何事. 乃來, 聽講許時, 乃稍知大意.

註解 ㅇ繫(계)－연결되다, 관계있다. ㅇ多聞(다문)－많이 듣다, 많이 알다. ㅇ妙合(묘합)－음과 양이 묘하게 합쳐져 사람을 이룬 것. ㅇ將迎(장영)－보내고 마중하는 것. 사물에 마음과 판단이 좌우되는 것. ㅇ乾元(건원)－《역경》 건괘(乾卦) 단전(彖傳)의 말로 '도의 근원'을 가리킨다. ㅇ敷英(부영)－왕양명의 제자임이 분명하나 어떤 사람인지는 모른다. ㅇ許時(허시)－한동안.

解說 여기서는 진구천이 '양지'의 중요성을 깨달은 것을 쓰고 있다.

20. 왕우중(王于中)과 서국상(舒國裳) 등 여러 친구들이 함께 선생님 식사를 시중들고 있을 때 선생님께서 말씀하셨다.

"모든 음식이란 오직 나의 몸을 보양하는 데 목적이 있다. 먹은 다음에는 잘 소화를 시켜야 한다. 만약 쓸데없이 배 속에 음식을 채우고만 있으면 곧 체하게 될 것이다. 그래가지고야 어찌 살과 살갗을 보양할 수가 있겠는가? 후세의 학자들이 널리 들어 많이 앎으로써 그것을 가슴속에 남겨두는데 모두가 음식에 체한 거와 같은 것이다."

原文 **于中國裳輩, 同侍食. 先生曰, 凡飮食, 只要養我身. 食了, 要消化. 若徒蓄積在肚裏, 便成痞了. 如何長得肌膚? 後世學者, 博聞多識, 留滯胞中. 皆傷食之病也.**

註解 ㅇ于中(우중)-국상(國裳)과 함께 앞 4조목에 보임. ㅇ肚裏(두리)-배 속. ㅇ痞(비)-음식에 체하는 것.

解說 쓸데없는 것을 많이 아는 것은 과식이 몸에 해로운 것처럼 올바른 학문을 위해서도 해가 될 따름이라는 것이다.

21. 선생님께서 말씀하셨다.

"성인도 배워서 알게 되는 것이 있고, 보통사람들도 나면서 아는 게 있다."

"어째서 그렇습니까?"

"'양지'란 것은 사람마다 모두가 지니고 있는 것이다. 다만 성인은 그것을 보전하여 아무런 장애나 가림이 없는 것이다. 그들은 언제나 두려워하고 근신하며 힘쓰고 공경함을 자연히 쉬지 않는데 그것도 역시 배우는 것인 것이다. 다만 나면서부터 많은 분량을 타고났기 때문에 성인은 '나면서 알고 편안히 행한다'고 말하는 것이다.

보통사람들도 어린아기 때부터 누구나가 이러한 '양지'를 갖추고 있다. 다만 장애와 가림이 많을 뿐이다. 그러나 본체로서의 '양지'는 자체가 없어지기 어려운 것이다. 그들이 학문을 하고 자신을 이겨내고 다스리는 것은 오직 그것에 의하여 이루어지는 것이다. 그들은 다만 배워야 하는 분량이 많기 때문에 '배워서 알고 이로움을 좇아 행한다'고 말하는 것이다."

原文 **先生曰, 聖人亦是學知, 衆人亦是生知.**

問曰, 何如?

曰, 這良知, 人人皆有. 聖人只是保全, 無些障蔽. 兢兢業業, 亹亹翼翼, 自然不息, 便也是學. 只是生的分數多, 所以謂之生知安行.

衆人自孩提之童, 莫不完具此知. 只是障蔽多. 然本體之知, 自難泯息. 雖問學克治, 也只憑他. 只是學的分數多, 所以謂之學知利行.

註解 ㅇ學知(학지)－배워서 알다. '생지(生知)'와 함께 《중용》에 보이는 말. ㅇ兢兢業業(긍긍업업)－두려워하고 조심하는 모양. 《서경》 고요모(皐陶謨)에 보이는 말. ㅇ亹亹翼翼(미미익익)－힘쓰며 공경하는 모양. 《시경》 대아(大雅) 문왕(文王)편에 보이는 말. ㅇ孩提之童(해제지동)－어린아기.

解說 보통 성인은 나면서 알고[生知] 일반 사람들은 배워서 안다[學知]고 생각하고 있다. 그러나 사람이란 누구나 '양지'를 타고나므로 누구나 나면서 아는 면이 있고 배워서 아는 면이 있다. 다만 보통사람들과 성인의 차이가 나는 것은 그의 '양지'가 어느 정도 장애를 받고

가리워져 있느냐에 의한 것이다. 물론 타고난 성품에는 개인차가 있지만 노력만 하면 누구나 성인이 될 수 있다는 것이다.

진구천(陳九川)의 필록(筆錄)은 이 조목에서 끝난다.

22. 내[黃直]가 여쭈었다.

"선생님의 '격물치지'에 대한 해설은 '수시로 사물을 올바로 잡음으로써 그에 관한 앎을 이르게 하는 것'이라 하셨습니다. 그러면 앎이란 한 가지 일에 관한 앎이지 전체적인 앎이 아닙니다. 어떻게 '광대하기 하늘과 같고 깊고 조용하기 심연과 같은' 위치에 도달할 수가 있겠습니까?"

선생님께서 말씀하셨다.

"사람의 마음이란 본시 하늘과 같고 심연과 같은 것이다. 마음의 본체란 감싸지 않는 것이 없는 것이어서 원래부터 하나의 하늘과 같은 것이다. 오직 사사로운 욕망에 가리워지기 때문에 하늘과 같은 본체를 잃게 되는 것이다. 마음의 이치란 다함이 없는 것이어서 원래부터 한 개의 심연과 같은 것이다. 오직 사사로운 욕망에 막혀 버리기 때문에 심연과 같은 본체를 잃게 되는 것이다.

지금 언제나 '양지'를 이르게 하여 이러한 가려지고 밝혀지는 것을 모두 제거해 버린다면 곧 본체로 회복되어 하늘처럼 광대하고 심연처럼 깊고 고요하게 될 것이다."

그리고는 하늘을 가리켜 보이시면서 다시 말씀하셨다.

"예를 들면 눈앞에 보이는 하늘도 밝고 밝은 하늘이요, 사방의 멀리서 보는 하늘도 역시 밝고 밝은 하늘이다. 오직 많은 집들과 담벽들이 가려졌기 때문에 하늘의 전체가 보이지 않는 것이다. 만약 이러한 집과 담벽들을 헐어 버린다면 모두가 하나의 하늘로 될 것이다.

눈앞에 보이는 것은 밝고 밝은 하늘이고 먼 바깥쪽의 것은 밝고 밝은 하늘이 아니라고 말할 수가 없을 것이다.

이것으로써도 한 가지 일에 대한 앎이란 곧 전체적인 앎이며, 전체적인 앎이 바로 한 가지 일에 대한 앎이어서 모두가 한 가지 본체라는 것을 알았을 것이다."

—이하는 문인 황직(黄直)이 기록한 것임.

原文 黄以方問, 先生格致之説, 隨時格物, 以致其知. 則知是一節之知, 非全體之知也. 何以到得溥博如天, 淵泉如淵地位?

先生曰, 人心是天淵. 心之本體, 無所不該, 原是一箇天. 只爲私欲障礙, 則天之本體失了. 心之理無窮盡, 原是一箇淵. 只爲私欲窒塞, 則淵之本體失了.

如今念念致良知, 得此障礙窒塞, 一齊去盡, 則本體已復, 便是天淵了.

乃指天以示之曰, 比如面前見天, 是昭昭之天. 四外見天, 也只是昭昭之天. 只爲許多房子牆壁遮蔽, 便不見天之全體. 若撤去房子牆壁, 總是一箇天矣. 不可道眼前天是昭昭之天, 外面又不是昭昭之天也.

于此便見, 一節之知, 卽全體之知, 全體之知, 卽一節之知, 總是一箇本體.

—已下門人黃直錄

註解 ○黃以方(황이방)—이름은 직(直), 이방은 그의 자. 왕양명의 제자로 이 조목 이하는 그가 기록한 것이다. ○一節(일절)—한 가지 사물. 일부분. ○溥博(부박)—광대한 것. 이 구절은 《중용》에서 성인의 덕을 형용한 말임. ○淵泉(연천)—깊고도 고요한 것. ○窒塞(질색)—막히는 것.

ㅇ昭昭(소소)－밝은 모양. 《중용》에 보이는 말임. ㅇ房子(방자)－집, 가옥.

解說 황직은 주자처럼 사람은 누구나 '양지'를 갖고 있으나 다만 사사로운 욕망을 제거할 뿐만 아니라 모든 사물의 이치도 연구해야만 올바른 '양지'에 이를 수 있다고 생각했던 것 같다. 그러나 왕양명은 이치란 바로 마음에 있는 것이란 입장에서 그에게 사사로운 욕망을 버림으로써 '양지를 이르게 하는 것'만이 참된 학문임을 강조한 것이다. 왕양명의 제자 중에도 한 가지 한 가지 일에 대한 '이치의 연구'를 쌓음으로써 끝내는 도통하게 될 것이라는 학문 방법을 쉽사리 부정하기 어려웠던 것 같다.

23. 선생님께서 말씀하셨다.

"성현이라 하더라도 정치적인 공로를 세우려는 마음이나 세속적인 기개와 절조가 없는 것은 아니다. 다만 그분들은 모든 일에 '천리'를 따르는데 그것이 바로 도인 것이다. 그러면 그것을 정치적인 공업이나 세속적인 기개와 절조라고 부를 수가 없게 되는 것이다."

原文 **先生曰, 聖賢非無功業氣節. 但其循著這天理, 則便是道. 不可以事功氣節名矣.**

註解 ㅇ功業(공업)－정치적인 공로를 세우려는 마음. ㅇ氣節(기절)－보통 사람들이 말하는 '기개(氣概)'와 '절조(節操)'.

解說 성인은 정치를 하든 세상에서 사람들과 어울려 지내든 언제나 '천리'만을 따른다. 백성들을 위해서 일하기도 하고 나라를 위해서 앞장서기도 한다. 다만 그것이 보통사람들과 다른 점은 '천리'를 얼마나 철저히 따르느냐 하는 점뿐이라는 것이다.

24. "공자가 '일에 분발하다 보면 식사까지 잊는다'고 하였는데, 그것은 성인의 뜻은 이와 같이 진실로 중단하는 때가 없다는 것이다. 또 '즐거움으로써 시름을 잊는다'고 하였는데, 그것은 성인의 도는 이와 같이 진실로 슬퍼할 때가 없다는 것이다. 아마 주자처럼 '뜻을 얻어서 그러하다'든가 '뜻을 얻지 못해서 그러하다'고 해석할 필요는 없을 것이다."

原文 **發憤忘食, 是聖人之志如此, 眞無有已時. 樂以忘憂, 是聖人之道如此, 眞無有戚時. 恐不必云, 得不得也.**

註解 ㅇ發憤忘食(발분망식)-《논어》 술이(述而)편의 말. 공자가 자로(子路)에게 자신을 가리켜 '사람됨은 일에 분발하면 식사를 잊고, 즐김으로써 근심을 잊어[樂以忘憂], 늙음이 닥쳐오리라는 것도 알지 못한다'고 하였다. ㅇ戚(척)-슬퍼하다. ㅇ得不得(득부득)-주자는 앞에서 인용한 《논어》의 말에 대한 주(註)에서 '아직 뜻을 얻지 못했으면 일에 분발하여 식사도 잊고, 이미 뜻을 얻었으면 그것을 즐김으로써 걱정을 잊는 것이다'고 설명하고 있다.

解說 《논어》의 공자의 말을 주자는 일시적인 자신의 태도를 얘기한 것으로 본 데 반하여, 왕양명은 성인은 언제나 '천리를 추구하는 마음이 끊임없고 마음속에 언제나 편안하여 근심이 없음을 표현한 말'이라 보았다. 왕양명의 설명은 공자를 한층 더 이상화시킨 것이라 하겠다.

25. 선생님께서 말씀하셨다.

"우리들이 말하는 '치지'는 오직 각자의 능력이 미치는 정도에 따르는 것이다. 오늘의 '양지'가 현재 이 정도라면 오직 오늘 알고 있는 것을 따라서 철저히 확충시켜 나간다. 내일의 '양지'가 또 깨치는 것이 있었다면 곧 그 내일에 알고 있는 것을 따라서 철저히 확충시켜 나간다. 이렇게 하는 것이야말로 '정순하고 순일된[精純]' 공부가 되는 것이다.

사람들에게 학문을 논함에 있어서도 역시 그 사람들의 능력이 미치는 정도에 따라서 해야 한다. 예를 들면 나무가 아직도 싹에 불과할 때는 오직 약간의 물만을 주어야 하고, 싹이 다시 자라나면 곧 더 물을 주어야 하는 것과 같다. 한움큼의 굵기로부터 아름들이 나무에 이르기까지 물을 주는 작업은 모두 그 나무의 능력이 미치는 정도에 따라 해야만 되는 것이다. 만약 조그만 싹이 있는데 한 통의 물을 모두 들어부어 버린다면 곧 싹은 물에 잠기어 망쳐지게 될 것이다."

原文 先生曰, 我輩致知, 只是各隨分限所及. 今日良知見在如此, 只隨今日所知擴充到底. 明日良知又有開悟, 便從明日所知擴充到底. 如此, 方是精一工夫.

與人論學, 亦須隨人分限所及. 如樹有這些萌芽, 只把這些水去灌漑, 萌芽再長, 便又加水. 自拱把以至合抱, 灌漑之功, 皆是隨其分限所及. 若些小萌芽, 有一桶水在, 盡要傾上, 便浸壞他了.

註解 ㅇ分限(분한)－지닌 능력의 정도. ㅇ灌漑(관개)－물을 주는 것. ㅇ拱把(공파)－한움큼. ㅇ合抱(합포)－한아름.

解說 자기 공부도 자기 능력에 따라 알맞는 정도로 해나가야 하고 남을 가르칠 때에도 배우는 사람의 정도에 따라 알맞게 가르쳐 나가야 한다. 단번에 고급의 과정을 공부하거나 가르치려 들어서는 안된다는 것이다.

26. '지행합일'에 대해서 여쭈니 선생님께서 말씀하셨다.

"이것에 대해서는 반드시 내가 주장하는 본뜻을 알아야만 한다. 지금 사람들은 학문을 함에 있어서 오직 '앎'과 '행동'을 두 가지로 분별하고 있기 때문에, 어떤 한 가지 생각이 발동하여 비록 그것이 나쁜 생각이라 하더라도 행하지는 않았다는 것만으로써 그것을 금하려 들지 않는다. 내가 지금 '지행합일'을 주장하고 있는 것은 바로 한 가지 생각이 발동하는 곳, 그곳이 바로 행동임을 알게 하려는 것이다. 생각이 발동했을 때 나쁜 것이 있으면 곧 이 나쁜 생각을 극복해서 넘어뜨려야만 한다. 반드시 뿌리째로 철저하게 그 나쁜 한 가지 생각도 가슴속에 숨겨져 있는 일이 없도록 해야 한다. 이것이 나의 주장의 본뜻인 것이다."

原文 **問知行合一, 先生曰, 此須識我立言宗旨. 今人學問, 只因知行分作兩件, 故有一念發動, 雖是不善, 然卻未曾行, 便不去禁止. 我今說箇知行合一, 正要人曉得一念發動處, 便卽是行了. 發動處有不善, 就將這不善的念克倒了, 須要徹根徹底, 不使那一念不善潛伏在胸中. 此是我立言宗旨.**

註解 ㅇ宗旨(종지)－근본적인 취지. ㅇ曉(효)－알다, 깨닫다. ㅇ徹根徹底(철근철저)－뿌리까지 철저히 하다.

解說 사람들은 보통 생각만으로는 범죄가 될 수 없다고 생각한다. 그러나 왕양명은 생각 자체가 이미 행동이니, 생각에도 옳지 못한 나쁜 것이 깃들지 않도록 수양을 쌓아야 한다는 것이다. 그래서 그는 '지행합일'을 주장한다는 것이다.

27. "성인은 알지 못하는 게 없다고 하는데 그것은 오직 '천리'를 보존하고 있기 때문이다. 또 하지 못하는 게 없다고도 하는데 그것도

오직 '천리'를 보존하고 있기 때문이다. 성인은 본체에 대하여 분명히 알고 있기 때문에 모든 일에 있어서 천리가 있는 곳을 앎으로 곧 그 일에 대하여 '천리'를 다하게 되는 것이다.

그러나 그것은 본체를 분명히 인식하고 난 뒤에 천하의 사물들에 대해서 모두 알게 되고 모두 할 수 있게 되는 것은 아니다. 천하의 사물이란 명칭·기물·제도·규칙·풀·나무·새·짐승 등의 종류가 복잡하기 이를 데 없다. 성인은 반드시 본체에 대해서 분명히 알고 있다 하더라도 또한 무슨 수로 그것들을 모두 알 수가 있겠는가?

다만 알 필요가 없는 것은 성인은 스스로 알려고 들지 않는다. 마땅히 알아야 할 일에 대해서는 성인은 스스로 사람들에게 잘 묻는다. 예를 들면 '공자께서 태묘(太廟)에 들어가실 적에는 매사에 대해서 물으셨다'는 것 같은 것이다. 주자는 윤씨(尹氏)의 설을 인용하여 '비록 알고는 계셨지만 그래도 물은 것은 공경하고 근신하는 극치를 보인 것이다'고 하였는데, 이 해설은 잘 통할 수가 없는 것이다.

성인은 예의·음악·명칭·기물 같은 것을 다 알 필요가 없는 것이다. 그러나 그분이 한 가지 '천리'를 알게 되면 곧 자연히 여러 가지 일들과 제도나 규칙 같은 것을 알 수 있게 되는 것이다. 공자께서 알지 못하는 것을 물으실 수 있었던 것은 바로 '천리'가 그 일들에 존재하고 있었기 때문인 것이다."

原文 聖人無所不知, 只是知箇天理. 無所不能, 只是能箇天理. 聖人本體明白, 故事事知箇天理所在, 便去盡箇天理.

不是本體明後, 卻於天下事物, 都便知得, 便做得來也. 天下事物, 如名物度數草木鳥獸之類, 不勝其煩. 聖人須是本體明了, 亦何緣能盡知得?

但不必知的, 聖人自不消求知. 其所當知的, 聖人自能問人. 如子入太廟, 每事問之類, 先儒謂, 雖知亦問, 敬謹之至. 此說不可通.

聖人於禮名物, 不必盡知. 然他知得一箇天理, 便自有許多節文度數出來. 不知能問, 亦卽是天理節文所在.

註解 ㅇ名物度數(명물도수)―명칭·기물·제도·규칙 등 세상의 여러 가지 사물들을 가리킴. ㅇ不消(불소)―……하려들지 않는다, ……할 필요가 없다. ㅇ子入太廟(자입태묘)―《논어》 팔일(八佾)편에 '공자께서는 태묘에 들어가 매사를 물으셨다. 어떤 사람이 말하기를 누가 추인(鄹人)의 아들(공자를 가리킴)이 예를 안다고 하였는가? 태묘에 들어가서는 매사를 묻는다 하였다. 공자께서는 그 말을 듣고서는 그것이 바로 예이다고 말씀하셨다'고 한 것을 가리킨다. ㅇ先儒(선유)―주자를 가리킨다. 주자는 윤씨(尹氏)의 설을 인용하여 '예라는 것은 공경일 따름이다. 비록 안다 하더라도 묻는 것은 근신함의 극치이다. 그 공경함이 이보다 더 클 수가 없다' 하였다. ㅇ節文(절문)―여러 가지 사소한 일들.

解說 성인은 옛부터 모르는 게 없고 못하는 게 없다고 한다. 그러나 왕양명은 성인이란 실제로 전지전능한 사람은 아니라고 본다. 다만 성인은 마음에 '천리'를 보존하고 있어 필요한 것만을 알고 있지만 알 필요가 있을 적에는 곧 그 일을 올바로 파악하게 된다는 것이다. 그래서 《논어》에서 공자가 태묘에 들어가서는 매사에 대하여 물었다는 것도 주자와는 달리 실제로 다 알지 못하였기 때문에 물은 것이라 해석하는 것이다. 성인을 보통사람들에 가까운 것으로 보는 그의 견해는 누구나가 공부만 하면 성인이 될 수 있다는 그의 적극적인 생각에서 출발한 것이다.

28. 내〔黃直〕가 여쭈었다.

"선생님께서 일찍이 말씀하시기를 '선과 악은 한 가지 것에 불과하다'고 하셨습니다. 그러나 선과 악이란 두 개의 극단적인 것이어서 얼음과 숯불처럼 서로 반대되는 것 같습니다. 어떻게 하여 '한 가지 것에 불과하다'고 말씀하셨는지요?"

선생님께서 말씀하셨다.

"지극한 선이란 것은 마음의 본체다. 본체로부터 약간만 지나치기만 하여도 곧 악이 된다. 한 가지 선이 따로 있고 또 악도 따로 있어서 상대가 되는 것은 아니다. 그러므로 선과 악은 한 가지 것에 불과하게 된다는 것이다."

나는 선생님의 설명을 듣고 나서는 곧 정자(程子)가 '선은 본시부터 본성이지만 악도 역시 본성이라고 말하지 않을 수가 없다'고 말한 것을 이해하게 되었다. 또 '선과 악은 모두가 천리이다. 악이라고 하는 것은 본래는 악이 아니라 다만 본성에 있어서 지나치거나 미치지 못한다는 차이가 생긴 것일 따름이다'고 한 설명들에 대해서도 모두 의심이 없어졌다.

原文 問, 先生嘗謂, 善惡只是一物, 善惡兩端, 如冰炭相反. 如何謂一物?

先生曰, 至善者, 心之本體. 本體上才過當些子, 便是惡了. 不是有一箇善, 卻又有一箇惡, 來相對也. 故善惡只是一物.

直因聞先生之說, 則知程子所謂, 善固性也, 惡亦不可不謂之性. 又曰, 善惡皆天理, 謂之惡者, 本非惡, 但於本性上, 過與不及之間耳. 其說皆無可疑.

註解 ㅇ過當些子(과당사자)－약간 도를 지나치는 것. ㅇ程子所謂(정자소위)－《이정유서(二程遺書)》 및 《근사록》 도체류(道體類)에 보이는 정명도(程明道)의 말.

解說 성선설에 있어서는 악의 근원이 문제가 된다. 악의 존재를 인

정하는 것은 본질적으로 성선설과 모순되기 때문이다. 그래서 정명도(程明道)는 대담하게 선과 악은 본질적으로는 같은 것이라 선언하였는데 왕양명도 그것을 계승한 것이다.

29. 선생님께서 일찍이 말씀하시기를 "사람이 오직 선을 좋아하기를 좋은 색깔을 좋아하듯 하고 악을 싫어하기를 나쁜 냄새를 싫어하듯 할 수만 있다면 바로 그가 성인인 것이다."고 하셨다.

나는 처음 이 말을 들었을 적에는 매우 쉬운 일이라 여겼는데 뒤에 체험을 해놓고 나서야 이 공부가 정말로 어려운 것임을 알게 되었다.

한 가지 생각 같으면 비록 선을 좋아하고 악을 싫어할 줄 알지만 자기도 깨닫지 못하는 사이에 또다른 생각이 끼어들기 때문이다. 다른 생각이 끼어들기만 하면 곧 '선을 좋아하기를 좋은 색깔을 좋아하듯 하고 악을 싫어하기를 나쁜 냄새를 싫어하는' 마음으로 되지 않는다.

선을 진실로 좋아한다면 어떤 생각이건 선하지 않은 게 없을 것이다. 악을 진실로 싫어한다면 어떤 생각이건 악과는 상관이 없게 될 것이다. 그렇기만 하다면 어찌하여 성인이 아니라고 하겠는가? 그러므로 성인의 학문은 오직 한 가지 '정성'일 따름인 것이다.

原文 先生嘗謂, 人但得好善如好好色, 惡惡如惡惡臭, 便是聖人.

直初時聞之, 覺甚易, 後體驗得來, 此箇功夫著實是難.

如一念雖知好善惡惡, 然不知不覺又夾雜去了. 才有夾雜, 便不是好善如好好色, 惡惡如惡惡臭的心.

善能實實的好, 是無念不善矣. 惡能實實的惡, 是無念及惡矣. 如何不是聖人? 故聖人之學, 只是一誠而已.

註解 ㅇ如好好色(여호호색)－뒤 '여오악취(如惡惡臭)'와 함께 《대학》

에 나오는 말. ㅇ著實(착실)－진실로, 정말. ㅇ才(재)－……하자마자. ㅇ實實的(실실적)－진실로, 정말로. ㅇ誠(성)－정성, 진실, 한 가지만 성실히 하는 것.

解說 좋은 빛깔은 누구든 언제나 좋아하고 나쁜 냄새는 누구든 언제나 싫어한다. 그처럼 언제나 틀림없이 선을 좋아하고 악을 싫어하기란 쉬운 듯하면서도 실제로는 어려운 것이다. 왜냐하면 실제 사회에 있어서는 선과 악의 정도도 모두 다른 데다가 거기에 여러 가지 이해관계가 끼어들기 때문이다. 이런 면에서 황직은 맨 앞에 든 스승의 가르침을 이해하고 체험한 것을 기록하고 있는 것이다.

30. 내가 여쭈었다.

"《중용》의 '수도'의 해설에서 '본성을 따르는 것을 도라고 한다[率性之謂道]'고 한 것을 성인의 몫에 속하는 일이라 하시고 '도를 닦는 것을 가르침이라 한다[修道之謂敎]'고 한 것을 현인의 몫에 속하는 일이라 하셨는데 어째서입니까?"

선생님께서 말씀하셨다.

"보통사람들도 본성을 따르기는 한다. 그러나 본성을 따르는 것은 성인의 몫으로써 더 많다. 그러므로 '본성을 따르는 것을 도라고 한다'고 한 것을 성인에게 속하는 일로 본 것이다.

성인도 역시 도를 닦기는 한다. 그러나 도를 닦는 것은 현인의 몫으로써 더 많다. 그러므로 '도를 닦는 것을 가르침이라 한다'고 한 것을 현인에게 속하는 일로 본 것이다."

또 말씀하셨다.

"《중용》이란 책은 대체로 모두가 도를 닦는 일을 설명하고 있는 것이다. 그러므로 뒤에서 군자를 해설함에 있어 안연(顔淵)과 자로(子路)를 얘기하고 있는데 이들은 모두가 도를 잘 닦았던 사람들이다.

소인을 해설함에 있어서 현명하고 지혜있는 사람과 어리석고 못난 사람 및 보통 백성들을 얘기했는데 이들은 모두가 도를 잘 닦지 못했던 사람들이다. 그밖에도 순(舜)임금·문왕(文王)·주공(周公)·공자·지극히 정성된 사람·지극한 성인 같은 분들은 또 성인으로서 스스로 도를 잘 닦았던 분들이다."

原文 問, 修道說, 言率性之謂道, 屬聖人分上事, 修道之謂教, 屬賢人分上事.

先生曰, 衆人亦率性也. 但率性, 在聖人分上較多, 故率性之謂道, 屬聖人事.

聖人亦修道也. 但修道, 在賢人分上多, 故修道之謂教, 屬賢人事.

又曰, 中庸一書, 大抵皆是說修道的事. 故後面凡說君子, 說顔淵, 說子路, 皆是能修道的. 說小人, 說賢知愚不肖, 說庶民, 皆是不能修道的. 其他言舜文周公仲尼, 至誠至聖之類, 則又聖人之自能修道者也.

註解 ㅇ修道說(수도설)-《왕양명전서(王陽明全書)》 권7에 보이는 것으로, 《중용》의 '도를 닦는 것을 가르침이라 한다[修道之謂教]'의 '도를 닦는 것'에 대한 해석이 주자와 다르다. 앞 상권(上卷) 128조목을 참조하기 바람. ㅇ屬聖人分上(속성인분상)-이러한 대목은 지금 전하는 '수도설(修道說)'에는 보이지 않는다.

解說 '도를 닦는다'는 '닦는다'는 말뜻을 주자는 '품절(品節)'의 뜻이라 하고 성인이 예의 음악과 법과 정치를 제정한 것으로 풀이했으나 왕양명은 '수행(修行)'의 뜻으로 보고 사람들이 '도를 수행하는 것'으로 풀이하였다. 주자는 《중용》이 원리만을 해설하는 것으로 본 데 반

하여, 왕양명은 반대로 공부하는 사람이 '도를 닦는 문제'를 주로 해설한 것으로 본 데서 이처럼 큰 차이가 생긴 것이다.

31. 내가 여쭈었다.

"유학자가 밤중 삼경 때에 가슴속의 생각들을 깨끗이 씻어내어 텅 비고 고요하게 되면 불교의 '고요함'과 같게 되어 두 학파의 구별이 없게 됩니다. 이런 때에도 어떠한 분별이 있습니까?"

선생님께서 말씀하셨다.

"움직임과 고요함이란 같은 것에 불과하다. 그 한밤의 삼경 무렵 텅 비고 고요하게 되었을 적에는 천리만이 보존된 것인데, 그것은 바로 지금 일을 처리하고 물건을 대하고 있는 것 같은 마음인 것이다. 지금 일을 처리하고 물건을 대하고 있는 마음도 역시 이 천리를 따르고 있다면, 그것은 바로 한밤의 삼경 무렵 텅 비고 고요해진 마음과 같은 것이다. 그러므로 움직임과 고요함은 같은 것에 불과하므로 구별할 수 없는 것이라 하는 것이다. 움직임과 고요함이 하나로 합치되는 것임을 안다면 불교와 미묘하게 다른 점도 자연히 분명하게 될 것이다."

原文 問, 儒者到三更時分, 掃蕩胸中思慮, 空空靜靜, 與釋氏之靜只一般, 兩下皆不用. 此時何所分別?

先生曰, 動靜只是一箇. 那三更時分, 空空靜靜的, 只是存天理, 卽是如今應事接物的心. 如今應事接物的心, 亦是循此天理, 便是那三更時分, 空空靜靜的心. 故動靜只是一箇, 分別不得. 知得動靜合一, 釋氏毫釐差處, 亦自莫揜矣.

註解 ㅇ掃蕩(소탕)-깨끗이 씻어 버리는 것. ㅇ釋氏之靜(석씨지정)-

불교의 좌선(坐禪)을 뜻한다. ㅇ兩下(양하)－양편, 유교와 불교 ㅇ揜(암)－가리다, 덮다.

解說 마음의 수양에 있어서는 마음을 고요히 가라앉히는 게 중요한 일로 여겨진다. 왜냐하면 그것이 마음으로서는 가장 깨끗한 상태이기 때문이다. 불교에서는 그러한 마음의 수양을 중시한다.

그러나 왕양명은 움직임이나 고요함이나 결국은 같은 것으로 본다. 공적(空寂)한 마음 자체로서는 사람이 살아가는 데 무의미하다는 것을 깨닫고 있었기 때문이다. 마음이 고요할 때처럼 움직일 때도 천리를 보존케 하는 데 뜻이 있다는 것이다.

32. 한자리에 있던 문인 가운데 동작이나 태도가 매우 점잖은 사람이 있었는데 선생님께서 말씀하셨다.

"사람이 만약 너무 지나치게 점잔을 피면 결국은 폐해가 될 것이다."

"너무 지나치게 점잖은 것이 어째서 폐해가 됩니까?"

"사람에게는 오직 일정한 정력이 있을 뿐이다. 만약 오로지 용모에 관해서만 신경을 쓴다면 곧 마음속으로 돌볼 수 없는 일이 많게 될 것이다."

문인 중에는 너무나 꾸밈없는 사람도 있었는데 선생님께서 말씀하셨다.

"지금 이와 같은 학문을 닦고 있으면서 자기 외모를 전혀 단속하지 않는다면 그것은 또 마음과 사물을 두 가지로 나누어 구별하고 있는 것이 된다."

原文 門人在座, 有動止甚矜持者. 先生曰, 人若矜持太過, 終是有弊.

曰, 矜持太過, 如何有弊?

曰, 人只有許多精神. 若專在容貌上用功, 則於中心照管不及者多矣.

有太直率者. 先生曰, 如今講此學, 卻外面全不檢束, 又分心與事爲二矣.

註解 ㅇ矜持(긍지)－용모나 태도를 점잖게 유지하는 것, 점잖은 것. ㅇ許多(허다)－그러한 만큼의, 일정한 양의. ㅇ精神(정신)－정력, 기운. ㅇ照管(조관)－돌보다, 주의하다. ㅇ直率(직솔)－솔직하며 아무런 겉치레가 없는 것, 꾸밈이 없는 것. ㅇ檢束(검속)－건사하다, 단속하다.

解說 사람의 몸가짐은 너무 점잖아도 안되고 또 너무 겉치레에 무관심해도 안된다. 자기의 마음과 용모가 일치하도록 노력해야 된다는 것이다.

33. 문인 중에 한 사람이 글을 지어 친구가 길떠나는 것을 전송하고 나서 선생님에게 여쭈었다.

"글을 짓는다는 일은 마음을 쓰지 않을 수가 없습니다. 또 짓고 난 뒤에도 하루 이틀은 언제나 마음속에 기억하게 되는데 어떻습니까?"

"글을 짓는 데 사색을 하는 것은 해롭지 않다. 그러나 짓고 난 다음에도 언제나 마음속에 기억하고 있다면, 곧 글 때문에 장애가 되어 마음속에 한 가지 물건이 언제나 있게 된다. 그것만은 좋지 않은 일이다."

또 그가 시를 지어 사람을 전송했는데 선생님께서 시를 보고 나서 말씀하셨다.

"글을 지을 적에는 자기 능력의 한계가 미치는 범위에 따라 해야 한다. 만약 너무 지나치게 표현이 되면 '글을 꾸미어 성의를 표한다'

는 뜻에 어긋나게 될 것이다."

原文 門人作文, 送友行, 問先生曰, 作文字, 不免費思, 作了後, 又一二日常記在懷.

曰, 文字思索, 亦無害. 但作了, 常記在懷, 則爲文所累, 心中有一物矣. 此則未可也.

又作詩送人, 先生看詩畢, 謂曰, 凡作文字, 要隨我分限所及. 若說得太過了, 亦非修辭立誠矣.

註解 ㅇ文字(문자)－문장, 글. ㅇ費思(비사)－마음을 쓰다, 고심하다. ㅇ分限(분한)－능력의 한계. ㅇ修辭立誠(수사입성)－《역경》 건괘(乾卦) 문언전(文言傳)에 보이는 말.

解說 송대 성리학자들은 대체로 시나 글을 짓는 것은 '사물을 가지고 즐기다가 뜻을 잃는 것[玩物喪志]'이라 보고 크게 환영하지는 않았다. 그것은 마음의 수양에 방해가 된다고 생각했기 때문이지 시나 글 자체가 나쁘다고 생각되었기 때문은 아니다. 왕양명도 시나 글에 너무 몰두하는 것은 공부에 지장이 있다고 생각했지만, 도를 추구하는 태도가 바르기만 하면 글을 짓는 것은 생활을 윤택케 하는 좋은 일이 된다고 믿었었다.

34. "주자의 '격물'에 대한 해설은 아무래도 요점이 빠진 것 같다. 그가 '생각의 미묘한 것에서 그것을 잘 살핀다'고 말한 것 같은 구절은 '글 속에서 추구하는 것'이나 '일에 대하여 고증함으로써 그것을 분명히 하는 것'과 '강론을 할 때에 추구하는 것'을 혼동하여 생각해서는 안될 것이다. 그렇게 하는 것은 가볍고 무거운 차이를 무시하는 게 되기 때문이다."

原文 文公格物之說, 只是少頭腦. 如所謂察之於念慮之微, 此一句, 不該與求之文字之中, 驗之事爲之著, 索之講論之際, 混作一例看. 是無輕重也.

註解 ㅇ頭腦(두뇌)-요점, 중심점. ㅇ察之於念慮之微(찰지어염려지미)-주자는 《대학혹문》에서 '격물'을 해설하여 '격물에 힘쓰는 방법에는 여러 가지가 있다. 혹은 일에 대하여 고증함으로써 그것을 분명히 하고[者之事爲之著], 혹은 생각의 미묘한 것에서 그것을 잘 살피고[察之念慮之微], 혹은 글 가운데에서 추구하기도 하고[求之文字之中], 혹은 강론할 적에 그것을 추구하기도 한다[索之講論之中]'고 말하고 있는데, 이것은 주로 이 대목을 비평하고 있다.

解說 왕양명은 '격물'에 대하여 실제의 여러 가지 일에서보다도 마음의 수양에서 중요한 게 얻어진다고 보았다. 따라서 '생각의 미묘함을 살피는 일'은 다른 어떤 공부보다도 중요한 것으로 보았을 것이다. 그래서 주자가 여러 가지 '격물'의 예를 나란히 든 것을 잘못이라 생각했던 것이다.

35. 《대학》의 '자신에게 성냄이 있으면 마음의 올바름을 얻지 못한다'는 대목에 대하여 여쭈니 선생님께서 말씀하셨다.

"성냄과 함께 얘기하고 있는 두려움, 좋아함, 걱정 같은 것은 사람의 마음에 어떻게 없을 수가 있겠는가? 오직 그것들을 지니고 있는 것은 좋지 않다는 것이다. 일반적으로 사람의 성냄에다 약간의 뜻이 가해지기만 하면 지나치게 노엽게 되므로 거침없이 크게 공정하고 밝은 마음의 본체를 잃게 된다. 그러므로 '성냄이 있으면 곧 마음의 올바름을 얻지 못한다'고 하는 것이다.

지금 성냄을 비롯한 다른 감정들에 대해서도 오직 닥쳐오는 사물에 따라 순응하기만 하고 약간의 뜻도 가하지 않는다면 곧 마음의 본체가 거침없이 크게 공명해져서 마음의 본체의 올바름을 얻게 될 것이다. 예로써, 밖에 나갔다가 사람들이 싸우는 것을 보았을 때 그 중 옳지 않은 편에 대해서는 나의 마음에도 노여움이 생긴다. 그러나 비록 노엽다 하더라도 그러한 마음은 거침없는 것이어서 사사로운 기분이 움직여진 것은 아니다. 지금 사람들에 대하여 노여움을 느낄 때 언제나 이와 같을 수만 있다면 그것이야말로 올바른 것이 된다."

原文 **問有所忿懥一條. 先生曰, 忿懥幾件, 人心怎能無得? 只是不可有耳. 凡人忿懥著了一分意思, 便怒得過當, 靑廓然大公之體了. 故有所忿懥, 便不得其正也.**

如今於凡忿懥等件, 只是箇物來順應, 不要著一分意思. 便心體廓然大公, 得其本體之正了. 具如出外見人相鬪, 其不是的, 我心亦怒. 然雖怒, 卻此心廓然, 不曾動些子氣. 如今怒人, 亦得如此, 方纔是正.

註解 ㅇ有所忿懥(유소분치)-《대학》에서 마음을 올바르게 하는 데 대하여 한 말. 상권의 102조목을 참조할 것. ㅇ忿懥幾件(분치기건)-《대학》에서 '성냄'과 함께 얘기한 몇 가지 감정. 곧 '두려움'·'좋아함'·'걱정'. ㅇ一分意思(일분의사)-약간의 자기의 사사로운 뜻. ㅇ廓然大公(곽연대공)-거침없이 널따랗게 크게 공명(公明)한 것. 정명도(程明道)의 《정성서(定性書)》에 보이는 말. ㅇ物來順應(물래순응)-사물이 닥쳐오는 대로 올바르게 순응하는 것. 역시 《정성서》에 보이는 말임. ㅇ氣(기)-사사로운 개인의 기분.

解說 《대학》에서는 사람의 감정이 격해 있을 적에는 마음의 올바름을 얻을 수가 없다고 하였다. 이것은 감정을 부정하는 듯이 보이지만 실은 순수하고 공명정대하지 못한 말이라 보는 것이다. 정말로 악한

것을 보고 자기 개인의 이해나 감정과는 상관없이 격해지는 것은 올바른 마음가짐이라 보는 것이다.

36. "선생님께서 일찍이 말씀하시기를 '불교에서는 세상의 형상(形相)에 집착하지 않고 있다지만, 사실은 형상에 집착하고 있는 것이다. 우리 유가에서는 형상에 집착하고 있다지만, 사실은 형상에 집착하고 있지 않은 것이다'고 하셨는데, 그 뜻을 여쭙고자 합니다."

선생님께서 말씀하셨다.

"불교에서는 부자관계의 번거로움이 두려워서 부자관계를 끊고 도망친다. 임금과 신하관계의 번거로움이 두려워서 임금과 신하관계를 끊고 도망친다. 부부관계의 번거로움이 두려워서 부부관계를 끊고 도망친다. 이것은 모두가 임금과 신하·부자·부부관계라는 형상에 집착되어 있기 때문에 반드시 그로부터 도피해야만 하게 되는 것이다.

우리 유가에서는 부자관계에 있어서는 거기에 어짊[仁]으로써 대처하고, 임금과 신하관계에 있어서는 거기에 의로움[義]으로써 대처하고, 부부관계에 있어서는 거기에 분별[別]로써 대처한다. 언제 부자나 임금과 신하나 부부관계의 형상에 집착된 일이 있었던가?"

原文 先生嘗言, 佛氏不著相, 其實著了相, 吾儒著相, 其實不著相.

請問, 曰, 佛怕父子累, 卻逃了父子. 怕君臣累, 卻逃了君臣. 怕夫婦累, 卻逃了夫婦. 都是爲箇君臣父子夫婦著了相, 便須逃避.

如吾儒, 有箇父子, 還他以仁. 有箇君臣, 還他以義. 有箇夫婦, 還他以別. 何曾著父子君臣夫婦的相?

註解 ㅇ不著相(불착상)-불교에서는 이 세상을 화택(火宅)이나 빌린 것으로 보고 인륜관계를 부정하여 출가(出家)를 함으로써 사람의 번뇌로부터 벗어나려 한다. 이것은 세상의 모든 '형상(形相) 또는 실상(實相)에 대하여 집착하지 않는 것'이다. ㅇ還他(환타)-그것에 대처하다.

解說 불교에서 세상을 등지는 것은 속세를 초탈하는 것같이 보이지만 실제로는 세상의 번거로움이 두려워 그 번거로운 관계에 집착되어 있기 때문이라는 것이다. 정말로 세상의 번거로운 관계에 집착되어 있지 않다면 번거로운 관계로부터 애써 도망할 것도 없이 초연한 자세로 만사에 올바로 대처하기만 하면 될 것이라는 것이다.

황직의 기록은 이 조목으로 끝난다.

37. 내〔黃修易〕가 여쭈었다.

"마음에 악한 생각이 없을 적에는 그 마음은 텅 비고 넓습니다. 그런 때에도 역시 선한 생각을 지녀야만 하는지 알지 못하겠습니다."

선생님께서 말씀하셨다.

"이미 악한 생각을 버렸다면 바로 그것은 선한 생각이 되며, 바로 마음의 본체로 되돌아간 것이다. 비유를 들면 햇빛이 구름에 가리워져 있다가 구름이 없어지면 햇빛을 이미 되찾게 된 것과 같다. 만약 악한 생각을 버리고 나서 또 선한 생각을 지녀야 한다면 그것은 곧 햇빛 속에 한 개의 등불을 더 밝히는 거와 같은 것이다."

— 이하는 문인 황수이(黃修易)가 기록한 것임.

原文 黃勉叔問, 心無惡念時, 此心空空蕩蕩的. 不知, 亦須存箇善念否.

先生曰, 旣去惡念, 便是善念, 便復心之本體矣. 譬如日光被雲來遮弊, 雲去光已復矣. 若惡念旣去, 又要存箇善念, 卽是日光之中, 添燃一燈.

一已下門人黃修易錄.

註解 ㅇ黃勉叔(황면숙)－황수이(黃修易)의 자로 왕양명의 제자. 그 밖의 그에 관한 생평은 알려지지 않는다. ㅇ蕩蕩(탕탕)－물이 질펀한 모양, 넓은 모양.

解說 마음의 본체는 선한 것임을 밝힌 것이다. 마음의 본체가 선하기 때문에 만약 사람의 마음에서 악한 생각들만 모두 제거해 버린다면 그 마음은 곧 선하게 된다는 것이다.

38. 내[黃修易]가 여쭈었다.

"근래에는 공부를 하여 망령된 생각이 별로 생기지 않는다는 것을 느끼게 되었습니다. 그러나 가슴속이 어두컴컴합니다. 어떻게 하면 그것을 광명하게 만들 수 있을는지 모르겠습니다."

선생님께서 말씀하셨다.

"처음부터 공부를 하면서 어떻게 가슴속이 광명해질 수가 있겠느냐? 비유를 들면 세차게 흐르는 흐린 물을 겨우 항아리 속에 담아놓은 거와 같은 것이다. 처음에는 그처럼 안정되기는 하였지만 여전히 혼탁할 것이다. 반드시 오랫동안 맑게 가라앉기를 기다려야만 자연히 찌꺼기가 모두 없어져 다시 맑아질 수가 있는 것이다.

너는 오직 '양지'에 대하여 공부하기만 하면 된다. '양지'를 오랫동안 보존하고 있으면 어두컴컴한 것이 자연히 광명해질 수가 있게 될 것이다. 지금 바로 효과를 따진다면 그것은 억지로 자라게 잡아끄는 것이지 공부가 되지 않는 것이다."

原文 問, 近來用功, 亦頗覺妄念不生. 但腔子裏黑窣窣的, 不知如何打得光明.

先生曰, 初下手用功, 如何腔子裏便得光明? 譬如奔流濁水, 纔貯在缸裏. 初然雖定, 也只是昏濁的. 須俟澄清旣久, 自然渣滓盡去, 復得淸來.

汝只要在良知上用功. 良知存久, 黑窣窣自能先明矣. 今便要責效, 卻是助長, 不成功夫.

註解 ㅇ腔子(강자)－가슴, 마음. ㅇ窣窣(졸졸)－캄캄한 모양. ㅇ缸(항)－항아리. ㅇ渣滓(사재)－찌꺼기. ㅇ責效(책효)－효과를 추구하는 것.

解說 마음을 밝게 만드는 것이 왕양명의 공부의 목표이다. 그러나 그것은 오랜 시일을 두고 꾸준히 공부를 계속할 때 가능한 것이지, 공부를 시작하면서 바로 그렇게 될 수는 없다는 것이다.

39. 선생님께서 말씀하셨다.

"나는 사람들에게 '양지'에 이르려면 '격물'에 대하여 공부를 해야 한다고 가르치고 있다. 이것은 근본이 있는 학문방법이어서 하루하루 발전해 나가서 오래될수록 더욱 정세하고 밝게 됨을 느끼게 될 것이다.

세상의 일반 선비들은 사물 하나하나에 대하여 이치를 추구하라고 가르치고 있다. 이것은 근본이 없는 학문방법이다. 그가 장년일 적에는 비록 한동안 외면적인 수식을 함으로써 잘못이 없을 수가 있지만, 늙으면 정력이 쇠약해져서 마침내는 넘어져 버리게 될 것이다. 예를 들면 뿌리가 없는 나무를 물가에 옮겨 심어놓은 것이나 같은 것이어서 비록 한동안은 싱싱할 수 있지만 오래 가면 마침내는 시들어 버리는 것과 같은 것이다."

原文 先生曰, 吾教人致良知, 在格物上用功, 卻是有根本的學問. 日長進一日, 愈久愈覺精明.

世儒教人. 事事物物上去尋討, 卻是無根本的學問. 方其壯時, 雖暫能外面修飾, 不見有過, 老則精神衰邁, 終須放倒. 譬如無根之樹, 移栽水邊, 雖暫時鮮好, 終久要憔悴.

註解 ㅇ衰邁(쇠매)－쇠약해지는 것. ㅇ憔悴(초췌)－시들다, 깡마르다.

解說 학문은 근본이 있어야 한다. 학문의 근본은 '격물'을 통하여 '양지'에 이르는 것이라는 것이다. 그밖의 다른 방법의 학문은 비록 한동안 정력이 있을 적에는 무난히 넘어가지만, 정력만 없어지면 맥도 못추게 된다. 그것은 학문에 근본이 없기 때문이라는 것이다.

40. 내가 《논어》의 '도에 뜻을 둔다'는 일장에 대하여 여쭈었다. 선생님께서 말씀하셨다.

"이 '도에 뜻을 둔다'는 한 구절은 곧 그 아래의 '덕을 근거로 삼고 어짊〔仁〕에 의거하고, 예(藝)에 노닌다'는 몇 구절을 포함하는 말이어서 자연히 그것만을 떼어놓을 수가 없는 것이다.

비유를 들면 집을 짓는 거와 같다. '도에 뜻을 둔다'는 것은 잘 생각하여 땅을 고르고 재료를 모으며 설계를 잘하여 한 채의 집을 이룩하는 거와 같은 것이다. '덕을 근거로 한다'는 것은 설계를 따라 집이 이룩되어 근거가 있는 것과 같은 일이다. '어짊에 의거한다'는 것은 바로 언제나 이 집안에 살면서 떠나가지 않는 것과 같은 일이다. '예에 노닌다'는 것은 바로 단청을 칠함으로써 이 집을 아름답게 꾸미는 것과 같은 일이다.

'예'란 의로움의 뜻이며, 이치에 합당한 것을 가리킨다. 시를 외우고 글을 읽고 금(琴)을 타고 활쏘기를 익히는 것 같은 일은 모두가 자기의 마음을 도야하여 그로 하여금 도에 익숙케 하려는 것이다. 진실로 도에는 뜻을 두지 않고서 '예에만 노닌다'고 한다면 마치 분별도 없는 젊은이가 먼저 집을 잘 짓지는 않고서 오직 그림을 한 폭 사다가 겉치레나 하려고 드는 거와 같은 일이다. 그것을 어디에다 걸어야 될는지 알지 못할 일이다."

原文 問志於道一章. 先生曰, 只志於道一句, 便含下面數句工夫, 自住不得.

譬如做此屋. 志於道, 是念念要去擇地鳩材, 經營成箇區宅. 據德, 卻是經畫已成, 有可據矣. 依仁, 卻是常常住在區宅內, 更不離去. 游藝, 卻是加些畫采, 美此區宅.

藝者, 義也, 理之所宜者也. 如誦詩, 讀書, 彈琴, 習射之類, 皆所以調習此心, 使之熟於道也. 苟不志於道, 而遊藝, 卻如無狀小子, 不先去置造區宅, 只管要去買畫掛, 做門面. 不知, 將掛何處.

註解 ㅇ志於道(지어도)—《논어》 술이(述而)편에 보이는 말. ㅇ自住不得(자주부득)—자기만 머물러 있지 못한다, 곧 그것만 떼어놓을 수가 없다는 뜻. ㅇ鳩材(구재)—재목을 모으는 것, 재료를 모으는 것. ㅇ經營(경영)—설계를 하고 집을 짓는 것. ㅇ藝(예)—육예(六藝), 곧 예의[禮]·음악[樂]·활쏘기[射]·수레몰기[御]·글쓰기[書]·셈하기[數]. ㅇ調習(조습)—닦고 익히는 것. ㅇ無狀(무장)—버릇없는 것, 형편없는 것. ㅇ門面(문면)—겉치레.

解說 《논어》의 이 구절은 덕과 어짊[仁]의 관계가 분명치 않아 학

자에 따라 해설이 구구하다. 왕양명이 덕이나 어짊이나 예가 모두 '도'를 위한 것이라 본 것도 그의 독특한 견해이다. 다만 이처럼 모든 것을 하나로 통일시켜 이해하려는 그의 태도는 높이 살만하다.

41. 내가 여쭈었다.

"독서를 한다는 것은 사람의 마음을 닦고 조절하기 위해서는 불가결한 일입니다. 다만 책을 읽을 때에는 얼마간의 과거에 대한 관심이 끌려나옵니다. 어떻게 하면 그러한 것을 면할 수가 있는지 모르겠습니다."

선생님께서 말씀하셨다.

"오직 '양지'에 대하여 참되고 절실하기만 하면 비록 과거를 볼 준비를 한다 하더라도 마음의 장애가 되지 않을 것이다. 비록 방해되는 일이 있다 하더라도 그것을 깨닫고 극복하기가 매우 쉬울 것이다. 또한 독서를 할 때에 '양지'가 억지로 글을 외우려는 마음이 옳지 않다는 것을 알게 되면 곧 그것을 극복하여 제거해 버려야 할 것이고, 빨리 읽으려는 마음을 가지고 있는 것이 옳지 않다는 것을 알면 곧 그것을 극복하여 제거해 버려야 할 것이고, 많이 읽은 것을 뽐내며 형식적으로 다투려는 마음을 가지고 있는 것이 옳지 않다는 것을 알면 곧 그것을 극복하여 제거해 버려야 할 것이다.

이렇게만 되면 또한 하루종일 성현들과 마음을 터놓고 대좌하는 꼴이 된다. 이것은 천리에 순수한 마음이어서 그의 멋대로 독서를 한다 하더라도 오직 그의 마음을 닦고 조절하게 될 따름일 것이다. 무슨 장애가 있게 되겠느냐?"

"비록 깨우치고 가르치심을 입었으나 자질이 용렬하고 보니 실로 장애를 면하기가 어려운 것을 어떻게 합니까? 듣건대 궁해지고 출세하고 하는 것은 운명이라 합니다. 뛰어난 지혜를 지닌 사람들이야 아마도 그런 것이 관계가 없겠지만 못난 저는 명성과 이익에 끌리고 얽매여 자진해서 그런 짓을 함으로써 공연히 스스로를 괴롭히게 될 따름인 것 같습니다. 과거 보는 일을 포기하고도 싶지만 부모님 뜻을 어길 수 없어서 포기해 버리지도 못하고 있습니다. 어떻게 하면 좋겠습니까?"

선생님께서 말씀하셨다.

"과거보는 것을 부모의 핑계로 돌리는 사람들이 많더구나. 그것은 사실은 자기 의지가 없기 때문이다. 뜻이 서있기만 하다면 '양지'는 천 가지 일, 만 가지 행동에 대하여 오직 한 가지 일처럼 원칙에 변함이 없게 할 것인데 책을 읽고 글을 짓는 일이 어찌 사람을 방해할 수가 있겠는가? 사람들 자신이 이득과 손실 때문에 스스로 장애를 받게 만드는 것이다."

그리고 탄식하시면서 다시 말씀하셨다.

"'양지'를 밝히는 학문에 밝지 않기 때문이야. 이 때문에 얼마나 많은 영웅다운 사람들이 그릇되게 되었는지 모른다."

原文 問, 讀書所以調攝此心, 不可缺的. 但讀之之時, 一種科目意思, 牽引而來. 不知何以免此.

先生曰, 只要良知眞切, 雖做擧業, 不爲心累. 縱有累, 亦易覺克之而已. 且如讀書時, 良知知得, 强記之心不是, 卽克去之. 有欲速之心不是, 卽克去之, 有誇多鬪靡之心不是, 卽克去之.

如此, 亦只是終日與聖賢印對. 是箇純乎天理之心, 任他讀書, 亦只是調攝此心而已. 何累之有?

曰, 雖蒙開示, 奈資質庸下, 實難免累? 竊聞, 窮通有命. 上智之人, 恐不屑此, 不肖爲聲利牽纏, 甘心爲此, 徒自苦耳. 欲屛棄之, 又制於親, 不能舍去.

先生曰, 此事歸辭於親者, 多矣. 其實只是無志. 志立得時, 良知, 千事萬爲, 只是一事, 讀書作文, 安能累人? 人自累於得夫耳.

因嘆曰, 此學不明. 不知, 此處耽閣了幾多英雄漢.

註解 ㅇ調攝(조섭)-조절하고 닦는 것. ㅇ科目(과목)-과거(科擧). ㅇ擧業(거업)-과거를 보기 위하여 하는 공부. ㅇ强記(강기)-억지로 많이 외는 것. ㅇ印對(인대)-마음을 서로 터놓고 대좌(對坐)하는 것. ㅇ庸下(용하)-용렬한 것, 질이 낮은 것. ㅇ不屑(불설)-관심을 두지 않다, 무시하다. ㅇ牽纏(견전)-끌리고 얽매이고 하는 것. ㅇ甘心(감심)-달가운 마음으로 하는 것, 자진해서 하는 것. ㅇ耽閣(탐각)-헛되이 하다. 그르쳐 버리다.

解說 책을 읽는 데 있어서도 '양지'에 이르게 해야 한다. 세상 사람들은 과거를 위하여 책을 읽는 이가 많아서 그것은 마음의 수양에 해가 될 뿐이다. 그러나 일단 '양지'를 지니고만 있으면 과거 보는 게 목표이든 출세를 하는 게 목표이든 올바르게 책을 읽을 수 있게 된다는 것이다. '양지'란 무슨 일을 하거나 사람의 중심을 올바로 잡아주는 역할을 한다.

42. 내가 여쭈었다.

"타고난 그대로를 본성이라 한다고 한 고자(告子)의 설도 옳은 것 같은데 맹자는 어째서 그를 부정했습니까?"

선생님께서 말씀하셨다.

"본시 그것이 본성임엔 틀림없지. 다만 고자는 그 한편만을 알고 요점을 알지 못하였던 것이다. 만약 그 요점을 안다면 그렇게 말하더라도 괜찮은 것이다. 맹자도 말씀하시기를 '사람의 형체와 색깔도 천성(天性)이다'고 하셨는데, 이것은 또한 사람의 기질을 두고 말한 것이기도 하다.”

또 말씀하셨다.

“보통사람들은 입이 놀려지는 대로 말하고 멋대로 행동하면서 모두들 말하기를 이것은 나의 마음의 본성에서 나오는 것이라 하고, 이것이 바로 이른바 ‘타고난 그대로를 본성이라 한다’는 그것이라고 하는데, 이것은 잘못인 것이다. 만약 그 요점을 안다면 그의 ‘양지’에 의하여 말이 되어 나오고 거기에 따라 행동하게 될 것이니 곧 자연히 합당하게 되는 것이다. 그러나 ‘양지’도 바로 이 입으로 말하고 이 몸으로 행하는 것이다. 어찌 자기의 기질을 외면하고서 달리 행동하고 말할 수가 있겠느냐?

그러므로 정명도(程明道)는 ‘본성을 논함에 있어서 기질을 논하지 않는다면 완비된 게 못되고, 기질을 논하면서 본성을 논하지 않는다면 분명해지지 않는다’고 말했던 것이다. 기질도 역시 본성이며, 본성 또한 기질인 것이다. 다만 요점을 반드시 알아야만 합당하게 되는 것이다.”

原文 問, 生之謂性, 告子亦說得是. 孟子如何非之?

先生曰, 固是性. 但告子認得一邊去了, 不曉得頭腦. 若曉得頭腦, 如此說亦是. 孟子亦曰, 形色, 天性也. 這也是指氣說.

又曰, 凡人, 信口說, 任意行, 皆說此是依我心性出來, 此是所謂生之謂性, 此卻要有過差. 若曉得頭腦, 依吾良知上說出來, 行將去, 便自是停當. 然良知亦只是這口說, 這身行. 豈能外得氣, 別有箇去行去說?

故曰, 論性, 不論氣不備, 論氣, 不論性不明. 氣亦性也, 性亦氣也. 但須認得頭腦是當.

註解 ㅇ生之謂性(생지위성)—《맹자》 고자(告子) 상편에 보이는 고자의

본성에 대한 이론. 본성을 정신적인 면에서보다도 육체적인 면에서 파악하고 있다. ㅇ形色天性(형색천성)－《맹자》 진심(盡心) 상편에 보이는 말. 사람의 '형체와 색깔도 천성이라'는 뜻으로 맹자도 역시 본성을 육체적인 면에서도 보고 있다. ㅇ停當(정당)－합당함, 적당함. ㅇ故曰(고왈)－이하는 정명도(程明道)의 말. '기역성(氣亦性)……'도 역시 그의 말을 인용한 것이다.

解說 주자는 본성과 본연의 기질을 나누어 다른 것으로 보았으나, 왕양명은 정명도(程明道)의 설을 따라 이들을 하나로 본 것이다. 그래서 고자의 말은 틀린 게 아니라 신체적인 일면에만 치우친 불완전한 생각이라 본 것이다. 주자의 본성에 대한 학설이 관념적이고 분석적인 데 비하여 왕양명의 학설은 상식적이고 통일적인 특징이 있다.

43. 선생님께서 또 말씀하셨다.

"제군들은 공부를 함에 있어서 무엇보다도 억지로 속히 발전시키려 들지 말아야 한다. 뛰어난 지혜를 지닌 사람은 극히 적으므로, 학문하는 사람은 성인의 논리로 단번에 뛰어들지 말아야 한다. 한 번 일어났다가는 한 번은 수그러지고 한 번은 전진했다가 한 번은 후퇴하는 것이 자연스러운 공부의 절차이다. 자기가 전날 공부를 하기는 하였으나 지금 와서 효과가 없는데도 거짓으로 둘러대어 실패가 없었던 것 같은 모양을 지어서는 안되는 것이다. 이것이 바로 억지로 속히 발전시키려는 것이어서, 전날의 약간의 공부까지도 모두 망치게 되는 것이다. 이것은 작은 과오가 아닌 것이다.

길을 가는 사람으로 비유를 들 것 같으면 한 번 넘어졌다가는 일어나 걷고 있는 사람과 같다. 남을 속이어 넘어진 일이 없었던 것 같은 모양을 지어낼 필요가 없는 것이다.

제군들은 오직 '세상을 버려도 번민이 없고, 남들이 옳게 보아주지 않아도 번민이 없는 마음'을 언제나 품고 있어야만 한다. 이러한 '양지'에 의거하고서 참고 일하기만 하면서 남들이 비난하고 비웃어도 상관하지 않고 남들이 공격하더라도 상관하지 않고, 남들이 칭찬하건 욕하건 상관하지 않아야 한다. 공부야 진보하였건 후퇴하였건 버려두고 자기는 오직 이 '양지'에 이르게 하려는 몸의 주재자인 마음을 잃지 않으면 세월이 흘러가면 자연히 능력이 발휘될 때가 있을 것이다. 그리고 일체의 밝은 일에 대해서도 자연히 움직이지 않을 수 있게 될 것이다."

또 말씀하셨다.

"사람이 만약 착실히 공부하기만 한다면 남들이 공격하건 말건 남들에게 속건 말건 언제나 모두가 유익한 일이 될 것이며, 모든 것이 덕으로 발전하는 바탕이 될 것이다. 만약에 공부를 하지 않는다면 그것이 모두 마귀가 되어 마침내는 그것들에게 압도당하고 말 것이다."

原文 又曰, 諸君功夫, 最不可助長. 上智絶少, 學者無超人聖人之理. 一起一伏, 一進一退, 自是功夫節次. 不可以我前日用得功夫了, 今卻不濟, 便要矯强, 做出一箇沒破綻的模樣. 這便是助長, 連前些子功夫, 都壞了. 此非小過.

譬如行路的人, 遭一蹶跌, 起來便走. 不要欺人做那不曾跌倒的樣子出來.

諸君只要常常懷箇遁世無悶, 不見是而無悶之心. 依此良知, 忍耐做去, 不管人非笑, 不管人毁謗, 不管人榮辱. 任他功夫有進有退, 我只是這致良知的主宰不息, 久久自然有得力處. 一切外事, 亦自能不動.

又曰, 人若著實用功, 隨人毁謗, 隨人欺慢, 處處得益, 處處是進德之資. 若不用功, 只是魔, 也終被累倒.

註解 ㅇ上智(상지)－뛰어난 지혜를 지닌 사람. 《논어》 양화(陽貨)편에 '오직 상지(上智)와 하우(下愚)는 옮겨지지 않는다' 하였다. ㅇ不濟(부제)－아무런 성과도 없는 것, 잘 안된 것. ㅇ矯强(교강)－사실을 속이며 억지로 하는 것. ㅇ蹶跌(궐질)－넘어지다, 자빠지다. ㅇ跌倒(질도)－넘어지다. ㅇ遁世無悶(둔세무민)－다음 구절과 함께 《역경》 건괘(乾卦) 문언전(文言傳)에 보이는 말. ㅇ主宰(주재)－마음을 가리킨다. ㅇ魔(마)－마귀, 악마.

解說 공부는 서두르지 말고 한 가지 한 가지씩 착실히 해나가야 한다는 것이다. 이러한 얘기는 앞에서도 여러번 나왔다. 설사 자기가 공부한 결과가 없는 듯하더라도 남에게 그것을 속이려들지 말고 꾸준히 노력해야만 한다. 공부의 성과란 본시가 일진일퇴하는 듯이 보이는 것이기 때문이라는 것이다.

44. 선생님께서 하루는 우혈(禹穴)로 놀러나가셨다. 밭 사이의 벼를 돌아다보시면서 말씀하셨다.

"어느 사이에 또 이처럼 자란 것일까?"

범조기(范兆期)가 곁에 있다가 말했다.

"그것은 오직 뿌리가 있기 때문일 것입니다. 학문도 스스로 뿌리를 박을 수만 있다면 역시 자라지 않을까 걱정할 필요가 없겠지요?"

선생님께서 말씀하셨다.

"사람이라면 그 누구인들 뿌리가 없겠느냐? '양지'는 바로 하늘이 심어준 영묘한 뿌리여서 스스로 쉬지 않고 생장하고 있는 것이다. 다만 사사로운 장애가 붙어서 이 뿌리를 해치고 가리고 막음으로써 성장할 수가 없게 되는 것이다."

原文 **先生一日出遊禹穴. 顧田間禾曰, 能幾何時, 又如此長了?**

范兆期在傍曰, 此只是有根. 學問能自植根, 亦不患無長.

先生曰, 人孰無根? 良知卽是天植靈根, 自生生不息. 但著了私累, 把此根戕賊蔽塞, 不得發生耳.

註解 ㅇ禹穴(우혈)－회계산(會稽山)에 있는 땅이름. 옛날 이곳에 우(禹)임금이 묻혔다는 깊은 동굴이 있다 한다. ㅇ禾(화)－벼, 곡식. ㅇ范兆期(범조기)－왕양명의 제자, 그밖의 사적은 알 수 없다. ㅇ戕賊(장적)－해치다. ㅇ發生(발생)－여기서는 성장의 뜻.

解說 이곳에서는 제자인 범조기의 말이 경박하여 그를 훈계하는 뜻으로 이런 말을 하였을 것이다. 학문에 뿌리가 있어야 한다는 말은 왕양명 자신도 한 말이기 때문이다.

45. 한 친구가 언제나 성을 내면서 남을 책하기를 잘하였다. 선생님께서 그에게 훈계하여 말씀하셨다.

"학문이란 반드시 자기를 반성해야만 한다. 만약 공연히 남만을 책하다 보면 오직 남의 옳지 않은 것만을 보게 되고 자기 잘못은 보지 못하게 될 것이다. 만약 자기를 반성할 줄 안다면 비로소 자기 자신의 여러 가지 미진한 곳들을 발견하게 될 것이다. 어찌 남을 책할 겨를이 있겠느냐?

옛날 순(舜)임금이 이복동생 상(象)의 오만함을 교화시킬 수 있었던 것도 그 관건은 바로 상의 옳지 않은 점을 보지 않은 데 있었다. 만약 순임금이 오직 그의 간악함을 바로잡아 주려고만 하였더라면 곧 상의 옳지 못한 일들을 보게 되었을 것이다. 상은 오만한 사람이어서 반드시 남에게 머리 숙이려들지 않았을 것이니 어떻게 그를 감화시킬 수가 있었겠느냐?"

이 친구는 선생님 말씀에 감동하여 뉘우쳤다. 선생님께서 다시 말씀하셨다.

"너는 지금부터는 절대로 남의 옳고 그름을 논해서는 안된다. 남을 꼭 책해야만 할 적에는 곧 그것을 한가지 큰 자기와 사사로운 욕망으로 여기고서는 그것을 극복해 나가야만 될 것이다."

原文 一友常易動氣責人. 先生警之曰, 學須反己. 若徒責人, 只見得人不是, 不見自己非. 若能反己, 方見自己有許多未盡處. 奚暇責人?

舜能化得象的傲, 其機括只是不見象的不是. 若舜只要正他的姦惡, 就見得象的不是矣. 象是傲人, 必不肯相下, 如何感化得他?

是友感悔. 曰, 你今後只不要去論人之是非. 凡當責辯人時, 就把一件大己私, 克去方可.

註解 ㅇ動氣(동기)－성을 내다, 신경질을 부리다. ㅇ象(상)－순임금의 이복동생. 상은 자기 친어머니와 짜고 여러번 순을 해치려 하였으나, 결국은 순의 어짊에 감화되어 착한 사람이 되었다 한다(《孟子》 萬章 上篇). ㅇ機括(기괄)－장치, 관건. ㅇ己私(기사)－자기의 사사로운 욕망.

解說 남을 책하지 말고 자기를 반성하는 데 힘쓰라는 교훈이다.

46. 선생님께서 말씀하셨다.

"친구들과 토론을 할 적에는 비록 친근한 내용이거나 조잡한 이론이거나 또는 재능을 과시하며 자기를 드러내려는 짓들은 모두가 병폐를 발생케 하는 원인이 된다. 그러므로 그 병폐에 따른 처방을 내리려 하는 것은 괜찮지만 상대방을 낮잡아보는 마음을 가져서는 안되는 것이다. 그것은 '군자는 사람들과 더불어 선을 행한다'는 마음이 되지 못하는 것이다."

原文 **先生曰, 凡朋友問難, 縱有淺近粗疏, 或露才楊己, 皆是病發. 當因其病而藥之可也. 不可便懷鄙薄之心. 非君子與人爲善之心矣.**

註解 ㅇ問難(문난)-토론하는 것. ㅇ露才(노재)-자기 재능을 드러내려 애쓰는 것. ㅇ鄙薄(비박)-낮잡아보다, 형편없게 여기다.

解說 친구들과 토론할 때에 주의해야 할 일들에 관해 훈계한 말이다.

47. 내가 여쭈었다.

"《역경》에 대하여 주자는 점치는 것을 위주로 하고, 정자(程子)의 전(傳)에서는 이치의 해설을 위주로 한 것으로 풀이하는데 어떻습니까?"

선생님께서 말씀하셨다.

"점치는 것이 바로 이치이며, 이치 또한 점치는 것이다. 천하의 이치에 있어서 점치는 것보다도 더 큰 것이 어디에 또 있겠느냐?

오직 후세에 와서는 점치는 것을 오로지 점괘에 관한 것으로만 보았기 때문에 점치는 일은 작은 재주같이 보이는 것이다. 그것은 지금의 스승과 제자들의 문답이나 널리 배우고, 자세히 연구하고, 신중히 생각하고, 분명히 분별하고, 독실히 행하는 것 같은 일이 모두가 점치는 것이라는 것을 알지 못하기 때문이다.

점을 친다는 것은 오직 의심스러운 것을 결단하고 나의 마음을 신령스럽게 밝히기를 바라는 것일 따름인 것이다. 《역》이란 하늘에게 묻는 것이다. 사람에게 의심이 있으면 자신을 가질 수가 없게 된다. 그러므로 그것을 《역》으로서 하늘에게 묻는 것이다. 사람의 마음이란 어떻든 개인적인 관계가 없을 수가 없으나 하늘만은 거짓이 용납되지 않는다고 믿는 것이다."

原文 問, 易, 朱子主卜筮, 程傳主理, 如何?

先生曰, 卜筮是理, 理亦是卜筮. 天下之理, 孰有大於卜筮者乎?

只爲後世將卜筮專主在占卦上看了, 所以看得卜筮似小藝, 不知今之師友問答, 博學, 審問, 愼思, 明辨, 篤行之類, 皆是卜筮.

卜筮者, 不過求決狐疑, 神明吾心而已. 易是問諸天. 人有疑, 自信不及, 故以易問天. 謂人心尙有所涉, 惟天不容僞耳.

註解 ㅇ卜筮(복서)-복(卜)은 거북 껍질을 불로 지져 그 균열에 의하여 길흉을 점치는 것, 서(筮)는 시초(蓍草)로 만든 점가치를 빼어 괘(卦)를 만들어 《역경》으로 점을 치는 것. ㅇ博學(박학)-이 말 이하의 구절들은 모두 《중용》에서 나온 말임. ㅇ狐疑(호의)-여우처럼 의심하다. 의심하여 결단을 내리지 못하는 것. ㅇ所涉(소섭)-개인적인 일에 관계되는 데가 있는 것.

解說 주자의 학설은 《주역본의(周易本義)》, 정자의 학설은 《역전(易傳)》에 의거한 것이다. 《역경》을 순전한 점책으로 보느냐 그렇지 않으면 철리를 해설한 책으로 보느냐 하는 문제는 지금까지도 역학자들 사이에 기본적인 논의의 대상이 되고 있다.

왕양명이 점을 치는 것과 이치를 해설한 것을 같은 것으로 본 것은 점을 친다는 행위를 도리를 묻는 것으로 이해했기 때문이다. 점을 친다는 것에 미신적인 동기를 인정한다면 왕양명의 설은 성립될 수가 없는 것이다. 왜냐하면 《역경》의 쓰인 글이나 점을 치는 방법이 모두 하늘의 뜻에 들어맞는다고까지 설명할 길은 없기 때문이다.

황수이의 기록은 여기에서 끝난다.

48. 내[黃省曾]가 여쭈었다.

"《논어》에 '군자는 덮어놓고 괜찮다고 하는 것도 없고 덮어놓고 안된다고 하는 것도 없으며 오직 의로움만을 따른다'고 하였는데 모든 일에 있어서 그렇게 해야 한다는 것입니까?"

선생님께서 말씀하셨다.

"원래 일마다 그렇게 해야만 한다. 그러나 반드시 요점을 알아야만 되는 것이다. 의로움이란 바로 '양지'인 것이다. '양지'가 요점이라는 것을 알기만 하면 비로소 집착하는 데가 없게 될 것이다.

예를 들면 남이 보내주는 선물이라 하더라도 오늘은 받아도 괜찮은 게 있고 뒷날에 받아서는 안되는 게 있다. 또 오늘은 받아서는 안되지만 뒷날은 받아도 괜찮은 게 있다. 네가 만약 오늘 받아도 괜찮다는 사실에만 집착하게 된다면 곧 언제나 받게 될 것이며, 오늘 받아서는 안된다는 사실에 집착되게 된다면 곧 언제나 받지 않게 될 것이다. 그러면 '덮어놓고 괜찮다고 하고 덮어놓고 안된다고 하는 것'이 되며, 그것은 '양지'의 본체가 못되는 것이다. 어떻게 그것을 의로움이라 부를 수가 있겠느냐?"

— 이하는 문인 황성증이 기록한 것임.

原文 黃勉之問, 無適也, 無莫也, 義之與比. 事事要如此否? 先生曰, 固是事事要如此. 須是識得箇頭腦乃可. 義, 卽是良知. 曉得良知是箇頭腦, 方無執着.

且如受人餽送, 也有今日當受的, 他日不當受的. 也有今日不當受的, 他日當受的. 你若執著了今日當受的, 便一切受去, 執著了今日不當受的, 便一切不受去. 便是適莫, 便不是良知的本體. 如何喚得做義?

—已下門人黃省曾錄.

註解 ㅇ黃勉之(황면지)—본명은 성증(省曾), 면지는 그의 자이며 왕양명의 제자. 그밖의 사적은 알려지는 게 없다. ㅇ無適(무적)—이 대목은 《논어》 이인(里仁)편에 보이는 말. 적(適)과 막(莫)에 대한 설명은 학자들에 따라 약간의 차이가 있다. ㅇ餽送(궤송)—먹을 것을 보내오는 것, 선물을 보내는 것.

解說 군자가 자기 개인의 판단으로 '덮어놓고 괜찮다고 하는 게 있어도 안되고 덮어놓고 안된다고 하는 게 있어도 안된다'는 것은 더 설명할 필요가 없겠다. 다만 《논어》에서는 그 기준을 '의로움'이라고 했는데 왕양명은 자기의 일관된 학설에 의하여 '의로움'이란 바로 '양지'라고 설명한 게 다를 뿐이다.

49. 내[黃省曾]가 여쭈었다.

"《논어》에서 《시경》을 평하여 '생각에 사악함이 없다'고 한마디로 말했는데 어떻게 《시경》의 3백여 편의 시의 뜻을 다했다고 볼 수가 있습니까?"

선생님께서 말씀하셨다.

"어찌 《시경》 3백여 편뿐이겠느냐? 여섯 가지 경서를 오직 이 한마디로 평해도 다 포괄시켜 뜻을 꿰뚫을 수 있을 것이다. 심지어는 고금의 천하의 성현들의 얘기를 통틀어서도 '생각에 사악함이 없다'

는 한마디로 포괄시켜 뜻을 꿰뚫을 수 있을 것이다. 이밖에 또 무엇이라 말하겠는가? 이것이야말로 하나를 알면 백을 알게 되는 공부인 것이다."

原文 **問, 思無邪一言, 如何便蓋得三百篇之義?**

先生曰, 豈特三百篇? 六經只此一言, 便可該貫. 以至窮古今天下聖賢的話, 思無邪一言, 也可該貫. 此外更有何說? 此是一了百當的功夫.

註解 ㅇ思無邪(사무사)－《논어》 위정(爲政)편에서 공자가 '시경의 시 3백편을 한마디로 표현하면 생각에 사악함이 없다' 하였다. 이 '사무사'는 《시경》 노송(魯頌) 경(駉) 시에 보이는 말임. ㅇ三百篇(삼백편)－《시경》에는 모두 305편의 시가 들어 있어 그 개수인 '3백편' 또는 '시삼백(詩三百)'이란 말로 《시경》을 대신하기도 하였다. ㅇ六經(육경)－시(詩)·서(書)·예(藝)·악(樂)·역(易)·춘추(春秋)의 여섯 가지 경서. ㅇ該貫(해관)－다 포괄하고 관통하다. ㅇ一了百當(일료백당)－하나를 알면 다른 백 가지 일도 알게 된다는 뜻.

解說 '생각에 사악함이 없다'는 것은 순수하고도 깨끗한 마음을 뜻한 것이다. 《시경》에는 연애시도 있으므로 공자는 그런 것조차도 순수한 인간의 서정이라 본 것인지도 모른다. 그러나 왕양명은 연애시 같은 음란한 시는 공자가 편찬한 게 아니라 후세 사람들이 보태서 넣은 것이라 보기 때문에 이런 해설이 가능하다. 그러나 왕양명의 견해가 꼭 옳다고만 할 수는 없을 것이다.

50. 《서경》의 도심(道心)과 인심(人心)에 관해서 여쭙자 선생님께서 말씀하셨다.

"《중용》에 '본성을 따르는 것을 도라고 한다' 하였으니 바로 그것이 도심인 것이다. 그러나 약간이라도 개인의 뜻이 존재하기만 하면 곧 그것은 인심이다. 도심이란 본시가 소리도 없고 냄새도 없는 것이어서 '미묘하다[微]'고 하는 것이다. 인심을 따라서 행동한다면 곧 여러 가지 타당치 않은 일이 생기게 될 것이므로 '위태롭다[危]'고 하는 것이다."

原文 **問道心人心, 先生曰, 率性之謂道, 便是道心. 但著些人的思在, 便是人心. 道心本是無聲無臭, 故曰微. 依著人心行去, 便有許多不安隱處, 故曰危.**

註解 ○道心人心(도심인심)－《서경》 대우모(大禹謨)편에 '인심은 위태롭기만 하고 도심은 미묘하기만 한 것이다'고 한 말을 가리킨다. ○無聲無臭(무성무취)－소리도 없고 냄새도 없다. 본시는 《시경》 대아(大雅)의 문왕(文王)편에 '하느님의 일은 소리도 없고 냄새도 없다'고 한 말에서 나왔는데 송대의 학자들은 흔히 도의 미묘한 작용을 형용하는 데 썼다. ○微(미)－미묘하다, '미약' 또는 '미세'의 뜻으로도 풀이한다.

解說 《서경》 대우모편은 위고문(僞古文)에 속하는 것이지만 송대 학자들이 여기에 나오는 '도심'과 '인심'을 바로 '천리'와 '인욕'을 나타내는 말로 해석하였다. 왕양명도 그것을 따라 '도심'이란 '양지'를 뜻하는 것으로 본 것이다.

51. "《논어》에 '중급 이하의 사람들에게는 상급의 얘기를 해서는 안된다'고 하였습니다. 어리석은 사람들에게는 상급의 얘기를 해주어도 그대로 진보하지 않는다는 것인데 그렇다고 그들에게 얘기를 해주지 않아도 되겠습니까?"

선생님께서 말씀하셨다.

"성인들이 전혀 그들에게 얘기를 해주지 않는다는 것이 아니다. 성인의 마음은 사람들 모두가 성인이 되지 못함을 걱정할 것이다. 다만 사람들의 자질이 같지 않기 때문에 가르침을 베푸는 데 있어서 그의 등급을 뛰어넘어서는 안된다는 것이다. 중급 이하의 사람들에게 바로 본성을 얘기하고 천명을 얘기해 보았자, 그들은 알 수 없을 것이다. 반드시 천천히 그들을 연마시켜 나가야만 할 것이다."

原文 問, 中人以下不可以語上, 愚的人與之語上, 尚且不進, 況不與之可乎?

先生曰, 不是聖人終不與語. 聖人的心, 憂不得人人都做聖人. 只是人的資質不同, 施教不可躐等. 中人以下的人, 便與他說性說命, 他也不省得也. 須謾謾琢磨他起來.

註解 ㅇ中人以下(중인이하)－이 구절은 《논어》 옹야(雍也)편에 보인다. ㅇ躐等(엽등)－등급을 뛰어넘는 것. ㅇ謾謾(만만)－천천히, 차근차근.

解說 '중급 이하의 사람에게는 상급의 얘기를 해서는 안된다'는 《논어》의 구절에 대한 해석이다. 그것은 어리석은 사람에 대한 교육을 포기하라는 말이 아니라 배우는 사람의 정도에 맞추어 차근차근 가르쳐서 상급의 사람으로 만들어 주어야 한다는 뜻이라는 것이다.

52. 한 친구가 여쭈었다.

"책을 읽어도 기억을 하지 못하는데 어째서입니까?"

선생님께서 말씀하셨다.

"오직 이해하기만 하면 되는 건데 어찌하여 기억을 하려고 하는가?

이해한다는 것 자체로 이미 근본적인 공부에서 제이의(第二義)로 떨어지는 것이다. 오직 자기 자신의 본체를 밝혀야만 하는 것이다. 만약 공연히 기억만 하려든다면 곧 이해하지 못하게 될 것이다. 만약 공연히 이해하려고 들기만 한다면 곧 자기 자신의 본체를 밝힐 수가 없게 될 것이다."

原文 一友問, 讀書不記得, 如何?

先生曰, 只要曉得, 如何要記得? 要曉得, 已是落第二義了. 只要明得自家本體. 若徒要記得, 便不曉得. 若徒要曉得, 便明不得自家的本體.

註解 ㅇ曉得(효득)-이해하다, 알다. ㅇ第二義(제이의)-공부의 목적에서 벗어난 2차적인 뜻을 지닌 것.

解說 공부란 무엇보다도 자기의 본체인 '양지'를 밝히는 데 그 목적이 있다. 따라서 글을 이해하는 것은 2차적인 뜻을 지닌 것이고 글을 외우는 것은 3차적인 뜻을 지닌 것이다. 이른바 '박문강기(博聞强記)'를 중히 여기던 중국의 전통적인 공부방법과는 본질적으로 크게 다른 것이다.

53. 내가 여쭈었다.

"《논어》에서 '공자께서 냇물가에 계시다가 말씀하시기를 지나가는 것은 이와 같이 밤낮으로 멈춤이 없다고 하셨다'는 말씀은 자기 자신의 마음과 본성이 활발히 움직임을 두고 하신 말씀이 아닙니까?"

선생님께서 말씀하셨다.

"그렇다. 반드시 때때로 '양지'를 이르게 하는 공부를 해야만 비로소 활발히 움직이게 되는 것이다. 그러면 바로 그 냇물의 흐름과 같이 되는 것이다. 만약 잠시라도 중단하기만 하면 곧 하늘과 땅과는 비슷하지 않게 되는 것이다. 이것은 학문이 극치에 이른 경지이며, 성인이란 이러할 따름인 것이다."

原文 問, 逝者如斯, 是說自家心性活潑潑地否?

先生曰, 然. 須要時時用致良知的功夫, 方才活潑潑地. 方才與他川水一般. 若須臾間斷, 便與天地不相似. 此是與問極至處, 聖人也只如此.

註解 ㅇ逝者如斯(서자여사)－《논어》 자한(子罕)편에 보이는 말. ㅇ活潑潑地(활발발지)－활발히 움직이는 것. ㅇ極至處(극지처)－극치에 이른 경지.

解說 《논어》의 이 구절은 여러 가지로 해석될 수 있다. 세월은 물처럼 쉬지 않고 흐르는데 사람의 생명은 일정하다는 한탄으로도 볼 수 있고 좀더 적극적으로 세월은 물처럼 흐르는 것이니 학문하는 사람은 쉬지 않고 노력해야 한다는 교훈으로 받아들일 수도 있다. 그러나 송대 학자들은 '지나가는 것' 자체를 '도체(道體)'를 가리키는 것으로 보았고, 왕양명은 그것은 사람의 '마음과 본성'이라 본 것이다. '마음과 본성'이 쉬지 않고 활동하며 '양지'를 이르게 하는 것이 성인의 학문임을 뜻한 말이라는 것이다. 공자의 본뜻이 그러하였는지는 알 길이 없으나 오히려 앞에 든 것 같은 상식적인 해석이 더 옳을는지도 모를 일이다.

54. 《논어》의 '뜻있는 선비와 어진 사람은 삶을 구하려고 어짊〔仁〕을 해치는 일이 없으며, 자신을 죽여서라도 어짊을 이룩하는 것이다'고 한 말에 대해서 여쭈었다.

선생님께서 말씀하셨다.

"오직 세상 사람들이 살아 있는 몸과 생명을 너무나 중히 여기어 마땅히 죽어야 하는가 죽어서는 안되는가를 가리지 않기 때문이다. 그들은 꼭 어떻게 무슨 수를 써서라도 생명을 보전하려들기 때문에 천리를 내버리게 되는 것이고 마음을 억누르고 이치를 해치는 등 무슨 일이나 하지 않는 게 없게 된다. 만약 천리를 어긴다면 곧 그는 새와 짐승이나 다름없게 되는 것이다. 그가 세상에 천 백년을 구차히 산다 하더라도 다만 천 백년의 새나 짐승 노릇을 한 데 불과하게 되는 것이다. 학문하는 사람들은 이 점에 대하여 분명히 알아야만 할 것이다. 비간(比干)과 용봉(龍逢) 같은 분들은 오직 그것을 분명히 알았었기 때문에 그의 어짊을 성취시킬 수가 있었던 것이다."

原文 問志士仁人章, 先生曰, 只爲世上人, 都把生身命子看得來太重, 不問當死不當死. 定要宛轉委曲保全, 以此把天理卻丟去了, 忍心害理, 何者不爲? 若違了天理, 便與禽獸無異. 便偸生在世上千百年, 也不過做了千百年的禽獸. 學者要於此等處看得明白. 比干龍逢, 只爲他看得分明, 所以能成就得他的仁.

註解 ○志士仁人(지사인인)-《논어》 위령공(衛靈公)편에 보이는 말. ○宛轉委曲(완전위곡)-주위 사정에 알맞게 자기를 굽히어 영합(迎合)하는 것. '완전'은 교묘하게 적응하는 것, '위곡'은 빈틈없이 비위를 맞추는 것. ○忍心(인심)-자기의 양심을 참고 억누르는 것. ○偸生(투생)-구차하게 살아가는 것. ○比干(비간)-폭군인 은(殷)나라 주(紂)왕을 간하다가 죽음을 당한 충신. ○龍逢(용봉)-하(夏)나라 걸(桀)왕의 폭정을 간하다가 죽음을 당한 충신.

解說 여기서는 《논어》의 '살신성인(殺身成仁)'을 설명하고 있다. 사

람이 의롭게 살지 못하면 새나 짐승이나 다름없는 뜻없는 삶이 된다. 바르게 삶으로써 '어짊'을 이룩하는 데 인생의 의의가 있음을 강조한 것이 공자님 말씀이라는 것이다.

55. 내가 여쭈었다.

"숙손무숙(叔孫武叔)이 공자님을 비난한 얘기가《논어》에 보이는데 위대한 성인께서 어찌하여 비난을 면할 수가 없었습니까?"

선생님께서 말씀하셨다.

"비난이란 밖으로부터 오는 것이다. 비록 성인이라 하더라도 어떻게 그것을 면할 수가 있겠느냐? 사람에게는 오직 스스로를 닦는 일이 소중한 것이다. 만약 자기가 진실한 성현이라면 비록 사람들 모두가 그를 비난한다 하더라도 역시 그를 나쁘게 욕할 수는 없는 것이다. 그것은 마치 뜬구름이 해를 가리고 있는 것과 같으니 어떻게 그것이 해의 광명함을 손상시킬 수가 있겠느냐?

만약 자기 자신이 겉으로만 공손하거나 얼굴빛만으로 장중하게 행동하지만 속마음은 견실하지도 않고 훌륭하지도 않은 사람이라면 비록 한 사람도 그에 대하여 욕하지는 않는다 하더라도, 그의 간악함은 끝내는 반드시 어느 날이건 드러나고 말 것이다. 그래서 맹자께서도 '완전함을 추구하는데도 비난을 당하기도 하고 생각지도 않은 칭찬을 받는 경우도 있다'고 말씀하셨던 것이다. 비난이나 칭찬은 외부에 있는 것인데 어떻게 그것을 피할 수가 있겠느냐? 오직 자기 자신을 어떻게 닦느냐가 문제인 것이다."

原文 問, 叔孫武叔毁仲尼, 大聖人如何猶不免於毁謗?

先生曰, 毁謗自外來的. 雖聖人, 如何免得? 人只貴於自修. 若自己實實落落是箇聖賢, 縱然人都毁他, 也說他不著. 卻若浮雲揜日, 如何損得日的光明?

若自己是箇象恭色莊, 不堅不介的, 縱然沒一箇人說他, 他的惡慝, 終須一日發露. 所以孟子說有求全之毀, 有不虞之譽. 毁譽在外的, 安能避得? 只要自修如何爾.

註解 ㅇ叔孫武叔(숙손무숙)-노(魯)나라 대부로서 이름은 주구(州仇). 그가 공자를 비난했다는 얘기는《논어》자장(子張)편에 보인다. ㅇ毁謗(훼방)-비난하고 욕하는 것. ㅇ實實落落(실실낙락)-진실한, 틀림없는. ㅇ揜(암)-가리다. ㅇ象恭(상공)-《서경》요전(堯典)에 보이는 말. 마음에도 없이 겉으로만 공손한 체하는 것. ㅇ色莊(색장)-《논어》선진(先進)편에 보이는 말. 얼굴빛만을 장중한 듯이 지니고 있는 것. ㅇ不介(불개)-훌륭하지 못한 것. ㅇ惡慝(악특)-간악한 것. ㅇ孟子說(맹자설)-《맹자》의 이루(離婁) 상편에 보이는 말. ㅇ不虞(불우)-생각지 않은, 뜻밖의.

解說 남의 비난이나 칭찬은 전혀 무의미한 것이다. 가장 중요한 것은 자기 자신이 어떻게 잘 마음을 닦느냐 하는 문제이다. 따라서 밖에서 오는 비난이나 칭찬에 너무 마음쓸 필요는 없다는 것이다.

56. 유군량(劉君亮)이 산속으로 가 정좌(靜坐)를 하려고 할 적에 선생님께서 말씀하셨다.

"네가 만약 외부의 사물을 싫어하는 마음에서 산으로 가 고요함을 추구한다면 그것은 반대로 교만하고 게으른 기분을 양성하게 될 것이다. 네가 만약 외부의 사물들을 싫어하지 않고 고요한 곳으로 돌아가 마음을 함양한다면 좋은 일이다."

原文 劉君亮要在山中靜坐. 先生曰, 汝若以厭外物不心, 去求之靜, 是反養成一箇驕惰之氣了. 汝若不厭外物, 復於靜處涵養, 卻好.

註解 ㅇ劉君亮(유군량)－자는 원도(元道), 왕양명의 제자. ㅇ驕惰(교타)－교만하고 게으른 것.

解說 정좌도 불교의 선처럼 현실을 도피하기 위해 하는 것이 되어서는 안된다. 세상의 모든 일을 올바로 하기 위한 마음의 수양이어야만 한다는 것이다. 유교의 입장에서는 현실사회로부터 머리를 돌릴 수는 없는 것이다.

57. 왕기(王畿)와 내〔黃省曾〕가 선생님을 모시고 앉아 있을 때 부채를 들고만 있었다. 선생님께서 이를 보고 명하셨다.

"너희들도 부채질을 하거라."

내가 일어서면서 대답했다.

"어찌 감히."

선생님께서 말씀하셨다.

"성인의 학문이란 그처럼 사람을 얽매거나 괴롭히는 것이 아니니 도학자(道學者) 같은 모양을 흉내내지 말아라."

왕기가 아뢰었다.

"공자님께서 증점(曾點)이 얘기한 뜻에 찬동한 것만 보더라도 그것은 대략 알 수가 있겠습니다."

선생님께서 말씀하셨다.

"그렇다. 그 한 장을 가지고 보더라도 성인께서는 얼마나 관대하시고 포용적인 기상을 지니고 계셨는지 모른다. 또한 스승이 된 분으로서 여러 제자들에게 뜻을 물었을 때 자로(子路), 염유(冉有), 공서화(公西華)의 세 사람은 모두가 몸가짐을 정돈하고서 대답했었다. 증점만은 가벼운 모습으로 그들 세 사람은 안중에도 두지 않았고 스스로 슬(瑟)을 가져다 타기 시작했었는데 이것은 얼마나 지나친 행태냐?

뜻을 말하는 데 있어서도 스승이 질문한 조목에 대하여 대답하지 않았으니 완전히 광언(狂言) 같은 말이다. 만약 정이천(程伊川)이었다면 아마 바로 꾸짖었을 것이다. 성인께서는 그런데도 다시 그를 칭찬하고 찬동까지 표하셨으니 얼마나 광대한 기상인가? 성인께서 사람들을 가르치심에 있어서는 제자들을 속박하여 모두를 한가지 형으로 만드시려 하지 않았었다. 오직 상대가 광자(狂者)라면 곧 그의 광적인 곳으로부터 그를 교육시켜 주고, 성급한 사람이라면 곧 성급한 곳으로부터 그를 교육시켜 주었던 것이다. 사람의 재능과 기질이 어떻게 같을 수가 있겠는가?"

原文 王汝中省曾, 侍坐先生, 握扇.

命曰, 你們用扇.

省曾起對曰, 不敢.

先生曰, 聖人之學, 不是這等綑縛苦楚的, 不是妝做道學的模樣.

汝中曰, 觀仲尼與曾點言志一章, 略見.

先生曰, 然. 以此章觀之, 聖人何等寬洪包含氣象. 且爲師者, 問志於羣弟子, 三子皆整頓以對. 至於曾點, 飄飄然不看那三子在眼, 自去鼓起瑟來. 何等狂態?

及至言志, 又不對師之問目, 都是狂言. 設在伊川, 或斥罵起來了. 聖人乃復稱許他. 何等氣象? 聖人敎人, 不是箇束縛他, 通做一般. 只如狂者, 便從狂處成就他, 狷者便從狷者便從處成就他. 人之才氣, 如何同得?

註解 ㅇ王汝中(왕여중)—이름은 기(畿), 호는 용계(龍溪), 왕양명의 제자. ㅇ綑縛(곤박)—꽁꽁 묶어두는 것, 속박하는 것. ㅇ妝做(장주)— ……인 체하는 것. ㅇ仲尼與曾點言志(중니여증점언지)—《논어》 선진(先進)편에 보임. 상권 28조목 등에도 이미 보였음. ㅇ寬洪(관홍)—관대함, 너그러움.

ㅇ包含(포함)－널리 포용(包容)하는 것. ㅇ三子(삼자)－자로(子路), 염유(冉有), 공서화(公西華)의 세 사람. ㅇ飄飄然(표표연)－가볍고 초연한 모양. ㅇ狂(광)－자기 이상을 위해 자유로이 정열적으로 행동하는 것.《논어》자로(子路)편에 보임. ㅇ通做(통주)－모두 한가지 형으로 같게 만드는 것. ㅇ狷者(견자)－성급한 자, 자기 주장을 굽히지 않는 고집이 센 자.《논어》자로(子路)편에 보임.

解說 왕양명의 교육방법이 자유로운 것이었음은 앞에서도 이미 여러번 보였다. 이것은 제자들의 재능과 성격에 따라 너그러운 태도로 적절히 가르치는 공자의 교육방법을 본받은 것이라 할 수 있다. 송대 이학자들은 일상생활에 몸가짐, 말솜씨 같은 자질구레한 일에도 대단한 신경을 써왔으나 이러한 도학적인 태도는 참된 유학의 면모가 아니라고 생각되었기 때문이다. 이런 경향이 명말에 이르러서는 매우 자유주의적인 학풍을 낳는다.

58. 선생님께서 육징(陸澄)에게 말씀하셨다.

"자네는 젊은 나이에도 다섯 가지 경서를 다 이해하려들고 널리 공부하는 데에 뜻을 두고 있다. 그러나 성인께서 사람들을 가르치심에는 오직 사람들이 간단하고 쉽게 공부하지 못할 것만을 걱정하셨던 것이다. 성인께서 말씀하신 것이란 모두가 간이한 규범들이었다. 지금 사람들의 넓게 공부하려는 마음에서 본다면 성인께서 사람들을 가르치신 방법이 잘못인 것처럼 보일 정도이다."

原文 **先生語陸元靜曰, 元靜少年, 亦要解五經, 志亦好博. 但聖人教人, 只怕人不簡易. 他說的皆是簡易之規. 以今人好博之心觀之, 卻似聖人教人差了.**

註解 ㅇ陸元靜(육원정)－이름은 징(澄), 자가 원정. 원정(原靜)으로도

쓰며 청백(淸伯)이라고도 불렀다. 왕양명의 수제자 중의 한 사람. ㅇ好博(호박)－널리 많은 것을 공부하려 하는 것. ㅇ簡易(간이)－앞 '호박'의 반대로써 직절(直截)하고도 간단명료한 학문 방법. ㅇ差(차)－못하다, 잘못.

解說 학문을 함에 있어 많은 지식의 획득에만 힘쓰는 경향을 훈계한 말이다. 앙양명은 학문이란 자기 마음으로 터득하는 것이지 많은 지식을 필요로 하는 것은 아니라고 생각하고 있었던 것이다.

59. 선생님께서 말씀하셨다.

"공자께서는 '알지도 못하면서 하는 일'이란 없으셨다. 안회(顔回)는 '선하지 않은 게 있으면 알지 못하는 일이 없었다'. 이것이 성인의 학문의 참된 핏줄일 것이다."

原文 **先生曰, 孔子無不知而作. 顔子有不善, 未嘗不知. 此是聖學眞血脈路.**

註解 ㅇ無不知而作(무부지이작)－《논어》 술이(述而)편에 '알지도 못하면서 그 일을 하는 자가 있는데, 나에겐 그런 일이 없다'고 한 말을 줄인 것. ㅇ顔子有不善(안자유불선)－이 대목은 《역경》 계사하(繫辭下)전에 보이는 말임. ㅇ血脈路(혈맥로)－핏줄, 근본노선.

解說 모르는 일은 하지 않고 잘못은 알아차려서 고치는 게 성인의 학문이라는 것이다. 그렇게 할 수 있도록 하는 것이 '양지'이며 그것이 '지행합일'의 학문인 것이다.

60. 하진(何秦)·황홍강(黃弘綱)·이공(李珙)·왕기(王畿)·전덕홍

(錢德洪)이 선생님을 모시고 앉아 있었는데 선생님께서 돌아보시면서 말씀하셨다.

“자네들 학문이 발전하지 못하는 것은 오직 뜻을 세우지 못하였기 때문이다.”

이공이 일어나면서 대답하였다.

“저도 뜻을 세우게 되기를 바라고 있습니다.”

선생님께서 말씀하셨다.

“뜻이 서지 않았다고 말하기는 어렵다. 다만 반드시 성인이 되겠다는 뜻이 덜 되어 있다는 것이다.”

“반드시 성인이 되겠다는 뜻을 세우게 되기를 바라고 있습니다.”

선생님께서 말씀하셨다.

“네가 정말로 반드시 성인이 되겠다는 뜻을 지니고 있다면 ‘양지’에 있어서 더이상 다하지 못한 게 없어야만 한다. ‘양지’에 있어서 조금이라도 딴 생각이 연달아 남아 있다면 곧 반드시 성인이 되겠다는 뜻이 아닌 게 되는 것이다.”

나는 처음 말씀을 들었을 적에는 마음속으로 승복할 수 없는 듯하였는데 여기까지 말씀을 듣고 나니 자신도 모르게 식은땀이 흐르고 있었다.

原文 何廷仁, 黃正之, 李侯璧, 汝中, 德洪侍坐. 先生顧而言曰, 汝輩學問不得長進, 只是未立志.

侯璧起而對曰, 珙亦願立志.

先生曰, 難說不立, 未是必爲聖人之志耳.

對曰, 願立必爲聖人之志.

先生曰, 你眞有必爲聖人之志, 良知上更無不盡. 良知上留得些子別念掛帶, 便非必爲聖人之志矣.

洪初聞時, 心若未服, 聽說到此, 不覺悚汗.

註解 ㅇ何廷仁(하정인)－이름은 진(秦), 정인은 그의 자, 뒤에 다시 자를 성지(性之)라 고쳤다. 호는 선산(善山)이며 왕양명의 제자. ㅇ黃正之(황정지)－이름은 홍강(弘綱), 정지는 그의 자, 호는 낙촌(洛村). ㅇ李侯璧(이후벽)－이름은 공(珙), 후벽은 그의 자. ㅇ汝中(여중)－왕기(王畿)의 자, 앞 57조목에도 보임. ㅇ德洪(덕홍)－전서산(錢緖山)의 이름, 자는 홍보(洪甫). 이상 모두 왕양명의 제자. ㅇ掛帶(괘대)－붙어서 매달려 있는 것. ㅇ悚汗(송한)－송구함에 식은땀을 흘리는 것.

解說 이 조목 이하 51조목은 형식상 앞이나 마찬가지로 황성증(黃省曾)의 기록인 듯하지만 여기에서 보듯이 덕홍(德洪)이란 이름을 마지막으로 들고 있는 것으로 보아 이하는 전덕홍(錢德洪)의 기록에 틀림없다.

여기서는 학문이란 성인이 되려는 뜻을 세우는 게 중요하며 그러한 뜻을 세우자면 마음에 순수한 '양지'만을 지녀야 한다는 것이다. 그는 성인으로의 수양이 바로 학문의 요점이라는 자기의 생각을 여기에서 분명히 밝힌 것이다.

61. 선생님께서 말씀하셨다.

"'양지'란 조화의 정령(精靈)인 것이다. 이 정령이 하늘을 낳고 땅을 낳았으며 귀신을 이룩하고 하나님을 이룩하였으니 모든 것이 여기에서 나온 것이다. 정말로 만물에 대해서는 절대적인 존재이다. 사람이 만약 다시 그것을 얻게만 되면 완전해져서 조그만 결함도 없게 되므로 스스로 깨닫지 못하는 사이에 손발을 움직이며 춤추는 기쁨에 젖게 된다. 하늘과 땅 사이에 이것에 대신할 만한 무엇이 또 있을 수가 있겠는가?"

原文 先生曰, 良知是造化的精靈. 這些精靈, 生天生地, 成鬼成帝, 皆從此出. 眞是與物無對. 人若復得他, 完完全全, 無少虧欠, 自不覺手舞足蹈. 不知天地間, 更有何樂可代.

註解 ㅇ無對(무대)—상대가 없다, 절대적인 것. ㅇ虧欠(휴흠)—결함, 결점.

解說 '양지'는 모든 것의 근원이며 절대적인 존재이다. '양지'에 의하여 천지만물은 물론 귀신이나 하느님조차도 존재한다는 것이다. '양지'가 마음의 본체이므로 데카르트의 "나는 생각한다, 그러므로 나는 존재한다."는 유심론(唯心論)과 같은 것으로 보이기 쉽지만 왕양명의 양지는 도가의 도나 같은 것이어서 마음의 본체를 직접적으로 드러내어 그 중요성을 강조함에 불과하다. 그 점은 다음 조목을 읽고 함께 생각해 주기 바란다.

62. 한 친구가 정좌하고 있다가 깨달은 바가 있어서 달려가 선생님께 여쭈었다.

선생님께서 대답하셨다.

"내가 옛날 저주(滁州)에 있을 적에 여러 제자들이 대부분 지식과 이해에 힘쓰면서 입과 귀를 통한 사물의 표면적인 것이 같고 다른 점만을 추구하는 것이 학문성과에 아무런 이득이 없음을 알았기 때문에 잠시 그들에게 정좌를 하도록 가르쳤었다. 그리하여 일시적으로는 도의 빛과 그림자를 발견하게 되어 퍽 효과를 거두는 것 같았다. 그러나 오래 가니까 점점 고요히 있는 것을 좋아하고 움직이기는 싫어하게 되어 나무가 말라죽는 병에 걸린 것처럼 되어 버렸다. 혹은 불교나 도교의 허무하고 현묘한 도를 깨우치는 데 힘써서 사람들의 이목을 놀라게 하는 일도 있었다.

그러므로 근래에는 오직 '양지'를 이르게 하는 것만을 얘기하는 것이다. '양지'만 분명해진다면 네 멋대로 고요한 곳으로 가서 체득하고 깨달아도 좋고 네가 하는 일을 통해서 연마해도 좋게 되는 것이다. '양지'의 본체는 원래가 움직임도 없고 고요함도 없는 것이다. 이것이 바로 학문의 요점인 것이다.

나는 이 이론에 대해서는 저주로부터 지금에 이르기까지 몇번 설을 수정하여 왔었다. 그러나 오직 '양지를 이르게 한다'는 세 글자〔致良知〕만은 병폐가 없었다. 의사가 몇번이고 팔을 부러뜨리는 경험을 쌓아야 비로소 남의 병의 이치를 살필 수 있게 되는 거나 같은 일이다."

原文 一友靜坐有見, 馳問先生. 答曰, 吾昔居滁時, 見諸生多務知解, 口耳異同, 無益於得, 姑敎之靜坐. 一時窺見光景, 頗收近效. 久之, 漸有喜靜厭動, 流入枯槁之病. 或務爲玄解妙覺, 動人聽聞.

故邇來只說致良知. 良知明白, 隨你去靜處體悟也好, 隨你去事上磨鍊也好. 良知本體, 原是無動無靜的. 此便是學問頭腦.

我這箇話頭, 自滁州到今, 亦較過幾番. 只是致良知三字無病. 醫經折肱, 方能察人病理.

註解 ㅇ居滁時(거저시)－저주(滁州)에 있을 때. 왕양명은 정덕(正德) 8년(1513) 10월부터 다음해 3월까지 안휘성(安徽省) 저주에 있었다. 그의 나이 42세에서 43세에 걸치는 해이다. ㅇ光景(광경)－참된 것 자체가 아닌 그 빛과 그림자 같은 것. ㅇ玄解妙覺(현해묘각)－불교나 도교의 허무하고 현묘한 도리를 깨우치는 것. ㅇ話頭(화두)－학문에 대한 이론, 얘기. ㅇ較過(교과)－교정했다, 수정했다. ㅇ醫經折肱(의경절굉)－《공총자(孔叢子)》 가언(嘉言)편에 '세 번 팔을 부러뜨려야 훌륭한 의사가 된다'고 한 데서 나온 말. 여러번 피나는 쓰라린 경험을 겪어야 훌륭한 의사가 된다는 뜻.

解說 앞에서도 학문의 요점은 '양지'를 이르게 하는 것임을 여러번

강조했다. '양지'가 분명해야만 비로소 정좌하여 마음의 수양을 해도 되고 실제 사물에 대하여 올바로 처리하는 연마를 해도 된다는 것이다. 그리고 이곳에서는 적극적으로 강조하고 있지는 않지만 '정좌'를 통한 마음의 수련도 결국은 현실 사물에 대한 적응이 전제가 되어야 한다고 생각했던 것 같다. 고요한 마음만을 지니는 것은 나무가 말라 죽는 거나 같다는 것이다. 양지는 앞에서 모든 것에 대한 근본이라고 강조했지만 그것은 또 현실에 대해서 올바로 작용할 때 참된 의의가 있다고 여겼던 것이다. 그래서 끝으로 여러 가지 어려운 경험을 통한 체득을 의사의 수련에 비기면서 그 중요성을 강조하고 있는 것이다.

63. 한 친구가 여쭈었다.

"공부를 함으로써 저의 '양지'가 언제나 계속 활동하게 되기를 바라지만 모든 '양지'가 감응하는 것에 대해서는 도리어 다 돌볼 수가 없는 것같이 여겨집니다. 그래서 만약 어떤 일에 대해서 적용시키려 해보면 또 그것을 알 수 없게 됨을 느낍니다. 어떻게 하면 제대로 되겠습니까?"

선생님께서 말씀하셨다.

"그것은 오직 '양지'를 진실하게 체득하지 못하여 아직도 자기 속마음과 밖의 사물에 간격이 있기 때문이다. 내가 주장하는 이 공부는 조급한 마음으로 해나가서는 안된다. '양지'의 요점을 올바로 인식하여 소박하고 착실히 공부해 나간다면 자연히 투철해져 거기에 도달하게 될 것이다. 그것은 곧 속마음과 밖의 사물을 모두 잊게 되는 경지이다. 그런데 어찌 마음과 사물이 하나로 합쳐지지 않을 수가 있겠느냐?"

原文 一友問, 功夫欲得此知時時接續, 一切應感處, 反覺照管不及. 若去事上周旋, 又覺不見了. 如何則可?

先生曰, 此只認良知未眞, 尚有內外之間. 我這裏功夫, 不由人急心. 認得良知頭腦是當, 去朴實用功, 自會透徹到此. 便是內外兩忘. 又何心事不合一?

註解 ㅇ接續(접속)－계속해서 활동함을 뜻함. ㅇ周旋(주선)－적절히 적용시키는 것. ㅇ內外兩忘(내외양망)－정명도(程明道)의 《정성서(定性書)》에 보이는 말임.

解說 '양지'란 사물의 이치를 체득하는 마음의 본체인 것이다. 따라서 사물의 이치를 알려는 노력보다도 자기의 양지를 순수히 지님으로써 자기 마음과 밖의 사물이 혼연히 일체가 되도록 되어야 한다는 것이다. 자기 마음과 밖의 사물 사이에 간격이 있는 한 순수한 '양지'는 이르게 되지 않는 것이다.

64. 선생님께서 또 말씀하셨다.

"공부를 함에 있어 '양지'의 참된 기틀에 투철하지 않다면 어떻게 그것을 충실하게 하고 빛낼 수가 있겠는가? 만약 그것을 투철하게 할 수만 있다면 그것은 너의 총명과 지식과 이해력으로써 이루어진 게 아니라 반드시 가슴속의 찌꺼기를 깨끗이 없애서 터럭만한 더럽혀짐도 없게 됨으로써 얻어진 것일 것이다."

原文 又曰, 功夫不是透得這箇眞機, 如何得他充實光輝? 若能透得時, 不由你聰明知解接得來, 須胸中渣滓渾化, 不使有毫髮沾帶始得.

註解 ㅇ透得(투득)－투철하게 되다, 투철히 터득하다. ㅇ眞機(진기)－참된 기틀, 진수(眞髓). ㅇ知解(지해)－지식과 이해력. ㅇ渣滓(사재)－찌

꺼기. ㅇ渾化(혼화)－완전히 없애다, 정화(淨化)하다. ㅇ沾帶(점대)－더러움이 묻어 있는 것.

解說 '양지'는 지식이나 지혜에 의하여 얻어지는 게 아니라 마음을 순화함으로써 얻어진다는 것이다.

65. 선생님께서 말씀하셨다.

"《중용》에 '하늘이 명해 준 것을 본성이라 한다' 하였으니, 명이 바로 본성인 것이다. '본성을 따르는 것을 도라고 한다' 하였으니 본성이 바로 도인 것이다. '도를 닦는 것을 가르침이라 한다' 하였으니 도가 바로 가르침인 것이다.

"어떻게 도가 바로 가르침이 될 수 있습니까?"

"도란 바로 '양지'이다. '양지'는 원래가 완전무결한 것이다. 옳은 것은 그것에 의해서 옳은 것이고 그른 것은 그것에 의해서 그른 것이니 옳고 그름은 오직 그것에 의하기만 하면 제대로 되지 않는 것이란 없게 되는 것이다. 이 '양지'란 결국 너희들의 밝은 스승이 되는 것이다."

原文 **先生曰, 天命之謂性, 命卽是性. 率性之謂道, 性卽是道. 修道之謂敎, 道卽是敎.**

問, 如何道卽是敎?

曰, 道卽是良知. 良知原是完完全全. 是的還他是, 非的還他非, 是非只依著他, 更無有不是處. 這良知, 還是你的明師.

註解 ㅇ還他是(환타시)－그것(양지)에 의하여 옳다고 되는 것이란 뜻.

解說 이 《중용》 첫머리 글에 대한 해설은 이미 앞에서도 보였다. 《중

용》에서 말하는 '도'가 바로 '양지'이며, '양지'는 옳고 그름의 판단 기준이기 때문에 그것은 사람들을 올바로 가르쳐 주는 스승도 된다는 것이다.

66. 내가 여쭈었다.

"《중용》에 '남이 보지도 않고 듣지도 않는 것'이란 본체를 말한 것이고, '경계하고 조심하며, 두려워한다'고 한 것은 공부를 두고 말한 것이 아닙니까?"

선생님께서 말씀하셨다.

"그것에 대해서는 이렇게 믿고 있어야 한다. 곧 본체란 원래부터 '남이 보지도 않고 듣지도 않는 것'이지만 역시 원래부터 '경계하고 조심하며, 두려워해야 하는 것'이기도 한 것이다. 그래서 '경계하고 조심하며 두려워하는 것'은 '보지도 않고 듣지도 않는 것'에다가 약간의 무엇이라도 보태서는 안되는 것이다. 진실한 것을 알게 되면 곧 '경계하고 조심하며 두려워하는 것'을 본체라 하고 '보지도 않고 듣지도 않는 것'을 공부라 한대도 괜찮은 것이다.

原文 問, 不睹不聞, 是說本體, 戒愼恐懼, 是說功夫否?

先生曰, 此處須信得. 本體原是不睹不聞的, 亦原是戒愼恐懼的. 戒愼恐懼, 不曾在不睹不聞上加得些子. 見得眞時, 便謂戒愼恐懼是本體, 不睹不聞是功夫, 亦得.

解說 《중용》에 '군자는 남이 보지 않는 곳에서 경계하고 조심하며, 남이 듣지 않는 곳에서 두려워한다'고 한 데 대한 논의이다. 그러나 보지도 않고 듣지도 않는 것을 고요히 움직이지도 않는 본체라 하고 '경계하고 조심하며 두려워하는 것'을 그 작용인 공부라 하는 것

은《중용》의 본문과는 관계없는 무리한 논리의 적용이다. 왕양명도 그러한 해석방법을 승인하지 않고 있지만, 그의 입장은 본체와 작용을 일원(一元)으로 보는 것이지, 그러한 논리 자체가 무의미하다고 반대하는 것은 아니다.

67. 《역경》 계사전에서 '성인은 낮과 밤의 도에 통하여 모든 것을 안다'고 한 데 대하여 여쭈니 선생님께서 말씀하셨다.

"그 '양지'란 원래 낮에 대하여도 알고 밤에 대하여도 아는 것이기 때문이다."

다시 여쭈었다.

"사람이 잠잘 적에는 '양지'도 알지 못할 것입니다."

"알지 못한다면 어떻게 한 번 소리치면 곧 대답을 할 수 있겠느냐?"

"'양지'가 언제나 알고 있다면 어찌하여 잠자는 때가 있습니까?"

"어두워지면 휴식한다는 것은 또한 자연의 조화의 일정한 이치인 것이다. 밤이 되면 하늘과 땅이 어두워져서 형체와 색깔이 모두 없어지며, 사람들도 귀와 눈으로 보고 듣는 게 없어지며, 모든 기관이 모두 닫혀지는 것이다. 이것은 곧 '양지'가 거둬들여져 일시적으로 하나로 응결될 때라는 것이다.

하늘과 땅이 밝아진 뒤에 모든 물건들이 산 모습을 드러내면 사람들도 귀와 눈으로 듣고 보는 게 생기며, 모든 기관이 모두 열리게 된다. 이것은 곧 '양지'의 묘한 작용이 발생하는 때인 것이다. 이것으로서도 사람의 마음과 하늘과 땅은 일체라는 것을 알 수 있다.

그러므로 《맹자》에선 '위아래도 하늘과 땅과 함께 유동하는 것이다'고 한 것이다. 지금 사람들은 휴식할 줄은 모르고 밤이 되면 모든 것을 잊고 자버리지 않으면 곧 허망된 생각을 하거나 악몽에 쫓기게 되는 것이다."

"잠잘 때의 공부는 어떻게 하면 되겠습니까?"

선생님께서 말씀하셨다.

"낮에 대해서 알면 곧 밤에 대해서도 알게 된다. 낮 동안의 '양지'는 일에 순응하여 정체됨이 없는 것이며, 밤 사이의 '양지'는 곧 거둬들여져서 하나로 응결되는 것이다. 꿈을 꾼다는 것은 다음날 일의 전조(前兆)인 것이다."

原文 問, 通乎晝夜之道而知.

先生曰, 良知原是知晝知夜的.

又問, 人睡熟時, 良知亦不知了.

曰, 不知, 何以一叫便應?

曰, 良知常知, 如何有睡熟時?

曰, 向晦宴息, 此亦造化常理. 夜來天地混沌, 形色俱泯, 人亦耳目無所睹聞, 衆竅俱翕. 此卽良知收斂凝一時.

天地旣開, 庶物露生, 人亦耳目有所睹聞, 衆竅俱闢. 此卽良知妙用發生時. 可見人心與天地一體.

故上下與天地同流. 今人不會宴息, 夜來不是昏睡, 卽是妄思魘寐.

曰, 睡時功夫如何用?

先生曰, 知晝, 卽知夜矣. 日間良知, 是順應無滯的. 夜間良知, 卽是收斂凝一的, 有夢卽先兆.

註解 ㅇ通乎晝夜之道而知(통호주야지도이지)－《역경》 계사상(繫辭上) 전에서 성인을 두고 한 말. ㅇ向晦宴息(향회연식)－《역경》 수괘(隨卦) 상전(象傳)에 보이는 말. ㅇ混沌(혼돈)－캄캄해지는 것을 형용한 말. ㅇ衆竅(중규)－사람의 몸에 있는 여러 가지 기관(器官). ㅇ翕(흡)－합치다, 닫혀

지다. ㅇ天地旣開(천지기개)－하늘과 땅이 열린 뒤, 날이 밝는 것을 가리킴. ㅇ上下與天地同流(상하여천지동류)－《맹자》 진심(盡心) 상편에 '군자가 지나는 곳은 교화가 되고 마음을 둔 곳은 신묘(神妙)하기 짝이 없어, 위아래로 하늘과 땅과 함께 유동하는 것이다'고 한 데서 따온 말. ㅇ魘寐(염매)－잠자다 가위눌리는 것, 악몽에 쫓기는 것.

解說 사람의 '양지'는 잠자는 동안에도 지각작용을 잃지 않고 있다는 것이다. '양지'의 지각작용이 없어진 게 아니라 거둬들여 하나로 응결되었다는 설명은 수긍이 가나, 누가 부르면 잠자다가도 대답하는 것으로 그것을 설명한 것은 납득이 가지 않는다. 그리고 잠잘 때의 공부방법도 설명이 되고 있지 않은 듯하며 꿈에 대한 해석도 석연치 않게 느껴진다.

68. 또 말씀하셨다.

"'양지'는 밤기운이 피어나고 있을 때야말로 바로 그 본체가 되는 것이다. 거기에는 물건에 대한 욕심이 섞여 있지 않기 때문인 것이다. 학문하는 사람은 사물이 어지러이 있을 적에도 언제나 밤기운이 있을 때처럼 '양지'를 지녀야 한다. 이것이 바로 '낮과 밤의 도에 통하여 모든 것을 아는 것'이 된다."

原文 **又曰, 良知在夜氣發的, 方是本體. 以其無物欲之雜也. 學者要使事物紛擾之時, 常如夜氣一般. 就是通乎晝夜之道而知.**

註解 ㅇ夜氣(야기)－밤기운. 《맹자》에 보이며 상권 48조목에도 보였음. ㅇ紛擾(분요)－혼잡한 것, 어지러이 있는 것.

解說 밤에 아무런 사물에 대한 욕망도 없을 적의 '양지'야말로 바

로 그 본체이므로 낮에 여러 가지 일을 처리할 적에도 그때와 같은 '양지'를 지녀야 한다는 것이다. 그러면 '낮과 밤의 도에 통해서 모든 것을 안다'는《역경》에서 말한 성인의 경지에 이르게 된다는 것이다.

69. 선생님께서 말씀하셨다.

"도가에서는 '허(虛)'를 주장하고 있는데 그렇다면 성인이라도 어찌 '허' 위에 터럭만큼이라도 실(實)을 보탤 수가 있겠는가? 불교에서는 '무(無)'를 주장하고 있는데 그렇다면 성인이라도 어찌 '무' 위에 터럭만큼이라도 유(有)를 보탤 수가 있겠는가?

그러나 도가에서 '허'를 주장하고 있는 것은 양생의 목적에서 나온 것이며, 불교에서 '무'를 주장하고 있는 것은 삶과 죽음의 괴로움의 바다로부터 떨어져 나오기 위한 것이었다. 그러니 그것은 본체 위에 이러한 뜻이 가해져 있는 것이어서 곧 그것은 '허무'의 본색(本色)이 아닌 것이어서 본체에 대해서는 장애가 되는 것이다.

성인은 오직 그의 '양지'의 본색을 그대로 따르면 그밖에 어떠한 뜻도 가하지 않는 것이다. '양지'의 '허'란 바로 하늘의 '태허(太虛)'인 것이다. '양지'의 '무'란 바로 '태허'의 형체가 없는 것이다. 해와 달과 바람과 우레와 산과 냇물과 백성들과 만물 같은 모든 모양과 형색을 지니고 있는 것들은 모두가 '태허'의 형체가 없는 것 가운데에서 작용하고 유동하지만 하늘의 장애가 되는 일이란 없는 것이다. 성인은 오직 그러한 '양지'의 작용을 따르므로 하늘과 땅과 만물은 모두가 나의 '양지'의 작용과 유동 속에 있게 되는 것이다. 어찌 한가지 물건인들 '양지'의 밖에 초연히 존재하면서 장애가 되는 일이 있을 수 있겠는가?"

原文 先生曰, 僊家說到虛, 聖人豈能虛上加得一毫實? 佛氏說到無, 聖人豈能無上加得一毫有?

但僊家說虛, 從養生上來. 佛氏說無, 從出離生死苦海上來. 却於本體上, 加却這些子意思在. 便不是他虛無的本色了. 便於本體, 有障碍.

聖人只是還他良知的本色, 更不著些子意在. 良知之虛, 便是天之太虛. 良知之無, 便是太虛之無形. 日月風雷, 山川民物, 凡有貌象形色, 皆在太虛無形中, 發用流行, 未嘗作得天的障碍. 聖人只是順其良知之發用, 天地萬物俱在我良知的發用流行中. 何嘗又有一物, 超於良知之外, 能作得障碍?

註解 ㅇ僊家(선가)－신선가(神仙家). 도가(道家)를 가리킴. ㅇ太虛(태허)－태공(太空)과 비슷한 말. 장재(張載)의 《정몽(正蒙)》에 '태허로 말미암아 하늘이란 이름이 있는 것이다'고 하였다. ㅇ發用(발용)－작용을 나타내는 것.

解說 도가와 불교의 허무사상을 비판하면서 '양지'를 근본으로 삼은 성인의 가르침을 해설한 대목이다. 허무사상이란 결국 자기의 양생이나 인생의 괴로움을 벗어나려는 욕망을 바탕으로 한 것이어서 본체와는 거리가 먼 것이다. '양지'야말로 하늘과 땅의 조화와 합치하는 성인의 근본이라는 것이다.

70. 어떤 사람이 여쭈었다.

"불교에서도 역시 '마음을 수양하는 데' 힘쓰고 있습니다. 그러나 요컨대 천하를 다스릴 수는 없는데 어째서 그렇습니까?"

선생님께서 말씀하셨다.

"우리 유가에서 마음을 수양하는 것은 사물을 떠나는 일 없이 오직 그 하늘의 법칙과 자연을 따른다. 바로 그것이 우리 공부이다. 불교에서는 반대로 사물과 완전히 단절시켜 사람의 마음을 환각적인 존재라 간주하고 점차 허무와 적멸(寂滅)로 들어가려 한다. 그래서 세상과는 아무런 교섭도 없는 것처럼 되어 버린다. 그래서 천하를 다스리지 못하게 되는 것이다."

原文 **或問, 釋氏亦務養心, 然要之不可以治天下, 何也?**

先生曰, 吾儒養心, 未嘗離卻事物, 只順其天則自然, 就是功夫. 釋氏卻要盡絶事物, 把心看做幻相, 漸入虛寂去了, 與世間若無些子交涉. 所以不可治天下.

註解 ㅇ天則(천칙)－하늘의 법칙, 사회의 윤리(倫理)를 가리킨다. ㅇ幻相(환상)－환각적인 존재. ㅇ虛寂(허적)－허무(虛無)와 적멸(寂滅).

解說 불교에서도 왕양명이 주장하는 것처럼 마음의 수양을 한다. 그러나 그들은 세상의 사물을 완전히 떠나려 하기 때문에 유교처럼 세상을 위해서는 아무런 도움도 되지 못한다는 것이다.

71. 어떤 사람이 이단에 대해서 여쭈었다. 선생님께서 말씀하셨다. "어리석은 남자, 어리석은 부인들과 함께하는 것, 그것을 '동덕(同德)'이라 부르며, 어리석은 남자, 어리석은 부인들과 달리 행동하는 것, 그것을 '이단'이라 부른다."

原文 **或問異端. 先生曰, 與愚夫愚婦同的, 是謂同德, 與愚夫愚婦異的, 是謂異端.**

註解 ㅇ愚夫愚婦(우부우부)－어리석은 남자와 어리석은 부인, 일반 백

성들. ㅇ同德(동덕)-목적과 성향(性向)을 같게 지니는 것.

解說 '이단'이란 보통 성인의 도에 어긋나는 주의주장을 가리키는 말로 이해되고 있다. 그러나 그 성인의 도란 백성들을 올바로 가르치고 이끄는 것이어서 백성들의 궁극적인 목적이나 성향과 합치되는 것이며 '이단'이란 반대로 그것과 다른 것이라 풀이할 수도 있는 것이다. 왕양명은 백성들에 대한 관심을 강조하기 위해서 이러한 해설을 하고 있을 것이다.

72. 선생님께서 말씀하셨다.

"《맹자》에 보이는 맹자의 '마음을 동요시키지 않는 방법'과 고자(告子)의 마음을 동요시키지 않는 방법의 차이는 오직 터럭만한 거리밖에 없다. 고자는 오직 '마음을 동요시키지 않는 것'에 대해서만 노력한 데 비하여 맹자는 바로 사람의 마음은 원래가 동요하지 않는 것이란 점에서 출발하여 마음의 본체는 원래가 동요하지 않는 것인데, 오직 행동하는 데에 의로움에 합치되지 않는 점이 있어서 동요하는 것임을 분명히 하고 있다. 맹자는 마음이 동요하고 동요하지 않는 것은 따지지 않고 오직 의로움을 모아놓으려 하였다. 행동하는 것에 의로움이 아닌 게 없게 된다면 그의 마음은 자연히 동요하는 일이 있을 수 없다고 했다.

고자는 오직 그의 마음을 동요시키지 않으려고만 해서 곧 그의 마음을 꽉 붙잡아 둠으로써 오히려 그 쉬지 않고 생성발전하는 근본을 반대로 막아서 굽어지게 한 것이다. 이것은 공연히 아무런 이익이 없는 것일 뿐만 아니라 또한 마음을 해치는 것이 된다.

맹자의 의로움을 집적시키는 공부를 하면 자연히 마음이 수양되어 충실해져서 힘이 빠지거나 결핍되는 일이 절대로 없고 스스로 자유자재로 활동하여 활발히 움직여지게 되는 것이다. 이것이 바로 '호연지기'인 것이다."

原文 先生曰, 孟子不動心, 與告子不動心所異, 只在毫釐間. 告子只在不動心上著功, 孟子便直從此心原不動處, 分曉心之本體原是不動的, 只爲所行有不合義, 便動了. 孟子不論心之動與不動, 只是集義. 所行無不是義, 此心自然無可動處.

若告子, 只要此心不動. 便是把捉此心, 將他生生不息之根, 反阻撓了. 此非徒無益, 而又害之.

孟子集義功夫, 自是養得充滿, 並無餒歉, 自是縱橫自在, 活潑潑地. 此便是浩然之氣.

註解 ㅇ孟子(맹자)—이 대목은《맹자》공손추(公孫丑) 상편에 보이는 유명한 얘기이다. ㅇ分曉(분효)—분명히 밝히다, 분명히 하다. ㅇ把捉(파착)—꽉 잡는 것. ㅇ生生不息(생생불식)—마음이 쉬지 않고 활동하여 생성발전시키는 것. ㅇ阻撓(저요)—막고 굽히는 것. ㅇ餒歉(뇌겸)—굶주리고 결핍되는 것.

解說 여기서는 맹자와 고자의 '마음을 동요시키지 않는 방법'의 차이를 해설하면서 마음의 수양은 어떻게 해야 하는가를 설명하고 있다. 맹자를 따라 여기서는 '의로움'을 중심으로 해설한 게 특징이라 할 것이다.

73. 선생님께서 또 말씀하셨다.

"고자(告子) 학설의 병폐의 근원은 '사람의 본성은 선한 것도 선하지 않은 것도 아니다'고 한 데서 발견할 수가 있다. '본성은 선한 것도 불선한 것도 아니다'고 말한다 하더라도 곧 잘못일 수는 없다. 다만 고자는 거기에 집착되어 가지고 보기 때문에 곧 '선한 것도 불선한 것도 아닌 본성'은 내재적인 것이 되고, 선한 것이 있고 악한 것이 있다는 것은 또 외부 사물에 감응하여 존재하는 것이라 보는 것이다.

이것은 곧 사물이 자기 밖에 존재하므로 자기와 사물을 양면으로 나누어 봄으로써 잘못을 일으키게 되는 것이다. 그가 '선한 것도 아니고 불선한 것도 아니다'고 했듯이 본성이란 원래가 그러한 것이다. 거기에 대하여 깨달았을 적에는 오직 이 한마디로써 충분히 표현된 것이니 거기에는 다시 안팎의 간격이란 있지 않은 것이다. 고자는 한 가지 본성은 사람 안에 있고 다른 한 가지 사물은 사람 밖에 있다고 본 것이다. 그러니 그는 본성에 대하여 투철하지 못한 점이 있음을 알게 된다."

原文 **又曰, 告子病源, 從性無善無不善上見來. 性無善無不善, 雖如此說, 亦無大差. 但告子執定看了, 便有箇無善無不善的性在內, 有善有惡, 又在物感上看. 便有箇物在外, 卻做兩邊看了, 便會差.**

無善無不善, 性原是如此. 悟得及時, 只此一句便盡了. 更無有內外之間. 告子見一箇性在內, 見一箇物在外. 便是他於性, 有未透徹處.

註解 ㅇ性無善無不善(성무선무불선)－《맹자》 고자(告子) 상편에 보이는 고자의 성설(性說). ㅇ物感(물감)－사물에 대한 감응(感應). ㅇ差(차)－잘못되다, 그릇되다.

解說 왕양명은 사람의 본성이 선한가 악한가 하는 문제보다도 본성에 대한 근본적인 관념을 더 문제삼고 있는 것이다. 왕양명에 의하면

본성은 절대적인 것이어서 그 속에 천지나 만물이 모두 포괄되는 것이라 생각했다. 따라서 본성이란 선악의 판단을 초월하는 절대적인 존재가 된다. 바라서 본성을 애기할 때 본성을 내재적인 것으로 보고 외물을 상대적인 것이라 생각하는 것이 큰 잘못이라는 것이다. 본성과 만물은 혼연히 일체가 되는 것이다.

74. 주본사(朱本思)가 여쭈었다.

"사람에게는 텅 비고도 영묘한 마음이 있기 때문에 비로소 '양지'가 존재합니다. 풀과 나무나 기와와 돌 같은 종류의 것에도 역시 '양지'가 있습니까?"

선생님께서 말씀하셨다.

"사람의 '양지'란 바로 풀과 나무나 기와나 돌의 '양지'와 같은 것이다. 만약 풀과 나무나 기와와 돌에 사람의 양지가 없다면 풀과 나무나 기와나 돌로써 존재할 수가 없을 것이다.

어찌 다만 풀과 나무나 기와와 돌만이 그러하겠는가? 하늘과 땅에도 사람의 '양지'가 없다면 역시 하늘과 땅으로써 존재할 수 없을 것이다. 천지만물과 사람은 원래가 일체이다. 그 중 감관(感官)으로써 가장 정묘한 곳이 바로 사람의 마음의 한 가지 영묘하고 밝은 작용이다. 바람과 비, 이슬과 우레, 해와 달, 별과 별자리, 새와 짐승, 풀과 나무, 산과 냇물, 흙과 돌은 모두 사람들과 원래 일체의 것이다. 그러므로 오곡(五穀)이나 새, 짐승들로서는 모두 사람들을 양육할 수가 있고 약이나 돌침 같은 것으로서는 모두 사람의 병을 치료할 수가 있는 것이다. 이것들은 오직 같은 한 가지 기운[氣]으로 이루어져 있기 때문에 서로가 통할 수가 있는 것이다."

原文 朱本思問, 人有虛靈, 方有良知. 若草木瓦石之類, 亦有良知否?

先生曰, 人的良知, 就是草木瓦石之良知. 若草木瓦石無人的良知, 不可以爲草木瓦石矣.

豈惟草木瓦石爲然? 天地無人的良知, 亦不可爲天地矣. 蓋天地萬物, 與人原是一體, 其發竅之最精處, 是人心一點靈明. 風雨露雷, 日月星辰, 禽獸草木, 山川土石, 與人原只一體. 故五穀禽獸之類, 皆可以養人. 藥石之類, 皆可以療疾. 只爲同此一氣, 故能相通耳.

註解 ㅇ朱本思(주본사)－자세한 생평은 알 수 없으나, 왕양명의 제자임에는 틀림없다. ㅇ發竅(발규)－사람의 감관(感官)이 작용하는 것. ㅇ藥石(약석)－약과 침. 옛날 침은 돌을 갈아서 만들었다.

解說 '양지'는 사람만의 것이 아니라 천지만물을 포괄하는 것임을 강조한 대목이다. 앞 조목에서 말한 '본성'이 여기에서는 바로 '양지'란 말로 표현되고 있다고 보아도 좋을 것이다. 왕양명의 '양지'란 송대 학자들이 중요시하던 '본성'은 말할 것도 없고 '이'와도 통하는 것인 듯하다. 그러기에 만물 모두가 사람과 똑같은 '양지'를 지녔다고 말할 수 있는 것이다.

75. 선생님께서 남진(南鎭)에 놀러가셨을 적에 한 친구가 바위 사이의 꽃나무를 가리키면서 여쭈었다.

"천하에는 마음 밖의 물건이란 없다고 하셨습니다. 만약 이러한 꽃나무가 깊은 산속에 있으면서 스스로 피었다가 스스로 지고 있다면 저의 마음에 대하여 또 무슨 상관이 있겠습니까?"

선생님께서 말씀하셨다.

"네가 이 꽃을 보지 않았을 적에는 이 꽃은 너의 마음과 함께 적막

(寂寞) 속으로 돌아가 있었다. 네가 와서 이 꽃을 보았을 적에는 곧 이 꽃의 빛깔들이 일시에 분명해졌을 것이다. 그러니 곧 이 꽃은 너의 마음 밖에 있지 않은 것임을 알 수 있을 것이다."

原文 先生遊南鎭. 一友指岩中花樹, 問曰, 天下無心外之物. 如此花樹, 在深山中, 自開自落, 於我心亦何相關?

先生曰, 你未看此花時, 此花與汝心同歸於寂. 你來看此花時, 則此花顔色一時明白起來. 便知, 此花不在你的心外.

註解 ㅇ南鎭(남진)-회계산(會稽山)의 다른 이름. ㅇ寂(적)-적막, 공적(空寂), 곧 무(無)를 뜻함.

解說 마음 밖에 사물이 따로 있는 게 아니라는 주장은 이미 상권 3조목에서부터 여러번 보였다. '격물'의 '물'을 '사(事)'의 뜻으로 해석하고 '마음이 이르는 데'가 바로 사물이라 설명한 것도 이 때문이다.

76. 내가 여쭈었다.

"위대한 사람은 사물과 동체가 된다고 하셨습니다. 어찌하여 《대학》에서는 또 '친한 데에는 두터이하고 먼 데에는 박하게 대하는 것'을 얘기하고 있습니까?"

선생님께서 말씀하셨다.

"다만 도리에 스스로 두텁고 박한 게 있기 때문이다. 예를 든다면 몸은 일체인데도 손과 발을 가지고 머리와 눈을 지키는 것과 같다. 어찌 손과 발을 박하게만 대하려는 것이겠느냐? 그 도리가 바로 그렇게 되어 있는 것이다.

새와 짐승이나 풀과 나무는 다같이 사랑해야 할 것이지만 풀과 나무를 가지고 새와 짐승을 기르면서도 그대로 견디어 간다. 사람과 새나 짐승은 다같이 사랑해야 할 것이지만 새와 짐승을 잡아서 부모를 봉양하고 제삿상에 차려놓고 손님들을 대접하지만 우리 마음은 역시 그대로 견디어 간다. 지극히 친한 사람과 길 가는 사람은 다같이 사랑해야 할 사람들이지만 만약 한 그릇의 밥과 한 대접의 국이 있는데 그것을 먹으면 살고 먹지 못하면 죽는 두 사람을 다 보전할 수가 없는 처지라면 차라리 지극히 친한 사람을 구해 주고 길 가는 사람은 구해 주지 않을 것이지만, 우리 마음은 역시 그대로 견디어 간다. 이것은 도리가 마땅히 이러해야 하기 때문인 것이다.

그러나 나의 몸과 지극히 친한 사람에 이르면 피차간의 두텁고 박함을 다시는 분별할 수가 없게 된다. 그것은 백성들을 사랑하고 물건을 사랑하는 정이 모두 여기로부터 나오고 있기 때문이다. 이런 정도 어기고 그대로 견딜 수가 있다면 그 이상 그대로 견디어 내지 못하는 것이란 없게 될 것이다.

《대학》에서 말하는 '두텁고 박함'이란 바로 '양지'에 있어서의 자연스러운 조리여서 그것은 뛰어넘을 수가 없는 것이다. 이것을 곧 의로움〔義〕이라 하는 것이다. 이 조리를 따르는 것을 곧 예의라 하는 것이다. 이 조리를 아는 것을 곧 지혜라 하는 것이다. 처음부터 끝까지 이 조리를 지키는 것을 곧 믿음〔信〕이라 하는 것이다."

原文 問, 大人與物同體. 如何大學又設箇厚薄?

先生曰, 惟是道理自有厚薄. 此如身是一體, 把手足捍頭目. 豈是偏要薄手足? 其道理合如此.

禽獸與草木, 同是愛的, 把草木去養禽獸, 又忍得. 人與禽獸, 同是愛的, 宰禽獸以養親, 與供祭祀, 燕賓客, 心又忍得. 至親與路人, 同是愛的, 如簞食豆羹, 得則生, 不得則死, 不能兩全, 寧救至親, 不救路人, 心又忍得. 這是道理合該如此.

及至吾身與至親, 更不得分別彼此厚薄. 蓋以仁民愛物, 皆從此出. 此處可忍, 更無所不忍矣.

大學所謂厚薄, 是良知上自然的條理, 不可踰越. 此便謂之義. 順這箇條理, 便謂之禮. 知此條理, 便謂之智. 終始是這條理, 便謂之信.

註解 ㅇ厚薄(후박)－《대학》에서 '그가 두터이 해주어야만 할 곳에 박하게 대하고, 그가 박하게 해주어야만 할 곳에 두터이 하는 자는 없을 것이다'고 한 말에서 '두텁고 박한 것'을 뽑아 놓은 말임. ㅇ捍(한)－호위하다, 막아 주다. ㅇ宰(재)－짐승을 '잡다', '요리하다'. ㅇ簞食(단사)－한 그릇의 밥. 단(簞)은 대나무로 만든 옛날 밥그릇. ㅇ豆羹(두갱)－한 대접의 국. 두(豆)는 옛날의 국그릇 이름. ㅇ踰越(유월)－뛰어넘는 것.

解說 만물이 일체라면 차별이 없어야 할 것 같다. 그런데도《대학》에는 '두터이 대해 주고 박하게 대해 주는 것'을 얘기하고 있어서 이 문답이 생기게 된 것이다.

왕양명은 친하고 멀고 귀하고 가까운 것은 자연의 원리에서 그에 따른 '두텁고 박한' 행동은 자연의 도리를 따르는 것이지 만물일체의 개념과 모순이 되는 것은 아니라는 것이다.

77. 선생님께서 또 말씀하셨다.

"눈은 본체가 없어 만물의 색깔로써 본체를 삼는다. 귀는 본체가 없어 만물의 소리로써 본체를 삼는다. 코는 본체가 없어 만물의 냄새로써 본체를 삼는다. 입에는 본체가 없어 만물의 맛으로 본체를 삼는다. 마음에는 본체가 없어 천지만물이 거기에 감응하는 옳고 그름으로써 본체를 삼는다."

原文 又曰, 目無體, 以萬物之色爲體. 耳無體, 以萬物之聲

爲體. 鼻無體, 以萬物之臭爲體. 口無體, 以萬物之味爲體. 心無體, 以天地萬物感應之是非爲體.

解說 여기의 '체'를 '본체'라 번역하였지만 사실은 여러 기관의 기능을 나타내는 '구체적인 형체'를 뜻할 것이다. 곧 여러 가지 감관의 작용은 대상인 만물들에 의하여 '구체적인 형체'를 지닌다는 것이다. 따라서 대상 없이는 감관들이 존재할 수 없고 감관 없이는 대상들도 존재하지 못하는 것이라 이해해야 할 것이다.

78. 《맹자》에 보이는 '일찍 죽고 오래 살고 하는 데 따라 마음이 달라지지 않는다'고 한 말에 대하여 여쭙자, 선생님께서 말씀하셨다.

"학문을 닦는 공부는 모든 명성과 이익과 기호에 대해서 완전히 떨쳐 버려 없애야지 그대로 어떠한 죽고 사는 데 대한 생각이 터럭끝만큼이라도 매달려 있다면 곧 학문 전체를 충분히 이해하고 깨닫지 못하게 될 것이다. 사람의 살고 죽는 데 대한 생각은 본시 목숨을 타고 나올 때부터 갖고 있는 것이어서 없애 버리기 쉽지 않은 것이다. 만약 이 점에 대해서 간파하여 철저해질 수만 있다면 그의 마음 전체가 비로소 거침없이 두루 활동하게 될 것이다. 이것이야말로 본성을 다하고 천명에 이르는 학문인 것이다."

原文 **問夭壽不貳, 先生曰, 學問功夫, 於一切聲利嗜好, 俱能脫落殆盡. 尙有一種生死念頭毫髮掛帶, 便於全體有未融釋處. 人於生死念頭, 本從生身命根上帶來, 故不易去. 若於此處見得破, 透得過, 此心全體, 方是流行無礙. 方是盡性至命之學.**

註解 ㅇ夭壽不貳(요수불이)－《맹자》 진심(盡心) 상편에 보이는 말. '일

찍 죽거나 오래 살고 하는 데 따라 마음이 달라지지 않는다'고 한 말로써 상권 6조목에도 보였다. ㅇ融釋(융석)-완전히 이해하고 깨닫는 것. ㅇ盡性至命(진성지명)-《역경》 설괘전(說卦傳)의 '이(理)를 추궁하고 본성을 다하여[盡性] 천명에 이른다[至命]'고 한 말에서 따온 것임.

解說 사람의 마음가짐은 삶과 죽음을 초월할 수 있는 경지에 이르러야 한다. 생명에 대한 애착은 사람에게 가장 버리기 어려운 것이므로 삶과 죽음을 초월할 수만 있다면 그밖의 것은 문제도 되지 않는다. 왕양명은 적어도 삶과 죽음에 의하여 흔들리지 않는 마음을 지녀야만 완전한 학문을 할 수 있다고 믿었기 때문에 《맹자》의 이 구절을 퍽 중요시했던 것 같다.

79. 한 친구가 여쭈었다.

"정좌를 하고 있을 적에 명예를 좋아하고 여색을 좋아하고 재물을 좋아하는 것 같은 뿌리를 하나씩 찾아내어 쓸어내고 깨끗이 없애 버리려 한다는 것은 아마도 자기 살을 도려내어 상처를 만드는 거와 같은 일이 아닐까요?"

선생님께서 정색을 하시면서 말씀하셨다.

"이것은 내가 사람들의 병을 고쳐 주는 처방이다. 정말로 사람들 병의 뿌리를 제거해 버리려면 그밖에 무슨 큰 재주가 있겠느냐? 사람이라면 10여년이 지난 뒤에라도 역시 그대로 쓸 수 있는 처방이다. 네가 만약 쓰지 않겠다면 그대로 버려두어라. 나의 처방을 망칠 짓을 해서는 안된다."

이 친구는 부끄러워하면서 사과했다. 조금 있다가 선생님께서 말씀하셨다.

"이 질문은 헤아려 보건대 너로서 할 수 있는 게 아니었다. 반드시 우리 문하의 약간의 뜻을 아는 자가 그런 말을 하여 너를 그릇되게 하였을 것이다."

그 자리에 있던 사람들은 송구스러운 듯 몸을 움츠렸다.

原文 一友問, 欲於靜坐時, 將好名好色好貨等根, 逐一搜尋, 掃除廓淸, 恐是剜肉做瘡否?

先生正色曰, 這是我醫人的方子. 眞是去得人病根, 更有大本事? 人過了十數年, 亦還用得著. 你如不用, 且放起. 不要作壞我的方子.

是友愧謝. 少間曰, 此量非你事. 必吾門稍知意思者, 爲此說以誤汝.

在坐者, 皆悚然.

註解 ㅇ好名好色好貨(호명호색호화)-《맹자》 양혜왕(梁惠王) 하편에 보이는 말. ㅇ逐一(축일)-하나하나씩. ㅇ搜尋(수심)-찾아내는 것. ㅇ剜肉(완육)-자기 몸의 살을 도려내는 것. ㅇ瘡(창)-상처, 흠집. ㅇ本事(본사)-능력, 재주. ㅇ悚然(송연)-두려워하는 모양, 송구스러운 모양.

解說 욕망을 없애 버리는 것은 오히려 해가 되지 않느냐는 질문에 대해서 왕양명은 대단히 분개하고 있다. 이처럼 분개한 예는 딴 곳에 보인 일이 없다.

80. 한 친구가 공부가 적절히 되지 않는 이유에 대하여 여쭈니 선생님께서 말씀하셨다.

"학문을 하는 방법에 대해서는 내가 이미 한마디로 다 말했었다. 어찌하여 오늘까지도 말할수록 더욱 멀어져서 전혀 뿌리를 박지 못하고 있는가?"

"'양지를 이르게 한다'는 데 대해서는 가르침을 들었습니다. 그래도 역시 말씀하여 밝혀 주실 게 더 있을 것입니다."

선생님께서 말씀하셨다.

"이미 '양지'가 이르게 되었다면 또 무엇을 말하여 밝혀야 한다는 거냐? '양지'란 본래가 분명한 것이어서 거기에 대하여 착실히 공부하기만 하면 되는 것이다. 공부를 하려들지 않고서 오직 말로만 얘기해 보았자 말할수록 더욱 흐리멍텅해진다."

"바로 그것을 이르게 하는 방법을 밝혀 말씀해 주시기 바랍니다."

선생님께서 말씀하셨다.

"그것도 역시 반드시 네 자신이 찾아야 한다. 나도 달리 말해 줄 방도가 없다. 옛날에 한 선사(禪師)가 있었는데 어떤 사람이 선을 하는 방법에 대하여 물으니 오직 손에 들고 있던 주미(麈尾)를 들어보였다. 다음 어느 날 그 사람은 주미를 감추어 놓고서 그가 어떻게 질문에 대답하는가를 보았더니 선사는 주미를 찾아도 보이지 않으니까 오직 빈손만을 들어올리더란다.

내, 이 '양지'라는 것도 바로 불법을 해설하는 데 쓴 주미나 같은 것이다. 이것말고는 무엇을 들어 보일 게 있어야지?"

조금 있다가 또 한 친구가 공부하는 요점에 대하여 질문을 하였다. 선생님께서는 곁을 돌아보시면서 말씀하셨다.

"내 주미는 어디에 있지?"

한동안 그 자리에 있던 사람들은 모두 가슴이 뛰는 듯하였다.

原文 一友問功夫不切. 先生曰, 學問功夫, 我已曾一句道盡. 如何今日轉說轉遠, 都不著根?

對曰, 致良知, 蓋聞教矣. 然亦須講明.

先生曰, 旣知致良知, 又何可講明? 良知本是明白, 實落用功, 便是. 不肯用功, 只在語言上, 轉說轉糊塗.

曰, 正求講明致之之功.

先生曰, 此亦須你自家求. 我亦無別法可道. 昔有禪師, 人來問法, 只把麈尾提起. 一日其徒, 將麈尾藏過, 試他如何說法, 禪師尋麈尾不見, 又只空手提起.

我這箇良知, 就是說法的麈尾. 舍了這箇, 有何可提得?

少間, 又一友講問功夫切要. 先生旁顧曰, 我麈尾安在?

一時, 在坐者皆躍然.

註解 ㅇ講明(강명)－강의하여 밝혀 주다, 또는 강구하여 밝히다. ㅇ實落(실락)－착실히, 충실히. ㅇ糊塗(호도)－흐리멍텅한 것, 분명치 않은 것. ㅇ麈尾(주미)－사슴 꼬리로 만든 먼지떨이 같은 물건으로 선승(禪僧)들이 손에 들었다. ㅇ躍然(약연)－가슴이 뛰는 모양, 크게 감동하는 모양.

解說 왕양명은 만년에 이르러 '양지를 이르게 한다'는 것이 학문의 목표임을 뚜렷이 밝히고 있다. 그러나 무엇이, 어떤 것이 '양지'냐고 물으면 말로는 설명하기 어렵다는 것이다. 그리고 어떻게 하면 '양지를 이르게 하는가' 하는 방법도 말로는 설명할 수 없다는 것이다. '양지'는 스스로 공부하는 동안 자기 마음으로 체득해야만 하며, '양지를 이르게 하는 것'도 스스로 공부를 하여 '이르게' 해야지 남이 도와주거나 그 방법을 일러줄 수는 없는 것이라는 얘기이다.

81. 어떤 사람이 《중용》에서 '지극히 정성된 사람은 앞일을 안다'고 한 데 대하여 여쭈었다. 선생님께서 말씀하셨다.

"정성됨이란 실질적인 이이며 바로 '양지'인 것이다. 실제의 이의 묘한 작용과 활동이 바로 신(神)이며 그 싹이 터서 움직이는 곳이 바로 빌미[幾]인 것이다. 정성됨과 신과 빌미를 지니고 있는 사람을 성인이라 한다.

성인은 앞일을 아는 것을 존중하지 않는다. 화와 복이 닥치는 것은 비록 성인이라 하더라도 면할 수 없는 게 있는 것이다. 성인은 다만 빌미를 알아가지고 변화를 당하더라도 거기에 통과할 수가 있는 것이다.

'양지'에는 과거와 미래가 없고 다만 현재의 빌미만을 알 수 있는데 그것으로써 한 가지 일을 앎으로써 백 가지 일을 예측할 수가 있는 것이다. 만약 앞일을 알아야 하겠다는 마음을 갖고 있다면 그것은 바로 사사로운 마음이 되어 곧 이로운 곳으로 나가고 해로운 것을 피하려는 뜻을 지니게 된다. 소옹(邵雍)이 앞일을 알 수 있다고 확언한 것은 결국 이해를 따지는 마음이 없어지지 않고 있었기 때문이다."

原文 或問至誠前知. 先生曰, 誠是實理, 只是一箇良知. 實理之妙用流行, 就是神, 其萌動處, 就是幾. 誠神幾曰聖人.

聖人不貴前知. 禍福之來, 雖聖人, 有所不免. 聖人只是知幾, 遇變而通耳.

良知無前後, 只知得見在的幾, 便是一了百了. 若有箇前知的心, 就是私心, 就有趨避利害的意. 邵子必於前知, 終是利害心未盡處.

註解 ㅇ至誠前知(지성전지)－《중용》에 '지극히 정성된 도를 따르면 앞일을 알 수가 있다…… 화복(禍福)이 이르려 할 때 선해도 반드시 먼저 그것을 알고 선하지 않아도 반드시 먼저 그것을 안다. 그러므로 지극히 정성된 사람은 신(神)과 같다고 하는 것이다'고 한 말에서 따온 것임. ㅇ幾(기)－빌미, 전조(前兆). ㅇ邵子(소자)－송대의 학자 소옹(邵雍), 자는 요부(堯夫), 호는 강절(康節), 선천상수(先天象數)의 학문을 닦아 성리학의 선구자가 되었다.

解說 정성됨이 '양지'라는 것은 이미 앞에서도 설명된 것이다. '양지'

는 과거와 미래가 없는 것이지만 한 가지 일로 미루어 백 가지 일을 알 수 있는 것이다. 따라서 일의 빌미를 통하여 앞일을 알 수가 있다. 그러나 일부러 앞일을 알려고 들지 않는 데 '양지'의 소중함이 있다. 사람이 이미 앞일을 알려고 들었다면 거기에는 이미 개인의 욕심이 섞인 것이어서 '양지'를 떠난 것이 되고 만다. 따라서 왕양명에 의하면 미래에 대하여 미리 안다는 것보다도 미래에 대처하는 양지의 자세가 더 중요한 것이 된다.

82. 선생님께서 말씀하셨다.

"아는 것도 없고 알지 못하는 것도 없다. 본체로서의 '양지'는 원래가 그러한 것이다. 비유를 들면 해는 만물을 비추려는 마음을 가져본 일이 없지만 스스로 비추어지지 않는 물건이 없는 거나 같다. 비추는 것도 없고 비추어지지 않는 것도 없는 게 본시 해의 본체인 것이다.

'양지'는 본래 아는 게 없는데 지금 사람들은 알 것을 바라며 본래 알지 못하는 게 없는데 지금 사람들은 알지 못하는 게 있다고 의심하고 있다. 이것은 오직 '양지'에의 믿음이 부족하기 때문이다."

原文 **先生曰, 無知無不知, 本體原是如此. 譬如日未嘗有心照物, 而自無物不照. 無照無不照, 原是日的本體.**

良知本無知, 今卻要有知, 本無不知, 今卻疑有不知, 只是信不及耳.

解說 '양지'를 두고 앎[知]을 말할 때 그것은 보통 상식적인 앎이 아닌 게 분명하다. 노자가 '도는 하는 일도 없고 하지 않는 일도 없다'고 한 논리와 같다. '도'가 모든 사물의 근원인 것처럼 양지도 모든 앎 또는 지각작용의 근원이라고 생각했던 것 같다.

83. 선생님께서 말씀하셨다.

"'오직 천하의 지극한 성인만이 총명과 깊은 지혜를 지닐 수가 있다'고 《중용》에서 말했다. 옛날에는 얼마나 오묘한 말인가 하고 생각했었는데 지금 와서 보니 원래 사람이면 스스로 누구나가 갖추고 있는 것이다. 귀는 원래부터 밝게 들리고〔聽〕, 눈은 원래부터 밝게 보이고〔明〕, 마음과 생각은 원래부터 깊은 지혜를 지니고 있다. 성인은 다만 모든 것은 완전히 할 수 있을 따름인 것이다. 그것을 완전히 할 수 있는 것이 바로 '양지'인 것이다. 보통사람들이 완전히 하지 못하는 것은 다만 '양지'에 이르지 못하였기 때문이다. 얼마나 분명하고도 간단한 원리인가?"

原文 **先生曰, 惟天下至聖, 爲能聰明睿知. 舊看何等玄妙, 今看來, 原是人人自有的. 耳原是聰, 目原是明, 心思原是睿知. 聖人只是一能之爾. 能處正是良知. 衆人不能, 只是箇不致知. 何等明白簡易?**

註解 ㅇ聰明(총명)－귀로 분명히 듣고 눈으로 밝게 보는 것. ㅇ睿知(예지)－깊은 지혜. ㅇ一能之(일능지)－그것 전부를 완전히 할 수 있는 것.

解說 사람이란 본시 모두 같은 것인데, 성인과 보통사람의 구별이 생기는 것은 오직 '양지' 한 가지에 의해서다. '양지'에 완전히 이르게 하면 성인이 되어 총명과 깊은 지혜를 지니게 되고 '양지'가 불완전하면 보통사람의 위치에 머물고 만다는 것이다.

84. 내가 여쭈었다.

"공자께서 말씀하신 '먼 일을 생각한다'는 것과 주공(周公)이 밤낮으로 계속하여 생각했었다는 것과 정명도(程明道)가 말한 '마음이 물건을 따라 보내고 마중하는 것'과는 같지 않은 것 같은데 어떻게 되는 것입니까?"

선생님께서 말씀하셨다.

"먼 일을 생각한다는 것은 끝도 없이 널리 생각한다는 게 아니며, 오직 천리를 마음에 보존하려는 것이다. 천리란 사람의 마음에 있어서는 옛날부터 지금에 이르기까지 변함이 없는 것이다. 천리란 바로 '양지'이다. 천가지 생각 만 가지 생각을 하더라도 오직 이 '양지'에 이르게 해야만 한다. '양지'란 그것을 생각할수록 더욱 정세하고 분명해지는 것이다. 만약 정세히 생각하지 않고 아무렇게나 일에 따라 호응해 나간다면 '양지'는 곧 거칠어질 것이다.

만약 오직 일에 대해서만 끝도 없이 널리 생각하는 것을 '멀리 생각하는 것'이라 가르친다면 곧 비난과 칭찬 및 이익과 손실의 계산이 수반되는 사람의 욕망이 그 속에 끼어드는 것을 면할 수가 없을 것이다. 이것이 바로 '물건을 따라 마음이 보내고 마중하는 것'이다. 주공이 밤새도록 생각하셨다는 것은 바로 '남이 보지 않는 데를 경계하고 조심하며 남이 듣지 않는 데를 두려워한다'는 공부였을 것이다. 이것을 알면 그 기상이 '물건을 따라 마음이 보내고 마중하는 것'과는 스스로 분별이 됨을 알 것이다."

原文 問, 孔子所謂遠慮, 周公夜以繼日, 與將迎不同, 何如?

先生曰, 遠慮不是茫茫蕩蕩去思慮, 只是要存這天理. 天理在人心, 亘古亘今, 無有終始. 天理卽是良知, 千思萬慮, 只是要致良知. 良知愈思愈精明. 若不精思, 漫然隨事應去, 良知便粗了.

若只著在事上, 茫茫蕩蕩去思, 教做遠慮, 便不免有毁譽得喪人欲攙入其中, 就是將迎了. 周公終夜以思, 只是戒愼不睹, 恐懼不聞的功夫. 見得時, 其氣象與將迎自別.

註解 ㅇ遠慮(원려)-《논어》 위령공(衛靈公)편에 '공자께서 말씀하시기를 사람이 멀리 생각하는 게 없으면 반드시 가까운 근심이 있을 것이다'고 한 말에서 따온 말. ㅇ夜以繼日(야이계일)-《맹자》 이루(離婁) 하편에 '주공(周公)은 우(禹)·탕(湯)·문무(文武)의 삼왕(三王)의 정치를 아우르고, 그분들이 행하신 네 가지 일들을 시행하려 하였으나, 그 중에는 현세에 맞지 않는 게 있어서 아울러 그것을 생각함에 밤낮으로 계속하여 생각했으며, 다행히 그 방법을 터득하면 앉아서 날이 밝기를 기다리셨다'고 한 말에서 따온 말임. ㅇ將迎(장영)-정명도(程明道)의 《정성서(定性書)》에 '움직임에도 안정되고 고요함에도 안정되어 일을 좇아 마음이 보내고 마중함이 없고 자기 안과 밖의 구별이 없다'고 한 데서 따온 말. ㅇ茫茫蕩蕩(망망탕탕)-끝없이 넓은 것. 종잡을 수 없이 광범위한 것. ㅇ漫然(만연)-아무렇게나, 함부로. ㅇ得喪(득상)-득실(得失), 이득과 손실. ㅇ戒愼不睹(계신부도)-'공구불문(恐懼不聞)'과 함께 《중용》에 보이는 말로 앞에 이미 여러번 보였음.

解說 '멀리 신중히 생각해야 한다'는 공자의 말과 주공(周公)이 밤낮으로 계속했다는 성실성이 '사물을 따라 움직이는 마음'과 다른 것은 말할 나위도 없다. 이것을 '천리'와 '양지'를 가지고 설명하고 있는 것이 양명학의 특징이라 할 것이다.

85. 내가 여쭈었다.

"《논어》에서 '어느 날이건 자기를 이겨내어 예로 되돌아가면 온 천하가 어짊[仁]으로 돌아가게 될 것이다'고 한 말은 주자는 공부의 효험이 나타난 것이라 해설하고 있는데 어떻습니까?"

선생님께서 말씀하셨다.

"성현들은 오직 자기를 위하는 학문을 하여, 자기 공부는 중시하지만 그 공부의 효험은 중시하지 않는다. 어짊이란 것은 만물을 동체로 보는 것이다. 만물과 일체가 되지 못하는 것은 오직 자기 개인을 잊지 못하고 있기 때문이다. 어짊의 본체를 완전히 하기만 하면 곧 천하가 모두 나의 어짊으로 귀의하게 될 것이다. 그것이 곧 '사방팔방의 먼 곳도 모두 나의 문안에 있다'고 한 뜻이다. '온 천하가 모두 그의 어짊을 따른다'는 뜻도 역시 그 가운데 있게 된다. 또 '나라에 있어서도 원망이 없고 집안에 있어서도 원망이 없다'고 한 것도 역시 바로 자기 자신이 원망이 없다는 뜻이다. 그리고 '하늘을 원망하게 하지 않고 사람들을 탓하지 않는다'는 뜻도 된다. 그래서 집안이나 나라 사람들이 나에 대하여 원망하지 않는다는 뜻도 역시 그 가운데 포함된다. 다만 중시하는 것이 바로 거기에 있지 않을 따름인 것이다."

原文 問, 一日克己復禮, 天下歸仁. 朱子作效驗說. 如何?

先生曰, 聖賢只是爲己之學, 重功夫, 不重效驗. 仁者, 以萬物爲體. 不能一體, 只是己私未忘. 全得仁體, 則天下皆歸於吾仁. 就是八荒皆在我闥意. 天下皆與其仁, 亦在其中. 如在邦無怨, 在家無怨, 亦只是自家不怨. 如不怨天不尤人之意. 然家邦無怨於我, 亦在其中. 但所重不在此.

註解 ㅇ一日克己(일일극기)―이 말은 《논어》 안연(顔淵)편에 보이는 말임. ㅇ效驗說(효험설)―주자는 《사서집주(四書集註)》에서 앞 구절을 설명하여 '어느 날이건 자기를 이겨내고 예로 되돌아가면 곧 천하 사람들이 모두 그의 어짊에 따르게 된다. 그 효험이 매우 빠르고도 지극히 큼을 극단적으로 말한 것이다'고 하였다. ㅇ爲己之學(위기지학)―《논어》 헌문(憲問)편에 '옛날의 학자들은 자기를 위하여 하였고 지금 학자들은 남에게 보이기 위하여 하였다'고 한 말에서 따온 말임. ㅇ萬物爲體(만물위체)―정명도의 말. ㅇ八荒(팔황)―사방팔방의 먼 곳. 이 구절은 여여숙(呂與叔)의 〈극기명(克己銘)〉에 보인다. ㅇ闥(달)―문, 문의 차면[門屛]. ㅇ在邦無怨(재방무원)―이 대목은 《논어》 안연편에 보이는 말임. ㅇ不怨天不尤人(불원천불우인)―《논어》 헌문편에 보이는 말.

解說 학문이란 자기 수양 또는 자기 완성의 목표가 되어야 한다. 자기가 완성하면 천하는 자연히 그를 따르게 될 것이지만 공부하면서도 그러한 효험에 신경을 써서는 안된다는 것이다.

86. 내가 여쭈었다.

"맹자가 기교를 지혜에, 실력을 성(聖)스러움에 비유한 데 대하여 주자는 백이(伯夷)·이윤(伊尹)·유하혜(柳下惠) 세 사람이 실력은 남음이 있지만 기교가 부족하다는 뜻이라고 설명하고 있는데 어떻습니까?"

선생님께서 말씀하셨다.

"세 분은 본시부터 실력도 있거니와 기교도 있는 분들이다. 기교나 실력이란 실제로 두 가지 다른 일이 아닌 것이다. 기교란 오직 실력을 사용하는 데에 존재하는 것이다. 실력은 있으면서도 기교가 없다면 또한 쓸데없는 실력이 될 것이다.

이 세 분들을 활쏘기에 비유해 보자. 한 사람은 걸으면서 쏘기를 잘하고 한 사람은 말타고 쏘기를 잘하고 한 사람은 멀리 쏘기를 잘한다고 하자. 그들이 활을 쏘아 화살이 표적까지 날아가는 것은 모두 실력이라 말하는데 잘 들어맞는 것은 모두 기교라고 할 수가 있다. 다만 한 사람은 걸으면서 쏘기나 하지 말타고 쏘지는 못하며, 한 사람은 말타고 쏘기나 하지 멀리 쏘지는 못하는 것같이 각기 특장(特長)이 있다. 이것이 바로 재능과 실력의 한계에 같지 않은 점이 있다는 증거이다.

공자는 세 가지를 모두 잘하셨다. 그러나 공자의 온화함도 유하혜에 이르러 그 극점에 달하여 있는 것이며, 공자의 청렴함도 백이에 이르러 그 극점에 달해 있는 것이며, 공자의 실행능력도 이윤에 이르러 그 극점에 달해 있는 것이다. 어찌 거기에 약간이라도 더 보탤 게 있겠는가?

만약 세 분들이 실력은 남음이 있었지만 기교가 부족했다고 말한다면 곧 그들의 실력은 오히려 공자보다도 뛰어난 게 된다. 기교와 실력은 오직 성스러움과 지혜의 뜻을 밝히기 위한 것이었다. 만약 성스러움과 지혜의 본체가 어떤 것인가를 안다면 곧 자연히 이해할 수가 있게 될 것이다."

原文 問, 孟子巧力聖智之說, 朱子云, 三子力有餘, 而巧不足. 何如?

先生曰, 三子固有力, 亦有巧. 巧力實非兩事. 巧亦只在用力處. 力而不巧, 亦是徒力.

三子譬如射. 一能步箭, 一能馬箭, 一能遠箭. 他射得到, 俱謂之力, 中處俱可謂之巧. 但步不能馬, 馬不能遠, 各有所長. 便是才力分限, 有不同處.

孔子則三者皆長. 然孔子之和, 只到得柳下惠而極, 清只到得伯夷而極, 任只到得伊尹而極, 何曾加得些子?

若謂三子力有餘, 而巧不足, 則其力反過孔子了. 巧力只是發明聖智之義. 若識得聖智本體是何物, 便自了然.

註解 ㅇ巧力聖智之說(교력성지지설)－《맹자》 만장(萬章) 하편에 '백이(伯夷)는 성인으로서 청렴[淸]한 사람이고, 이윤(伊尹)은 성인으로서 실행능력 있는[任] 사람이고, 유하혜(柳下惠)는 성인으로서 온화[和]한 사람이다. ……지혜[智]는 비유를 들면 기교[巧]이고, 성스러움[聖]은 비유를 들면 실력[力]이다. 마치 백보 밖에서 활을 쏜다면 화살이 거기까지 가는 것은 그대의 실력이지만, 그것이 들어맞는 것은 그대의 실력이 아닌 것이다'고 한 대목을 가리킨다. ㅇ朱子云(주자운)－앞대목의 주자의 주를 보면 '공자는 기교와 실력이 완전하고 성스러움과 지혜를 다 갖추고 있다. 세 분은 실력은 남음이 있지만 기교가 부족하다는 것이다. 그래서

한 가지 일에 있어서는 비록 성인에 이르고 있지만 그들의 지혜는 때에 알맞는 경지에 이르지는 못하고 있다는 것이다'고 해설하고 있다. ㅇ柳下惠(유하혜)－춘추시대 노(魯)나라 사람, 전금(展禽)이라고도 부르며 이름은 획(獲), 자는 계(季). 일찍이 사사(士師) 벼슬을 하다 세 번이나 벼슬자리에서 쫓겨났으나 나라를 떠나지 않았다는 절의의 사람이다. ㅇ任(임)－일을 책임지고 처리하는 능력, 실행능력.

解說 《맹자》의 해설에 대한 주자와 다른 견해를 얘기한 것이다. 왕양명 학설의 특징과는 관계없는 구절 해석상의 차이에 불과하다.

87. 선생님께서 말씀하셨다.

"《역경》에 '하늘의 때에 앞서서 일을 하여도 하늘의 뜻이 그에 어긋나지 않는다'고 하였는데, 하늘이란 곧 '양지'이기 때문이다. '하늘의 때에 뒤져서 일을 하여도 하늘의 때를 떠받든다'고 하였는데, '양지'가 바로 하늘이기 때문이다."

原文 **先生曰, 先天而天弗違, 天卽良知也. 後天而奉天時, 良知卽天也.**

註解 ㅇ先天而天弗違(선천이천불위)－뒤의 '후천이봉천시(後天而奉天時)'와 함께 《역경》 건(乾)괘 문언전(文言傳)에 보이는 말.

解說 성인은 천지만물과 일체가 됨을 강조한 말이다.

88. " '양지'란 옳고 그름을 가리는 마음에 지나지 않는다. 옳고 그르다는 것은 좋고 나쁘다는 것에 지나지 않는다. 오직 좋고 나쁘다는 것은 옳고 그르다는 판단을 다한 것이며, 오직 옳고 그르다는 것은

만 가지 일의 만 가지 변화를 다했다는 것이 된다."

또 말씀하셨다.

"옳고 그름이란 두 가지 말이야말로 세상의 큰 기준인 것이다. 교묘히 그것에 잘 대처하는 것은 그 사람됨에 달려 있는 일이다."

原文 良知只是箇是非之心. 是非只是箇好惡. 只好惡就盡了是非. 只是非就盡了萬事萬變.

又曰, 是非兩字, 是箇大規矩. 巧處則存乎其人.

註解 ○是非之心(시비지심)-《맹자》 공손추(公孫丑) 상편에 나오는 말. ○巧處(교처)-교묘하고 적절히 그 기준을 사용하는 것.

解說 '양지'란 간단히 말하면 '옳고 그름'을 올바로 판단하는 마음이며, 다시 그것은 모든 일에 대한 '좋고 나쁨'의 성향으로도 나타난다는 것이다. 여기의 '옳고 그름' 또는 '좋고 나쁨'은 모두 개인적인 것이 아니라 천리에 입각한 올바른 것을 가리키고 있는 것이다.

89. "성인의 양지는 푸른 하늘의 해와 같은 것이고, 현인(賢人)의 것은 뜬구름이 낀 하늘의 해와 같은 것이고, 어리석은 사람의 것은 음산한 날의 하늘의 해와 같은 것이다. 비록 어둡고 밝은 것은 같지 않지만 그것들이 검고 흰 것을 분별할 수 있다는 점에 있어서는 같다. 비록 캄캄한 밤중이라 하더라도 역시 어렴풋이나마 검고 흰 것을 볼 수 있는 것은 바로 해의 남은 빛이 다하지 않은 덕분이다. 곤경에 처하여 알고 힘써 배우는 어리석은 자의 공부도 역시 오직 이러한 밝은 곳에서부터 정세히 살펴나가도록 해야만 한다."

原文 聖人之知, 如青天之日, 賢人如浮雲天日, 愚人如陰霾天日. 雖有昏明不同, 其能辨黑白則一. 雖昏黑夜裏, 亦影影見得黑白, 就是日之餘光未盡處. 困學功夫, 亦只從這點明處精察去耳.

註解 ㅇ陰霾(음매)－날이 음산하고 흙비가 내리는 것. 중국의 화북(華北) 지방은 가을에서부터 봄에 걸쳐 온 하늘을 까맣게 덮고 흙비가 내리는 날들이 있다. ㅇ影影(영영)－어렴풋이, 희미하게 보이는 모양.

解說 성인으로부터 어리석은 사람들에 이르기까지 '양지'란 누구나 지니고 있는 것이다. 다만 개인의 욕심에 그것이 가리워진 정도가 다를 뿐이다. 다만 아무리 '양지'는 개인의 욕심에 가리워져 있다 해도 여전히 희미한 빛은 지니고 있다. 공부란 그 희미한 빛에서부터 착수하여 가리워진 것들을 하나하나 걷어내어 순수하고 깨끗한 '양지'를 되찾는 것이라는 것이다.

90. 내가 여쭈었다.

"선생님께서는 '양지'를 해에 비유하고 사람의 욕망을 구름에 비겼습니다. 구름은 비록 해를 가릴 수는 있지만 또한 하늘의 한 가지 기운으로써 마땅히 있어야만 하는 것입니다. 욕망이라는 것도 역시 사람의 마음에는 마땅히 있어야만 되는 게 아니겠습니까?"

선생님께서 말씀하셨다.

"기쁨, 노여움, 슬픔, 두려움, 좋아함, 싫어함, 욕망을 '일곱 가지 감정'이라 말한다. '일곱 가지 감정'이란 모두가 사람의 마음에는 마땅히 있어야만 하는 것들이다. 다만 '양지'에 대하여 분명히 인식해야만 된다는 것이다.

비유를 들면 그것은 햇빛과 같은 것이어서 있는 장소를 지적할 수가 없는 것이다. 한 좁은 틈으로 빛이 스며든다 하더라도 모두가 햇빛이 존재하는 장소가 된다. 비록 구름과 안개가 사방에 가득 차 있다 하더라도 넓은 공간 속의 빛깔과 형상을 분별할 수 있는 것은 역시 햇빛이 완전히 없어지지 않고 있기 때문이다. 구름이 해를 가린다고 해서 하늘에게 구름이 생기지 않도록 하라고 할 수는 없는 것이다. '일곱 가지 감정'도 그 자연스러운 활동에 따르기만 하면 모두가 '양지'의 작용이므로 선하고 악함으로 구별할 수가 없는 것이다. 다만 그것들이 무엇에 집착되는 곳이 있어서는 안된다. '일곱 가지 감정'이 집착되는 데가 있으면 모두가 욕망이라 부를 수 있는 것이 되며 모두가 '양지'를 가리는 것이 된다.

그러나 '일곱 가지 감정'이 집착되는 예가 있자마자 바로 '양지'도 자연히 그것을 깨닫게 되는 것이다. 깨닫기만 하면 가려진 것이 곧 제거되어 그 본체로 되돌아가게 되는 것이다. 이러한 것을 잘 이해할 수만 있다면 비로소 간편하고도 쉽고 투철한 공부를 할 수 있게 될 것이다."

原文 問, 知譬日, 一欲譬雲. 雲雖能蔽日, 亦是天之一氣, 合有的. 欲亦莫非人心合有否?

先生曰, 喜怒哀懼愛惡欲, 謂之七情. 七者, 俱是人心合有的. 但要認得良知明白.

此如日先, 亦不可指著方所. 一隙通明, 皆是日光所在. 雖雲霧四塞, 太虛中色象可辨, 亦是日先不滅處. 不可以雲能蔽日, 教天不要生雲. 七情順其自然之流行, 皆是良知之用, 不可分別善惡. 但不可有所著. 七情有著, 俱謂之欲, 俱爲良知之蔽.

然纔有著時, 良知亦自會覺. 覺卽蔽去, 復其體矣. 此處能勘得破, 方是簡易透徹功夫.

註解 ○七情(칠정)－일곱 가지 감정. 《예기》 예운(禮運)편에 보인다.

ㅇ方所(방소)－방위와 장소. ㅇ著(착)－한 가지 일이나 물건에 집착되는 것. ㅇ勘得破(감득파)－철저히 생각할 수 있게 되다, 잘 이해하다.

解說 사람의 감정 자체가 '양지'를 가리는 게 아니다. 감정이 자연스러운 활동을 하는 것은 '양지'의 작용이다. 이 감정이 어떤 사물에 집착되어 지나치거나 부족하게 되면 그것이 개인의 욕망으로 변하여 양지를 가리게 된다는 것이다. 욕망과 감정의 구별은 매우 논리적이다.

91. 내가 여쭈었다.

"성인은 '나면서 알고 편안히 실행한다'고 하는데 그것은 자연스러운 것입니다. 그런데 어찌하여 공부를 할 필요가 있습니까?"

선생님께서 말씀하셨다.

"앎과 행동이란 두 가지는 바로 공부인 것이다. 다만 거기에 얕고 깊은 것과 어렵고 쉬운 구별이 있을 따름이다.

'양지'란 원래가 정묘하고도 분명한 것이다. 만약 부모에게 효도를 행하려 할 것 같으면 '나면서 알고 편안히 행하는 사람'은 오직 이 '양지'를 의지하며 착실히 효도를 다하기만 하면 그뿐이다. '배워서 알고 이로움을 따라 행하는 사람'은 오직 때때로 반성하고 자각함으로써 이 '양지'에 의지하여 효도를 다하기에 힘쓰기만 하면 그뿐이다.

그러나 '곤경에 처하여 알게 되고 힘써 행동하는 사람'은 가려지고 막힌 정도가 이미 심각하므로 비록 이 '양지'에 의지하여 효도를 다하려 한다 하더라도 또한 사사로운 욕망에 막혀 있으므로 불가능하게 되는 것이다. 반드시 남이 하나의 노력을 하면 자기는 백의 노력을 하고 남이 열의 노력을 하면 자기는 천의 노력을 하여야만 비로소 이 '양지'에 의지하여 그의 효도를 다할 수 있게 되는 것이다.

성인은 비록 '나면서 알고 편안히 행동한다' 하더라도, 그러나 그의 마음은 감히 스스로를 옳다고 생각하지 않고 '곤경에 처하여 알게 되고 힘써 행하는' 공부를 하려드는 것이다. '곤경에 처하여 알게 되고 힘써 행하는 사람'은 반대로 '나면서 알고 편안히 아는 것' 같은 일을 하려고 생각하는 것이니 어찌 될 수가 있겠느냐?"

原文 問, 聖人生知安行, 是自然的. 如何有甚功夫?

先生曰, 知行二字, 卽是功夫. 但有淺深難易之殊耳.

良知原是精精明明的. 如欲孝親, 生知安行的, 只是依此良知, 實落盡孝而已. 學知利行者, 只是時時省覺, 務要依此良知盡孝而已.

至於困知勉行者, 蔽錮已深, 雖要依此良知去孝, 又爲私欲所阻, 是以不能. 必須加人一己百, 人十己千之功, 方能依此良知, 以盡其孝.

聖人雖是生知安行, 然其心不敢自是, 肯做困知勉行的功夫. 困知勉行的, 卻要思量做生知安行的事, 怎生成得?

註解 ㅇ生知安行(생지안행)－학지이행(學知利行), 곤지면행(困知勉行)과 함께 《중용》에 보이는 말. 상권 6조목 참조. ㅇ實落(실락)－착실히. ㅇ蔽錮(폐고)－가리워지고 막혀 있는 것. ㅇ人一己百(인일기백)－이 대목도 《중용》에서 인용한 말. ㅇ怎生(즘생)－옛날 말로써 현대 중국어의 '즘마양(怎磨樣)'과 같은 말. 어찌, 어떻게.

解說 '나면서 알고 편안히 행한다'는 성인은 아무런 공부도 할 필요가 없을 것 같다. 그러나 성인은 자기의 완전함을 스스로 믿을 수 없기 때문에 완전한 상태를 유지하려고 계속 공부한다는 것이다. 반대로 어리석은 '곤경에 처하여 알고 힘써 행하는 자'들은 자기가 어리석다는 것을 모르기 때문에 오히려 성인 같은 노력을 기울이지 않는다는 것이다. 왕양명은 사람의 타고난 재질에는 차이가 있지만 어떤 사람을 막론하고 공부만은 게을리해서는 안된다고 생각하였던 것이다.

92. 내가 여쭈었다.

"즐김이란 마음의 본체라고 말씀하셨는데 부모의 상(喪)을 당하여 슬퍼하고 곡할 적에도 이러한 즐거움이 그대로 있는 것인지 알지 못하겠습니다."

선생님께서 말씀하셨다.

"반드시 크게 곡을 한바탕 하고 나면 마음은 즐거워지는 것이다. 곡을 하지 않으면 곧 즐겁지 못할 것이다. 비록 곡을 한다 하더라도 그의 마음이 편안하기만 하면 곧 즐거움인 것이다. 본체에는 절대로 변동이 없는 것이다."

原文 問, 樂是心之本體. 不知, 遇大故, 於哀哭時, 此樂還在否.

先生曰, 須是大哭一番了方樂. 不哭, 便不樂矣. 雖哭, 此心安處, 卽是樂也. 本體未嘗有動.

註解 ㅇ樂是心之本體(낙시심지본체)－《전습록》 중권에 들어 있는 '육원정(陸原靜)에게 답함'이란 글에 보이는 말. ㅇ大故(대고)－부모의 상(喪).

解說 마음은 본시가 즐거운 것이다. 부모의 상을 당하여 통곡을 하고 있을 적이라도 자기 마음에 아무 거리낌이 없다면 그것이 바로 즐거움이라는 것이다. 따라서 '양지'를 보존하고 있는 마음은 언제나 즐겁다는 뜻이 된다.

93. 내가 여쭈었다.

" '양지'는 하나가 있을 따름입니다. 그런데 《역경》을 보면 문왕(文王)은 괘사(卦辭)를 지으시고, 주공(周公)은 효사(爻辭)를 지으셨고 공자께서는 십익(十翼)을 만들었다는데, 어찌하여 각자의 본 이치가 같지 않습니까?"

선생님께서 말씀하셨다.

"성인들께서 어찌 죽은 격식에 구속받으셨겠느냐? 그 요점들이 '양지'로부터 나왔다는 점에 있어서는 같지만 각자가 다른 설명을 한다 해도 무슨 잘못이 있겠느냐?

그것은 마치 대밭의 대와 같다. 오직 그 가지나 마디에 있어서는 다같이 대체로 같지만 만약 한 가지 한 마디를 규정하여 모든 것을 높이와 크기를 같게 하려 한다면 곧 조물주의 묘한 수법이라 볼 수 없게 된다.

너희들은 오직 '양지'를 기르기만 하면 되는 것이다. '양지'만 같다면 다시 서로 다른 점이 있다 해도 상관이 없는 것이다. 너희들이 만약 공부는 하려들지 않는다면 죽순조차도 솟아나지 않을 것인데 어떻게 대나무 가지나 마디를 논할 수가 있겠느냐?"

原文 問, 良知一而已. 文王作彖, 周公繫爻, 孔子贊易, 何以各自看理不同?

先生曰, 聖人何能物得死格? 大要出於良知同, 便各爲說何害?

且如一園竹. 只要同此枝節, 便是大同, 若拘定枝枝節節, 都要高下大小一樣, 便非造化妙手矣.

汝輩只要去培養良知. 良知同, 更不妨有異處. 汝輩若不肯用功, 連筍也不曾抽得, 何處去論枝節?

註解 ㅇ彖(단)-《역경》의 각 괘(卦) 아래 붙어 있는 괘사(卦辭). 십익(十翼) 가운데의 단전(彖傳)이 아니다. ㅇ繫爻(계효)-효사(爻辭)를 이어 만들다. ㅇ贊易(찬역)-《역경》의 이해를 도울 십익(十翼)을 만들다. ㅇ死格(사격)-생명 없는 죽은 격식. ㅇ拘定(구정)-규정하다. ㅇ筍(순)-죽순.

순(筍)과 같은 글자.

解說 지금 학자들은 《역경》의 괘사를 문왕이 짓고 효사를 주공이 짓고 십익을 공자가 지었다는 전통적인 설을 거의 모두가 의심하고 있다.

어떻게 '양지'를 지닌 성인들이 어째서 각기 같은 《역경》에 대하여 이처럼 이론이 달랐느냐 하는 질문은 묘하다. 그러나 왕양명은 '양지'를 지니기만 하면, 그밖의 개성이나 재질의 차이는 당연한 것으로 설명하고 있다. '양지'를 지녔다고 해서 모든 사람의 생각이 같아질 수는 없다는 것이다.

94. 마을 사람 가운데 부자가 소송을 하는 자가 있었다. 그들은 선생님께 소청을 하려 하였는데 선생님의 시자들이 이들을 막으려 하였다. 그러나 선생님은 그들의 호소를 들었다. 선생님이 그러고 나서 그들에게 무어라 말씀하셨는데 말씀이 채 끝나기도 전에 그 부자는 서로 끌어안고 통곡을 하면서 떠나갔다.

시명치(柴鳴治)가 들어와 선생님께 여쭈었다.

"선생님께서 무슨 말씀을 하셨기에 그들을 그토록 빨리 감동시켜 뉘우치게 만드셨습니까?"

선생님께서 말씀하셨다.

"나는 순(舜)은 세상에서 크게 불효했던 자식이고, 그의 아버지 고수(瞽瞍)는 세상에서 크게 자애로운 아버지였다고 말했지."

시명치는 놀라면서 그 이유를 여쭈었다. 선생님께서 말씀하셨다.

"순임금은 언제나 스스로 큰 불효자라 생각했었기 때문에 그래서 효도를 행할 수가 있었다. 고수는 언제나 스스로 크게 자애롭다고 생각했었기 때문에 그래서 자애롭지 못하였던 것이다. 고수는 오직 순임금은 내가 안아서 키웠는데 지금 와서 어찌하여 나를 기쁘게 해주지 않는가 하는 생각만을 하였다. 자신의 마음은 이미 후처 때문에 바뀌어져 있다는 것은 알지 못하고 여전히 자신은 자애롭다고 생각했던 것이다. 그래서 갈수록 더욱 자애롭지 못하였다.

순임금은 오직 아버지가 나를 안아 키울 적에 얼마나 나를 사랑했던가만을 생각하였다. 그래서 오늘에 와서 나를 사랑해 주지 않는 것은 오직 내가 효도를 다하지 못하기 때문이라 생각하고 날마다 효도를 다하지 못하는 점에 대하여서만 생각하였다. 그래서 갈수록 더욱 효도를 다할 수가 있었던 것이다.

뒤에 고수가 정말로 감동하여 기뻐하게 되었는데 그때는 또 그의 마음의 원래의 자애로웠던 본체로 되돌아간 것에 불과한 것이었다. 그래서 후세에 순임금은 고금을 통하여 크게 효도를 다하였던 아들이라 일컫게 되었고, 고수도 역시 자애로운 아버지가 되었던 것이다."

原文 鄕人有父子訟獄, 請訴於先生. 侍者欲阻之, 先生聽之. 言不終辭, 其父子相抱, 慟哭而去.

柴鳴治入問曰, 先生何言, 致伊感悔之速?

先生曰, 我言, 舜是世間大不孝的子, 瞽瞍是世間大玆的父.

鳴治愕然, 諸問, 先生曰, 舜常自以爲大不孝, 所以能孝. 瞽瞍常自以爲大玆, 所以不能玆. 瞽瞍只記得, 舜是我提孩長的, 今何不曾豫悦我. 不知自心已爲後妻所移了, 尚謂自家能慈. 所以愈不能慈.

舜只思父提孩我時, 如何愛我, 今日不愛, 只是我不能盡孝, 日思所以不能盡孝處. 所以愈能孝.

及至瞽瞍底豫時, 又不過復得此心原玆的本體. 所以後世稱, 舜是箇古今大孝的子, 瞽瞍亦做成箇慈父.

註解 ㅇ訟獄(송옥)－소송을 하다. ㅇ柴鳴治(시명치)－어떤 사람인지

생평이 알려지지 않고 있다. ㅇ瞽瞍(고수)－순의 아버지. 《서경》 요전(堯典), 《맹자》 만장(萬章) 상편에 이 이야기가 보인다. ㅇ提孩(제해)－어린 아이를 안아 주며 키우는 것. ㅇ豫悅(예열)－기쁘게 해주다, 즐겁게 해주다. ㅇ底豫(저예)－완전히 기뻐하며 지내게 되다, 저(底)는 치(致)의 뜻.

解說 이것은 왕양명이 한 현(縣)을 다스릴 때의 이야기이다. 남을 탓하기 전에 자기를 반성하며 책할 줄 알면 부자 사이뿐만 아니라 모든 인간관계가 원만해질 것이다.

95. 선생님께서 말씀하셨다.

"공자는 무식한 남자가 와서 질문을 하면 전부터 지니고 있는 지식으로써 그에게 응답하는 일이 없으셨다. 오직 그의 마음을 텅 비게 하고만 있어 가지고 다만 그가 스스로 알 수 있는 옳고 그른 판단의 양편 끝을 두드려 줄 따름이었다. 그렇게 함으로써 그에게 분명히 판별케 하여 주면 무식한 남자의 마음도 곧 분명히 이해되게 되었던 것이다.

무식한 남자가 스스로 알게 되는 옳고 그름의 판단이 바로 그가 타고난 천연의 법칙이니, 비록 성인의 총명함으로써도 어떻게 거기에 터럭끝만큼인들 더하고 덜고 할 수가 있겠는가? 그는 오직 스스로를 믿지 못하였을 뿐이었는데 공자께서 그에게 분명히 판별하여 주자, 곧 빠짐없이 다 이해하게 되었던 것이다. 만약 공자님과 무식한 남자가 얘기할 적에 약간의 지식이라도 거기에 남겨놓고 있었다면 곧 그의 '양지'를 충분히 다하게 하지 못하게 되었을 것이다. 그것은 도와 그 본체가 지식으로 말미암아 둘로 나누어지기 때문이다."

原文 先生曰, 孔子有鄙夫來問, 未嘗先有知識以應之. 其心只空空而已, 但叩他自知的是非兩端, 與之一剖決, 鄙夫之心,便已了然.

鄙夫自知的是非, 便是他本來天則, 雖聖人聰明, 如何可與增減得一毫. 他只不能自信. 夫子與之一剖決, 便已竭盡無餘了. 若夫子與鄙夫言時, 留得些子知識在, 便是不能竭他的良知. 道體卽有二了.

註解 ㅇ鄙夫來問(비부래문)－《논어》 자한(子罕)편에 '선생님께서 말씀하셨다. 내가 아는 게 있는가? 아는 게 없다. 무식한 남자가 나에게 묻는다면 마음은 텅빈 듯해가지고 나는 그의 양편 끝을 두드리어 다하게 해준다'고 한 대목을 근거로 하고 있다. ㅇ剖決(부결)－분명히 판별해 주는 것. ㅇ天則(천칙)－나타난 원칙.

解說 교육은 '양지'를 계발시키는 데 목적이 있다. 무식한 사람일수록 더욱 순수한 '양지'를 지니고 있다고 생각했던 것 같다. 따라서 그 사이에 쓸데없는 지식이 가해지면 오히려 교육을 그르치게 된다는 것이다. 다시 말하면 교육은 정성으로써 해야 되며 적나라한 인간과 인간의 접촉을 통하여 이루어지는 것이라는 것이다. 이것은 한편 허식적인 사회도덕에 대한 반발이라고도 볼 수 있다.

96. 선생님께서 말씀하셨다.

"《서경》의 '증증예(烝烝乂), 불격간(不格姦)'에 대하여 채침(蔡沈)의 주에서는 말하기를 순(舜)의 아우 상(象)이 '스스로 의로움으로 나아가서 크게 간악한 짓을 하지 않기에 이르렀다'고 풀이하고 있다. 그러나 순이 요(堯)임금에게 등용된 뒤에도 상은 여전히 날마다 순을 죽이는 일에 종사하고 있었다. 어찌 이와 같은 큰 간악함이 또 있겠는가?

순은 오직 스스로 자신을 다스리는 일에만 힘써 그 다스림으로써 점차로 감화시키기만 하였지 그의 간악함을 바로잡아 주지는 않았다.

잘못을 꾸미고 악함을 숨기려는 것은 악한 사람들의 일반적인 현상이다. 만약 그의 옳고 그름을 지적하려 하였다면 반대로 그의 악한 본성을 자극하였을 것이다. 순이 처음에 상으로 하여금 자기를 죽이려 들도록 만들었던 것도 역시 상을 훌륭하게 만들려는 마음이 너무나 조급하였기 때문이다. 이것은 바로 순이 지나쳤던 점이다.

경험을 쌓는 사이에 공부는 오직 자신에게 달려 있는 것이어서 남을 책할 필요가 없다는 것을 알게 되었기 때문에 잘 화해될 수가 있었던 것이다. 이것이 바로《맹자》에서 말한 것처럼 '그의 마음을 활동시키며 성질을 찾아나가면서 그들이 하지 못하는 것은 보태어 도와주었다'는 것이다.

옛날 사람들의 말은 모두가 자기의 경험을 통하여 나온 것이다. 그래서 말이 절실하여 후세에 남겨지더라도 인정에 딱 들어맞는 것이다. 만약 자신의 경험을 통하지 않은 것이라면 어떻게 옛분들의 그 많은 고심(苦心)한 흔적을 느끼게 되겠는가?"

原文 先生曰, 烝烝乂, 不格姦. 本註說, 象已自進於義, 不至大爲姦惡. 舜徵庸後, 象猶日以殺舜爲事. 何大姦惡如之?

舜只是自進於乂, 以乂薰烝, 不去正他姦惡. 凡文過揜慝, 此是惡人常態. 若要指摘他是非, 反去激他惡性. 舜初時, 致得象惡殺己, 亦是要象好的心太急. 此就是舜的過處.

經過來, 乃知功夫只在自己, 不去責人, 所以致得克諧. 此是舜動心忍性, 增益不能處.

古人言語, 俱是自己經歷過來, 所以說得親切, 遺之後世, 曲當人情. 若非自家經過, 如何得他許多若心處?

註解 ㅇ烝烝乂不格姦(증증예불격간)-증증(烝烝)은 선한 길로 나아가는 모양, 예(乂)는 다스려지는 것. 격(格)은 이르다[蔡沈], 또는 바로잡다

〔王陽明〕.《서경》 요전(堯典)에서 순에 관한 얘기를 하는 가운데 보이는 구절. ㅇ本註(본주)－주자의 제자인 채침(蔡沈)의《서경집전(書經集傳)》을 가리킨다. ㅇ象(상)－순의 이복동생. ㅇ徵庸(징용)－순이 요임금에게 등용되는 것. ㅇ薰烝(훈증)－조금씩 감화를 미쳐나가는 것. ㅇ文過(문과)－잘못을 꾸며대다. ㅇ揜慝(엄특)－간악함을 가리다. ㅇ克諧(극해)－잘 화해하게 되다, 극(克)은 능(能)과 통함. 《서경》 요전에 보이는 말. ㅇ動心忍性(동심인성)－그 아래 구절과 함께 《맹자》 고자(告子) 하편에 보이는 말. ㅇ曲當(곡당)－딱 들어맞는 것.

解說 '증증예(烝烝乂), 불격간(不格姦)'을 채침은 '의로움으로 점점 나아가 다스려짐으로써 간악함에 이르지 않게 되었다'고 이해한 데 반하여 왕양명은 '자신을 다스림으로 나아가기만 하고 간악함을 바로잡아 주지는 않았다'로 해석하고 있는 것이다. 왕양명은 이 구절의 해석을 자기가 늘 주장해 온 학문 방법에 합치시켜 풀이하고 있는 것이다. 양명학의 입장을 떠나 보면 오히려 앞의 채침의 해석이 무난한 듯하다. 그러나 왕양명이 자기의 학설을 온 경전을 동원하여 정당화하고 있는 성실성과 통일성만은 높이 평가해야 할 것이다.

97. 선생님께서 말씀하셨다.

"옛날 음악이 없어진 지 오래되었다. 그러나 지금의 희극(戱劇)은 그대로 옛날 음악의 뜻과 가까운 점이 있다."

잘 이해할 수가 없어 가르침을 청하니 선생님께서 말씀하셨다.

"옛 소(韶)의 구성(九成)의 음악은 순(舜)임금의 한편의 희극이며, 무(武)의 구변(九變)은 바로 무왕(武王)의 한편의 희극이라 할 수 있다. 성인의 일생의 사적들은 모두 음악 속에 편곡되어 있는 것이다. 그렇기 때문에 덕이 있는 사람이 그것들을 들으면 곧 그의 선함을 다하고 아름다움을 다한 것과 아름다움은 다하였으나 선함은 다하지 못한 것 같은 것을 알 수 있는 것이다.

후세의 음악 작곡으로 말하면 다만 가사와 곡조를 적당히 지어놓은 것이어서 민속의 교화와는 전혀 관계가 없는 것이다. 그것으로 어떻게 백성들을 교화하고 풍속을 훌륭하게 만들 수가 있겠는가?

지금 백성들의 풍속을 소박함으로 되돌아가고 순진함으로 되돌아가게 하려면 지금의 희극 중에서 요망하고 음탕한 가사와 곡조들을 모두 빼어 버리고 오직 충신이나 효자에 관한 얘기들만을 남겨놓아 어리석은 세상의 백성들이 누구나 쉽게 이해하도록 함으로써 자기도 모르는 사이에 그들의 '양지'를 감동시키고 자극하여 일어나도록 하기만 한다면 백성들의 교화에 매우 유익할 것이다. 그렇게 된 뒤에는 옛날 음악이 점차 부흥될 수 있을 것이다."

"저[錢德洪]는 음악의 근원이 되는 소리를 구하고자 합니다만, 구할 수가 없습니다. 아마도 옛날 음악은 부흥되기 어려울 것입니다."

선생님께서 말씀하셨다.

"네가 말해 보거라, 음악의 근원이 되는 가락을 어디에서 구하였는가?"

내가 여쭈었다.

"옛날 사람들은 대로 관(管)을 만들어 절기(節氣)에 맞추었는데 아마도 이것이 음악의 원래의 가락을 구하는 방법인 것 같습니다."

선생님께서 말씀하셨다.

"만약 관에다가 갈대 재를 넣어 절기에 맞추거나 기장알을 넣어 그 크기를 정함으로써 음악의 원래의 가락을 구하려 한다면 그것은 물속의 달을 건지려는 짓이나 같은 것이다. 어찌 될 수가 있겠는가? 음악의 원래의 가락은 오직 너의 마음에서 구해야 한다."

"마음에서 어떻게 구한다는 것입니까?"

선생님께서 말씀하셨다.

"옛날 사람들은 정치를 함에 있어서 먼저 사람들의 마음을 평화스럽게 길러 준 다음에야 음악을 작곡하였다. 예를 들면 어떤 노래를

부를 때 너의 마음과 기분이 평화스럽다면 듣는 사람들도 자연히 기뻐하고 흥을 낼 것이다. 이것이 바로 음악의 근원이 되는 가락의 시발(始發)인 것이다.

《서경》에 말하기를 '시는 뜻을 표현한 것이다'고 하였는데 그 뜻은 바로 음악의 근본인 것이다. '노래는 표현하는 말을 길게 늘인 것이다'고 했는데 노래는 바로 음악 작곡의 근본인 것이다. '가락은 소리를 길게 늘이는 데 의하여 존재하고, 음률(音律)은 소리의 조화로써 이루어진다'고 했으니 음률은 오직 가락이 조화되어야만 하며 가락의 조화가 바로 음률 제정의 근본이 되는 것이다. 어찌 그런 것을 밖에서 구해야만 할 일이 있겠느냐?"

"옛날 사람들이 관을 통하여 절후를 재던 방법은 그 뜻을 어디에서 취한 것입니까?"

선생님께서 말씀하셨다.

"옛날 사람들은 모두가 들어맞고 조화되는 본체를 가지고 음악을 작곡하였다. 나에게 들어맞고 조화가 되는 것은 원래 하늘과 땅의 기운과 서로 호응이 되는 것이다. 하늘과 땅의 절기를 재고 봉황(鳳凰)의 소리에 조화를 구하는 것은 다만 그것을 통하여 나의 기운이 과연 조화되고 있는가 어떤가를 증험하기 위한 것이다. 이것은 음률이 이루어진 다음의 일이며 반드시 그런 것들에 의하여 성률이 이루어진 것은 아니다.

지금 갈대 재를 넣은 관으로써 절후를 재려면 먼저 반드시 동짓날[冬至]을 재어 보면 알 것이다. 그러나 그것은 동짓날의 중심인 자시(子時)에는 아마 꼭 들어맞지는 않을 것이다. 그런데 또 어디에다 기준을 두어야 한다는 거냐?"

原文 **先生曰, 古樂不作, 久矣. 今之戲子, 尚與古樂意思相近. 未達, 請問. 先生曰, 韶之九成, 便是舜的一本戲子, 武之**

九變, 便是武王的一本戲子. 聖人一生事, 俱播左樂中. 所以有德者聞之, 便知他盡善盡美, 與盡美未盡善處.

若後世作樂, 只是做些詞調, 於民俗風化, 絶無關涉. 何以化民善俗?

今要民俗反朴還淳, 取今之戲子, 將妖淫詞調俱去了, 只取忠臣孝子故事, 使愚俗百姓, 人人易曉, 無意中感激他良知起來, 卻於風火有益. 然後古樂漸次可復矣.

曰, 洪要求元聲, 不可得. 恐於古樂, 亦難復.

先生曰, 你說, 元聲在何處求?

對曰, 古人制管候氣, 恐是求元聲之法.

先生曰, 若要去葭灰黍粒中求元聲, 卻如水底撈月. 如何可得? 元聲只在你心上求.

曰, 心如何求?

先生曰, 古人爲治, 先養得人心和平, 然後作樂. 此如在此歌詩, 你的心氣和平, 聽者自然悅懌興起. 只此便是元聲之始.

書云, 詩言志, 志便是樂的本. 歌永言, 歌便是作樂的本聲依永, 律和聲, 律只要和聲, 和聲便是制律的本. 何嘗求之於外?

曰, 古人制候氣法, 是意何取?

先生曰, 古人具中和之體以作樂. 我的中和, 原與天地之氣相應. 候天地之氣, 協鳳凰之音, 不過去驗我的氣果和否. 此是成律已後事, 非必待此以成律也.

今要候灰管, 先須定至日. 然至日子時, 恐又不準. 又何處取得準來?

註解 ㅇ古樂(고악)－옛날 성인들이 백성의 교화를 위해 지었던 전통적인 음악. ㅇ戲子(희자)－연극. 지금 중국의 '평희(平戲)'와 비슷한 것임.

ㅇ韶(소)－순임금의 음악. ㅇ九成(구성)－옛 아악(雅樂)은 본시 구장(九章)으로 이루어졌었다. 뒤에 두 왕의 음악인 '무'의 구변(九變)도 같은 뜻을 지닌 말이다. ㅇ盡善盡美(진선진미)－이것은 다음 구절과 함께《논어》팔일(八佾)편의 '선생님께서 소(韶)는 아름다움을 다하고 또 선함을 다하였으나, 무(武)는 아름다움은 다하였으되 선함을 다하지는 못하였다고 하셨다'는 말에서 인용한 것임. ㅇ妖淫(요음)－요망하고 음탕한 것. ㅇ元聲(원성)－음악의 근원이 되는 가락. 기본 음계(音階)의 성가(聲價)를 말한다. ㅇ制管候氣(제관후기)－12율(律)의 음이 나는 대관을 만들어 땅에 묻어놓고 그 속에 갈잎을 태운 재를 넣어두면 각기 12율에 해당하는 절기가 되면 거기에 해당하는 관의 재가 움직여 나와 관이 트인다 한다. 동지(冬至)에는 황종(黃鍾)에 해당하는 관의 재가 날아 나와 트인다. 상권 62조목 주해 참조. ㅇ葭灰(가회)－갈잎을 태운 재. ㅇ黍粒(서립)－기장알. 기장알을 대관 속에 넣어 알이 들어가는 숫자에 따라 12율의 관(管)을 만들었다. 황종(黃鍾)에 해당하는 관에는 천백 개의 기장알이 들어갔다 한다. ㅇ撈(노)－건져내다. ㅇ書云(서운)－《서경》순전(舜典)에 나오는 말들임. ㅇ聲(성)－궁(宮)·상(商)·각(角)·치(徵)·우(羽)의 오음(五音). ㅇ律(율)－12율. ㅇ鳳凰之音(봉황지음)－봉황새의 소리, 십이율에 비유한 말.《한서》율력지(律曆志)에 '열두 개의 관을 만들고서 봉황새의 울음소리를 들으니 수컷의 울음소리가 여섯 가지 있고 암컷의 울음소리가 여섯 가지 있어서 합치니 12율에 들어맞았다' 하였다. ㅇ至日(지일)－동지(冬至) 또는 하지(夏至).

解說 유가에서 예악을 숭상하는 것은 예의로써 사람들의 행동과 겉모양을 다스리고 음악으로써 사람들의 본성과 감정을 다스린다고 생각하였기 때문이다. 훌륭한 음악이 백성들의 마음을 순화시킬 때 덕치는 이루어지는 것이라고 믿었다.

왕양명은 중국 음악의 그러한 기본정신에 입각하여 '옛날 음악' 얘기를 끄집어냈다. 뒤에는 제자들의 질문으로 말미암아 실제적인 음악 이론으로 대화가 변하고 있지만 왕양명이 생각한 것 같은 음악에 대한 이해는 유가들의 전통적인 생각이었다. 왕양명은 그러한 '옛 음악'

의 정신적인 부흥을 중요시하고 발언한 데 비하여 제자들은 '옛 음악'의 정확한 음가의 회복을 생각했었으니 스승과 제자의 음악에 대한 이해에 거리가 느껴진다.

98. 선생님께서 말씀하셨다.

"학문도 남의 가르침에 의한 감화가 필요하다. 그러나 자기 스스로 해득해서 한 가지를 앎으로써 백 가지를 이해하게 되는 것만은 못하다. 그렇지 않고 그렇게 많은 것을 남이 가르쳐서 다 감화시켜 줄 수는 없는 것이다."

原文 **先生曰, 學問也要點化. 但不如自家解化者, 自一了百當. 不然, 亦點化許多不得.**

註解 ○點化(점화)－남이 지적함으로써 자극을 받아 감화하는 것. ○解化(해화)－자기 자신이 이해하여 발전하는 것.

解說 학문은 자기 스스로 터득하도록 노력해야 한다는 말은 앞에서도 이미 여러번 보였다.

99. "공자께서는 기백이 매우 위대하셨다. 모든 제왕으로서의 할 일에 대하여 한 가지 한 가지씩 이해하지 못하는 게 없었는데 그것은 오직 그분의 마음으로부터 이루어진 것이었다.

비유를 들면 큰 나무와 같다. 그처럼 많은 가지와 잎이 있는 것은 오직 뿌리에 대하여 북돋아 주고 길러 주는 공부를 하였기 때문에 자연히 그렇게 될 수가 있었던 것이다. 그것은 가지나 잎에 대하여 공부한 게 아니라 뿌리에 대하여 공부한 것이다.

학자들이 공자를 배움에 있어서 그의 마음을 본받는 공부는 하지 않고 서둘러 그의 기백만을 배우려 드는 것은 순서를 거꾸로 잡은 것이다."

原文 孔子氣魄極大. 凡帝王事業, 無不一一理會. 也只從那心上來.

譬如大樹. 有多少枝葉, 也只是根本上用得培養功夫, 故自然能如此. 非是從枝葉上用功, 做得根本也.

學者學孔子, 不在心上用功, 汲汲然去學那氣魄, 卻倒做了.

註解 ㅇ氣魄(기백)－의기·능력·지식·재능 같은 것을 통틀어 일컫는 말임. ㅇ汲汲然(급급연)－일을 서두르는 모양.

解說 공자가 위대한 것은 그의 마음의 수양을 완전히 하였기 때문이다. 그런데도 사람들은 그분의 마음을 배우려 들지 않고 말단적인 그분의 능력·지식·행동 같은 거나 배우려 든다. 이것은 공부하는 방법이 근본적으로 잘못된 것이라는 것이다.

100. "사람들은 잘못이 있으면 대부분 그 잘못에 대해서만 공부를 한다. 이것은 시루의 구멍을 때우는 짓이나 같다. 그 결과는 반드시 잘못을 얼버무리는 것으로 귀착될 것이다."

原文 人有過, 多於過上用功. 就是補甑. 其流必歸於文過.

註解 ㅇ補甑(보증)－시루의 구멍을 막는 것. 시루란 원래 구멍이 뚫려 있는 그릇이다. ㅇ文過(문과)－잘못을 얼버무리는 것, 잘못을 꾸미다.

解說 잘못을 고치는 것도 중요하지만 가장 중요한 것은 그 잘못을

저지른 마음이라는 것이다. 사람들은 잘못에만 신경을 쓰는데 그 결과는 자기 잘못을 변명하여 얼버무리게 될 것이다. 사람은 무엇보다도 근본적인 마음의 수양에 힘써야만 된다는 것이다.

101. "지금 사람들은 밥을 먹을 때에 비록 눈앞에 아무런 일도 없다 하더라도 그의 마음은 언제나 조바심하며 편안하지 않다. 오직 그것은 그의 마음이 바쁜 데 습관이 되어 버려서 수습하여 잡아두지 못하기 때문인 것이다."

原文 **今人於喫飯時, 雖無一事在前, 其心常役役不寧. 只緣此心忙慣了, 所以收攝不住.**

註解 ㅇ役役(역역)－조바심하며 움직이는 모양. ㅇ收攝(수섭)－거둬들이다, 잡아두다.

解說 사람의 마음은 언제나 불안하고 초조한 게 보통이다. 심지어 아무 일도 없을 적에도 편안치 못하다. 그것은 그의 마음이 늘 바쁜 데 습관이 되어 있기 때문이다. 일이 번잡하더라도 언제나 편안한 마음을 지니도록 수양을 쌓아야만 한다는 것이다.

102. "금슬이나 서적들은 학자로서는 없을 수가 없는 것이다. 그런 것을 다루는 것을 업으로 삼으며 살아가면 마음이 곧 밖으로 놓여나지 않게 될 것이다."

原文 **琴瑟簡編, 學者不可無. 蓋有業以居之, 心就不放.**

註解 ㅇ琴瑟(금슬)－둘 다 현악기 이름. 금서(琴書)라 하여 옛부터 이

들은 책과 함께 학자들의 필수 반려(伴侶)라 일컬어졌다. ㅇ簡編(간편)-대쪽을 엮은 책. 옛날에는 종이가 없이 대쪽에 글을 쓴 다음 그것을 가죽끈으로 엮어 책으로 만들었다. ㅇ業以居之(업이거지)-《역경》 건(乾)괘 문언전(文言傳)에 '말을 닦아서 그의 정성됨을 세우는 것은 업으로 그것을 삼고 지내기 위한 것이다'고 한 데서 인용한 말.

解說 왕양명은 지식의 획득이나 고상한 취미보다도 마음의 수양을 중시한다. 그러나 학자들에게 책이나 금슬 같은 악기가 중요한 것은 그것들이 지식의 획득이나 교양을 위해서 필요할 뿐만 아니라 '그 마음이 밖으로 놓여나지 않게' 해주기 때문이라는 것이다. 왕양명다운 견해라 하겠다.

103. 선생님께서 탄식하시면서 말씀하셨다.

"세상의 학문을 아는 사람들도 단 한가지 깨뜨리지 못하는 병폐를 지니고 있는데 그것은 곧 《맹자》에서 말한 '선(善)이 있으면 누구나와 함께 행한다'는 것을 못하는 것이다."

구양덕(歐陽德)이 말하였다.

"그 병폐는 다만 남보다 뛰어나기를 좋아하여 자기를 잊지 못하기 때문일 것입니다."

原文 **先生嘆曰, 世間知學人, 只有這些病痛打不破, 就不是善與人同.**

崇一曰, 這病痛, 只是箇好高, 不能亡己爾.

註解 ㅇ善與人同(선여인동)-《맹자》 공손추(公孫丑) 상편에 보이는 말로 '선에 대해서는 자기와 남의 구별 없이 다 함께 행해야 한다'는 뜻.

解說 학문을 아는 사람들은 선악을 올바로 분별하여 선을 행할 줄

안다. 그러나 자기의 명예나 자기의 마음가짐만을 생각하지 선이란 모든 사람과 함께 자기와 남의 구별 없이 행해야 하는 것임을 아는 사람은 드물다는 것이다.

104. 내가 여쭈었다.

"'양지'란 원래가 '중(中)'이며 '화(和)'인데도 어찌하여 '지나치고 미치지 못하는 일'이 있게 됩니까?"

선생님께서 말씀하셨다.

"지나치고 미치지 못하는 것을 아는 것이 바로 '중'과 '화'인 것이다."

原文 問, 良知原是中和的. 如何卻有過不及?

先生曰, 知得過不及處, 就是中和.

註解 ㅇ中和(중화)-《중용》에 보이는 말. 앞에 이미 여러번 보였음. ㅇ過不及(과불급)-《중용》에서 '지혜있는 자는 지나치고 못난 자는 미치지 못한다'고 한 데서 따온 말.

解說 질문과 대답이 약간 어긋나 있는 듯하다. 왕양명은 '지나치고 미치지 못함'을 자각할 수 있는 게 '양지'라고 생각했던 것 같은데, '양지'가 있으면서도 왜 그렇게 되는가에 대한 설명은 없다.

105. "《대학》의 '윗사람들이 싫다고 한 방법'은 '양지'이고, '그것을 가지고 아랫사람을 부리지 않는다'고 한 것은 '양지'를 이르게 하는 것이다."

原文 所惡於上, 是良知. 毋以使下, 卽是致知.

註解 ㅇ所惡於上(소오어상)－《대학》에 '윗사람들이 싫다고 한 방법을 가지고서 아랫사람들을 부리지 말라'고 한 말에서 나온 말.

解說 《대학》의 한 구절을 가지고 '양지'와 '양지를 이르게 하는 것'을 설명하고 있다. 대체로 올바른 판단이 '양지'이고 그것을 응용하는 것이 '양지를 이르게 하는 것'이라 생각한 듯하나 그 본질을 명확히 설명한 말이라고 보기는 어렵다.

106. 선생님께서 말씀하셨다.

"소진(蘇秦)과 장의(張儀) 같은 사람들의 지혜는 성인이 될 만한 자질이라 하겠다. 후세의 여러 가지 사업이나 문장으로 활약한 많은 호걸이나 명인들은 오직 소진과 장의의 옛 지혜를 배운 데 불과하다. 소진과 장의의 학술이란 사람들의 감정을 잘 헤아리어 조금도 사람들의 마음의 핵심을 찌르지 못하는 게 없다. 그러므로 그들의 학설은 도저히 추궁할 수는 없는 것이다. 소진과 장의도 역시 '양지'의 오묘한 작용에 대하여 알고 있었다. 다만 그들은 그것을 좋지 않게 응용했을 따름인 것이다."

原文 **先生曰, 蘇秦張儀之智, 也是聖人之資. 後世事業文章, 許多豪傑名家, 只是學得儀秦故智. 儀秦學術, 善揣摸人情, 無一些不中人肯綮. 故其説不能窮. 儀秦亦是窺見得良知妙用處. 但用之於不善爾.**

註解 ㅇ蘇秦(소진)－전국시대 사람, 자가 계자(季子). 귀곡자(鬼谷子)의 종횡가(從横家)로서의 술법을 배운 다음 제(齊)·초(楚)·연(燕)·조(趙)·한(韓)·위(魏)의 여섯 나라를 설복시켜 힘을 합쳐 강한 진(秦)나라를 대항토록 하였다. 그 결과 그는 여섯 나라의 재상(宰相)이 되었으며

그의 술책을 합종책(合從策)이라 부른다. ㅇ張儀(장의)－소진과 함께 귀곡자에게 배웠다. 뒤에 여러 나라들을 하나하나 술책으로 농락하면서 진(秦)나라와 개별적으로 외교를 맺게 하여 진나라를 강성케 하였는데 이것을 연횡책(連衡策)이라 부른다. ㅇ揣摸(췌모)－잘 헤아리어 들어맞추는 것. ㅇ肯綮(긍계)－핵심, 급소.

解說 왕양명은 권모술수에 뛰어난 소진과 장의의 재능을 높이 평가는 한다. 그들은 사람의 '양지'의 묘한 작용을 터득한 점에 있어서는 성인 못지않은 사람들이다. 그러나 그러한 지혜를 악하게 썼기 때문에 성인이 못되었다는 것이다.

107. 어떤 사람이 《중용》의 '감정이 드러나기 전'과 '감정이 드러난 뒤'에 대하여 여쭈었다. 선생님께서 말씀하셨다.

"오직 후세의 유학자들이 '감정이 드러나기 전'과 '감정이 드러난 뒤'를 분별하여 설명하였기 때문에 나는 맨 먼저 '감정이 드러나기 전'과 '감정이 드러난 뒤'의 구별이 없다고 말하면서 사람들로 하여금 스스로 생각하여 그것을 터득하도록 하는 수밖에 없었다. 만약 '감정이 드러나기 전'과 '감정이 드러난 뒤'가 있다고 설명할 것 같으면 듣는 사람들은 여전히 후세 유학자들의 견해대로 낙착되고 말 것이다. 만약 '감정이 드러나기 전'과 '감정이 드러난 뒤'의 구별이 없음을 진실로 안다면 '감정이 드러나기 전'과 '감정이 드러난 뒤'를 구별하여 설명한데도 본시가 무방한 일이다. 원래 '감정이 드러나기 전'과 '감정이 드러난 뒤'란 존재하는 것이기 때문이다."

다시 여쭈었다.

"'감정이 드러나기 전'도 '화(和)'가 아닌 적이 없고 '감정이 드러난 뒤'도 '중(中)'이 아닌 적이 없다는 것은, 비유를 종소리로 들면 종을 두드리기 전에도 소리가 없었다고 말할 수가 없고 종을 두드린 뒤에도 종소리가 있다고 말할 수 없는 거나 같은 것 같습니다. 결국은 두드리고 두드리지 않은 구별만이 있다는 것입니다. 이 생각은 어떻습니까?"

선생님께서 말씀하셨다.

"두드리기 전에도 종은 본시 하늘을 놀라게 하고 땅을 움직일 만한 소리를 지니고 있고, 두드린 다음에도 종은 다만 적막한 하늘과 땅과 같은 상태에 있는 것이다."

原文 **或問未發已發. 先生曰, 只緣後儒將未發已發分說了, 只得劈頭說箇無未發已發, 使人自思得之. 若說有箇已發未發, 聽者依舊若在後儒見解. 若眞見得無未發已發, 箇說有未發已發, 原不妨. 原有箇未發已發在.**

問曰, 未發未嘗不和, 已發未嘗不中. 譬如鐘聲, 未扣不可謂無, 旣扣不可謂有. 畢竟有箇扣與不扣, 何如?

先生曰, 未扣時, 原是驚天動地, 旣扣時, 也只是寂天寞地.

註解 ㅇ未發(미발)-이발(已發)과 함께 《중용》의 '기쁨·노여움·슬픔·즐거움의 감정이 드러나지 않은 것을 중(中)이라 하고, 그 감정이 드러나 모두 절도에 맞는 것을 화(和)라고 한다'는 말에서 인용한 말. ㅇ劈頭(벽두)-처음부터, 첫머리. ㅇ扣(구)-두드리다.

解說 송대 학자들은 '감정이 드러나기 전'과 '감정이 드러난 뒤'의 관계를 본체[體]와 작용[用]의 관계로 보았다. 그러나 왕양명은 본체와 작용이란 한 가지 근원의 것이므로 모두가 '양지'에 관계된 같은 것임을 주장하는 것이다.

108. 내가 여쭈었다.

"옛사람들이 본성을 논한 것을 보면 각기 같고 다른 차이가 있는데 어떤 것을 정론으로 보아야만 되겠습니까?"

선생님께서 말씀하셨다.

"본성에는 일정한 개념이 없으니, 그 논의에도 역시 일정한 이론이 없는 것이다. 그 본체로부터 설명하는 사람도 있고, 그 작용이 발휘된 데로부터 설명하는 사람도 있고, 그 근원에서부터 설명하는 사람도 있고, 그 폐단이 보이는 곳에서 설명하는 사람도 있다. 전체적으로 말할 때 그것은 오직 한 개의 본성이지만 다만 보는 견해에 깊고 낮은 차이가 있는 것이다. 만약 한편에만 집착되고 만다면 곧 옳지 않게 될 것이다.

본성의 본체는 원래 선도 없고 악도 없는 것이다. 작용의 발휘에 있어서도 원래 선이 될 수도 있고 선하지 않게 될 수도 있는 것이다. 그 폐단에 있어서는 원래가 반드시 선하다거나 반드시 악하다는 것으로 되어 버리는 것이다.

눈으로써 비유를 든다면 기쁠 때의 눈이 다르고 노했을 때의 눈이 다르다. 똑바로 뜬 것은 보는 눈이며 가늘게 뜬 것은 엿보는 눈이다. 그러나 전체적으로 말할 때 같은 한 개의 눈인 것이다. 만약 노했을 때의 눈만 보고서 곧 기뻐하는 눈은 없다고 말하거나, 물건을 바로 볼 때의 눈만 보고서 엿보는 눈은 없다고 말한다면 그것은 모두가 한 곳에 집착된 것이어서 바로 잘못임을 알 수 있을 것이다.

맹자가 말한 본성은 바로 그 근원으로부터 얘기한 것이어서 본성이란 대체로 이러하다고 말했을 따름인 것이다. 순자(荀子)의 본성이 악하다는 설은 바로 그 폐단에서 본 현실적인 설이어서 그가 전혀 옳지 않다고 말할 수는 없는 것이다. 오직 그의 견해가 정세하지 못할 따름인 것이다. 일반 사람들은 마음의 본체를 잘못 보고 있는 것이다."

다시 여쭈었다.

"맹자는 본성의 근원으로부터 본성을 설명하였는데, 이것은 사람들이 공부를 함에 있어서 본성의 근원에 대하여 분명히 이해시키기 위한 것일 것입니다. 순자가 그 폐단으로부터 본성을 설명한 것은 곧 사람들의 공부를 오직 말단적인 일에서만 바로잡으려 하도록 만드는 것이어서 곧 정력만 낭비하게 만들 것 같습니다."

선생님께서 말씀하셨다.

"그렇다."

原文 問, 古人論性, 各有異同. 何者乃爲定論?

先生曰, 性無定體, 論亦無定體. 有自本體上說者, 有自發用上說者, 有自源頭上說者, 有自流弊處說者. 總而言之, 只是一箇性, 但所見有淺深爾. 若執定一邊, 便不是了.

性之本體, 原是無善無惡的. 無用上, 也原是可以爲善, 可以爲不善的. 其流弊, 也原是一定善, 一定惡的.

譬如眼, 有喜時的眼, 有怒時的眼. 直視就是看的眼, 微視就是覷的着. 總而言之, 只是這箇眼. 若見怒時眼, 就說未嘗有喜的眼, 見得看時眼, 就說未嘗有覷的眼, 皆是執定, 就知是錯.

孟子說性, 直從源頭上說來. 亦是說箇大概如此. 荀子性惡之說, 是從流弊上說來. 也未可盡說他不是. 只是見得精耳. 衆人則失了心之本體.

問, 孟子從源頭上說性, 要人用功, 在源頭上明徹. 荀子從流弊說性, 功夫只在末流上救正, 便費力了.

先生曰, 然.

註解 ㅇ定體(정제)－일정한 그에 대한 생각. ㅇ源頭(원두)－근원. ㅇ覷(처)－엿보다.

解說 맹자는 사람의 본성이 선하다 하였고, 순자는 사람의 본성이란 악하다 하였다. 또 고자(告子)는 선하지도 않고 악하지도 않은 것이라 하였고, 양웅(揚雄)은 선한 것도 있고 악한 것도 있다고 주장하였다.

왕양명은 이것은 모두 본성의 일면만을 보고 하는 말이라고 주장한다. 고자의 설에 가까울 듯하지만 고자는 이미 다른 의식을 전제로 하고 주장한 것이기 때문에 잘못이라고 하였다. 결국은 사람의 본성이란 선악을 초월하는 것이라는 것이다. 본성을 사람의 눈에 비긴 비유가 재미있다.

109. 선생님께서 말씀하셨다.

"공부가 정묘한 경지에 이르게 될수록 더욱 말로는 표현할 수 없게 된다. 도리를 설명한다는 것은 더욱 어려운 일이다. 그러나 만약 너무나 정미(精微)한 데 마음을 쓰면 전체적인 공부는 반대로 방해를 받게 된다."

原文 **先生曰, 用功到精處, 愈著不得言語. 說理愈難. 若著意在精微上, 全體功夫, 反蔽泥了.**

註解 ㅇ著不得(착부득)-표현할 수 없게 된다. ㅇ蔽泥(폐니)-가리워지고 얽매이게 되는 것.

解說 공부를 깊이 할수록 진리란 말로 설명하기 어려운 것임을 알게 된다. 그러나 어떤 원리의 정미한 문제 같은 데 마음을 빼앗기고 있는 것도 전체적인 공부를 위해서는 해로운 일이라는 것이다.

110. "양간(楊簡)도 견식이 없는 사람은 아니지만 도를 봄에 있어

서 소리도 없고 냄새도 없다는 데 너무 집착되었던 것 같다."

原文 楊慈湖, 不爲無見. 又著在無聲無臭上見了.

註解 ㅇ楊慈湖(양자호)－이름은 간(簡), 자는 경중(敬仲), 자호는 그의 호이며 육상산(陸象山)의 제자임. ㅇ無聲無臭(무성무취)－《시경》 대아(大雅) 문왕(文王)편에 보이는 말. 《중용》에도 인용되어 있으며, 송대 이후로는 도의 본체로 표현한 말로써 중시되었다.

解說 육상산의 제자인 양간을 간단히 비평하면서 제자들에게 학문이란 어느 한 면에만 집착되어서는 안된다는 종래의 가르침을 다시 한번 되풀이한 것이다.

111. "사람은 하루 사이에 고금의 세계를 모두 한번 경험하는 셈이다. 오직 사람들은 그것을 알지 못할 따름이다. 밤기운이 맑고 밝을 적에 보지도 않고 듣지도 않고 생각지도 않고 행동도 않는, 가슴속이 담담히 평온한 때는 바로 복희(伏羲) 황제의 세계인 셈이다. 새벽에 정신이 맑고 기분이 맑아서 마음이 부드럽고 조용할 때는 바로 요순(堯舜)시대의 세계인 셈이다. 오전(午前) 중의 예의로써 사람들과 사귀고 기분이 질서정연할 적은 바로 하(夏)·은(殷)·주(周) 삼대의 세계인 셈이다. 오후로부터 정신과 기운이 점점 어두워지고 마음 쓰임이 복잡해진 때는 바로 춘추전국시대의 세계인 셈이다. 점점 어두운 밤이 되어 만물이 잠들어 쉬며 모든 현상이 고요해진 것은 사람들은 바로 소멸되고 만물도 없어져 버린 세계인 셈이다. 학문하는 사람이 진실로 '양지'를 터득하여 기분으로 말미암아 어지러워지지 않는다면 곧 언제나 복희 황제 이전의 사람이 되는 것이다."

原文 人一日間, 古今世界都經過一番. 只是人不見耳. 夜氣清明時, 無視, 無聽, 無思, 無作, 淡然平懷, 就是羲皇世界. 平旦時, 神清氣朗, 雍雍穆穆, 就是堯舜世界. 日中以前, 禮儀交會, 氣象秩然, 就是三代世界. 日中以後, 神氣漸昏, 往來雜擾, 就是春秋戰國世界. 漸漸昏夜, 萬物寢息, 景象寂寥, 就是人消物盡世界. 學者信得良知過, 不爲氣所亂, 便常做羲皇以上人.

註解 ㅇ羲皇(희황)－복희(伏羲) 황제, 삼황(三皇)의 한 사람. ㅇ雍雍穆穆(옹옹목목)－부드럽고[和] 조용한 모양. ㅇ往來(왕래)－마음이 이리저리 움직이는 것. ㅇ人消物盡(인소물진)－사람이 소멸되고 만물이 다 없어진 말세(末世). ㅇ信(신)－정말로, 진실로.

解說 야기(夜氣)에 대한 얘기는 앞에서도 이미 여러번 나왔었다. 마음의 수양을 중시하는 그의 학문 방법에서 나온 이론이다. 사람이라면 누구나 이러한 고금의 세계를 하루 동안에 맛보게 된다는 것은 누구나가 성인이 될 수 있음을 뜻한다.

112. 설간(薛侃)·추수익(鄒守益)·마명형(馬明衡)·왕간(王艮)이 선생님을 모시고 앉아 있다가 선생님께서 영왕(寧王)의 난을 정벌하신 이래로 세상의 비난이 더욱 심해진 것을 탄식하게 되었다. 그래서 그 까닭은 무엇일까, 각자가 생각대로 얘기해 보자고 하였다.

어떤 사람은 선생님의 업적과 세력 및 지위가 날로 융성해지고 있어 세상에는 그것을 꺼리는 자들이 날로 많아지는 것이라고 말하였다. 어떤 사람은 선생님의 학문이 날로 밝아지고 있기 때문에 송나라 학자들을 위하여 변호하려는 사람들도 날로 많아지고 있는 것이라 하였다. 어떤 사람은 선생님께서 남경에서 벼슬하신 이후로 믿고 따르는 동지들이 날로 많아져서 사방에서 그를 배척하고 막으려는 자들도 날이 갈수록 힘을 쓰고 있기 때문이라 하였다.

그것을 듣고 선생님께서 말씀하셨다.

"제군들의 말도 정말로 모두 일리가 있다. 다만 내가 스스로 알고 있는 한 가지 일에 대해서는 제군들은 모두 말하지 않았다."

여러 친구들이 그것이 무엇인가를 여쭙자 선생님께서 말씀하셨다.

"나는 남경에서 벼슬하기 이전까지는 약간의 겉으로만 군자인 체하는 경향을 지니고 있었다. 나는 지금에 와서야 이 '양지'를 믿게 되어 '양지'의 판단에 따른 진실한 옳고 그름을 그대로 실천하면서 다시는 약간이라도 덮어 감추려 들지 않게 되었다. 나는 지금 와서야 비로소 솔직하고 과감한 '광자(狂者)'와 같은 심경을 지니게 된 것이다. 천하의 모든 사람들이 나의 행동은 말과 합치되지 않는다고 말한대도 그뿐일 것이다."

설간이 나와서 말하였다.

"이 '양지'를 믿게 되었다는 것은 바로 성인의 참된 핏줄을 이어받았다는 뜻입니다."

原文 薛尚謙, 鄒謙之, 馬子莘, 王汝止侍坐, 因嘆先生自征寧藩已來, 天下謗議益衆, 請各言其故.

有言先生功業勢位日隆, 天下忌之者日衆. 有言先生之學日明, 故爲宋儒爭是非者, 亦日博. 有言先生自南都以後, 同志信從者日衆, 而四方排阻者, 日益力.

先生曰, 諸君之言, 信皆有之. 但吾一段自知處, 諸君俱未道及耳.

諸友請問, 先生曰, 我在南都已前, 尚有些子鄉愿的意思在. 我今信得這良知, 眞是眞非, 信手行去, 更不著些覆藏. 我今纔做得箇狂者的胸次. 使天下之人, 都說我行不揜言也罷.

尙謙出曰, 信得此過, 方是聖人的眞血脈.

註解 ㅇ薛尙謙(설상겸)-이름은 간(侃), 상권 82조목 등에 이미 보였음. ㅇ鄒謙之(추겸지)-이름은 수익(守益), 호는 동곽(東廓), 왕양명 만년의 고제자(高弟子). ㅇ馬子莘(마자신)-이름은 명형(明衡). 앞에 보임. ㅇ王汝止(왕여지)-이름은 간(艮), 호는 심재(心齋), 여지는 그의 자이며 왕양명 만년의 고제자임. ㅇ寧藩(영번)-정덕(正德) 14년 왕양명이 48세 때 영왕(寧王) 신호(宸濠)가 난을 일으켰다. 그해 6월 왕양명은 의병을 일으키어 반란군을 평정하고 영왕을 체포하였다. ㅇ南都(남도)-북경(北京)에 대하여 남경(南京)을 가리킨다. 왕양명은 43세부터 45세 때까지 남경에서 벼슬하였다. ㅇ排阻(배저)-배척하며 저지하려 드는 것. ㅇ鄕愿(향원)-《논어》 양화(陽貨)편과 《맹자》 진심(盡心) 하편에 보이는 말. 겉으로만 덕있는 군자인 체하는 사람. ㅇ狂者(광자)-《논어》 자로(子路)편에 '견자(狷者)'와 함께 보이며 《맹자》 진심 하편에 설명이 자세하다. 곧 '아무런 꾸밈없이 자유롭게 행동하는 사람'을 가리킨다. ㅇ胸次(흉차)-가슴속, 심경. ㅇ行不揜言(행불암언)-행동이 말을 가리지 못하다, 행동이 말과 일치되지 않다. 《맹자》 진심 하편에 '왕자'를 평하는 말로써 보인다.

解說 왕양명 사상은 많은 신봉자를 얻기도 하였지만 많은 비평을 받기도 하였다. 여기서는 그 원인을 제자들과 논하고 있다. 왕양명 자신이 만년에 '양지'를 굳게 믿음으로써 남의 비난을 더 받게 되었다고 생각하는 풍조는 그의 사람됨을 엿보게 해준다.

113. 선생님께서 사람들을 단련시키고 지도할 적에 한마디로 사람들을 매우 깊이 감동시키는 일이 많았다.

어느 날 왕간(王艮)이 놀러 나갔다가 돌아오는데 선생님께서 물으셨다.

"놀러가서 무엇을 봤느냐?"

"온 거리의 사람들 모두가 성인이라는 것을 발견했습니다."

선생님께서 말씀하셨다.

"네가 보기에 온 거리의 사람들이 모두가 성인이었다면 온 거리의 사람들은 너를 보고서 성인이라고 생각했을 것이다."

또 어느 날 동운(董澐)이 놀러 나갔다가 돌아와서는 선생님을 뵙고 말씀드렸다.

"오늘 한 가지 이상한 일을 발견했습니다."

선생님께서 물으셨다.

"무엇이 이상하다는 거지?"

"온 거리의 사람들을 보니 모두가 성인으로 보였습니다."

선생님께서 말씀하셨다.

"그건 보통 있는 일인데 무엇이 이상하다는 것인가?"

대체로 왕간은 자기의 모난 성격이 없어지지 않았고, 동운은 어렴풋이 깨닫고 있는 점이 있었기 때문에 질문은 같았지만 대답이 달랐던 것이다. 그러나 모두 그의 말을 반성케 함으로써 그들을 발전시키는 데 있어서는 같았다.

나[錢德洪]와 황홍강(黃弘綱), 장원충(張元沖), 왕기(王畿)가 병술년(丙戌年 : 嘉靖 5년, 1526) 과거를 보고 돌아와서 선생님에게 말씀드렸다.

"왕래하는 도중에 선생님 학문을 강의하였더니 믿는 사람도 있고 믿지 않는 사람도 있었습니다."

선생님께서 말씀하셨다.

"그대들은 자기를 성인 같은 위치에 놓고서 사람들에게 학문을 강의하고 있다. 사람들은 성인이 오는 것을 보면 모두 두려워서 달아나 버린다. 어떻게 제대로 강의할 수가 있겠느냐? 반드시 어리석은 남자나 어리석은 부인 같은 몸가짐을 지녀야만 비로소 사람들에게 학문을 강의할 수 있게 되는 것이다."

내가 또 말씀드렸다.

"지금 사람들의 인품이 높고 낮은 것을 보려 한다면 가장 쉬운 일입니다."

선생님께서 말씀하셨다.

"어떻게 그렇게 생각하는가?"

"선생님은 비유를 들면 태산이나 같은 존재이시어서 자기 앞에 있는데도 우러를 줄을 모르는 자가 있다면 틀림없이 눈 없는 사람이라 하겠습니다."

선생님께서 말씀하셨다.

"태산이란 평지의 광대함만은 못한 것이다. 평지에 눈에 띌 만한 무엇이 있느냐?"

선생님의 한마디 말씀은 평생 동안 지녀온 외면적으로 두드러지게 되기를 좋아하는 병을 깨끗이 잘라내고 깨쳐 주는 것이었다. 그래서 자리에 있던 사람들은 모두가 송구스러운 몸가짐을 하게 되었다.

原文 先生鍛鍊人處, 一言之下, 感人最深.

一日王汝止出遊歸. 先生問曰, 遊何見?

對曰, 見滿街人都是聖人.

先生曰, 你看滿街人是聖人, 滿街人到看你是聖人在.

又一日, 董羅石出遊而歸. 見先生曰, 今日見一異事.

先生曰, 何異?

對曰, 見滿街人都是聖人.

先生曰, 此亦常事耳, 何足爲異?

蓋汝止圭角未融, 羅石恍見有悟. 故問同, 答異. 皆反其言, 而進之.

洪與黃正之, 張叔謙, 汝中, 丙戌會試歸, 爲先生道, 塗中講學, 有信, 有不信.

先生曰, 你們拏一箇聖人去, 與人講學. 人見聖人來, 都怕走了. 如何講得行? 須做得箇愚夫愚婦, 方可與人講學.

洪又言, 今日要見人品高下, 最易.

先生曰, 何以見之?

對曰, 先生譬如泰山, 在前有不知仰者, 須是無目人.

先生曰, 泰山不如平地大. 平地有何可見?

先生一言, 剪裁剖破終年爲外好高之病. 在座者, 莫不悚懼.

註解 ㅇ王汝止(왕여지)－이름은 간(艮), 앞조목에도 보임. ㅇ董羅石(동나석)－이름은 운(澐), 자는 복종(復宗), 나석은 그의 호이며, 만년에 왕양명의 제자가 되었다. ㅇ圭角(규각)－홀(笏)의 위편에 모가 난 것, 선비들이 모가 나서 세속(世俗)과 잘 어울리지 않는 데 비유한 말(《禮記》 儒行). ㅇ黃正之(황정지)－이름은 홍강(弘綱), 상권 121조목에 보임. ㅇ張叔謙(장숙겸)－이름은 원충(元沖), 호는 부봉(浮峯), 왕양명의 제자. ㅇ汝中(여중)－왕기(王畿), 호는 용계(龍溪), 왕양명의 고제(高弟)임. ㅇ丙戌(병술)－가정(嘉靖) 5년, 1526년. 왕양명 나이 55세 때. ㅇ會試(회시)－지방시험에 합격한 자들이 중앙에 모여 치르는 과거(科擧). ㅇ剪裁剖破(전재부파)－잘라내고 쪼개고 깨치는 것.

解說 사람이란 모두 '양지'를 지녔다는 뜻에서 '온 거리의 사람들 모두가 성인'이라는 말은 왕양명 문하에서 흔히 쓰는 말이다. 이런 일반적인 말에 대해서도 왕양명은 상대방의 성격에 따라 수양에 도움이 될 대답을 적절히 찾아냈었던 것이다.

114. 계미년(癸未年 : 嘉靖 2년, 1523) 봄에 추수익(鄒守益)이 회계(會稽)로 와서 선생님께 학문을 공부하였다. 며칠 있다가 선생님께

서는 그가 떠나는 것을 부봉(浮峯)까지 전송하고는 그날 저녁 채종연(蔡宗兗) 등 여러 친구들과 배를 타고 가서 연수사(延壽寺)에서 묵게 되었다. 촛불을 밝혀놓고 방에 앉아 있는데 선생님께서 연이어 탄식을 하시다가 말씀하셨다.

"강은 물결치고 버드나무는 안개에 싸여 있는데 우리 친구는 삽시간에 백리 밖으로 떨어져 갔어!"

한 친구가 여쭈었다.

"선생님께서는 어찌하여 추수익을 그토록 깊이 생각하고 계십니까?"

선생님께서 말씀하셨다.

"증자(曾子)가 안회(顏回)를 칭찬하여 '유능하면서도 무능한 사람에게 묻고 많이 알면서도 적게 아는 사람에게 묻는다. 있으면서 없는 것같이 하고 충실하면서도 텅 비어 있듯이 행동하여 남이 그를 범해도 다투지 않는다'고 하셨는데 추수익이야말로 거기에 가까운 사람인 것이다."

原文 癸未春, 鄒謙之來越問學. 居數日, 先生送別於浮峯. 是夕, 與希淵諸友移舟, 宿延壽寺. 秉燭夜坐, 先生慨悵不已, 曰, 江濤煙柳, 故人倏在百里外矣.

一友問曰, 先生何念謙之之深也?

先生曰, 曾子所謂, 以能問於不能, 以多問於寡, 有若無, 實若虛, 犯而不校. 若謙之者, 良近之矣.

註解 ㅇ癸未(계미)－가정(嘉靖) 2년(1523), 왕양명이 52세 되던 해. ㅇ鄒謙之(추겸지)－이름은 수익(守益), 앞 112조목에 보임. ㅇ越(월)－회계(會稽), 지금의 절강성(浙江省) 소흥현(紹興縣)을 가리킨다. ㅇ慨悵(개창)－슬픈 한숨을 쉬는 것. ㅇ倏(숙)－어느덧, 문득. ㅇ曾子所謂(증자소

위)－《논어》 태백(泰伯)편에 보이는데 안회(顏回)를 평한 말이라 한다.
o校(교)－따지다, 다투다.

解說 왕양명이 제자를 대하는 섬세한 감정이 느껴진다. 더욱이 추수익(鄒守益)은 스승으로부터 이러한 배려와 평을 받았으니 영광스러운 일이라 할 것이다.

115. 정해년(丁亥年 : 嘉靖 6년, 1527) 9월 선생님은 다시 군사를 일으키어 사주(思州)와 전주(田州)를 정벌하게 되었다. 막 출발의 명령을 내리려 하고 있을 적에 나[錢德洪]는 왕기(王畿)와 함께 학문을 논하고 있었다. 왕기가 선생님이 가르치신 말씀을 인용하였다.

"선도 없고 악도 없는 것이 마음의 본체이며, 선이 있고 악도 있는 것은 뜻의 활동이다. 선을 알고 악을 아는 것이 '양지'이며 선을 행하고 악을 제거하는 것이 '격물'이다."

내가 말하였다.

"그 뜻을 어떻게 생각하나?"

왕기가 말하였다.

"그것은 아마 궁극적인 뜻을 얘기하신 게 아닐 것이다. 만약 마음의 본체에는 선도 없고 악도 없다고 한다면 뜻도 역시 선도 없고 악도 없는 뜻이 되고, 지(知)도 역시 선도 없고 악도 없는 지가 되며, 물건도 역시 선도 없고 악도 없는 물건이 된다. 만약 뜻에 선과 악이 있다고 한다면 결국은 마음의 본체에도 역시 선과 악이 존재해야만 할 것이다."

내가 말하였다.

"마음의 본체란 하늘이 명해 준 본성이어서 원래가 선도 없고 악도 없다는 것이다. 다만 사람에게는 경험에 의한 습심(習心)이 있기 때문에 뜻과 생각에 선과 악이 존재하게 되는 것이다. 격물(格物)·치지(致知)·성의(誠意)·정심(正心)·수신(修身)은 바로 그 본성의 본체로 되돌아가는 공부인 것이다. 만약 뜻에도 원래부터 선과 악이 없다면 그러한 공부를 해설할 필요가 없었을 것이다."

그날 저녁에 천천교(天泉橋)에 선생님을 모시고 앉아 있다가 두 사람은 각자의 의견을 말씀드리고 가르침을 청하였다. 선생님께서 말씀하셨다.

"나는 지금 떠나가려 하고 있으니, 마침 이 기회에 너희들은 그 뜻을 연구하여 깨우치기 바란다. 두 사람의 의견은 서로 도와야만 활용이 될 수가 있는 것이지 각자가 한편만을 고집해서는 안되는 것이다. 내가 이곳에서 사람들을 만나고 있는데 다음과 같은 두 종류의 사람들이 있더구나.

첫째 근본적으로 예리한 사람은 곧장은 근원적인 것에서부터 깨달아 들어간다. 사람의 마음의 본체는 원래가 밝고 잡된 게 섞이지 않은 것이며 원래가 '감정이 드러나기 전의 중(中)'의 상태인 것이다. 근본적으로 예리한 사람은 본체에 대하여 단번에 깨닫게 되고 바로 그것이 공부가 되며, 남과 자기와 외부와 내면에 대하여 한꺼번에 모두를 투철히 이해하게 되는 것이다.

둘째로 경험에 따른 습심(習心)을 지니고 있어서 마음의 본체가 가리워져 있음을 면치 못하는 사람이 있다. 그러므로 얼마 동안은 뜻과 생각에 있어서 착실히 선을 행하고 악을 제거하도록 가르치는 것이다. 공부가 무르익은 뒤에 찌꺼기를 깨끗이 제거해 버리게 되면 그 마음의 본체도 역시 아주 밝아지는 것이다.

왕기의 견해는 내가 여기에서 말하는 근본적으로 예리한 사람에게 적용되는 것이고, 전덕홍의 의견은 내가 여기에서 말하는 둘째 번 사람들을 위하여 법도를 세울 적에 적용되는 것이다. 두 사람이 상대방의 의견을 서로 취하여 응용한다면 중급 사람들의 위아래 사람들을 모두 이끌어 도로 들어가게 할 수 있을 것이다. 만약 각자가 한편만을 고집한다면 눈앞에서 바로 사람을 그르치게 될 것이며, 도의 본체에 대해서도 각자가 모두 완전하지 못하게 될 것이다."

그리고 나서 다시 말씀하셨다.

"이후로 친구들과 학문을 논할 적에는 절대로 나의 취지를 잊어서는 안된다. 선도 없고 악도 없는 것은 마음의 본체이며, 선도 있고 악도 있는 것은 뜻의 활동이다. 선을 알고 악을 아는 것은 '양지'이며, 선을 행하고 악을 제거하는 것이 '격물'이다. 오직 나의 이 말을 근거로 하여 사람들에 따라 적절히 지도하면 자연히 병폐가 없어질 것이다.

이것은 원래가 위아래로 모두 통하는 공부이다. 그러나 근본적으로 예리한 사람은 세상에서는 만나기가 어렵다. 본체에 대한 공부를 한 번에 깨우쳐 완전히 투철하게 된다는 것은 안회(顔回)나 정명도(程明道) 같은 뛰어난 사람이라 하더라도 어려운 일이었을 것이다. 그런데 어찌 가벼이 사람들이 그렇게 되기를 바라서야 되겠는가?

사람에게는 경험에 의한 습심(習心)이 있다. 그래서 '양지'를 근거로 하여 실제로 선을 행하고 악을 제거하는 공부는 하지 않게 하고서 오직 터무니없이 본체에 대해서만 생각하게 한다면 일체의 하는 일이 모두가 착실히 되지 않고 오직 허무와 적멸 같은 것만이 길러지게 될 것이다. 이러한 병폐란 작은 것이 아니니 되도록 빨리 얘기하여 깨치지 않으면 안되는 것이다."

이날 나와 왕기는 모두 많은 깨달음이 있었다.

原文 丁亥年九月, 先生起復征思田. 將命行時, 德洪與汝中論學. 汝中擧先生敎言曰, 無善無惡是心之體, 有善有惡是意之動, 知善知惡是良知, 爲善去惡是格物.

德洪曰, 此意如何?

汝中曰, 此恐未是究竟話頭. 若說心體是無善無惡, 意亦是無善無惡的意, 知亦是無善無惡的知, 物是無善無惡的物矣.

若說意有善惡，畢竟心體還有善惡在.

德洪曰，心體是天命之性，原是無善無惡的. 但人有習心，意念上見有善惡在. 格致誠正修，此正是復那性體功夫. 若原無善惡，功夫亦不說矣.

是夕侍坐天泉橋，各擧請正. 先生曰，我今將行，正要你們來講破此意. 二君之見，正好相資爲用，不可各執一邊. 我這裏接人，原有此二種.

利根之人，直從本源上悟入. 人心本體，原是明瑩無滯的，原是箇未發之中. 利根之人，一悟本體，卽是功夫，人己內外，一齊俱透了.

其次不免有習心在，本體受蔽. 故且敎在意念上，實落爲善去惡. 功夫熟後，渣滓去得盡時，本體亦明盡了.

汝中之見，是我這裏接利根人的，德洪之見，是我這裏爲其次，立法的. 二君相取爲用，則中人上下，皆可引入於道. 若各執一邊，眼前便有失人，便於道體各有未盡.

旣而曰，已後與朋友講學，切不可失了我的宗旨. 無善無惡是心之體，有善有惡是意之動，知善知惡是良知，爲善去惡是格物. 只依我這話頭，隨人指點，自沒病痛.

此原是徹上徹下功夫. 利根之人，世亦難遇. 本體功夫，一悟盡透，此顔子明道所不敢承當. 豈可輕易望人?

人有習心，不敎他在良知上實用爲善去惡功夫，只去懸空想箇本體，一切事爲，俱不着實，不過養成一箇虛寂. 此箇病痛不是小小，不可不早說破.

是日，德洪汝中俱有省.

註解 ㅇ丁亥(정해)－가정(嘉靖) 6년(1527), 왕양명이 56세 되던 해.

ㅇ思田(사전)－광서성(廣西省)의 사주(思州)와 전주(田州). ㅇ話頭(화두)－얘기, 이론. ㅇ習心(습심)－환경이나 조건에 의하여 변해진 후천적인 마음. ㅇ利根(이근)－근본이 예리한 것, 타고난 자질이 우수한 것. ㅇ渣滓(사재)－찌꺼기, 지저분한 것. ㅇ承當(승당)－그대로 받아들여 인정하는 것.

解說 마음의 본체와 뜻과 양지와 물건의 관계를 간단히 밝힌 왕양명의 가르침은 논리적으로는 문제가 있으나 유명한 말이다. 이것을 왕기(王畿)와 전덕홍(錢德洪)은 완전히 다른 각도에서 받아들이고 있다. 마음의 움직임이 뜻이고 마음의 영묘한 기능이 양지이고, 마음이 이르는 것이 물건이라면 물건의 본체에 선도 악도 없으니 뜻이나 양지와 물건에도 선악의 구별이 없어야 한다는 왕기의 이론은 뛰어나다. 다만 왕양명은 진리의 탐구보다도 세상 사람을 가르친다는 입장에서 두 사람의 견해를 절충시켜 주고 있는 것이다.

116. 선생님께서 처음 회계(會稽)로 돌아오셨을 무렵에는 선생님을 찾는 친구들의 발자취가 매우 드물었다. 그러나 그 뒤로는 사방으로부터 공부하러 오는 사람들이 날로 늘어갔다. 계미년(癸未年 : 嘉靖 2년, 1523) 이후로는 선생님을 중심으로 하고 지내는 사람들이 늘어선 여러 집에 가득 차서 천비(天妃)나 광상(光相)의 여러 절간과 같았다.

한 방마다 언제나 모여서 먹는 사람들이 수십 명이나 되었고, 밤이면 잠잘 곳이 없어 교대로 잠자리에 들었으며, 깨어 있는 사람들의 노랫소리가 저녁부터 아침에 이르기까지 끊이지 않았다. 남진(南鎭)·우혈(禹穴)·양명동(陽明洞) 같은 여러 산들이나 멀고 가까운 절간이라면 어느 곳이건 발로 걸어갈 수 있는 데에는 모두 동지들이 놀면서 머무는 장소가 아닌 곳이 없었다.

선생님께서 언제나 강좌에 임하시면 전후좌우로 강좌를 둘러싸고 모여들어 듣는 사람들이 언제나 수백명을 넘었다. 제자들이 가는 것을 보내고 오는 것을 마중하기에 어느 달이고 조용할 날이 없었다. 선생님 모시기를 1년 이상 한 사람들 중에도 제자들의 이름을 다 외우지 못하는 사람들이 있을 정도였다.

언제나 제자들과 이별할 때면 선생님은 늘 탄식하시면서 말씀하셨다.

"자네들과 비록 이별은 하지만 이 하늘과 땅 사이로부터 나가는 것은 아니니 진실로 공부하는 뜻을 같이하는 이상 나는 나의 육체를 잊고 공부에 열중할 수가 있을 것이다."

여러 제자들은 선생님의 강의를 듣고 문을 나올 때마다 언제나 기뻐 날뛰며 기꺼워하였다. 일찍이 동문의 선배로부터 다음과 같은 얘기를 들은 일이 있었다.

"남경(南京)으로 오시기 이전에도 선생님을 따라 공부하는 친구들이 비록 많기는 하였지만 회계(會稽)에서처럼 성대한 일은 없었다. 이것은 선생님의 학문 강의가 오래 갈수록 사람들의 신용을 널리 얻게 된 때문이기도 하지만, 또한 선생님의 학문이 날로 발전하여 깊은 감명을 제자들에게 주는 기회가 많아지고 강의가 자유자재로 변화가 많게 되어 이전과는 스스로 달라진 게 있기 때문이기도 한 것이다."

— 이 뒤로부터는 황직(黃直)이 기록한 것임.

原文 先生初歸越時, 朋友踪跡尚寥落. 旣後, 四方來遊者日進. 癸未年已後, 環先生而居者比屋, 如天妃光相諸剎.

每當一室, 常合食者數十人, 夜無臥處, 更相就席, 歌聲徹昏旦. 南鎭, 禹穴, 陽明洞諸山, 遠近寺剎, 徙足所到, 無非同志遊寓所在.

先生每臨講座, 前後左右, 環坐而聽者, 常不下數百人. 送往迎來, 月無虛日. 至有在侍更歲, 不能遍記其姓名者.

每臨別, 先生常歎曰, 君等雖別, 不出在天地間. 苟同此志, 吾亦可以忘形似矣.

諸生, 每聽講出門, 未嘗不跳躍稱快. 嘗聞之, 同門先輩曰, 南都以前, 朋友從遊者雖衆, 未有如在越之盛者. 此雖講學日久, 孚信漸薄, 要亦先生之學日進, 感召之機, 申變無方, 亦自有不同也.

此後黃以方錄.

註解 ㅇ初歸越(초귀월)－정덕(正德) 16년(1521) 왕양명이 50세 때 강서(江西)로부터 회계(會稽)로 돌아온 것을 말함. ㅇ蹤跡(종적)－발자취. ㅇ寥落(요락)－쓸쓸한 것, 적막한 것. ㅇ天妃(천비)－산 이름. 바다의 신인 천비를 모시는 사당이 있다 한다. ㅇ光相(광상)－회계의 땅 이름. 유명한 사찰이 많음. ㅇ南鎭(남진)－우혈(禹穴)·양명동(陽明洞)과 함께 회계의 명소. ㅇ徙足(사족)－발을 옮기다, 걷다. ㅇ忘形似(망형사)－형체를 잊다. ㅇ孚信(부신)－신뢰, 믿음. ㅇ感召(감소)－감동하여 호응케 하는 것. ㅇ申變(신변)－여러 가지로 변화하는 것.

解說 이 글을 통하여 회계에서의 양명학이 얼마나 성했었는가를 알 수 있다. 삼윤집재본(三輪執齋本)에선 이 조목을 따로 떼어 발문(跋文)처럼 취급하고 있으나, 여기에서는 전서본(全書本)을 따라 같은 한 조목으로 취급하였다. 그리고 삼윤집재본에는 이 뒤에 전덕홍(錢德洪)의 후서(後序)가 들어왔으나 이것도 역시 전서본을 따라 하권의 맨 끝머리로 돌린다. 그밖에도 삼윤집재본엔 이 조목 끝머리에 보이는 '이 뒤로부터는 황직(黃直)이 기록한 것'이란 여섯 자가 보이지 않는다.

117. 황직(黃直)이 여쭈었다.
"《논어》의 '널리 글을 배운다[博學於文]'는 말을 선생님처럼 일에 따라서 매사에 나의 천리를 보존하는 것이라 해석한다면, 또 '행동하고 남는 힘이 있으면 곧 그것으로써 글을 배운다[學文]'고 한 말과 서로 들어맞지를 않을 것만 같습니다."

선생님께서 말씀하셨다.

"《시경》《서경》 같은 여섯 가지 경서는 모두가 천리를 드러내는 것이어서 문장이란 모두가 그 속에 포함되어 있는 것이다. 《시경》《서경》 같은 여섯 가지 경서로써 고증한다는 것도 모두가 자기 마음에 천리를 보존하는 것을 배우는 방법인 것이다. 다만 하는 일에 드러난 것만을 글[文]이라 할 수 있다는 것은 아니니다.

'남는 힘으로 글을 배운다'는 것도 역시 '널리 글을 배운다'는 속에 포함되는 일이다."

어떤 사람이 《논어》의 '공부하면서도 생각하지 않으면 망령되고, 생각만 하고 공부하지 않으면 위태롭다'는 구절에 대하여 여쭈니 선생님께서 말씀하셨다.

"그것은 어떤 목적이 있어서 그렇게 말한 것이다. 사실에 있어서는 '생각한다'는 것이 바로 '공부하는 것'인 것이다. 공부를 하다가 의심나는 곳이 있으면 곧 반드시 거기에 대하여 생각해 보아야만 한다.

'생각만 하고 공부는 하지 않는다'는 말씀을 하신 것은 오직 터무니없이 생각만 함으로써 어떤 도리를 생각해 내려고 만들고 자신의 몸과 마음에 실제로 그의 힘을 써서 마음에 천리를 보존하는 공부를 하지 않는 사람들이 있기 때문인 것이다. 그래서 생각과 공부를 두 가지 일로 나누게 되기 때문에 '망령되고' '위태로운' 병폐가 생기는 것이다. 그러나 사실은 생각한다는 것은 그가 공부하는 것에 대하여 생각하는 것이어서 원래부터 두 가지 일인 것은 아니다."

原文 黄以方問, 博學於文, 爲隨事學存此天理. 然則謂行有餘力, 則以學文, 其說似不相合.

先生曰，詩書六藝，皆是天理之發見，文字都包在其中．攷之詩書六藝，皆所以學存此天理也．不特發見於事爲者方爲文耳．

餘力學文，亦只博學於文中事．

或問，學而不思二句．曰，此亦有爲而言．其實思則學也．學有所疑，便須思之．

思而不學者，蓋有此等人，只懸空去思，要想出一箇道理，卻不在身心上實用其力，以學存此天理．思與學作兩事做，故有罔與殆之病．其實思只是思其所學，原非兩事也．

註解 ㅇ博學於文(박학어문)-《논어》 옹야(雍也)편의 말. ㅇ行有餘力(행유여력)-이 구절은 《논어》 학이(學而)편에 보임. ㅇ六藝(육예)-육경(六經)과 같은 말. 시(詩)·서(書)·예(禮)·악(樂)·역(易)·춘추(春秋)의 여섯 가지 경서. ㅇ攷之詩書六藝(고지시서육예)-《사기(史記)》 백이열전(伯夷列傳) 등 여러 곳에 보이는 말. ㅇ學而不思(학이불사)-《논어》 위정(爲政)편에 보이는 말. ㅇ有爲(유위)-일정한 목적이 있는 것.

解說 왕양명은 《논어》의 '글을 배운다[學文]'는 것을 마음에 천리를 보존하는 것이라 풀이한다. 《시경》《서경》의 글을 배우는 것이나, 행동하고 남는 힘을 가지고 글을 배우는 것이나 모두가 자기 마음에 천리를 보존하는 것이라는 것이다.

뒤쪽의 '공부하는 것'과 '생각하는 것'을 같은 것이라 풀이한 것은 아무래도 공자의 본뜻과 어긋나는 무리한 해석인 듯하다. 왕양명은 마음의 수양을 중시하는 나머지 '생각하는 것'도 공부라고 풀이하였지만 공자는 적어도 그런 뜻에서 '생각'과 '공부'를 얘기했던 것은 아닐 것이다.

118. 선생님께서 말씀하셨다.

"송대 학자들은 '격물'을 해석함에 있어서 '천하의 물건에 이르는 것'이라 하였는데, 천하의 모든 물건에 어떻게 다 이를 수가 있겠는가? 또 말하기를 한 포기 풀이나 한 그루 나무에도 모두 이가 있다고 하였으니 어떻게 그것들 모두에 이른단 말인가? 비록 풀과 나무에는 이르게 된다 하더라도 어떻게 되돌리어 그것으로 자신의 뜻을 정성되이 할 수가 있겠는가?

나는 '격(格)'자를 '바로잡는다[正]'는 뜻으로 풀이하고 '물(物)'자를 '일[事]'의 뜻으로 풀이하였다. 《대학》에서 말하는 '몸'이란 바로 귀와 눈과 입과 코와 팔다리를 뜻하는 것이다. 그래서 '몸을 닦으려[修身]' 한다면 바로 그의 눈은 예가 아닌 것은 보지 말고, 귀는 예가 아닌 것은 듣지 말며, 입은 예가 아닌 것은 말하지 말고, 팔다리는 예가 아니면 움직이지 말아야 하는 것이다. 이러한 몸을 닦으려 한다면 몸에 대하여 어떻게 공부를 해야만 하는가?

마음이란 몸의 주재자이다. 눈이 비록 본다고는 하지만 보도록 만드는 것은 마음인 것이다. 귀가 비록 듣는다고는 하지만 듣도록 만드는 것은 마음인 것이다. 입과 팔다리가 비록 말하고 움직인다고는 하지만 말하고 움직이도록 만드는 것은 마음인 것이다. 그러므로 자기의 몸을 닦으려 한다면 자기의 마음의 본체를 올바로 체득함으로써 언제나 마음이 탁 트이고 크게 공정하여 약간의 바르지 않은 곳도 없게 만들어야만 하는 것이다. 몸의 주재자인 마음이 바르기만 하면 눈이 기능을 발휘하더라도 자연히 예가 아닌 것을 보는 일이 없게 될 것이며, 귀가 기능을 발휘하더라도 자연히 예가 아닌 것을 듣는 일이 없게 될 것이며, 입과 팔다리가 기능을 발휘하더라도 자연히 예가 아닌 것을 말하고 행하는 일이 없게 될 것이다. 그러니 곧 몸을 닦는 일은 그의 마음을 바르게 하는 데 달려 있다고 하는 것이다.

그런데 지극한 선(善)이 마음의 본체인 것이다. 마음의 본체에 어찌 선하지 않음이 있을 수가 있겠는가? 그러니 지금 마음을 바로잡으려 한다 하더라도 본체에 관하여 어떤 노력을 기울일 수 있겠는가? 반드시 마음이 움직이는 곳에 대하여 비로소 힘을 기울일 수가 있는 것이다. 마음이 움직이기 시작하면 선하지 않은 게 없을 수가 없는 것이다. 그러므로 반드시 이 점에 대하여 힘을 기울여야 한다는 것이다. 그래서 마음을 바로잡는 것이 '뜻을 정성되이 하는 것[誠意]'에 달려 있다고 하는 것이다.

만약 한 가지 생각이 선을 좋아하는 데로 움직인다면 곧 착실히 선을 좋아하도록 하고, 한 가지 생각이 악을 미워하는 데로 움직인다면 곧 착실히 악을 미워하도록 하여야 되는 것이다. 뜻이 움직이는 것이 정성되지 않은 게 없는 처지가 되었다면 곧 그 본체가 어찌하여 바르지 않을 수가 있겠는가? 그러므로 그의 마음을 바로잡으려 하는 일은 뜻을 정성되이 하는 데 달려 있게 되는 것이다.

공부는 뜻을 정성되이 하는 데 이르러야만 비로소 제대로 낙착되게 되는 것이다. 그런데 뜻을 정성되이 하는 근본은 또 '앎을 이르게 하는 데[致知]' 있다. 주자가 말한 것처럼 '사람들은 비록 알지 못하지만 자기 홀로 알고 있는 것'이 바로 나의 마음이 진실로 아는 것[良知]인 것이다.

그러나 선한 것임을 알면서도 이 '양지'를 따라서 행동하지 않고, 선하지 않은 것임을 알면서도 이 '양지'를 따라서 행동을 중지하지 못한다면 곧 그의 '양지'는 가리워져서 앎을 이르게 하는 수가 없게 되는 것이다. 내 마음의 '양지'를 철저히 확충시키지 못하여 선이 좋다는 것을 비록 알기는 하지만 진실로 그것을 좋아하지 못하고 악이 나쁘다는 것을 비록 알기는 하지만 진실로 그것을 싫어하지 못한다면 어떻게 뜻을 정성되이 할 수가 있겠는가? 그러므로 앎을 이르게 하는 것이 뜻을 정성되이 하는 근본이 된다고 하는 것이다.

그러나 또 터무니없이 앎이 이르게 되는 것도 아니다. 앎을 이르게 하는 것은 실제의 일에 관하여 그것을 올바로 하는 데서 이루어지는 것이다. 뜻이 선을 행하는 데에 있다면 곧 자기가 하고 있는 그 일에 있어서 실천해야만 하며, 뜻이 악을 제거하는 데에 있다면 곧 자기가 하고 있는 그 일에 있어서 하지 않도록 실천하는 것이다. 악을 제거한다는 것은 본시가 부정한 것을 바로잡음으로써 올바름으로 돌아가게 하는 것이다. 선을 행하면 곧 선하지 않은 것이 바로잡아진다. 또한 그것은 부정을 바로잡아 올바름으로 돌아가게 하는 게 된다. 이렇게 되면 곧 나의 마음의 '양지'가 사사로운 욕망에 가리워지는 일이 없게 되어 그 극치에 이르게 되는 것이다. 그리고 뜻이 움직이는 데 있어서는 선을 좋아하건 악을 제거하건 어떤 일에나 정성되지 않은 일이 없게 되는 것이다.

뜻을 정성되이 하는 공부에 있어서 실제로 손을 대어야만 할 곳은 '격물'에 있는 것이다. 만약 그렇게만 한다면 '격물'은 사람이면 누구나가 할 수 있게 되고 사람이면 모두가 요(堯)·순(舜) 같은 성인이 되는 길도 바로 여기에 있는 것이다."

原文 先生曰, 先儒解格物, 爲格天下之物. 天下之物如何格得且謂, 一草一木, 亦皆有理, 今如何格去? 縱格得草木來, 如何反來誠得自家意.

我解格作正字義. 物作事字義. 大學之所謂身, 卽耳目口鼻四肢是也. 欲修身, 便是要目非禮勿視, 耳非禮勿聽, 口非禮勿言, 四肢非禮勿動. 要修這箇身, 身上如何用得功夫?

心者, 身之主宰. 目雖視, 而所以視者, 心也. 耳雖聽, 而所以聽者, 心也. 口與四肢雖言動, 而所以言動者, 心也. 故欲修身, 在於體當自家心體, 常令廓然大公, 無有些子不正處. 主宰一正, 則發竅於目, 自無非禮之視, 發竅於耳, 自無非禮之聽, 發竅於口與四肢, 自無非禮之言動. 此便是修身在正其心.

然至善者, 心之本體也. 心之本體, 那有不善? 如今要正心, 本體上何處用得功? 必就心之發動處, 纔可著力也. 心之發動, 不能無不善, 故須就此處著力. 便是在誠意.

如一念發在好善上, 便實實落落去好善. 一念發在惡惡上, 便實實落落去惡惡. 意之所發, 旣無不誠, 則其本體, 如何有不正的? 故欲正其心, 在誠意.

功夫到誠意, 始有着落處. 然誠意之本, 又在於致知也. 所謂人雖不知, 而己所獨知者, 此正是吾心良知處.

然知得善, 卻不依這箇良知便做去, 知得不善, 卻不依這箇良知便不去做, 則這箇良知便遮蔽了, 是不能致知也. 吾心良知, 旣不能擴充到底, 則善雖知好, 不能著實好了, 惡雖知惡, 不能著實惡了, 如何得意誠? 故致知者, 意誠之本也.

然亦不是懸空的致知. 致知在實事上格之. 意在於爲善, 便就這件事上去爲, 意在於去惡, 便就這件事上去不爲. 去惡固是格不正, 以歸於正. 爲善, 則不善正了, 亦是格不正, 以歸於正也. 如此則吾心良知, 無私欲蔽了, 得以致其極, 而意之所發, 好善去惡, 無有不誠矣.

誠意功夫, 實下手處在格物也. 若如此, 格物人人便做得. 人皆可以爲堯舜, 正在此也.

註解 ㅇ先儒(선유)―《대학장구(大學章句)》, 《대학혹문(大學或問)》 등에 보이는 정자와 주자의 학설. ㅇ一草一木(일초일목)―이 구절은 《대학혹문》에 인용하고 있는 정이천(程伊川)의 설임. ㅇ非禮(비례)―이 대목은 《논어》 안연(顔淵)편에 보이는 글임. ㅇ體當(체당)―제대로 체득(體得)하는 것. ㅇ廓然(곽연)―넓게 트인 모양. ㅇ發竅(발규)―구멍이 열리다, 기관(器官) 기능을 발휘하는 것. ㅇ人雖不知而己所獨知(인수부지이기소독지)―《대학》의 '신독(愼獨)'을 해설하는 데 주자가 사용한 말. ㅇ懸空(현

공)－공중에 떠있는 것, 터무니없는 것. ㅇ人皆可以爲堯舜(인개가이위요순)－《맹자》 고자(告子) 하편에 보이는 말.

解說 《대학》에 보이는 '수신(修身)' 이하 '정심(正心)', '성의(誠意)', '치지(致知)', '격물(格物)'에 대해서는 이미 앞에서도 여러번 해설되었다. 그에 의하면 이러한 수행들은 모두가 '양지를 이르게 하는 것'이라는 것이다. 다만 이 조목은 '격물치지'에 대한 왕양명의 강의를 기록한 듯 매우 구체적으로 조리있게 설명되고 있는 것이 특징이라 하겠다. 그러나 이들 내용은 대체로 이미 앞에 전부 나온 것들이므로 더 자세한 설명이 필요없을 것이다.

119. 선생님께서 말씀하셨다.

"여러 사람들은 '격물'에 대한 해설은 주자를 따라야 한다고만 말할 뿐이지 그의 설을 실천하려고 드는 이는 없다. 나는 실제로 이전에 실천해 본 일이 있었다.

젊었을 적에 전우(錢友)와 함께 성현이 되자면 천하의 모든 물건에 이르러야 되겠는데 지금 어떻게 하면 그러한 큰 역량을 얻을 수가 있을까 하고 함께 토론한 일이 있었다. 그리고는 정자 앞에 있던 대나무를 가리키면서 가서 그 이치를 추구하여 이르게 되도록 해보라고 하였다. 전군은 밤낮으로 가서는 대나무의 도리를 궁리하여 거기에 이르게 되려 하였다. 그의 마음과 생각을 다하기 사흘이 지나자, 곧 정신을 너무 써서 병이 나고 말았다. 그때에는 그가 병이 난 것은 정력이 부족한 때문이라 말하면서 이번에는 내 자신이 그 이치에 궁리하여 이르려 하였다. 밤낮으로 궁리하였으나 그 이치는 얻지 못하고 7일이 지나서는 나도 역시 생각을 너무한 끝에 병이 나고 말았다. 그래서 마침내는 서로 탄식하며 성현이 될 수는 없는 것이니, 물건의 이치에 이르게 될 만한 큰 역량을 갖지 못하였다고 단정하였다.

귀주(貴州)의 오랑캐들 사이에 3년 있는 동안에 이것에 관한 뜻을 어느 정도 깨닫게 되어 마침내는 천하의 물건에는 본시부터 이치에 이를 수 있는 것이란 없다는 것을 알게 되었다. '격물'의 공부는 오직 자신의 몸과 마음에 대해서 해야 하는 것이며, 틀림없이 성인이란 사람마다 누구나 될 수 있는 것이라 생각하고는 곧 자신이 그 일을 맡아 실행하기로 하였다. 그러한 뜻을 여러분들께 얘기하여 알려주고 싶은 것이다."

原文 先生曰, 衆人只說, 格物要依晦翁, 何曾把他的說去用? 我著實曾用來.

初年與錢友, 同論做聖賢, 要格天下之物, 如今安得這等大的力量? 因指亭前竹子, 令去格看. 錢子早夜去, 窮格竹子的道理. 竭其心思, 至於三日, 便致勞神成疾. 當初說, 他這是精力不足. 某因自去窮格. 早夜不得其理, 到七日, 亦以勞思致疾. 送相與嘆, 聖賢是做不得的, 無他大力量去格物了.

及在夷中三年, 頗見得此意思, 乃知天下之物, 本無可格者, 其格物之功, 只在身心上做, 決然以聖人爲人人可到, 便自有擔當了. 這裏意思, 卻要說與諸公知道.

註解 ㅇ晦翁(회옹)-주자의 호. ㅇ錢友(전우)-어떤 사람인지 알 길이 없으나, 젊었을 적의 왕양명의 친구였던 것 같다. ㅇ夷中三年(이중삼년)-정덕(正德) 2년(1507)부터 4년(1509)에 이르는 왕양명이 36세 때부터 38세까지 귀주(貴州)의 용장(龍場)으로 귀양가 있던 때를 가리킨다.

解說 주자는 '격물'이란 모든 물건의 이치를 추궁하여 그 물건의 이치에 이르는 것이라 하였다. 그러나 왕양명은 물건의 이치란 도저히 모두 알 수 있는 게 아니니 '격물'이란 '사물을 바로잡는 것'이라 해석하고 자기의 마음의 수양에 힘썼다. 그리고는 실제로 대나무의 이치를 추궁해 보았던 경험을 들어 주자의 설을 공격하고 있다. 그러나 현대

학문의 안목으로 본다면 오히려 주자의 설이 더욱 과학정신과 가까운 것이라 볼 수 있다. 왕양명이 주자의 이론을 실천해 보았다고 하지만 그 방법이 문제일 것이다.

120. 문인 가운데 소단봉(邵端峯)이 "아이들로서는 '격물'을 할 수가 없으니까 오직 물뿌리고 쓰는 것이나 사람들을 대하는 인사방법이나 가르치면 된다."고 주장한 말을 얘기하는 사람이 있었다.

선생님께서 말씀하셨다.

"물뿌리고 쓸고 사람들을 대하는 인사방법은 한 가지 사물이다. 아이의 '양지'가 오직 여기에만 이르고 있다면 곧 물뿌리고 쓸고 사람들을 대하는 인사방법을 가르치는 것이 바로 그의 '양지'를 이르게 하는 것이 된다.

또 아이들이라 하더라도 선생님이나 어른들을 두려워할 줄 아는데 이것 역시 그의 '양지'가 있기 때문이다. 그러므로 그들이 장난치고 놀다가도 선생님이나 어른들을 보면 곧 달려와 절을 하며 공경을 표하는 것이다. 이것은 그들이 '격물'을 함으로써 스승이나 어른들을 존경하는 '양지'를 이르게 할 수 있었기 때문인 것이다. 아이들 자신에게는 아이들로서의 '격물치지'가 있는 것이다."

또 말씀하셨다.

"내가 여기서 말하는 '격물'이란 아이들로부터 성인에 이르기까지 모두가 같은 방법의 공부인 것이다. 다만 성인들은 '격물'을 함에 있어서 어느 정도 훨씬 숙달되어 있기 때문에 그렇게 힘을 들일 필요가 없다. 이와 같은 '격물'이란 비록 장작을 파는 사람이라 하더라도 할 수가 있는 것이고, 공경 대부나 천자에 이르기까지도 모두가 그와 같이 해야만 되는 것이다."

原文 門人有言, 邵端峯論, 童子不能格物, 只教以灑掃應對之說.

先生曰, 灑掃應對, 就是一件物. 童子良知只到此, 便教去灑掃應對, 就是致他這一點良知了.

又如童子知畏先生長者, 此亦是他良知處. 故雖嬉戲中, 見了先生長者, 便去作揖恭敬. 是他能格物, 以致敬師長之良知了. 童子自有童子的格物致知.

又曰, 我這裏言格物, 自童子以至聖人, 皆是此等功夫. 但聖人格物, 便更熟得些子, 不消費力. 如此格物, 雖賣柴人, 亦是做得, 雖公卿大夫以至天子, 皆是如此做.

註解 ㅇ邵端峯(소단봉)－어떤 사람인지 알 수 없다. ㅇ灑掃(쇄소)－물 뿌리고 쓰는 것, 청소하는 것. ㅇ應對(응대)－사람들을 대하는 예의 작법. ㅇ嬉戲(희희)－장난치며 노는 것. ㅇ作揖(작읍)－읍을 하다, 절을 하다. ㅇ柴(시)－땔나무, 장작.

解說 아이들은 '격물'을 할 수 없다는 이론에 대한 반박이다. 왕양명에 의하면 아이들이나 성인이나 똑같이 다시 말하면 어리석은 사람이나 현명한 사람이나 다같이 자기가 하는 일에 대하여 '격물'을 한다는 것이다. 물뿌리고 쓸고 사람들을 올바로 대하는 것을 '양지'에 의하여 올바로 판단하고 실행하는 것도 '격물'에 속하는 일이라는 것이다. 공부치고는 너무 비근(卑近)한 듯하다.

121. 어떤 사람이 '앎과 행동'은 하나로 합쳐지지 않는 것이라 의심하면서 《서경》의 '아는 것이 어려운 게 아니라 그것을 행하는 것이 어려운 것이라'는 구절을 가지고 질문하였다.

선생님께서 말씀하셨다.

" '양지'란 자연히 알게 되는 것이므로 원래는 쉬운 것이다. 오직 그

'양지'를 이르게 하는 수가 없으므로 곧 '아는 것이 어려운 게 아니라 그것을 행하는 것이 어려운 것이다'고 한 것이다."

原文 或疑知不合一, 以知之匪艱二句, 爲問.

先生曰, 良知自知, 原是容易的. 只是不能致那良知. 便是, 知之匪艱, 行之惟艱.

註解 ㅇ知之匪艱(지지비간)－《서경》 열명(說命)편에 보이는 말. 《서경》에는 '비지지간(非知之艱), 행지유간(行之惟艱)'이라 씌어 있으나 뜻은 같다.

解說 왕양명은 '행한다'는 것은 '양지를 이르게 하는 것'으로 보았다. 아는 것이나 행하는 것이나 결국은 모두 '양지'를 떠나지 않으므로 하나로 합쳐지는 것이다.

122. 문인이 여쭈었다.

"앎과 행동이 어떻게 하나로 합쳐질 수가 있습니까. 《중용》을 보더라도 '널리 배우는 것'을 얘기하는 한편 또 '착실히 행하는 것'을 얘기하고 있으니 분명히 앎과 행동은 두 가지 다른 것인 듯합니다."

선생님께서 말씀하셨다.

"'널리 배우는 것'이란 오직 모든 일에 대하여 천리를 보존하는 것을 배우는 것이며, '착실히 행하는 것'이란 오직 그렇게 배우는 것을 쉬지 않는다는 뜻인 것이다."

다시 여쭈었다.

"《역경》에 '배움으로써 그것을 모은다'하고 또 '어짊[仁]으로써 그것을 행한다'고 말하고 있으니 이것은 어째서입니까?"

선생님께서 말씀하셨다.

“역시 같은 얘기이다. 모든 일에 대하여 천리를 보존하는 것을 배운다면 곧 그의 마음은 놓여날 때가 다시는 없게 될 것이므로 ‘배움으로써 그것을 모은다’고 말한 것이다. 그렇게 하여 언제나 그 천리를 보존하도록 배우게 되면 사사로운 욕망에 의한 중단이 다시는 없게 될 것이니, 이것이 바로 마음이 쉬지 않는 상태이므로 ‘어짊으로써 그것을 행한다’고 말한 것이다.”

또 여쭈었다.

“공자께서 말씀하시기를 ‘앎은 거기에 미칠 수 있지만 어짊[仁]으로써 그것을 지킬 수가 없다면’이라 하셨으니 앎과 행동은 역시 두 가지 다른 것으로 취급하고 계셨던 것 같습니다.”

선생님께서 말씀하셨다.

“‘거기에 미친다’고 말한 것은 이미 행한 것이다. 다만 언제나 행할 수는 없는 것은 이미 사사로운 욕망에 의하여 중단된 것이므로 곧 ‘어짊으로써 그것을 지킬 수가 없는 것’이 되는 것이다.”

다시 여쭈었다.

“선생님께서는 ‘마음이 곧 이’라 주장하고 계신데 정자(程子)는 ‘물건에 이가 있다’고 말하였습니다. 어떻게 하여 ‘마음이 곧 이’가 됩니까?”

선생님께서 말씀하셨다.

“‘물건에 이가 있다[在物爲理]’고 하면 ‘재(在)’자 위에 ‘심(心)’자를 하나 더 보태야만 한다. 사람의 ‘마음이 물건에 있다[心在物]’면 곧 그것이 ‘이’가 된다. 그처럼 마음이 아버지를 섬기는 데 있으면 곧 효도가 되고, 임금을 섬기는 데 있으면 곧 충성이 되는 것들과 같다.”

그리고는 선생님께서 그에게 말씀하셨다.

“제군들은 내가 주장하는 이론의 주지를 먼저 이해해야만 한다. 내가 지금 ‘마음이 곧 이’라고 주장하는 것은 어째서인가? 그것은 오직 세상 사람들이 마음과 이를 다른 두 가지로 분별하고 있기 때문에 곧 많은 여러 가지 폐단이 생기는 것이다.

예를 들면 춘추시대의 오패(五霸)가 오랑캐들을 물리치고 주나라 왕실을 존중하였던 것은 모두가 한결같은 사사로운 마음에서 나온 것이어서 곧 '이'에 해당하지 않는다. 그러나 사람들은 그들의 행동이 '이'에는 맞지만 오직 마음이 순수하지만 못하였다고 말하면서 흔히 그들의 행동을 좋아하고 흠모하면서 외면상으로만 보기좋게 일을 처리하려 하고 마음과는 전혀 관계가 없는 것으로 생각하려 든다. 그들은 마음과 '이'를 두 가지 다른 것으로 나누어 그 결과는 패도(霸道)의 거짓된 짓을 하게 되는데도 자신들은 그것을 알지 못하는 것이다. 그래서 나는 '마음이 곧 이'라고 주장하는 것이다. 나는 '마음과 이'는 한 가지 것임을 알도록 함으로써 마음에 대하여 공부를 하게 하여 밖으로 형식적인 의로움을 추구하지 않도록 하려는 것이다.

바로 이것이 '왕도(王道)'의 진수인 것이며, 이것이 내가 주장을 내세우는 주지인 것이다."

또 여쭈었다.

"성현들의 말씀은 굉장히 여러 가지인데 어찌하여 선생님께서는 하나로 두드려 뭉쳐 이해하시려 하십니까?"

"나는 하나로 두드려 뭉쳐지려는 게 아니다. 그것은 《맹자》에서 '도는 하나일 따름이다'고 말한 것이나, 《중용》에서 '그것〔天道〕은 두 가지로 갈리는 물건이 아니기 때문에 그것이 만물을 생성하는 것은 헤아릴 수도 없다'고 말한 거나 같은 것이다. 하늘과 땅이나 성인은 모두가 근본적으로는 하나이다. 어떻게 그것을 두 가지 다른 것으로 할 수가 있겠느냐?"

原文 門人問曰, 知行如何得合一? 且如中庸言博學之, 又說箇篤行之. 分明知行是兩件.

先生曰, 博學只是事事學存此天理, 篤行只是學之不已之意.

又問, 易學以聚之, 又言仁以行之. 此是如何?

先生曰, 也是如此. 事事去學存此天理, 則此心更無放失時. 故曰, 學以聚之. 然常常學存此天理, 更無私欲間斷, 此卽是此心不息處. 故曰, 仁以行之.

又問, 孔子言, 知及之, 仁不能守之. 知行卻是兩箇了.

先生曰, 說及之. 已是行了. 但不能常常行, 已爲私欲間斷, 便是仁不能守.

又問, 心卽理之說. 程子云, 在物爲理. 如何謂心卽理?

先生曰, 在物謂理, 在字上當添一心字. 此心在物, 則爲理. 如此, 心在事父, 則爲孝, 在事君, 則爲忠之類.

先生因謂之曰, 諸君要識得我立言宗旨. 我如今說箇心卽是理, 如何? 只爲世人分心與理爲二, 故便有許多病痛.

如五伯攘夷狄尊周室, 都是一箇私心, 便不當理. 人卻說他做得當理, 只心有未純, 往往悅慕其所爲, 要來外面做得好看, 卻與心全不相干. 分心與理爲二, 其流至於伯道之僞, 而不自知. 故我說箇心卽理, 要使知心理是一箇, 便來心上做功夫, 不去襲義於外.

便是王道之眞, 此我立言宗旨.

又問, 聖賢言語許多, 如何卻要打做一箇?

曰, 我不是要打做一箇. 如曰, 夫道一而已矣, 又曰, 其爲物不二, 則其生物不測. 天地聖人, 皆是一箇. 如何二得?

註解 ㅇ學以聚之(학이취지) - 《역경》 건(乾)괘 문언전(文言傳)에 '군자는 배움으로써 그것을 모으고 물음으로써 그것을 분별하고, 너그러움으로써 거기에 처신하고, 어짊으로써 그것을 행한다'고 한 말에서 따온 것임. 뒤의 '인이행지(仁以行之)'는 이 끝 구절임. ㅇ孔子言(공자언) - 《논어》 위

령공(衛靈公)편의 말. '앎은 거기에 미치지만 어짊으로써 그것을 지키지 못하면 그것을 비록 얻었다 하더라도 반드시 그것을 잃게 될 것이다'고 한 말을 가리킴. ㅇ程子云(정자운)－《근사록》 도체(道體)편에 '물건에 있는 것이 이(理)가 되며 물건을 잘 처리하는 게 의로움[義]이 된다'고 한 말에 나오는 말. ㅇ五伯(오백)－춘추(春秋)시대의 오패(五霸). 제(齊)나라 환공(桓公), 진(晋)나라 문공(文公), 진(秦)나라 목공(穆公), 송(宋)나라 양공(襄公), 초(楚)나라 장왕(莊王)의 다섯 제후(《孟子》 趙岐注). ㅇ伯道(백도)－패도(覇道), 힘이나 권력 또는 술수(術數)로써 세상을 다스리는 방법. 덕으로 다스리는 '왕도(王道)'와 대가 되는 말이다. ㅇ襲義(습의)－《맹자》 공손추(公孫丑) 상편에 보이는 말. 의로움을 일시 형식적으로만 추구하는 것. ㅇ道一而已(도일이이)－《맹자》 등문공(滕文公) 상편에 보이는 말. ㅇ其爲物不二(기위물불이)－이 대목은 《중용》에 보이는 말임.

解說 여기서는 제자가 여러 가지 경전의 구절을 인용하면서 앎과 행동은 다른 별개의 것이 아닌가? 또 어째서 '마음이 곧 이'가 되는가를 추궁한다. 왕양명은 '천리'와 '양지'를 가지고 이 모든 것을 설명하지만 논리에 의하여 명쾌하게 설명될 수 있는 것은 아니다. 그래서 자기가 주장하는 '주지'를 잘 이해해야 한다고 말한 것은 퍽 시사적이다. 끝으로 왜 모든 것을 한 가지 원리에 두드려 뭉쳐서 해설하려 드느냐는 질문에 대한 대답을 보면 그의 '천리'나 '양지'는 바로 '도'라고 생각했기 때문인 것 같다. 제자의 예리한 질문에 대한 대답을 통하여 더욱 왕양명의 신념이 뚜렷이 느껴진다.

123. "마음이란 한 덩어리의 피와 살로만 이루어져 있는 것이 아니다. 모든 사람의 지각을 지배하는 것이 바로 마음인 것이다. 예를 들면 귀와 눈이 보고 들을 줄을 알고, 손과 발이 아프고 가려운 것을 아는 것 같은 지각은 모두가 마음에 의하여 지배되는 것이다."

原文 心不是一塊血肉. 凡知覺處, 便是心. 如耳目之知視聽, 手足之知痛癢, 此知覺便是心也.

解說 마음이란 단순히 심장을 뜻하는 게 아니라, 사람의 지각작용 또는 정신작용을 지배하는 바로 그것이라는 것이다. 그래서 그는 마음을 중시하는 것이다.

124. 내[黃直]가 여쭈었다.

"선생님께서 '격물'을 해설하시는 것을 보면《중용》의 '홀로 있을 적을 삼가는 것[愼獨]' 및《맹자》의 '의로움을 집적하는 것[集義]',《논어》의 '널리 글을 배우고, 예로써 단속한다[博約]'는 말들을 모두 '격물'의 일로 보고 계시는 것 같습니다."

선생님께서 말씀하셨다.

"아니다. '격물'이란 곧 '홀로 있을 적을 삼가는 것'이며, 곧 '남이 안 보는 데를 경계하고 안 듣는 데를 두려워하는 것'이다. '의로움은 집적하고' '널리 글을 배우고 예로써 단속하는 것'은 공부에 있어서는 같은 방법이지만, 그러한 몇 가지 일들이 모두가 '격물'의 일이 되는 것은 아니다."

原文 以方問曰, 先生之說格物, 凡中庸之愼獨, 及集義, 博約等說, 皆爲格物之事.

先生曰, 非也. 格物卽愼獨, 卽戒懼. 至於集義博約, 工夫只一般, 不是以那數件, 都做格物底事.

註解 ㅇ集義(집의)-《맹자》 공손추(公孫丑) 상편에 보임. ㅇ博約(박약)-《논어》 옹야(雍也)편 및 자한(子罕)편에 보이는 '박문(博文)'과 '약례(約禮)'. ㅇ戒懼(계구)-《중용》의 '계신(戒愼)'과 '공구(恐懼)'를 합친 말.

解說 공부에 있어서는 같지만 일은 다르다는 것은 역시 애매한 말이다. '신독(愼獨)'이나 '계구(戒懼)'는 직접 마음의 내면적인 수양인데 비하여 '집의(集義)'나 '박약(博約)'은 간접적인 수양이기 때문에 이처럼 구별을 둔 듯하다.

125. 내가 '덕성을 높인다'는 《중용》의 대목에 대하여 여쭈었다.

선생님께서 말씀하셨다.

"'학문의 길을 간다[道問學]'는 것이 바로 '덕성을 높인다'는 방법이 되는 것이다. 주자는 말하기를 '육상산(陸象山)은 덕성을 높이는 것으로써 사람들을 가르친다. 나는 사람들을 가르침에 있어 학문의 길을 가는 것에 대하여 어느 정도 더 많이 힘을 쓰고 있다'고 했다. 이것은 '덕성을 높이는 것'과 '학문의 길을 가는 것'을 다른 두 가지 일로 구분하고 있는 것이다.

그런데 지금 우리가 강습하며 토론하는 여러 가지 공부는 모두가 오직 자기의 마음을 잘 보존함으로써 그와 덕성을 잃지 않게 하는 것일 따름이다. 어찌 '덕성을 높임'에 있어서 터무니없이 높이기만 하면서 '학문을 하지' 않을 수가 있겠으며 '학문을 함'에 있어서 터무니없이 배움을 추구하면서 '덕성'에 대해서 모르는 체할 수가 있겠는가? 그렇게 된다면 지금 곧 강습하고 토론하는 사람들이 무엇을 배워야만 할 것인지 알지 못하게 될 것이다."

다음에는 그 아래 '광대함을 이르게 하고 정미함을 다하며 고명함을 다하고 중용(中庸)의 길을 간다'는 구절에 대해서 여쭈었다. 선생님께서 말씀하셨다.

"'정미함을 다한다'는 것은 '광대함을 이르게 한다'는 방법인 것이다. '중용의 길을 간다'는 것은 '고명함을 다한다'는 근거인 것이다.

마음의 본체란 스스로가 광대한 것이다. 그러나 사람들이 정미함을 다하지 못하면 곧 사사로운 욕망에 가리워져서 마음의 조그만 작용도 이겨내지 못하는 경우가 있게 되는 것이다. 그러므로 미세하고 복잡한 일들을 다하지 않는 일이 없게 되어야만 사사로운 뜻이 그 마음을 가리는 수가 없게 되어 자연히 여러 가지 장애나 막는 것이 없게 될 것이다. 그러면 어찌 광대함이 이르지 않게 되겠는가?"

또 여쭈었다.

"'정미함'이란 생각의 정미함을 뜻하는 것입니까? 사리의 정미함을 뜻하는 것입니까?"

"생각의 정미함이 바로 사리의 정미함인 것이다."

原文 以方問尊德性一條，先生曰，道問學，卽所以尊德性也. 晦翁言，子靜以尊德性誨人，某教人，豈不是道問學處，多了些子? 是分尊德性，道問學作兩件.

且如今講習討論，下許多工夫，無非只是存此心，不失其德性而已. 豈有尊德性，只空空去尊，更不去問學，問學只是空空去問學，更與德性無關涉? 如此則不知今之所以講習討論者，更學何事?

問致廣大，二句. 曰，盡精微，所以致廣大也. 道中庸，卽所以極高明也.

蓋心之本體，自是廣大底. 人不能盡精微，則便爲私欲所蔽，有不勝其小者矣. 故能細微曲折，無所不盡，則私意不足以蔽之，自無許多障礙遮隔處. 如何廣大不致?

又問，精微還是念慮之精微，是事理之精微?

曰，念慮之精微，卽事理之精微也.

註解 ㅇ尊德性(존덕성)-《중용》의 '그러므로 군자는 덕성을 높이고〔尊德性〕, 학문의 길을 간다〔道問學〕'고 한 구절을 가리킴. ㅇ子靜(자정)-

육상산(陸象山)의 자. ㅇ致廣大(치광대)－앞의 '존덕성' 구절에 계속되는《중용》의 대목임.

解說 앞에서도 이미 여러번 보인 것처럼 공부를 하는 데 있어서 주자처럼 밖의 사물의 이치를 추구해야 하는가, 또는 사물의 이치를 추구해야 하는가, 또는 육상산처럼 마음에서 이치를 추구해야 하는가 하는 문제를《중용》의 문장을 통해서 해설한 것이다. 왕양명은 마음의 이치를 추구하는 것과 사물의 이치를 추구하는 것은 대립이 되는 게 아니라 완전히 같은 일로 보고 있는 것이다.

126. 선생님께서 말씀하셨다.

"지금의 본성을 논하는 사람들은 의견이 여러 가지로 같지 않은데, 모두 본성을 애기는 하면서도 본성을 알지는 못하기 때문이다. 본성을 아는 사람이라면 말할 만한 차이점이 없을 것이다."

原文 **先生曰, 今之論性者, 紛紛異同, 皆是說性, 非見性也. 見性者, 無異同之可言矣.**

註解 ㅇ紛紛(분분)－어지러이 많은 모양. ㅇ見性(견성)－본성을 보아 아는 것, 불교에서 쓰는 말.

解說 앞의 108조목에서도 본성에 대한 얘기가 보였다. 왕양명은 본성의 본체는 선악이 없는 것이라 생각했기 때문에 그것을 두고 이러쿵저러쿵 얘기하는 것은 본성을 올바로 파악하지 못하고 있는 것이라고 규정한 것이다.

127. 내가 여쭈었다.

"명성과 여색과 재물과 이익을 좋아하는 것은 혹 '양지'에 있어서도 없을 수가 없는 게 아닌가 생각됩니다만?"

선생님께서 말씀하셨다.

"본시는 그렇다. 다만 초학자는 공부를 함에 있어서 그런 생각을 깨끗이 쓸어내어 조금도 남아 있는 게 없도록 만들어야만 한다. 그래야 그러한 생각이 우연히 생긴다 하더라도 비로소 해가 되지 않을 수가 있는 것이며, 자연스럽게 거기에 응하여 따라가도 되는 것이다.

'양지'는 오직 명성과 여색과 재물과 이익을 좋아하는 데에 대해서 공부를 함으로써 깨끗하고 밝고 그 '양지'를 이르게 하여 터럭끝만큼이라도 가리워진 것이 없게 되어야 한다. 그러면 명성과 여색과 재물과 이익에 관한 생각에 부딪치게 된다 하더라도 모두가 천리의 활동대로 될 수 있을 것이다."

原文 問, 聲色貨利, 恐良知亦不能無.

先生曰, 固然. 但初學用功, 卻須掃除蕩滌, 勿使留積, 則適然來遇, 始不爲累. 自然順而應之.

良知只在聲色貨利上用功, 致得良知精精明明, 毫髮無蔽, 則聲色貨利之交, 無非是天則流行矣.

註解 ㅇ蕩滌(탕척)－깨끗이 씻어내는 것. ㅇ適然(적연)－우연히, 마침. ㅇ天則(천칙)－천리(天理).

解說 명성이나 여색 또는 재물과 이익을 좋아하는 욕망이란 본시부터 사람에게 없을 수가 없는 것이다. 다만 수양을 통하여 그러한 욕망들이 개인적인 욕망을 벗어날 수 있을 때 비로소 사람이란 '양지'를 이르게 한 성인이 되는 거라고 생각했던 것이다.

128. 선생님께서 말씀하셨다.

"나와 제군들은 '치지격물'에 대해서 이제껏 매일 연구해 왔다. 1, 20년 동안의 연구가 모두 이에 관한 것이었다. 제군이 나의 말을 듣고서 실제로 활용하는 공부를 한다면 내 강의를 한 번 들을 적마다 그만큼 발전하게 됨을 느꼈을 것이다. 그렇지 않다면 오직 얘기를 한 바탕 들은 거나 같을 것이다. 비록 강의를 듣는다 하더라도 그래가지고야 무슨 소용이 있겠느냐?"

原文 **先生曰, 吾與諸公講致知格物, 日日是此講一二十年, 俱是如此. 諸君聽吾言, 實去用功, 見吾講一番, 自覺長進一番. 否則只作一場話說. 雖聽之, 亦何用?**

解說 자기의 '격물'에 관한 학문은 이론적인 이해와 함께 실천해 나아가야 하는 것임을 강조한 말이다. 그런 뜻에서 그는 '지행합일'을 주장했던 것이다.

129. 선생님께서 말씀하셨다.

"사람의 본체는 언제나 고요히 움직이지 않는 것이며, 언제나 느끼면 통하게 되는 것이기도 하다. 그러나 느낌에 응하지 않은 상태가 앞서 있는 것도 아니며, 이미 느낌에 응한 상태가 뒤에 있는 것도 아니다."

原文 **先生曰, 人之本體, 常常是寂然不動的, 常常感而遂通的. 未應不是先, 已應不是後.**

註解 ㅇ寂然不動(적연부동)—'감이수통(感而遂通)'과 함께 《역경》 계사전(繫辭傳)에 보이는 말임. ㅇ未應(미응)—외물을 느껴서 거기에 응하기 전, 곧 '고요히 움직이지 않는 것[寂然不動]'을 가리킨다. 이하의 대목은 《근사록》 도체(道體)편에 보이는 정이천(程伊川)의 말임. ㅇ已應(이응)—외

물을 느껴서 거기에 응한 다음, 곧 '느껴서 통하게 된 것[感而遂通]'을 가리킨다.

解說 사람의 본체인 마음은 '움직임'과 '고요함'을 겸하고 있는 것이며, 그 '움직임'과 '고요함'은 어느 것이 먼저고 어느 것이 뒤라고 구분할 수도 없는 것이라는 것이다.

130. 한 친구가 불교의 다음과 같은 예를 들며 여쭈었다.

"한 스님이 손가락을 내보이면서, '여러분은 이것이 보입니까'하고 물으니 여러 사람들이 '보입니다'하고 대답했습니다. 다음에는 손가락을 옷소매 속에 넣고서 '여러분은 아직도 보입니까'하고 물으니 여러 사람들이 보이지 않는다고 대답했습니다. 스님은 말하기를 '아직도 참된 본성[性]을 보지 못했기 때문'이라고 말했습니다. 이 뜻을 알지 못하겠습니다."

선생님께서 말씀하셨다.

"손가락은 내놓으면 보이고 감추면 보이지 않는다. 그런데 그대들이 참된 본성을 보자면 언제나 사람의 마음과 정신에 대해서 공부해야 하는데도 오직 눈으로 보고 귀로 듣는 데에만 마음을 빼앗겨서 눈에 보이지 않고 귀에 들리지 않는 데 대해서는 착실히 공부하지 않게 되는 것이다. 눈에 보이지도 않고 귀에 들리지도 않는다는 것이야말로 '양지'의 본체인 것이며, 남이 보지 않을 적에 경계하고 조심하며 남이 듣지 않을 적에 두려워한다는 것은 '양지를 이르게 하는' 공부인 것이다. 학문하는 사람이라면 시시각각으로 언제나 눈에 보이지 않는 곳을 잘 살피고 언제나 귀에 들리지 않는 곳을 잘 듣도록 해야만 공부가 비로소 착실히 낙착될 것이다. 그처럼 오래 공부함에 성숙해진 뒤에는 힘을 들일 필요도 없이 미리 막고 단속하지 않는다 하더라도 참된 본성이 스스로 쉬지 않고 드러나게 될 것이다. 거기에 어찌 외부에 있는 것에 대하여 보고 듣는 것이 방해가 될 수 있겠느냐?"

原文 一友擧, 佛家以手指顯出, 問曰, 衆曾見否? 衆曰, 見之. 復以手指入神, 問曰, 衆還見否? 衆曰, 不見. 佛說, 還未見性. 此義未明.

先生曰, 手指, 有見有不見. 爾之見性, 常在人之心神. 只在有覩有聞上馳騖, 不在下覩不聞上著實用功, 蓋不覩不聞, 是良知本體, 戒愼恐懼, 是致良知的功夫. 學者時時刻刻, 常覩其所不覩, 常聞其所不聞, 功夫方有箇實落處. 久久成熟後, 則不須著力, 不待防檢, 而眞性自不息矣. 豈以在外者之聞見, 爲累哉?

註解 ㅇ見性(견성)—불교에서 쓰는 말로 자기의 본성을 깨달아 알아차리는 것. ㅇ馳騖(치무)—달려가는 것. ㅇ不覩不聞(부도불문)—《중용》의 '남이 보지 않는 곳을 경계하고 조심하며[戒愼], 남이 듣지 않는 곳을 두려워해야 한다[恐懼]'고 한 말에서 따온 것. ㅇ實落(실락)—착실히 낙착됨, 진실해짐. ㅇ防檢(방검)—방지하고 단속하는 것.

解說 제자는 불교의 '견성'과 눈으로 손가락이 보이고 안보이고 하는 것과의 관계를 물었으나 왕양명은 결국 자기 학설로써 대답하고 있다. 스님의 손가락이 보이고 안보이고 하는 것은 《중용》의 '남이 보지 않는 것'과 '남이 듣지 않는 것'과는 다른 것이지만, 그 뜻에 있어서는 적절한 연결이 되고 있다고 생각된다.

131. 내가 여쭈었다.

"송대 학자들은 말하기를 《시경》의 '솔개가 하늘에 날고 고기가 연못에 뛰논다'는 말과 《맹자》의 '반드시 하는 일이 있다'는 것은 다같이 활발한 생명체를 뜻하는 것이라 하였는데 어떻습니까?"

선생님께서 말씀하셨다.

"물론 하늘과 땅 사이의 활발한 생명력을 갖는 것이라면 그런 이치를 지니지 않은 게 없다. 그것은 곧 우리 '양지'가 쉬지 않고 활동하는 것을 묘사한 것도 된다. '양지를 이르게 하는 것'은 바로 '반드시 하는 일이 있다'는 공부인 것이다. 이러한 원리는 서로 떨어져서는 안 될뿐만 아니라 실로 떨어질 수 없는 것이다. 세상엔 어디를 가나 도가 아닌 게 없으며 어디를 가나 공부 아닌 게 없는 것이다."

原文 **問, 先儒謂, 鳶飛魚躍, 與必有事焉, 同一活潑潑地.**

先生曰, 亦是天地間活潑潑地, 無非此理. 便是吾良知的流行不息. 致良知, 便是必有事的功夫. 此理非惟不可離, 實亦不得而離也. 無往而非道, 無往而功夫.

註解 ㅇ鳶飛魚躍(연비어약)-《시경》 대아(大雅) 한록(旱麓)편에 '솔개는 하늘로 날아오르고, 물고기는 못에서 뛰고 있다'는 구절에서 따온 말. 이 구절은 《중용》에도 인용되어 있으며, 송대 학자들은 도체(道體)를 해설한 구절이라 보았다. ㅇ必有事焉(필유사언)-《맹자》 공손추(公孫丑) 상편에 보이는 말.

解說 세상의 모든 생명력은 활발히 쉬지 않고 움직인다. '양지'의 활동도 그러한 것이니 조금도 쉬지 말고 '양지를 이르게 하는' 공부에 힘써야만 된다는 것이다.

132. 선생님께서 말씀하셨다.

"세군은 여기에 있는 동안 반드시 성인이 되겠다는 마음을 세우도록 힘써야만 한다. 시시각각으로 반드시 속담의 말처럼 '한 대의 몽둥이면 한 줄기 상처가 남고, 한 대의 주먹엔 한 군데 피가 보이도록' 철저히 노력해야만 비로소 내 말을 들으면 한마디 한마디에 힘을 얻을 수 있게 될 것이다.

만약에 멍청히 나날을 보낸다면 한 덩어리의 죽은 살덩이처럼 되어 때려도 아픈지 가려운지 모르게 될 것이니, 아마 끝내 아무 일도 이루지 못하고 말 것이다. 집으로 돌아가면 오직 옛날 하던 재주나 되찾아 할 뿐이니 공부한 보람이 없을 것이다. 어찌 애석한 일이 아니겠느냐!"

原文 先生曰, 諸公在此, 務要立箇必爲聖人之心. 時時刻刻, 須是一棒一條痕, 一摑一掌血, 方能聽吾說話, 句句得力.

若茫茫蕩蕩度日, 譬如一塊死肉, 打也不知得痛癢, 恐終不濟事. 國家只尋得舊時伎倆而已. 豈不惜哉!

註解 ㅇ一棒(일봉)－몽둥이로 한 대 치는 것. ㅇ一摑(일괵)－주먹으로 한 대 치는 것. ㅇ一掌血(일장혈)－한 손바닥만한 자국의 피가 보이는 것. ㅇ伎倆(기량)－재주, 기술.

解說 꼭 성인이 되고 말겠다는 뜻을 세우고 끊임없이 공부에 노력해야만 한다는 교훈이다.

133. 내가 여쭈었다.

"근래에는 허망한 생각도 적어진 듯하고 또 여러 가지 생각도 하지 않게 되었다고 느껴집니다. 앞으로는 어떻게 공부해야만 되겠습니까? 이것도 공부의 효과인지 모르겠습니다."

선생님께서 말씀하셨다.

"너는 그대로 착실히 공부해 가거라. 여러 가지 생각들이 약간 많아진다 하더라도 상관없다. 오래 가면 자연히 적당하게 낙착될 것이다. 만약 약간의 공부를 하자마자 바로 효험을 얘기하려 든다면 믿을 것이 못되는 것이다."

原文 問, 近來妄念也覺少, 亦覺不曾著想. 定要如何用功? 不知此是工夫否?

先生曰, 汝且去著實用功, 便多這些著想也不妨. 久久自會妥帖. 若纔下得些功, 便說效驗, 何足爲恃.

註解 ㅇ著想(착상)—여러 가지 일에 대해서 생각하는 것. ㅇ妥帖(타첩)—적절히 낙착되다.

解說 여기서도 효과에 대한 생각 없이 열심히 공부해 나가라는 교훈을 하고 있다.

134. 한 친구가 스스로 탄식했다.

"사사로운 뜻이 싹틀 적에 분명히 자기 마음은 그것을 알지만 오직 그것을 제거해 버리지를 못하겠습니다."

선생님께서 말씀하셨다.

"너에게 그러한 싹이 틀 적에 바로 알게 되는 것이 바로 너의 생명의 근원이다. 그리고 바로 그것을 제거해서 없애버리는 것은 바로 생명을 세우는 공부인 것이다."

原文 一友自嘆, 私意萌時, 分明自心如得. 只是不能使他卽去.

先生曰, 你萌時, 這一知處, 便是你的命根. 當下卽消磨, 便是立命功夫.

註解 ㅇ消磨(소마)—없애버리는 것. ㅇ立命(입명)—생명, 곧 '양지'를

세우는 것. 사용한 뜻은 다르나 《맹자》 진심(盡心) 상편에 보이는 말임.

解說 여기서는 마음을 수양하는 방법을 얘기하고 있다.

135. "공자께서 '본성은 서로 가깝다'고 말씀하신 것은 맹자께서 '본성은 선하다'고 말한 거와 같은 뜻으로써 오로지 기질에 대한 것으로만 해설해서는 안된다. 만약 기질로써 말할 것 같으면 강(剛)과 유(柔)가 대립이 될 것인데 어떻게 가까울 수가 있겠는가? 오직 본성이 선하다는 점에 있어서만은 같은 것이다.

사람들이 출생했을 초기에 있어서는 선하다는 점에 있어 원래 모두 같은 것이었다. 다만 강한 기질의 사람이 선함에 익숙케 되면 강한 선이 되고, 악함에 익숙케 되면 강한 악이 된다. 유한 기질의 사람이 선함에 익숙케 되면 유한 선이 되고, 악함에 익숙케 되면 곧 유한 악이 되는 것이다. 그래서 날로 본성이 서로 멀어지게 되는 것이다."

原文 **夫子說性相近, 卽孟子說性善, 不可專在氣質上說. 若說氣質, 如剛與柔對, 如何近得? 惟性善則同耳.**

人生初時, 善原是同的. 但剛的習於善, 則爲剛善, 習於惡, 則爲剛惡. 柔的習於善, 則爲柔善, 習於惡, 則爲柔惡. 便日相遠了.

註解 ㅇ性相近(성상근)—《논어》 양화(陽貨)편에 '사람의 본성은 서로 가까운 것인데, 습관에 의해서 서로 멀어진다'고 한 말에서 인용한 말임. ㅇ氣質上說(기질상설)—《논어》의 '본성은 서로 가깝다'는 구절에 대해서 주자가 '여기에 말하는 본성이란 기질(氣質)을 겸하여 얘기한 것이다. 기질의 본성은 본시부터 좋고 나쁜 차이가 있는 것이다. 그러나 그 처음으로 말하면 모두 서로가 매우 멀지 않은 것이다. 다만 선에 익숙해지면 선

하고, 악에 익숙해지면 악해지므로 이에 비로소 서로 멀어지는 것이다'고 해설한 것을 가리킨다. ㅇ剛與柔(강여유)－주돈이(周敦頤)의 〈통서(通書)〉 및 〈태극도설(太極圖說)〉 등에 근거한 말임.

解說 《논어》의 '본성은 서로 가까운 것인데 습관에 의해서 서로 멀어진다'는 구절에 대한 해설이다. 주자는 이것은 본성에 기질을 겸하여 말한 것이라 보았는데 반하여 왕양명은 본성 그 자체를 두고 한 말이라 보았다. 맹자의 성선설이 공자의 학설을 근거로 한 것이라면 공자의 말을 그렇게 해설해야만 할 것이다. 그러나 공자가 성선설을 주장했다는 증거는 찾아낼 수가 없는 일이다.

136. 선생님께서 일찍이 학문하는 사람들에게 말씀하셨다.

"마음의 본체에는 약간의 생각도 남겨두어서는 안된다는 것이다. 그것은 눈에 약간의 먼지나 모래가 들어가 남아 있어도 안되는 것과 같다. 약간의 먼지가 무슨 문제가 되겠느냐고 하지만 온 눈이 곧 천지를 분간할 수 없게 되는 법이다."

또 말씀하셨다.

"여기에 약간의 생각이란 오직 사사로운 생각뿐만이 아니라 좋은 생각이라 할지라도 역시 조금이라도 남겨두어서는 안된다는 것이다. 그것은 마치 눈속에 금이나 구슬 부스러기를 넣어도 역시 눈을 뜰 수 없게 되는 거와 같은 것이다."

原文 **先生嘗語學者曰, 心體上, 著不得一念留滯. 就如眼着著不得些子塵沙. 些子能得幾多? 滿眼便昏天黑地了.**

又曰, 這一念, 不但是私念, 便好的念頭, 亦著不得些子. 如眼中放些金玉屑, 眼亦開不得了.

註解 ㅇ昏天黑地(혼천흑지)－온 천지가 캄캄하게 보이지 않게 된다는

뜻. ㅇ屑(설)－부스러기.

解說 마음의 수양에 관한 교훈이다. 마음에는 어떤 생각이든 늘 남겨두고 있어서는 안된다. 좋은 생각이든 나쁜 생각이든 조금이라도 마음속에 남아 있다면 '양지'의 거침없는 활동을 기대하기 어렵게 된다는 것이다.

137. 내가 여쭈었다.

"선생님께선 사람의 마음은 물건과 같은 본체라 하셨습니다. 저의 몸 같으면 피와 기운이 거기에 유통되고 있어서 같은 본체의 것이라 할 수가 있겠습니다. 그러나 남이 되고 보면 곧 본체가 달라집니다. 새·짐승이나 풀과 나무는 더욱 멉니다. 그런데 어떻게 그것들을 같은 본체라고 말씀하십니까?"

선생님께서 말씀하셨다.

"오직 감응(感應)하는 빌미[幾]로부터 보아야 한다. 어찌 새·짐승이나 풀·나무뿐이겠느냐? 비록 하늘과 땅이라 하더라도 우리와는 같은 본체의 것이며, 귀신까지도 우리와 같은 본체인 것이다."

"거기에 대한 설명을 바랍니다."

선생님께서 말씀하셨다.

"네가 보기에 이 하늘과 땅 중간에서는 무엇이 하늘과 땅의 마음이 되겠느냐?"

"일찍이 사람이 하늘과 땅의 마음이라 들었습니다."

"사람은 또 무엇을 마음이라 부르는가?"

"그것은 사람이 지닌 영명(靈明)한 기능을 뜻합니다."

"그러니 하늘에 가득 차고 땅을 다 메우고 있는 그 중간에는 오직 이 영명한 존재만이 있음을 알 수 있을 것이다. 사람은 오직 물질적인 육체로 말미암아 그것으로부터 떨어져 있는 것이다. 그러나 나의 영명한 마음은 바로 하늘과 땅과 귀신의 주재자이기도 한 것이다. 하늘도 우리의 영명한 마음이 없다면 누가 그것을 높다고 우러르겠는가? 땅도 우리의 영명한 마음이 없다면 누가 그것을 깊다고 굽어보겠는가? 귀신도 우리의 영명한 마음이 없다면 누가 그것이 길흉과 화복을 내려주는 것이라 분별하겠는가?

하늘과 땅이나 귀신과 만물도 우리의 영명한 마음을 떠나면 곧 하늘과 땅이나 귀신·만물이 존재할 수 없게 될 것이다. 우리의 영명한 마음도 하늘과 땅이나 귀신과 만물을 떠나서는 역시 우리의 영명한 마음으로써 존재할 수 없게 되는 것이다. 이렇게 되면 곧 한 가지 기운으로 유통되고 있는 것임을 알 것이다. 어떻게 그들 사이를 떼어놓을 수가 있겠느냐?"

다시 여쭈었다.

"하늘과 땅이나 귀신과 만물은 아득한 옛날부터 지금까지 존재하고 있습니다. 어찌 우리의 영명한 마음이 없다고 곧 그것들 모두가 없어질 수 있습니까?"

"지금 죽은 사람을 보거라. 그의 정신과 영원한 마음이 흩어져 없어져 버리면 그의 하늘과 땅이나 만물이 또 어디에 존재하게 되겠느냐?"

原文 問, 人心與物同體. 如吾身, 原是血氣流通的, 所以謂之同體. 若於人, 便異體了. 禽獸草木, 益遠矣. 而何謂之同體?

先生曰, 你只在感應之幾上看. 豈但禽獸草木? 雖天地也與我同體的, 鬼神也與我同體的.

請問.

先生曰, 你看, 這箇天地中間, 甚麼是天地的心.

對曰, 嘗聞, 人是天地的心.

曰, 人又甚麼敎做心?

對曰, 只是一箇靈明.

可知, 充天塞地, 中間只有這箇靈明. 人只爲形體自間隔了. 我的靈明, 便是天地鬼神的主宰. 天沒有我的靈明, 誰去仰他高? 地沒有我的靈明, 誰去俯他深? 鬼神沒有我的靈明, 誰去辯他吉凶災祥?

天地鬼神萬物, 離卻我的靈明, 便沒有天地鬼神萬物了. 我的靈明, 離卻了天地鬼神萬物, 亦沒有我的靈明. 如此, 便是一氣流通的. 如何與他間隔得?

又問, 天地鬼神萬物, 千古見在. 何沒了我的靈明, 便俱無了?

曰, 今看死的人, 他這些精靈游散了. 他的天地萬物, 尙在何處?

註解 ㅇ幾(기)—빌미, 미묘한 작용. ㅇ人是天地的心(인시천지적심)—《예기(禮記)》 예운(禮運)편에도 '사람이란 하늘과 땅의 마음이다[人者天地之心也]'고 했다. ㅇ災祥(재상)—재난과 행복, 화복.

解說 왕양명은 사람과 천지·귀신·만물이 모두 일체라고 주장한다. 따라서 앞에 이미 보였듯이 '양지'란 비단 사람뿐만이 아니라 천지만물의 본체가 되기도 한다. 송대 학자들도 만물일체의 사상을 지닌 이가 있었지만, 이처럼 유심론적인 입장에 철저했던 이는 없었다. 성인과 만물이 일체가 되는 이상 사람이라면 누구나 성인이 될 수 있다고 보는 것은 간단하게 된다.

138. 선생님께서 사주(思州)와 전주(田州)를 정벌하러 가실 적에 나[錢德洪]와 왕기(王畿)는 엄탄(嚴灘)까지 따라가 전송했다. 그때 왕기가 불교의 실상(實相)과 환상(幻相)의 이론에 대하여 여쭈었다.

선생님께서 말씀하셨다.

“마음이 있으면 모두가 사실〔實〕이 되고, 마음이 없으면 모두가 환영〔幻〕이 된다. 또 마음이 없으면 모두가 사실이 되고, 마음이 있으면 모두가 환영이 된다고도 할 수 있다.”

왕기가 여쭈었다.

“마음이 있으면 모두가 사실이 되고 마음이 없으면 모두가 환영이 된다는 것은 마음의 본체에 입각해서 공부를 해설하신 것 같습니다. 마음이 없으면 모두가 사실이 되고 마음이 있으면 모두가 환영이 된다는 것은 공부에 입각해서 마음의 본체를 해설하신 것 같습니다.”

선생님께서는 그의 말이 옳다고 하셨으나 나는 그때까지도 아직 잘 이해하지 못하고 있었다. 그 뒤 수년 동안 공부를 하고서야 비로소 본체와 공부는 하나로 합치되는 것임을 믿게 되었다.

다만 선생님께서는 이때의 질문으로 말미암아 우연히 그런 방면으로 얘기하셨던 것이다. 만약 우리 유학자들이 남을 가르치려 할 적에는 이러한 방향으로부터 이론을 전개해 나갈 필요가 없을 것이다.

原文 先生起行征思田, 德洪與汝中, 追送嚴灘, 汝中擧佛家實相幻相之說.

先生曰, 有心俱是實, 無心俱是幻. 無心俱是實, 有心俱是幻.

汝中曰, 有心俱是實, 無心俱是幻, 是本體上說功夫. 無心俱是實, 有心俱是幻, 是功夫上說本體.

先生然其言. 洪於是時, 尙未了達. 數年用功, 始信本體功夫合一.

但先生是時因問偶談. 若吾儒, 指點人處, 不必惜此立言耳.

註解 ㅇ征思田(정사전)—광서(廣西)의 사주(思州)와 전주(田州)를 정

벌했다. 가정(嘉靖) 6년(1527), 왕양명이 56세 되던 해. ㅇ幻(환)－환영, 환상.

解說 왕기가 실상과 환상에 대하여 물은 데 대해서 왕양명은 수수께끼 같은 대답을 하고 있다. 그러나 왕기는 양명학의 입장에서 그것을 완전히 이해하여 본체로서의 마음은 마음이 있으면 사실이 되고 마음이 없으면 환영이 되지만 사심으로 변한 잡된 마음은 반대로 마음이 없으면 사실이 되고 마음이 있으면 환영이 됨을 이해했다. 이것은 마음의 본체와 공부가 하나로 합치됨을 전제로 할 때 성립되는 이론이다.

139. 일찍이 선생님께서 두세분의 노학자들을 전송하러 문을 나섰다가는 되돌아와 대청마루에 앉아 계시는데 근심스러운 빛을 띠고 계신 듯이 보였다. 내가 앞으로 나아가 그 까닭을 여쭈니 선생님께서 말씀하셨다.

"조금 전에 여러 노학자들과 나의 학문에 대하여 토론해 보았는데 정말로 둥근 구멍에 모난 막대기처럼 서로 들어맞지를 않았다. 이 학문의 도는 평탄하기 한길과 같은 것인데 세상의 유학자들은 가끔 스스로 그것을 황폐하게 만들거나 틀어막음으로써 평생토록 가시밭 속에 자신을 떨구어 놓으면서도 뉘우치지 않는다. 나는 그것을 무엇이라 설명해 주어야 할는지 알지 못하고 있다."

나는 물러나와 친구들에게 말했다.

"선생님께선 사람들을 가르치심에 노쇠한 분들도 가리시지 않으시니, 어진 사람이 만물을 아끼는 사랑의 마음이신 것이다."

原文 嘗見先生送二三耆宿, 出門, 退坐於中軒若有憂色. 德洪趨進請問, 先生曰, 頃與諸老, 論及此學, 眞員鑿方枘.

此道坦如道路, 世儒往往自加荒塞, 終身陷荊棘之場而不悔. 吾不如其何說也.

德洪退謂朋友曰, 先生誨人, 不擇衰朽, 仁人憫物之心也.

註解 ㅇ耆宿(기숙)－노학자, 노인. ㅇ中軒(중헌)－앞마루 가운데. ㅇ員鑿方枘(원착방예)－둥근 구멍에 모난 막대기. 둥근 것과 모난 것은 딱 들어맞을 수가 없다. ㅇ荊棘(형극)－가시밭, 가시덩굴.

解說 왕양명의 학설이 노인들에게는 잘 먹혀들지 않았다는 사실을 이 대목에서 알 수 있다. 적극적이고도 진취적인 새로운 사상이나 방법이 옛 세대들에게 잘 먹혀들지 않는 것은 예나 지금이나 마찬가지일 것이다.

140. 선생님께서 말씀하셨다.

"사람이 살아가는 동안의 큰 병은 오직 오만이란 것이다. 자식된 사람이 오만하다면 반드시 효도를 다하지 못할 것이다. 신하된 사람이 오만하다면 반드시 충성을 다하지 못할 것이다. 아버지된 사람이 오만하다면 반드시 자애롭지 못할 것이다. 친구란 사람이 오만하다면 반드시 신용이 없을 것이다. 그러므로 순(舜)의 아우 상(象)이나 요(堯)의 아우 단주(丹朱)가 모두 못났던 것도 역시 이 오만 한 가지 때문이며, 그것에 의해서 그들이 일생을 그처럼 끝맺은 것이다. 제군들은 언제나 이것을 체득하고 있어야만 한다.

사람의 마음은 본시가 천연의 이로써 깨끗하고도 밝아서 가는 먼지도 묻어 있지 않은 것이다. 거기에는 전혀 나라는 생각도 없을 따름이다. 그러니 가슴속에는 절대로 무엇이든 남겨두고 있어서는 안된다. 무엇이 남아 있다면 그것이 곧 오만인 것이다. 옛날의 훌륭한 성인들이 좋은 점을 많이 지니고 있었다지만, 그것들은 오직 '무아' 한 가지로 귀착된다. 내가 없다면 스스로 겸손할 수가 있다. 겸손이란 여러 가지 선의 기초이며, 오만이란 여러 가지 악의 우두머리일 것이다."

原文 先生曰, 人生大病, 只是一傲字. 爲子而傲, 必不孝. 爲臣而傲, 必不忠. 爲父而傲, 必不慈. 爲友而傲, 必不信. 故象與丹朱, 俱不肖, 亦只一傲字, 便結果了此生. 諸君常要體此.

人心本是天然之理, 精精明明, 無纖介染著. 只是一無我而已. 胸中切不可有, 有卽傲也. 古先聖人許多好處, 也只是無我而已. 無我自能謙. 謙者, 衆善之基, 傲者, 衆惡之魁.

註解 ㅇ象(상)－순(舜)임금의 이복형제. 계모와 함께 순을 해치려고 애썼던 자이다. ㅇ丹朱(단주)－요(堯)임금의 아들. 요임금은 단주가 못나서 임금자리를 순에게 물려주었다. ㅇ纖介(섬개)－가는 먼지, 작은 물건. ㅇ魁(괴)－시작, 우두머리, 첫째.

解說 사람의 마음가짐 중에서 '오만함'이 가장 그의 마음의 수양에 방해가 되는 것이라는 것이다. '오만'은 바로 '사사로운 욕망'과 통하는 것이다. 따라서 자기를 내세우지 않는 '겸손'한 마음가짐을 지녀야만 그의 마음은 깨끗해질 수 있다는 교훈이다.

141. 선생님께서 또 말씀하셨다.

"도라는 것은 지극히 간단하고도 매우 알기 쉬운 것이며, 또한 지극히 정묘하고도 매우 미세한 것이다. 공자께서도 말씀하시기를 '그것은 손바닥에 놓고 들여다보는 것 같다' 하셨다. 사람들은 손바닥을 어느 날이고 보지 않는 날이 없을 것이다. 그러나 그에게 손바닥에는 어떠한 손금이 있는가고 묻는다면 아무도 알지 못한다고 할 것이다. 그것은 곧 내가 주장하는 '양지'란 두 글자를 한 번 얘기하면 바로 알 수 있는 것이어서 그것을 알지 못하는 사람이 없는 거와 같다. 그러나 만약에 '양지'를 정확히 알고자 한다면 또한 아무도 알 수 없게 되는 것이다."

다시 여쭈었다.

"그 양지란 넓이도 체적도 없는 것이어서 파악하기 매우 어려운 것인 듯합니다."

선생님께서 말씀하셨다.

" '양지'란 바로 '역(易)'이나 같은 것이다. 그 성격은 자주 변화하여 가만히 있지 않고 변동하여 천지사방을 두루 돌아다니며 위에 있는지 아래에 있는지 일정치 않으며 강(剛)함과 유(柔)함이 서로 바뀌어 일정한 표준을 정할 수가 없다. 오직 변화를 따라서 좇아가는 수밖에 없다. 이러한 '양지'를 어떻게 파악할 수가 있겠는가? 이런 '양지'를 투철히 알게 되면 바로 성인이라 할 수가 있을 것이다."

原文 **又曰, 此道至簡至易的, 亦至精之微的. 孔子曰, 其如示諸掌乎. 且人於掌, 何日不見? 及至問他掌中多少文理, 卻便不知. 卽如我良知二字, 一講便明, 誰不知得? 若欲的見良知, 卻誰能見得?**

問曰, 此知恐是無方體的, 最難捉摸.

先生曰, 良知卽是易. 其爲道也屢遷, 變動不居, 周流六虛, 上下無常, 剛柔相易, 不可爲典要, 唯變所適. 此知如何捉摸得? 見得透時, 便是聖人.

註解 ㅇ孔子曰(공자왈)－《논어》 팔일(八佾)편과 《중용》에 보이는 말. ㅇ文理(문리)－손금, 손바닥의 금. ㅇ捉摸(착모)－올바른 모습을 파악하는 것. ㅇ其爲道也(기위도야)－이하는 《역경》 계사하전(繫辭下傳)에 보이는 대목임. ㅇ六虛(육허)－천지사방. ㅇ典要(전요)－기준이 되는 법칙.

解說 '양지'란 대체적으로는 알기쉽지만 정확히 올바로 이해하기란 어려운 것이라는 설명이다. 그것은 한편 평생을 두고 꾸준히 공부하지 않으면 '양지를 이르게' 하지 못한다는 교훈도 되는 것이다.

142. 내가 여쭈었다.

"공자께서 말씀하시기를 '안회(顏回)는 내게 도움이 된 사람은 아니다'고 하셨는데 성인께서도 과연 자기 제자들에게 도와주기를 바라셨던 것일까요?"

선생님께서 말씀하셨다.

"이것은 역시 실화일 것이다. 도란 본시가 다함이 없는 무궁한 것이어서 질문과 반론을 많이 할수록 그 정미한 이치가 더욱 잘 드러날 것이다.

성인의 말씀은 본시가 모든 것을 두루 포괄하고 있다. 다만 질문하고 반론하는 사람들의 가슴속이 막히어 있기 때문에 성인은 그들에게 한 번 반론을 받으면 더욱 정력을 다하여 그 이치를 밝혀내는 것이다. 그런데 안회는 하나를 들으면 열을 아는 사람으로서 공자의 말씀을 듣기만 하면 가슴속에 완전히 이해가 되었다. 그러니 어찌 질문이나 반론을 하였겠느냐? 그러므로 성인께서도 고요히 움직이지 않게 되고 더욱 밝혀내는 것도 없게 되었던 것이다. 그래서 '도움이 되지 않았다'고 말씀하신 것이다."

原文 問, 孔子曰, 回也, 非助我者也. 是聖人果以相助望門弟子否?

先生曰, 亦是實話. 此道本無窮盡. 問難愈多, 則精微愈顯.

聖人之言, 本自周遍. 但有問難的人, 胸中窒礙, 聖人被他一難, 發揮得愈加精神. 若顏子, 聞一知十, 胸中了然. 如何得問難? 故聖人亦寂然不動, 無所發揮. 故曰, 非助.

註解 ㅇ孔子曰(공자왈)－《논어》 선진(先進)편에 보이는 말. ㅇ問難(문난)－질문과 반론(反論). ㅇ周遍(주편)－모든 진리를 빠짐없이 다 포함하는 것. ㅇ窒礙(질애)－막히고 통하지 않는 것. ㅇ聞一知十(문일지십)－《논어》 공야장(公冶長)편에 보이는 말. ㅇ了然(요연)－완전히 이해하는 것.

解說 성인도 자극이 필요하다. 평범한 사람들이 묻고 반박하고 하면 그들을 이해시키려고 성인은 더욱 분발한다. 그런 면에서 '하나를 들으면 열을 알던' 안회 같은 제자는 공자에게 도움을 주지 못한 제자라는 것이다. 이것은 《논어》의 한 구절에 대한 해석이다.

143. 추수익(鄒守益)이 나에게 다음과 같은 말을 한 일이 있다.

"서분(舒芬)이 전에 한 장의 종이를 들고 와서 선생님께 《맹자》의 '한아름이나 한 손아귀 굵기 오동나무나 가래나무를 기를 줄 알면서도 자기 자신은 기를 줄 모르는 자가 있다'는 한 장의 글을 써줄 것을 청했다. 선생님께서는 붓을 들고 쓰시다가 '자기 자신은 기를 줄을 모르는 자가 있다'는 구절에 이르러 여러 사람들을 돌아보고 웃으면서 말씀하셨다. '서분은 공부를 하여 장원으로 급제까지 하였는데 어찌 정말로 자기 자신을 마땅히 기를 줄 알아야 함을 알지 못하겠느냐? 그는 알면서도 이것을 외움으로써 훈계를 삼으려는 것이다'

그때 자리에 있던 여러 친구들은 모두 마음에 긴장을 느꼈다."

原文 鄒謙之嘗語德洪曰, 舒國裳曾特一張紙, 請先生寫拱把之桐梓一章. 先生懸筆爲書, 到至於身而不知所以養之者, 顧而笑曰, 國裳讀書, 中過狀元來. 豈誠不知身之所以當養, 還須論此以求警.

一時, 在侍諸友皆惕然.

註解 ㅇ鄒謙之(추겸지)-이름은 수익(守益), 앞 112조목에 보임. ㅇ舒國裳(서국상)-이름은 분(芬), 호는 자계(梓溪), 국상은 그의 자. ㅇ拱把之桐梓(공파지동자)-《맹자》 고자(告子) 상편에 보이는 구절. ㅇ惕然(척연)-두려워하는 모양, 긴장해하는 모양.

解說 남에게서 들은 얘기를 기록한 조목이다. 잘 아는 일도 중요한 것은 거듭 외움으로써 늘 게을러지지 않도록 조심해야 한다는 훈계를 포함하고 있다.

전서본(全書本)에서는 116조목 이후의 것을 황직(黃直)의 기록으로 단정하고 있으나, 이미 우리가 본 것처럼 적어도 137조목 이후는 덕홍(德洪)이란 이름이 보이는 것으로 보아 전덕홍(錢德洪)의 기록으로 보는 게 좋을 것이다. 그 이전의 조목 속에도 그의 기록이 더 들어 있는지도 모른다.

발 문(跋文)

가정(嘉靖) 7년 무자년(戊子年, 1528) 겨울, 나[錢德洪]와 왕기(王畿)는 선생님의 상(喪)을 당하여 강서성(江西省) 광신(廣信)까지 달려가서 동문들에게 부고를 돌렸다. 그리고는 3년을 두고 선생님의 유언을 수록하기로 약속했는데, 그 뒤로 동문들 각자가 그들의 기록을 보내주었다.

나는 그 중에서 적절한 질문으로 좋은 것을 가리어 내가 기록해 둔 몇 가지 조목들과 합쳐 소주(蘇州)에 있는 동안 선생님의 문집과 함께 출판하려 하였다. 그러나 마침 나는 친상(親喪)으로 그곳을 떠나게 되어 뜻을 이루지 못하였다.

이때에는 사방에서 선생님의 학문을 공부하는 이가 날로 늘고 있었고, 선생님 학문의 주지(主旨)도 분명히 밝혀져 있었으므로 쓸데없이 그러한 출판을 하지 않아도 괜찮다고 생각되었기 때문에 다시는 염두에 두지도 않았다.

그러나 작년에 동문 증재한(曾才漢)이 내가 기록해 놓은 것에다가 다시 자기가 모아놓은 것도 보태어 〈유언(遺言)〉이란 제명으로 호북(湖北)에서 출판하여 널리 읽히게 되었다. 나는 그것을 읽어보고는 전에 모아 기록해 놓은 것들이 정밀하지 못함을 느끼게 되었다. 그래서 그 중 중복되는 것들을 삭제하고 쓸데없는 것들을 빼버리어 그 중 3분의 1가량을 남긴 다음 〈전습속록(傳習續錄)〉이라 이름을 붙였다. 그리고는 안휘성(安徽省) 영국부(寧國府)의 수서서원(水西書院)에서 재판(再版)을 냈다.

금년 여름 내가 호북(湖北) 기주(蘄州)에 놀러 오니 심총(沈寵)군이 말했다.

"선생님 문하의 가르침은 오랫동안 사방에서 행해지고 있으나 오직 기주 지방만은 제대로 되지 않고 있습니다. 그러나 이곳 사람들이 〈유언〉을 얻어 읽어보고는 선생님의 가르침을 친히 받아 '양지'에 대하여 지도를 받은 것같이 마치 해와 달빛을 오랜만에 다시 본 것처럼 감격하며 오직 선생님의 가르침이 널리 알려지지 않음을 걱정하고 있습니다. 그리고 〈유언〉의 중복된 것을 번거롭다고 여기는 이는 없으니, 빠진 것들을 다 모아서 늘여 출판해 주십시오. 어떻습니까?"

내가 대답했다.

"그러지요. 선생님 문하의 '치지격물'의 주지를 앞으로 배울 사람들에게 보여주어 학문하는 사람들 자신이 실천하고 묵묵히 깨달음으로서 감히 지식과 이해로만 받아들이려 들지 않고 오직 실질적인 체득으로써 깨닫도록 해야 하겠습니다. 그러므로 우리 선생님께서도 하루종일 이에 대하여 말씀하시면서도 그 번거로움을 꺼리지 않으셨던 것입니다. 학문하는 사람들도 하루종일 이에 대하여 들으면서도 너무 자주 말씀하심을 싫어하지 않으셨던 것입니다.

그것은 가르침의 주지가 하나로 집중되고 있어 체득하여 깨닫는 게 날로 정밀하고 심오해져서 말씀하시기 전에도 빌미가 마음에 떠오르고 신묘한 작용이 말씀하신 밖에까지도 작용하게 되었으니 가르치고 듣는 이가 느끼고 호응하는 정성이 통하여 있기 때문입니다.

지금 우리 선생님께서 돌아가신 지 30년도 되지 못하는데 올바른 말씀이나 미묘한 주지(主旨)가 점점 흐려져 가고 있음을 느낍니다. 어찌 우리 제자들이 직접 실천하는 데에는 힘쓰지 않고 이론만을 많이 전개함으로써 학문에 병폐가 되게 했기 때문이 아니겠습니까? 학문하는 사람들의 향방(向方)이 일정하지 않은 것은 선생님의 가르침이 밝혀지고 있지 않기 때문일 것입니다."

이에 다시 빼놓았던 원고들을 주워모아 그 말이 가르침의 본뜻에 어긋나지 않는 것들로써 한 권을 만들었다. 그밖에 참되지 않는 쓸데없는 것이나 문집에 이미 실려 있는 것들은 모두 삭제했다. 그와 함께 중권의 문답하는 말들을 약간 바꾸어 황매현(黃梅縣)의 현윤(縣尹)인 장군(張君)에게 보내어 증각(增刻)하도록 했다.

아마 독자들께서 지식과 이해로써 받아들이지 않고 오직 실제적인 체득으로써 깨달으려 든다면 곧 이 기록에 대해서도 의심이 없을 줄로 믿는다.

가정(嘉靖) 35년 병진년(丙辰年, 1556) 여름 4월 문인 전덕홍이 기주(蘄州)의 숭정서원(崇正書院)에서 엎드려 씀.

原文 嘉靖戊子冬, 德洪與王汝中, 奔師喪至廣信, 訃告同門, 約三年收錄遺言. 繼後, 同門各以所記見遺.

洪擇其切於問正者, 合所私錄得若干條. 居吳時, 將與文錄並刻矣, 適以憂去未送.

當是時也, 四方講學日衆, 師門宗旨旣明, 若無事於贅刻者, 故不復縈念.

去年, 同門曾子才漢, 得洪手抄, 復傍爲采輯, 名曰遺言, 以刻行於荊. 洪讀之, 覺當時采錄未精, 乃爲删其重複, 削去蕪蔓, 存其三之一, 名曰傳習續錄. 復刻於寧國之水西精舍.

今年夏, 洪來遊蘄. 沈君思畏曰, 師足之敎, 久行於四方, 而獨未及於蘄. 蘄之士得讀遺言, 若親炙夫子之敎, 指見良知, 若重覩日月之光, 惟恐傳習之不博. 而未以重複之爲繁也. 請裒其所逸者, 增刻之. 若何?

洪曰, 然. 師門致知格物之旨, 開示來學, 學者躬修默悟, 不敢以知解承, 而惟以實體得. 故吾師終日言是, 而不憚其煩.

學者終日聽是, 而不厭其數.

蓋指示專一, 則體悟日精, 幾迎於言前, 神發於言外, 感遇之誠也.

今吾師之沒, 未及三紀, 而格言微旨, 漸覺淪晦. 豈非吾黨身踐之不力, 多言有以病之耶? 學者之趨不一, 師門之教不宣也.

及復采逸稿, 采其語之不背者, 得一卷. 其餘影響不眞, 於文錄旣載者, 皆削之, 幷易中卷爲問答語, 以付黃梅尹張君增刻之.

庶幾讀者不以知解承, 而惟以實體得, 則無疑於是錄矣. 嘉靖丙辰夏四月, 門人錢德洪, 拜書於蘄崇正書院.

부 록(附錄)

1. 대학고본서(大學古本序) — 왕양명

이 글은 왕양명이 주희(朱熹)의《대학장구(大學章句)》의 편찬 방법과 그 해석을 반대하고《대학고본》을 내세우는 뜻을 설명한 것이다. 그의 문집《왕문성공전서(王文成公全書)》권7에 실려 있다. 주자학이나 마찬가지로《대학》의 '삼강령' '팔조목'의 해석은 양명학에 있어서도 그 기초가 되고 있고, 후세《대학》의 이해에 큰 영향을 끼쳤다. 왕양명의 사상과 학문을 보다 쉽게 이해토록 하기 위하여, 참고로 이 글과 뒤의 〈대학문(大學問)〉을 소개한다.

(1)

《대학》의 요점은 뜻을 정성스럽게 하는 '성의(誠意)'일 따름이다. 뜻을 정성스럽게 하는 노력은 사물을 올바르게 하는 '격물(格物)'일 따름이다. 뜻을 정성스럽게 하는 극치는 '지극한 선에 처신하는 것'일 따름이다. 지극한 선에 처신하는 법칙은 양지(良知)를 발현케 하는 '치지(致知)'일 따름이다. '마음을 바르게 한다'는 것은 그의 본체로 되돌아간다는 것이고, '몸을 닦는다'는 것은 그 작용을 드러내는 것이다. 그것으로써 자기에 대하여 말할 것 같으면 그것을 '밝은 덕'이라 이르게 되고, 그것으로써 다른 사람들에 대하여 말할 것 같으면 그것을 '백성들과 친근히 한다'고 이르게 되고, 그것으로써 하늘과 땅 사이에 대하여 말할 것 같으면 다 갖추어 있는 것이 되는 것이다.

原文 **大學之要, 誠意而已矣. 誠意之功, 格物而已矣. 誠意之極, 止至善而已矣. 止至善之則, 致知而已矣. 正心, 復其體也; 脩身, 著其用也. 以言乎己, 謂之明德; 以言乎人, 謂之親民; 以言乎天地之間, 則備矣.**

註解 ㅇ功(공)-공부, 노력. ㅇ格物(격물)-'격(格)'을 '정(正)'의 뜻으로 해석하여, '모든 사물(事物)을 마음속으로 올바르게 파악한다."는 뜻이라 하였다. '격(格)'을 '지(至)'의 뜻으로 해석한 주희와 대조해 보기 바란다. ㅇ復其體(복기체)-그 본체로 되돌아가다, 그의 본체를 회복하다. ㅇ著(저)-드러내다, 밝히다. ㅇ用(용)-작용. ㅇ以(이)-그것으로써, '지극한 선에 처신하는 것[止至善]'을 가지고서. ㅇ備(비)-갖추어져 있다, 모든 것이 완비되는 것.

(2)

그러므로 '지극한 선[至善]'이라는 것은 마음의 본체인 것이다. 움직여진 뒤에야 선하지 않은 것이 있게 되지만, 본체의 양지는 모르는 법이 없는 것이다. 뜻이라는 것은 그것이 움직인 것이고, 물(物)이라는 것은 그 일[事]인 것이다. 그 본체의 '양지'를 이르게 하면, 움직임에 선하지 않은 것이 없게 될 것이다. 그러나 그 사물들을 접하여 그것을 올바르게 하지 않는다면, 곧 그의 '양지'를 이르게 하는 수가 없을 것이다. 그러므로 '양지를 이르게 한다는 것[致知]'은 '뜻을 정성스럽게 하는' 근본인 것이다. '사물을 바르게 한다는 것'은 '양지'를 이르게 하는 실질(實質)인 것이다. '사물이 올바르게 되면' 곧 '양지가 이르게 되고' '뜻이 정성스럽게 되어' 그 본체가 되돌아오게 되는 것이다. 이것을 두고 '지극한 선에 처신한다'고 하는 것이다.

原文 是故至善也者, 心之本體也. 動而後有不善, 而本體之知, 未嘗不知也. 意者, 其動也 ; 物者, 其事也. 致其本體之知, 而動無不善. 然非卽其事而格之, 則亦無以致其知. 故致知者, 誠意之本也. 格物者, 致知之實也. 物格則知致意誠, 而有以復其本體. 是之謂止至善.

註解 ㅇ動(동)-마음이 움직이다, 발동하다. ㅇ其事(기사)-마음과 관계되는 일, 마음의 움직임과 관계되는 일. ㅇ致(치)-이르게 하다, 발현(發現)케 하다. ㅇ卽其事而格之(즉기사이격지)-마음의 움직임과 관계되는 일을 접하여 그것을 올바르게 하는 것. ㅇ實(실)-실질, 실제의 내용.

(3)

성인께서는 사람들이 그것을 밖에서 구하려 할까 두려워하여, 그에 관한 말씀을 되풀이하였다. 고본(古本)이 부서져버려 성인의 뜻도 잃어버린 것일 따름이다. 그러므로 '뜻을 정성스럽게 하는 일'에는 힘쓰지 아니하고 부질없이 '사물을 올바로 하는 일'이나 추구하는 것을 지리(支離)함이라 말하고, '사물을 올바르게 하는 일'은 하지 아니하고 부질없이 '뜻을 정성스럽게 하는 일'이나 내세우는 것을 공허함이라 말하며, '양지를 이르게 하는 일'을 근본으로 삼지 아니하고 부질없이 '사물을 올바르게 하는 것'과 '뜻을 정성스럽게 하는 일'을 내세우는 것을 망령됨이라 이르는 것이다. 지리함과 공허함과 망령됨은 '지극한 선'으로부터 먼 거리에 있는 것이다.

原文 聖人懼人之求之於外也, 而反覆其辭. 舊本析而聖人之意亡矣. 是故不務於誠意, 而徒以格物者, 謂之支. 不事於格物, 而徒以誠意者, 謂之虛. 不本於致知, 而徒以格物誠意者, 謂之妄. 支與虛與妄, 其於至善也遠矣.

註解 ㅇ懼(구)－두려워하다. ㅇ求之於外(구지어외)－그것을 자기 마음의 밖에서 구하려 하는 것. ㅇ反覆(반복)－되풀이하다. ㅇ其辭(기사)－그것을 해설하는 말,《대학》을 올바로 해설하는 말. ㅇ舊本(구본)－주희가 손대기 이전의 고본(古本). ㅇ析(석)－부서지다, 쪼개어지다. ㅇ亡(망)－없어지다, 망실(亡失)되다. ㅇ徒(도)－부질없이, 다만. ㅇ支(지)－지리(支離)한 것, 텅 빈 것. ㅇ妄(망)－망령된 것. ㅇ遠(원)－멀리 떨어져 있는 것, 거리가 먼 것.

(4)

거기에 거경(居敬)의 이론을 합쳐서 더욱더 이어놓고, 그 위에 전(傳)의 글을 보충하였으나 더욱더 떨어져나가게 되었다. 나는 학문이 지극한 선으로부터 나날이 멀어지고 있는 것을 두려워하고 있다. 장(章)을 나누어 놓은 것을 없애버리고 고본의 모습으로 되돌아가게 하고, 곁에 주석을 붙여 놓음으로써 그 글의 뜻을 끌어내어 놓았다. 다시 성인의 마음이 드러나 그것을 추구하는 사람들이 요점을 파악할 수 있게 되기 바라서이다. 아아, 바로 '양지'를 이르게 하는 일 같은 것은 곧 마음으로 깨닫는 데 달려 있는 것이다. '양지'를 이르게 한다면 곧 모든 것을 다하는 게 되는 것이다.

原文 合之以敬而益綴, 補之以傳而益離. 吾懼學之日遠於至善也. 去分章而復舊本, 傍爲之釋, 以引其義. 庶幾復見聖人之心, 而求之者有其要. 噫, 乃若致知則存乎心悟. 致知焉盡矣.

註解 ㅇ敬(경)－거경(居敬), 곧 공경히 처신하는 것. 이는 주자학의 수

양방법으로 '마음으로 반성하며 한시도 태만히 하지 않게 모든 동작을 신중히 하는 것'을 뜻한다. 주희는 학문의 요점으로 '거경궁리(居敬窮理)'를 역설하였다. ㅇ綴(철)-잇다, 잇대다. ㅇ傳(전)-《대학》의 경(經)을 해설한 '전'. 주희는 〈대학장구〉에서 '격물치지(格物致知)'를 해설하는 제5장의 전(傳)이 없어졌다 하고 자신이 만들어 보충하였다. ㅇ離(리)-떨어지다, 진실한 성인의 본뜻이 떨어져 달아나다. ㅇ去分章(거분장)-주희가 《대학》을 여러 장으로 나누어 놓은 방식을 취하지 않고 버렸다는 뜻. ㅇ引(인)-끌어내다, 드러나게 하는 것. ㅇ庶幾(서기)-……을 바라다. ㅇ求之者(구지자)-《대학》에 있어 성인의 올바른 뜻을 추구하는 사람. ㅇ噫(희)-아아, 감탄사. ㅇ心悟(심오)-마음으로 깨닫는 것. ㅇ盡(진)-다하다. 학문연구의 목표를 다하는 것.

2. 대학문(大學問)

이 글은 왕양명의 문집인 《왕문성공전서》 권26에 실려 있다. 그의 제자 전덕홍(錢德洪)이 스승 왕양명에게 들은 바를 기록한 것이다. 왕양명의 마지막 출정인 광서성(廣西省) 사은(思恩)과 전주(田州)의 이민(夷民)의 반란을 토벌하러 떠날 적에, 제자 전덕홍에게 가르친 말을 기록한 것이 이 글이라 한다. 《대학》에 관한 왕양명의 견해를 요령있게 해설함으로써 그의 사상의 바탕을 알기 쉽도록 처음부터 끝까지 체계적으로 기록된 글이니, 아마도 전덕홍이 평소에 스승으로부터 배운 내용도 보태어진 기록일 것이다. 이 글도 《대학》에 대한 왕양명의 기본 이해와 함께 양명학의 특징을 알아볼 수 있는 대표적인 것이다. 원문은 전체가 한 편으로 되어있으나 편의상 여러 절로 나누어 번역과 주해를 달기로 한다.

(1)

우리 선생님께서는 처음 보는 사람을 접견할 때면 반드시《대학》과《중용》의 첫 장을 빌어서 성인의 학문의 온전한 가치를 보여줌으로써 학문으로 들어가는 길을 알게 하시었다. 선생님께서 사은(思恩)·전주(田州) 지방 토벌을 떠나기에 앞서, 먼저〈대학문(大學問)〉으로 가르쳐 주셨는데, 덕홍이 그것을 받아 기록한 것이다.

原文 吾師接初見之士, 必借學庸首章, 以指示聖學之全功, 使知從入之路. 師征思田將發, 先授大學問, 德洪受而錄之.

註解 ㅇ學庸(학용)－《대학》과《중용》. ㅇ全功(전공)－온전한 공능(功能). ㅇ從入之路(종입지로)－들어가는 길, 올바른 학문으로 입문하는 길. ㅇ征思田(정사전)－사전(思田)은 광서성(廣西省)의 사은(思恩)과 전주(田州). 왕양명은 56세 때인 1527년 6월에 그 지방의 반란을 토벌하라는 명을 받았다. 왕양명은 학자일 뿐만 아니라, 50세 때에는 남경병부상서(南京兵部尙書)까지 지낸 군인이기도 하다. ㅇ將發(장발)－출발하려 하다, 출발하기 직전. ㅇ授(수)－교수(敎授)하다. ㅇ德洪(덕홍)－자는 홍보(洪甫), 호는 서산(緖山). 왕기(王畿)와 함께 왕양명의 고제(高弟)라 일컬어지고 있다. 그는〈대학문〉을 기록했을 뿐만이 아니라《전습록》·《왕문성공전서》·《왕양명연보(王陽明年譜)》 등 왕양명의 생애와 사상을 전하는 중요한 저서 편집에도 큰 역할을 하였다.

(2)

" '대학'이라는 것에 대하여 옛날 학자는 '위대한 사람[大人]의 학문'이라 하였습니다. 감히 여쭙건대 '위대한 사람의 학문'이 어찌하여 '밝은 덕을 밝히는 데 있다'고 하는 것입니까?"

양명 선생께서 말씀하셨다.

"위대한 사람이란 천지의 만물들을 한몸이라 여기는 이이다. 그는 천하를 한집안같이 보며 중국을 한사람같이 여긴다. 그러나 형체가 다른 것을 두고 차별하여 너와 나를 나누어 놓는 이들은 소인(小人)인 것이다. 위대한 사람이 천지의 만물들과 한몸이라 여길 수 있는 것은 의식적으로 그렇게 하는 것이 아니다. 그의 마음속의 인(仁)이 본시 그러하여 그는 천지의 만물들과 하나가 되고 있는 것이다.

어찌 오직 위대한 사람만이 그러하겠는가? 비록 소인의 마음이라 할지라도 그렇지 않은 사람이 없는 것이다. 그들은 도리어 스스로 자신을 작게 만들고 있는 것이다. 그러므로 어린아이가 샘에 빠지려는 것을 보면 누구나 반드시 놀라고 두려워하며 동정하고 가슴 아파하는 마음을 갖게 된다. 그것은 그의 어짊이 어린아이와 더불어 한몸이 되어 있기 때문이다. 어린아이는 그래도 같은 종류의 사람이다. 새나 짐승들이 슬피 울며 두려워 떠는 것을 보면 누구나 반드시 동정하는 마음을 갖게 될 것이다. 그것은 그의 어짊이 새나 짐승들과 더불어 한몸이 되어 있기 때문이다. 새나 짐승은 그래도 같은 지각(知覺)이 있는 것들이다. 풀이나 나무가 꺾이고 부숴지는 것을 보면 누구나 반드시 안되었다는 마음을 갖게 된다. 그것은 그의 어짊이 풀이나 나무와 더불어 한몸이 되어 있기 때문이다. 풀이나 나무는 그래도 같은 생기가 있는 것들이다. 기왓장이나 돌이 깨어지는 것을 보면 누구나 반드시 아까워하는 마음을 갖게 될 것이다. 그것은 그의 어짊이 기왓장이나 돌과 더불어 한몸이 되어 있기 때문이다."

原文 大學者, 昔儒以爲大人之學矣. 敢問, 大人之學何以在於明明德乎?

陽明子曰 : 大人者, 以天地萬物爲一體者也. 其視天下猶一家, 中國猶一人焉. 若夫間形骸而分爾我者, 小人矣. 大人之能以天地萬物爲一體也, 非意之也. 其心之仁本若是, 其與天地萬物而爲一也.

豈惟大人, 雖小人之心亦莫不然. 彼顧自小之耳. 是故見孺子之入井而必有怵愓惻隱之心焉. 是其仁之與孺子而爲一體也. 孺子猶同類者也. 見鳥獸之哀鳴觳觫, 而必有不忍之心焉. 是其仁之與鳥獸而爲一體也. 鳥獸猶有知覺者也. 見草木之摧折, 而必有憫恤之心焉. 是其仁之與草木而爲一體也. 草木猶有生意者也. 見瓦石之毁壞, 而有顧惜之心焉. 是其仁之與瓦石而爲一體也.

註解 ㅇ大人(대인)－위대한 사람. 《대학》을 '위대한 사람의 학문'이라 말한 '옛날 학자[昔儒]'는 주희(朱熹)를 가리킨다. ㅇ在於明明德(재어명명덕)－《대학》의 첫머리에서 '대학의 도(道)는 밝은 덕을 밝히는 데 있다[大學之道, 在明明德]'고 한 말을 가리킨다. ㅇ以天地萬物爲一體(이천지만물위일체)－《장자》 천하(天下)편에 '널리 만물을 아울러 사랑하면 하늘과 땅도 차별없이 한몸이 된다'고 한 말과 통한다. 그리고 이러한 사상은 일찍이 북송 때부터 신유학자들에 의하여 계승되었다. ㅇ其視天下猶一家(기시천하유일가)－그는 천하를 한집안이나 같이 보다. 《예기》 예운(禮運)편에 '성인(聖人)은 천하를 한집안이라 여기고 중국을 한사람처럼 여긴다'고 한 말과 통한다. ㅇ間形骸(간형해)－형체 또는 신체가 다른 것들을 두고 차별을 하는 것. ㅇ爾我(이아)－너와 나. ㅇ意之(의지)－그것을 의식적으로 하다. ㅇ顧(고)－도리어, 생각건대. ㅇ孺子之入井(유자지입정)－어린아이가 우물에 빠지는 것. 《맹자》 공손추(公孫丑) 상편에 '지금 사람들이 어린아이가 갑자기 우물에 빠지려는 것을 본다면 모두가 놀라고 두려워하며 동정하고 가슴 아파하는 마음을 갖게 된다'고 하였다. ㅇ怵愓(출척)－놀라고 두려워하는 것. ㅇ惻隱(측은)－동정하고 가슴 아파하는 것. ㅇ觳觫(곡속)－두려워 떠는 것. 역시 《맹자》 양혜왕(梁惠王) 상편에 보이는 말임. ㅇ不忍之心(불인지심)－남의 고통이나 불행을 차마 보지 못하는 심정. 역시 《맹자》 공손추 상편에 보임. ㅇ摧折(최절)－꺾이고 부러지는 것. ㅇ憫

恤(민휼)－불쌍히 여기며 동정하는 것, 안되었다고 여기는 것. ㅇ生意(생의)－생기, 생명. ㅇ毁壞(훼괴)－헐어지고 깨어지는 것. ㅇ顧惜(고석)－아까워하는 것.

(3)

"이처럼 그들이 한몸이 되게 하는 어짊은 비록 소인의 마음이라 하더라도 모두 반드시 지니고 있는 것이다. 그것은 바로 하늘이 내려준 본성에 뿌리를 박고 있어서, 자연스럽게 영묘(靈妙)하고도 분명히 드러나고 있는 것이다. 그래서 그것을 '밝은 덕'이라 하는 것이다.

소인의 마음은 이미 떨어져 거리가 생긴 뒤로는 좁고 누추하게 되는 것이다. 그러나 그의 한몸이 되게 하는 어짊이 그처럼 밝을 수가 있는 것은, 그가 아직도 욕망에 의하여 움직여지지 않아서 사사로움에 아직 가려져 있지 않았을 때이기 때문이다. 그가 욕망에 의하여 움직이게 되어 사사로움에 가려지게 되면, 곧 이해(利害)의 생각이 서로 공격하여 분노하는 감정의 자극을 받으면 물건을 손상시키고 같은 종류의 것들까지 해치게 되며 못할 짓이 없게 되는 것이다. 심지어는 골육간에도 서로 해치는 짓을 하는 것은 한몸이 되게 하는 어짊이 없어져 버렸기 때문이다.

그러므로 진실로 사사로움과 욕망의 가리어짐이 없다면 비록 소인의 마음이라 할지라도 그의 한몸이 되게 하는 어짊은 위대한 사람이나 같은 것이다. 한번 사사로움과 욕망에 가리어지게 되기만 하면 곧 비록 위대한 사람의 마음이라 하더라도 그것이 떨어져 거리가 생기어 막히고 누추하게 됨으로써 소인이나 같게 되는 것이다.

그러므로 위대한 사람의 학문을 하려는 사람은 무엇보다도 그의 사사로움과 욕망에 의한 가리어짐을 없앰으로써 그의 '밝은 덕'을 스스로 밝히어 그가 천지의 만물과 한몸이 되고 있는 본연(本然)을 되찾아야만 하는 것이다. 본체(本體) 이외에 더 늘이고 보태어야만 할 것이 있는 것은 아니다."

原文 是其一體之仁也, 雖小人之心, 亦必有之. 是乃根於天命之性, 而自然靈昭不昧者也. 是故謂之明德.

小人之心旣已分隔隘陋矣. 而其一體之仁, 猶能不昧若此者, 是其未動於欲, 而未蔽於私之時也. 及其動於欲, 蔽於私, 而利害相攻, 忿怒相激, 則戕物圮類, 無所不爲. 其甚至有骨肉相殘者, 而一體之仁亡也.

是故苟無私欲之蔽, 則雖小人之心, 而其一體之仁, 猶大人也. 一有私欲之蔽, 則雖大人之心, 而其分隔隘陋, 猶小人矣.

故夫爲大人之學者, 亦惟去其私欲之蔽, 以自明其明德, 復其天地萬物一體之本然而已耳. 非能於本體之外, 而有所增益之也.

註解 ㅇ靈昭(영소)-영묘(靈妙)하고도 밝게 드러나는 것. ㅇ不昧(불매)-어둡지 않은 것, 밝게 드러나는 것. ㅇ分隔(분격)-나뉘어져 떨어지다. ㅇ隘陋(애루)-좁고 고루한 것, 막히고 누추한 것. ㅇ蔽(폐)-가리워지다. ㅇ動於欲(동어욕)-욕망에 의하여 움직이다. ㅇ相激(상격)-격동시키다, 자극하다. ㅇ戕物(장물)-물건을 손상시키다, 물건을 파괴하다. ㅇ圮類(이류)-같은 종류의 것들을 무너뜨리다, 동류를 해치다. ㅇ骨肉相殘(골육상잔)-부자·형제끼리 서로 해침. ㅇ苟(구)-진실로. ㅇ猶(유)-같다.

(4)

"그렇다면 또 어찌하여 '백성을 친근히 하는 데 있다'고 한 것입니까?"

"'밝은 덕을 밝힌다'는 것은 천지 만물이 한몸이 되고 있는 체(體)

를 세운 것이다. '백성을 친근히 한다'는 것은 천지 만물이 한몸이 되고 있는 용(用)을 통달케 한 것이다. 그러므로 '밝은 덕을 밝게 한다'는 것은 반드시 '백성을 친근히 하는 데' 있게 되며, '백성을 친근히 하는 것'은 바로 '밝은 덕을 밝히는' 근거가 되는 것이다. 그러므로 나의 아버지와 친근한 것을 남의 아버지에게도 미치게 하고 온 천하 사람들의 아버지에게 미치게 한 뒤에야 나의 어짊〔仁〕이 실로 나의 아버지와 남의 아버지와 온 천하의 아버지들과 한몸이 되는 것이다. 실로 그들과 더불어 한몸이 된 뒤라야 효도의 밝은 덕이 비로소 밝아지게 되는 것이다.

나의 형과 친근한 것을 남의 형에게도 미치게 하고 온 천하 사람들의 형에게 미치게 한 뒤에야 나의 어짊이 실로 나의 형과 남의 형과 온 천하의 형들과 한몸이 되는 것이다. 실로 그들과 더불어 한몸이 된 뒤라야 형을 공경하는 밝은 덕이 비로소 밝아지게 되는 것이다.

임금과 신하 및 부부와 친구들은 물론 산천이나 귀신, 새와 짐승이나 풀과 나무에 이르기까지도, 모두가 실로 그들과 친근함으로써 나와 한몸이 되는 어짊에 도달하게 된다. 그렇게 된 뒤에는 나의 밝은 덕이 비로소 밝아지지 않는 일이 없어서 진실로 천지 만물과 한몸이 되게 되는 것이다. 이러한 것을 두고 '밝은 덕을 천하에 밝힌다'고 말하고, 이런 것을 두고 '집안이 가지런해지고' '나라가 다스려지며' '천하가 평화로워진다'고 말하고, 이러한 것을 두고 본성(本性)을 다하는 것이라 말하는 것이다."

原文 曰 ; 然則何以在親民乎?

曰 ; 明明德者, 立其天地萬物一體之體也. 親民者, 達其天地萬物一體之用也. 故明明德, 必在於親民, 而親民乃所以明其明德也. 是故親吾之父以及人之父, 以及天下人之父. 而後吾之仁, 實與吾之父, 人之父, 與天下人之父, 而爲一體矣. 實與之爲一體, 而後孝之明德, 始明矣.

親吾之兄, 以及人之兄, 以及天下人之兄, 而後吾之仁, 實與吾之兄, 人之兄, 與天下人之兄, 而爲一體矣. 實與之爲一體, 而後弟之明德, 始明矣.

君臣也, 夫婦也, 朋友也, 以至於山川鬼神鳥獸草木也, 莫不實有以親之以達吾一體之仁. 然後吾之明德始無不明, 而眞能以天地萬物爲一體矣. 夫是之謂明明德於天下, 是之謂家齊國治而天下平, 是之謂盡性.

註解 ㅇ然則(연즉)—그렇다면. ㅇ在親民(재친민)—《대학》의 이른바 삼강령(三綱領) 중의 두 번째. 주희는 이를 '백성을 새롭게 하는 것'이라 풀이하여 대학의 도의 둘째 단계라 보았으나, 왕양명은 이 세 가지가 서로 어우러져 있는 한가지로 보았다. 곧 그는 '밝은 덕을 밝히는 방법'이 '백성을 친근히 하는 것'이라 하였다. ㅇ萬物一體之體(만물일체지체)—만물이 한몸이 되고 있는 체. 왕양명은 '밝은 덕'과 '백성을 친근히 하는 것'을 체용(體用)의 관계로 풀이하고 있다. '체'란 어떤 사물의 본체, '용'이란 그 작용을 뜻하는 것이다. ㅇ所以(소이)—근거, 방법. ㅇ及人之父(급인지부)—남의 아버지에게도 미치게 하다. 《맹자》 양혜왕(梁惠王) 상(上)편에서 '나의 노인을 노인으로 잘 모시어 그것을 남의 노인들에게까지 미치게 하고, 나의 애들을 애들로 잘 돌봐주어 그것을 남의 애들에게까지 미치게 한다'는 말의 표현을 빌린 것임. ㅇ孝之明德(효지명덕)—효라는 밝은 덕. ㅇ弟(제)—아우로서 형을 공경하는 것. ㅇ盡性(진성)—본성을 다하다. 《중용》과 《역경》 설괘전(說卦傳)에도 보이는 말임.

(5)

"그러면 또 그것이 '지극한 선에 처신함에 있다'고 하는 것은 어째서입니까?"

" '지극한 선'이란 것은 '밝은 덕'과 '백성을 친근히 하는 것'의 원칙인 것이다. 하늘이 내려준 성(性)이란 순수하고 지극히 선한 것이다. 그 영묘하고 어두운 것 없이 밝은 것은 바로 이 '지극한 선'이 드러나기 때문인 것이다. 이것이 바로 '밝은 덕'의 본체이며, 또한 곧 양지라는 것이다.

'지극한 선'이 드러난다는 것은 옳은 것은 옳다고 하고 그른 것은 그르다고 하는 것이다. 가볍고 무겁고 두텁고 엷은 것은 거기에 따라 그대로 감응하게 되어, 그대로만 있지 아니하고 변동하지만 역시 스스로 천연(天然)의 가운데 있지 않는 것이란 없는 것이다. 이것이 바로 사람들의 법도와 사물의 원칙의 극치여서, 그 사이에는 조금도 논란을 벌이고 더하거나 줄이는 일이 용납되지 않는 것이다. 그 사이에 조금이라도 논란을 벌이고 더하거나 줄일 것이 있다면, 곧 그것은 사사로운 뜻과 작은 지혜이지 '지극한 선'을 말하는 것일 수가 없는 것이다.

자신이 홀로 있을 적에도 신중히 하며 오직 정성스럽고 순일(純一)한 경지에 이른 사람이 아니라면, 그 누가 이런 경지에 이를 수가 있겠는가? 후세 사람들은 '지극한 선'이 내 마음에 있다는 것은 알지 못하고서 그의 사사로운 지혜를 사용하여 마음 밖의 것들에 대하여 이리저리 생각하고 헤아리면서, 모든 사물마다 각각 정해진 이치가 있는 것이라 생각하고 있다. 그래서 옳고 그름을 판단하는 원칙에 어두워져 지리멸렬의 상태가 되어, 사람으로서의 욕심을 따름으로써 하늘의 이치는 멸망케 되는 것이다. '밝은 덕'과 '백성을 친근히 하는' 학문은 마침내 천하에 일대 혼란을 일으키게 된 것이다.

대체로 옛날 사람들 중에는 진실로 그의 밝은 덕을 밝히려는 사람이 있었다. 그러나 그들은 다만 '지극한 선에 처신'할 줄을 모르고 그의 사사로운 마음을 너무나 높은 곳으로 달리게 하였다. 그래서 허무(虛無)와 공적(空寂)함에 자기를 잃어 집안과 나라와 천하에 베푸는 것이 아무것도 없게 되었으니, 곧 도가와 불가의 무리들이 그러하다.

진실로 그의 백성들과 친근히 하려는 사람도 있었다. 그러나 다만 '지극한 선에 처신'할 줄을 몰랐기 때문에 그의 사사로운 마음이 자질구레한 일에 빠져 버렸다. 그래서 권모와 술수에 자기를 잃어 인애(仁愛)와 동정하는 마음이 없게 되었으니, 곧 춘추시대의 오패(五覇)와 공리를 좇던 무리들이 그러하였다.

이것은 모두 '지극한 선에 처신'할 줄을 모르는 잘못 때문이었다. 그러므로 '지극한 선에 처신하는 것'과 '밝은 덕' 및 '백성을 친근히 하는 것'의 관계는 마치 그림쇠와 굽은자의 모난 꼴과 둥근 것과의 관계, 자와 길이와의 관계, 저울과 무게와의 관계나 같은 것이다. 그러므로 모난 꼴과 둥근 모양을 그리면서 그림쇠와 굽은자에 따르지 않는다면 그 원칙에서 어긋나게 된다. 길고 짧음을 따지면서 자를 따르지 않는다면 그 기준에서 어긋나게 된다. 가볍고 무거운 것을 재면서 저울을 따르지 않는다면 그 표준을 잃게 될 것이다. '밝은 덕'을 밝히고 '백성을 친근히 하면서'도 '지극한 선에 처신'하지 않는다면 그 근본을 잃는 것이 된다. 그러므로 '지극한 선에 처신'하여 '백성을 친근히 하고' 그의 '밝은 덕'을 밝히는 것, 그것을 위대한 사람의 학문이라 이르는 것이다."

原文 曰；然則又烏在其爲止至善乎?

曰；至善者明德親民之極則也. 天命之性, 粹然至善. 其靈昭不昧者, 此其至善之發見. 是乃明德之本體, 而卽所謂良知者也.

至善之發見, 是而是焉, 非而非焉. 輕重厚薄, 隨感隨應, 變動不居, 而亦莫不自有天然之中. 是乃民彛物則之極, 而不容少有議擬增損於其間也. 少有議擬增損於其間, 則是私意小智, 而非至善之謂也.

自非愼獨之至, 惟精惟一者, 其孰能與於此乎? 後之人, 惟其不知善之在吾心，而用其私智以揣摸測度於其外，以爲事事物物各有定理也．是以昧其是非之則，支離決裂，人欲肆而天理亡．明德親民之學，遂大亂於天下．

蓋昔之人，固有欲明其明德者矣．然惟不知止於至善，而騖其私心於過高．是以失之虛罔空寂，而無有乎家國天下之施，則二氏之流是矣．

固有欲親其民者矣．然惟不知止於至善，而溺其私心於卑瑣．是以失之權謀智術，而無有乎仁愛惻怛之誠，則五伯功利之徒是矣．

是皆不知止於至善之過也．故止於至善之於明德親民也，猶之規矩之於方圓也，尺度之於長短也，權衡之於輕重也．故方圓而不止於規矩，爽其則矣．長短而不止於尺度，乖其劑矣．輕重而不止於權衡，失其準矣．明明德親民，而不止於至善，亡其本矣．故止於至善，以親民而明其明德，是之謂大人之學．

註解 ㅇ烏(오)－어째서, 오(惡), 언(焉)과 통함. ㅇ止至善(지지선)－지극한 선에 처신하다,《대학》의 이른바 삼강령(三綱領) 중의 하나. ㅇ極則(극칙)－원칙, 지극한 법칙. ㅇ粹然(수연)－순수한 모양. ㅇ發見(발현)－밖으로 드러나는 것. ㅇ隨感隨應(수감수응)－밖의 물건에 대하여 느껴지는 대로 거기에 응대하는 것, 외부 사물에 따라 여러 가지로 감응하는 것. ㅇ變動不居(변동불거)－그대로만 있지 아니하고 변동하는 것.《역경》계사전(繫辭傳) 하(下)에 '도란 자주 옮겨져 그대로 있지 아니하고 변동하며 상하사방에 주류한다'고 하였다. ㅇ天然之中(천연지중)－천연의 가운데, 지극히 자연스럽고 순수한 상태를 가리킨다. ㅇ民彝物則(민이물칙)－사람들의 법도와 사물의 원칙, 윤리 원칙과 자연 법칙.《시경(詩經)》대아(大雅) 증민(烝民)편을 근거로 한 말임. ㅇ議擬(의의)－논의하고 헤아리다, 논란을 벌이다. ㅇ增損(증손)－더하고 빼다, 늘이고 줄이다. ㅇ私意

(사의)-개인의 사사로운 뜻. ㅇ愼獨(신독)-자기 홀로 있을 적에 마음과 몸가짐을 신중히 하는 것.《대학》·《중용》에 모두 보임. ㅇ惟精惟一(유정유일)-오직 정성되고 순일(純一)한 것. 사람의 마음가짐을 형용한 말로,《서경》대우모(大禹謨)에 이 말이 보임. ㅇ與於此(여어차)-여기에 함께하다, 이러한 경지에 이르다. ㅇ揣摸(췌모)-여러 가지로 생각하는 것. ㅇ測度(측탁)-이리저리 헤아리는 것. ㅇ支離決裂(지리결렬)-지리멸렬(支離滅裂)과 같은 말, 이리저리 어지럽게 흩어져 갈피를 잡을 수가 없게 되는 것. ㅇ肆(사)-함부로 하다, 멋대로 하다. ㅇ騖(무)-달려가다. ㅇ過高(과고)-너무나 높다, 지나치게 고상하다. ㅇ虛罔(허망)-노장(老莊)사상을 대표하는 허무(虛無)와 같은 말. ㅇ空寂(공적)-불교의 대표적인 사상. 불교에선 모든 것이 공(空)이라 하고, 모든 일을 끊어버려야 한다는 적멸(寂滅)을 주장하고 있다. ㅇ二氏(이씨)-도가와 불가. ㅇ溺(익)-물에 빠지는 것. ㅇ卑瑣(비쇄)-자질구레한 것, 쓸데없는 것들. ㅇ智術(지술)-지략(智略)과 술책. ㅇ惻怛(측달)-측은히 여기고 슬퍼해 주는 것. ㅇ五伯(오백)-춘추시대의 오패(五覇). 제(齊)나라 환공(桓公)·진(晉)나라 문공(文公)·진(秦)나라 목공(穆公)·송(宋)나라 양공(襄公)·초(楚)나라 장왕(莊王)의 다섯 임금. ㅇ規矩(규구)-그림쇠와 굽은자. 옛날 목수가 원을 그리고 사각형을 그릴 때 쓰던 물건. ㅇ尺度(척도)-자. ㅇ權衡(권형)-저울. ㅇ爽(상)-어긋나다, 잘못되다. ㅇ乖(괴)-어긋나다. ㅇ劑(제)-기준, 규정. ㅇ準(준)-기준, 준칙.

(6)

"'처신을 제대로 할 줄 안 뒤에야 안정됨이 있게 되고, 안정케 된 뒤에야 고요할 수 있게 되고, 고요하게 된 뒤에야 편안할 수 있게 되고, 편안하게 된 뒤에야 생각할 수 있게 되고, 생각하게 된 뒤에야 얻을 수 있게 된다'고 하였는데, 그 뜻은 무엇입니까?"

"사람들은 오직 '지극한 선'이 나의 마음에 있음을 알지 못하고, 그것을 그 밖에서 구하려 하면서 여러 가지 사물에 모두 일정한 이치가 있는 것이라 여기고 '지극한 선'을 여러 가지 사물 가운데서 구하고 있다. 그 때문에 지리멸렬해지고 뒤섞이어 어지러워져서 일정한 방향이 있음을 알지 못하고 있다.

지금 이제 '지극한 선'이 내 마음에 있음을 알았으니 밖에서 구하려 들지 않는다면 곧 뜻에 일정한 방향이 있게 되어 지리멸렬해지고 뒤섞이어 어지러워질 걱정이 없게 된다. 지리멸렬해지고 뒤섞이어 어지러워질 걱정이 없게 되면 곧 마음이 함부로 움직이지 않아 고요해질 수가 있을 것이다. 마음이 함부로 움직이지 않아 고요해지면 곧 그의 일상생활에 있어 여유가 있고 한가하게 되어 편안해질 수가 있을 것이다. 편안해지면 모든 한가지 생각의 발동이나 한가지 일에 대한 느낌에 있어서 그것이 '지극한 선'이 되는 것인가, '지극한 선'이 되지 못하는 것인가 하는 것은 나의 마음의 양지가 스스로 거기에 대하여 자세히 따지고 빈틈없이 살펴주어서 생각할 수 있게 해줄 것이다. 생각을 하게 되면 곧 모든 선택이 정밀하지 않은 것이 없고, 모든 처신이 합당하지 않은 것이 없게 되므로 '지극한 선'은 거기에서 얻을 수가 있게 되는 것이다."

原文 曰; 知止而后有定, 定而后能靜, 靜而后能安, 安而后能慮, 慮而后能得, 其說何也?

曰; 人惟不知至善之在吾心, 而求之於其外, 以爲事事物物皆有定理也, 而求至善於事事物物之中. 是以支離決裂, 錯雜紛紜, 而莫知有一定之向.

今焉旣知至善之在吾心, 而不假於外求, 則志有定向, 而無支離決裂, 錯雜紛紜之患矣. 無支離決裂, 錯雜紛紜之患, 則心不妄動而能靜矣. 心不妄動而能靜, 則其日用之間, 從容閒暇而能安矣. 能安則凡一念之發一事之感, 其爲至善乎, 其非至善乎, 吾心之良知, 自有以詳審精察之而能慮矣. 能慮則擇之無不精, 處之無不當, 而至善於是乎可得矣.

註解 ㅇ知止而后(지지이후)…… 慮而后能得(여이후능득)-《대학》 첫머리 대목의 글임. ㅇ其說(기설)-그 이론, 그 해설. ㅇ錯雜(착잡)-서로 뒤엉키어 복잡하게 되는 것. ㅇ紛紜(분운)-어지러워 종잡을 수 없게 되는 것. ㅇ今焉(금언)-지금 이제, 지금 여기에. ㅇ不假(불가)-빌리지 않다, ……하려들지 않다. ㅇ妄動(망동)-함부로 움직이는 것. ㅇ日用之間(일용지간)-일상생활 속. ㅇ從容(종용)-의젓한 모양, 여유가 있는 것. ㅇ閒暇(한가)-한가하여 안정된 것. ㅇ一念之發(일념지발)-한가지 생각의 발동. ㅇ一事之感(일사지감)-한가지 일에 대한 느낌. ㅇ詳審(상심)-자세히 따지다. ㅇ精察(정찰)-정밀히 살피다. ㅇ擇之(택지)-여러 가지 일에 대한 선택. ㅇ精(정)-정밀한 것.

(7)

" '물건에는 근본과 종말이 있다'고 하였는데, 옛 선비는 '밝은 덕'을 근본으로 삼고 '백성을 새로이 하는 것'을 종말로 삼고서 두 물건이지만 안팎으로 서로 대가 되고 있다고 하였습니다. '일에는 끝과 시작이 있다'고 하였는데, 옛 선비는 '처신을 제대로 할 줄 아는 것'을 시작으로 삼고 '얻을 수 있게 되는 것'을 끝으로 삼고서 한가지 일이지만 머리와 꼬리가 서로 의존하고 있다고 하였습니다. 선생님의 이론과 같이 '백성을 새로이 하는 것'을 '백성을 친근히 하는 것'으로 본다면 곧 근본과 종말의 이론도 딱 들어맞지 않는 점이 있을 것 아닙니까?"

"끝과 시작의 이론은 대체로 옳다. 곧 '백성을 새로이 하는 것'을 '백성을 친근히 하는 것'이라 하면서, '밝은 덕'은 근본이 되고 '백성을 친근히 하는 것'은 종말이 된다고 하더라도 그 이론은 역시 옳지 않다고 할 수는 없다. 그러나 근본과 종말을 두 가지 물건으로 나누는 것은 합당치 않은 일이다. 나무의 줄기를 두고 근본이라 하고 나무의 끝을 두고 종말이라 하는데, 다만 그것은 한가지 물건인 것이다. 그래서 그것을 근본이요 종말이라 말하는 것이다. 만약 두 가지 물건이라 한다면 이미 두 가지 물건이거늘 또 어찌 근본과 종말을 말할 수가 있겠는가?

'백성을 새로이 하는 것'의 뜻이 이미 '백성을 친근히 하는 것'과 같지 않다면, 곧 '밝은 덕'의 효과는 자연히 '백성을 새로이 하는 것'과 다른 두 가지 것이 된다. 만약 '밝은 덕'을 밝힘으로써 그의 '백성을 친근히 하고', 또 '백성을 친근히 함'으로써 그의 '밝은 덕'을 밝히게 되는 것임을 안다면, 곧 '밝은 덕'과 '백성을 친근히 하는 것'을 어찌 나누어 둘이라 할 수가 있겠는가? 옛 선비의 이론은 대체로 '밝은 덕'과 '백성을 친근히 하는 것'이 본시 한가지 일임을 알지 못하여 두 가지 일이라 여겼던 것이다. 그래서 비록 근본과 종말은 마땅히 한가지 물건이어야 함을 알고는 있었지만, 또한 그것을 두 가지 물건으로 나누어 놓지 않을 수가 없었던 것이다."

原文 曰 ; 物有本末, 先儒以明德爲本, 新民爲末, 兩物而內外相對也. 事有終始, 先儒以知止爲始, 能得爲終, 一事而首尾相因也. 如子之說, 以新民爲親民, 則本末之說亦有所未然歟?

曰 ; 終始之說大略是矣. 卽以新民爲親民, 而曰明德爲本, 親民爲末, 其說亦未爲不可, 但不當分本末爲兩物耳. 夫木之幹謂之本, 木之梢謂之末, 惟其一物也. 是以謂之本末. 若曰兩物, 則旣爲兩物矣, 又何可以言本末乎?

新民之意, 旣與親民不同, 則明德之功, 自與新民爲二. 若知明明德以親其民, 而親民以明其明德, 則明德親民, 焉可析而爲兩乎? 先儒之說, 是蓋不知明德親民之本爲一事, 而認以爲兩事. 是以雖知本末之當爲一物, 而亦不得不分爲兩物也.

註解 ㅇ先儒(선유)—옛날 선비. 주희를 가리킴. ㅇ明德爲本(명덕위본)—'밝은 덕'을 근본으로 삼다. 이는 《대학장구》의 해설을 인용하며 질문한 것이다. ㅇ首尾相因(수미상인)—머리와 꼬리가 서로 의존하다. ㅇ未然(미연)—

그렇지 못한 것, 합당하지 않은 것. ㅇ幹(간)－나무의 큰 줄기. ㅇ梢(초)－나뭇가지의 끝. ㅇ功(공)－공효(功效), 효능. ㅇ析而爲兩(석이위량)－나누어서 둘로 하다. ㅇ認(인)－인정하다, 여기다.

(8)

"'옛날의 밝은 덕을 천하에 밝히려던 이'로부터 '먼저 그 몸을 닦는다'는 데까지는 선생님의 '밝은 덕'과 '백성을 친근히 한다'는 해설과도 서로 통한다는 것을 또한 알 수가 있었습니다. 감히 여쭙건대, '그 몸을 닦으려는 이'로부터 '앎에 이르게 되는 것은 사물을 올바르게 함에 있다'는 데 이르기까지 그 공부를 하는 순서나 힘을 기울여야 하는 점은 어떻게 되는 것입니까?"

"이것이야말로 바로 '밝은 덕'과 '백성을 친근히 하는 것'과 '지극한 선에 처신하는 것'의 효용을 자세히 말한 것이다. 대체로 몸·마음·뜻·지각·물건이라는 것은 그 공부를 하는 데 있어서의 조리가 되는 것이다. 비록 모두 각기 제자리가 있기는 하지만, 실은 다만 한가지 물건인 것이다. 격물(格物)·치지(致知)·성의(誠意)·정심(正心)·수신(修身) 같은 것은 그 조리가 작용하는 공부이다. 비록 모두 각기 제 이름이 있기는 하지만 실은 다만 한가지 일인 것이다.

무엇을 몸이라 하는가? 마음의 형체이며 그것이 운용하는 것을 말한다. 무엇을 마음이라 하는가? 몸의 영명(靈明)이며 그것을 주재하는 것을 말한다. 무엇을 '몸을 닦는다'고 하는 건가? 선을 행하고 악을 물리치는 것을 말한다. 내 몸이 스스로 선을 행하고 악을 물리칠 수가 있는 것인가? 반드시 그 영명이며 주재하는 것이 선을 행하고 악을 물리치려 한 뒤에야 그 형체이며 운용을 하는 것도 비로소 선을 행하고 악을 물리치게 되는 것이다. 그러므로 '그 몸을 닦으려는 일'은 반드시 '먼저 그 마음을 바르게 함'에 달려 있게 되는 것이다.

그러나 마음의 본체는 곧 성이다. 성에는 선하지 않음이 없으니 곧 마음의 본체도 본시 바르지 않은 것이란 없는 것이다. 어디로부터 그것을 바르게 하는 공부를 착수해야 하는가? 마음의 본체란 본시 바르지 않은 것이란 없는 것인데 그의 뜻과 생각이 발동하게 된 뒤로부터 바르지 않음이 있게 되는 것이다. 그러므로 '그의 마음을 바르게 하려는 사람'은 반드시 그의 뜻과 생각이 발동하는 곳에서 바르게 하여야만 할 것이다. 모든 발동하는 한가지 생각이 선하다면 그것을 좋아함이 진실로 아름다운 색깔을 좋아하는 것같이 될 것이고, 발동하는 한가지 생각이 악하다면 그것을 싫어함이 진실로 악한 냄새를 싫어하는 것같이 될 것이니, 곧 뜻이 정성스럽게 되지 않는 일이 없게 되어 마음도 바르게 될 수가 있을 것이다.

그러나 뜻의 발동에는 선한 것도 있고 악한 것도 있다. 그 선하고 악한 분계(分界)를 분명히 하지 않는다면 또한 진실함과 허망함이 뒤섞이게 되어 비록 정성스럽게 하려 한다 해도 정성스럽게 될 수가 없을 것이다. 그러므로 '그의 뜻을 정성스럽게 한다'는 것은 반드시 '앎을 이르게' 하는 데 달려 있게 된다. 이른다[致]는 것은 이르게 되는 것[至]이다. 마치 '상사(喪事)란 슬픔을 이르게 하는 것'이라 할 때의 '이름'과 같은 뜻이다. 《역경》에 말하기를 "이름을 앎으로써 거기에 이르게 된다."고 하였는데, '이름을 앎'이란 '앎'을 뜻하고 '거기에 이름'이란 '이른다[致]'는 뜻이다. '앎에 이른다'고 말한 것은 후세의 선비들이 말하는 것같이 그의 지식을 충실히 하고 넓히고 하는 것을 말하는 것이 아니다. 나의 마음의 양지를 이르게 하는 것이다."

原文 曰：古之欲明明德於天下者，以至於先脩其身，以吾子明德親民之說通之，亦旣可得而知矣．敢問，欲脩其身，以至於致知在格物，其工夫次第，又何如其用力歟?

曰：此正詳言明德親民止至善之功也．蓋身心意知物者，是其工夫所用之條理．雖亦各有其所，而其實只是一物．格致誠正脩者, 是其條理所用之工夫. 雖亦皆有其名, 而其實只是一事.

何謂身? 心之形體, 運用之謂也. 何謂心? 身之靈明, 主宰之謂也. 何謂脩身? 爲善而去惡之謂也. 吾身自能爲善而去惡乎? 必其靈明主宰者, 欲爲善而去惡, 然後其形體運用者, 始能爲善而去惡也. 故欲脩其身者, 必在於先正其心也.

然心之本體則性也. 性無不善, 則心之本體本無不正也. 何從而用其正之之功乎? 蓋心之本體本無不正, 自其意念發動而後有不正. 故欲正其心者, 必就其意念之所發而正之. 凡其發一念而善也, 好之眞如好好色 ; 發一念而惡也, 惡之眞如惡惡臭, 則意無不誠而心可正矣.

然意之所發有善有惡. 不有以明其善惡之分, 亦將眞妄錯雜, 雖欲誠之, 不可得而誠矣. 故欲誠其意者, 必在於致知焉. 致者至也. 如云喪致乎哀之致. 易言 ; 知至至之. 知至者知也 ; 至之者致也. 致知云者, 非若後儒所謂充廣其知識之謂也. 致吾心之良知焉耳.

註解 ㅇ古之欲明明德(고지욕명명덕)…… 先脩其身(선수기신)—'옛날의 밝은 덕을 밝히려 했던'…… '먼저 그 몸을 닦음'. 《대학》의 본문, 이른바 팔조목(八條目) 중의 네 조목을 가리킴. ㅇ吾子(오자)—우리 선생님, 왕양명을 가리킴. ㅇ欲脩其身(욕수기신)…… 致知在格物(치지재격물)—'그 몸을 닦으려 함'…… '앎을 이르게 하는 것은 사물을 바르게 함에 있다'. 《대학》의 본문, 역시 팔조목 중의 나머지 네 조목을 가리킴. ㅇ用力(용력)—힘을 기울이는 것, 노력을 하는 것. ㅇ詳言(상언)—상세히 말하다, 자세히 설명하는 것. ㅇ工夫(공부)—공부하다, 수양하다. ㅇ條理(조리)—원리가 담겨 있는 것, 뒤의 운용(運用)과 대가 되고 있으니, '운용'이 용(用)이라면 '조리'는 체(體)나 같은 것이라 할 수 있다. ㅇ其所(기소)—그 장소, 그의 자리. ㅇ運用(운용)—움직이고 작용을 하는 것, 활동을 하는 것. ㅇ靈明

(영명)－밝은 영혼, 영묘하고 밝게 해주는 것. ○爲善(위선)－선을 행하다, 선을 위하다. ○去惡(거악)－악을 버리다, 악에서 떠나다. ○何從(하종)－어디로부터. ○用其正之之功(용기정지지공)－그것을 바르게 하는 공부를 시작하다. ○意念(의념)－뜻과 생각. ○所發(소발)－발하는 곳, 발동하는 곳. ○如好好色(여호호색)－좋은 빛깔을 좋아하듯 하다. 뒤의 여오악취(如惡惡臭)와 함께 《대학》의 본문에 보이는 말임. ○善惡之分(선악지분)－선악의 나뉨, 선악의 분계(分界). ○眞妄(진망)－진실함과 허망(虛妄)함. ○錯雜(착잡)－뒤섞이는 것. ○喪致乎哀(상치호애)－상사(喪事)란 슬픔을 이르게 하는 것. 여기의 '이른다'는 것은 '다한다'는 뜻에 가깝다. 《논어》 자장(子張)편에서 '상사에 있어서는 슬픔을 다하는 데서 그쳐야 한다[喪致乎哀而止]'고 한 말에서 나온 말임. ○易言(역언)－《역경》 건괘(乾卦) 문언전(文言傳)에 보이는 말임. ○後儒(후유)－후세의 선비, 역시 주희를 가리킴. ○充廣(충광)－채우고 넓히는 것.

(9)

" '양지'라는 것은 맹자가 말한 바의 '옳고 그름을 가리는 마음으로 사람이면 모두가 갖고 있는 것'이 바로 그것이다. 옳고 그름을 가리는 마음은 생각하는 것을 기다릴 것 없이 알게 되고, 배우는 것을 기다릴 것 없이 할 수 있게 되는 것이다. 그래서 그것을 '양지'라 이르는 것이다. 그것은 바로 하늘이 명하여 준 성이며 내 마음의 본체로서 자연히 영묘하고 밝게 분명히 깨닫게 되는 것이다.

모든 뜻과 생각이 발동할 때, 내 마음의 '양지'는 스스로 알지 못하는 것이 없는 것이다. 그것이 선할 적에는 내 마음의 '양지'가 스스로 그것을 안다. 그것이 선하지 않을 적에도 역시 내 마음의 '양지'는 스스로 그것을 안다. 이것들은 모두 다른 사람과는 아무런 관계도 없는 것이다. 그러므로 비록 소인이 선하지 않은 짓을 못하는 일 없이 하고 있다 하더라도, 그들이 군자를 보면 반드시 계면쩍어져서 그의 선하지 않음을 덮어두고 그의 선함을 드러내게 되는데, 이것으로도 '양지'는 스스로 어두워져 드러나지 않는 것이 용납되지 않는 것임을 알 수 있게 된다.

지금 선과 악을 분별하면서 그의 뜻을 정성스럽게 하려 한다면 그것은 오직 그의 '양지'가 아는 것을 제대로 다하게 하면 되는 것이다. 왜냐하면 뜻과 생각이 발동하여 내 마음의 '양지'가 이미 그것이 선함을 알고 있는데도, 만약 진실로 그것을 좋아하지 못하고 다시 그것을 배반하며 그로부터 떠나간다면, 곧 그 때문에 선이 악이 되며 스스로 그 선함을 아는 '양지'를 어둡게 만드는 것이 되기 때문이다. 뜻과 생각이 발동하여 나의 '양지'가 이미 그것이 선하지 않음을 알고 있는데도, 만약 그것을 진실로 싫어하지를 못하고서 다시 뒤따라 그런 짓을 한다면, 곧 그 때문에 악한 것을 가지고 선하다고 하게 되어 스스로 그 악함을 아는 '양지'를 어둡게 만드는 것이다. 이렇게 되면 비록 그것을 안다 하더라도 마치 알지 못하는 것과 같은 것이 되기 때문이다. 그래서야 뜻을 정성스럽게 하는 수가 있겠는가?

지금 '양지'가 아는 선과 악에 대하여, 진실로 좋아하고 진실로 싫어하고 하지 않는 게 없다면, 곧 그의 '양지'를 스스로 속이지 않게 되어 뜻도 정성스럽게 될 수가 있는 것이다. 그러나 그의 '양지'를 이르도록 하려는 것이 또 어찌 종잡을 수 없고 흐릿하며 허공에 매달린 실속 없는 것을 뜻하는 일이겠는가? 그것은 반드시 실제적인 일인 것이다. 그러므로 '앎에 이르는 것'은 반드시 '사물을 올바르게 함'에 있다고 하는 것이다."

原文 良知者, 孟子所謂是非之心, 人皆有之者也. 是非之心不待慮而知, 不待學而能. 是故謂之良知. 是乃天命之性, 吾心之本體, 自然靈昭明覺者也.

凡意念之發, 吾心之良知無有不自知者. 其善歟, 惟吾心之良知自知之. 其不善歟, 亦有吾心之良知自知之. 是皆無所與於他人者也. 故雖小人之爲不善, 旣已無所不至, 然其見君子, 則必厭然揜其不善, 而著其善者, 是亦可以見良知之有不容於自昧者也.

今欲別善惡以誠其意, 惟在致其良知之所知焉爾. 何則, 意念之發, 吾心之良知旣知其爲善矣, 使其不能誠有以好之, 而復背而去之, 則是以善爲惡, 而自昧其知善之良知矣. 意念之所發, 吾之良知旣知其爲不善矣, 使其不能誠有以惡之, 而復蹈而爲之, 則是以惡爲善, 而自昧其知惡之良知矣. 若是則雖曰知之, 猶不知也. 意其可得而誠乎?

今於良知所知之善惡者, 無不誠好而誠惡之, 則不自欺其良知, 而意可誠也已. 然欲致其良知, 亦豈影響恍惚而懸空無實之謂乎? 是必實有其事矣. 故致知必在於格物.

註解 ㅇ孟子所謂(맹자소위)-맹자가 말한 바. 《맹자》 고자(告子) 상(上)편에 보이는 말. 맹자는 측은지심(惻隱之心)·수오지심(羞惡之心)·공경지심(恭敬之心)과 함께 "시비지심(是非之心)도 사람이면 모두가 갖고 있다."고 하였고, "옳고 그름을 가리는 마음은 지(智)이다."고 하였으므로 왕양명은 그것을 '양지'와 결부시키게 된 것이다. ㅇ不待慮而知(부대려이지), 不待學而能(부대학이능)-생각하는 것을 기다릴 것 없이 알게 되고, 배우는 것을 기다릴 것 없이 할 수 있게 된다. 《맹자》 진심(盡心) 상편에 '사람이 공부하지 않고도 할 수 있는 것은 그의 양능(良能) 때문이며, 생각하지 않고도 알 수 있는 것은 그의 양지(良知) 때문이다'라고 하였다. ㅇ靈昭(영소)-영묘(靈妙)하고 밝은 것. ㅇ明覺(명각)-분명히 깨닫는 것. ㅇ無所與(무소여)-관계되는 바가 없는 것. ㅇ厭然(염연)-가리고 숨기는 모양, 계면쩍은 것. ㅇ揜(암)-가리는 것. ㅇ不容(불용)-용납되지 않는 것. ㅇ蹈而爲之(도이위지)-발자국을 따라 그렇게 하다, 답습하다. ㅇ影響(영향)-그림자와 울림 같은 것, 종잡을 수 없는 것. ㅇ恍惚(황홀)-흐릿하며 잘 알아볼 수가 없는 것. ㅇ懸空(현공)-허공에 매달려

있는 것. ㅇ無實(무실)－실상이 없는 것, 실속이 없는 것.

(10)

“물(物)이란 일의 뜻이다. 모든 뜻이 발동할 적에는 반드시 그에 관계되는 일이 있는 것이다. 뜻이 담겨 있는 일을 ‘물’이라 하는 것이다. 격(格)이란 ‘바르게 한다’는 뜻이다. 그 바르지 않은 것을 바로잡아 올바름으로 귀착케 하는 것을 말한다. 그 바르지 않은 것을 바로잡는다는 것은 악을 제거함을 뜻한다. 올바름으로 귀착한다는 것은 선을 행함을 뜻한다. 바로 이런 것을 ‘격’이라 말하는 것이다. 《서경》에 ‘위아래로 ‘격’한다’, ‘문조(文祖)에게 격한다’, ‘그의 그릇된 마음을 격한다’고 하였다. ‘격물’의 ‘격’은 실로 그러한 뜻을 다 아울러 갖고 있는 것이다.

양지가 알고 있는 선을 비록 진실로 좋아하려 한다 하더라도 진실로 그의 뜻이 두어진 사물에 대하여 실질적으로 그것을 행하는 것이 아니라면 곧 그 사물이 올바로 되지 못하여 그것을 좋아하려는 뜻도 아직 정성스럽지 못하게 되는 것이다. 양지가 알고 있는 악을 비록 진실로 싫어하려 한다 하더라도 진실로 그의 뜻이 두어진 사물에 대하여 실질적으로 그것을 제거하지 아니하면 곧 그 사물이 올바로 되지 못하여 그것을 싫어하려는 뜻도 아직 정성스럽지 못하게 되는 것이다.

지금 이제 그의 양지가 알고 있는 선에 있어서, 그의 뜻이 두어진 사물에 대하여 실질적으로 선을 행함에 다하지 못하는 게 없게 되고, 그의 양지가 알고 있는 악에 있어서, 그의 뜻이 두어진 사물에 대하여 실질적으로 악을 제거함에 다하지 못하는 게 없게 되어야만 한다. 그런 뒤에야 사물이 바르게 되지 않는 게 없고, 나의 양지가 알고 있는 것이 일그러져 흠이 나거나 가리어지고 덮여지는 일이 없게 되어 그 지극한 극치에 이를 수 있게 되는 것이다. 그러한 뒤에야 나의 마음이 상쾌하게 되어 아무런 유감도 없게 됨으로써 스스로 만족하게 되는 것이다.

그렇게 된 뒤에야 뜻이 발동하는 것이 비로소 스스로를 속이는 일이 없게 될 것이니, 그것을 정성스럽다고 말할 수 있게 될 것이다. 그러므로 '사물에 대하여 바르게 한 뒤에야 앎에 이르고, 앎에 이른 뒤에야 뜻이 정성스럽게 되고, 뜻이 정성스럽게 된 뒤에야 마음이 바르게 되고, 마음이 바르게 된 뒤에야 몸이 닦이어진다'고 하였던 것이다.

그 공부와 조리(條理)에 대하여는 비록 앞뒤 차례를 말할 수가 있으나, 그 본체는 오직 하나여서 실로 앞뒤 차례를 나눌 수가 없는 것이다. 그 조리와 공부는 비록 앞뒤 차례를 나눌 수가 없는 것이지마는 그 작용이 매우 정밀함은 진실로 터럭끝만큼도 결함이 있어서는 안되는 것이다. 이 격물(格物)·치지(致知)·성의(誠意)·정심(正心)에 관한 이론이 요(堯)·순(舜)의 올바른 전통을 밝히는 근거가 되는 것이고 공자의 마음에서 마음으로 전해지는 참뜻인 것이다."

原文 物者事也. 凡意之所發, 必有其事, 意之所在之事, 謂之物. 格者, 正也. 正其不正, 以歸於正之謂也. 正其不正者, 去惡之謂也. 歸於正者, 爲善之謂也. 夫是之謂格. 書言 ; 格于上下, 格于文祖, 格其非心. 格物之格, 實兼其義也.

良知所知之善, 雖誠欲好之矣, 苟不卽其意之所在之物, 而實有以爲之, 則是物有未格, 而好之之意, 猶爲未誠也. 良知所知之惡, 雖誠欲惡之矣, 苟不卽其意之所在之物, 而實有以去之, 則是物有未格, 惡之之意, 猶爲未誠也.

今焉於其良知所知之善者, 卽其意之所在之物, 而實爲之無有乎不盡, 於其良知所知之惡者, 卽其意之所在之物, 而實去之無有乎不盡. 然後物無不格, 吾良知之所知者, 無有虧缺障蔽, 而得以極其至矣. 夫然後吾心決然, 無復餘憾而自謙矣.

夫然後意之所發者, 始無自欺, 而可以謂之誠矣. 故曰 : 物格而后知至, 知至而后意誠, 意誠而后心正, 心正而后身脩.

蓋其功夫條理, 雖有先後次序之可言, 而其體之惟一, 實無先後次序之可分. 其條理功夫, 雖無先後次序之可分, 而其用之惟精, 固有纖毫不可得而缺焉者. 此格致誠正之説, 所以闡堯舜之正傳, 而爲孔氏之心印也.

註解 ㅇ歸於正(귀어정)－올바름으로 귀착되다. ㅇ去惡(거악)－악을 제거하다, 악을 버리다. ㅇ書言(서언)－《서경》에 말하기를. ㅇ格于上下(격우상하)－《서경》 요전(堯典)의 말. 곧 상하는 하늘과 땅, 격은 이르다〔至〕의 뜻. ㅇ格于文祖(격우문조)－《서경》 요전의 말. 순(舜)이 태조(太祖)의 묘(廟)에 이르다. 문조는 태조의 뜻. 격은 역시 이르다의 뜻. ㅇ格其非心(격기비심)－《서경》 경명(冏命)의 말. 그릇된 마음을 바로잡다. 여기의 격은 바로잡다〔正〕의 뜻. ㅇ兼其義(겸기의)－그의 뜻을 아울러 지니고 있다. 곧 이르다, 바로잡는다는 뜻을 모두 지니고 있는 것. ㅇ其意之所在之物(기의지소재지물)－그의 뜻이 두어지고 있는 사물. ㅇ虧缺(휴결)－일그러지고 결함이 있는 것. ㅇ障蔽(장폐)－가리워지고 덮혀진 것. ㅇ極其至(극기지)－그 지극한 극치에 이르는 것. ㅇ快然(쾌연)－상쾌한 모양, 유쾌한 모양. ㅇ餘憾(여감)－유감(遺憾), 여한(餘恨). ㅇ自謙(자겸)－스스로 만족하는 것.《대학》 본문에 보이는 말. ㅇ功夫(공부)－앞에서 바로잡음〔格〕·이르다〔致〕·정성됨〔誠〕·올바름〔正〕·닦음〔修〕을 용(用)에 해당하는 공부란 측면에서 설명하였다. ㅇ條理(조리)－앞에서 몸·마음·뜻·앎·사물을 체(體)에 해당하는 조리란 측면에서 설명하였다. ㅇ惟一(유일)－오직 하나, 유일한 것. ㅇ惟精(유정)－오직 정밀(精密)함, 오직 정수(精粹)됨. ㅇ纖毫(섬호)－가는 터럭, 털끝. ㅇ闡(천)－밝히다. ㅇ心印(심인)－심심상인(心心相印)의 준말, 마음에서 마음으로 같은 내용의 진리가 전하여지는 것.

(11)

덕홍(德洪)이 말하였다. "〈대학문〉이란 선생님 문하의 교전(教典)이다. 학자들이 처음 문하로 들어오면 반드시 먼저 이 뜻을 가르쳐 주어, 사람들로 하여금 이 말을 듣는 즉시 바로 이 마음의 '양지'는 인간의 윤리와 사물의 법칙 가운데로부터 벗어나지 않으며, '양지'를 이르게 하는 공부는 몸을 닦고 집안을 가지런히하고 나라를 다스리고 천하를 화평케 하는 범위로부터 벗어나지 않음을 터득케 하였다. 학자로서 정말로 실지 수양과 공부를 할 수 있다면, 한번 가르침을 듣고서 단번에 직접 절실히 깨닫게 된다.

선생님께서는 늘 말씀하셨다. '나의 이 생각은 곧바로 받들어 실행하기만 한다면, 오직 이 수양만으로도 곧장 성인의 경지에 이르게 된다. 이것을 경전에 비추어 보아도 딱 들어맞지 않는 것이라고는 없다. 그것을 많이 듣고 많이 아는 중에서 구하려고 할 필요가 없다.' 문인 중에 이것을 적어 책으로 만들기를 요청하는 이가 있었는데, 선생님께서 말씀하셨다. '이것은 반드시 제군들에 의하여 입에서 입으로 서로 전해져야만 한다. 만약 이것을 책으로 써놓아 사람들로 하여금 일종의 글로 보고 지나쳐 버리게 된다면 소용이 없기 때문이다.'

가정(嘉靖) 6년(1527) 8월, 선생님은 사은(思恩)과 전주(田州)의 정벌에 납시었는데, 출발하려 하실 제 문인이 다시 요청하자 선생님께서 허락하셨다.

책으로 적는 일이 완성된 뒤에 선생님께서는 저에게 편지를 보내어 말씀하셨다. '〈대학혹문〉 몇 조목을 함께 공부하는 선비들에게 그 뜻을 모두 들려주고 싶지 않은 것은 아니다. 그러나 적에게 무기를 빌려주고 도적에게 양식을 대주는 일같이 될까 두렵다. 그래서 가벼이 내보내고 싶지 않았던 것이다.' 대체로 당시에는 아직도 이설(異說)을 주장하며 올바른 학문을 혼란시키는 사람들이 있었기 때문이다. 선생님은 그래서 그렇게 말씀하셨던 것이다."

原文 德洪曰；大學問者，師門之教典也. 學者初及門，必先以此意授，使人聞言之下，卽得此心之知，無出於民彝物則之中，致知之功，不外乎脩齊治平之內. 學者果能實地用功，一番聽受，一番親切.

師常曰；吾此意思，有能直下承當，只此脩爲，直造聖域. 參之經典，無不脗合，不必求之多聞多識之中也. 門人有請錄成書者，曰；此須諸君口口相傳. 若筆之於書，使人作一文字看過，無益矣.

嘉靖丁亥八月，師起征思田，將發，門人復請，師許之.

錄旣就，以書貽洪曰；大學或問數條，非不願共學之士盡聞斯義. 顧恐藉寇兵而賫盜糧，是以未欲輕出. 蓋當時尚有持異說以混正學者，師故云然.

註解 ㅇ師門(사문)－스승 왕양명의 문하(門下). ㅇ教典(교전)－교육의 준칙이 되는 법전. ㅇ授(수)－가르쳐 주다. ㅇ民彝物則(민이물칙)－사람들이 지켜야 할 법도와 사물의 법칙. ㅇ用功(용공)－노력하고 공부하는 것. ㅇ一番(일번)－한번, 단번. ㅇ聽受(청수)－가르침을 듣다. ㅇ親切(친절)－절실히 깨닫다. ㅇ直下(직하)－곧바로, 그대로. ㅇ承當(승당)－받들어 실행하다. ㅇ脩爲(수위)－수양을 하는 것. ㅇ直造(직조)－곧바로 이르다. ㅇ聖域(성역)－성인의 영역. ㅇ參(참)－참조하다. ㅇ脗合(문합)－딱 들어맞다. ㅇ錄成書(녹성서)－기록하여 책을 이루다. ㅇ筆之(필지)－그것을 붓으로 쓰다, 그것을 필기하다. ㅇ一文字(일문자)－한가지 문장, 한 종류의 글. ㅇ看過(간과)－보고 지나치다. ㅇ思田(사전)－광서(廣西)의 사은(思恩)과 전주(田州). ㅇ貽洪(이홍)－자기 덕홍(德洪)에게 보내다. ㅇ大學或問(대학혹문)－이 〈대학문〉을 가리킴. ㅇ共學之士(공학지사)－함께 공부하는 선비. ㅇ顧(고)－그러나, 다만. ㅇ藉寇兵(자구병)－적(敵)에게 무

기를 빌려주다. ㅇ賫盜糧(재도량)－도적에게 양식을 주다. 재는 재(齎)와 같은 글자로 물건을 대주는 것.

(12)

선생님께서 돌아가시고 나니, 목소리며 얼굴 모습 날로 아득해지고, 우리 친구들은 각기 자기 의견으로 이론을 세우고 있다. 공부하는 사람들은 약간 본체를 보았다 싶으면 곧장 문득 깨닫게 된다는 이론만 좋아하게 되어 다시는 자신을 반성하고 자기를 이겨내려는 노력은 하지 않고 있다. 그들은 한번 본체를 보기만 하면 높은 성인도 발돋움하고 바라볼 수 있다고 말하고, 선생님 문하의 뜻을 정성스럽게 하고 사물을 올바르게 하며 선을 행하고 악은 멀리한다는 뜻은 모두 비천하다고 여기며 중요하지 않은 제이의(第二義)로 보고 있다. 하여야 할 일은 간단히 대충 처리하고, 말과 행동은 아무렇게나 한다. 심지어는 예교를 망치고 무너뜨리면서도 스스로 성인 문하의 가장 상승(上乘)의 가르침을 터득하였다고 여기고 있다.

아아, 얼마나 그릇된 일인가! 스스로 편리하도록 지름길로 간단한 방법을 따라서 이미 불교의 적멸(寂滅)의 가르침에 빠져 있으면서도 그것을 깨닫지 못하고 있는 것이다. 옛분들의 가르침은 다만 공부하는 사람들에게 아래쪽 사람들 일에 대하여 배우는 노력을 제시한 것에 불과하며, 위의 높은 경지에 이르는 기틀은 사람들이 스스로 깨달아 터득하게 되기를 기다리는 것이다. 그것은 말이나 지적인 이해로는 미칠 수가 없는 것이기 때문이다.

《대학》의 가르침은 맹자 이후로 그 전승이 끊어진 지 수천 년이나 되었다. 그러나 '양지'의 밝음은 천 년이 하루같이 변함이 없어 다시 오늘날에도 크게 밝혀지게 된 것이다. 여기에 선생으로부터 한 번 전해지기도 전에 혼란이 이처럼 일어나게 된 것이다. 또 무엇을 후세에 바라겠는가?

이 〈대학문〉은 추겸지(鄒謙之)군이 일찍이 《대학고본(大學古本)》에 붙여서 간행하였다. 지금 《문록속편(文錄續編)》의 첫머리에 수록한 것은 공부하는 사람들로 하여금 책을 펴놓고 읽기 시작할 때, 우리 선생님의 가르침이 평이하고도 절실한 것이며, 성인의 지혜와 신통스런 감화의 기틀이 진실로 잘 드러나 있어서 다시 다른 이론을 공부할 필요가 없다고 생각토록 하고자 하는 뜻에서이다. 다른 이론은 부질없이 사람들을 미혹케 할뿐만이 아니라 오직 스스로를 그르치게 하여 아무런 소득도 없을 것이기 때문이다.

原文 師旣沒, 音容日遠, 吾黨各以己見立說. 學者稍見本體, 卽好爲徑超頓悟之說, 無復有省身克己之功. 謂一見本體, 超聖可以跂足, 視師門誠意格物, 爲善去惡之旨, 皆相鄙以爲第二義. 簡略事爲, 言行無顧. 甚者蕩滅禮教, 猶自以爲得聖門之最上乘.

噫, 亦已過矣. 自便徑約, 而不知已淪入佛氏寂滅之教, 莫之覺也. 古人立言, 不過爲學者示下學之功, 而上達之機, 待人自悟而有得. 言語知解非所及也.

大學之教, 自孟氏而後, 不得其傳者幾千年矣. 賴良知之明, 千載一日, 復大明於今日. 茲未及一傳, 而紛錯若此. 又何望於後世耶?

是篇鄒子謙之, 嘗附刻於大學古本. 茲收錄續編之首, 使學者開卷讀之, 思吾師之教平易切實, 而聖智神化之機, 固已躍然, 不必更爲別說. 匪徒惑人, 秖以自誤無益也.

註解 ㅇ師旣沒(사기몰)—선생께서 돌아가시고 나서. 왕양명은 세종(世宗)의 가정(嘉靖) 7년(1528)에 죽었다. ㅇ音容(음용)—목소리와 얼굴 모습. ㅇ吾黨(오당)—우리 무리. 왕양명 학파를 스스로 가리킴. 양명학이 뒤

에는 우파(右派)와 좌파(左派), 곧 온건파와 극렬파 등으로 나뉘어 서로 대립하는 양상을 보인다. 여기의 전덕홍·추겸지 등은 온건파에 속하며 왕기(王畿)·왕간(王艮)을 비롯하여 이지(李贄)가 좌파의 대표적인 학자이다. ㅇ稍見(소견)－약간 보다, 약간 발견하면. ㅇ本體(본체)－성(性)을 가리키며, 양지(良知)의 존재를 가리킨다. ㅇ徑超(경초)－지름길로 달려가다, 곧장 ……하게 되다. ㅇ頓悟(돈오)－문득 진리를 깨닫는 것. ㅇ省身(성신)－자신에 대하여 반성하는 것. ㅇ克己(극기)－자기의 욕망 같은 것을 극복하는 것. ㅇ超聖(초성)－높은 성인. ㅇ跂足(기족)－발돋움하는 것, 발돋움하고 바라보는 것. ㅇ相鄙(상비)－낮고 천한 것으로 여기다, 곧 무시하는 것. ㅇ簡略(간략)－간단히 대충대충 해버리는 것. ㅇ事爲(사위)－하는 일, 해야 할 일. ㅇ言行無顧(언행무고)－말과 행동을 아무렇게나 하다. 《중용》에서 '말할 적에는 행동할 것을 생각하고, 행동할 적에는 말한 것을 생각하라[言顧行, 行顧言]'고 한 말을 응용한 말. ㅇ蕩滅(탕멸)－파멸, 망치고 무너뜨림. ㅇ上乘(상승)－불교에서 나온 말로, 보다 높은 경지를 가리킴, 하승(下乘)과 대가 되며, 대승(大乘)·소승(小乘)도 비슷한 개념의 말이다. ㅇ噫(희)－아아. 감탄사. ㅇ徑約(경약)－지름길의 간단한 방법. ㅇ淪入(윤입)－빠져 들어간 것. ㅇ寂滅(적멸)－불교 용어로 열반(涅槃)의 의역이며, 본체는 고요한 것이며 일체의 제상(諸相)으로부터 떨어져 있는 것임을 뜻하는 말로 불교 사상을 대표한다. ㅇ立言(입언)－자신의 사상을 체계화하여 가르치는 것. ㅇ下學(하학)－아래 세상과 인간에 관한 학문. ㅇ上達(상달)－곧 위 하늘의 이치를 깨닫게 되는 경지에 이른다는 말과 대가 됨. 《논어》 헌문(憲問)편에 보이는 말. ㅇ機(기)－기틀. ㅇ知解(지해)－지각으로 이해하는 것. ㅇ孟氏(맹씨)－맹자(孟子)를 가리킴. ㅇ賴(뢰)－덕분에, 의지하여. ㅇ千載一日(천재일일)－천년이 하루와 같다, 천 년을 두고 변함이 없음을 뜻함. ㅇ一傳(일전)－왕양명의 학문이 일대 전해지는 것. ㅇ鄒子謙之(추자겸지)－추겸지(1491～1562)를 높인 말. 그는 이름이 수익(守益), 호는 동곽(東廓)으로 겸지는 자임. 왕양명의 고제자 중의 한 사람. 전덕홍(錢德洪)과 함께 양명학의 보급에 힘쓰고, 온건파에 속한다. ㅇ續編(속편)－가정(嘉靖) 45년(1566)에 간행한 〈문록속편(文錄續編)〉 6권. 뒤에 《왕문성공전서》의 권26부터 권28에 수록되었다. ㅇ神化(신화)－신통스럽게 감화하다, 신령스럽게 교화시키다. ㅇ躍然(약연)－뛰어오르는 모양, 분명히 드러나는 모양. ㅇ匪(비)－비(非)와 같은 글자, …… 아닌 것. ㅇ秖(지)－다만, 지(只)와 같은 글자.

왕양명 연보(年譜)

1472년(明 憲宗 成化 8년)

9월 20일, 여요(余姚)의 서운루(瑞雲樓)에서 태어남.

1476년(成化 12년) : 5세

말을 하기 시작했고, 이름을 운(雲)에서 수인(守仁)으로 고침.

1481년(成化 17년) : 10세

회계(會稽)로 이사함.

1482년(成化 18년) : 11세

아버지를 따라 북경(北京)으로 가 이후 몇 해 머무름.

1484년(成化 20년) : 13세

어머니 정씨(鄭氏)가 돌아가심.

1486년(成化 22년) : 15세

천하를 바로잡을 뜻을 세움.

1488년(孝宗 弘治 元年) : 17세

회계로 돌아옴. 남창(南昌)의 제씨(諸氏) 집안의 규수와 결혼함.

1489년(弘治 2년) : 18세

부인 제씨와 함께 집으로 돌아옴. 도중에 광신(廣信)에서 누일재(婁一齋)를 만나 학문을 토론함.

1492년(弘治 5년) : 21세

절강(浙江)의 향시(鄕試)에 급제함.

1497년(弘治 10년) : 26세

북경에 머물면서 병법(兵法)을 공부함.

1498년(弘治 11년) : 27세

도가의 양생설(養生說)을 공부함.

1499년(弘治 12년) : 28세

진사(進士) 시험에 합격함.

1500년(弘治 13년) : 29세

형부(刑部) 운남청리사주사(雲南淸吏司主事)가 됨.

1501년(弘治 14년) : 30세

명에 의하여 강북(江北) 지방을 검찰(檢察)함.

1502년(弘治 15년) : 31세

5월에 병가(病暇)를 내고 회계로 돌아와 양명동(陽明洞)에 집을 짓고 도가의 도인술(導引術)을 닦았으나, 뒤에 도교와 불교는 인정에 어긋나는 것임을 깨달음.

1504년(弘治 17년) : 33세

다시 벼슬하여 가을엔 산동(山東)의 향시(鄕試)를 주관했고, 9월엔 병부(兵部) 무선청리사주사(武選淸吏司主事)에 임명됨.

1505년(弘治 18년) : 34세

성인의 학문을 가지고 문인을 모아 강학(講學)하였으며 잠감천(湛甘泉)과 사귀었음.

1506년(武宗 正德 元年) : 35세

환관 유근(劉瑾)의 전횡(專橫)을 상소했다. 투옥된 대선(戴銑)과 박언휘(薄彦徽)를 구해 주려고 상소했다가 오히려 장형(杖刑) 40대를 맞고 귀주(貴州)의 용장(龍場) 역승(驛丞)으로 귀양가게 됨.

1507년(正德 2년) : 36세

고향으로 돌아옴. 여러 가지 파란을 겪은 뒤에 용장으로 출발함.

1508년(正德 3년) : 37세

봄에 용장에 도착. 밤낮으로 정좌(靜坐)한 끝에 '마음이 곧 이[心卽理]'라는 것과 '격물치지(格物致知)'의 본뜻을 깨달음. 그리고 만족(蠻族)들까지도 교화함.

1509년(正德 4년) : 38세

귀양(貴陽)의 제학부사(提學副使) 석서(席書)의 초빙으로 귀양서원(貴陽書院)을 맡아 학생들을 가르침.

1510년(正德 5년) : 39세

여릉현(廬陵縣) 지현(知縣)으로 승진되어 강서(江西)로 감. 교화를 위주로 하여 잘 다스린 끝에 12월에는 남경형부(南京刑部)의 사천청리사주사(四川淸吏司主事)로 승진함.

1511년(正德 6년) : 40세

1월에 이부(吏部) 험봉청리사주사(驗封淸吏司主事), 2월에는 회시동고시관(會試同考試官), 10월에는 문선청리사원외랑(文選淸吏司員外郞)으로 승진됨.

1512년(正德 7년) : 41세

3월에는 고공청리부낭중(考功淸吏部郞中)에, 12월에는 남경태복시소경(南京太僕寺少卿)으로 승진함. 부임하는 길에 회계에 들러 서애(徐愛)와 학문을 논함. 《전습록》 상권의 전반(前半)은 이때의 기록임.

1513년(正德 8년) : 42세

10월까지 회계에 있으면서 여러 곳을 돌아다니며 놀았음. 10월 안휘성(安徽省) 저주(滁州)에 착임함. 산수가 아름답고 벼슬도 한직이라 제자들과 각지를 돌아다니면서 강학하였음.

1514년(正德 9년) : 43세

4월에 남경홍려시경(南京鴻臚寺卿)으로 승진. 5월 남경 도착. 서애를 비롯한 많은 제자들이 모여듦. 이때부터 정좌(靜坐)보다도 실제의 일에 따른 마음을 다스리고 자신을 극복하는 공부를 가르쳤음.

1516년(正德 11년) : 45세

9월에 도찰원(都察院) 좌첨도어사(左僉都御史)로 승진, 비적(匪賊)들이 들끓는 강서(江西)의 남감(南贛)과 복건(福建)의 정주(汀州), 장주(漳州) 지방을 순무(巡撫)하고, 10월에 회계로 돌아옴.

1517년(正德 12년) : 46세

감주(贛州)로 감. 2월엔 장주의 비적들을 평정함. 9월에는 제독남감정장등처군무(提督南贛汀漳等處軍務)가 맡겨짐. 악창(樂昌),

용천(龍川)을 순무하고, 10월엔 횡수(橫水), 통강(桶岡)의 비적들을 평정함. 12월엔 남강(南康)으로 돌아감.

1518년(正德 13년) : 47세

감주에서 반란군을 평정하는 일을 하는 한편, 강학을 하는 일에 힘썼음. 1월엔 삼련(三浰)을 토벌함. 3월엔 병으로 사직원을 냈으나 받아들여지지 않아, 대모(大帽)·연두(浰頭)의 비적을 토벌, 4월에 개선하여 학교를 세우고 교육에 힘썼음. 7월엔 고본(古本)《대학(大學)》을 간행함.《주자만년정론(朱子晩年定論)》도 출판함. 8월엔 설간(薛侃)이《전습록》초본(初本)을 건주(虔州)에서 간행함. 서애가 죽음. 9월엔 염계서원(濂溪書院)을 수복함.

1519년(正德 14년) : 48세

영왕(寧王) 신호(宸濠)의 반란을 토벌하기 위하여 6월 길안(吉安)에서 의병(義兵)을 일으키어 그들의 본거지인 남창(南昌)을 토벌하고 신호를 체포, 강서(江西)를 평정함.

1520년(正德 15년) : 49세

천자의 명으로 상경하려 했으나 가지 못하고 남창으로 돌아왔음. 6월에 감주(贛州)로 감.

1521년(正德 16년) : 50세

1월에 강서 남창(南昌)에서 비로소 '양지를 이르게 한다[致良知]'는 이론을 주장함. 신호 토벌중에 깨달은 것임. 백록동서원(白鹿洞書院)에서 강학함. 6월 남경병부상서(南京兵部尙書)로 임명됨. 부임 도중 8월에 회계로 돌아오고, 9월엔 여요(余姚)로 가서 성묘(省墓)함. 12월엔 강서의 비적을 평정한 공로로 신건백(新建伯)에 봉해지고 처자에게까지도 은급(恩給)이 내려짐.

1522년(世宗 嘉靖 元年) : 51세

2월, 아버지 왕화(王華) 돌아가심. 어사(御史) 정계충(程啓充)과 급사(給事) 모옥(毛玉)이 재상의 뜻을 받들어 왕양명이 정학(正學)을 막았다고 탄핵함.

1523년(嘉靖 2년) : 52세

고향에서 강학하였음.

1524년(嘉靖 3년) : 53세

문인들이 크게 늘어남. 10월 남대길(南大吉)이 《전습록》의 속록(續錄)을 간행함.

1525년(嘉靖 4년) : 54세

1월에 부인 제씨(諸氏) 죽음. 10월에 양명서원(陽明書院)을 회계성안 광상교(光相橋) 동쪽에 세움.

1526년(嘉靖 5년) : 55세

계실(繼室) 장씨(張氏)와의 사이에서 맏아들 정억(正億)이 태어남.

1527년(嘉靖 6년) : 56세

4월에 추수익(鄒守益)이 《문록(文錄)》을 광덕주(廣德州)에서 간행함. 5월에 갑자기 도찰원좌도어리(都察院左都御吏)에 임명되고 광서(廣西)의 사주(思州)와 전주(田州)의 비적을 정벌하라는 명이 내림. 사퇴했으나 받아들여지지 않아 9월에 출발, 11월엔 조경(肇慶)에 도착, 오주(梧州)에 이르러 명에 따라 양광(兩廣)을 아울러 순무(巡撫)하였음.

1528년(嘉靖 7년) : 57세

2월에 사주와 전주를 평정함. 4월에는 사전학교(思田學校), 6월에는 남녕학교(南寧學校)를 일으키어 변경 주민들 교육에 힘씀. 7월엔 팔채단등협(八寨斷藤峽)을 쳐서 수만의 적을 무찌름. 10월, 병이 심하여 병가를 냈으나 허락되지 않음. 11월 25일 매령(梅嶺)을 넘어 강서 남안(南安)에 도착함. 28일 청룡포(靑龍鋪)에 묵음. 29일 진시(辰時)에 죽음. 유해는 남창으로 운반되어 옴.

1529년(嘉靖 8년)

1월 남창에서 발상(發喪)하여 2월엔 회계에 도착, 11월에 회계에서 30리 떨어진 난정(蘭亭)으로 들어가는 길목 5리 되는 곳에 있는 홍계(洪溪)에 묻힘.

색 인(索引)

ㄱ

ㅁ

ㅂ

ㅅ

ㅇ

ㅈ

ㅊ

ㅌ

ㅍ

ㅎ

新完譯 傳習錄

初版 印刷●2005年 2月 22日
初版 發行●2005年 2月 28日

譯著者●金 學 主
發行者●金 東 求

發行處●明 文 堂
서울특별시 종로구 안국동 17~8
대체 010041-31-001194
전화 (영) 733-3039, 734-4798
(편) 733-4748
FAX 734-9209
Homepage www.myungmundang.net
E-mail mmdbook1@myungmundang.net
등록 1977. 11. 19. 제1~148호

정가는 표지에 표기되어 있습니다.
ISBN 89-7270-771-6 93150